BEITRÄGE ZUM AUSLÄNDISCHEN UND INTERNATIONALEN PRIVATRECHT

HERAUSGEGEBEN VOM

MAX-PLANCK-INSTITUT FÜR AUSLÄNDISCHES UND INTERNATIONALES PRIVATRECHT

Direktor: Professor Dr. Konrad Zweigert

33

1966

WALTER DE GRUYTER & CO.
BERLIN

J. C. B. MOHR (PAUL SIEBECK)
TÜBINGEN

DAS BESONDERE ERBRECHT DER SOGENANNTEN FORALRECHTSGEBIETE SPANIENS

von

OTTO HIERNEIS
München

1966

WALTER DE GRUYTER & CO.
BERLIN

J. C. B. MOHR (PAUL SIEBECK)
TÜBINGEN

Gedruckt mit Unterstützung der Deutschen Forschungsgemeinschaft

Archiv-Nr. 82 04 660

Printed in Germany
Satz und Druck: Thormann & Goetsch, Berlin

VORWORT

Die Anregung zu dieser Arbeit stammt von Herrn Professor Dr. Murad Ferid, München, dem ich an erster Stelle für seine großherzige Unterstützung und Fürsorge in allen Stadien des Zustandekommens dieser Veröffentlichung danken möchte.

Danach gebührt mein Dank all denen, die während meines Spanienaufenthaltes dazu beigetragen haben, daß ich alle Vorarbeiten an der Juristischen Fakultät der Universität Zaragoza durchführen konnte. Der Dekan dieser Fakultät, Herr Professor Dr. Carlos Sánchez del Rio y Peguero, gestattete es mir, die dort vorhandene Literatur und die sonstigen Hilfsmittel uneingeschränkt zu benutzen. Persönliche Unterstützung erhielt ich von Herrn Professor Dr. José Luis Lacruz Berdejo, der mir neben seinen Räumen in der Universität auch seine reichhaltige Privatbibliothek zur Verfügung stellte. Das Colegio de Notarios von Zaragoza und die zuständigen Herren der dortigen Audiencia Territorial halfen mir ebenfalls in großzügiger Weise bei der Auffindung der erforderlichen Literatur.

In gleichem Maße danke ich schließlich Herrn Professor Dr. Zweigert und dem Max-Planck-Institut für ausländisches und internationales Privatrecht für die große Ehre, die mir dadurch zuteil wird, daß meine Arbeit in dieser Reihe veröffentlicht wird, sowie der Deutschen Forschungsgemeinschaft für die Bereitstellung der erforderlichen Mittel.

Otto Hierneis

INHALTSVERZEICHNIS

A) DIE SPANISCHEN FORALRECHTE UND IHRE QUELLEN

1. Abschnitt
Die Foralrechte in der spanischen Privatrechtsordnung

2. Abschnitt

Die Rechtsquellen der Foralrechte

B) DAS FORALE ERBRECHT

1. Teil: Die testamentarische Erbfolge

1. Abschnitt
Das Testament im Foralrecht

2. Teil: Die gesetzliche Erbfolge

4. Teil: Die Erbfolge auf Grund vertraglicher Regelung

§ 50: Der Erbvertrag in Navarra

§ 51: Erb- und Übergabevertrag in Vizcaya

5. Teil: Ergänzende Betrachtung der Stellung des überlebenden Ehegatten in den Foralrechten

WICHTIGE ABKÜRZUNGEN

An. Der. Aragonés	= Anuario de Derecho Aragonés
An. Der. Civ.	= Anuario de Derecho Civil
ap.	= Apéndice de Derecho civil foral de Aragón
arg.	= argumentum
arg. e. c. / a. e. c.	= argumentum e contrario
A. T.	= Audiencia Territorial
C.	= Canon
CC	= Código Civil
C. de C., Const.	= Constituciones de Cataluña
CDB	= Compilación del Derecho civil especial de Baleares
CDC	= Compilación del Derecho civil especial de Cataluña
CDG	= Compilación del Derecho civil especial de Galicia
CDV	= Compilación de Derecho civil foral de Vizcaya y Álava
cod. iur. can.	= Codex Iuris Canonici
Dictamen	= Gutachten mehrerer navarrischer Juristen zum FR
dt.	= deutsch
EJE	= Enciclopedia Jurídica Española
F. de V.	= Fuero de Vizcaya
FG	= Fuero General (Navarra; zit.: Kap., Tit., Buch)
FR	= Proyecto de Fuero Recopilado de Navarra (zit.: L. = Ley)
kat.	= katalanisch
L.	= Ley
LEC	= Ley de Enjuiciamiento Civil
L. H.	= Ley Hipotecaria
NEJ	= Nueva Enciclopedia Jurídica
Nov.	= Novísima Recopilación (Navarra; zit.: Gesetz, Titel, Buch)
Nov. Rec.	= Novísima Recopilación (Kastilien)
Prim. Sem. Der. Aragonés	= Primera Semana de Derecho Aragonés
R./Res.	= Resolución de la Dirección General de los Registros
Rev. Crít. Der. Inm.	= Revista Crítica de Derecho Inmobiliario
Rev. Der. Not.	= Revista de Derecho Notarial
Rev. Der. Priv.	= Revista de Derecho Privado
Rev. Gen. Leg. Jur.	= Revista General de Legislación y Jurisprudencia
R. H.	= Reglamento Hipotecario
Seg. Sem. Der. Aragonés	= Segunda Semana de Derecho Aragonés
span.	= spanisch
t.	= tomo (Band)
T. S.	= Tribunal Supremo; mit Datum: Urt. des T. S.
VE	= Anteproyecto de Compilación del Derecho civil de Aragón (Vorentwurf 1963)
VE 1962	= ebenso (Vorentwurf 1962)
vol.	= volumen (Halbband)

VERZEICHNIS DER ABGEKÜRZT ZITIERTEN LITERATUR

Abadía	Abadía Escolá, La colación de bienes en el Derecho foral navarro. Anuario de Derecho Aragonés X (1959—60) S. 88 f.
Aizpún Tuero	Aizpún Tuero, El pacto sucesorio en el Derecho civil navarro. Anuario de Derecho Aragonés II (1945) S. 159 f.
Albaladejo	Albaladejo, Instituciones de Derecho civil, Tomo I, Parte general y Derecho de obligaciones, Barcelona 1960
Albaladejo/Lacruz	Albaladejo/Lacruz, Derecho de sucesiones, Parte General, Barcelona 1961
Albareda	Albareda, Algunas instituciones de Derecho aragonés y navarro. Anuario de Derecho Aragonés VI (1951—52) S. 21 f.
Alonso I, II	Alonso, Recopilación y comentarios de los Fueros y Leyes de Navarra, 2 Bände, Madrid 1848
Alonso y Lambán V, VI	Alonso y Lambán, Las formas testamentarias en las llamadas regiones forales, Temis V (1959) S. 11 f.; VI (1959) S. 23 f.
Alonso Martínez	Alonso Martínez, El código civil en sus relaciones con las legislaciones forales, Madrid 1947
Bonet	Bonet Ramón, Compendio de Derecho civil, Tomo I, parte general, Madrid 1959
Borrell y Soler, España I, II, III, IV, V	Borrell y Soler, Derecho civil español, 5 Bände, Barcelona 1954/55
Borrell y Soler, Cataluña I, II, III, IV, V	Borrell y Soler, Derecho civil vigente en Cataluña, 5 Bände, 2. Auflage, Barcelona 1944
Braga da Cruz	Braga da Cruz, O Direito de troncalidade e o regime jurídico do património familiar, Tomo I, Braga 1941
Brocá	Brocá, Historia del Derecho de Cataluña, especialmente del civil, y exposición de las instituciones del Derecho civil del mismo territorio en relación con el Código Civil de España y la Jurisprudencia, Tomo I, Barcelona 1918
Castán	Castán Tobeñas, Derecho civil español, común y foral,
I/1	Tomo I, vol. 1, 10. Auflage, Madrid 1962
I/2	Tomo I, vol. 2, 9. Auflage, Madrid 1956
IV	Tomo IV, 6. Auflage, Madrid 1944
V/1	Tomo V, vol. 1, 8. Auflage, Madrid 1961
VI/1	Tomo VI, vol. 1, 7. Auflage, Madrid 1960
Castán, D. F.	Castán Tobeñas, Derecho civil foral, 2. Auflage, Madrid 1932 mit Anhang 1935
de Castro	de Castro, Derecho civil de España, Parte General, Tomo I, 3. Auflage, Madrid 1955
de Castro, Compendio	de Castro, Compendio de Derecho civil, Introducción; Derecho de la persona, Madrid 1957

Comentarios	Academia de Jurisprudencia y Legislación de Barcelona, Comentarios a la compilación del Derecho civil especial de Cataluña (Conferencias), Barcelona 1961
Condomines/Faus	Condomines/Faus, Derecho civil especial de Cataluña (Ley de 21 de julio de 1960 anotada), Barcelona 1960
Costa Ramón	Costa Ramón, Derecho foral ibicenco, in: Ibiza (Revista del Instituto de Estudios Ibicencos) Nr. 5, 2ª época (1958), S. 17 f.
Curso	Estudio general de Navarra, Curso de Derecho foral navarro, Tomo I, Derecho privado, Pamplona 1958
de Diego	de Diego, Instituciones de Derecho civil español, Tomo III, Derecho de sucesiones, Madrid 1923
de Diego[2]	Neudruck 1959 (bearbeitet von de Cossio und Gullón Ballesteros)
Durán y Bas	Durán y Bas, Memoria acerca de las instituciones del Derecho civil de Cataluña, Barcelona 1883
de Echegaray	de Echegaray, Derecho foral privado (Derecho vasco), San Sebastian 1950
de Esjavierría	de Esjavierría, El apartamiento en el Fuero y en la Compilación de Derecho civil de Vizcaya, Estudios de Deusto (1959) S. 399 f.
Espín	Espín Canovas, Manual de Derecho civil español, Tomo V, Sucesiones, Madrid 1957
Exposición de Motivos	Exposición de Motivos del proyecto de apéndice de 1904 (Aragón)
Fernández Asiain	Fernández Asiain, Estudios de Derecho foral navarro, Pamplona 1952
Ficker	Ficker, Julius, Untersuchungen zur Erbenfolge der ostgermanischen Rechte, Band II, Teil 2, Innsbruck 1893
Figa Faura	Figa Faura, Derecho civil catalán, Barcelona 1961
Franco/Guillén	Franco/Guillén, Instituciones de Derecho civil aragonés, Zaragoza 1841
Fuenmayor	Fuenmayor, Derecho civil de Galicia, Nueva Enciclopedia Jurídica I, S. 240 f.
García Gallo	García Gallo, Curso de historia del Derecho español, Tomo I, Madrid 1956
García Royo I, II, III	García Royo, Foralidad civil de las provincias vascongadas, 3 Bände, Vitoria 1952
Goldschmidt I, II, III	Goldschmidt, Werner, Sistema y filosofía del Derecho internacional privado, 3 Bände, 2. Auflage, Buenos Aires 1952—1954
Isabal	Isabal, Exposición y comentarios del cuerpo legal denominado Fueros y Observancias del reino de Aragón, derogado por el vigente apéndice al Código civil español, Zaragoza 1926
Jado	Jado, Derecho civil de Vizcaya, 2. Auflage, Bilbao 1923
Jado[1]	1. Auflage, Bilbao 1900
Kipp/Coing	Kipp/Coing, Erbrecht, Elfte Bearbeitung, Tübingen 1960
Lacarra I, II	Lacarra, Instituciones de Derecho civil de Navarra, Tomo I, Pamplona 1917, Tomo II, Pamplona 1932
Lacruz, D. F.	Lacruz Berdejo, Los Derechos forales, in: Universidad 1948, S. 290 f.

Lacruz, Notas al Binder	Binder, Julius, Derecho de Sucesiones, Traducido y anotado por Lacruz Berdejo, Barcelona-Madrid 1953
Lacruz, Régimen matrimonial	Lacruz Berdejo, El régimen matrimonial de los Fueros de Aragón, Anuario de Derecho Aragonés III (1946) S. 19 f.
Lorente Sanz, Omisión	Lorente Sanz, La omisión del inventario en la viudedad, in: Homenaje a la memoria de Don Juan Moneva y Puyol, Zaragoza 1954, S. 493 f.
Lorente Sanz, Testamento mancomunado	Lorente Sanz, El testamento mancomunado en el apéndice foral aragonés, in: Primera Semana de Derecho Aragonés, Jaca 1942, S. 127 f.
Luna Serrano	Luna Serrano, El patrimonio familiar (La Ley española de 15 de julio de 1952), Rom-Madrid 1962
Manresa	Manresa y Navarro, Comentarios al Código Civil español, 12 Bände, 5.—7. Auflage, Madrid 1951—1956
Martín-Ballestero, La casa	Martín-Ballestero, La casa en el Derecho aragonés, Zaragoza 1944
Morer	Morer Pérez, Sobre el Artículo 39 del vigente apéndice, Anuario de Derecho Aragonés VII (1953—54) S. 128 f.
Ossorio Morales	Ossorio Morales, Manual de sucesión testada, Madrid 1957
de Otto	de Otto, Derecho foral, Barcelona 1945
Palá	Palá, Los señores mayores en la familia alto-aragonesa, Segunda Semana de Derecho Aragonés, Jaca 1943, S. 141 f.
Pascual y González	Pascual y González, Derecho civil de Mallorca, Palma de Mallorca 1951
Pella I, II, III, IV	Pella y Forgas, Código civil de Cataluña, 4 Bände, 2. Auflage, Barcelona 1943
Planas y Casals	Planas y Casals, Derecho civil español, común y foral, Tomo II, Barcelona 1925
Pons/Sandalinas	Pons/Sandalinas, Constituciones y otros Derechos de Cataluña, Barcelona 1952
Puig Brutau	Puig Brutau, La compilación del Derecho civil catalán, in: XXth Century Comparative and Conflicts Law, Legal Essays in Honor of Hessel E. Yntema, Leyden 1961, S. 190 f.
Puig Peña	Puig Peña, Tratado de Derecho civil español,
I/1, I/2	Tomo I, vol. 1, 2, Madrid 1957
V/1	Tomo V, vol. 1, Madrid 1954
V/2	Tomo V, vol. 2, Madrid 1963
v. Rauchhaupt, Gesetzesquellen	von Rauchhaupt, F. W., Geschichte der spanischen Gesetzesquellen, Heidelberg 1923
v. Rauchhaupt, Gesetzgebung	von Rauchhaupt, F. W., Die Geschichte der spanischen Gesetzgebung seit 1923, Annales Universitatis Saraviensis 5 und 6 (1956—58) S. 135 f.
Rivas Pérez	Rivas Pérez, El testamento ante párroco en Aragón, Anuario de Derecho Aragonés I (1944) S. 379 f.
Rivera I	Rivera Simón, Modalidades de Derecho foral subsistentes en Menorca, Revista Crítica de Derecho Inmobiliario 1955, S. 38 f.
Rivera II	Rivera Simón, Modalidades de Derecho foral menorquín, Revista Crítica de Derecho Inmobiliario 1956, S. 793 f.

Roca Sastre, D. H. II, III	Roca Sastre, Derecho hipotecario, Tomo II, III, 5. Auflage, Barcelona 1954
Roca Sastre, Elementos	Roca Sastre, Los elementos componentes de la compilación, in: Comentarios S. 9 f.
Roca Sastre, Notas I, II	Enneccerus/Kipp, Derecho de Sucesiones, Traducido y anotado por Roca Sastre, vol. 1, 2, Barcelona 1951
Sainz de Varanda	Sainz de Varanda, La ley paccionada de Navarra y la vigencia de las normas forales sobre sucesión intestada, Zaragoza 1954
Salinas, Curso	Salinas Quijada, Fuentes del Derecho civil navarro, in: Curso S. 53 f.
Salinas, Estudio	Salinas Quijada, Las fuentes del Derecho civil navarro, Estudio histórico-jurídico-bibliográfico, Tudela 1946
Sancho Rebullida	Sancho Rebullida, La viudedad aragonesa, Anuario de Derecho Aragonés VIII (1955—56) S. 7 f.
Santamaría de Cristóbal	Santamaría de Cristóbal, El testamento navarro de hermandad, Anuario de Derecho Aragonés II (1945) S. 187 f.
Sapena, Acogimiento	Sapena Tomas, El acogimiento alto-aragonés, Anuario de Derecho Aragonés X (1959—60) S. 95 f.
Sapena, Pacto sucesorio	Sapena Tomas, El pacto sucesorio en Alto Aragón, Revista de Derecho Privado (1954) S. 201 f.
Solano	Solano Navarro, Mi contribución respecto a la sucesión contractual en Alto Aragón, Anuario de Derecho Aragonés I (1944) S. 333 f.
Solchaga	Solchaga, El testamento ante párroco en Navarra, in: Universidad (1958) S. 398 f.
Stobbe	Stobbe, Otto, Handbuch des deutschen Privatrechts, Band V, 1. und 2. Auflage, Berlin 1885
Teixeira	Teixeira Gracianeta, El testamento mancomunado aragonés (Resumen de una tesis doctoral), Temis 3 (1958) S. 137 f.
Uriarte	Uriarte, El Fuero de Ayala, Madrid 1912
Valenzuela y Sancho	Valenzuela y Sancho, El apéndice foral a través de la jurisprudencia, Anuario de Derecho Aragonés III (1946) S. 357 f.
Vallet de Goytisolo, Apuntes IV, V, VII, VIII	Vallet de Goytisolo, Apuntes de Derecho sucesorio, Anuario de Derecho Civil IV (1951) S. 428, 1345 f.; V (1952) S. 835 f.; VII (1954) S. 655, 1030 f.; VIII (1955) S. 269 f.
Yaben	Yaben, Los contratos matrimoniales en Navarra y su influencia en la estabilidad de la familia, Madrid 1916

LITERATURVERZEICHNIS

A. Deutsche Literatur

I. *Grundrisse und Monographien*

BRUNNER, HEINRICH, Forschungen zur Geschichte des deutschen und französischen Rechts, Stuttgart 1894.

DAHN, FELIX, Westgotische Studien, Würzburg 1874.

ELFGEN, ANNO, Die Mejora — Geschichte und Dogmatik im spanischen und südamerikanischen Recht, Berlin 1962.

ENNECCERUS/NIPPERDEY, Allgemeiner Teil des bürgerlichen Rechts, 1. Halbband, 14. Auflage, Tübingen 1952.

FERID, MURAD, Der Neubürger im IPR, I. Teil: Allgemeine Grundlagen, Berlin-Tübingen 1949.

FICKER, JULIUS, Untersuchungen zur Erbfolge der ostgermanischen Rechte, Band II, Teil 2, Innsbruck 1893; zitiert: FICKER.

GÁL, ALEXANDER, Der Ausschluß der Aszendenten von der Erbenfolge und das Fallrecht, Untersuchungen zur deutschen Staats- und Rechtsgeschichte, hrsg. von Dr. OTTO GIERKE, 72. Heft, Breslau 1904.

HEUSLER, ADOLF, Institutionen des deutschen Privatrechts, Band II, Leipzig 1886.

HÜBNER, RUDOLF, Grundzüge des deutschen Privatrechts, 5. Auflage, Leipzig 1930.

KIPP/COING, Erbrecht, Elfte Bearbeitung, Tübingen 1960; zitiert: KIPP/COING.

LEWALD, HANS, Das deutsche internationale Privatrecht auf Grundlage der Rechtsprechung, Leipzig 1931.

MELCHIOR, GEORG, Die Grundlagen des deutschen IPR, Berlin und Leipzig 1932.

NEUHAUS, PAUL HEINRICH, Die Grundbegriffe des internationalen Privatrechts, Berlin —Tübingen 1962.

PALANDT, OTTO, Kommentar zum bürgerlichen Gesetzbuch, 20. Auflage, München 1960; zitiert: v. RAUCHHAUPT, Gesetzesquellen.

VON RAUCHHAUPT, F. W., Die Rechte Europas in ihrer rechtsgenetischen Gestalt und pragmatischen Auswirkung, Zweiter Teil, München-Leipzig 1932.

VON RAUCHHAUPT, F. W., Geschichte der spanischen Gesetzesquellen, Heidelberg 1923; zitiert: VON RAUCHHAUPT, Gesetzesquellen.

ROGUIN, Traité de droit civil comparé, les succesions, Band IV, Paris 1912 (französisch).

SCHLEGELBERGER, FRANZ, Rechtsvergleichendes Handwörterbuch, Band I, „Länderberichte“, Spanien, S. 245 f., Berlin 1929.

SCHRÖDER/V. KÜNSZBERG, Lehrbuch der deutschen Rechtsgeschichte, 7. Auflage, Berlin-Leipzig 1932.

SOERGEL/KEGEL, Das internationale Privatrecht im EGBGB, 9. Auflage, Stuttgart 1961.

SOHM/MITTEIS, Institutionen des römischen Rechts, 16. und 17. Tausend der 17. Auflage, Berlin 1949.

STAUDINGER/RAAPE, Kommentar zum BGB, Band VI, 9. Auflage, Berlin 1931.

STOBBE, OTTO, Handbuch des deutschen Privatrechts, Band V, 1. und 2. Auflage, Berlin 1885; zitiert: STOBBE.

II. *Artikel in Zeitschriften und Festschriften*

BEITZKE, GERHARD, Internationales und interlokales Privatrecht, Festschrift für Nipperdey, München—Berlin 1955, S. 41 f.

FICKER, JULIUS, Über die usatici barchioninae und deren Zusammenhang mit den exceptiones legum romanorum, Mitteilungen des Instituts für oesterreichische Geschichtsforschung, II. Ergänzungsband, S. 236 f., Innsbruck 1886.

FROMMHOLD, GEORG, Zur Geschichte des fränkischen Rechts in Schlesien, ZSStfRG (GA) 13 (1892) S. 22 f.

KEGEL, GERHARD, Die Anwendung des Rechts ausländischer Staaten mit räumlicher Rechtsspaltung, Festschrift für Karl Arnold, Köln—Opladen 1955, S. 60 f.

VON RAUCHHAUPT, F. W., Die Geschichte der spanischen Gesetzgebung seit 1923, Annales Universitatis Saraviensis 5 und 6 (1956—58) S. 135 f.; zitiert: v. RAUCHHAUPT, Gesetzgebung.

ROSSMANN, LOTHAR, Zum spanischen Erbrecht: Katalonisches Foralrecht, RabelsZ 13 (1940/41) S. 647 f.

WOHLHÄUPTER, Das Privatrecht der Fueros de Aragón, ZSStfRG (GA) 62 (1942) S. 95 f.

B. Spanische Literatur

I. *Grundrisse und Monographien*

1. Gemeines Recht und allgemeines Foralrecht

ALBALADEJO/LACRUZ, Derecho de Sucesiones, Parte general, redactado por José L. Lacruz, con la colaboración en el capítulo XV de Francisco de A. Sancho Rebullida, Barcelona 1961; zitiert: ALBALADEJO/LACRUZ.

ALBALADEJO, Instituciones de Derecho civil, Tomo I, Parte general y Derecho de obligaciones, Barcelona 1960; zitiert: ALBALADEJO.

ALONSO MARTÍNEZ, El Código Civil en sus relaciones con las legislaciones forales, Neudruck, Madrid 1947; zitiert: ALONSO MARTÍNEZ.

BINDER, JULIUS, Derecho de Sucesiones, Traducido de la segunda edición alemana y anotado conforme al Derecho español por José Luis Lacruz Berdejo, Barcelona-Madrid 1953; zitiert: LACRUZ, Notas al Binder.

BONET RAMÓN, Compendio de Derecho civil, Tomo I, Parte general, Madrid 1959; zitiert: BONET.

BORRELL Y SOLER, Derecho civil español, 5 Bände, Barcelona 1954—1955; zitiert: BORRELL Y SOLER, España I usw.

BRAGA DA CRUZ, O direito de troncalidade e o regime jurídico do património familiar, Tomo I, Braga 1941 (portugiesisch); zitiert: BRAGA DA CRUZ.

CASTÁN TOBEÑAS, Derecho civil foral, 2. Auflage, Madrid 1932, mit Anhang von 1935; zitiert: CASTÁN, D. F.

CASTÁN TOBEÑAS, Derecho civil español, común y foral,
Tomo I, vol. 1, 10. Auflage, Madrid 1962; vol. 2, 9. Auflage, Madrid 1956.
Tomo IV, 6. Auflage, Madrid 1944.
Tomo V, vol. 1, 8. Auflage, Madrid 1961.
Tomo VI, vol. 1, 7. Auflage, Madrid 1960; zitiert: CASTÁN I/1, I/2, VI, V/1, VI/1.

DE CASTRO, Derecho civil de España, Parte general, Tomo I, Libro preliminar, Introducción al Derecho civil, 3. Auflage, Madrid 1955; zitiert: DE CASTRO.

DE CASTRO, Compendio de Derecho civil, Introducción; Derecho de la persona, Madrid 1957; zitiert: DE CASTRO, Compendio.

COELLO GALLARDO, Sucesiones, Tomo I, Madrid 1952.

DE DIEGO, Instituciones de Derecho civil español, (1) Tomo III, Derecho de sucesiones, Madrid 1923; zitiert: DE DIEGO bzw. DE DIEGO².

ENNECCERUS/KIPP, Derecho de Sucesiones, Traducción de la octava revisión alemana, estudios de comparación y adaptación a la legislación y jurisprudencia españolas (por ROCA SASTRE), vol. I und II, Barcelona 1951; zitiert: ROCA SASTRE, Notas I, II.

ESPÍN CANOVAS, Manual de Derecho civil español, Tomo V, Sucesiones, Madrid 1957; zitiert: ESPÍN.

GARCÍA GALLO, Curso de Historia del Derecho español, Tomo I, Madrid 1956; zitiert: GARCÍA GALLO.

GOLDSCHMIDT, WERNER, Sistema y filosofía del Derecho internacional privado, 3 Bände, 2. Auflage, Buenos Aires 1952—1954; zitiert: GOLDSCHMIDT I, II, III.

LASALA LLANAS, Sistema español de Derecho civil internacional e interregional, Madrid 1933.

LASALA SAMPER, El régimen matrimonial de bienes, Diss. Barcelona 1954.

LUNA SERRANO, El patrimonio familiar, La Ley española de 15 de julio de 1952, Rom-Madrid 1962; zitiert: LUNA SERRANO.

MANRESA Y NAVARRO, Comentarios al Código civil español, 12 Bände, 5.—7. verbesserte Auflage, Madrid 1951—1956; zitiert: MANRESA.

OSSORIO MORALES, Manual de sucesión testada, Madrid 1957; zitiert: OSSORIO MORALES.

DE OTTO, Derecho foral, Barcelona 1945; zitiert: DE OTTO.

PLANAS Y CASALS, Derecho civil español, común y foral, Tomo II, Barcelona 1925; zitiert: PLANAS Y CASALS.

PUIG PEÑA, Tratado de Derecho civil español, Tomo I, vol. 1 u. 2: Parte general (1957), Tomo V, vol. 1 u. 2: Sucesiones (1954, 1963), Madrid; zitiert: PUIG PEÑA I/1, I/2, V/1, V/2.

ROCA SASTRE, Derecho hipotecario, Tomo II, III, 5. Auflage, Barcelona 1954; zitiert: ROCA SASTRE, D. H. II bzw. III.

SÁNCHEZ ROMÁN, Estudios de Derecho civil, Tomo VI, vol. 2, 2. Auflage, Madrid 1910.

TRÍAS DE BES, Derecho internacional privado, 2. Auflage, Barcelona 1940.

VALVERDE, Tratado de Derecho civil español, Tomo V, Derecho de sucesión „mortis causa", 4. Auflage, Valladolid 1939.

VERPLAETSE, Derecho internacional privado, Madrid 1954.

2. Aragonesisches Recht

BLAS, Derecho civil aragonés, 2. Auflage, Zaragoza 1898.

COMISIÓN COMPILADORA DEL DERECHO FORAL ARAGONÉS, Seminario, El Consejo de parientes, Informe (Adenda), Zaragoza 1954, I — 5.

FRANCO/GUILLÉN, Instituciones de Derecho civil aragonés, Zaragoza 1841; zitiert: FRANCO/GUILLÉN.

FRANCO Y LÓPEZ, Barón de Mora, Memoria sobre las instituciones que deben continuar vigentes del Derecho civil aragonés, Zaragoza 1886, mit Adición a la memoria, Zaragoza 1893.

GIL GIL, Precedentes inmediatios y ligera crítica del apéndice al Código civil, correspondiente al Derecho foral de Aragón, Discurso leído en la solemne apertura de los estudios del año académico de 1928 a 1929, Zaragoza 1928.

ISABAL, Exposición y comentarios del cuerpo legal denominado Fueros y Observancias del reino de Aragón, derogado por el vigente apéndice al Código civil español, Zaragoza 1926; zitiert: ISABAL.

LACRUZ BERDEJO, Contribución a la metodología del Derecho privado de Aragón, Zaragoza 1946.

LA PEÑA, Recopilación de los Fueros y Observancias vigentes en el antiguo reino de Aragón, Zaragoza 1880.

MARTÍN-BALLESTERO, La casa en el Derecho aragonés, Zaragoza 1944; zitiert: MARTÍN-BALLESTERO, La casa.

SAVALL Y PENEÍS, Fueros, Observancias y Actos de Corte del reino de Aragón, 2 Bände Zaragoza 1866.

VERSCHIEDENE, Exposición de Motivos del Proyecto de Apéndice de 1904; zitiert: EXPOSICIÓN DE MOTIVOS.

VERSCHIEDENE, Homenaje a la memoria de Don Juan Moneva y Puyol, Zaragoza 1954.

3. Balearisches Recht

MASCARÓ, Derecho foral de Mallorca, Parla de Mallorca 1904.

MASCARÓ, Ensayos jurídicos sobre el Derecho foral en Mallorca, Palma de Mallorca 1896.

PASCUAL Y GONZÁLEZ, Derecho civil de Mallorca, Palma de Mallorca 1951; zitiert: PASCUAL Y GONZÁLEZ.

4. Katalanisches Recht

ACADEMIA DE JURISPRUDENCIA Y LEGISLACIÓN DE BARCELONA, Comentarios a la Compilación del Derecho civil especial de Cataluña (Conferencias), Barcelona 1961; zitiert: COMENTARIOS.

BORRELL Y SOLER, Derecho civil vigente en Cataluña, 5 Bände, 2. Auflage, Barcelona 1944; insb.: Tomo I, Preliminares, Tomo V, Derecho de Sucesiones; zitiert: BORRELL Y SOLER, Cataluña I usw.

BROCÁ, Historia del Derecho de Cataluña, especialmente del civil, y exposición de las instituciones del Derecho civil del mismo territorio en relación con el Código civil de España y la jurisprudencia, Tomo I, Barcelona 1918; zitiert: BROCÁ.

CONDOMINES VALLS/FAUS ESTEVE, Derecho civil especial de Cataluña, Ley de 21 de julio de 1960 anotada, Barcelona 1960; zitiert: CONDOMINES/FAUS.

DURÁN Y BAS, Memoria acerca de las instituciones del Derecho civil de Cataluña, Barcelona 1883; zitiert: DURÁN Y BAS.

FALCON-O'NEILL, De la Sustitución, (Sustituciones hereditarias y fideicomisos), Loseblattausgabe, Barcelona 1962.

FIGA FAURA, Derecho civil catalán, Barcelona 1961; zitiert: FIGA FAURA.

PELLA Y FORGAS, Código civil de Cataluña, Tomo I, II, III, IV, 2. Auflage, Barcelona 1943; zitiert: PELLA I, II, III, IV.

PONS GURI/SANDALINAS, Constituciones y otros derechos de Cataluña, Barcelona 1952; zitiert: PONS/SANDALINAS.

SAGUER Y OLIVET, Naturalesa jurídica de la llegitima segons el Dret de Catalunya, Gerona 1905.

5. Navarrisches Recht

ALONSO, Recopilación y Comentarios de los Fueros y Leyes de Navarra, 2 Bände, Madrid 1848; zitiert: ALONSO.

COVIÁN, El Derecho civil privado de Navarra y su codificación, Madrid 1914.

ESTUDIO GENERAL DE NAVARRA (VERSCHIEDENE), Curso de Derecho foral navarro I, Derecho privado, Pamplona 1958; zitiert: CURSO.

FERNÁNDEZ ASIAIN, Estudios de Derecho foral navarro, Pamplona 1952; zitiert: FERNÁNDEZ ASIAIN.

FRAUCA LLAMAS, La representación sucesoria en el Derecho navarro, Zaragoza 1956.

LACARRA, Instituciones de Derecho civil de Navarra, Band I, Pamplona 1917, Band II, Pamplona 1932; zitiert: LACARRA I, II.

SAINZ DE VARANDA, La Ley Paccionada de Navarra y la vigencia de las normas forales sobre sucesión intestada, Zaragoza 1954; zitiert: SAINZ DE VARANDA.

SALINAS QUIJADA, El Código civil general y el Derecho civil en Navarra en sus diferencias fundamentales, Barcelona 1955.

SALINAS QUIJADA, Las Fuentes del Derecho civil navarro, Estudio histórico-jurídico-bibliográfico, Tudela 1946; zitiert: SALINAS, Estudio.

YABEN, Los contratos matrimoniales en Navarra y su influencia en la estabilidad de la familia, Madrid 1916; zitiert: YABEN.

YANGUAS, Diccionario de los Fueros del Reino de Navarra y de las leyes vigentes promulgadas hasta los años 1817 y 1818 inclusive, San Sebastian 1828.

6. Baskisches Recht (Vizcaya und Álava)

ANGULO, Derecho privado de Vizcaya, Madrid 1903.

DE ECHEGARAY, Derecho foral privado (Derecho vasco), San Sebastian 1950; zitiert: DE ECHEGARAY.

GARCÍA ROYO, Foralidad civil de las provincias vascongadas, 3 Bände, Vitoria 1952; zitiert: GARCÍA ROYO I, II, III.

JADO, Derecho civil de Vizcaya, 2. Auflage, Bilbao 1923; zitiert: JADO; 1. Auflage, Bilbao 1900; zitiert: JADO[1].

URIARTE, El Fuero de Ayala, Madrid 1912; zitiert: URIARTE.

II. *Artikel in Zeitschriften und Festschriften*

1. Gemeines Recht und allgemeines Foralrecht

ALBALADEJO, La adquisición de la herencia en el Derecho español, Anuario de Derecho Civil VIII (1955) S. 3 f.

ALONSO Y LAMBÁN, Las formas testamentarias en las llamadas regiones forales, Temis V (1959) S. 11 f. und VI (1959) S. 23 f.; zitiert: ALONSO Y LAMBÁN V bzw. VI.

CABEZUDO ASTRAIN, El artículo 15 del Código civil y los cambios de residencia, Universidad (1950) S. 41.

CASTÁN TOBEÑAS, La sucesión del cónyuge viudo y el problema de las legislaciones forales, Revista General de Legislación y Jurisprudencia 125 (1914) S. 267 f., S. 428 f.

COSACK, El Derecho hereditario alemán comparado con el español, Revista de Derecho Privado (1923) S. 290 f.

DE COSSIO, Los Derechos sucesorios del cónyuge sobreviviente, Revista de Derecho Privado (1957) S. 131 f.

GARCÍA VALDESECAS, De nuevo sobre la adquisición de la herencia, Revista de Derecho Privado (1951) S. 991 f.

GARCÍA VALDESECAS, La adquisición de la herencia en el Derecho español, Revista de Derecho Privado (1944) S. 89 f.

ISABAL, Testamento ante el párroco, Enciclopedia Jurídica Española XXIX, S. 716 f.

LACRUZ BERDEJO, Los Derechos forales, Universidad (1948) S. 290 f.; zitiert: LACRUZ, D. F.

MARTÍN-BALLESTERO, Los artículos 12 y 13 del Código civil y el problema de las fuentes en el Derecho foral, Anuario de Derecho Aragonés I (1944) S. 302.

MARTÍN-BALLESTERO, La Integración del Derecho foral y el común en el concepto genérico del Derecho civil hispano, Universidad (1947) S. 45 f.

PALOMAR, Vigencia y eficacia del „Codex Iuris Canonici" en el ordenamiento jurídico español, Revista Crítica de Derecho Inmobiliario (1945) S. 1 f.

ROCA SASTRE, Naturaleza jurídica de la legítima, Revista de Derecho Privado (1944) S. 185 f.

VALLET DE GOYTISOLO, Apuntes de Derecho sucesorio, Anuario de Derecho Civil IV (1951) S. 428, 1345 f.; V (1952) S. 835 f.; VII (1954) S. 655, 1030 f.; VIII (1955) S. 269 f.; zitiert VALLET DE GOYTISOLO, Apuntes.

Vallet de Goytisolo, Interpretación, localización, sistemática e integración de la reserva del art. 811 CC, Revista de Derecho Privado (1959) S. 276 f., 375 f.

Villar y Romero, Un extranjero al adquirir la nacionalidad española precísamente por residencia en Navarra ¿adquiere igualmente el Derecho de regirse por las particularidades del Derecho foral navarro? Revista de Derecho privado 1942, S. 697 f.

2. Aragonesisches Recht

Aceda, Notas sobre el agermanamiento o casamiento al mas viviente, Segunda Semana de Derecho Aragonés, S. 197 f., Jaca 1943.

Albalete Giménez, El pasivo de las masas patrimoniales en la comunidad cónyugal aragonesa, Anuario de Derecho Aragonés IX (1957—58) S. 152 f.

Albareda, Algunas instituciones de Derecho aragonés y navarro, Anuario de Derecho Aragonés VI (1951—52) S. 21 f., zitiert: Albareda.

Aragüés Pérez, Algunas consideraciones sobre la regla cuarta del artículo 39 del Apéndice foral, Segunda Semana de Derecho Aragonés, S. 265 f., Jaca 1943.

Aragüés Pérez, La prohibición de la viudedad, Primera Semana de Derecho Aragonés, S. 41 f., Jaca 1942.

Arnanz Delgado, Causas de extinción de la viudedad, Anuario de Derecho Aragonés VI (1951—52) S. 89.

Batalla, Disponibilidad de los bienes en Aragón, cuando existen reserva a favor de los instituyentes o usufructo de viudedad, Anuario de Derecho Aragonés I (1944) S. 351 f.

Belled Heredía, Un problema en la adveración del testamento ante párroco en Aragón, Homenaje a la memoria de Don Juan Moneva y Puyol, S. 517 f., Zaragoza 1954.

Caballero Lasierra, Colación de bienes, Anuario de Derecho Aragonés VI (1951—52) S. 99 f.

Camón Aznar, De la extensión de la viudedad legal a todos los frutos pendientes de recolección al fallecimiento del cónyuge premuerto, Segunda Semana de Derecho Aragonés, S. 193 f., Jaca 1943.

Giménez Arnau, Extension a la legislación castellana del usufructo viudal aragonés, Primera Semana de Derecho Aragonés, S. 35 f., Jaca 1942.

Huerta San Juan, Usufructo viudal en establecimientos mercantiles e industriales, Segunda Semana de Derecho Aragonés, S. 195 f., Jaca 1943.

Iranzo Villacampa, Algunas notas sobre la limitada responsabilidad del heredero, Anuario de Derecho Aragonés VII (1953—54) S. 113.

Isabal, Derecho civil de Aragón, Enciclopedia Jurídica Española XI, S. 18 f.

Lacruz Berdejo, Bienes comunes y privativos en el régimen matrimonial aragonés, Revista de Derecho Notarial (1957) S. 7 f.

Lacruz Berdejo, Algunas observaciones sobre la facultad que conceden al cónyuge continuador de la comunidad los artículos 54 y 72—6° del apéndice, Anuario de Derecho Aragonés IV (1947—48) S. 131.

Lacruz Berdejo, Sobre algunos caracteres del derecho de viudedad, Anuario de Derecho Aragonés III (1946) S. 353 f.

Lacruz Berdejo, El régimen matrimonial de los Fueros de Aragón, Anuario de Derecho Aragonés III (1946) S. 19 f., zitiert: Lacruz, Régimen matrimonial.

La Fuente Pertegaz, La distribución de la legítima en Aragón, Primera Semana de Derecho Aragonés, S. 83 f., Jaca 1942.

Laguna Azorín, El derecho de viudedad foral ¿debe extenderse a los bienes muebles? Anuario de Derecho Aragonés VI (1951—52) S. 179.

LASALA LLANAS, La viudedad aragonesa en el Derecho interregional, Segunda Semana de Derecho Aragonés, S. 171 f., Jaca 1943.

LORENTE SANZ, La omisión del inventario en la viudedad, Homenaja a la memoria de Don Juan Moneva y Puyol, S. 493 f., Zaragoza 1954, zitiert: LORENTE SANZ, Omisión.

LORENTE SANZ, El testamento mancomunado en el Apéndice foral aragonés, Primera Semana de Derecho Aragonés, S. 127 f., Jaca 1942, zitiert: LORENTE SANZ, Testamento mancomunado.

LORENTE SANZ, Breve nota sobre la troncalidad en las sucesiones, Anuario de Derecho Aragonés V (1949—50) S. 449 f.

LORENTE SANZ, Crónica de Jurisprudencia (1957—1958), Anuario de Derecho Aragonés IX (1957—58) S. 329 f.

MARTÍN-BALLESTERO, Los derechos sucesorios del cónyuge viudo en Aragón, Primera Semana de Derecho Aragonés, S. 27 f., Jaca 1942.

MARTÍNEZ MOYA, El artículo 39 del Apéndice y su derecho de representación, Anuario de Derecho Aragonés X (1959—60) S. 159 f.

MONEVA/PALÁ/MARTÍN-BALLESTERO, Derecho civil de Aragón, Nueva Enciclopedia Jurídica I S. 181 f.

MORER PÉREZ, Sobre el artículo 39 del vigente apéndice, Anuario de Derecho Aragonés VII (1953—54) S. 128 f.; zitiert: MORER.

MUÑOZ SALILLAS, Privilegios a favor del Hospital de Nuestra Señora de Gracia, Anuario de Derecho Aragonés I (1944) S. 143 f.

ORTEGA Y SAN IÑIGO, Las sucesiones en Aragón, Revista de Derecho Privado (1936) S. 121, 153 f.

OURLIAC, Les droits de la veuve, Anuario de Derecho Aragonés VIII (1955—56) S. 209 f.

PALÁ/MARTÍN-BALLESTERO, El sujeto en el ordenamiento jurídico aragonés, Segunda Semana de Derecho Aragonés, S. 62 f., Jaca 1943.

PALÁ, Los señores mayores en la familia altoaragonesa, Segunda Semana de Derecho Aragonés, S. 141 f., Jaca 1943; zitiert: PALÁ.

PELAYO HORE, La viudedad aragonesa, Revista de Derecho Privado (1944) S. 24 f.

PELAYO HORE, Problemas de la viudedad foral, Segunda Semana de Derecho Aragonés, S. 175 f., Jaca 1943.

QUINTANA, Caducidad del testamento ante párroco, Anuario de Derecho Aragonés I (1944) S. 366 f.

QUINTANA, Persona en cuyo poder debe quedar el testamento otorgado ante párroco, Anuario de Derecho Aragonés I (1944) S. 368 f.

RICO GAMBARTE, Alimentos como suplemento de legítima, Anuario de Derecho Aragonés VI (1951—52) S. 221 f.

RIVAS PÉREZ, El testamento ante párroco en Aragón, Anuario de Derecho Aragonés I (1944) S. 378 f.; zitiert: RIVAS PÉREZ

SAINZ DE VARANDA, El consejo de parientes en el Derecho civil aragonés, Anuario de Derecho Aragonés VII (1953—54) S. 7 f.

SANCHO REBULLIDA, Notas para la interpretación del artículo 36 del Apéndice, Anuario de Derecho Aragonés IV (1947—48) S. 181 f.

SANCHO REBULLIDA, La viudedad aragonesa, Anuario de Derecho Aragonés VIII (1955—56) S. 7 f.; zitiert: SANCHO REBULLIDA.

SAPENA TOMAS, El pacto sucesorio en Alto Aragón, Revista de Derecho Privado (1954) S. 201 f.; zitiert: SAPENA, Pacto sucesorio.

SAPENA TOMAS, La viudedad aragonesa ante el cambio de vecindad civil, Revista de Derecho Privado (1956) S. 795 f.

SAPENA TOMAS, El acogimiento alto-aragonés, Anuario de Derecho Aragonés X (1959—60) S. 95 f.; zitiert: SAPENA, Acogimiento.

SAPENA TOMAS, Heredamientos forzados, Anuario de Derecho Aragonés VI (1951—52) S. 281 f.

SAPENA TOMAS, Ineficacia del negocio jurídico en el Apéndice al CC vigente en Aragón, Anuario de Derecho Civil IX (1956) S. 144 f.

SOLANO NAVARRO, Mi contribución respecto a la sucesión contractual en Alto Aragón, Anuario de Derecho Aragonés I (1944) S. 333 f.; zitiert: SOLANO.

TEIXEIRA GRACIANETA, El testamento mancomunado aragonés, Resumen de una tesis doctoral, Temis 3 (1958) S. 137 f.; zitiert: TEIXEIRA.

VALENZUELA Y SANCHO, El apéndice foral aragonés a traves de la jurisprudencia, Anuario de Derecho Aragonés III (1946) S. 357 f.; zitiert: VALENZUELA Y SANCHO.

VIDIELLA, De la legítima de descendientes en Aragón, Revista de Derecho Privado (1918) S. 137 f.

3. Balearisches Recht

BALLESTER, El Apéndice de Baleares, Revista General de Legislación y Jurisprudencia 146 (1925) S. 67 f.

COSTA RAMÓN, Derecho foral ibicenco, Ibiza, Revista del Instituto de Estudios ibicencos, Número 5, 2a época, S. 17 f., Ibiza 1958; zitiert: COSTA RAMÓN.

O'CALLAGHAN, La legítima de los ascendientes en Mallorca, Revista de Derecho Privado (1918) S. 149 f.

PASCUAL Y GONZÁLEZ, Bosquejo histórico y estado actual del Derecho foral de Mallorca, Revista de Derecho Privado (1931) S. 289 f.

PASCUAL Y RUIZ, La institución del heredero distributario (Mallorca), Revista de Derecho Privado (1931) S. 114 f.

RIVERA SIMÓN, Modalidades de Derecho foral subsistentes en Menorca, Revista Crítica de Derecho Inmobiliario (1955) S. 38 f.; zitiert: RIVERA I.

RIVERA SIMÓN, Modalidades de Derecho foral menorquín, Revista Critica de Derecho Inmobiliario (1956) S. 793 f.; zitiert: RIVERA II.

SUBÍAS, La Compilación del Derecho civil especial de Baleares, Revista General de Legislación y Jurisprudencia 210 (1961) S. 619 f.

SUREDA, Existencia y fuentes de la legislación foral de Mallorca, Revista de Derecho Privado (1913—14) S. 33 f.

4. Galizisches Recht

FUENMAYOR, Derecho civil de Galica, Nueva Enciclopedia Jurídica I, S. 239 f.; zitiert: FUENMAYOR.

5. Katalanisches Recht

BORRELL MACÍA, La Compilación como proceso codificador; ventajas y desventajas, Academia de Jurisprudencia y Legislación de Barcelona: Comentarios a la Compilación del Derecho civil especial de Cataluña (Conferencias), S. 59 f., Barcelona 1961.

BORRELL MACÍA, Derecho civil de cataluña, Nueva Enciclopedia Jurídica I, S. 203 f.

COLL Y RODÉS, El Privilegi del Rey en Pere III de 1339, Revista Jurídica de Cataluña XVII, Núms. 6 y 7 (1911) S. 301 f.

FIGA FAURA, La Compilación en sus conexiones con el CC, Academia de Jurisprudencia y Legislación de Barcelona: Comentarios a la Compilación del Derecho civil especial de Cataluña (Conferencias), S. 107 f., Barcelona 1961.

PUIG BRUTAU, La Compilación del Derecho civil catalán, XXth Century Comparative and Conflicts Law, Legal Essays in Honor of Hessel E. Yntema, S. 190 f., Leyden 1961; zitiert: PUIG BRUTAU.

ROCA SASTRE, Los elementos componentes de la Compilación, Academia de Jurisprudencia y Legislación de Barcelona: Comentarios a la Compilación del Derecho civil especial de Cataluña (Conferencias), S. 9 f., Barcelona 1961; zitiert: ROCA SASTRE, Elementos.

ROCA SASTRE, L'Heretament fiduciari al Pallars Sobirá, Académia de Jurisprudencia i Legislació de Catalunya: Conferencies sobre varietats comarcals del Dret civil català, Barcelona 1934.

SAGUER Y OLIVET, Naturaleza jurídica de la legítima según el Derecho civil de Cataluña, Revista de Derecho Privado (1918) S. 169 f.

6. Navarrisches Recht

ABADÍA ESCOLÁ, La colación de bienes en el Derecho foral navarro, Anuario de Derecho Aragonés X (1959—60) S. 88 f.; zitiert: ABADÍA.

ABADÍA ESCOLÁ, La viudedad foral, Curso S. 193 f.

AIZPÚN SANTAFÉ, Ideas generales de las instituciones del Derecho civil navarro, Curso S. 1 f.

AIZPÚN TUERO, El pacto sucesorio en el Derecho civil navarro, Anuario de Derecho Aragonés II (1945) S. 158 f.; zitiert: AIZPÚN TUERO.

AIZPÚN TUERO, Derechos de representación y de acrecer, Curso S. 211 f.

ALBAREDA, Algunas instituciones de Derecho aragonés y navarro, Anuario de Derecho Aragonés VI (1951—52) S. 21 f.; zitiert: ALBAREDA.

IRIBARREN, Segundas nupcias, Curso S. 125 f.

ISABAL, Derecho civil de Navarra, Enciclopedia Jurídia Española XI, S. 31 f.

LÓPEZ JACOISTE, El beneficio de separación de patrimonios, Curso S. 267 f.

NAGORE, Revocación de disposiciones sucesorias, Curso S. 229 f.

SALINAS QUIJADA, Fuentes del Derecho civil navarro, Curso S. 53 f.; zitiert: SALINAS, Curso.

SANTAMARÍA ANSA, La sucesion abintestato en el Derecho foral de navarra, Curso S. 179 f.

SANTAMARÍA ANSA, Derecho de familia, Curso S. 107 f.

SANTAMARÍA DE CRISTÓBAL, El testamento navarro de hermandad, Anuario de Derecho Aragonés II (1945) S. 187 f.: zitiert: SANTAMARÍA DE CRISTÓBAL.

SOLCHAGA, El testamento ante párroco en Navarra, Universidad (1958) S. 398 f.; zitiert: SOLCHAGA.

7. Baskisches Recht (Vizcaya und Álava)

DE ACILLONA Y LANDESA, Erroneas interpretaciones dadas a la jurisprudencia vizcaína del Tribunal Supremo, Anuario de Derecho Civil XII (1959) S. 661 f.

DE AREITO Y MENDIOLEA, Derecho civil de Vizcaya, Nueva Enciclopedia Jurídica I, S. 307 f.

DE ESJAVIERRÍA, El apartamiento en el Fuero y en la Compilación de Derecho civil de Vizcaya, Estudios de Deusto (1959) S. 399 f.; zitiert: DE ESJAVIERRÍA.

ISABAL, Derecho civil de Vizcaya, Enciclopedia Jurídica Española XI, S. 37 f.

LA HELGUERA Y DEL PORTILLO, El estatuto personal en la Compilación de Derecho civil de Vizcaya, Anuario de Derecho Civil XIII (1960) S. 943 f.

SÁNCHEZ DE LA TORRE, Regimen jurídico de la legítima vizcaína, Estudios de Deusto (1958) S. 411 f.

SÁNCHEZ DE LA TORRE, Variabilidad e intangibilidad de la legítima vizcaína, Estudios de Deusto (1958) S. 113 f.

Sánchez de la Torre, El parr. 3° del artículo 10 del Código Civil y los abintestatos de los vizcaínos según la sentencia de la Audiencia Territorial de Burgos de 15 de diciembre de 1953, Estudios de Deusto (1957) S. 473 f.

Vallet de Goytisolo, Glosas al § 3 del artículo 10 del Código Civil en relación con la jurisprudencia del Tribunal Supremo, Anuario de Derecho Civil XII (1959) S. 569 f.

Vallet de Goytisolo, Los trabajos de Angel Sánchez Torre acerca de la troncalidad, abintestato y legítima vizcaína, Anuario de Derecho Civil XIII (1960) S. 212 f.

C. Spanische Zeitschriften und Enzyklopädien

Anuario de Derecho Aragonés, Estudios de Derecho Aragonés, C.S.I.C., seit 1944 (bis 1946 jährlich, seither zweijährlich) abg.: An. Der. Aragonés.

Anuario de Derecho Civil, vierteljährlich, seit 1948, abg.: An. Der. Civ.

Enciclopedia Jurídica Española, Barcelona, seit 1910, abg.: EJE.

Estudios de Deusto, Revista de la Universidad Deusto (Bilbao), halbjährlich, seit 1952.

Nueva Enciclopedia Jurídica, Barcelona, seit 1950; abg.: NEJ.

Revista Crítica de Derecho Inmobiliario, zweimonatlich, seit 1925, abg.: Rev. Crít. Der. Inm.

Revista de Derecho Notarial, abg.: Rev. Der. Not.

Revista de Derecho Privado, Madrid, monatlich, seit 1914, abg.: Rev. Der. Priv.

Revista General de Legislación y Jurisprudencia, Madrid, zweimonatlich, seit 1853, abg.: Rev. Gen. Leg. Jur.

Primera Semana de Derecho Aragonés, Jaca 1942, Estudio de Derecho aragonés, Publicaciones de la Universidad de Zaragoza, abg.: Prim. Sem. Der. Aragonés.

Segunda Semana de Derecho Aragonés, Jaca 1943, Estudio de Derecho aragonés Publicaciones de la Universidad de Zaragoza, abg.: Seg. Sem. Der. Aragonés.

Temis, Revista de Ciencia y Técnica Jurídica. Herausgegeben von der Facultad de Derecho de la Universidad de Zaragoza, seit 1957, halbjährlich.

Universidad, Revista de Cultura y Vida universitaria. Zeitschrift der Universität Zaragoza, dreimonatlich, seit 1924.

A. DIE SPANISCHEN FORALRECHTE UND IHRE QUELLEN

1. Abschnitt

Die Foralrechte in der spanischen Privatrechtsordnung

§ 1: BEGRIFF DES FORALRECHTS NACH ART. 12, 13 CC; SEINE PROBLEME

Das spanische bürgerliche Recht ist noch nicht in allen seinen Teilen für das gesamte Staatsgebiet einheitlich geregelt. Das spanische Zivilgesetzbuch von 1889, der „Código Civil Español“[1], legt in Art. 12 Abs. 1 nur seinem Einleitenden Titel („título preliminar“) und dem 4. Titel des 1. Buches[2] zwingende Geltung als allgemeinem, gesamtspanischem Recht bei. Im übrigen bestimmt Art. 12 Abs. 2 CC, daß das „Foralrecht“ („Derecho foral“) derjenigen Provinzen und Territorien, in denen es fortbesteht, vorläufig unverändert in Kraft bleibt und daß der CC in diesen Gebieten nur als Subsidiärrecht letzten Grades anzuwenden ist[3]. Eine Abweichung hiervon sieht Art. 13 CC vor, wonach der CC in Aragón und auf den balearischen Inseln zum gleichen Zeitpunkt wie im übrigen, einem Foralrecht nicht unterstehenden Staatsgebiet unmittelbar in Kraft tritt, soweit er den geltenden foralen und gewohnheitsrechtlichen Vorschriften dieser Gebiete nicht entgegensteht.

Das geltende spanische Zivilrecht wird somit in seiner äußeren Erschei-

---

[1] Der „Código Civil Español“ (im folgenden: CC) trat am 1. 5. 1889 in Kraft und gilt heute, unbeschadet späterer Änderungen, in seiner zweiten, revidierten Ausgabe, die am 24. 7. 1889 verkündet wurde.

[2] Der Einleitende Titel enthält die Vorschriften über die Wirkungen der Gesetze und deren Anwendung sowie das internationale und interregionale Privatrecht. Gegenstand des 4. Titels des 1. Buches ist die Ehe mit Ausnahme des Ehegüterrechts und — in Art. 42 Abs. 2 und 3 CC — die interpersonelle Abgrenzung zwischen kanonischer und bürgerlicher Ehe.

[3] Puig Brutau 194 vergleicht das Verhältnis zwischen Foral- und Ergänzungsrecht (hier dem römischen Recht in Katalonien) mit dem zwischen Statute Law und Common Law in den USA.

nung dadurch gekennzeichnet, daß in bestimmten Gebieten von dem im CC kodifizierten gemeinspanischen Recht abweichende Vorschriften und Rechtsordnungen bestehen, die in Art. 12 CC als Foralrecht bezeichnet und vorrangig vor jenem angewendet werden. Obwohl Art. 12 CC mit „Foralrecht" die Gesamtheit dieser besonderen Vorschriften meint, die untereinander von Gebiet zu Gebiet verschieden sind, erscheint es doch genauer, von „den Foralrechten" in der Mehrzahl zu sprechen, wenn man sich auf diese Gesamtheit bezieht, und den Ausdruck „Foralrecht" in der Einzahl einem bestimmten dieser Sonderrechte vorzubehalten (aragonesisches, katalanisches, navarrisches oder biskayisches Foralrecht). In der Praxis wird aber „Foralrecht" in der Einzahl in beiden Bedeutungen gebraucht[4].

Gegenüber diesen Foralrechten kommt dem CC, wie früher in weitem Umfang dem kastilischen Recht, die Stellung eines *gemeinen Rechtes* („Derecho común") zu. Hierbei gilt ein Teil dieses gemeinen Rechtes unmittelbar im ganzen Staatsgebiet, während die Wirksamkeit der übrigen Teile des CC in den Foralrechtsgebieten im Einzelfall jeweils davon abhängt, ob das eigenständige Recht des betreffenden Gebietes eine im Range vorgehende Vorschrift enthält oder nicht[5]. Das gemeine Recht tritt gemäß Art. 12 Abs. 2 CC, von der Ausnahme in Art. 13 CC abgesehen, hierbei nicht nur hinter dem Foralrecht im eigentlichen Sinne, d. h. dem nur für das betreffende Gebiet erlassenen oder dort gewohnheitsrechtlich entstandenen Recht, sondern auch hinter einem etwa geltenden anderen Subsidiärrecht zurück. Die praktische Bedeutung dieser Vorschrift beschränkt sich jedoch heute angesichts der seit 1959 in Kraft getretenen Kompilationen der Foralrechte Vizcayas und Álavas, Kataloniens, der Balearen und Galiziens, wie im einzelnen noch ausgeführt werden wird, auf Navarra, wo das Justinianische Recht vor dem CC als Subsidiärrecht heranzuziehen ist.

Dem positiven spanischen bürgerlichen Recht kann sonach folgende Begriffsbestimmung der Foralrechte entnommen werden:

Die Foralrechte sind die in bestimmten Provinzen und Gebieten Spaniens in Gestalt eines Partikularrechtes fortgeltenden Rechtsordnungen und Vorschriften, die nicht durch gesamtspanisches zwingendes Recht außer Kraft gesetzt wurden und die auf die von ihnen erfaßten Tat-

[4] De Castro 270; Albaladejo 45.

[5] Albaladejo 43.

bestände[6] mit Vorrang vor dem CC oder anderen etwa in Kraft gebliebenen Subsidiärrechten anzuwenden sind[7].

Dies sind im wesentlichen die Merkmale, die sich aus Art. 12, 13 CC entnehmen lassen. Wenn Art. 12 Abs. 2 CC bestimmt, „lo conservarán por ahora" („sie behalten es vorläufig"), so gibt der CC damit zu erkennen, daß letztes Ziel des spanischen Gesetzgebers die Rechtseinheit ist. Für eine Darstellung des geltenden Rechtszustandes hat dies nur die Bedeutung eines Programmes. Die Frage, ob die Foralrechte einer Fortbildung in irgendeiner Form fähig sind oder ob sie als „versteinerte" Rechte so fortgelten, wie sie zum Zeitpunkt des Inkrafttretens des CC galten, läßt sich aus Art. 12 Abs. 2 CC nicht beantworten, da dort nur bestimmt ist, daß der Código Civil selbst ihren Bestand unverändert läßt. Offen bleibt, in welchen Gebieten Foralrecht besteht, welchen Inhalt und Umfang es besitzt, welche Rangordnung für seine Rechtsquellen gilt und welche anderen Vorschriften außer dem Einleitenden Titel und dem 4. Titel des 1. Buches des CC als gesamtspanisches bürgerliches Recht anzusehen sind. Als Foralrechtsgebiete nennt der CC zwar Aragón, die Balearen (Art. 13) und Vizcaya (Art. 10 Abs. 3) und bestimmt weiter, an welcher Stelle der Rechtsquellenhierarchie er als gemeines Recht einzuordnen ist. Die Anwendung von Art. 12 und 13 CC und damit die Bestimmung des Standorts der Foralrechte im System des spanischen bürgerlichen Rechtes erfordert aber die Untersuchung auch der genannten, vom CC unbeantworteten Fragen. Diese Aufgabe ist wesentlich vereinfacht in denjenigen Gebieten, deren besonderes Recht durch ein von der spanischen Zentralgewalt nach Inkrafttreten des CC erlassenes Gesetz geregelt ist (Aragón, Vizcaya und Álava, Katalonien und Balearen sowie Galizien). Dort gilt das jeweilige Foralgesetz[8] mit Vorrang vor dem CC und dieser, soweit dieses Foralgesetz keine Vorschriften enthält[9]. Da jedoch diese Gesetze mit Ausnahme des das aragonesische Foralrecht beinhaltenden

---

[6] Hierbei ist zu beachten, daß Foralrecht auch auf diejenigen Tatbestände anzuwenden ist, die sich außerhalb seines räumlichen Geltungsbereiches vollziehen, wenn das Kollisionsrecht (internationales und interregionales Privatrecht) an Foralrecht anknüpft.

[7] Vgl. T. S. 8. 6. 1904.

[8] So bezeichnet die in der „Colección de textos legales" vom Boletín Oficial del Estado veröffentlichte Sammlung die von der Zentralgewalt erlassenen Gesetze über das Foralrecht Aragóns, Kataloniens, der Balearen und der baskischen Provinzen Vizcaya und Álava („Leyes civiles forales"; Madrid, 1962).

[9] Art. 1 ap. mit Art. 12, 13 CC; Art. 1 Abs. 1, 1. und 2. Schlußbestimmung CDC; 1. und 2. Schlußbestimmung CDV; Art. 2 Abs. 1, 1. und 2. Schlußbestimmung CDB; Art. 2 Abs. 1, 1. und 2. Schlußbestimmung CDG.

„Apéndice" sehr jungen Datums sind und das Foralrecht Navarras noch auf den historischen Rechtsquellen beruht, ist es notwendig, sie in vollem Umfange durchzuführen.

§ 2: DER URSPRUNG UND DIE BEDEUTUNG DER BEZEICHNUNG „FORALRECHT"

Die Bezeichnung „Foralrecht" („Derecho foral") für die auch nach Herstellung der politischen Einheit Spaniens fortbestehenden und vom gemeinspanischen Recht abweichenden Privatrechte bestimmter Landesteile ist in dieser allgemeinen Bedeutung ziemlich modern und findet sich erstmals Mitte des 18. Jahrhunderts in dem „Parabien del Rector y Claustro de la Universidad de Valencia al Rey Carlos III en su feliz advenimiento al Trono", in dem GREGORIO MAYANS Y SISCAR König Karl III. anläßlich seiner Thronbesteigung daran erinnerte, daß es in der Audiencia von Valencia[10] immer eine bestimmte Zahl valencianischer Richter zur Entscheidung der alten foralrechtlichen Prozesse geben müsse[11].
Das Adjektiv „foral" leitet sich von dem in der spanischen Rechtssprache in verschiedenen Bedeutungen gebräuchlichen Wort „Fuero"[12] ab. Fuero kann bedeuten:

1. Gesetz oder Gesetzbuch einer Stadt während des Mittelalters,
2. Rechtsprechung[13],
3. die spezifische Bezeichnung bestimmter Gesetzeswerke oder -sammlungen (Fuero Juzgo, Fuero General de Navarra etc.) und
4. bestimmte Privilegien und Ausnahmevorschriften zugunsten einer Provinz, Stadt oder Person[14].

Im modernen spanischen Verfassungsrecht haben verschiedene Gesetze mit Verfassungsrang („leyes fundamentales") die Bezeichnung „Fuero" erhalten (Fuero de los Españoles, Fuero del Trabajo). Besonders in den Foralrechtsgebieten Aragón, Navarra und Vizcaya ist „Fuero" die histo-

---

10 Organisatorisch etwa dem Oberlandesgericht vergleichbar.

11 EJE unter „Derecho foral", S. 137; CASTÁN I/1, 128; BONET 67; vgl. auch LACRUZ, D. F. 290; Valencia verlor sein Foralrecht durch Dekret Philipps V. vom 29. 6. 1707 wegen seiner Haltung im spanischen Erbfolgekrieg und zählt seither nicht mehr zu den Foralrechtsgebieten, vgl. unten § 3 II.

12 von lat. forum.

13 im Sinne sachlicher Zuständigkeit oder zuständiger Verfahrensart.

14 Vgl. Diccionario de la Lengua Española [18] (Real Academia Española; Madrid 1956) unter „Fuero".

rische Bezeichnung für das richtige Recht überhaupt und für bestimmte, in Gesetzessammlungen enthaltene Rechtsquellen. Wollte man in diesem Zusammenhang bereits im Anschluß an obige Ziffer 4 von Privilegien oder Ausnahmevorschriften sprechen, so wäre dies jedoch ein Vorgriff auf die Untersuchung der Rechtsnatur der so bezeichneten Rechtsquellen.

De Castro[15] nennt als Bedeutung der Worte „fuero" und „foral":

a) Die richtige Rechtsregel oder -norm, also die bestehenden Gesetze, die verwurzelten Gewohnheiten und die zur Regel gewordene Überlieferung gegenüber der Willkür des Monarchen oder des Parlaments.

b) Die möglicherweise in dezentralistische, regionale oder separatistische Forderungen gekleideten Bestrebungen zur Wiederherstellung oder Einführung einer besonderen Rechtslage in einem Teil des Staatsgebietes in Form einer Verwaltungs-, Gesetzgebungs- oder Rechtsprechungsautonomie oder als Ausnahmen etwa von der Besteuerung oder vom Militärdienst[16].

c) Die örtliche Verschiedenheit privatrechtlicher Vorschriften im spanischen Recht, also den Gegensatz zwischen gemeinem Recht und Foralrecht.

Seit Beginn des 19. Jahrhunderts fand die Bezeichnung „Derecho foral" in der zuletzt genannten, modernen Bedeutung Eingang in die spanische Rechtssprache und ersetzte die bis dahin üblichen Begriffe „legislaciones especiales" (besondere oder Sonderrechte) und „fueros provinciales" (Provinzfueros). Der Gesetzgeber verwendete sie erstmals in Bestimmung 50 des Kgl. Dekrets vom 23. 9. 1857 über die Schaffung eines Lehrstuhles an allen Rechtsfakultäten für „Geschichte und Institutionen des gemeinen und foralen spanischen bürgerlichen Rechts" („Historia e Instituciones de Derecho civil español común y foral")[17]. Der Código Civil spricht von „Derecho foral" in Art. 12, 13 und 15. Von den geltenden Foralgesetzen bezeichnen dagegen nur der Apéndice für Aragón und die Kompilation für die beiden baskischen Foralprovinzen Vizcaya und Álava den in ihnen geregelten Gegenstand als Foralrecht. Die amtlichen Überschriften der katalanischen, balearischen und galizischen Kompilation wählen statt dessen die Bezeichnung „besonderes bürgerliches Recht" („Derecho civil especial"), verwenden jedoch in der Vorrede auch den gleichbedeutenden Begriff „Foralrecht". Der aragonesische Vorentwurf regelt nach seiner

---

15 De Castro 232.

16 In dieser Bedeutung ist der Begriff „Fueros" noch in Navarra aktuell, das auch auf dem Gebiet des Verwaltungs- und Steuerrechts eine Sonderstellung einnimmt.

17 Bonet 67; Castán I/1, 128.

Überschrift das „bürgerliche Recht von Aragón" („Derecho civil de Aragón"), um dann in Art. 1 Abs. 1 VE die geplante Kompilation zusammen mit der Gewohnheit und den allgemeinen Rechtsgrundsätzen, die aus diesen beiden Quellen abzuleiten sind, als „besondere Rechtsordnung" („régimen jurídico especial") anzusprechen.

In dieser etwas zögernden Verwendung des Ausdrucks „Foralrecht" kommt das Unbehagen zum Ausdruck, das vor allem die Foralrechtler[18] empfinden, wenn allein schon mit dem Worte „foral" der Gedanke eines privilegierten Ausnahmerechtes verbunden wird, das ein Teil der Zivilrechtswissenschaft als rückständig und gegenüber dem gemeinen Recht zweitrangig ansieht[19]. So führen CONDOMINES/FAUS in ihren Anmerkungen zur katalanischen Kompilation[20] aus: „Die Bezeichnungen gemeines Recht und Foralrecht, die den Gedanken nahelegen, daß letzteres einer gnadenweisen Gewährung durch den Souverän, ähnlich dem von den Monarchen an die Städte zur Stärkung ihrer Stellung gegenüber den Fürsten verliehenem Recht, entsprungen ist, sind ungeeignet. Das in Vizcaya, Katalonien und Aragón geltende Recht mag eigene Unterscheidungsmerkmale oder Besonderheiten aufweisen, aber sein Rang und seine Autorität stellen es auf die gleiche Ebene mit dem Código Civil." Aus den gleichen Gründen hielte es CASTÁN[21] für besser, zwischen einem allgemeinen bürgerlichen Recht für ganz Spanien („Derecho civil general") und einem regionalen oder lokalen Recht bestimmter Gebiete zu unterscheiden. Er sieht jedoch kein Hindernis, die überkommene und eingebürgerte Bezeichnung „Foralrecht" beizubehalten, soweit ihr nicht der Sinn unterlegt wird, daß es sich hierbei um ein partikularistisches Ausnahmerecht handelt, das auf Privilegien und der Gnade des Souveräns beruht[22]. Unter dieser Voraussetzung — d. h. ohne durch die Bezeichnung bereits ein Urteil über die Rechtsnatur abgeben zu wollen — wird der Name „Foralrecht" auch von denjenigen hingenommen, die in den Foralrechten oder zumindest in einem Teil von ihnen nicht nur eine Anhäufung mehr oder weniger isolierter Sondervorschriften, sondern wenigstens für bestimmte Gebiete durchgebildete Rechtssysteme mit eigenem Wert und vielen Vorzügen gegenüber

[18] Span. „foralistas", d. h. diejenigen Juristen, die dem Foralrecht durch Herkunft, Ausbildung oder praktische Tätigkeit besonders eng verbunden sind und den inneren Wert und die Eigenständigkeit des Foralrechts gegenüber dem gemeinen Recht zu verteidigen suchen.

[19] So vor allem DE CASTRO 270 f. und öfter.

[20] CONDOMINES/FAUS 7.

[21] CASTÁN I/1, 129 f.

[22] CASTÁN I/1, 214.

dem gemeinen Recht sehen[23]. Daß dies nicht ganz ohne Bedenken geschieht, zeigt sich darin, daß die Foralisten gerne vom „sogenannten" Foralrecht sprechen[24].

Welche Überlegungen für die Bestimmung der Rechtsnatur der Foralrechte maßgebend zu sein haben, kann erst weiter unten erörtert werden. Es bedarf jedoch der Klarstellung, daß der übliche und im übrigen nicht zu beanstandende Gebrauch des Wortes „Foralrecht" nicht dazu verführen darf, dieses ohne weitere Untersuchung mit der Bedeutung von „Fuero" als Privileg oder Ausnahme gleichzusetzen.

Selbst mit dieser Einschränkung besteht aber noch eine weitere Besonderheit für das katalanische Recht. Wird auch dieses Recht heute, insbesondere im Código Civil und in der Vorrede der CDC, als Foralrecht bezeichnet, so darf nicht übersehen werden, daß dem ursprünglichen katalanischen Recht die Worte „Fuero" und „foral" unbekannt waren und die anderswo in Spanien „Fueros" genannten Rechtsquellen „costumes, consuetuts, consuetudines, privilegis usw." hießen[25].

§ 3: DIE FORALRECHTSGEBIETE, DER VERLUST IHRER GESETZGEBUNGSAUTONOMIE UND IHRE HEUTIGE RÄUMLICHE AUSDEHNUNG

I. Die Foralrechtsgebiete

Aus Art. 12 Abs. 2 CC ergibt sich nur ganz allgemein, daß als Foralrechtsgebiete diejenigen Provinzen und Territorien Spaniens anzusehen sind, in denen bei Inkrafttreten des Código Civil vom gemeinen Recht abweichende Vorschriften galten und die somit von der in Art. 1976 CC ausgesprochenen Aufhebung des gemeinen Rechtes, soweit es der CC ersetzt, nicht erfaßt wurden. Welche Gebiete im einzelnen hierunter zu zählen sind, sagt der CC, abgesehen von der Erwähnung Aragóns, der Balearen und Vizcayas in Art. 13 und 10 Abs. 3 CC, nicht. Dies ist vielmehr „Tatfrage"[26], deren Beantwortung dadurch zu geben ist, daß man im einzelnen

---

23 Vgl. insbesondere Lacruz, D. F. 291 f.

24 Z. B. Alonso y Lambán V, 11 f. und VI, 23 f.

25 Castán I/1, 213, N. 1; vgl. auch García Gallo 165: „Die Gesamtheit des Rechtes eines Ortes heißt ‚Fuero' in den galizischen und kastilisch sprechenden Gebieten, ‚Costum' in denjenigen katalanischer Sprache, wenn auch beide Bezeichnungen bestimmten Sammlungen des lokalen Rechts gegeben werden."

26 De Castro, Compendio 54.

feststellt, in welchen Gebieten im Jahre 1889 tatsächlich vom gemeinen Recht abweichende bürgerlich-rechtliche Bestimmungen in Kraft geblieben waren[27]. Die Untersuchung könnte theoretisch dadurch eingeschränkt werden, daß man als Foralrecht nur das Recht derjenigen Gebiete ansieht, die zu irgendeiner Zeit im Verlauf ihrer Geschichte Gesetzgebungsautonomie im Rahmen einer gewissen Eigenstaatlichkeit besessen haben. Diesen Standpunkt nehmen DE CASTRO[28] und CASTÁN[29] zwar grundsätzlich ein. Beide Autoren müssen jedoch zugeben, daß als Foralrechtsgebiete auch Provinzen und Territorien anzusehen sind, die niemals eine eigene Gesetzgebungsautonomie besaßen[30], oder daß sie zumindest von einer auf gute Gründe gestützten herrschenden Meinung und der Praxis als solche betrachtet werden[31]. Selbst wenn man daher mit CASTÁN die historische Bedeutung des Begriffes „Derecho foral" darin sieht, daß er diejenigen rechtlichen Besonderheiten bezeichnet, die auf eine frühere Eigenstaatlichkeit zurückgeführt werden können, so erhält nach der Praxis und Rechtsprechung, wie noch zu sehen sein wird, Art. 12 — um mit DE CASTRO[32] zu sprechen — jedenfalls einmal „die provinzialen Fueros" und zum anderen „die geringe Zahl von städtischen Fueros und komarkalen Gewohnheiten, die im Gebiete Kastiliens der Angleichung an das gemeine Recht entgangen sind", aufrecht. Rein praktisch gesehen, kann heute gesagt werden, daß Foralrechtsgebiete diejenigen Gegenden Spaniens sind, in denen Praxis und Rechtsprechung auch noch nach Inkrafttreten des CC von diesem abweichende Vorschriften des bürgerlichen Rechts ständig angewendet haben, weil solche Vorschriften im Jahre 1889 galten[33].

Danach sind Foralrechtsgebiete Aragón, die balearischen Inseln, Katalonien, Galizien, Navarra, Teile der baskischen Provinzen Vizcaya und Álava sowie der Geltungsbereich des „Fuero del Baylío", die sogenannten „Territorios del Baylato".

Daß in Aragón, auf den Balearen, in Katalonien, in Vizcaya, Álava und in Galizien Foralrecht gilt, ergibt sich bereits aus der Tatsache, daß das

---

27 DE CASTRO 273.

28 DE CASTRO 272 mit Einschränkungen.

29 CASTÁN I/1, 219.

30 DE CASTRO 272.

31 CASTÁN I/1, 219, 221. Hierunter fallen insbesondere Galizien und der Geltungsbereich des Fuero del Baylío, die seit der Reconquista zu dem Kernland Kastilien gehört haben und deren besondere Vorschriften nur auf Gewohnheitsrecht (Galizien) und lokalen Privilegien (Fuero del Baylío) beruhen.

32 DE CASTRO 272.

33 ALBALADEJO 46.

jeweilige Foralrecht in Gesetzen geregelt ist, die die spanische Zentralgewalt nach Inkrafttreten des CC erlassen hat (ap., CDB, CDC, CDV, CDG).

Daß der spanische Gesetzgeber darüber hinaus Navarra zu den Foralrechtsgebieten rechnet, läßt sich vor allem aus den Gesetzen ableiten, die sich seit den Vorarbeiten zum Código Civil bis zur Gegenwart mit dem Schicksal der Foralrechte befaßt haben. Bereits durch kgl. Dekret vom 2. 2. 1880 wurde die Kommission, die zur Ausarbeitung des CC eingesetzt war, um Vertreter von Katalonien, Mallorca, Aragón, Navarra, Vizcaya und Galizien erweitert, die Denkschriften („Memorias") über die wichtigsten und erhaltenswerten Foralrechtsinstitutionen ihrer jeweiligen Regionen verfassen sollten[34]. Die gleiche Aufzählung findet sich in der sogenannten Ley de Bases vom 11. Mai 1888, die das Programm und die Leitgedanken für den ein Jahr später in Kraft getretenen CC vorzeichnete (Base 13). Zum Unterschied vom Dekret von 1880 spricht jedoch die Ley de Bases statt von Mallorca von den Balearen und ersetzt „Vizcaya" durch die „baskischen Provinzen"[35].

Durch Art. 1 des kgl. Dekrets vom 24. 4. 1899 wurden Sonderkommissionen zur Ausarbeitung von Gesetzesentwürfen über das Foralrecht von Katalonien, Aragón, Navarra, Vizcaya, Mallorca und Galizien eingesetzt und am 15. Mai des gleichen Jahres der Kommission für Vizcaya ein Vertreter der Provinz Álava beigeordnet. Bis 1946 war aus der Tätigkeit dieser Kommissionen nur der Apéndice für Aragón zum Gesetz geworden. Vom 3. bis zum 9. Oktober 1946 fand in Zaragoza der Nationalkongreß für bürgerliches Recht statt, der zu einer Neuorientierung in der Foralfrage führte. Zur Abfassung der auf diesem Kongreß als erstem Schritt zu einem allgemeinen Gesetzbuch (Código General) für ganz Spanien vorgesehenen Kompilationen wurden durch Verordnung (Orden) vom 10. 2. 1948 neue Kommissionen für Aragón, Katalonien, Balearen, Galizien, Vizcaya und Álava gebildet und die „Diputación foral" von Navarra ermächtigt, die Kommission für dieses Gebiet selbst zu benennen. Von diesen Kommissionen hat als erste die für Galizien 1949 dem Justiz-

---

[34] Alonso Martínez 2; vgl. auch Castán I/1, 219, und Bonet 68.

[35] Diese Gleichsetzung von „Mallorca" und „Balearen" findet sich auch häufig in der Literatur und ist darauf zurückzuführen, daß angenommen wird, das balearische Recht sei auf allen Inseln (Mallorca, Menorca, Ibiza und Formentera) gleich oder es gäbe überhaupt nur ein mallorkinisches Foralrecht (z. B. de Castro, Compendio 59; Albaladejo 48). Heute ist die Abgrenzung der Foralrechte der einzelnen Inseln untereinander durch die CDB geregelt.

ministerium einen Entwurf („Anteproyecto") vorgelegt[36]. In Geltung sind mittlerweile die Kompilationen für Vizcaya und Álava, Katalonien, die balearischen Inseln und Galizien. Der Entwurf für Aragón wurde erstmals im Juli 1962 veröffentlicht und dann den interessierten Kreisen zu einer privaten Stellungnahme vorgelegt. Eine zweite Veröffentlichung erfolgte im Juli 1963. Auch der navarrische Entwurf eines „Fuero recopilado de Navarra" von 1959 ist noch nicht Gesetz geworden[37].

Diese Hinweise auf die Kodifikationsgeschichte der spanischen Foralrechte und der Erlaß einer Kompilation für Galizien zeigen, daß auch dieses Gebiet unzweifelhaft als Foralrechtsgebiet anzusehen ist. CASTÁN[38] trug hiergegen Bedenken vor, weil in Galizien nur zwei gewohnheitsrechtliche Besonderheiten gegenüber dem gemeinen Recht bestanden[39], im übrigen aber immer die leonesischen und kastilischen Gesetze gegolten haben und Galizien nie Gesetzgebungsautonomie besaß[40]. Diese Überlegungen haben jedoch praktisch keine Bedeutung, da einmal feststeht, daß Galizien kraft Gesetzes als Foralrechtsgebiet anzusehen ist und zum anderen die noch vor Inkrafttreten der CDG unbestrittene Fortgeltung seines Gewohnheitsrechtes im Hinblick auf Art. 1976 und Art. 5 CC (Verbot der Gewohnheit „contra legem") nur dann begründet werden konnte, wenn man es als Foralrecht unter Art. 12 CC fallen ließ. Es ist daher der Auffassung beizutreten, die den foralen Charakter dieses Rechts uneingeschränkt bejaht[41]. Im Sinne von DE CASTRO handelte es sich hierbei um Gewohnheitsrecht, das in einem im übrigen unmitelbar dem gemeinen Recht unterworfenen Gebiete fortbestand.

Echte Zweifel bestehen dagegen an der Fortgeltung des sog. „Fuero del Baylío", das bei der Kodifizierung der Foralrechte unberücksichtigt blieb. Als „Fuero del Baylío" bezeichnet man die in einigen Orten der spanischen Landschaft Extremadura bestehende Übung, das gesamte von den Ehe-

[36] v. RAUCHHAUPT, Gesetzgebung 167 f.

[37] Vgl. hierzu auch CASTÁN I/1, 219, 262 f.; DE CASTRO 272, 258, 299 f.; BONET 68 f.

[38] CASTÁN I/1, 219.

[39] Es sind dies die „foros", eine Modalität der in Art. 1604 ff. CC geregelten „censos" (d. h. der Belastung unbeweglichen Vermögens mit einer jährlich zu entrichtenden Leistung als Entgelt für ein bar erhaltenes Kapital oder für die Überlassung eines Grundstücks) und die sog. „sociedad familiar gallega" (galizische Familiengesellschaft), eine Erwerbsgesellschaft, die zwischen den galizischen Bauern und den mit ihnen im gleichen Hauswesen lebenden emanzipierten Kindern, deren Ehegatten oder anderen Familienmitgliedern besteht, vgl. CASTÁN, D. F. 275 f.

[40] Ebenso BONET 71.

[41] Ebenso DE CASTRO 274; MANRESA 255 zu Art. 12, 13; PUIG PEÑA I/1, 206.

gatten eingebrachte und während der Ehe erworbene Vermögen je zur Hälfte zu teilen. Es handelt sich also um eine kraft Gesetzes eintretende vollständige Gütergemeinschaft, deren Ursprung im portugiesischen Recht gesucht wird[42]. Bezüglich des materiellen Inhalts dieses „Fuero" bestehen Meinungsverschiedenheiten insbesondere darüber, ob die Gütergemeinschaft bereits bei Eingehung der Ehe eintritt und somit der Ehemann zur Verfügung über die betroffenen Vermögensgegenstände der Zustimmung der Ehefrau bedarf, oder ob sie erst bei Auflösung der Ehe wirksam wird[43]. Die einzige geschriebene Grundlage bildet die in G. 12, Tit. V, Buch X der Nov. Rec. aufgenommene Bestätigung der genannten Gewohnheit durch König Karl III. von 1778, die — nach dem genannten Text — darin besteht, daß alles Vermögen, das die Ehegatten in die Ehe einbringen oder aus irgendeinem Grunde erwerben, gemeinschaftlich wird und der Teilung als Errungenschaft unterliegt[44]. Da somit die Geltung des „Fuero del Baylío" auf einer Vorschrift der Novísima Recopilación beruht, die einen Bestandteil des durch Art. 1976 CC aufgehobenen gemeinen Rechtes bildete, und sein Geltungsbereich niemals Gesetzgebungsautonomie besaß, wird von einigen die Foralrechtseigenschaft dieses Fuero verneint und es dem durch Art. 1976 CC aufgehobenen alten gemeinen Recht zugeordnet[45]. Demgegenüber erkennt jedoch die Praxis und Rechtsprechung seinen Fortbestand an[46]. Diese Rechtsprechung bestätigt die Auffassung derjenigen, die jedes Gebiet als Foralrechtsgebiet ansehen, in dem beim Inkrafttreten des Código Civil vom gemeinen Recht abweichende Vorschriften galten, und daher den „Fuero del Baylío" als geltendes Recht behandeln[47]. Das entsprechende Foralrechtsgebiet umfaßt den Anwendungsbereich dieses Fuero[48].

---

[42] Castán V/1, 647 f.; de Castro, Compendio 62.

[43] So die Rechtsprechung; vgl. die Nachweise bei Castán V/1, 652, der seinerseits aus historischen Gründen und im Hinblick auf die möglichen Mißbräuche zur ersten Auffassung neigt.

[44] „... conforme al cual todos los bienes que los casados llevan al matrimonio o adquieren por cualquier razón se comunican y sujetan a partición como gananciales".

[45] Castán I/1, 221; V/1, 651; Bonet 73.

[46] T. S. 8. 2. 1892; Res. 19. 8. 1914; in der Res. 10. 11. 1926 heißt es: „Der ‚Fuero del Baylío' ist eine geltende Foralrechtsinstitution bestimmter Orte, in Übereinstimmung mit den Vorschriften von Art. 12, da es sich um einen gewohnheitsrechtlichen Ehegüterstand handelt, der durch die Veröffentlichung des CC keine Änderung erfahren hat."

[47] Vor allem de Castro 274 f.; Albaladejo 46, 49; vgl. auch v. Rauchhaupt, Gesetzgebung 168.

[48] Vgl. unten III, 7.

Nicht mehr zu den Foralrechtsgebieten gehört seit dem Verlust seines Partikularrechtes im Jahre 1707 Valencia, wenn auch auf dem Gebiete des Wasserrechtes, der „Censos" und der Pacht- und Mietverträge („arrendamientos") noch bestimmte gewohnheitsrechtliche Besonderheiten fortbestehen[49]. Die Anwendung der ebenfalls in die Diskussion einbezogenen Fueros von Vicedo für Laredo und von Sepúlveda für Frontera (beide im Gebiete gemeinen Rechts) auch noch im Jahre 1889 konnte nicht nachgewiesen werden, so daß sie nicht als Foralrecht im Sinne von Art. 12 CC angesehen werden können[50]. Foralrechtsgebiete sind somit die eingangs aufgezählten Gebiete Aragón, Balearen, Katalonien, Galizien, Navarra, Teile von Vizcaya und Álava und der Anwendungsbereich des Fuero del Baylío.

II. Der Verlust der Gesetzgebungsautonomie der Foralrechtsgebiete

Bei der vorstehenden Untersuchung der Frage, welche Gegenden Spaniens heute als Foralrechtsgebiete im Sinne von Art. 12 CC anzusehen sind, zeigte sich, daß hierbei vor allem Castán[51] darauf abstellt, ob das vom gemeinen Recht abweichende Recht auf eine alte Gesetzgebungsautonomie des betreffenden Gebietes zurückgeht. Es wurde ebenfalls bereits festgestellt, daß dieses Merkmal dem galizischen Gewohnheitsrecht und dem „Fuero del Baylío" fehlt. Es sei daher aufgezeigt, wie die für das Privatrecht maßgebende politische Geschichte der übrigen Foralrechtsgebiete bis zu ihrer Vereinigung mit der Krone von Kastilien und dem Verlust ihrer Eigenstaatlichkeit verlaufen ist, da die Kenntnis dieser Umstände das Verständnis der Rechtsnatur der Foralrechte erleichtert und den oft gehörten Satz, daß die Foralrechte „versteinert", d. h. einer selbständigen Fortbildung nicht mehr fähig seien, ins rechte Licht rückt.

Eine der Hauptursachen für die Entstehung verschiedener Privatrechtsordnungen im Gebiete des heutigen spanischen Staates war die Tatsache, daß die erst 1492 mit der Eroberung Granadas abgeschlossene Rückeroberung des Landes von den Arabern („Reconquista") von verschiedenen Punkten ihren Ausgang nahm und zunächst zur Bildung mehrerer unabhängiger Staaten führte[52]. Neben dem 1037 aus dem Königreich Leon

---

[49] Literaturnachweise bei Castán I/1, 228.

[50] de Castro 275; Puig Peña I/1, 208; v. Rauchhaupt, Gesetzgebung 168.

[51] Castán I/1, 219, 221; V/1, 651.

[52] Castán I/1, 213; Lacruz, D. F. 290; Albaladejo 45.

hervorgegangenen Königreich Kastilien waren dies die Königreiche von Navarra (seit 905) und Aragón (seit 1035), die Markgrafschaft Barcelona oder Katalonien („Principado" oder „Condado de Barcelona") und die Herrschaft Vizcaya („Señorío de Vizcaya")[53]. Dazu kamen die baskischen Provinzen Álava, zunächst ebenfalls eine selbständige Herrschaft („behetría"), und Guipúzcoa, die in wechselnder Folge mit Navarra und Kastilien verbunden waren[54].

Ihr Zusammenschluß zu dem modernen spanischen Nationalstaat verlief in zwei Stufen.

In der ersten dieser Stufen, die mit der Eroberung Navarras durch Ferdinand von Aragón im Jahre 1512 ihren Abschluß fand, behielten die einzelnen Gliedstaaten eine weitgehende Autonomie, die ihnen ihre Gesetzgebungsorgane („Cortes") und sonstigen staatlichen Zuständigkeiten unter dem Fortbestand verschiedener Staatsangehörigkeiten innerhalb Spaniens beließ, wenn die Tätigkeit der Cortes auch an die Mitwirkung oder Bestätigung des gemeinsamen Monarchen gebunden war[55]. Dies führte insbesondere dazu, daß die ehemals selbständigen Staaten weiterhin ihr eigenes Privatrecht setzen und fortbilden konnten. Eine Ausnahme gilt nur für die baskischen Provinzen Álava und Guipúzcoa. Guipúzcoa kam 1200 endgültig zu Kastilien und übernahm dabei gleichzeitig das kastilische Recht[56]. Seine spätere Gesetzgebung betraf in der Hauptsache das öffentliche Recht, vor allem die Stellung der Provinz zu Kastilien. Obwohl RAUCHHAUPT[57] darauf hinweist, daß die einheimischen Rechtsquellen zwei privatrechtliche Vorschriften nachbarrechtlicher Art enthielten, und baskische Foralisten den Nachweis führen wollen, daß auch Guipúzcoa später noch ein eigenständiges Privatrecht besaß[58], handelt es sich hierbei nur um unbestätigtes Gewohnheitsrecht, und nach allgemeiner Meinung schied Guipúzcoa bereits zu jenem frühen Zeitpunkt aus dem Kreis derjenigen spanischen Gebiete aus, die heute Foralrechtsgebiete genannt werden[59]. Die Hauptstadt der Provinz Álava, Vitoria, wurde um 1200

---

53 Ähnlich v. RAUCHHAUPT, Gesetzesquellen 141.

54 CASTÁN I/1, 233; DE OTTO 96 f.

55 v. RAUCHHAUPT, Gesetzesquellen 141, 211.

56 CASTÁN I/1, 233.

57 v. RAUCHHAUPT, Gesetzesquellen 232.

58 So z. B. DE ECHEGARAY 73 f.

59 Vgl. neben CASTÁN I/1, 233 auch ALONSO MARTÍNEZ 158; JADO 66; LUNA SERRANO 16, 25, der darauf hinweist, daß sich besondere, in Guipúzcoa übliche erbrechtliche Gestaltungsformen zur Erhaltung der Einheit des Familienvermögens nur im Rahmen des CC entfalten können.

von Alfons VIII. von Kastilien erobert, und ihr Gebiet verblieb zunächst de facto bei Kastilien. 1332 wurde dieser Zusammenschluß durch eine Vereinbarung mit Alfons XI. von Kastilien auch de iure bestätigt, die der Provinz eine öffentlich-rechtliche Sonderstellung gewährleistete, auf dem Gebiete des Privatrechts jedoch zur Einführung des kastilischen Rechtes führte[60]. Die heute noch bestehenden rechtlichen Besonderheiten in dieser Provinz gehen auf spätere Gebietsveränderungen zurück. Die 1488 und 1491 von der Herrschaft Vizcaya an Álava abgetretenen Gemeindebezirke Aramayona und Llodio behielten das biskayische Foralrecht bei, und die 1463 mit Álava vereinigte „tierra de Ayala" bewahrte ebenfalls ihr eigenes Privatrecht, das seither ein eigenes Schicksal erfahren hat[61].

Die Herrschaft Vizcaya fiel während der Regierungszeit Heinrich II. (1369—1379) durch Erbgang an die kastilische Krone[62]. Bemerkenswert ist, daß die beiden Sammlungen des aus der Gewohnheit hervorgegangenen biskayischen Foralrechtes erst nach diesem Zeitpunkt verfaßt wurden[63]. Katalonien kam 1137 durch Heirat zu Aragón. Jakob I. (Jaime) von Aragón, mit dem Beinamen „der Eroberer" („el Conquistador"), befreite die balearischen Inseln 1229 von den Arabern. Von 1276 bis 1349 war Mallorca ein unabhängiges Königreich, bis es unter Peter IV. von Aragón endgültig mit Aragón vereinigt wurde[64]. Auch Valencia, im Jahre 1094 schon einmal durch die legendäre Gestalt des Cid den Arabern entrissen, wurde 1237/38 von Jakob I. für Aragón erobert[65]. Die Heirat der katholischen Könige Isabel von Kastilien und Ferdinand von Aragón, die 1474 bzw. 1479 den Thron bestiegen, führte schließlich zum Zusammenschluß von Aragón und Kastilien und somit zu der während der Regierungszeit von Johanna der Wahnsinnigen (1506—1555) und Karl V. (dem I. von Spanien, 1518—1558) gefestigten politischen Einheit Spaniens, die seit der Eroberung Navarras durch Ferdinand von Aragón im Jahre 1512 das gesamte heutige Staatsgebiet auf der Halbinsel umfaßte. Ferdinand übte die Regierung in Kastilien nach dem Tode Isabels als Vormund seines

---

60 v. RAUCHHAUPT, Gesetzesquellen 160; CASTÁN I/1, 233; DE OTTO 97; das kastilische Recht jener Zeit war der „Fuero Real", vgl. auch ECHEGARAY 14, 63 f.

61 CASTÁN I/1, 234; ECHEGARAY 65 f.

62 v. RAUCHHAUPT, Gesetzesquellen 160; DE OTTO 90.

63 „Fuero Viejo" oder „Antiguo" von 1452 und der bis zur CDV in Kraft gebliebene „Fuero de Vizcaya" von 1527, CASTÁN I/1, 232; ECHEGARAY 17 f.; JADO 112 f.

64 v. RAUCHHAUPT, Gesetzesquellen 141, 156; CASTÁN I/1, 225; DE OTTO 112.

65 DE OTTO 117; CASTÁN I/1, 227; v. RAUCHHAUPT, Gesetzesquellen 157, nennt — wohl irrtümlich — die Jahreszahl 1228.

Enkels Karl V. aus, da der Gemahl Johannas, Philipp von Österreich, bereits 1504 gestorben und diese selbst wahnsinnig geworden war[66]. Die politische Geschiche Navarras war bis zu diesem Zeitpunkt äußerst wechselvoll gewesen. Navarra war zeitweise selbständig, zeitweise schon früher vorübergehend mit Kastilien, Aragón und Frankreich vereinigt[67]. Auch nach seiner Eroberung behielt es staatsrechtlich eine größere Selbständigkeit als Aragón, und sein Verhältnis zu Kastilien kann als Realunion mit einem Übergewicht Kastiliens charakterisiert werden. So wurde noch Isabel II. von Spanien in Navarra als Isabel I. von Navarra zur Königin ausgerufen[68].

Die zweite Entwicklungsphase verwandelte die autonomen Gliedstaaten in Provinzen eines zentralistischen Staatswesens unter Fortbestand des partikulären Privatrechts. Anlaß hierfür bot jeweils die Parteinahme der betroffenen Gebiete für einen schließlich unterlegenen Thronprätendenten. Im spanischen Erbfolgekrieg stellten sich die ehemals zur Krone von Aragón gehörenden Gebiete Aragón, Katalonien, Balearen und Valencia auf die Seite des habsburgischen Erzherzogs Karl, den zweiten Sohn Kaiser Leopolds I. König Philipp V., der erste Bourbone auf dem spanischen Thron, setzte deswegen zunächst im Jahre 1707 das gesamte Recht dieser Gebiete außer Kraft, wobei nach dem Dekret vom 29. Juni 1707 aber auch der Gedanke maßgebend war, daß ein einheitliches Recht für ganz Spanien von großem Nutzen wäre. Durch die sogenannten Dekrete „de Nueva Planta“ wurde jedoch für Aragón am 2. April 1711, für Mallorca am 28. November 1715[69] und für Katalonien am 16. Januar 1716 das besondere Privatrecht dieser Provinzen wieder in Kraft gesetzt, die alte Autonomie jedoch nicht mehr neu hergestellt. Für Valencia erging ein solches Dekret nicht, so daß dieses Gebiet seither dem gemeinen Recht folgt[70].

Galt in den genannten Gebieten somit seit Anfang des 18. Jahrhunderts die kastilische Verwaltungs- und Gerichtsorganisation und kastilisches öffentliches Recht, so dauerte es noch über hundert Jahre, bis auch Navarra und Vizcaya die gleiche „capitis deminutio“ erfuhren[71].

---

66 Vgl. auch v. Rauchhaupt, Gesetzesquellen 141.

67 v. Rauchhaupt, Gesetzesquellen 148.

68 Sainz de Varanda 11 f., 13.

69 Für Menorca trat diese Regelung erst 1781 in Kraft, da diese Insel von 1708—1755 von den Engländern, von 1755—1762 von den Franzosen und von 1762—1780 wiederum von den Engländern besetzt war.

70 Vgl. Rives Martí, NEJ X unter „Decreto de Nueva Planta“; Castán I/1, 224; v. Rauchhaupt, Gesetzesquellen 211 f.

71 Lacruz, D. F. 290.

Schon seit Beginn des 19. Jahrhunderts bestanden Bestrebungen, der Unabhängigkeit Navarras ein Ende zu setzen. Der Anlaß hierzu ergab sich beim Streit um die Nachfolge Ferdinands VII. von Spanien. Während Ferdinand die pragmatische Sanktion von 1789 aus der Zeit Karl IV. am 29. 3. 1830 verkündete, die die erst 1713 in Spanien eingeführte „lex salica" wieder beseitigte, und so seiner Tochter aus vierter Ehe, Isabel II. von Spanien, die Krone sicherte, sahen die sogenannten Karlisten den Bruder des Königs, Karl, als rechtmäßigen Nachfolger an. Hieraus entwickelte sich nach dem Tode Ferdinands am 29. September 1830 der 1. Karlistenkrieg, in dem Navarra und die baskischen Provinzen auf Seiten der Karlisten standen. Der Krieg wurde mit dem Vertrag von Vergera Ende August 1839 beendet und durch Gesetz vom 25. Oktober 1839 Navarra und den baskischen Provinzen der Fortbestand ihrer Fueros unter gleichzeitiger staatsrechtlicher Eingliederung in den spanischen Zentralstaat garantiert. Durch die sogenannte „Ley Paccionada" vom 16. August 1841 wurde dieses Gesetz vollzogen, und seither haben auch Navarra und Vizcaya keine eigenen Zuständigkeiten auf dem Gebiete der Privatrechtsgesetzgebung mehr[72].

Erst die „Ley Paccionada" von 1841 setzte somit den Schlußstrich unter eine Jahrhunderte andauernde politische Entwicklung, die zu der heutigen Lage der Foralrechte geführt hat und gerne dadurch gekennzeichnet wird, daß die Foralrechte „versteinert" oder einer selbständigen Fortbildung nicht mehr fähig seien[73]. Diese Feststellung ist dann richtig, wenn man unter „Versteinerung" oder Unmöglichkeit einer selbständigen Fortbildung die Tatsache versteht, daß eine Änderung der Foralrechte durch eine autonome Gesetzgebung, d. h. durch ein Gesetzgebungsorgan des entsprechenden Foralrechtsgebietes, ausgeschlossen ist, weil es diese seit dem spanischen Erbfolgekrieg bzw. seit 1841 nicht mehr gibt. Der Grund hierfür liegt in der aufgezeigten geschichtlichen Entwicklung, nicht in Art. 12 CC, da diese Vorschrift nur bestimmt, daß das im Jahre 1889 vorhandene Foralrecht durch das Inkrafttreten des spanischen Zivilgesetzbuches nicht berührt wird. Andererseits ist jedoch eine Änderung und Fortentwicklung der Foralrechte durch Gesetze der Zentralgewalt möglich. Eine solche Fortentwicklung läßt sich in allen bis jetzt ergangenen Kompilationen fest-

[72] Sainz de Varanda 11 f.; Castán I/1, 231 f.; v. Rauchhaupt, Gesetzesquellen 227, 235.

[73] Isabal, EJE XI unter „Derecho civil de Aragón", S. 21; Albaladejo 45; Beitzke, Internationales und interlokales Privatrecht, in: Festschrift Nipperdey (1955) 55; Rossmann, Zum spanischen Erbrecht: RabelsZ 13 (1940/41) 647.

stellen, wenn diese auch nach ihrer auf dem Nationalkongreß von Zaragoza getroffenen Zielsetzung nur das geltende Foralrecht zur Vorbereitung einer allgemeinen Kodifikation sammeln sollten. Tatsächlich enthalten sie aber zum Teil wesentliche Neuerungen, die Klärung von Streitfragen, Ergebnisse der Rechtsprechung, die Abschaffung alter Subsidiärrechte, und erobern, vor allem auf dem Gebiet der gesetzlichen Erbfolge, dem Foralrechte Gebiete wieder zurück, die es durch die Rechtsprechung des T. S. an das gemeine Rechte verloren hatte.

Auch früher gab es schon Gesetze, die von der Zentralgewalt mit Geltung nur für ein bestimmtes Foralrechtsgebiet erlassen worden sind und somit in dessen Partikularrecht eingegriffen haben[74]. Foralrechtlichen Charakter hat neben den Kompilationen auch das Gesetz vom 31. 12. 1945 über die Eintragung, Teilung und Ablösung von Emphyteusen in Katalonien[75]. Staatsrechtlich gesehen ist das Foralrecht somit partikuläres spanisches Reichsrecht.

III. Der räumliche Geltungsbereich der einzelnen Foralrechte

Unabhängig von der kollisionsrechtlichen Frage, auf welche Tatbestände die einzelnen Foralrechte anzuwenden sind, welche Momente also für die Anknüpfung maßgebend sind, wenn ein Rechtsverhältnis außer zu einem Foralrechtsgebiet auch zu einem anderen Foralrechtsgebiet, zum spanischen Gebiet gemeinen Rechtes oder zu einer ausländischen Rechtsordnung Beziehungen aufweist, ist die räumliche Ausdehnung der verschiedenen Foralrechte und gegebenenfalls ihrer lokalen und komarkalen[75a] Sonderformen zu prüfen, da hierbei nicht, wie im Regelfalle, auf das Gebiet eines bestimmten Staates verwiesen werden kann.

1. Aragón

Die derzeit geltende, abschließende Regelung des aragonesischen Foralrechtes, der Apéndice von 1926, bestimmt in Art. 1: „In Übereinstimmung mit Art. 12 und 13 CC gelten die foralen Vorschriften dieses Apéndice in A r a g ó n , unbeschadet der Bestimmungen dieses gemeinen Gesetzes über die verschiedenen Fälle und Angelegenheiten". Unter Aragón ist dabei das

---

[74] So z. B. die Real provisión Philipps V. vom 29. 11. 1736 für Katalonien, die bestimmte, daß ein Testament nur dann vor dem Pfarrer errichtet werden darf, wenn kein Notar am Ort vorhanden ist; vgl. Borell y Soler, Cataluña V, 33.

[75] Ley sobre inscripción, división y redención de censos en Cataluña, abgedruckt in Leyes forales, Boletin Oficial del Estado, Madrid 1962.

[75a] D. h. „in einer bestimmten Gegend geltenden".

Gebiet des alten Königreiches Aragón zu verstehen, das das Gebiet der heutigen Provinzen Huesca, Zaragoza und Teruel umfaßte. Das gleiche gilt für den VE, dessen Art. 1 mit den Worten beginnt: „Die Vorschriften dieser Kompilation gelten in Aragón ..."

2. Balearen

Gemäß Art. 1 CDB gilt das besondere bürgerliche Recht der Balearen im gegenwärtigen Zuständigkeitsbereich der Audiencia Territorial von Palma de Mallorca. Hierzu gehören die vier Inseln Mallorca, Menorca, Ibiza und Formentera. Zu beachten ist, daß die Kompilation aus drei Büchern besteht, die überschrieben sind:

1. Buch — Die auf der Insel Mallorca anwendbaren Vorschriften
2. Buch — Die auf der Insel Menorca anwendbaren Vorschriften
3. Buch — Die auf den Inseln Ibiza und Formentera anwendbaren Vorschriften.

Innerhalb des balearischen Rechtes kann somit ein mallorkinisches, ein menorkinisches und ibizenkisches Foralrecht („Derecho foral mallorquín, menorquín e ibicenco") unterschieden werden[76].

3. Katalonien

Die katalanische Kompilation enthält keine ausdrückliche Vorschrift über ihren räumlichen Geltungsbereich. CONDOMINES/FAUS[77] bemerken hierzu, daß der geographische Begriff Katalonien keiner weiteren Erläuterung bedurfte. Er umfaßt den Zuständigkeitsbereich der Audiencia Territorial von Barcelona, das sind die Provinzen Barcelona, Lérida, Tarragona und Gerona[78]. Eine gesetzliche Bestätigung hierfür findet sich in dem Gesetz vom 31. Dezember 1945 über die Eintragung, Teilung und Ablösung von Emphyteusen in Katalonien, das dieses Gebiet in Art. 1 mit den genannten Provinzen gleichsetzt.

Größere Schwierigkeiten bereitet die örtliche Abgrenzung der in der Kompilation aufrechterhaltenen lokalen Besonderheiten einiger Orte und Gegenden, wie Barcelona, Tortosa und seines Bezirks, Campo de Tarragona, das Bistum Gerona, Valle de Arán, Pallars Sobirá und Conca de

---

[76] Das Erbrecht ist hierbei am ausführlichsten in Mallorca geregelt (1. Buch, II. Titel). Die gleichen Bestimmungen gelten in Menorca, mit Ausnahme der „Allgemeinen Vorschriften", der Regeln über die Erbschaftsschenkung („donaciones universales de todos los bienes presentes y futuros") und den Erbverzicht (vgl. Art. 65 CDB). Auf Ibiza und Formentera gelten nur die wenigen erbrechtlichen Vorschriften des 3. Buches und kraft Verweisung das mallorkinische Recht für die Erbschaftsschenkung und den Erbverzicht (vgl. Art. 69, 80 CDB).

[77] CONDOMINES/FAUS 26.

[78] BORRELL Y SOLER, Cataluña I, 40.

Tremp[79]. Dieses Lokalrecht gilt gemäß Art. 2 CDC in dem gleichen Gebiet, das diese Orte oder Gegenden seit altersher umfaßten, und blieb nur insoweit in Kraft, als es ausdrücklich in die Kompilation aufgenommen wurde oder sich diese auf es bezieht. Art 2 CDC erwähnt nur die Orte, in denen für bestimmte Institutionen besonderes Recht gilt. Daneben nennt Art. 306 CDC eine Reihe weiterer Orte, in denen das Laudemium bei der Emphyteuse abweichend geregelt ist, und endlich beziehen sich zahlreiche Vorschriften auf die örtliche Gewohnheit, ohne ein bestimmtes Gebiet zu bezeichnen (Art. 280, 282 usw. CDC). Erbrechtliche Besonderheiten finden sich in Barcelona, dem Bistum Gerona (Art. 103 CDC), Tortosa (Art. 109 CDC) und Pallars Sobirá (Art. 116 CDC), Sonderformen der Errungenschaftsgemeinschaft in Tortosa, dem Bistum Gerona, dem Valle de Arán und dem Campo de Tarragona (Art. 53—60 CDC)[80].

Art. 103 CDC gestattet den Personen, die die örtliche Vecindad (Gebietszugehörigkeit) von Barcelona besitzen, außerhalb Barcelonas eine letztwillige Verfügung in Form des sogenannten sakramentalen Testamentes („testamento sacramental") zu errichten. An dieser Stelle ist lediglich zu untersuchen, was hierbei unter Barcelona zu verstehen ist. Bisher dachte man bei Erwähnung des Rechtes von Barcelona vor allem an den Geltungsbereich seiner besonderen Rechtsquelle, des sogenannten „Recognoverunt proceres", der außer in Barcelona selbst auch in Villafranca del Panadés und Umgebung galt, während seine Anwendbarkeit in weiteren Gebieten bestritten war[81]. Aus Art. 2 CDC und der gesonderten Erwähnung von Villafranca und von anderen Orten, in denen das Recht von Barcelona gegolten haben soll, ergibt sich aber durch Art. 306 Abs. 2 und 3 CDC nunmehr, daß die Kompilation mit Barcelona nur die Stadt dieses Namens meint.

Unter dem Bistum Gerona versteht die Kompilation das Gebiet der früheren Diözese Gerona, ohne Rücksicht auf spätere Änderungen der kirchlichen Gebietsgrenzen (Art. 48, 57, 103 CDC)[82].

Tortosa und sein Bezirk ist nach Borrell y Soler[83] das zwischen Coll

---

79 Condomines/Faus 31.

80 Für die nunmehr historischen besonderen Rechtsquellen dieser Gebiete wird auf § 8 III verwiesen.

81 Borrell y Soler, Cataluña I, 20; das sakramentale Testament war geregelt im „Recognoverunt proceres", Kapitel 48, enthalten im 1. Buch, 13. Titel, Vol. 2, der „Constituciones de Cataluña", vgl. Pons/Sandalinas 163 und Coll y Rodés, El privilegi del rey en Pere III de 1339: Rev. Jur. de Cataluña 1911, 301 f.

82 Condomines/Faus 32, 85.

83 Borrell y Soler, Cataluña I, 22.

de Balaguer, dem Fluß Cenia oder Bujancio, dem Meer und Fulletera gelegene Gebiet, wobei das Lokalrecht in den Orten, die vom 13. bis zum 18. Jahrhundert zu diesem Gebiet gerechnet wurden, und in Flix gilt.

Das Gebiet des Pallars Sobirá umfaßt die Pyrenäentäler, die zum Gerichtsbezirk von Sort und dem nördlichen Teil des Gerichtsbezirkes von Tremp gehören[84].

Das Valle de Arán besteht aus 19 Gemeinden im Tal dieses Namens[85].

Im übrigen stößt die genaue Abgrenzung der einzelnen Gebiete auch heute noch auf größte Schwierigkeiten und kann hier nicht völlig gelöst werden. Sie muß daher der Nachforschung im Einzelfall überlassen bleiben. Zumindest für den ausländischen Richter gilt hierbei wohl der Grundsatz „iura novit curia“ nur mit Einschränkungen[86], zumal die Vorrede der Kompilation sagt, daß die Bevölkerung dieses lokale Recht nicht seinem Wortlaut nach kennt, sondern es vielmehr einen Bestandteil ihrer gewohnten Lebensweise bildet. Coll y Rodes[87] weist im Zusammenhang mit der Ausdehnung des Rechtes von Barcelona auf andere Gebiete darauf hin, daß es sich um eine Tatfrage handelt, die im Einzelfall zu prüfen ist, und daß derjenige, der sich auf die Geltung eines Lokalrechtes an einem bestimmten Ort beruft, dies im Streitfall zu beweisen hat.

4. Navarra

Auch der geographische Begriff „Navarra“ ist offenkundig und bedarf keiner gesetzlichen Erläuterung[88]. Das navarrische Foralrecht gilt in der Provinz Navarra mit der Hauptstadt Pamplona, deren Gebietsumfang mit dem des alten Königreiches übereinstimmt.

5. Vizcaya und Álava

Wie schon angedeutet, gibt es ein einheitliches baskisches Foralrecht nicht, und in der gesamten Provinz Guipúzcoa mit der Hauptstadt San Sebastián gilt seit 1200 das gemeine Recht. Foralrecht findet sich nur in Teilen der beiden anderen baskischen Provinzen Vizcaya (Bilbao) und

---

84 Roca Sastre, L'heretament fiduciari al Pallars Sobirá; in: Conférencies sobre varietats comarcals del Dret civil català (Acadèmia de Jurisprudencia i Legislació de Catalunya; Barcelona 1934) 101.

85 Borrell y Soler, Cataluña I, 22.

86 De Castro 271 will diese Regel auf das Foralrecht überhaupt nur mit Vorbehalt anwenden; ebenso García Royo I, 67. Es ist allerdings äußerst zweifelhaft, inwieweit diese auf eine Qualifizierung der Foralrechte als Privilegien gestützte Ansicht heute angesichts der Kompilationen noch vertreten werden kann.

87 Coll y Rodés (oben N. 81) 303.

88 Diese fehlt z. B. auch in dem Entwurf eines „Fuero recopilado de Navarra“ von 1959.

Álava (Vitoria). Dieses Foralrecht ist in der CDV geregelt und besteht aus dem biskayischen Foralrecht, das auf den „Fuero de Vizcaya" von 1527 zurückgeht, und dem „Fuero von Ayala", dessen Geltungsbereich das „Tierra de Ayala" genannte Foralrechtsgebiet ist.

Das biskayische Foralrecht, enthalten im 1. Buch der CDV, gilt in der Provinz Vizcaya in dem sogenannten „Infanzonado", auch bezeichnet als „Tierra llana" oder „Anteiglesias" (Art. 1 CDV) und in den Gemeinden Llodio und Aramayona der Provinz Álava, die früher zu der Herrschaft Vizcaya gehört haben (Art. 60 CDV), nicht jedoch in den „villas" von Vizcaya, der Stadt Orduña und dem Stadtbezirk Bilbao (Art. 2 CDV). Dort gilt der Código Civil, d. h. gemeines Recht.

Die Dualität der Rechtsordnungen im alten „Señorío de Vizcaya" geht darauf zurück, daß sich gegen Ende des Mittelalters die Bevölkerung dieses Gebietes aus eingewanderten adeligen Städtegründern und zum anderen aus im unbefestigten Land ansässigen freien nichtadeligen Basken zusammensetzte. Hierbei folgten die Städte der kastilischen Gesetzgebung und dem gemeinen Recht. Demgegenüber entwickelte sich im freien Land ein eigenständiges Gewohnheitsrecht, und es galten bestimmte Privilegien[89]. Das freie Land hieß „Tierra llana" oder „Anteiglesias", Bezeichnungen, die heute nur mehr das dem Foralrecht unterstehende Gebiet Vizcayas angeben[90]. „Tierra llana" meint hierbei nicht „ebenes Land" (Vizcaya ist sehr gebirgig), sondern „unbefestigtes Gebiet" im Gegensatz zu den befestigten Städten. Die Bezeichnung „anteiglesias" geht darauf zurück, daß sich die Basken nach der Messe oder dem Hochamt am Sonntag vor der Kirche (ante la iglesia) zu ihren Bürgerversammlungen trafen, und bedeutet im weiteren Sinne nichts anderes als Gemeinde[91]. Die „villas" dagegen sind die befestigten Orte, die zum Schutze gegen kriegerische Einfälle, als Handelszentren vom Landesherren oder auf Bitten der Bevölkerung mit Zustimmung aller Biskayer gegründet wurden. Die ihnen gewährten Stadtrechte wurden im Laufe der Zeit durch das gemeine kastilische Recht ersetzt oder waren von Anfang an mit diesem identisch. Am häufigsten war dieses Stadtrecht der „Fuero de Logroño"[92].

Die Abgrenzung zwischen dem Gebiet gemeinen Rechts — den „villas" — und dem des „Fuero de Vizcaya" — der „tierra llana" — wurde nach

---

89 Vgl. Castán I/1, 232; de Echegaray 19; de Otto 91; Isabal, EJE XI unter „Derecho civil de Vizcaya", S. 38.

90 García Royo I, 207.

91 Jado 11; García Royo I, 207; de Otto 91.

92 Jado 12; García Royo I, 209; Castán I/1, 232.

und nach immer komplizierter. Veränderungen der Gebietsgrenzen durch Umgemeindung, Eingemeindung, Zusammenschluß einer „villa" mit einer „anteiglesia" und die natürliche Ausdehnung der Städte führten dazu, daß in einem Gemeindegebiet häufig beide Rechtsordnungen, oft von Straße zu Straße, ja sogar von Haus zu Haus verschieden (Bilbao) nebeneinander galten. In anderen Fällen nahmen einzelne „villas" den Fuero von Vizcaya an[93]. Eine Darstellung des Geltungsbereiches des gemeinen Rechtes und des Fuero in den einzelnen Orten vor Inkrafttreten der Kompilation findet sich vor allem bei JADO[94]. Nach einer bei ANGULO[95] abgedruckten Übersicht galten in 14 Orten beide Rechtsordnungen nebeneinander, in 7 „villas" und in Orduña, der einzigen „ciudad" Vizcayas, nur gemeines Recht und in den übrigen 120 Gemeinden nur Foralrecht. Demgegenüber sind LA HELGUERA Y DEL PORTILLO[96] und DE ACILLONA Y LANDESA[97] der Auffassung, daß das gemeine Recht auch schon vor Inkrafttreten der Kompilation im gesamten Gemeindegebiet der „villas" galt. Dies läßt sich jedoch aus dem von ihnen herangezogenen Urteil des T. S. vom 17. 10. 1956 nicht begründen, da dort lediglich untersucht wird, ob ein Grundstück in der Stadt *selbst* (hier: „en la villa de Elorrio propiamente dicha") liegt. Die Frage ist offenbar nicht abschließend geklärt, unbestritten erscheint das Nebeneinander beider Rechtsordnungen jedoch jedenfalls für Bilbao gewesen zu sein. So konnte die Vorrede zur Kompilation insoweit zutreffend von einer Rechtsunsicherheit sprechen, der sie folgendes Ende gesetzt hat:

„Infanzonado" und damit Anwendungsbereich des Foralrechtes ist das gesamte Gebiet der heutigen Provinz Vizcaya ausschließlich der 12 „villas" Bermeo, Durango, Ermua, Guernica y Luno, Lanestosa, Lequeitio, Marquina, Ochandiano, Ondárroa, Portugalete, Plencia und Valmaseda, der Stadt Orduña und des gesamten Stadgebietes von Bilbao. In dem ausgenommenen Gebiet gilt der Código Civil (Art. 1, 2 CDV). Unter die Bezeichnung „villa" fällt hierbei das gesamte jetzt vorhandene oder zukünftige eigentliche Stadtgebiet („núcleo urbano")[98] sowie das unmittelbar

---

[93] GARCÍA ROYO I, 210 f.; JADO 14; DE AREITO Y MENDIOLEA, NEJ I unter „Derecho civil de Vizcaya", S. 324 f.

[94] JADO[1] 1 f.

[95] ANGULO, Derecho Privado de Vizcaya (Madrid 1903) 173 f.

[96] LA HELGUERA Y DEL PORTILLO, El estatuto personal en la compilación de Derecho civil de Vizcaya: An. Der. Civ. 13 (1960) 943 N. 1.

[97] DE ACILLONA Y LANDESA, Erróneas interpretaciones dadas a la jurisprudencia vizcaína del Tribunal Supremo: An. Der. Civ. 12 (1959) 681 N. 27.

[98] Hierunter versteht man die im „plan de ordenación urbana" — einer Art Be-

anschließende freie Land — wohl innerhalb des Gemeindebezirkes —, soweit es nicht zu einem bäuerlichen Anwesen gehört und in dessen Landwirtschaftsbetrieb eingegliedert ist. Zu dem Stadtkern zählen weiter Bauwerke und Grundstücke im Stadtbezirk, die einem Gewerbebetrieb dienen, der nicht landwirtschaftlichen Charakter hat, oder die nicht zu einem bäuerlichen Anwesen gehören; Grundstücke im Stadtbezirk, für die ein Bebauungsplan nach dem geltenden oder zukünftigen Bodenrecht offiziell genehmigt ist. Diese Regeln gelten auch für die Stadt Orduña (Art. 3 CDV).

Die „Tierra de Ayala" umfaßt gemäß Art. 61 CDV die vier Gemeindebezirke Ayala, Amurrio, Lezama und Oquendo sowie die Ortschaften Mendieta, Retes de Tudela, Santa Coloma und Sojoguti des Gemeindebezirkes Arceniega, nicht jedoch diesen Ort und die zu ihm gehörenden Anwesen. Dies ist somit der Geltungsbereich des Fuero de Ayala, der den ihm unterworfenen „Ayalesen" die absolute Testierfreiheit einräumt (Art. 62 CDV, vgl. auch unten § 30 VII).

6. Galizien

Gemäß Art. 1 CDG gilt das besondere bürgerliche Recht Galiziens im gegenwärtigen Zuständigkeitsbereich der A. T. La Coruña. Hierzu gehören die Provinzen Lugo, Pontevedra, Oviedo und La Coruña. Außerdem gelten die Bestimmungen des 1. und 2. Titels der CDG in den Gebieten der angrenzenden Provinzen Oviedo, León und Zamora, in denen die Existenz und der Gebrauch der dort behandelten Instituitionen nachgewiesen wird[99].

7. Geltungsbereich des „Fuero del Baylío"

Das Gebiet, in dem der „Fuero des Baylío" gilt, umfaßt die folgenden Orte der in der Landschaft Extremadura gelegenen Provinz Badajoz: Alburquerque und La Codosera (Gerichtsbezirk Alburquerque); Burguillos, Fuentes de León, und Valverde de Burguillos (Gerichtsbezirk Fregenal de la Sierra); Atalaya und Valencia del Ventoso (Gerichtsbezirk Fuente de Cantos); Jerez de los Caballeros, Oliva de Jerez, Valencia de Mambuey, Valle de Matamoros, Valle de Santa Ana und Zahinos (Gerichtsbezirk Jerez de los Caballeros); Olivenza mit Santo Domingo, San José, San Benito und Villareal, sowie Alconchel, Cheles, Huigera de Vargas, Táliga

bauungs- oder Flächennutzungsplan — als städtisches Baugebiet ausgewiesenen Teile des Stadtbezirkes. Die Baugenehmigung unterliegt dort strengeren Voraussetzungen, und die Gebäude erfahren eine andere steuerliche Behandlung als im flachen Lande.

[99] ALBALADEJO 48.

und Villanueva del Fresno (Gerichtsbezirk Olivenza)[100]. Die von einigen Autoren vertretene Auffassung, daß der „Fuero del Baylío“ auch in der zum spanischen Staatsgebiet gehörenden nordafrikanischen Stadt Ceuta gelte, wird wohl zu Recht von CASTÁN abgelehnt. Da in der Bestätigung des Fuero von Baylío durch Karl III. im Jahre 1778 nur Alburquerque und Jerez de los Caballeros ausdrücklich erwähnt sind, im übrigen aber von den „Orten, in denen es bis jetzt beobachtet wurde“, die Rede ist, muß der ununterbrochene Gebrauch des Fuero in diesen Orten jeweils nachgewiesen werden[101].

§ 4: DIE RECHTSNATUR DER FORALRECHTE

Die Einstellung der spanischen Rechtslehre und Praxis zu den Foralrechten und damit ihre Auffassung von deren Rechtsnatur ist nicht einheitlich. Es lassen sich vor allem zwei Richtungen unterscheiden. Die Foralisten und der wohl überwiegende Teil der gemeinspanischen Literatur sehen in den fortbestehenden Partikularrechten, vor allem der großen Gebiete Aragón, Navarra und Katalonien, Rechtsordnungen, die in der Rechtsquellenhierarchie des entsprechenden Gebietes den gleichen Rang einnehmen wie der Código Civil im gemeinen Recht, ohne diesem gegenüber den Charakter von Privilegien oder zweitrangigen Rechtsquellen zu haben. Hieraus ergibt sich, daß die Gerichte das Foralrecht kennen und immer dann anwenden müssen, wenn die Kollisionsnormen an das Recht eines Foralrechtsgebietes anknüpfen.

Ohne dadurch einer Vereinheitlichung des spanischen Privatrechtes feindlich gegenüberzustehen, sehen die Verteidiger der Foralrechte deren Wert darin, daß sie den sozialen und wirtschaftlichen Gegebenheiten der einzelnen Gebiete besser entsprechen als ein anderes Recht[102]. Dem gegenüber steht die „antiforale“ Richtung, deren bedeutendster Vertreter FEDERICO DE CASTRO ist. Sie sieht in den Foralrechten ein partikulares Ausnahme- und Privilegienrecht, auf das verzichtet werden kann und für das die Regel „iura novit curia“ nicht uneingeschränkt gilt. Diese Auf-

---

100 CASTÁN V/1, 651 f.; DE CASTRO 299; ALBALADEJO 50. CASTÁN nennt statt San José — wohl irrtümlich — San Jorge.

101 DE CASTRO 299; v. RAUCHHAUPT, Gesetzgebung 170.

102 Z. B. für Aragón LACRUZ, D. F. 290; für Navarra AIZPÚN SANTAFÉ, Ideas generales de las instituciones del Derecho civil navarro, in: Curso 4 f.; für Katalonien CONDOMINES/FAUS 7; siehe auch CASTÁN I/1, 214, PUIG PEÑA I/1, 194.

fassung kommt bereits in der von DE CASTRO gegebenen Definition des Foralrechtes zum Ausdruck: „Es ist die Gesamtheit von verschiedenen örtlichen Privilegien, die als nicht aufgehobenes Ausnahmerecht in bestimmten Gebieten fortbestehen, die früher einmal Fueros oder besondere Gewohnheiten besaßen."[103]

DE CASTRO sieht die Frage des Foralrechts zusammen mit den zu verschiedenen Zeiten mit größerer oder geringerer Intensität verfolgten separatistischen oder regionalistischen Bestrebungen zur Wiederbelebung oder Wiedereinführung der Autonomie in bestimmten Gebieten Spaniens, denen er ebenso wie einer nicht mehr zeitgemäßen Rechtsvielheit ablehnend gegenübersteht[104]. Er untersucht die Bedeutung der Unterscheidung zwischen Foralrecht und gemeinem Recht in verschiedenen Abschnitten der spanischen Geschichte. Diese Unterscheidung ist für ihn die spanische Version der allgemeinen Unterscheidung zwischen dem „ius commune" (d. h. dem justinianischen Recht) und den „statuta" oder dem „ius municipale" (den Fueros, Gewohnheiten und Bräuchen). Die Rechtsnatur des Foralrechts ergibt sich dabei nicht aus dessen jeweiligem Ursprung, sondern aus dem Wert, den man dem gemeinen Recht beimißt. Ihm gegenüber — zunächst einheitlich durch das römische Recht dargestellt — nehmen die Foralrechte folgende Merkmale an:

1. Sie sind erstrangige Rechtsquellen mit Subsidiarität des gemeinen Rechts.
2. Sie können als „ius municipale" oder „particulare" nur in dem Gebiet angewendet werden, für das sie gewährt worden sind.
3. Sie stellen gegenüber dem römischen Recht, das als einziges im Einklang mit der Vernunft angesehen wird („ratio scripta"), eng auszulegendes „ius singulare" dar[105].

DE CASTRO legt sodann dar, daß seit dem 15. Jahrhundert das königliche Recht Kastiliens die Rolle des gemeinen Rechtes übernimmt und das römische Recht verdrängt. Seither bestünden im Königreich Kastilien forale Rechtsnormen (Fueros, Gewohnheiten und Gebräuche) mit dem beschränkten Wert eines Ausnahmerechtes, dessen Geltung bewiesen werden mußte, und die Vorschriften des kastilischen gemeinen Rechtes (Siete Partidas, Nueva Recopilación) als expansives Subsidiärrecht nebeneinander. Dies gelte auch für die ehemaligen Königreiche Navarra, wo

---

[103] DE CASTRO 270; ihm folgt GARCÍA ROYO I, 67.

[104] DE CASTRO 232 f., 242 f.

[105] DE CASTRO 234.

die Praxis im Anschluß an den navarrischen Juristen JUAN MARTINEZ DE OLANO (2. Hälfte des 16. Jahrhunderts) als gemeines Recht das kastilische Recht angesehen habe, und Aragón. Aus den übrigen Gebieten sei das römische Recht durch die Einigungsbestrebungen Philipps V. verbannt worden, der 1713 die Zitierung und Verwendung ausländischer Quellen verboten hatte und anordnete, daß an den Universitäten anstelle des römischen Rechtes das königliche (kastilische) Recht gelehrt werden solle. Eingehend untersucht DE CASTRO die Frage für Katalonien. Dort hatte ein Verbot der Anwendung des römischen Rechtes durch Jaime I. die Rezeption nicht aufhalten können, und eine Konstitution aus dem Jahre 1599[106] bestätigte das römisch-kanonische Recht als Subsidiärrecht. DE CASTRO kommt zu dem Schluß, daß auch diese Bestimmung unter das allgemeine Verbot der Anwendung römischen Rechtes gefallen ist und nicht durch das Katalonien betreffende Dekret „de Nueva Planta" vom 16. 1. 1716 wieder in Kraft gesetzt wurde[107]. Im 18. Jahrhundert, so argumentiert DE CASTRO weiter, habe sich die Rechtsnatur der Foralrechte nicht gewandelt, wenn sie auch nicht mehr aus der eigenen Souveränität der alten Königreiche abgeleitet seien. Das kastilische Recht werde zum nationalen Recht, das römische Recht habe nurmehr die Rechtskraft örtlicher und provinzialer Gewohnheiten mit deren Rang in der Rechtsquellenhierarchie[108].

Die Rechtsprechung des 19. Jahrhunderts, die fortfährt, neben dem kastilischen Recht das römische Recht subsidiär anzuwenden, bezeichnet DE CASTRO als widersprüchlich und bar jeder wissenschaftlichen Grundlage[109] und weist darauf hin, daß die Anwendung gemeinen kastilischen Rechtes in der Gerichtspraxis der Foralrechtsgebiete tief verwurzelt war[110].

Auf dieser Sicht der rechtsgeschichtlichen Grundlagen beruht die Einstellung der antiforalen Richtung zu den Foralrechten. Es sind dies danach diejenigen Vorschriften, die aus dem mittelalterlichen Rechtsleben stammen und neben anderen Regeln, die mit der Ordnung des modernen Staates übereinstimmen, weitergelten. Das Foralrecht ist

a) Partikularrecht, dessen Anwendung sich nach Art. 14, 15, 10—13 CC bestimmt;

---

106 Const. 1, Titel 30, Buch 1, Vol. 1 der Constituciones de Cataluña.

107 DE CASTRO 215 f.

108 DE CASTRO 239 f.

109 DE CASTRO 249 f.

110 DE CASTRO 253.

b) Ausnahmerecht, das eng auszulegen und einer Analogie gegen das gemeine Recht nicht zugänglich ist;

c) privilegiertes Recht zugunsten der „Aforados" (d. h. der Spanier mit foralrechtlichem Personalstatut), die zwischen diesem und dem gemeinen Recht wählen, insbesondere auf die Erfordernisse des Foralrechts ausdrücklich oder stillschweigend verzichten können. De Castro zitiert in diesem Zusammenhang drei Entscheidungen:
1. Das Urteil des T. S. vom 10. 12. 1926, das den Willen anerkennt, sich dem gemeinen Recht zu unterstellen, und nach dem es „weder erlaubt noch moralisch ist, sich auf das Foralrecht zu berufen, nachdem man in den Genuß von Rechten auf Grund von Vorschriften des CC gelangt ist".
2. Das Urteil des T. S. vom 18. 12. 1928, das scheinbar einen Vergleich über die foralrechtliche „Vecindad" (Gebietszugehörigkeit) zuläßt und
3. die Res. vom 10. 11. 1926, die für die Ehe eines Mannes, der dem „Fuero del Baylío" unterstand, und einer Frau gemeinen Rechts wegen des Abschlusses im Gebiete gemeinen Rechts annahm, daß sich die güterrechtlichen Beziehungen nicht nach dem Heimatrecht des Ehemannes (allgemeine Gütergemeinschaft nach dem „Fuero del Baylío"), sondern, in Übereinstimmung mit dem Satz „locus regit actum", nach dem gemeinen Recht richten, da in der Eheschließung an einem Ort außerhalb des Geltungsbereiches des „Fuero" der Wille der Eheschließenden zum Ausdruck käme, die güterrechtliche Ordnung ihrer Ehe dem gemeinen Recht zu unterstellen. Die Regeln des internationalen Rechtes, die darüber bestimmen, ob gemeines Recht oder ein bestimmtes Foralrecht anzuwenden ist, würden nicht streng angewandt, und aus dem Urteil des T. S. vom 14. 12. 1901 ginge hervor, daß im Einzelfall nur der positive Beweis der Foraleigenschaft, nicht aber der negative Beweis gefordert würde, daß jemand nicht dem gemeinen Recht untersteht. In dem genannten Urteil wurde die Foraleigenschaft einer 1877 verstorbenen Erblasserin nur nach aragonesischem, nicht nach kastilischem Recht untersucht.

Endlich soll für den materiellen Inhalt der Foralrechte die Regel „iura novit curia" vor allem deswegen nicht gelten, weil sich zu der geringen Kenntnis dieses Inhalts weitere Hindernisse gesellen. Es sind dies die Schwierigkeit festzustellen, welche Vorschriften noch gelten, die Tatsache, daß große Teile des Foralrechts nur gewohnheitsrechtliche Bedeutung haben, die Möglichkeit, daß bestimmte Vorschriften durch eine entgegenstehende Gewohnheit („contra legem") außer Kraft gesetzt sind oder daß die Beteiligten auf ihre Anwendung verzichtet haben[111].

Diese ausführliche Darstellung des Standpunktes von FEDERICO DE CASTRO erschien angezeigt, damit klargestellt werden kann, daß seine Ergebnisse einer Haltung entspringen, die den Foralrechten a priori feindlich gegenübersteht und der alle anderen Fragen, auch unter Mißachtung des positiven Rechtes, untergeordnet werden. Eine Betrachtung des den Foralrechten innewohnenden Wertes oder des Für und Wider einer Vereinheitlichung des spanischen Zivilrechtes sind für diese Arbeit ohne Wert, da seit dem Nationalkongreß von Zaragoza feststeht, daß das Endziel ein allgemeines spanisches Zivilgesetzbuch ist, das aus einem Vergleich und einer Angleichung aller heute in Spanien geltenden bürgerlichen Rechte hervorgehen soll. Da aber gerade DE CASTRO einer der repräsentativsten Vertreter der zeitgenössischen spanischen Rechtswissenschaft ist, erfordert eine objektive Betrachtungsweise, daß die Rechtsnatur der Foralrechte so gesehen wird, wie sie sich aus Geschichte, Praxis und nicht zuletzt aus dem positiven Recht ergibt, und daß die Unhaltbarkeit der auf den Privilegiencharakter gestützten Ergebnisse dargelegt wird. Auch DE CASTRO scheint seine Ansicht etwas revidiert zu haben, wenn er in seinem „Compendio de Derecho civil"[112] schreibt, daß weder die Definition des Foralrechts als Ausnahmerecht noch als verzichtbare Privilegien der modernen Auffassung des CC entspricht, der in Art. 4 bestimmt, daß unter bestimmten Voraussetzungen zwar auf subjektive Rechte, nicht aber auf objektives Recht verzichtet werden kann. DE CASTRO gibt[113] zu erkennen, daß auch seiner Meinung nach das Gesetz die Foralrechte als unverzichtbares Sonderrecht betrachtet.

Um die Meinung DE CASTROS, daß alle Foralrechte auf Grund ihrer Geschichte den Charakter von Privilegien hätten, zu widerlegen, genügt der Hinweis darauf, daß es sich bei den Rechten Aragóns, Navarras und Kataloniens um das Recht ehemals souveräner Staaten handelt, das jeweils im gesamten historischen Staatsgebiet für alle Einwohner gegolten hat und bis zu der Regierungszeit Philipps V. mit einer eigenen Staatsangehörigkeit verbunden war[114]. Das aragonesische Gesetzeswerk der „Fueros y Obser-

---

111 DE CASTRO 270 f.; GARCÍA ROYO I, 67.

112 DE CASTRO, Compendio 53 f.

113 DE CASTRO, Compendio 53 f.

114 Vgl. DE CASTRO, Compendio 243; LACRUZ, D. F. 290.

vancias“, der „Fuero General“ und die „Novísima Recopilación“ von Navarra, die katalanischen Konstitutionen und in gewissem Sinne auch der Fuero von Vizcaya waren nicht nur Privilegien bestimmter Gegenden, sondern das allgemeine Recht autonomer Gebiete, wenn es auch zu seiner Ergänzung eines Subsidiärrechtes bedurfte. Etwas anderes gilt nur für den Fuero von Ayala, den Fuero del Baylío und das galizische Gewohnheitsrecht, die nur isolierte Einzelbestimmungen enthalten, die für örtlich eng begrenzte Gebiete im räumlichen Geltungsbereich gemeinen Rechts fortbestehen. Art. 12 Abs. 2 CC spricht aber nur vom „Foralrecht“ schlechthin und unterwirft auch diese Foralrechte den gleichen Regeln wie diejenigen der genannten Gebiete[115]. Auch die Ersetzung des römischen Rechtes durch das kastilische Recht als „ius commune“ hat praktisch niemals in dieser allgemeinen Form stattgefunden, wie sie DE CASTRO darstellt. Die Verbote der Anwendung römischen Rechtes konnten sich in der Praxis nicht durchsetzen. In Navarra verwies ein Gesetz der Cortes vom Pamplona auf das gemeine Recht („Derecho común“) als Subsidiärrecht. Entgegen der Auffassung DE CASTROS wurde dies in der Praxis und Rechtsprechung so ausgelegt, daß hierunter das römische Recht zu verstehen sei[116]. In Katalonien wurde das römisch-kanonische Recht bis zum Inkrafttreten der Kompilation auf Grund der Konstitution von 1599 als Subsidiärrecht angesehen und deren Wirksamkeit in der neueren Literatur stillschweigend vorausgesetzt[117]. Auch DE CASTRO führt in seiner Übersicht über die Rangfolge der Rechtsquellen[118] das römische Recht als in erster Linie vor dem CC praktisch geltendes Subsidiärrecht in Navarra, Katalonien und auf den Balearen an, wenn auch mit den vorgetragenen Bedenken[119]. Für Katalonien und Navarra wird die Zulässigkeit eines dem CC im Range vorgehenden Subsidiärrechts darüber hinaus durch Art. 12 Abs. 2 a. E. CC bestätigt. Auch diese Überlegungen erlauben es nicht, die Rechtsvielfalt Spaniens auf einen Gegensatz des kastilischen Rechtes zu einem Foralrecht mit Privilegiencharakter zu begründen.

---

115 LACRUZ, D. F. 289 f.; AIZPÚN SANTAFÉ (oben N. 102) 6 f.

116 DE CASTRO 236, N. 1; CASTÁN I/1, 237; v. RAUCHHAUPT, Gesetzesquellen 228; nach AIZPÚN SANTAFÉ (oben N. 102) 9, ist die gegenteilige Ansicht nur eine „Privatmeinung“ von MARTÍNEZ DE OLANO.

117 CASTÁN I/1, 235; v. RAUCHHAUPT, Gesetzesquellen 217; BORRELL Y SOLER, Cataluña I, 24.

118 DE CASTRO 291 f., 294, 297.

119 Vgl. hierzu unten § 9 I 2. Wie noch zu sehen sein wird, wurde auf den Balearen trotz des klaren Wortlautes von Art. 13 CC bis zum Inkrafttreten der Kompilation das römische Recht als erstes Subsidiärrecht angewendet. Heute gilt es nur noch in Navarra.

Entspricht somit die historische Grundlage der „antiforalen" Auffassung nicht den tatsächlichen Gegebenheiten, so entfallen damit auch die von ihr gezogenen Schlußfolgerungen, wenigstens insoweit, als sie den zwingenden Charakter des Foralrechts und des über seine Anwendung entscheidenden interregionalen Rechtes leugnet. Die Foralrechte sind immer dann anzuwenden, wenn das interregionale Recht an sie anknüpft. Der Parteiwille kann hierbei nur insoweit einwirken, als ihm ein Einfluß auf die Begründung oder Änderung der Foralrechtszugehörigkeit (insbesondere der „vecindad", vgl. Art. 15 CC) eingeräumt ist oder er selbst zum Anknüpfungsmoment wird. Etwas anderes ergibt sich auch nicht aus den von DE CASTRO erwähnten neueren Entscheidungen, die er m. E. willkürlich auslegt. Der Satz, daß es nicht erlaubt ist, sich auf das Foralrecht zu berufen, wenn eine Rechtsstellung unter dem Schutz des CC erlangt ist (T. S. vom 10. 12. 1926), gehört zum Problem der Gesetzesumgehung. Bei der Res. vom 10. 11. 1926 handelt es sich um eine rein kollisionsrechtliche Entscheidung darüber, welches Recht auf den Güterstand der Ehegatten bei verschiedenem Personalstatut anzuwenden ist. Die Unterstellung des Güterstandes unter die „lex loci" auf Grund eines vermuteten Parteiwillens statt unter das Heimatrecht des Ehemannes zum Zeitpunkt der Eheschließung, wie sie das spanische Kollisionsrecht nach einhelliger Auffassung vorschreibt, ist in der Literatur heftig kritisiert worden[120]. Auch die Entscheidung vom 14. 12. 1901 stützt DE CASTROS Standpunkt nicht, da sie die Foralrechtseigenschaft der 1877 verstorbenen Erblasserin nach dem vor Inkrafttreten des CC geltenden Recht festzustellen hatte, heute aber für diese Materie ausschließlich Art. 15 CC als gesamtspanisches Recht maßgebend ist (vgl. auch Art. 3 CDC, Art. 5 CDV).

Die Ansicht, daß der Satz „iura novit curia" im Foralrecht nur beschränkte Geltung habe, läßt sich heute nicht mehr vertreten, da die von DE CASTRO angeführten Gründe dadurch entfallen sind, daß das Recht der wichtigsten Foralrechtsgebiete abschließend in modernen Gesetzen geregelt ist. Man könnte diese Gründe nur noch für Navarra und die in ihrem materiellen Inhalt nicht näher umschriebenen lokalen Gewohnheiten Kataloniens vorbringen. Auch dort widerspricht dieser Auffassung jedoch die Rechtsnatur der Foralrechte als zwingendes Recht, das der Richter kennen und gegebenenfalls anwenden muß[121].

---

[120] CASTÁN I/1, 515; TRÍAS DE BES, Derecho Internacional Privado² (Barcelona 1940) 94 f.

[121] Das gleiche gilt, wenn auch mit gewissen Einschränkungen, für den deutschen Richter, vgl. BGH 24. 11. 1960, NJW 1961, 410.

Im Ergebnis ist somit LACRUZ[122] beizupflichten. Das Foralrecht hat in der Rangfolge der Rechtsquellen des jeweiligen Gebietes die gleiche Bedeutung wie die Normen des gemeinen Rechts. Das Gericht hat seinen Inhalt zu ermitteln und anzuwenden, wenn es die zwingenden Regeln des Kollisionsrechtes für zuständig erklären. DE CASTRO kann nur dahingehend beigepflichtet werden, daß die Foralrechte eng auszulegen sind und nicht gegen zwingendes gesamtspanisches Recht oder die allgemeinen Rechtsgrundsätze verstoßen dürfen[123]. Weitere Grundsätze für seine Anwendung ergeben sich daraus, welchen Rang man heute der foralen Gewohnheit, vor allem der Gewohnheit contra legem, zuweist, sowie aus den zur foralen Rechtsordnung gehörenden allgemeinen Rechtsgrundsätzen[124].

§ 5: DIE BEDEUTUNG DER FORALRECHTE

I. Allgemein

Haben die sogenannten Foralrechte auch auf Grund der geschichtlichen Gegebenheiten nicht eine derart gründliche systematische Durchbildung erfahren wie das kastilische Gemeinrecht, so geht es doch zu weit, wenn sie DE CASTRO[125] als Rechte bezeichnet, die lediglich vereinzelte oder fragmentarische Institutionen und Regeln enthalten[126].

Es trifft zwar zu, daß der früher vorhandene schuld- und sachenrechtliche Teil der Territorialrechte Aragóns, Navarras und Kataloniens im Verlauf der Entwicklung des modernen, beweglichen Güteraustausches fast völlig von dem am römischen Recht orientierten gemeinen Recht verdrängt wurde und tatsächlich auf diesen Gebieten nurmehr wenige Einzelvorschriften erhalten sind, die vorwiegend bodenrechtlichen Charakter

---

[122] LACRUZ, D. F. 290.

[123] PUIG BRUTAU 196 weist im Zusammenhang mit der Auslegung der alten katalanischen Konstitutionen auf eine Parallele zum nordamerikanischen Recht hin: Statute law ist eng auszulegen, wenn es dem Common law widerspricht.

[124] Vgl. die erbrechtlichen Grundsätze „nemo pro parte testatus, pro parte intestatus decedere potest" und „semel heres, semper heres" und die Notwendigkeit der Erbeinsetzung zur Wirksamkeit des Testamentes in Katalonien und auf den Balearen, siehe § 11 III.

[125] DE CASTRO 270 f.

[126] CASTÁN I/1, 214.

haben (vgl. Buch III der CDC) oder den Komplex Familienrecht—Erbrecht ergänzen[127].

Im Familien- und Erbrecht aber, das vor allem Gegenstand foralrechtlicher Sonderregelung ist, erweisen sich besonders die Rechte von Aragón, Navarra und Katalonien als abgeschlossene und eigenständige Rechtsordnungen, in denen vielfach andere Grundsätze als im gemeinen Recht gelten. Aus verschiedenen Gründen, vor allem wegen des hohen Alters der foralen Rechtsquellen und ihrer Unzugänglichkeit[128], des Verlustes der Gesetzgebungsautonomie vor geraumer Zeit und des Fehlens systematischer Literatur[129] wurden diese Grundsätze nicht immer vollständig und folgerichtig durchgeführt, und hieraus erklärt sich, daß Foralrechte und Foralrechtswissenschaft gegenüber dem gemeinen Recht zurückgeblieben sind und den Anforderungen der modernen Gesellschaft häufig nicht zu entsprechen scheinen[130].

II. Hauptmerkmale

1. Gegenüber dem Formalismus und dem Typenzwang des römischen Rechts wird vor allem darauf hingewiesen, daß in den Foralrechten die Willensautonomie der Parteien eine hervorragende Rolle spielt, so daß diese alles vereinbaren können, was nicht auf einen unmöglichen Erfolg gerichtet ist oder gegen das Naturrecht, befehlende oder verbietende (also zwingende) Vorschriften oder die allgemeinen Rechtsgrundsätze verstößt (so etwa Art. 3 VE)[131]. Diese Willensautonomie erhebt die Parteivereinbarung in den Rang einer Rechtsquelle, der nur wenige Vorschriften Grenzen setzen. Anders als die Vertragsfreiheit anderer Rechte (vgl. Art. 1271

---

[127] So vor allem das „retracto familiar", „retracto gentilicio", „derecho de la saca" usw. genannte Näherrecht der Erblosung (Beschüttungsrecht) in Aragón (Art. 76 ap., Art. 162 f. VE), Navarra (Ley 109 f. FR), Vizcaya (Art. 51 f. CDV) und im Valle de Arán (Art. 329 CDC, sog. „derecho de tornería"); vgl. Lacruz, D. F. 293 und Hübner, Grundzüge des deutschen Privatrechts[5] (Leipzig 1930) 428.

[128] Vgl. Pons y Sandalinas S. VIII f. Dort heißt es unter anderem: „Die offizielle Ausgabe der Kompilation von 1704 — d. h. des vor der CDC geltenden Rechtes — ist heute ein Buch, um das sich Büchersammler und Juristen streiten."

[129] Vgl. hierzu Lacruz, Contribución a la metodología del Derecho privado de Aragón (Zaragoza 1946); Salinas, Estudio 7, 11.

[130] Vgl. Martín-Ballestero, La integración del Derecho foral y el común en el concepto genérico del Derecho civil hispano: Universidad 1947, 45 f.; Lacruz, D. F. 298 f.; Castán I/1, 214 f.

[131] Vgl. Lacruz, D. F. 292; Puig Peña I/1, 201; Castán I/1, 215.

CC) wird diese Willensautonomie als einer der obersten Grundsätze nicht nur des Schuld-, sondern auch des Familien- und Erbrechts angesehen. Sie kommt zum Ausdruck in den Sätzen „standum est chartae", „pactos rompen fueros" in Aragón und „paramiento Fuero vienze" in Navarra, die LACRUZ[132] mit den Regeln „Gedinge bricht Landrecht" und „convenances vainquent loi" des deutschen bzw. französischen Rechtes vergleicht. Das historische „standum est chartae" des aragonesischen Rechtes wird vom Apéndice zwar nur für die Eheverträge wiederholt (Art. 59 ap.), der VE erhebt es aber in seinem Art. 3 in der oben angegebenen Form wieder zum obersten Grundsatz. Der Entwurf eines „Fuero recopilado" für Navarra sagt in Ley 4, daß nach der Regel „paramiento Fuero vienze" der Parteiwille jeder anderen Rechtsquelle vorgeht, soweit er nicht gegen die guten Sitten oder die öffentliche Ordnung verstößt, die Rechte Dritter beeinträchtigt oder einem gesetzlichen Verbot widerspricht und für diesen Verstoß ausdrücklich die Nichtigkeit vorgesehen ist.

Eine natürliche Folge dieser weitgehenden Parteiherrschaft in den Foralrechten ist der Vorrang der Gewohnheit als Rechtsquelle. Dieser Vorrang zeigt sich einmal darin, daß der größte Teil der historischen foralen Rechtsquellen geschriebene oder später als Gesetz verkündete Gewohnheiten sind[133]. Außerdem sehen oder sahen die Foralrechte die Gewohnheit als eine dem Gesetz in ihrer Kraft gleichstehende, ja vorgehende Rechtsquelle an (vgl. vor allem die neuesten Entwürfe: Art. 2; 3 Abs. 2 VE; L. 5 Abs. 1 FR)[134], während das gemeine Recht die Gewohnheit „contra legem" in Art. 5 CC verbietet[135].

2. Ein gemeinsamer Wesenszug aller Foralrechte, mit Ausnahme des auf das Güterrecht beschränkten Fuero del Baylío, ist, daß sie auf einer straffen und stabilen Organisation der Familie beruhen und sowohl durch ihre Institutionen als auch durch die unter ihrem Schutz entwickelten gewohnheitsrechtlichen Gestaltungsformen die ungeteilte Erhaltung vor allem des kleinen bäuerlichen Familienvermögens ermöglichen. Gesetz und

---

132 LACRUZ, D. F. 292.

133 Vgl. auch die historischen Bezeichnungen vieler Rechtsquellen als „usatges, observancias, buenos usos" usw. Einen Musterfall solchen zum Gesetz gewordenen Gewohnheitsrechtes stellt der „Fuero de Vizcaya" dar; ECHEGARAY 11 f.

134 Außerdem CASTÁN I/1, 354; LACRUZ, D. F. 292.

135 Hieraus ergeben sich zwei Fragen, die an anderer Stelle zu prüfen sind:

1. Ob Art. 5 CC auch für die Foralrechte gilt, so daß auch diesen gegenüber die Gewohnheit „contra legem" keine Rechtskraft mehr haben kann (hierzu unten § 6 II 1).
2. Die Erfordernisse und der Beweis der Gewohnheit sowie ihr Verhältnis zum Gesetz in den einzelnen Foralrechtsgebieten (hierzu unten § 10 I und II).

Gewohnheit führen durch ihr Zusammenwirken Ergebnisse herbei, wie sie sich auch im historischen bäuerlichen Erbrecht und dem modernen Anerbenrecht Deutschlands finden[136]. Von diesem unterscheidet sie zwar, daß die Vererbung des Familienvermögens in seiner Gesamtheit an einen Alleinerben nicht zwangsweise geschieht, sondern auf Gewohnheitsrecht beruht und es keine Sondererbfolge in den Hof gibt. Der Satz „Der Bauer hat nur ein Kind" wird jedoch konsequent durchgeführt. Dem widerspricht nicht, daß die Foralrechte der Willensautonomie eine hervorragende Stellung einräumen. Vielmehr ist es gerade die daraus resultierende mehr oder weniger weitgehende Testierfreiheit, die es dem Erblasser ermöglicht, einen Erben als Nachfolger auszuwählen und die übrigen Abkömmlinge, je nach der Gestaltung des Pflichtteilsrechtes und der Grenzen der Testierfreiheit in den einzelnen Foralrechten, ganz von der Erbfolge auszuschließen (Ayala, Vizcaya, Navarra und Aragón), wozu gegebenenfalls symbolische Zuwendungen erforderlich sind, oder ihnen ihren Pflichtteil in Geld, nicht aber in Nachlaßgegenständen, zuzuwenden (Katalonien, Balearen, Galizien). Gemeinsamer Nenner aller auf diese Erhaltung des Familienvermögens gerichteten Institutionen ist das Haus („La casa" oder, wie das biskayische Recht sagt, „la casería" bzw. „el caserío"), d. h. die aus einer stabilen bäuerlichen Familie und ihrem Vermögen, meist einem Landwirtschafts- oder Viehzuchtsbetrieb, bestehende soziale Einheit[137]. Zwingend geboten wird die Erhaltung des „Hauses" in vielen Gebieten dadurch, daß es diejenige wirtschaftliche Einheit darstellt, die wegen des geringen Umfanges des Familienvermögens und der Armut des Bodens gerade noch die Existenzgrundlage einer Familie bilden kann, durch eine Teilung aber zerstört würde. Im Mittelpunkt der privatrechtlichen Institutionen, die diesem Zweck dienen, steht der kombinierte Ehe- und Erbvertrag, der auf der Zulässigkeit einer vertraglichen Regelung der Erbfolge durch echten Erbvertrag oder durch eine vorweggenommene Erbfolge im Übergabevertrag bzw. der universellen Schenkung des gesamten Vermögens beruht[138] und das Grundgesetz der Familie bildet. Wie die Foralrechte im einzelnen den Fortbestand des Familienvermögens durch ihr besonderes

---

[136] Vgl. STOBBE 375 f.; KIPP/COING 556 f.

[137] LACRUZ, D. F. 295; die soziale Funktion des Hauses zeigt sich besonders deutlich in dem Gewohnheitsrecht der Alto Aragón genannten aragonesischen Pyrenäengebiete; vgl. die Monographie von MARTÍN-BALLESTERO, La casa en el Derecho aragonés (Zaragoza 1944).

[138] „heredamientos universales, donación propter nuptias, donación universal de todos los bienes presentes y futuros etc."

Erbrecht sichern, wird aus dessen Gesamtdarstellung im weiteren Verlauf dieser Arbeit deutlich werden. An dieser Stelle sei darauf hingewiesen, daß die Foralrechte insoweit dem bäuerlichen Erbrecht anderer Staaten gegenübergestellt werden[139]. LACRUZ stellt fest, daß die Gesetze vieler Staaten über das gebundene unveräußerliche, unpfändbare und unverjährbare bäuerliche Vermögen dem Vorbild spanischen Gewohnheitsrechtes folgen[140], und LUNA SERRANO[141] zeigt auf, daß eine große Zahl der foralrechtlichen Bestimmungen, in Aragón vielleicht sogar alle, auf die Erhaltung des Familienvermögens ausgerichtet sind und teilweise dem gesamtspanischen Gesetz über das Familienvermögen (Gesetz vom 15. Juli 1952) als Vorbild gedient haben[142]. Das Gesetz ist im übrigen stark vom Reichserbhofgesetz von 1933 beeinflußt[143]. Die dort vorgesehene Sondererbfolge in das Familienvermögen steht mit ihrer Möglichkeit, die Pflichtteile in Geld zu befriedigen und aus dem Kreise der sonst berufenen Erben einen Nachfolger auszuwählen, und vor allem durch ihren der navarrischen „fealdat" verwandten Nießbrauch des überlebenden Ehegatten dem Foralrecht näher als dem CC[144]. Demgegenüber erschwert die Regelung des CC, besonders seines Pflichtteilsrechtes (Art. 806—847 CC), eine so vollständige Erhaltung des Familienvermögens, wie sie die Foralrechte ermöglichen. Dies ist vor allem für die baskische Provinz Guipúzcoa und Asturien bedeutsam, wo einerseits die gleichen sozialen und wirtschaftlichen Gegebenheiten wie in den Foralrechtsgebieten herrschen[145], andererseits jedoch zur Sicherung des Fortbestandes des Familienvermögens nur die Gestaltungsformen des gemeinen Rechtes zur Verfügung stehen. ALONSO MARTINEZ[146] vertritt zwar den Standpunkt, daß in Guipúzcoa innerhalb der Geltung des ge-

---

139 So dem Reichserbhofgesetz, der Höfeordnung für die britische Zone in Deutschland, dem „homestead law" der Vereinigten Staaten, dem italienischen Landwirtschaftsrecht usw.

140 LACRUZ, D. F. 295.

141 LUNA SERRANO 10.

142 Dieses Gesetz ist zwar in seinem Anwendungsbereich sehr beschränkt, da es nur für die vom Nationalinstitut für Kolonisierung (Instituto Nacional de Colonización) geschaffenen Familienvermögen gilt (nach Auskunft von LUNA SERRANO beträgt deren Zahl gegenwärtig ca. 400). Die Möglichkeit der freiwilligen Unterstellung unter dieses Gesetz durch Begründung von Familienvermögen ist jedoch in Aussicht gestellt, was zu einem fakultativen Anerbenrecht führen würde (LUNA SERRANO 60).

143 LUNA SERRANO 123.

144 LUNA SERRANO 211, 242.

145 Vor allem also eine vorwiegend auf dem Kleinbetrieb beruhende Landwirtschaft.

146 ALONSO MARTÍNEZ 158.

meinen Pflichtteilsrechtes die Übertragung des „casería" an einen Alleinerben ebenso wie in den Foralrechtsgebieten möglich und üblich ist. Es darf aber nicht übersehen werden, daß dieser Erfolg im Rahmen des CC nur herbeigeführt werden kann, indem dem Alleinerben neben seinem Pflichtteil die sogenannte „mejora" und der Freiteil zugewandt wird und der Erblasser durch Teilungsanordnung gemäß Art. 1056 CC eine Befriedigung der übrigen Pflichtteile in bar vorsieht. Ein anderer Ausweg besteht in einem Scheinverkauf des Landwirtschaftsbetriebes an den, meist erstgeborenen, Alleinerben. Es handelt sich hierbei um Mittel, die nur indirekt den gewünschten Erfolg herbeiführen können und auch dies nur unter bestimmten Voraussetzungen. Die foralrechtlichen Bestimmungen zielen dagegen unmittelbar und bewußt auf diesen Erfolg ab[147].

Diese Darlegungen mögen dazu dienen, daß bei der Darstellung des foralen Erbrechtes seine Institutionen auch unter diesem Gesichtspunkt gesehen werden, wozu im Einzelfall, vor allem bei der Erörterung des Erbvertrages, noch besondere gelegentliche Hinweise gegeben werden. Richtungweisend für eine Betrachtung der Foralrechte als Rechtsordnungen, in deren Mittelpunkt die ungeteilte Erhaltung des Familienvermögens steht, ist das Urteil des T. S. vom 28. Oktober 1935, in dem es heißt: „Das starke Familienbewußtsein, das die Foralrechte kennzeichnet, läßt in ihnen als vorrangige Zielsetzung erkennen: a) Die Erhaltung der sozialen Kraft der Familie durch den Fortbestand und die Unteilbarkeit ihrer Vermögen, b) die Anerkennung der individuellen Persönlichkeit und, als Folge davon, die größtmögliche Freiheit für die Ehegatten und die übrigen Familienmitglieder und c) die Hervorhebung und starke Ausgestaltung der elterlichen Autorität. Die Verbindung dieser Ziele, die sich einander zu widersprechen scheinen, hat interessante Institutionen geschaffen, wie z. B. den vorsorglichen Erbvertrag in Katalonien, der häufig mit der dem überlebenden Ehegatten übertragenen Befugnis zur Auswahl des Erben verbunden ist und alle diese Grundsätze und Bestrebungen in sich vereint und aufeinander abstimmt[148]."

---

147 Luna Serrano 23, 25 f.

148 Das gleiche gilt entsprechend für den Erbvertrag und seine verwandten Formen in den übrigen Foralrechtsgebieten.

III. Die wichtigsten typisch foralrechtlichen Institutionen

Nach den vorstehenden Ausführungen zur allgemeinen Bedeutung der Foralrechte überrascht es nicht mehr, wenn nunmehr festzustellen ist, daß diejenigen ihrer Institutionen, die sie vor allem vom gemeinen Recht trennen, ausschließlich dem Familien- und Erbrecht angehören. ALONSO MARTINEZ[149] geht davon aus, daß sich die wesentlichen Unterschiede zwischen den Foralrechten von Navarra, Aragón, Mallorca und Katalonien (und das gleiche hätte er von seinem Standpunkt aus auch für Vizcaya sagen können) auf das Pflichtteilsrecht, die „viudedad", d. h. auf den Nießbrauch des überlebenden Ehegatten und damit auf seine Rechtsstellung im weiteren Sinne, und auf die „donación propter nuptias" beschränken[150]. Diese Aufzählung von ALONSO MARTINEZ geht aber mehr davon aus, bei welchen Institutionen die besonderen Vorschriften der Foralrechte einer Vereinheitlichung des spanischen Rechtes am stärksten entgegenstehen. Erhebliche Abweichungen ergeben sich darüber hinaus für das eheliche Güterrecht, in dem sich die verschiedensten Formen der Güter- und Errungenschaftsgemeinschaft finden; für die Formen und Arten der Testamente; für die Modalitäten der Erbeinsetzung und endlich, wenn auch in geringerem Umfange, für die gesetzliche Erbfolge, die weitgehend auf dem Erbfallrecht („troncalidad") beruht. Ergänzt werden diese Bestimmungen durch den „retracto familiar" oder „retracto gentilico", d. h. die Erblosung oder das Beschüttungsrecht, und, in Katalonien und auf den Balearen, durch eine besondere Gestaltung der Nacherbschaft vor allem in Form des sogenannten katalanischen Familienfideikommisses[151]. Allen diesen typisch foralen Institutionen ist gemeinsam, daß sie dem Grundsatz der Familienstabilität dienen und sich nicht nur in den bäuerlichen Volksrechten Aragóns, Navarras und Vizcayas, sondern auch in den häufig „Provinzen römischen Rechtes" genannten Gebieten Katalonien und Balearen finden, wenn sie auch auf den letztgenannten Inseln nicht so ausgeprägt und vollständig sind wie in den anderen Foralrechtsgebieten.

---

[149] ALONSO MARTÍNEZ 36.

[150] Mit „donación propter nuptias" ist hier die Möglichkeit vertraglicher Regelung der Erbfolge gemeint, die jedoch nur in Navarra diese Bezeichnung erhält; vgl. Leyes 172 f. FR.

[151] Vgl. auch CASTÁN I/1, 217 f.

§ 6: DER SACHLICHE GELTUNGSBEREICH DER FORALRECHTE IM VERHÄLTNIS ZUM CC

I. Der dem Foralrecht vorbehaltene Bereich

Aus Art. 12 CC ergibt sich, daß das gemeine Recht des CC zum Teil gesamtspanisches Recht darstellt, das im gesamten Staatsgebiet unmittelbar gilt, während es im übrigen gemäß Abs. 2 dieser Vorschrift in einem Teilgebiet des spanischen Staates unmittelbar, in den sogenannten Foralrechtsgebieten jedoch nur als Subsidiärrecht letzten Grades anzuwenden ist. Die Rechtsordnung der Foralrechtsgebiete besteht sonach gemäß Art. 12 einmal aus dem in seiner räumlichen Geltung auf das jeweilige Gebiet beschränkten, eigentlich foralen Recht und gegebenenfalls dem besonderen Subsidiärrecht, andererseits aus dem gemeinen Recht, teils als gesamtspanischem (Art. 12 Abs. 1 CC) und teils als letztrangigem Subsidiärrecht (Art. 12 Abs. 2 a. E. CC).

Ein besonderes System sieht Art. 13 CC für Aragón und die Balearen vor, wo der CC von seinem Inkrafttreten an unmittelbar gelten soll, soweit er dem Foralrecht nicht widerspricht und somit die Unterscheidung in gesamtspanisches und subsidiäres gemeines Recht theoretisch entfällt[152]. Das gleiche gilt für die Gebiete, für die bereits eine Kompilation in Kraft getreten ist, da diese vorsehen, daß der CC anzuwenden ist, soweit sie keine Regelung treffen (Art. 1 Abs. 1, 1 und 2. Schlußbestimmung CDC; 1. und 2. Schlußbestimmung CDV; Art. 2 Abs. 1, 1. und 2. Schlußbestimmung CDB; Art. 2 Abs. 1, 2. Schlußbestimmung CDG; ebenso Art. 1 Abs. 2 VE und Ley 2 FR). Somit entspricht auch das für Katalonien, Vizcaya und Álava, Galizien und — de lege ferenda — Navarra geltende System im Ergebnis Art. 13 CC. Der CC gilt dort mehr denn als Subsidiärrecht als unmittelbares Recht zusammen mit dem kodifizierten besonderen Recht[153].

Der sachliche Geltungsbereich der Foralrechte bestimmt sich somit heute in den Gebieten mit einem Apéndice (Aragón) und mit einer Kompilation (Vizcaya und Álava, Katalonien, Balearen, Galizien) aus dem materiellen Inhalt des jeweiligen Foralgesetzes und ist damit ohne Schwierigkeiten positiv abzugrenzen. Demgegenüber gibt die Frage nach demjenigen Teil des gemeinspanischen Rechtes, der unmittelbar im gesamten Staatsgebiet

---

[152] Zur subsidiären Anwendung römischen Rechts auf den Balearen bis zum Inkrafttreten der Kompilation vgl. unten § 9 I 2.

[153] CASTÁN I/1, 238.

gilt, eine negative Abgrenzung des Bereiches, in dem die Existenz foralrechtlicher Vorschriften überhaupt zu prüfen ist. Dies ist von Bedeutung für die noch aktuelle Rechtslage vor Inkrafttreten der Foralgesetze und für Navarra, da diese negative Abgrenzung beim Fehlen eines anwendbaren modernen Gesetzes einfacher durchzuführen ist als die Prüfung der fortgeltenden Foralrechtsnormen und gegebenenfalls über deren Fortgeltung überhaupt erst entscheidet. Sie legt von vornherein den dem Foralrecht vorbehaltenen Bereich fest und zeigt auf, wann ein Rückgriff auf foralrechtliche Quellen ausgeschlossen ist. Diesem Zweck dient die Darstellung derjenigen Rechtsgebiete, für die der Código Civil auch schon vor Inkrafttreten der Foralgesetze im Wege der Gesetzesauslegung und durch die ständige Rechtsprechung des T. S. im ganzen Staatsgebiet unmittelbar angewandt wurde[154].

II. Unmittelbare Anwendung des CC in den Foralrechtsgebieten

1. *Der Einleitende Titel und der 4. Titel des 1. Buches des CC (insbesondere zur Gewohnheit „contra legem")*

Aus Art. 12 Abs. 1 CC ergibt sich, daß der Einleitende Titel und der 4. Titel des 1. Buches des Código Civil gesamtspanisches Recht enthalten.

Für den Einleitenden Titel sagt hierzu Art. 12 Abs. 1 CC: „Las disposiciones de este título, en cuanto determinan los efectos de las leyes y de los estatutos y las reglas generales para su aplicación, son obligatorias en todas las provincias del Reino." Zweifelhaft erscheint, ob „en cuanto" kausal („weil") oder konditional („soweit") gebraucht ist, d. h. also, ob der Einleitende Titel insgesamt in den Foralrechtsgebieten gilt oder nur „soweit" er die Wirkung der Gesetze und Statuten und die allgemeinen Regeln für deren Anwendung festlegt. De Castro[155] neigt zur zweiten Auffassung, da dann Art. 7 CC von der unmittelbaren Anwendung ausgenommen sei, wo die authentische Interpretation der Worte „meses, días, noches" (Monate, Tage, Nächte) über die bloße Auslegung hinausgeht.

Die ausdrückliche Feststellung des Art. 12 Abs. 2 CC, daß die Foral-

---

[154] Unberücksichtigt bleiben dabei diejenigen Gesetze, die vor oder nach Inkrafttreten des CC für ganz Spanien erlassen wurden und Gegenstände des bürgerlichen Rechts außerhalb des CC regeln, so z. B. das Hypothekengesetz (Ley Hipotecaria), die Gesetze über ländliche und städtische Miet- und Pachtverträge (Leyes de Arrendamientos rústicos y urbanos) und das Gesetz über das Personenstandsregister (Ley del Registro civil).

[155] De Castro 281.

rechtsgebiete ihr besonderes Recht behalten, „ohne daß ihre gegenwärtige geschriebene oder gewohnheitsrechtliche Rechtsordnung durch die Veröffentlichung des CC irgendeine Änderung erfährt“, wirft die Frage auf, inwieweit hierdurch Art. 12 Abs. 1 CC in seiner Bedeutung eingeschränkt wird. Diese Einschränkung würde vor allem darin bestehen, daß innerhalb des Wirkungsbereiches jeden Foralrechtes die Bedeutung seiner geschriebenen oder ungeschriebenen Quellen erhalten bleibt, ohne daß deren Wirksamkeit irgendwie vom Código Civil betroffen würde[156]. Die praktisch interessanteste Frage ist hierbei, ob Art. 5 CC, der die Gewohnheit „contra legem“ verbietet, auch im Verhältnis „forale Gewohnheit zu foralem Gesetz“ gilt, selbst wenn das jeweilige Foralrecht die Gewohnheit gegen das Gesetz ausdrücklich zuläßt, wie bis zur Kodifizierung das biskayische und katalanische Recht[157], das aragonesische Recht[158] und das geltende navarrische Recht[159]. Während der aragonesische Vorentwurf die Frage offen läßt[160], räumt der navarrische Entwurf eines „Fuero recopilado“ in Ley 5 der Gewohnheit „contra legem“ den Vorrang vor dem Foralgesetz ein, stellt jedoch in Abs. 2 ausdrücklich fest, daß diese Gewohnheit nicht das gemeine Recht derogieren kann[161].

Die Frage ist bestritten. Fest steht nur, daß Art. 12 Abs. 2 CC den Fortbestand des gesamten foralen Gewohnheitsrechts garantiert, das im Jahre 1889 in Kraft war, auch wenn es auf einer Gewohnheit „contra legem“ beruhte[162]. Dagegen ist nach CASTÁN[163] die Entstehung neuen Gewohnheitsrechtes gegen das Gesetz wegen der allgemeinen Anwendung von Art. 5 CC ausgeschlossen. Die Gegenmeinung vertritt DE CASTRO[164]. Er hält forale Vorschriften, die einen Gleichrang oder Vorrang der Gewohnheit gegenüber dem Gesetz vorsehen, für gültig, soweit berücksichtigt wird, daß diese Vorschrift gegenüber dem gemeinen Recht — sei es, daß dieses als

---

156 So DE CASTRO 281; PUIG PEÑA I/1, 208: „Der Título preliminar gilt für den Geltungsbereich des Foralrechts, für IPR und ILR und soweit er die Wirksamkeit der Gesetze regelt.“

157 BORELL Y SOLER, Cataluña I, 26; CASTÁN I/1, 354.

158 CASTÁN I/1, 354; FRANCO/GUILLÉN 5.

159 LACARRA I, 44; SALINAS, Estudio 65.

160 Art. 2: „Die Gewohnheit hat verpflichtende Wirkung, wenn sie nicht gegen das Naturrecht und das in Aragón geltende befehlende und verbietende Recht ... verstößt.“

161 Ley 5 Dictamen schlägt vor, der Gewohnheit gegen das Gesetz allgemeine Geltung zu verschaffen; in Anm. 6 wird jedoch eingeräumt, daß dies gegen die h. M. und die Rechtsprechung des T. S. verstößt.

162 CASTÁN I/1, 356; SALINAS, Curso 66.

163 CASTÁN I/1, 356.

164 DE CASTRO 276.

gesamtspanisches oder subsidiäres Recht in Frage kommt — durch Art. 5 CC ausgeschaltet wird. DE CASTRO begründet seine Auffassung damit, daß durch eine Veränderung des der Gewohnheit beizulegenden Wertes in den Foralrechten diese selbst verändert würden. Dem ist beizupflichten, da es eines der Hauptmerkmale der volksnahen Foralrechte ist, daß in ihrer Rechtsquellenhierarchie die Gewohnheit an hervorragender Stelle steht und eine Anwendung von Art. 5 auch innerhalb dieser Hierarchie den Schwerpunkt der Rechtsquellen von der Gewohnheit zum geschriebenen Recht hin verschieben würde. Die Gewohnheit „contra legem" bestand daher trotz Art. 5 CC in den Gebieten, wo dies auch vor Inkrafttreten des CC der Fall war, als Rechtsquelle fort, wobei sie aber nur geschriebenes Foralrecht, nicht gemeines Recht aufheben konnte[165].

Praktisch erheblich ist dies heute noch in Navarra, wo auch de lege ferenda die zwanzig Jahre geübte Gewohnheit gleichen Rang mit dem Gesetz haben soll (Ley 1 FR), und für die Auslegung von Art. 2 VE. In Katalonien, Galizien und Vizcaya gilt dagegen seit Inkrafttreten der Kompilation keine Art. 5 CC widersprechende Vorschrift mehr[166].

Für den 4. Titel des 1. Buches des Código Civil ist heute unbestritten, daß er in seinem ganzen Umfang gesamtspanisches Recht darstellt[167]. Der Gegenmeinung, daß der 4. Titel nur für die Form der Eheschließung gelte, fehlt jede Grundlage[168].

2. *Vorschriften des CC über neue, im Foralrecht nicht geregelte Institutionen und Gebiete*

Handelt es sich in diesen Fällen eigentlich genaugenommen um eine subsidiäre Anwendung des Código Civil, so kann man hier insofern doch von einer unmittelbaren Anwendung des CC sprechen, weil die Tatsache, daß die betreffende Institution neu eingeführt worden ist, eine forale Regelung von vornherein ausschließt. Andererseits können die vom CC neu eingeführten Institutionen in den Foralrechtsgebieten nur angewandt werden, wenn sie nicht gegen deren System verstoßen.

Zu den durch gesamtspanisches Recht neu eingeführten Rechtsfiguren gehört vor allem das holographische Testament, das bis zum CC in Spanien

---

165 Ebenso BORRELL Y SOLER, Cataluña I, 26; SALINAS, Curso 66 f.

166 CASTÁN I/1, 357.

167 CASTÁN I/1, 248; PUIG PEÑA I/1, 210; DE CASTRO 282; T. S. 26. 4. 1901; 23. 5. 1916; 29. 4. 1916 u. a.

168 Sie wird vertreten von BORRELL Y SOLER, Cataluña I, 14; MARTÍN-BALLESTERO, Los artículos 12 y 13 del CC y el problema de las fuentes en el Derecho foral: An. Der. Aragonés 1944, 302.

unbekannt war, seither aber auch in allen Foralrechtsgebieten eine ordentliche Testamentsform darstellt[169].

3. *Vorschriften, die nachträglich in den CC aufgenommen wurden, und Änderungen des CC*

Die Frage, ob das durch Änderungsgesetz zum CC geschaffene neue Recht in ganz Spanien zu gelten hat oder nur neues gemeines Subsidiärrecht schafft, wird nicht einheitlich beantwortet. CASTÁN[170] folgt der Auffassung, nach der diese Gesetze die Rechtslage im gesamten Staatsgebiet beeinflussen, vor allem weil sie meist Anforderungen und Erfordernissen der Gegenwart entsprechen, die in allen Gebieten Spaniens gleichermaßen auftreten. Praktisch kann tatsächlich davon ausgegangen werden, daß die Änderungen des CC auch in den Foralrechtsgebieten galten, soweit sie nicht nur Teile von Institutionen betrafen, die im gemeinen und Foralrecht grundlegend anders geregelt sind (so z. B. das Gesetz vom 24. April 1958 bezüglich der Höhe der „legítimas“). Theoretisch ist die Auffassung von DE CASTRO[171] und ALBALADEJO[172] richtig, wonach es auf den Einzelfall ankommt, insbesondere darauf, ob das Gesetz nur den kodifizierten Text ändert oder eine neue allgemeine Regelung bringt.

4. *Vorschriften, die früher in allgemeinen Gesetzen enthalten waren, die der CC ersetzt hat*

Da es in Art. 12 Abs. 2 CC heißt, daß die gesamte Rechtsordnung der Foralrechtsgebiete unberührt bleibt, wurde angenommen, daß hierunter auch der Teil dieser Rechtsordnung zu fallen habe, der aus dem bereits vor Inkrafttreten des CC geltenden gesamtspanischen Recht, also vor allem aus Einzelgesetzen, gebildet wurde. Sehr bald nahm jedoch das T. S. den entgegengesetzten Standpunkt ein und stellte fest, daß „Rechtsordnung“ im Sinne von Art. 12 Abs. 2 CC nur das besondere Recht der einzelnen Gebiete, nicht aber das schon früher dort geltende Subsidiärrecht meint[173]. Auch in der Literatur hat sich heute diese Auffassung durchgesetzt[174]. DE CASTRO weist anschaulich darauf hin, daß anderenfalls z. B. in Ayala durch den Fortbestand der einzigen foralrechtlichen Institution, nämlich

---

169 Vgl. DE CASTRO 284; CASTÁN I/1, 249; PUIG PEÑA I/1, 211; zum holographischen Testament: T. S. 31. 3. 1917; 22. 6. 1948.

170 CASTÁN I/1, 249.

171 DE CASTRO 280 f.

172 ALBALADEJO 43 f. N. 3.

173 T. S. 12. 6. 1894; 3. 12. 1895; 12. 2. 1897; 10. 11. 1902.

174 DE CASTRO 279 f.; CASTÁN I/1, 251.

der absoluten Testierfreiheit, alle gesamtspanischen Gesetze aus der Zeit vor dem CC in Geltung geblieben wären.

Richtig ist sonach, daß der CC selbst zum gesamtspanischen Recht wird, wenn er ein früheres gesamtspanisches Gesetz aufgehoben hat. Haben diese alten Gesetze ihrerseits Foralrecht derogiert, so ist nach der Rechtsprechung erforderlich:

a) daß das aufgehobene Gesetz im ganzen Staatsgebiet galt (T. S. 20. 3. 1894),

b) daß das alte Gesetz das Foralrecht aufgehoben und nicht etwa einen Vorbehalt zu dessen Gunsten enthalten hat (T. S. 10. 6. 1914),

c) daß der CC das alte Gesetz ersetzt (T. S. 17. 12. 1928)[175].

Für das Erbrecht bedeutend ist in diesem Zusammenhang die Rechtsprechung des T. S., nach der der Código Civil die sogenannte Ley de Mostrencos (Gesetz über herrenloses Vermögen vom 16. Mai 1835) ersetzte und deshalb im ganzen Staatsgebiet für die gesetzliche Erbfolge gelten sollte. Begründet wird dies damit, daß das genannte Gesetz auch vorsah, an welcher Stelle der Staat als gesetzlicher Erbe bei erbenlosen Nachlässen berufen sein sollte[176].

§ 7: DER PERSÖNLICHE GELTUNGSBERICH DER FORALRECHTE

I. Vorbemerkung

In Spanien, wo mehrere Privatrechtsordnungen nebeneinander gelten, genügt es im Einzelfall nicht, zu wissen, daß jemand Spanier ist. Vielmehr muß man auch feststellen können, ob sein Heimatrecht das gemeine Recht oder ein Foralrecht ist, d. h. ob er einem Gebiet gemeinen Rechtes oder einem Foralrechtsgebiet angehört. Von Bedeutung wird dies vor allem, wenn ein Tatbestand Beziehungen zu mehreren Rechtsgebieten Spaniens oder zum Ausland aufweist, wenn also das internationale oder interregionale Privatrecht über die Anwendbarkeit eines spanischen (gemeinen oder foralen) Rechtes zu entscheiden hat und Anknüpfungsmoment das Heimatrecht einer Person ist. Hierbei ist von zwei wichtigen Voraussetzungen auszugehen:

---

[175] Ein Überblick über die ersetzten Gesetze und die einschlägigen Teile des CC findet sich bei Castán I/1, 251, und de Castro 279.

[176] Zur Unhaltbarkeit dieser Rechtsprechung und zur heutigen Rechtslage für die gesetzliche Erbfolge in den Foralrechtsgebieten allgemein vgl. unten § 33.

1. Auch der deutsche Richter folgt dem einheitlichen spanischen interregionalen Privatrecht und den Regeln über die Bestimmung des zuständigen Heimatrechts (Art. 14, 15 CC)[177].

2. Das Erbstatut des spanischen internationalen und auch interregionalen Privatrechts ist das Heimatrecht des Erblassers (Art. 10 Abs. 2, 14 CC). Eine Ausnahme besteht nur für Biskayer, deren Heimatrecht das gemeine Recht ist, für ihre im Gebiet biskayischen Rechts („tierra llana") belegenen Grundstücke. Auf diese Grundstücke findet bei der Erbfolge nicht gemeines, sondern biskayisches Recht Anwendung (Art. 10 Abs. 3 CC; Art. 10 CDV). Diese Vorschrift gilt aber nicht für Ausländer, wie teilweise angenommen wurde[178]. Bestritten ist, ob dieser Grundsatz auch für die gesetzliche Erbfolge gilt[179].

II. Die „vecindad"

Das persönliche Anknüpfungsmoment im interregionalen spanischen Recht ist die sogenannte „vecindad civil", die der Staatsangehörigkeit nachgebildete Gebietszugehörigkeit, die keinen anderen Zweck hat, als die Verbindung zwischen einer Person und einem der spanischen Rechte herzustellen. CASTÁN[180] definiert sie daher als „das Band regionaler Abhängigkeit[181], die als Folge die Unterwerfung unter die eine oder andere spanische Rechtsordnung mit sich bringt".

Heimatrecht eines Spaniers ist damit das Recht, dessen „vecindad" er besitzt. Meist handelt es sich hierbei um eine regionale „vecindad" (aragonesische, navarrische, katalanische, galizische, biskayische oder ayalesische „vecindad"). Es kann aber noch zu einer weiteren Unteranknüpfung über

---

[177] Vgl. FERID, Der Neubürger im IPR (Berlin und Tübingen 1949) 83 f.; SOERGEL/KEGEL, BGB[9] V (Stuttgart 1961) Vorbem. zu Art. 7, Rdz. 104—111; KEGEL, Die Anwendung des Rechts ausländischer Staaten mit räumlicher Rechtsspaltung, in: Festschrift Karl Arnold (1955) 60 f.; GOLDSCHMIDT I, 340.

[178] GARCÍA ROYO I, 281; VALLET DE GOYTISOLO, Glosas al § 3 del art. 10 del CC en relación con la jurisprudencia del T. S.: An: Der. Civ. 12 (1959) 570.

[179] Verneinend: SÁNCHEZ DE LA TORRE, El. parr. 3° del Art. 10 del CC y los abintestatos de los vizcaínos según la Sentencia de la A. T. de Burgos del 15 de diciembre de 1953: Estudios de Deusto (1957) 473 f.; LA HELGUERA Y DEL PORTILLO (oben N. 96) 949; bejahend: VALLET DE GOYTISOLO (oben N. 178) 579 und DERS., Los trabajos de Angel Sánchez de la Torre acerca de la troncalidad, abintestato y legítima vizcaína: An. Der. Civ. 13 (1960) 212 f. Da Art. 10 CDV ausdrücklich von „verfügen" spricht, erscheint seine Anwendung bei der gesetzlichen Erbfolge ausgeschlossen.

[180] CASTÁN I/2, 265.

[181] bzw. komarkaler (siehe N. 75 a) oder lokaler Abhängigkeit.

eine komarkale oder lokale „vecindad" kommen, wenn ein Foralrecht nicht einheitlich ist, sondern nochmals örtliche Verschiedenheiten aufweist (katalanisches Lokalrecht, das balearische Recht). Zu beachten ist weiter, daß es, wegen der räumlichen Ausbreitung des biskayischen Foralrechts, Biskayer mit gemeinrechtlicher „vecindad" („villas") und mit biskayischer „vecindad" („tierra llana") gibt. Die Biskayer gemeinrechtlicher „vecindad" unterscheiden sich dabei von den übrigen Spaniern gemeinrechtlicher „vecindad" dadurch, daß auf sie Art. 10 Abs. 3 CC bzw. 10 CDV Anwendung finden[182].

III. Erwerb und Verlust der „vecindad civil"

Art. 15 CC regelt, wer nach seinem Personalstatut dem CC oder einem Foralrecht untersteht. Art. 15 CC bestimmt zunächst, auf welche Personen die über das Heimatrecht anzuknüpfenden Vorschriften des CC anzuwenden sind, um dann in seinem letzten Absatz festzustellen, daß die Vorschriften des Art. 15 CC auch für die spanischen Provinzen und Gebiete mit abweichendem Zivilrecht gelten. Art. 15 CC findet somit Anwendung zur Bestimmung der gemeinrechtlichen wie auch der verschiedenen foralrechtlichen „vecindades"[183]. Ausdrücklich verwiesen wird auf diese Vorschrift in Art. 3 CDC und Art. 5 CDV (auch für die „vecindad local", Art. 3 Abs. 2 CDC, Art. 5 Abs. 2 CDV).

Die „vecindad civil" wird erworben

1. durch Abstammung

Dem gemeinen Recht unterstehen Kinder gemeinrechtlicher Eltern, auch wenn sie in einem Foralrechtsgebiet geboren wurden (Art. 15 Z. 2 CC). Umgekehrt ergibt sich aus dieser Vorschrift, daß die Kinder von Eltern, die dem Foralrecht unterstehen, die „vecindad" des Foralrechts erwerben, auch wenn sie im Gebiete gemeinen Rechts oder eines anderen Foralrechts geboren werden.

2. durch Geburt zusammen mit Willenserklärung

Gemäß Art. 15 Abs. 1 CC erwerben die im Gebiet gemeinen Rechtes geborenen Kinder foralrechtlicher Eltern die „vecindad" des gemeinen Rechts, wenn die Eltern während der Minderjährigkeit oder die Kinder selbst innerhalb eines Jahres nach Erlangung der Volljährigkeit die Erklärung abgeben, daß sie sich dem gemeinen Recht unterwerfen. Auch diese

[182] Siehe oben § 7 I 2.
[183] De Castro, Compendio 245.

Vorschrift gilt entsprechend in den Foralrechtsgebieten: Personen, die im Gebiet eines Foralrechtes geboren wurden, können auf die angegebene Weise dessen „vecindad“ erlangen, wenn ihre Eltern dem gemeinen Recht oder einem anderen Foralrecht angehören.

3. durch Aufenthalt

Dem gemeinen Recht unterstehen die aus Foralrechtsgebieten stammenden Personen, die die „vecindad“ im Gebiete gemeinen Rechts erlangt haben. Dies geschieht, wenn sie ihren Wohnsitz zehn Jahre dort haben, ohne eine entgegenstehende Erklärung abzugeben, oder wenn sie den Wohnsitz zwei Jahre dort haben und die Erklärung abgeben, daß sie die „vecindad“ gemeinen Rechts erwerben möchten. Die entsprechenden Erklärungen werden im Personenstandsregister („Registro civil“) eingetragen (Art. 15 Z. 3 CC). Auf die gleiche Weise kann die „vecindad“ eines Foralrechtes von einem Spanier erworben werden, der dem gemeinen Recht oder einem anderen Foralrecht angehört[184].

IV. Die Foralrechtszugehörigkeit von Auslandsspaniern

Die Gründe für den Erwerb und den Verlust der „vecindad“ des gemeinen Rechts und der Foralrechte sind in Art. 15 CC abschließend aufgezählt. Erwirbt ein Kind foralrechtlicher Eltern die „vecindad“ des gemeinen Rechts nicht gemäß Art. 15 Z. 1 CC, so kann es sie gemäß Art. 15 Z. 3 CC nur durch Aufenthalt in *einem spanischen Gebiet gemeinen Rechts* erwerben, nicht aber durch einen noch so langen Auslandsaufenthalt. Selbst wenn daher ein foralrechtlicher Spanier sein ganzes Leben im Ausland verbringt oder sogar dort von foralrechtlichen Eltern geboren wurde, bleibt er bis zu seinem Tode dem entsprechenden Foralrecht unterworfen, auch wenn er nie spanischen Boden betritt. Nur durch einen Aufenthalt in einer Provinz gemeinen Rechts von 2 bzw. 10 Jahren könnte er die gemeinrechtliche „vecindad“ erwerben. So hat das Urteil des T. S. vom 26. 1. 1928 im Anschluß an ein Urteil vom 18. 3. 1925 entschieden, daß ein Spanier gemäß Art. 15 CC dem Foralrecht unterworfen bleibt, wenn er nicht die „vecindad“ des gemeinen Rechts erwarb. In beiden Fällen war ein Biskayer mit seinen Eltern in jungem Alter nach Südamerika ausgewandert und dort nach langen Jahren gestorben. Beide Male hat sie das T. S. bei der Beerbung trotzdem als foralrechtliche Biskayer angesehen[185].

---

[184] Vgl. hierzu Castán I/2, 265—269.

[185] Vgl. auch Castán I/2, 266; de Castro, Compendio 247; Vallet de Goytisolo (oben N. 178) 570; neuere Rechtsprechung gibt es nicht.

V. Der Erwerb einer foralrechtlichen „vecindad" durch Ausländer

Von Interesse ist in diesem Zusammenhang auch die Frage, ob ein Ausländer, der im Gebiete foralen Rechts ansässig ist und die spanische Staatsangehörigkeit durch Aufenthalt („vecindad", Art. 19, 20 CC) erwirbt, zugleich und von Anfang an dem in dem entsprechenden Gebiet geltenden Foralrecht untersteht. Die Meinung zu diesem Punkt ist geteilt. GOLDSCHMIDT[186] stellt im Anschluß an TRÍAS GIRO fest, daß ein Ausländer, der die spanische Staatsangehörigkeit erwirbt, immer die „vecindad" des gemeinen Rechts erhält, gibt aber keine Begründung. CASTÁN[187] gibt nur den Streitstand wieder und vertritt keine eigene Meinung. Ausführlicher befaßt sich VILLAR Y ROMERO[188] mit der Frage und kommt zu dem Schluß, daß eine „forale vecindad" die spanische Staatsangehörigkeit zur Voraussetzung hat und für den Erwerb der „vecindad" nicht die gleiche Frist maßgebend sein kann wie für den Erwerb der Staatsangehörigkeit. Vielmehr könne eine „vecindad" nur erwerben, wer bereits während des Fristablaufs Spanier war.

Die Ansicht, daß der Ausländer zugleich mit der spanischen Staatsangehörigkeit die foralrechtliche „vecindad" erwirbt, wird vor allem in der foralen Literatur vertreten[189]. Am überzeugendsten ist die Begründung von PALÁ und MARTÍN BALLESTERO[190], die mit Recht darauf hinweisen, daß der Ausländer gerade durch seinen Aufenthalt im Foralrechtsgebiet („vecindad") Spanier wird und daher sein Heimatrecht nunmehr auch das Recht dieses Gebietes sein muß.

Ein ehemaliger Spanier, der eine ausländische Staatsangehörigkeit erwirbt und später wieder die spanische Staatsangehörigkeit zurückerhält, erwirbt in jedem Fall die „vecindad" wieder, die er ursprünglich besaß[191].

---

186 GOLDSCHMIDT II, 71.

187 CASTÁN I/2, 267 N. 1.

188 VILLAR Y ROMERO, Un extranjero, al adquirir la nacionalidad española, precisamente por residencia en Navarra ¿ adquiere igualmente el derecho de regirse por las particularidades del Derecho foral navarro? Rev. Der. Priv. 1942, 697 f.

189 BORRELL Y SOLER, Cataluña I, 42; COLL Y RODÉS (oben N. 81) 308; PALÁ/MARTÍN-BALLESTERO, El sujeto en el ordenamiento jurídico aragonés: Segunda Semana de Derecho Aragonés 62; CABEZUDO ASTRAIN, El art. 15 del CC y los cambios de residencia: Universidad 1950, 41.

190 PALÁ/MARTÍN-BALLESTERO (vorige Note) 62.

191 GOLDSCHMIDT II, 72.

VI. Art. 29 EGBGB

Hat der deutsche Richter bei Anwendung von Art. 29 EGBGB auf einen Staatenlosen mit gewöhnlichem Aufenthalt in einem Foralrechtsgebiet das in diesem Gebiet räumlich geltende Foralrecht[192] als dessen Heimatrecht und damit gegebenenfalls als dessen Erbstatut anzusehen?

Für die Lösung dieser Frage bestehen zwei Möglichkeiten: Entweder wendet der deutsche Richter ohne weiteres die Foralrechtsordnung des Gebietes an, in dem der Staatenlose zu der maßgebenden Zeit seinen gewöhnlichen Aufenthalt gehabt hat, oder er richtet sich nach den interregionalen Vorschriften des spanischen Rechts. Im letzteren Fall entscheidet also Art. 29 EGBGB nur darüber, daß spanisches Recht anzuwenden ist, während es dem interregionalen Recht Spaniens überlassen bleibt, welches Foralrecht Anwendung findet.

Den ersten Weg geht KEGEL[193], der bei rein räumlich bezogenen Anknüpfungsmomenten das maßgebende Teilgebiet unmittelbar bestimmt und gegebenenfalls einem Renvoi des in diesem Teilgebiet geltenden einheitlichen interregionalen Privatrechts folgt. Ein solcher Renvoi findet sich jedoch, wie noch zu sehen sein wird, im spanischen Recht nicht. Nach dieser Auffassung wäre somit die eingangs gestellte Frage zu bejahen.

Die h. M. folgt der von RAAPE[194] als richtig bezeichneten Auffassung, wonach — konkret gesprochen — das zuständige Recht durch das spanische interregionale Recht zu bestimmen ist[195].

Das spanische interregionale Privatrecht gemäß Art. 9—11, 14 CC bietet keine Lösung der Frage, welches spanische Recht auf einen Staatenlosen, der auch keine „vecindad" besitzen kann, anzuwenden ist. Art. 14 CC kann jedoch dahingehend ausgelegt werden, daß auf das interregionale Recht auch solche Grundsätze des spanischen IPR anzuwenden sind, die nicht in Art. 9—11 CC enthalten sind[196]. Der Staatenlose, für den feststeht, daß sein Heimatrecht ein spanisches Recht ist, muß daher so behandelt werden, wie ein Spanier, der weder die „vecindad" des Gebiets ge-

---

[192] Vgl. § 3 III.

[193] SOERGEL/KEGEL (oben N. 177) Vorbem. zu Art. 7, Rdz. 105 a. E.; KEGEL (oben N. 177) 60 f.

[194] STAUDINGER/RAAPE, BGB⁹ VI (1931) Anm. d III zu Art. 29 EGBGB a. F.

[195] Vgl. oben N. 177; weiter LEWALD, Das deutsche internationale Privatrecht auf Grundlage der Rechtsprechung (Leipzig 1931) 12; MELCHIOR, Die Grundlagen des deutschen internationalen Privatrechts (Berlin und Leipzig 1932) 451; NEUHAUS, Die Grundbegriffe des Internationalen Privatrechts (Berlin und Tübingen 1962) 209.

[196] GOLDSCHMIDT I, 189 f.

meinen Rechts noch eines Foralrechtsgebiets besitzt. Wenn es auch einen solchen Spanier nicht geben kann, so bestehen doch keine Zweifel daran, daß das Heimatrecht dieser Person so zu ermitteln wäre, wie das Heimatrecht eines Staatenlosen durch den spanischen Richter ermittelt würde. An die Stelle der fehlenden Staatsangehörigkeit tritt hierbei die fehlende „vecindad".

Nach einhelliger spanischer Auffassung ist Heimatrecht eines Staatenlosen das Recht seines Wohnsitzes („domicilio")[197]. Gestützt wird diese Meinung auf Art. 4 des Gesetzes vom 1. 6. 1914 über die Rechtsstellung von Spaniern und Ausländern im ehemaligen spanischen Protektorat Marokko (Dahir). Wohnsitz ist aber nach Art. 40 CC der Ort des gewöhnlichen Aufenthalts („residencia habitual"), d. h. der Ort, an dem sich eine Person tatsächlich und dauernd niederlassen will[198]. Auch das spanische interregionale Recht führt damit zur Anwendung des Rechts des gewöhnlichen Aufenthalts, dessen Begriff dem unseren Rechts, das auf den Daseinsmittelpunkt abstellt[199], zumindest sehr ähnlich ist. Ist dieses Recht ein Foralrecht, so ist es anzuwenden.

Als Ergebnis ergibt sich somit, daß nach beiden hier dargestellten Auffassungen das Recht — sei es ein Foralrecht oder gemeines Recht — anzuwenden ist, zu dessen Gebiet die räumliche Beziehung „gewöhnlicher Aufenthalt" vorhanden ist. Dies entspricht der bereits getroffenen Feststellung[200], daß Foralrecht und gemeines Recht in der Weise gleichwertig sind, als ersterem in der Rangfolge der Rechtsquellen des jeweiligen Gebietes die gleiche Bedeutung zukommt wie dem Recht des CC im Gebiet gemeinen Rechts.

---

197 Castán I/1, 493; Trías de Bes (oben N. 120) 70; Verplaetse, Derecho Internacional Privado (Madrid 1954) 217.

198 T. S. 24. 9. 1954 u. a.

199 Soergel/Kegel (oben N. 177) Art. 29, Rdz. 11.

200 Vgl. § 4 a. E.

2. Abschnitt

Die Rechtsquellen der Foralrechte

§ 8: DIE QUELLEN DER FORALRECHTE UND IHRE GESCHICHTLICHE ENTWICKLUNG

I. Aragón

Von der Gründung des Königreiches Aragón in der ersten Hälfte des 11. Jahrhunderts bis zum Jahre 1247 sind die wichtigsten Quellen des aragonesischen Rechtes die einzelnen Städten und Ortschaften gewährten Fueros oder Stadtrechte, die Rechtsprechung und vor allem die Gewohnheit. In der Pyrenäenregion ist am bedeutendsten das Recht von Jaca, das aus einem Fuero von 1064 und verschiedenen Privilegien besteht. Jaca war im 12. Jahrhundert Zentrum reger rechtswissenschaftlicher Tätigkeit. Besondere Beachtung verdienen weiter die Fueros von Calatayud (1131), Daroca (1140) und Alfambra (1174—1176). Im Süden, d. h. also in Bajo Aragón (Niederaragón), zeichnet sich der Fuero von Teruel aus, der auf eine „carta puebla" von 1176[201] zurückgeht und Ende des 12. Jahrhunderts nach dem Vorbild des Fuero von Cuenca entstand[202].

Im Jahre 1247 leitete die Veröffentlichung der Sammlung der Fueros von Aragón in der sog. „Compilación de Huesca" eine neue Etappe der aragonesischen Rechtsentwicklung ein, die bis zum Verlust der Autonomie im Jahre 1707 währt. Schon vor diesem Zeitpunkt waren private Sammlungen des aragonesischen Territorialrechtes entstanden[203]. Erst jetzt, unter der Regierung Jakobs des Eroberers, war aber die „Reconquista" im aragonesischen Bereich abgeschlossen und der Zweck der lokalen Fueros — Wiederbesiedlung des Landes — im wesentlichen erfüllt. Somit war die Zeit reif für eine Zusammenfassung des Rechtes des gesamten Territo-

---

201 „Carta puebla" oder „carta populationis" ist die Urkunde, die einer neu zu gründenden oder zu begünstigenden Ansiedlung gewährt wird; García Gallo 165.

202 Vgl. García Gallo 168.

203 García Gallo 264; Castán I/1, 228 N. 4; Lacruz (oben N. 129) 11.

riums, mit der König Jakob I. den Bischof von Huesca, Vidal de Cañellas, betraute[204]. Hieraus entstand das Kernstück der aragonesischen Fueros, die „Compilación de Huesca", auch genannt „Código de Huesca". Sein in acht Bücher eingeteilter Inhalt ist frei von römisch-kanonischem Einfluß und beruht vor allem auf den vorhergehenden privaten Sammlungen, den Stadtrechten — besonders dem Fuero von Jaca —, zeigt aber auch Gemeinsamkeiten mit dem katalanischen und kastilischen Recht[205]. Zusammen mit den späteren Fueros bis 1533 bildet die „Compilación de Huesca" die „Colección cronológica", die chronologische Sammlung der aragonesischen Fueros[206].

Neben den „Fueros" wurden nach und nach auch die sogenannten „Observancias", d. h. die Gewohnheiten und Gerichtsbräuche, gesammelt und niedergeschrieben. Offiziellen Charakter erlangte im 15. Jahrhundert die Sammlung der „Observantiae consuetudinesque regni Aragoniae" des Justicia Mayor[207] Martin Díez de Aux, die dieser im Auftrag König Alfons V. im Jahre 1437 beendete und die teilweise auf einer früheren Sammlung von Jacobo de Hospital von 1365 beruht[208].

Die „Fueros y Observancias del Reino de Aragón" waren mehrfach Gegenstand von Sammlungen oder Rekopilationen[209]. Die erste stammt aus den Jahren 1476/77 und wurde jeweils 1496, 1517 und 1542 auf den neuesten Stand gebracht. 1547 erscheint die „Colección sistemática" der „Fueros y Observancias", die im ersten Teil die „Compilación de Huesca" und die später erlassenen Fueros in systematischer Folge enthält, im zweiten Teil die Observancias von Díez de Aux wiedergibt und endlich auch noch die außer Gebrauch gekommenen Fueros aufführt[210].

---

204 Vgl. vor allem Wohlhäupter, Das Privatrecht der Fueros de Aragón: ZSStfRG (GA) 62 (1942) 95.

205 García Gallo 264; Wohlhäupter (vorige Note) 96 f.; die beste Ausgabe des ursprünglich lateinischen Textes in Altspanisch („Romance") ist die von Gunnar Tilander, Los Fueros de Aragón, según el manuscrito 458 de la Biblioteca Nacional de Madrid (Lund 1937).

206 Castán I/1, 229.

207 Justicia Mayor heißt eine typische Einrichtung des aragonesischen Staatsrechtes, ein unabsetzbarer Richter, der die Rechte des Volkes gegenüber dem König schützte, diesen an gesetzwidrigen Handlungen hinderte und oft eine große Macht besaß (vgl. v. Rauchhaupt, Gesetzesquellen, 145 f.).

208 García Gallo 265 f.

209 Vgl. zu diesem Begriff v. Rauchhaupt, Die Rechte Europas in ihrer rechtsgenetischen Gestalt und pragmatischen Auswirkung, 2. Teil (München und Leipzig 1932) 84.

210 García Gallo 367 f.

Im Jahre 1554 erscheint eine Sammlung der sogenannten „Actos de Corte“, deren Rechtsnatur umstritten ist. CASTÁN[211] deutet die Möglichkeit an, daß die Unterscheidung zwischen „actos de corte“ und „fueros“ der zwischen formellem und materiellem Recht entspricht. Der Fortentwicklung dieser Rechtsquellen — „Fueros y Observancias“ und „Actos de Corte“ — setzt das Dekret Philipps V. vom 29. Juni 1707[212] ein Ende. Sie bleiben jedoch in Kraft, bis am 2. Januar 1926 der Anhang zum Código Civil über das aragonesische Foralrecht (Apéndice al Código Civil correspondiente al Derecho foral de Aragón, veröffentlicht am 7. 12. 1925) wirksam wird, der in seiner Schlußbestimmung ausdrücklich das „Fueros y Observancias del Reino de Aragón“ genannte Gesetzeswerk aufhebt. Eine Gesamtausgabe der aragonesischen Fueros erschien 1866[213]. Der Anhang oder Apéndice enthält das heute geltende Foralrecht Aragóns. In Übereinstimmung mit den Beschlüssen des Nationalkongresses von Zaragoza und dem Dekret vom 23. Mai 1947 wurde jedoch im Juli 1962 von der durch das Justizministerium zu diesem Zweck eingesetzten Kommission aragonesischer Juristen der Öffentlichkeit der Vorentwurf einer Kompilation des bürgerlichen Rechtes von Aragón vorgelegt und im Juli 1963 erneut, leicht abgeändert, veröffentlicht („Anteproyecto de Compilación del Derecho Civil de Aragón“). Dieser Vorentwurf (im folgenden VE), der große Aussichten hat, bald mit leichten Änderungen Gesetz zu werden, wird in der Arbeit berücksichtigt, da er den neuesten Stand der aragonesischen Gesetzgebung und Rechtsprechung wiedergibt. Derzeit wird er von der „Comisión General de Codificación“ überprüft. Zitiert wird darüber hinaus auch der dem geltenden Apéndice vorangegangene Entwurf eines Apéndice von 1904 („Proyecto de ley en el cual se contienen como Apéndice del Código civil general las instituciones forales y consuetudinarias que conviene conservar en concepto de excepción del mismo Código para el territorio de Aragón“), der nach dem Präsidenten der Gesetzgebungskommission und dem Verfasser der ausführlichen Motive meist als Entwurf von GIL BERGES bezeichnet wird[214].

---

211 CASTÁN I/1, 230 N. 1.

212 Siehe oben § 3 II.

213 SAVALL Y PENEÍS, Fueros, Observancias y Actos de Corte del Reino de Aragón, 2 Bde. (Zaragoza 1866).

214 Vgl. auch CASTÁN I/1, 256 f.

II. Balearen

Die Geschichte der balearischen Rechtsquellen beginnt mit der Eroberung Mallorcas durch Jakob den Eroberer im Jahre 1229. Schon im Jahre 1230 erhielt Mallorca eine „carta puebla", die vor allem Staats-, Verwaltungs- und Prozeßrecht, aber auch einige bürgerlich-rechtliche Vorschriften enthielt[215]. Ähnliche Bestimmungen wurden 1236 für Ibiza und 1301 für Menorca erlassen[216]. Zweifelhaft erscheint, ob daneben allgemein, wie von vielen Autoren angenommen wird[217], die Usatges, Costumbres und Constituciones Kataloniens, sei es unmittelbar, sei es als Subsidiärrecht gegolten haben. Abgelehnt wird dies heute vor allem von PASCUAL Y GONZÁLEZ, der die Meinung vertritt, daß vor der Eroberung durch die Araber auf den Balearen als einem Teil des oströmischen Reiches byzantinisches Recht gegolten habe. Dieser Rechtszustand sei nach der „Reconquista" beibehalten worden, katalanisches Recht habe nur im öffentlichen Recht und auf Grund des Privilegs von San Feliú de Guixols von 1365 für Sonderfälle Anwendung gefunden[218]. Beide Auffassungen stützen sich auf das Privileg von Gaeta (1439), in dem die Anwendung katalanischen Rechtes verboten wurde. Seit dem 14. Jahrhundert wurden mehrere Rekopilationen des mallorkinischen Rechtes veröffentlicht, von denen aber keine amtlichen Charakter erlangte. Im Jahre 1663 veröffentlichte der Notar und Archivar ANTONIO MOLL im Auftrag der Kgl. Audiencia von Palma de Mallorca eine Sammlung des mallorkinischen Rechtes[219]. Wird ihr auch vorgeworfen, daß sie viele Irrtümer enthalte[220] und nur die von 1349 bis 1663 erlassenen Fueros umfasse[221], so kann die Sammlung von MOLL doch als die wichtigste Quelle des historischen mallorkinischen Rechtes angesehen werden, wenn sie auch nie Gesetzeskraft erhalten hat[222]. Durch das Dekret vom 28. 11. 1715 verlor Mallorca seine Gesetzgebungszuständigkeit und erlitt damit das Schicksal der anderen spanischen Gebiete, die sich im Erb-

---

215 PASCUAL Y GONZÁLES 12.

216 GARCÍA GALLO 268.

217 v. RAUCHHAUPT, Gesetzesquellen 156; DE OTTO 112; GARCÍA GALLO 268; PASCUAL Y GONZÁLEZ, Bosquejo histórico y estado actual del Derecho foral de Mallorca: Rev. Der. Priv. 1931, 289; SUREDA, Existencia y fuentes de la Legislación foral de Mallorca: Rev. Der. Priv. 1913—14, 33 f.

218 PASCUAL Y GONZÁLES 19 f.

219 ANTONIO MOLL, Ordinations y summari dels privilegis, consuetuds y bons usos del regne de Mallorca (Mallorca 1663).

220 GARCÍA GALLO 370.

221 CASTÁN I/1, 226.

222 Vgl. hierzu CASTÁN I/1, 226; PASCUAL Y GONZÁLES 32; DE OTTO 113.

folgekrieg auf die Seite Habsburgs gestellt hatten. Der Wortlaut des Art. 13 CC, der 1889 in Kraft trat, scheint den Código Civil als einziges Subsidiärrecht einzuführen, dem nur noch die eigentlichen Fueros, d. h. die ausschließlich für die Balearen erlassenen Gesetze, vorgehen. Tatsächlich wurde aber auf Mallorca weiterhin römisches Recht angewandt[223]. 1903 und 1921 legte die balearische Kodifikationskommission die Entwürfe eines Apéndice vor, die nie in Kraft traten. Erst nach dem Kongreß von Zaragoza von 1946 gelingt auch auf den Balearen die Schaffung eines Foralgesetzes, dessen Vorentwurf schon 1949 abgeschlossen wurde. Durch Gesetz vom 19. April 1961 wird dann die Kompilation des besonderen bürgerlichen Rechts der Balearen (Compilación del Derecho civil especial de Baleares) genehmigt und am 21. April des gleichen Jahres im Staatsanzeiger (Boletín Oficial de Estado) verkündet. Sie beendet die Streitfrage über die Anwendung römischen Rechts, beseitigt die jahrhundertealte, auf dem Fehlen offizieller Quellen beruhende Rechtsunsicherheit und grenzt die Rechte der vier Inseln untereinander klar ab.

III. Katalonien

Die ersten Rechtsquellen in Katalonien waren die Kapitularen (capitulares pro hispani) der fränkischen Könige Karls des Großen, Ludwigs des Frommen und Karls des Kahlen sowie die gotischen Gesetze, vor allem der Fuero Juzgo[224]. Daneben kam dem Gewohnheitsrecht eine große Bedeutung zu, und die wichtigsten „cartas pueblas“, die die Entwicklung des katalanischen Rechts einleiten, sind die von Lérida (1149), Tortosa (1148 und 1149) und Agramunt (1163)[225]. Um 1068, während der Regierungszeit von Ramón Berenguer I., beginnt die Veröffentlichung von „Usatges“[226], die hauptsächlich Gerichtsbräuche enthielten und zu dem Gesetzeswerk der sogenannten „Usatges de Barcelona“ führten, die schließlich nicht nur in Barcelona selbst, sondern in ganz Katalonien, im Rosellón (Roussillon) und in der Cerdagne galten[227]. Ficker[228] hat nachgewiesen, daß die

---

223 Siehe unten § 9 I 2.

224 Liber iudicorum; vgl. etwa Schröder/v. Künssberg, Lehrbuch der deutschen Rechtsgeschichte[7] (Berlin und Leipzig 1932) 252 f.

225 Castán I/1, 222; García Gallo 168.

226 Weitere Schreibweisen: Usatjes, Usages, Usajes.

227 Castán I/1, 223; García Gallo 170 f.; v. Rauchhaupt, Gesetzesquellen 151 f.

228 Ficker, Über die Usatici Barchioninae und deren Zusammenhang mit den Exceptiones Legum Romanorum, in: Mittheilungen des Instituts für oesterreichische Ge-

Usatges de Barcelona stark von dem unter dem Titel „Petri Exceptiones legum Romanorum“ bekannten mittelalterlichen provenzalischen Rechtsbuch beeinflußt wurden[229]. In der Folgezeit entstehen die wichtigsten Bestandteile der katalanischen Rechtsquellen mit ihren verschiedenen Bezeichnungen: Die „Constituciones“, die von den Cortes, dem Ständeparlament, auf Antrag des Königs angenommenen Gesetze, — die „Capítulos“, Gesetze, die auf Antrag eines der drei Stände entstanden, — die „Actos de Cortes“, d.h. Privilegien, Pragmatiken und andere Konzessionen des Monarchen, denen dieser auf Antrag der Cortes Gesetzesrang verlieh, — königliche Verfügungen in Form von Pragmatiken, Privilegien, Edikten und königlichen Urteilen (Sentencias reales), — die „Concordias“ oder Vergleiche mit den kirchlichen Behörden, Schiedssprüche (Sentencias arbitrales) usw.[230]. Auch die Gewohnheitsrechtssammlung „Las Conmemoraciones de Pere Albert“ stammt aus dieser Zeit[231]. Etwa gleichzeitig wurden die wichtigsten Quellen des lokalen Rechtes verfaßt, denen gegenüber das für ganz Katalonien geltende Recht die Rolle eines ius commune oder — katalanisch — dret comú spielte[232]. Die wichtigsten dieser Quellen sind:

1. für das Lokalrecht von Barcelona:

Die „Consuetuts de Barcelona[233]“ aus dem Jahre 1284 von König Peter III., die „Ordinacions d'en Sanctacilia“, von einem Juristen gleichen Namens offenbar im 14. Jahrhundert verfaßt, und die Konstitution Peters von Aragón über die Form der Testamente (1339)[234]. Der „Recognoverunt proceres“ enthält erstmals niedergeschriebene Gewohnheiten, alte Privilegien usw. Er galt zunächst in Barcelona, das damals das Gebiet zwischen Collblanch und der Riera de Horta und zwischen Puig-Aguilar und dem Meer umfaßte. Später wurde seine Anwendung ausgedehnt auf Villafranca

---

schichtsforschung, II. Ergänzungsband (Innsbruck 1886) 236 f., mit weiteren interessanten historischen Einzelheiten.

229 Ebenso Puig Brutau 192 N. 5.

230 Castán I/1, 223; v. Rauchhaupt, Gesetzesquellen 152 in übersichtlicher Darstellung.

231 Castán I/1, 223; García Gallo 266.

232 Allerdings wird wohl im allgemeinen als dret comú das römisch-kanonische Subsidiärrecht bezeichnet, während das auf eigenen katalanischen Quellen beruhende Recht „dret municipal“ heißt. Tatsächlich gibt es aber auch innerhalb des eigentlichen katalanischen Foralrechts solches, das in ganz Katalonien, und solches, das nur in bestimmten Gebieten gilt. Vgl. auch Borrell y Soler, Cataluña I, 19; Pons/Sandalinas S. VIII; García Gallo 266 f.

233 die nach ihren ersten Worten meist „Recognoverunt proceres“ genannt werden.

234 De Castro 293 f.; v. Rauchhaupt, Gesetzesquellen 153; Castán I/1, 223; García Gallo 255 f.

de Panadés und Umgebung, für weitere Gebiete war sie bestritten. Die „Ordinacions d'en Sanctacilia", die hauptsächlich Gewohnheitsrecht über städtische Dienstbarkeiten, Bäume und Nachbarrecht enthielten, galten bald in ganz Katalonien, mit Ausnahme von Tortosa und mit Abweichungen im Valle de Arán[235].

2. für die sonstigen Lokalrechte:

Seit der zweiten Hälfte des 13. Jahrhunderts gewinnt das Gewohnheitsrecht von *Tortosa* immer mehr an Bedeutung, und es wird seine Niederschrift angeordnet, die gegen Ende des 13. Jahrhunderts (vor 1294) in Kraft tritt. Dieser „Código de las Costumbres de Tortosa" weist stark römischrechtliche Elemente auf, subsidiär galten die „Usatges" und gemeines Recht[236]. DE CASTRO nennt als authentische Fassung einen Text aus dem Jahre 1539: „Llibre de costums de la insigne ciutat de Tortosa"[237].

Im *Bistum Gerona* beginnt man im 13. Jahrhundert mit der Aufzeichnung des Gewohnheitsrechtes. Im Jahre 1430 verfaßt TOMAS MIERES eine Zusammenstellung, die 1439 revidiert wird und den Titel „Consuetudines diocesis Gerundensis" erhält[238].

Ebenfalls schriftlich festgehalten wurden die Gewohnheiten des *Valle de Arán* und auf der Grundlage des „Privilegi de la Querimonia" (1313) 1616 von DR. JUAN FRANCISCO DE GRACIA unter dem Titel „Ordinaciones, pragmaticas y edictos reales del Valle de Arán" zusammengefaßt[239]. Niemals schriftlich niedergelegt wurden die „Costumbres del campo de *Tarragona*", sie wirken aber ebenso wie die bisher aufgezählten Lokalrechte noch in die geltende Kompilation hinein. Nur noch historischen Wert besitzen dagegen die „Consuetudines Ilerdenses", das 1228 von GUILLERMO BOTET niedergeschriebene Lokalrecht von *Lérida* und acht weiteren Orten, der sogenannten „Vecinatio de Lérida"[240].

Im Jahre 1413 ging man das erstemal daran, eine offizielle Sammlung des katalanischen Rechts herzustellen. Diese Sammlung kam auch zustande und enthält in katalanischer Übersetzung die ursprünglich lateinischen „Usatges, Constituciones, Capitols und Actes de Cort", wurde jedoch nie

---

235 BORRELL Y SOLER, Cataluña I, 20 f.; v. RAUCHHAUPT, Gesetzesquellen 153; GARCÍA GALLO 256, bemerken allgemein, daß das Lokalrecht von Barcelona im ausgehenden Mittelalter in ganz Katalonien galt.

236 GARCÍA GALLO 255.

237 DE CASTRO 294 N. 1.

238 GARCÍA GALLO 255; DE CASTRO 294.

239 DE CASTRO 294; v. RAUCHHAUPT, Gesetzesquellen 153.

240 GARCÍA GALLO 254; v. RAUCHHAUPT, Gesetzesquellen 153; BORRELL Y SOLER, Cataluña I, 22.

verkündet[241]. Erst 1495 und 1588 wurden die beiden ersten Rekopilationen des katalanischen Rechts unter der Bezeichnung „Constitucions y altres drets de Cathalunya" erlassen[242]. In den Jahren 1409 und 1599 ergehen Gesetze, die das römisch-kanonische Recht als gemeines Recht anerkennen und die Reihenfolge der katalanischen Rechtsquellen endgültig festlegen. Kurz bevor Katalonien durch die Dekrete Philipps V. seine Gesetzgebungsautonomie und seine politische Persönlichkeit verliert, kommt im Jahre 1704 die dritte Rekopilation heraus[243], die bis zur Kompilation die Grundlage des katalanischen Rechts bildete. Nach dem Erbfolgekrieg stagnierte die Rechtsentwicklung Kataloniens wie die der anderen betroffenen Gebiete, und auch nach Inkrafttreten des Código Civil legte die katalanische Kommission erst im Jahre 1930 den Entwurf eines Apéndice vor, der jedoch nie geltendes Recht wurde.

Eine tiefgreifende Änderung erfuhr die katalanische Rechtsordnung während der Republik, durch deren Verfassung vom 9. Dezember 1931 zusammen mit dem katalanischen Statut („Estatuto de Cataluña") vom 15. September 1932 Katalonien die volle Gesetzgebungsautonomie auf dem Gebiete des Privatrechts zurückerhielt und hiervon nur die Form der Eheschließung, die Einrichtung der Register, die Grundlagen des Schuldrechts und das Kollisionsrecht ausgenommen waren. Die katalanische Generalität („Generalidad catalana") erließ daraufhin Gesetze über die Volljährigkeit und Volljährigkeitserklärung (8. 1. 1934), über die Fähigkeit der Frau und der Ehegatten (19. 6. 1934) und über die gesetzliche Erbfolge (11. 7. 1936)[244]. Nach dem Sieg der nationalen Bewegung hob jedoch der neue spanische Staat durch Gesetz vom 5. August 1938 das „Estatuto" auf und beseitigte die genannten Gesetze mit *rückwirkender* Kraft durch Gesetz vom 8. September 1939[245].

Auf Grund des Dekrets vom 23. Mai 1947 und der Verordnung vom 10. Februar 1948 wurde auch in Katalonien als Ergebnis des Nationalkongresses von Zaragoza eine Kodifikationskommission gebildet, die auf der Grundlage des Entwurfs von 1930 einen neuen Entwurf ausarbeitete und ihn am 14. 10. 1955 dem Staatschef vorlegte. Nach Bearbeitung durch

---

241 García Gallo 267.

242 García Gallo 369; Castán I/1, 223.

243 Constitutions y altres drets de Catalunya (Barcelona 1704); in dieser Arbeit zitiert nach Pons/Sandalinas.

244 Castán I/1 224; de Castro 256 f.; v. Rauchhaupt, Gesetzgebung 166; zum materiellen Inhalt des letztgenannten Gesetzes: Rossmann (oben N. 73) 647 f.

245 Borrell Macía, NEJ I unter „Derecho civil de Cataluña" 211; T. S. 3. 1. 1945.

die allgemeine, gesamtspanische Kodifikationskommission wurde der Entwurf, leicht verändert, 1959 an die spanischen Cortes weitergeleitet. Am 20. Juli 1960 wurde die Kompilation des besonderen bürgerlichen Rechts von Katalonien („Compilación del Derecho civil especial de Cataluña") angenommen und zwei Tage darauf im „Boletín Oficial" veröffentlicht. Sie besteht aus 334 Artikeln, drei Schluß-, einer Zusatz- und sechs Übergangsbestimmungen[246]. Allgemein kann zu ihr bemerkt werden, daß sie der Anwendung des Corpus Iuris Iustinianus in Katalonien ein Ende setzt und erstmals das eigenständige katalanische und das anwendbare römische Recht in einer Quelle vereinigt[247].

IV. Navarra

In der ersten Epoche nach Gründung des Königreiches Navarra gab es, wie in Aragón, nur örtlich beschränkte Rechtsquellen, lokale Fueros. Zu nennen sind die Fueros von Tudela (1127), Estella, Viguera und Val de Funes (1164)[248]. Wie das pyrenäische Recht allgemein, so beruht auch das navarrische Recht weitgehend auf der Gewohnheit. Im Anschluß an LACARRA[249] nehmen CASTÁN[250] und PUIG PEÑA[251] an, daß das gotische Recht in Navarra nicht gegolten hat. Dies bedeutet vor allem, daß der Fuero Juzgo nicht unmittelbar angewendet wurde[252], nicht aber, daß das navarrische Recht nicht auch germanischrechtliche, und zwar vorwiegend ostgermanische Züge aufwiese.

Die bedeutendsten lokalen Fueros, der von Tudela, genannt „Fuero de Sobrarbe", und der Fuero von Estella lieferten neben der Gewohnheit und anderen Fueros die meisten Bestimmungen für die erste allgemeine navarrische Rechtsquelle, den „Fuero General de Navarra"[253]. Die genaue Art dieses Fuero ist unklar, zweifelhaft erscheint besonders, ob es sich um eine allgemeine Kodifikation[254] oder nur um eine Auslegung bereits geltenden

---

246 Vgl. hierzu CASTÁN I/1, 225; CONDOMINES/FAUS 9 f.; FIGA FAURA 1 f.

247 CASTÁN I/1, 270.

248 GARCÍA GALLO 168.

249 LACARRA I, 6.

250 CASTÁN I/1, 230.

251 PUIG PEÑA I/1, 229.

252 A. A. DE OTTO 70 ;v. RAUCHHAUPT, Gesetzesquellen 149.

253 SALINAS, Estudio 69; GARCÍA GALLO 254; dieser Autor nennt als Quellen des „Fuero General" neben dem „Fuero de Tudela" den von Jaca und weist darauf hin, daß er gelegentlich „Fuero de Sobrarbe y Navarra" genannt wird, a. a. O., 263.

254 SALINAS, Estudio 69.

Rechtes handelte[255]. Auch über den genauen Zeitpunkt seiner Verkündung gehen die Meinungen der Autoren auseinander. Am häufigsten wird sie Theobald I. zugeschrieben und in das Jahr 1237 verlegt[256]. Allerdings wird man kaum von einer Verkündung im staatsrechtlichen Sinne sprechen können, da auch die Möglichkeit besteht, daß der Fuero nicht Gegenstand gesetzgeberischer Tätigkeit, sondern Ergebnis privater Arbeiten war, denen nach und nach Gesetzeskraft beigelegt wurde[257]. Der „Fuero General de Navarra“ ist auch heute noch geltendes Recht, in seiner ursprünglichen Fassung jedoch wohl nicht erhalten[258]. Da die letzte Ausgabe von ILARREGUI und LAPUERTA aus dem Jahre 1869 nicht zugänglich war, wird er nach dem bei LACARRA[259] abgedruckten Text zitiert (abgekürzt: FG). 1964 ist er im Rahmen der „Biblioteca de Derecho foral“ auf der Grundlage der genannten Ausgabe neu veröffentlicht worden.

Zu dem „Fuero General“ sind zwei „Änderungsgesetze“ erlassen worden, die „Amejoramientos de Fuero“ genannt werden. Das erste „Amejoramiento“ wurde im Jahre 1330 von König Philipp de Evreux gegeben und stellt den ersten Gesetzgebungsakt der Cortes von Navarra dar. Ein zweites „Amejoramiento del Fuero General“ erging im Jahre 1418 durch König Karl III. den Edlen. Es widersprach aber dem navarrischen Gewohnheitsrecht und wurde daher nicht angewendet[260]. Soweit daher im folgenden Gesetzesstellen aus einem „Amejoramiento“ zitiert sind, ist damit das erste „Amejoramiento“ König Philipps gemeint.

Der weitere Verlauf der navarrischen Rechtsgeschichte war durch Bestrebungen gekennzeichnet, das Recht zu kodifizieren und dem neuesten Stand der Gesetzgebung anzupassen. Ein nach der Eroberung durch Kastilien vorgelegter Entwurf eines „Fuero reducido“ scheiterte an der Verweigerung der königlichen Zustimmung. Erst Anfang des 18. Jahrhunderts gelang JOAQUÍN ELIZONDO im Auftrag der Cortes die Abfassung der zweiten großen Rechtsquelle des navarrischen Rechtes, der „Novísima Recopilación de las leyes del Reino de Navarra hechas en sus Cortes generales desde el año 1512 hasta 1716 inclusive“ (abgekürzt: Nov.). Wie der Name

---

255 Vgl. CASTÁN I/1, 231; v. RAUCHHAUPT, Gesetzesquellen 149.

256 SALINAS, Estudio 69; LACARRA I, 9; DE CASTRO 296 N. 2; v. RAUCHHAUPT, Gesetzesquellen 149.

257 CASTÁN I/1, 231; GARCÍA GALLO 263.

258 YANGUAS, Diccionario de los Fueros del Reino de Navarra y de las leyes vigentes promulgadas hasta los años 1817 y 1818 inclusive (San Sebastián 1828) S. XI.

259 LACARRA I und II.

260 SALINAS, Estudio 49 f.; DERS., Curso 68 f.; LACARRA I, 11; GARCÍA GALLO 263 f.; CASTÁN I/1, 231; v. RAUCHHAUPT, Gesetzesquellen 149.

bereits andeutet, enthält das 1735 als Gesetz veröffentlichte Werk die von den navarrischen Cortes von 1512 bis 1716 erlassenen Gesetze. Die nach diesem Zeitpunkt bis zum Verlust der navarrischen Gesetzgebungsautonomie erlassenen Gesetze[261] wurden in regelmäßigen Abständen, zuletzt 1829, in insgesamt acht „Cuadernos de Cortes" veröffentlicht[262].

Nach dem Verlust der Autonomie im Jahre 1839 bzw. 1841 endete die selbständige Entwicklung des navarrischen Rechtes. Nach dem Inkrafttreten des Código Civil war auch das navarrische Recht Gegenstand des Entwurfes eines Anhanges zum Código Civil, der 1900 abgeschlossen war. Dieser Entwurf teilte das Schicksal aller anderen Entwürfe, mit Ausnahme des aragonesischen: Er trat nie in Kraft. Der Nationalkongreß von Zaragoza und die Gesetzgebung, die seine Ziele in die Tat umsetzte, führten zur Abfassung des Entwurfes eines „Fuero recopilado de Navarra" durch die navarrische Kodifikationskommission im Jahre 1959. Dieser Entwurf ist jedoch noch nicht in Kraft. Zu ihm erging ein Gutachten der navarrischen Notare LÓPEZ JACOISTE, GRANERO FERNÁNDEZ, NAGORE YÁRNOZ und des Rechtsanwaltes AIZPÚN TUERO von 1960, das einen verbesserten Wortlaut und eine Begründung enthält. Es erscheint zweifelhaft, ob der Entwurf des „Fuero Recopilado" jemals Gesetzeskraft erlangen wird, da die Verfasser des genannten Gutachtens zusammen mit ÁLVARO D'ORS, Professor des römischen Rechtes an der katholischen Universität von Navarra, einen neuen Entwurf bearbeiten und der „Fuero Recopilado" heftig kritisiert wurde. Gleichwohl werden sowohl der „Fuero Recopilado" (abgekürzt: FR) als auch das Gutachten (im folgenden: Dictamen) berücksichtigt werden, da sie eine moderne und — im FR — offizielle Zusammenfassung des navarrischen Rechtes darstellen, dessen letzte systematische Darstellung von LACARRA 30 bzw. 45 Jahre alt ist.

V. Vizcaya und Álava

Bereits an anderer Stelle bestand Anlaß zu Ausführungen darüber, daß in Vizcaya und Álava zwei Foralrechte gelten, nämlich in der „tierra llana" Vizcayas und einigen Orten Álavas (Llodio, Aramayena, Art. 60 CDV) das biskayische Foralrecht und in der „Tierra de Ayala" in der Provinz Álava der sachlich auf die absolute Testierfreiheit beschränkte

---

261 Die letzten Cortes fanden 1828/29 statt.

262 SALINAS, Estudio 49 f.; CASTÁN I/1, 231; v. RAUCHHAUPT, Gesetzesquellen 225 f.; LACARRA I, 11 f.

„Fuero de Ayala". Eine Übersicht über die Entwicklung derjenigen Rechtsquellen, die zur heutigen Kompilation für Vizcaya und Álava geführt haben, hat sich daher zunächst mit dem biskayischen Foralrecht und dann mit dem Fuero de Ayala zu befassen.

Das biskayische Foralrecht ist gewohnheitsrechtlichen Ursprungs, und DE ECHEGARAY legt dar, daß der später niedergeschriebene Fuero de Vizcaya[263] nur, wie dies auch in anderen Foralrechtsgebieten der Fall war, die schriftliche Niederlegung des bereits vorhandenen Gewohnheitsrechts darstellt[264]. Dieses Gewohnheitsrecht galt in der „tierra llana", während den „villas" Stadtrechte verliehen worden waren, für die in der Regel der „Fuero de Logroño" als Modell gedient hatte[265]. Örtliche Rechtsquellen biskayischen Foralrechts stellten der „Fuero del Duranguesado" und der „Fuero de las Encartaciones" (1394)[266] dar. Der bis dahin auf Gewohnheit beruhende biskayische Fuero wird erstmals 1452 niedergeschrieben und von Johann II. von Kastilien verkündet. Dieser Fuero wird heute „Fuero Viejo" oder „Fuero Antiguo" genannt und zeichnet sich durch das Fehlen jeder Systematik aus. Bereits im Jahre 1432 war zwar unter der Herrschaft von Don Juan Núñez de Lara eine Sammlung biskayischen Rechtes herausgegeben worden. Sie enthielt jedoch in ihren 37 Kapiteln vor allem Verwaltungs- und Strafrecht[267].

Im Jahre 1526 wurde der eigentliche „Fuero de Vizcaya" von einer Juristenkommission ausgearbeitet und am 7. 6. 1527 von Kaiser Karl I. (V. von Deutschland) bestätigt. Er trat am 3. Juli 1527 in Kraft. Er enthält 36 Titel, von denen jeder aus mehreren Gesetzen besteht, die meist auch ihre Motive darlegen. Bürgerliches Recht findet sich im 12. Titel und in den Titeln 17 bis 21. Dieser Fuero von Vizcaya, dessen vollständige Überschrift lautet „El Fuero, privilegios, franquezas e libertades de los caballeros hijosdalgo del Señorío de Vizcaya", galt bis zum Inkrafttreten der heutigen Kompilation. Die letzte Ausgabe erschien 1950[268]. Das biskayische Foralrecht wurde sonach nie von eigenen Cortes gegeben, sondern stellt geschriebenes Gewohnheitsrecht dar, das nur auf Grund der Bestätigung des spanischen Königs in Kraft treten konnte. Es beruht daher nicht

---

263 Siehe unten, nächster Absatz.

264 DE ECHEGARAY 11 f.

265 Siehe oben § 3 III 5; auch CASTÁN I/1, 232.

266 DE ECHEGARAY 17; GARCÍA GALLO 254.

267 JADO 112; CASTÁN I/1, 232; GARCÍA GALLO 262.

268 El Fuero, privilegios, franquezas y libertades del muy noble y muy leal Señorío de Vizcaya, Bilbao 1950, Junta de Cultura de la Excma. Diputación de Vizcaya.

auf einer so ausgeprägten Gesetzgebungsautonomie wie die Rechte Aragóns, Navarras und Kataloniens[269].

Die baskischen Provinzen verloren jede Gesetzgebungsbefugnis auf privatrechtlichem Gebiet im ersten Karlistenkrieg 1839 und 1841 und behielten ihr Foralrecht nach Inkrafttreten des Código Civil nur im Rahmen von Art. 12 CC. Der Entwurf eines nie wirksam gewordenen Anhangs war bereits 1901 abgeschlossen[270]. Abgesehen von einem Bericht der Anwaltskammer Bilbao aus dem Jahre 1928[271], erhielt die Tätigkeit zur Kodifizierung des biskayischen Foralrechts erst wieder durch den Nationalkongreß von Zaragoza einen neuen Aufschwung. Die daraufhin eingesetzte Kodifikationskommission beendete ihren Kompilationsentwurf so schnell, daß die Kompilation für Vizcaya und Álava („Compilación de Derecho civil foral de Vizcaya y Álava"; abgekürzt: CDV) als erste Kompilation schon am 30. Juli 1959 erlassen werden konnte[272].

Die CDV enthält nicht nur das biskayische Foralrecht, sondern auch die Sonderregelung des Fuero de Ayala (Art. 61—63 CDV). Auch die „Tierra de Ayala" unterlag ursprünglich ausschließlich Gewohnheitsrecht. Dieses Gewohnheitsrecht wurde teilweise im Jahre 1373 unter der Herrschaft von Fernán Pérez de Ayala niedergeschrieben. 1469 wurden dem Fuero von Ayala von Mariscal García López de Ayala weitere Kapitel hinzugefügt. Im Jahre 1487 verzichteten die Ayalesen auf ihre Fueros und nahmen von diesem Verzicht nur die Vorschriften über das Schuldgefängnis, die Ernennung der Bürgermeister und — auf privatrechtlichem Gebiet — die absolute Testierfreiheit aus. Diese Vorschriften über die absolute Testierfreiheit sind neben der gewohnheitsrechtlichen Institution des „usufructo poderoso[273]" die einzigen Besonderheiten des „Fuero de Ayala[274]".

VI. Galizien

Das galizische Foralrecht war bis zum Inkrafttreten der Kompilation reines Gewohnheitsrecht. Durch kgl. Dekret vom 2. 2. 1880 wurde der Allgemeinen Kodifizierungskommission unter anderem auch ein Mitglied

---

269 Jado 118 f.; Castán I/1, 232; García Gallo 364; de Echegaray 18; Puig Peña I/1, 233.

270 Castán I/1, 233.

271 De Echegaray 24.

272 Castán I/1, 233; Vorrede zur CDV.

273 Vgl. unten § 20 VI.

274 Uriarte 53, 77, 80; Jado 47; de Echegaray 65 f.

für Galizien beigefügt. Dieses legte schon Ende des gleichen Jahres eine „Memoria" vor. In dieser waren als eigenständige Institutionen des galizischen Rechts nur die „foros" und die „sociedad familiar"[275] genannt. In Erfüllung der Vorschriften der Ley de Bases wurde am 15. 5. 1899 eine Kommission für Galizien gebildet, die 1915 einen Vorentwurf für einen Anhang zum CC („Apéndice") fertigstellte. Neuen Auftrieb erhielten die Kodifikationsbestrebungen auch in Galizien durch den Nationalkongreß von Zaragoza im Jahre 1946. Die 1948 gebildete neue Kommission ging von dem Vorentwurf von 1915 aus und legte einen Kompilationsentwurf vor. Auf diesem beruht die am 2. 12. 1963 erlassene Kompilation für Galizien („Compilación del Derecho civil especial de Galicia"; abgekürzt: CDG). Sie enthält neben Vorschriften über die beiden genannten Institutionen auch Vorschriften über die Halbpacht („aparcería"), besondere Formen der Gemeinschaft und die erbrechtlich bedeutsame „mejora de labrar y poseer"[276].

§ 9: DIE SUBSIDIÄRRECHTE IN DEN FORALRECHTSGEBIETEN

Da die Foralrechte nur einzelne Gebiete oder Institutionen des Privatrechts regeln, bedarf es für ein vollständiges Rechtssystem der Heranziehung anderer Vorschriften zur Ausfüllung der Lücken des Foralrechtes. Diese Vorschriften werden dem oder den sogenannten Subsidiär- oder Ergänzungsrechten („Derecho supletorio") entnommen. So wurde bereits dargestellt, daß der Código Civil, zumindest bis zum Inkrafttreten der Kompilationen, in den Foralrechtsgebieten einmal unmittelbar, zum anderen als Subsidiärrecht gelten konnte. Die Möglichkeit anderer, vorrangiger Subsidiärrechte deutet Art. 12 Abs. 2 CC dadurch an, daß er den Código Civil als Subsidiärrecht nur beim Schweigen des auf Grund des jeweiligen Foralrechtes ergänzend berufenen Rechtes für anwendbar erklärt. Diese Bestimmung und Art. 13 CC, der offenbar den CC für die balearischen Inseln und Aragón zum einzigen, neben dem Foralrecht anwendbaren Recht macht, haben durch das vereinfachte System der Kompilationen, das die alten Ergänzungsrechte außer Kraft setzt, ihre Bedeutung verloren. Auch hier ist jedoch wieder die Rechtslage vor und nach dem Inkrafttreten dieser Kompilationen darzulegen.

---

275 Siehe N. 39.

276 Siehe unten § 31; zu der hier dargestellten Vorgeschichte der CDG: FUENMAYOR 240 f.; Vorrede zur CDG.

I. Die Subsidiärrechte vor Inkrafttreten der Kompilationen und in Navarra

1. *Aragón*

a) Die „Compilación de Huesca" von 1247 verwies in ihrem Vorspruch beim Schweigen der Fueros auf den gesunden Menschenverstand und die Billigkeit: „Ubi autem dicti fori non sufficerint, ad naturalem sensum vel aequitatem recurratur[277]". Erst nach den Dekreten Philipps V. begann in Aragón das gemeine kastilische Recht als Ergänzungsrecht zu gelten, nachdem bis dahin neben dem genannten Grundsatz auch die Willensautonomie des aragonesischen Rechtes ein fremdes subsidiäres Recht weitgehend überflüssig gemacht hatte[278].

b) Nach dem Inkrafttreten des Código Civil im Jahre 1889 ersetzten die Vorschriften der neuen Kodifikation das alte kastilische Recht, und schon damals entfiel die Unterscheidung zwischen gesamtspanischem und subsidärem, gemeinem Recht, da der CC als unmittelbar geltendes Recht in Kraft trat, soweit er dem geschriebenen oder auf Gewohnheit beruhenden Foralrecht nicht widersprach (Art. 13 CC). Während für Navarra und Vizcaya bestritten war, ob nach dem Inkrafttreten des CC subsidiär das alte kastilische Recht galt oder an seiner Stelle der CC zu gelten habe, bestanden solche Zweifel für Aragón angesichts von Art. 13 CC auch vor Verkündung des Apéndice nicht.

2. *Balearen*

a) Darüber, was in den verschiedenen geschichtlichen Zeiträumen balearisches Subsidiärrecht war, herrschen verschiedene Meinungen. Bereits bei der Darstellung der balearischen Rechtsgeschichte[279] wurde der Streitstand zu der Frage aufgezeigt, ob das katalanische Recht auf den balearischen Inseln unmittelbar oder subsidiär galt, wobei sich heute diejenige Meinung durchzusetzen scheint, die diese Geltung verneint[280]. Fest steht dagegen, daß auf Mallorca und Menorca immer, und zwar sogar bis zum Inkrafttreten der Kompilation, das römische Recht in der Form des Corpus Iuris angewandt wurde. Eine Ausnahme gilt nur für Ibiza (und vielleicht Formentera). Nach COSTA RAMÓN[281] galten

---

[277] DE CASTRO 290 N. 2; CASTÁN I/1, 236; MONEVA/PALÁ/MARTÍN-BALLESTERO, NEJ I unter „Derecho civil de Aragón" 192.

[278] CASTÁN I/1, 236; DE OTTO 60.

[279] Siehe oben § 8 II.

[280] PASCUAL Y GONZÁLEZ 19 f.; DE CASTRO, Compendio 59; auch CASTÁN I/1, 236 gibt den Argumenten PASCUALS breiten Raum.

[281] COSTA RAMÓN 27.

dort seit seinem Inkrafttreten der CC und mit Vorrang vor diesem einige ungeschriebene forale Gewohnheiten, die im Einzelfall bewiesen werden mußten. Das römische Recht wurde seit unvordenklichen Zeiten nicht mehr angewandt. PASCUAL Y GONZÁLEZ[282] führt im übrigen aber das römische Recht für alle Epochen als Subsidiärrecht oder — vorsichtiger ausgedrückt — als das neben dem balearischen Foralrecht geltende Recht auf. Nach CASTÁN[283] steht die Geltung des römischen Rechtes für die Zeit vor Inkrafttreten des CC außer Zweifel, und auch das T. S. hat sich in diesem Sinne entschieden[284]. Gleichwohl sagt DE CASTRO[285] von dieser Auffassung, daß sie jeder Grundlage entbehre und ohne Beweis behaupte, daß das Recht Mallorcas auf das römische Recht zurückgehe — eine Tatsache, die PASCUAL aus der politischen Zugehörigkeit zu Ostrom herleitet[286].

b) Nach Inkrafttreten des Código Civil fielen die Balearen unter Art. 13 CC, der ihre früheren Subsidiärrechte, d. h. das römische Recht und — je nachdem, welcher Auffassung man folgt — das katalanische Recht, beseitigt und den CC zum unmittelbar geltenden Recht macht, soweit er den foralen Bestimmungen nicht widerspricht. Gleichwohl fuhr das oberste spanische Gericht fort, in ständiger Rechtsprechung auf den Balearen das römische Recht als Subsidiärrecht anzuwenden, und zwar „auf Grund von Art. 12 und 13" (!)[287]. Gegenüber dem Wortlaut von Art. 13 CC ist diese Formulierung zweifellos falsch[288]. Richtig ist dagegen wohl die Anwendung des römischen Rechtes. Allerdings durfte dieses nicht als Subsidiärrecht angesehen werden, sondern war als ein Bestandteil des balearischen Foralrechts selbst anzuwenden[289]. Diese Auffassung stimmt mit der Darstellung PASCUALS überein, wonach das römische Recht auf den Balearen unmittelbar als einem Teil des byzantinischen Reiches galt, und findet ihre Bestätigung wenigstens indirekt in der neuen Kompilation. Dort wird in Art. 2 Abs. 2 zur Auslegung der Bestimmungen der Kompilation auf die balearische

---

282 PASCUAL Y GONZÁLEZ 30—39.

283 CASTÁN I/1, 236.

284 T. S. 12. 10. 1868; 12. 11. 1872; 8. 3. 1879.

285 DE CASTRO 292.

286 PASCUAL Y GONZÁLEZ 19.

287 T. S. 6. 6. 1905; 8. 5. 1925 und viele andere; CASTÁN I/1, 242; DERS., D. F. 19; DE CASTRO 292; MANRESA, zu Art. 12, 13, S. 258; PUIG PEÑA I/1, 240.

288 DE CASTRO 287 f.; ALBALADEJO 51 und viele andere.

289 PASCUAL Y GONZÁLEZ 53 f. und DERS. (oben N. 217) 293; DE CASTRO, Compendio 59.

Rechtstradition verwiesen, wie sie in den alten Gesetzen, Gewohnheiten und der hierzu entwickelten Lehre zum Ausdruck kommt. Aus der offiziellen Vorrede zur Kompilation geht hervor, daß mit diesen alten Gesetzen das römische Recht gemeint ist, so daß offenbar der Gesetzgeber ebenfalls annimmt, daß dieses bis zur gesetzlichen Regelung des balearischen Rechts gegolten hat. Diese Geltung kann aber nur dadurch begründet werden, daß man das römische Recht für die Balearen als Teil des eigenständigen Rechtes ansieht. Soweit auch dieses Recht schweigt oder als nicht rezipiert anzusehen ist, hatte gemäß Art. 13 CC der Código Civil unmittelbare Anwendung zu finden.

3. *Katalonien*

a) Das Verbot Jakobs I. hatte die Anwendung des römischen Rechtes in Katalonien nicht hindern können. Vielmehr faßte es immer mehr Fuß, und auch das eigentliche katalanische Recht ist teilweise abgewandeltes römisches Recht. Gleichzeitig fand auch das kanonische Recht Eingang in die katalanische Rechtsordnung, wo es, nach einer Feststellung von Puig Brutau, gegenüber dem römischen Recht die gleiche korrektive Rolle spielte wie die equity des angelsächsischen Rechtes gegenüber dem common law[290]. Die Einordnung des kanonischen und römischen Rechtes in das katalanische Rechtssystem erfolgte durch eine von den Cortes von Barcelona 1409 erlassene Vorschrift, wonach beim Schweigen des Foralrechtes das gemeine Recht anzuwenden sei. Hierunter verstand die damalige Lehre das kanonische und das römische Recht mit Vorrang des ersteren. Durch eine Konstitution von 1599[291] wurde diese Regelung bestätigt und als weitere subsidiäre Rechtsquellen die Meinung der Doktoren und die Billigkeit angefügt. Diese beiden letztgenannten Quellen sind aber längst in der Gesetzesauslegung und Rechtsprechung aufgegangen[292].

b) Das kanonische Recht galt bis zur Kompilation fort. Hierbei gab es für die kanonischen Rechtsquellen folgende Rangfolge:

   1. Vorschriften, die nach dem Konzil von Trient, aber vor dem Dekret „de Nueva Planta" ergangen waren.
   2. Die Beschlüsse des Konzils von Trient.
   3. Das Corpus iuris canonici, d. h.
      a) Extravagantes communes

290 Puig Brutau 195.

291 Const. 1, Tit. 30, Buch I, Vol. I der Constituciones de Cataluña.

292 Castán I/1, 235; de Castro 295.

b) Extravagantes von Johann XXII.
c) die Clementinen
d) die Dekretalen Bonifaz' VIII., das ist das 6. Buch der Dekretalen
e) die Dekretalen Gregors IX.
f) das Gratianische Dekret.

Diese Quellen galten auch nach Erlaß des Codex iuris canonici, der am 19. 5. 1918 in Kraft trat[293]. Dies ergibt sich einmal aus dem Verlust der Gesetzgebungsautonomie Kataloniens durch das „Decreto de Nueva Planta" von 1716 bzw. das Dekret Philipps V. von 1707, da seither das katalanische Recht in dem Sinne „versteinert" ist, daß es nur noch durch die Zentralgewalt abgeändert werden kann. Dieses Schicksal erfuhren auch die fremden Subsidiärrechte. Die Einführung des neuen kanonischen Rechtes hätte eines Aktes der spanischen Cortes bedurft. Zum gleichen Ergebnis führt andererseits Art. 12 Abs. 2 CC, der die Foralrechte so aufrechterhält, wie sie bei Inkrafttreten des Código Civil vorhanden waren, und gleichzeitig die Rechtsgrundlage für den Fortbestand der alten Subsidiärrechte bildet, nicht aber ihre autonome Fortentwicklung gestattet[294].

Das römische Recht galt in der Reihenfolge: Novellen, Codex, Institutionen und Digesten des Corpus iuris in der Fassung der „Vulgata"[295]. Hiervon besteht eine Ausnahme: Für das Pflichtteilsrecht bleiben die Novellen 18 und 115 unberücksichtigt und es gilt das klassische römische Recht mit einer „legítima" in Höhe von einem Viertel der Erbschaft.

Seit Inkrafttreten des Código Civil galt dieser als letztes Subsidiärrecht (Art. 12 Abs. 2 CC), während die frühere Geltung des alten kastilischen Rechtes nicht so klar erscheint. CASTÁN läßt sie unerwähnt, während es nicht verwundert, daß DE CASTRO sie bejaht und die Anwendung römischen Rechtes für irrig erklärt, weil er die Konstitution

---

293 A. A. v. RAUCHHAUPT, Gesetzesquellen 217; DE OTTO 18 wegen der Güte dieses Gesetzbuches!

294 Ebenso BORRELL Y SOLER, Cataluña I, 23; CASTÁN I/1, 238; PALOMAR, Vigencia y eficacia del „codex iuris canonici" en el ordenamiento jurídico español: Rev. Crit. Der. Inm. 1945, 1 f. mit Nachweisen; auch T. S. 5. 7. 1944 beruht auf dieser Auffassung.

295 BORRELL Y SOLER, Cataluña I, 24; CASTÁN 1/1, 235; v. RAUCHHAUPT, Gesetzesquellen 217.

von 1599 als durch die Gesetzgebung Philipps V. für aufgehoben ansieht[296].

4. Navarra

a) Im Jahre 1576 verwies ein Gesetz der Cortes von Pamplona beim Schweigen des Foralrechts auf das gemeine Recht als Ergänzungsrecht („que en cuanto decidir y sentenciar las causas y pleitos, a falta del Fuero, y leyes de este Reino, se juzgue por el derecho común, como siempre se ha acostumbrado", G. 1, Tit. 3, Buch 1 Nov.). Hierunter ist nach einhelliger Meinung in Lehre und Rechtsprechung, besonders auch nach Auffassung der navarrischen Autoren, das römische Recht zu verstehen[297]. Nach SALINAS gilt das römische Recht in der Reihenfolge: Novellen, Codex repetitae praelectionis, Digesten, Institutionen[298].

b) Seit Inkrafttreten des CC gilt dieser gemäß seinem Art. 12 Abs. 2 als letztes Subsidiärrecht nach dem römischen Recht. Da diesen Platz früher das alte kastilische Recht eingenommen hatte, wurde die Frage aufgeworfen, ob auch nach Inkrafttreten des CC dieses alte Recht fortgälte, weil man es als Bestandteil der aufrechterhaltenen Foralrechtsordnung anzusehen habe. Diese Auffassung ist heute grundsätzlich überwunden, da Art. 12 Abs. 2 CC nur die eigentlich foralen Besonderheiten und die nichtkastilischen Subsidiärrechte meint. Das alte kastilische Recht ist dagegen durch Art. 1976 CC aufgehoben, und an seine Stelle trat das Zivilgesetzbuch[299].

5. Vizcaya und Álava

a) Gemäß Gesetz 3, Titel 36 des Fuero von Vizcaya war einziges Subsidiärrecht zur Ergänzung des biskayischen Foralrechts das kastilische Recht: „Que todos los jueces en los pleitos de Vizcaya, guarden las Leyes de este Fuero, y en los casos en que no hubiere Ley, guarden las Leyes del reino."

b) Beim Inkrafttreten des CC erhob sich dieselbe Frage wie in Navarra, nämlich ob der CC das alte kastilische Recht ersetzte oder ob er erst nach diesem galt. Die erste Auffassung ist aus den angeführten Grün-

---

296 DE CASTRO 295.

297 AIZPÚN SANTAFÉ (oben N. 102) 8 f.; SALINAS, Curso 69 f.; DERS., Estudio 65; LACARRA I, 16; CASTÁN I/1, 237; MANRESA I, 258; PUIG PEÑA I/1, 232; T. S. 17. 6. 1865 und ständige Rechtsprechung; an der Richtigkeit dieser Auffassung zweifelt vor allem DE CASTRO 297.

298 SALINAS, Curso 70; DERS., Estudio 70.

299 DE CASTRO 297; CASTÁN I/1, 237; T. S. 18. 6. 1896; 11. 11. 1902.

den die richtige[300], und seit 1889 galt im Geltungsbereich des biskayischen Foralrechts der Código Civil, soweit der Fuero von Vizcaya keine Bestimmung enthielt[301]. Nach JADO[302] galt aber das alte kastilische Recht für diejenigen Institutionen subsidiär fort, die im gemeinen Recht abgeschafft wurden, in dem fortgeltenden Fuero de Vizcaya aber enthalten, jedoch nicht abschließend geregelt waren. Es handelte sich hierbei um das gemeinschaftliche Testament und das kommissarische Testament, eine Art der Erbeinsetzung durch Dritte. Die Richtigkeit dieser Auffassung von JADO wurde nachträglich durch die Vorrede zur biskayischen Kompilation bestätigt, an deren Ende es heißt, daß der CC nunmehr als einziges Ergänzungsrecht gilt, da wegen der Aufhebung des gemeinschaftlichen Testamentes und der Aufnahme der alten kastilischen Vorschriften über das kommissarische Testament (Leyes 31 und 38 der „Leyes de Toro") in den 3. Titel der CDV ein Rückgriff auf das klassische kastilische Recht nicht mehr erforderlich ist.

c) Für den Fuero von Ayala kann man schwerlich von einem Subsidiärrecht sprechen, d. h. von einem Recht, das beim Fehlen foraler Vorschriften eingreift. Vielmehr scheint es treffender, davon auszugehen, daß in der „Tierra de Ayala" der Código Civil gilt und nur für das Pflichtteilsrecht eine Ausnahme besteht, zu der sich noch die gewohnheitsrechtliche Institution des „usufructo poderoso" gesellt.

6. *Galizien*

In Galizien galten die galizischen Gewohnheiten mit Vorrang vor dem gemeinen Recht. Soweit sie keine Regelung trafen, galt dieses bzw. der CC. Seit Inkrafttreten des CC bestand eine weitverbreitete Neigung, die Gewohnheiten im Rahmen der Gestaltungsformen dieses Gesetzbuches anzuwenden. Dies gilt vor allem für das Erbrecht[303].

II. Die Subsidiärrechte nach Inkrafttreten der Foralgesetze und de lege ferenda in Navarra und Aragón

1. In denjenigen Gebieten, deren Foralrecht Gegenstand einer gesetzlichen Regelung durch die spanische Zentralgewalt war (Aragón, Balearen,

---

300 Vgl. oben S. 68.
301 DE CASTRO 298; CASTÁN I/1, 237 f., 247.
302 JADO 168; ihm folgt GARCÍA ROYO I, 60.
303 Vgl. FUENMAYOR 240 f.

Galizien, Katalonien, Vizcaya und Álava), sind die alten, fremden Ergänzungsrechte aufgehoben, und es gilt der Código Civil als allgemeines Gesetz, soweit das forale Sondergesetz keine Regelung enthält und er nicht dessen Grundsätzen widerspricht. Für Aragón ergibt sich dies aus Art. 12, 13 CC mit Art. 1 ap., während in den Gebieten mit Kompilationen diese selbst ihr Verhältnis zum CC abschließend regeln und auf Art. 12, 13 CC überhaupt nicht mehr zurückgegriffen werden muß (Art. 1 Abs. 1, 1. und 2. Schlußbestimmung CDC; 2. Schlußbestimmung CDV; Art. 2 Abs. 1, 1. und 2. Schlußbestimmung CDB; Art. 2 Abs. 1, 2. Schlußbestimmung CDG). Die gleiche Regelung enthalten der aragonesische Vorentwurf (Art. 1 VE) und der navarrische Entwurf eines „Fuero recopilado" (Ley 2 FR).

2. In der katalanischen, galizischen und balearischen Kompilation findet sich folgende gleichlautende Bestimmung: „Zur Auslegung der Vorschriften dieser Kompilation ist die (katalanische bzw. balearische) Rechtstradition zu berücksichtigen, wie sie in den alten Gesetzen, Gewohnheiten und der Lehre, aus der sie sich herleiten, zum Ausdruck kommt" (Art. 1 Abs. 2 CDC; Art. 2 Abs. 2 CDG; Art. 2 Abs. 2 CDB). Eine ähnliche Vorschrift enthält der FR von Navarra, der in Ley 8 für die Auslegung foraler Normen auf das eigenständige oder subsidiäre römische Recht verweist, das zur Zeit des Inkrafttretens des CC galt. Es erhebt sich daher die Frage, ob auf diesem Umweg über die Auslegung das römische Recht in Katalonien und den Balearen — de lege ferenda auch in Navarra — doch noch als Subsidiärrecht oder irgendwie geartete unmittelbare Rechtsquelle fortgelten soll. Dies ist jedoch in vollem Umfange zu verneinen. Hierfür sind folgende Überlegungen maßgebend:

Nach den Beschlüssen des Nationalkongresses von Zaragoza[304] werden als Vorstufe zu einem allgemeinen, einheitlichen spanischen Zivilgesetzbuch Kompilationen für die einzelnen Foralrechtsgebiete ausgearbeitet und erlassen, die diejenigen Vorschriften aufnehmen sollen, deren Kenntnis und gegebenenfalls Berücksichtigung bei der endgültigen Kodifizierung des spanischen bürgerlichen Rechtes angezeigt erscheint. Kompilation bedeutet hierbei, anders als Kodifikation[305], im wesentlichen die schrift-

---

[304] Vgl. Castán I/1, 264.

[305] „The Codes break with the past." Demgegenüber stellt die Kompilation, vergleichbar den Digesten oder dem „restatement", die Sammlung von judiziell oder gewohnheitsrechtlich entstandenem Recht dar. Die modernen Kompilationen haben mit den Kodifikationen vor allem gemeinsam, daß sie eine abschließende Regelung enthalten (Puig Brutau 193, 199, 203).

liche Niederlegung und Systematisierung bereits vorhandener und geltender, gegebenenfalls auch vorübergehend außer Gebrauch gekommener Rechtsnormen. Wie ein Blick in die Kompilationen Kataloniens und der Balearen zeigt, enthalten sie nicht nur Vorschriften des eigentlichen Foralrechts, sondern auch solche des bisher subsidiär bzw. daneben geltenden römischen Rechts. Dies allein zeigt schon, daß das römische Recht darüber hinaus in keiner Form weitergilt, da ja sonst die Aufnahme dieser Vorschriften in die Foralgesetze überflüssig gewesen wäre. Das gleiche ergibt sich aus dem Gesetz selbst. Die in beiden Kompilationen gleichlautende 1. Schlußbestimmung hebt ausdrücklich auch alle geschriebenen oder gewohnheitsrechtlichen *subsidiären* Rechtsnormen auf und ersetzt sie durch die jeweilige Kompilation. In diesen Vorschriften (Art. 1 Abs. 2 CDC, Art. 2 Abs. 2 CDB) ist weiter von der *Auslegung* die Rede und CONDOMINES/FAUS führen zur katalanischen Bestimmung sinngemäß folgendes aus[306]: „In Art. 5 des Entwurfes zur CDC hieß es, daß die Vorschriften dieser Kompilation durch die alten Texte in folgender Reihenfolge auszulegen und zu e r g ä n z e n seien: 1. Constitucions i altres drets de Catalunya; 2. Corpus iuris canonici; 3. Corpus iuris civilis; usw. Diese Fassung hätte zu einer gemilderten Aufrechterhaltung der alten Subsidiärrechte geführt, während die gegenwärtige — etwas vage — Bezugnahme auf das alte Recht eine reine Regel der Hermeneutik, der Auslegung darstellt." Endlich steht auch in den Vorreden beider Kompilationen, daß allein aus ihnen das geltende Recht der beiden Foralgebiete festzustellen ist, daß die alten Subsidiärrechte aufgehoben wurden und das alte römische Recht nur zur Auslegung der tatsächlich in die Kompilationen aufgenommenen römischrechtlichen Vorschriften heranzuziehen ist. In der balearischen Kompilation heißt es hierzu, daß die Kompilation b e g r i f f l i c h die alten Subsidiärrechte außer Kraft setze und der geschriebene Text nunmehr abschließend das besondere Recht jeden Gebietes enthalte, während im übrigen der CC anzuwenden sei. Dies gelte nach den Kompilationen von Vizcaya und Álava sowie Katalonien auch für die der balearischen Inseln, und eine unmittelbare Berufung auf römische Texte sei nicht möglich. Damit ist meines Erachtens die hier aufgeworfene Frage endgültig und abschließend beantwortet: Nach den Kompilationen gilt in keinem Gebiet mehr ein anderes Ergänzungsrecht als der CC. In Katalonien und auf den Balearen kann das römische Recht nur zur Auslegung von tatsächlich in die Kompilation aufgenommenen römischen Institutionen heran-

[306] CONDOMINES/FAUS 27.

gezogen werden. Das gleiche trifft für Navarra zu, wo sich die entsprechende Vorschrift — de lege ferenda — schon rein systematisch unter einer ganzen Reihe anderer reiner Auslegungsregeln findet. Jede andere Auffassung widerspricht der Zielsetzung des Nationalkongresses von Zaragoza, auf dem insbesondere betont wurde, daß die Foralrechte im damaligen Zustand wegen der Unzugänglichkeit und ungenauen Abgrenzung ihrer unmittelbaren und subsidiären Rechtsquellen nicht den Anforderungen unserer Zeit entsprächen[307]. Wollte man das römische Recht als Subsidiärrecht fortgelten lassen, so wäre aber diese Lage durch die Kompilationen nur unwesentlich verbessert worden. Eine andere Frage — und dies sei keineswegs verkannt — ist es, wo die Grenze zwischen subsidiärer Anwendung und Heranziehung zur Auslegung liegt. Hierbei ist PUIG BRUTAU zuzustimmen, wenn er sagt: „Die Erfahrung wird lehren, ob es möglich ist, klar zwischen Auslegungs- und Ergänzungsnormen zu unterscheiden."[308]

§ 10: ÜBERSICHT ÜBER DIE RANGFOLGE DER FORALRECHTSQUELLEN UNTER BESONDERER BERÜCKSICHTIGUNG DER GEWOHNHEIT

I. Vor Inkrafttreten der Foralgesetze und in Navarra

1. Allgemein

Ein vereinfachtes Schema der in den Foralrechtsgebieten[309] bis zum Inkrafttreten der jeweiligen Kompilation und in Navarra geltenden Rechtsquellen und ihrer Rangfolge hat folgende Form:

A) Das gesamtspanische gemeine Recht

- a) Allgemeine Gesetze, erlassen nach Inkrafttreten des CC, deren Lücken dieser ausfüllt (Art. 16 CC).
- b) Allgemeine Gesetze, erlassen vor Inkrafttreten des CC, oder die Vorschriften des Gesetzbuches, die solche Gesetze ersetzt haben.
- c) Die Vorschriften des CC, die in ganz Spanien zwingend gelten, d. h. der Einleitende Titel, der 4. Titel des 1. Buches und die Bestimmungen, die neue Institutionen einführen oder auf Ände-

[307] Vgl. DE CASTRO 257 f.

[308] PUIG BRUTAU 204.

[309] Nicht hierher gehören eigentlich die Gebiete nach Art. 13: Aragón und Balearen. Für sie gilt theoretisch seit Inkrafttreten des CC ein ähnliches System wie für die Gebiete mit Kompilationen: 1. Späteres Recht 2. Besonderes Recht 3. CC unmittelbar. Zur Problematik für die Balearen vgl. aber oben § 9 I 2 und hier unter C).

rungen des CC beruhen, denen gesamtspanische Geltung zukommt.

B) Das Foralrecht jeden Gebietes

C) Das oder die Ergänzungsrechte. Dies ist im allgemeinen der CC. Nur in Navarra und Katalonien wird er zum Subsidiärrecht letzten Grades, wobei in dem ersten Gebiet das römische Recht, im zweiten das kanonische und römische Recht vor ihn treten[310].

Außer Betracht bleibt die Rechtslage vor dem CC. Im wesentlichen ist hier nur als gesamtspanisches Recht das königliche Recht allgemeiner Anwendung seit dem jeweiligen Verlust der staatlichen Autonomie unter Beachtung des Satzes „lex posterior derogat legi anteriori" einzusetzen[311].

2. *Aragón*

Vor Inkrafttreten des Apéndice am 2. Januar 1926 galt in Aragón folgende Rechtsquellenhierarchie:

A) Das gesamtspanische gemeine Recht
Allgemeine Gesetze, die vor Inkrafttreten des CC erlassen wurden oder durch diesen ersetzt worden sind (oben 1, A, b), sind hierbei für Aragón diejenigen Gesetze, die nach dem „Decreto de Nueva Planta" vom 2. 4. 1711 ergangen sind. In ihrem Verhältnis untereinander geht das spätere Gesetz dem früheren vor.

B) Das aragonesische Foralrecht
Das aragonesische Foralrecht setzte sich zusammen aus geschriebenem Recht und aus Gewohnheitsrecht.

a) Das geschriebene Recht.
Es bestand aus der „Colección cronológica" (bis 1533), der Sammlung „Observantiae consuetudinesque regni Aragoniae" von Diaz de Aux (1437), der „Colección sistemática" (1547), den „Actos de Corte" (1554) und den später für Aragón erlassenen Vorschriften (oben § 8 I).
Diese foralen Rechtsquellen galten in folgender Reihenfolge:

aa) Die nach den Sammlungen von 1547 bzw. 1554 erlassenen Fueros und „Actos de Corte".

bb) Nach den „Observancias" (1437) erlassene Fueros.

[310] Nimmt man an, daß das römische Recht auf den Balearen Subsidiärrecht war, dann sind die Inseln ebenfalls hier zu nennen. Geht man aber richtig davon aus, daß das römische Recht dort zum eigenen Recht geworden war, dann fällt es unter B).

[311] Vgl. Albaladejo 51 f.; de Castro 286; ders., Compendio 58.

cc) Die „Observancias".

dd) Vor den „Observancias" erlassene Fueros[312].

b) Gewohnheitsrecht.

Das aragonesische Gewohnheitsrecht galt nach dem Grundsatz des Vorranges der örtlich begrenzteren Gewohnheit vor der eines weiteren Gebietes. Demnach hob die lokale Gewohnheit die komarkale[313], die komarkale Gewohnheit die territoriale auf. Um den „Fuero" aufzuheben, mußte die Gewohnheit seit unvordenklicher Zeit („tiempo inmemorial") in Übung sein[314]. Für die Bedeutung des Gewohnheitsrechts ist kennzeichnend, daß auch die „Observancias" geschriebene Gewohnheiten darstellen. Eine hervorragende Rolle spielte das Gewohnheitsrecht vor allem in Alto Aragón, wo es die Auslegung alter Institutionen und üblicher Klauseln im Ehe- und Erbvertrag zum Gegenstand hatte[315].

C) Der CC, soweit er dem geschriebenen oder auf Gewohnheit beruhenden Foralrecht nicht entgegenstand. Im Hinblick auf Art. 13 CC ist es genauer, anstatt von einer subsidiären Geltung von einer unmittelbaren Anwendung zu sprechen.

3. Balearen

A) Das gesamtspanische gemeine Recht

Auf den Balearen galten die allgemeinen Gesetze für ganz Spanien seit dem entsprechenden Dekret Philipps V. vom 28. November 1715. Somit galten diese Gesetze selbst und diejenigen Vorschriften des CC, die solche Gesetze ersetzt haben (oben 1, A, b).

B) Das balearische Foralrecht

Es bestand im wesentlichen aus den königlichen Pragmatiken und Privilegien, die König Philipp V. in Kraft ließ und die nie in einer offiziellen Sammlung zusammengefaßt wurden. Die Arbeit von ANTONIO MOLL ist zwar das am häufigsten zitierte Werk, existiert aber nur in wenigen Exemplaren (vgl. oben § 8 II). Die Kenntnis des balearischen (mallorkinischen) Foralrechts vor Inkrafttreten der Kompilation vermitteln vor allem die Werke von MASCARÓ[316]

---

312 CASTÁN I/1, 244 f.

313 Oben N. 72 a.

314 FRANCO/GUILLÉN 5; DE CASTRO 290; CASTÁN I/1, 355; zur Gewohnheit „contra legem" oben § 6 II 1.

315 Vgl. im geltenden Recht Art. 60 ap.

316 MASCARÓ, Derecho foral de Mallorca (Mallorca 1904).

und Pascual y González[317]. Da bei Darstellung der Subsidiärrechte bereits ausgeführt wurde, daß das römische Recht auf den balearischen Inseln mehr denn als Subsidiärrecht als Bestandteil des eigentlichen Foralrechtes galt, ist auch das Justinianische Recht bei den foralen Rechtsquellen zu nennen (vgl. oben § 9 I 2). Es ist sonach Pascual y González[318] zu folgen, der folgende Rangfolge der eigentlich foralen Quellen angibt:

a) Geschriebenes mallorkinisches bzw. balearisches Recht
b) Gewohnheitsrecht
c) Justinianisches Recht als eigenes Recht.

C) Als Ergänzungsrecht galt der CC, und zwar wie in Aragón nicht subsidiär, sondern unmittelbar, soweit er nicht gegen das Foralrecht verstieß (Art. 13 CC).

4. *Katalonien*[319]

A) Das gesamtspanische gemeine Recht

In Katalonien galten die allgemeinen Gesetze des Königreichs seit dem „Decreto de Nueva Planta" vom 16. Januar 1716 (oben, 1 A, b).

B) Das katalanische Foralrecht

Das katalanische Foralrecht setzte sich bis zum Inkrafttreten der Kompilation zusammen aus dem für ganz Katalonien geltenden geschriebenen Recht, aus Gewohnheitsrecht und lokalen Rechtsquellen.

a) Das allgemeine geschriebene Recht Kataloniens waren die in der Kompilation von 1704 („Constitucions et altres Drets de Catalunya") zusammengefaßten Usatges, Konstitutionen, Capítulos, Actos de Cortes usw.[320].

b) Das katalanische Recht kannte die Gewohnheit in ihren drei Formen: „extra legem", „secundum legem" und „contra legem". Nach dem Inkrafttreten des CC konnte die Gewohnheit zwar nicht mehr gemeines Recht (CC oder spätere Gesetze) abändern, die Frage ihres Verhältnisses zum Foralrecht bemißt sich jedoch danach, ob man Art. 5 CC auch hier anwenden will oder nicht. In dieser Arbeit (oben § 6 II 1) wird davon ausgegangen, daß Art. 5 CC die Entstehung von Gewohnheitsrecht gegen Foralrecht grundsätzlich nicht

---

317 Pascual y González: siehe Literaturverzeichnis.
318 Pascual y Gonzáles 72.
319 Borrell y Soler, Cataluña I, 14 f.
320 Vgl. auch oben § 8 III.

hindert. Im katalanischen Recht war daher die Gewohnheit „contra legem“ bis zur Kompilation zulässig. Nach h. M. galt sie gegenüber allen foralen Rechtsquellen, insbesondere auch gegenüber den von den Cortes erlassenen Vorschriften mit vereinbartem („paccionado“) Charakter[321]. Die Gewohnheit wurde als wirksam angesehen, wenn sie die Anforderungen des kanonischen Rechtes erfüllte. Sie mußte danach sein: rationabilis, d. h. im Einklang mit der Vernunft; legitime prescripta, d. h. durch längere Zeit hindurch geübt; repetita, d. h. entstanden durch Wiederholung, und probata, d. h. nach Würdigung des Gerichtes erwiesen[322]. Im Verhältnis der Gewohnheiten untereinander ging die örtliche der allgemeinen vor[323].

c) Lokalrecht.

Das Lokalrecht bestand aus den — geschriebenen — Gewohnheiten bestimmter Orte und Gegenden (vgl. § 8 III). Die wichtigsten Texte sind: „Recognoverunt Proceres“, „Ordinacions d'en Sanctacilia“ und die Konstitution Peters von Aragón von 1339 für Barcelona, die „Consuetudines Diocesis Gerundensis“ für Gerona, das „Llibre des costums de la insigne Ciutat de Tortosa“, die „Ordinacions“ im Valle de Arán und die Gewohnheiten von Pallars Sobirá[324].

C) Die Ergänzungsrechte

Als subsidiäre Rechte galten in Katalonien zunächst die besonderen foralen Ergänzungsrechte in folgender Reihenfolge:

a) kanonisches Recht, wie es bei Inkrafttreten des CC galt,
b) römisches Recht,
c) Lehre der Doktoren, soweit sie in die Rechtsprechung eingegangen ist.

Als Subsidiärrecht letzten Grades galt der CC.

5. *Navarra*

A) Gesamtspanisches gemeines Recht

Besteht kein Zweifel an der Geltung des Einleitenden Titels, des 4. Titels des 1. Buches des Código Civil und der Vorschriften dieses Gesetzbuches, die alte allgemeine Gesetze abgelöst haben (oben 1, A, b, c), so ist nicht ganz so klar, von welchem Zeitpunkt an die allgemeinen Gesetze aus der Zeit vor der Kodifikation in Navarra

---

321 Castán I/1, 354; de Castro 294.

322 Castán I/1, 355 f.

323 Castán I/1, 355 f.; de Castro 294; vgl. auch Borrell y Soler, Cataluña I, 26 f.

324 Castán I/1, 240; de Castro 293 f.; zur räumlichen Abgrenzung oben § 3 III 3.

Wirksamkeit haben. Wie bereits ausgeführt, endete die Gesetzgebungsautonomie Navarras mit der „Ley paccionada“, dem vereinbarten Gesetz vom 16. August 1841. Gleichwohl wird im allgemeinen angenommen, daß auch die vor diesem Zeitpunkt ergangenen Gesetze allgemeinen Charakters in Navarra gelten[325]. SALINAS QUIJADA[326] macht hierzu eine wichtige Einschränkung: Die vor oder nach der „Ley paccionada“ ergangenen allgemeinen Gesetze gelten in Navarra nur, wenn sie diesem Gesetz nicht widersprechen. Für die vor 1841 erlassenen Gesetze ergibt sich dies aus der Regel, daß das spätere Gesetz das frühere aufhebt. Für die nach der „Ley paccionada“ verkündeten Gesetze leitet sich dieser Grundsatz aus der Tatsache her, daß dieses Gesetz den Charakter eines Abkommens zwischen der spanischen Krone und Navarra hatte und daher nicht einseitig, sondern nur mit Zustimmung Navarras geändert werden kann. Praktisch bedeutsam ist dies vor allem für die Frage der Geltung der „Ley de Mostrencos“ von 1835 in Navarra, die von der navarrischen Literatur aus den angeführten Gründen verneint wird[327]. In Kenntnis der staatsrechtlichen Entwicklung muß zugegeben werden, daß die Argumente von SALINAS QUIJADA zutreffen. Abgelehnt wird die Geltung der vor 1841 erlassenen allgemeinen Gesetze für Navarra von COVIÁN[328].

B) Das navarrische Foralrecht

Auch das navarrische Recht besteht aus geschriebenem und auf Gewohnheit beruhendem Recht. Obwohl die Gewohnheit gegen das Gesetz in der Hierarchie der foralen Rechtsquellen den ersten Platz einnimmt, wird zuerst das geschriebene Recht und dann das Gewohnheitsrecht im Zusammenhang dargestellt.

a) Das geschriebene Recht gilt in folgender Reihenfolge:

aa) Die in den acht sogenannten „Cuadernos de Cortes“ enthaltenen Gesetze, die nach der Novísima Recopilación seit 1716 ergangen sind.

bb) Die Novísima Recopilación (Nov.) von Joaquín de Elizondo, die die Gesetze bis 1715 enthält und 1735 gedruckt wurde.

cc) Der Fuero General und das Amejoramiento König Philipps.

---

325 ISABAL, EJE XI unter „Derecho civil de Navarra“ 31 f.

326 SALINAS, Curso 61.

327 SALINAS, Curso 64; SAINZ DE VARANDA 120, 159.

328 COVIÁN, El Derecho civil privado de Navarra y su codificación (Madrid 1914) 101 f.

b) Gewohnheitsrecht.

Die Gewohnheit ist in Navarra in allen ihren Formen, auch gegen das Gesetz, zulässig[329]. Ihre Zulässigkeit auch nach Inkrafttreten des CC bestimmt sich wieder nach der Stellung, die man gegenüber Art. 5 CC bezieht. M. E. hindert diese Vorschrift die Aufhebung foraler Gesetze durch Gewohnheitsrecht nicht[330].

C) Die Ergänzungsrechte

Als Subsidiärrecht ersten Grades gilt in Navarra das römische Recht in der Form des Corpus iuris und erst nach diesem der CC (vgl. oben, § 9 I 4). Als weitere Rechtsquellen nennt SALINAS QUIJADA[331] die allgemeinen Rechtsgrundsätze — in Anlehnung an Art. 6 CC — und die navarrische Rechtsprechung und Lehre, wobei es sehr zweifelhaft erscheint, inwieweit hier von einer „Rechtsquelle" gesprochen werden kann[332].

6. *Vizcaya und Álava*

A) Gesamtspanisches gemeines Recht

Die allgemeinen Gesetze (1, A, b) galten nach JADO[333] seit dem 25. 10. 1839, also seit dem Verlust der Autonomie der baskischen Provinzen. GARCÍA ROYO[334] erwähnt auch die vorher für ganz Spanien verkündeten Gesetze.

B) Das biskayische Foralrecht

a) Das geschriebene biskayische Recht vor Inkrafttreten der Kompilation wird verkörpert durch den „Fuero de Vizcaya" von 1527.

b) Gewohnheitsrecht.

GARCÍA ROYO[335] nennt als weitere biskayische Rechtsquelle die Gewohnheit. Nach CASTÁN[336] und ISABAL[337] gilt das mindestens für das beim Inkrafttreten des CC geltende Gewohnheitsrecht.

C) Als Ergänzungsrecht galt in Vizcaya und Álava vor der Kompilation der CC, für das gemeinschaftliche und das kommissarische

---

[329] LACARRA I, 44.

[330] Oben § 6 II 1; ebenso SALINAS, Curso 67.

[331] SALINAS, Curso 72 f.

[332] Vgl. hierzu ENNECCERUS/NIPPERDEY, Allgemeiner Teil des bürgerlichen Rechts[14], 1. Halbband (Tübingen 1952) 167 f.

[333] JADO 219 f.

[334] GARCÍA ROYO I, 59.

[335] GARCÍA ROYO I, 60.

[336] CASTÁN, D. F. 19.

[337] ISABAL (oben N. 89) 43.

Testament altes kastilisches Recht (oben, § 9 I 5). Nach DE CASTRO[338] galt der CC hierbei, obwohl Vizcaya nicht in Art. 13 erwähnt ist, als unmittelbares und nicht als Subsidiärrecht[339].

II. Nach Inkrafttreten der Foralgesetze und nach den vorliegenden Entwürfen

In den Gebieten, deren Foralrecht heute schon durch ein Gesetz geregelt ist, gelten übereinstimmend folgende Rechtsquellen:

A) Vorschriften des gemeinen oder foralen Rechts, die nach dem jeweiligen Foralgesetz (Kompilation oder — in Aragón — Apéndice) ergangen sind.

B) Das in der Kompilation oder dem Apéndice enthaltene Foralrecht, durch das die bisherigen foralen und subsidiären Rechtsquellen außer Kraft gesetzt und ersetzt werden (Art. 78 ap., 1. Schlußbestimmung CDB, 1. Schlußbestimmung CDC, 1. Schlußbestimmung CDV, 1. Schlußbestimmung CDG; arg. Art. 1 VE; Ley 2 f. FR).

Die bereits geltenden Foralgesetze enthalten keine besonderen Vorschriften mehr über die Voraussetzungen der Gewohnheit als Rechtsquelle und ihr Verhältnis zum Gesetz. In Aragón, Katalonien, auf den Balearen und in den baskischen Provinzen Vizcaya und Álava gelten daher heute Art. 5 und 6 CC. Zu beachten ist jedoch, daß vor allem die Kompilationen *Kataloniens* und der *Balearen* in weitem Umfang früher gewohnheitsrechtlich geregelte Institutionen übernommen haben und häufig auf die Gewohnheit verweisen (vgl. z. B. Art. 2 CDC, Art. 60 ap.). Auf Gewohnheitsrecht wird auch Bezug genommen, wenn Art. 1 Abs. 2 CDC, Art. 2 Abs. 2 CDG und Art. 2 Abs. 2 CDB zur Auslegung der Vorschriften dieser Kompilationen die Berücksichtigung der in den alten Gewohnheiten zum Ausdruck kommenden Rechtsüberlieferung vorschreiben. CONDOMINES/FAUS[340] weisen darauf hin, daß hierbei das Gewohnheitsrecht nicht

---

[338] DE CASTRO 298.

[339] Eine besondere Rangordnung der Rechtsquellen für den Geltungsbereich des Fuero de Ayala aufzustellen, erübrigt sich. Dort galt, soweit die Besonderheit bezüglich der Testierfreiheit nicht eingreift, gemeines Recht. Ähnliches kann von Galizien gesagt werden, wo die eigenständigen Gewohnheiten dem gemeinen Recht vorgingen, im übrigen jedoch dieses galt. Im allgemeinen wurden jedoch die foralen Gewohnheiten — insbesondere auf dem Gebiet des Erbrechts — nur insoweit angewandt, als sie dem CC nicht widersprachen oder in diesem eine Stütze fanden (vgl. FUENMAYOR 239 f.).

[340] CONDOMINES/FAUS 28 f.

nur aus der wiederholten Übung, sondern gegebenenfalls auch aus geschriebenen, aber in Vergessenheit geratenen Rechtsnormen abgeleitet werden kann, wenn diese Normen tatsächlich noch gewohnheitsmäßig beobachtet werden.

Der Vorentwurf einer Kompilation des *aragonesischen* Zivilrechts erwähnt die Gewohnheit in den drei Artikeln seines Einleitenden Titels. Art. 1 VE nennt als Bestandteile des aragonesischen Foralrechts die Bestimmungen der Kompilation selbst, die Gewohnheit und die allgemeinen Grundsätze, die sich aus beiden Quellen ableiten. Art. 2 VE, der die Überschrift „Die Gewohnheit" trägt, bestimmt, daß die Gewohnheit verbindliche Wirkung hat, wenn sie den Regeln des Naturrechts, dem in Aragón geltenden zwingenden Recht oder den allgemeinen Grundsätzen des aragonesischen Rechts nicht widerspricht. Hierbei beurteilen die Gerichte die Existenz der Gewohnheit auf Grund ihrer eigenen Ermittlungen und der von den Parteien vorgebrachten Beweise. Diese Vorschrift läßt m. E. offen, ob in Aragón eine Gewohnheit gegen das Foralgesetz noch zulässig ist, da es darauf ankommt, ob man Art. 5 CC als zwingendes Recht im Sinne dieser Vorschrift ansieht oder nicht. Dafür spricht, daß Art. 5 CC im Einleitenden Titel enthalten ist und die neue Kompilation keine *ausdrücklich* entgegenstehende Vorschrift enthält. Einen gewissen Vorrang der Gewohnheit vor dem Gesetz deutet jedoch Art. 3 Abs. 2 VE an, wonach Willenserklärungen durch die Gewohnheit und, *bei deren Fehlen,* nach dem Gesetz auszulegen und zu ergänzen sind. Im übrigen wird in Art. 3 Abs. 1 VE durch die besondere Hervorhebung des Grundsatzes „Standum est chartae" der Parteiwille zur Rechtsquelle erhoben.

Klarer ist die Regelung im *navarrischen* FR. Dort kann die Gewohnheit das Foralgesetz aufheben, wenn sie länger als zwanzig Jahre beobachtet wurde. Sie geht aber nicht dem gemeinen Recht vor (L. 5 FR). Dies ergibt sich bereits aus Art. 5 CC. Gleichwohl schlägt das Dictamen vor, der Gewohnheit „contra legem" allgemeine Geltung auch gegenüber dem gemeinen Recht zu verleihen (L. 5 Dictamen), es erkennt aber an, daß dies gegen die h. M. und Rechtsprechung des T. S. verstößt (Anm. 6). Im übrigen soll die Gewohnheit als Subsidiärrecht gelten, wenn sie älter als zwanzig Jahre ist. Die Beweislast trifft hierbei denjenigen, der sich auf die Gewohnheit beruft. Die örtliche Gewohnheit geht der allgemeinen vor (L. 1 FR). Ley 9 FR bestimmt: „Die Gewohnheit ist die beste Gesetzesauslegung." Auch nach dem FR soll der Parteiwille jeder anderen Rechtsquelle vorgehen, soweit er nicht gegen die guten Sitten oder die öffentliche

Ordnung verstößt, die Rechte Dritter beeinträchtigt oder nach dem Gesetz nicht wirksam sein kann (L. 4 FR).

C) Als einziges Recht neben den Foralgesetzen gilt in den verschiedenen Gebieten heute mit Ausnahme von Navarra nur noch der CC. Die schon geltenden Kompilationen für Katalonien, Galizien und die Balearen bestimmen ausdrücklich, daß sie vor dem CC gelten (Art. 1 Abs. 1 CDC; Art. 2 Abs. 2 CDG; Art. 2 Abs. 1 CDB), und dieser selbst wird allgemein berufen, soweit das Foralgesetz schweigt (2. Schlußbestimmung CDC, CDG, CDV und CDB).
Für Aragón ergibt sich das gleiche bereits aus Art. 13 CC. De lege ferenda verweisen auch die aragonesischen und navarrischen Entwürfe auf den CC als das Recht, das beim Schweigen der foralen Quellen anzuwenden ist (Art. 1 Abs. 2 VE; L. 2 FR[341]).

---

[341] Dazu, daß andere Quellen auch in Katalonien, auf den Balearen und — de lege ferenda — in Navarra keine Geltung mehr haben, vgl. oben § 9 II.

B. DAS FORALE ERBRECHT

§ 11: ALLGEMEINE GRUNDSÄTZE UND BERUFUNGSGRÜNDE

Im Erbrecht unterscheiden sich die Foralrechte am stärksten vom gemeinen Recht. Dies gilt nicht nur für einzelne Institutionen oder Gestaltungsformen, sondern auch für allgemeine Grundfragen des Erbrechts, die vor allem in den Provinzen römischen Rechts mit Ausnahme Navarras (Katalonien und Balearen) in einer dem gemeinen Recht entgegengesetzten Weise gelöst sind. Hinzu kommt, daß in allen Foralrechtsgebieten außer auf Menorca und in Galizien neben das Testament und das Gesetz der Erbvertrag oder zumindest der Übergabevertrag als vorweggenommene Erbfolge tritt, während der CC den Erbvertrag grundsätzlich verbietet und nur in drei Ausnahmefällen zuläßt[342].

Im folgenden soll daher dargelegt werden, wie sich die einzelnen Foralrechte zu den allgemeinen Grundsätzen des Erbrechts, wie z. B. der Möglichkeit eines Ausschlusses der Universalsukzession durch Einzelnachfolge, der Vereinbarkeit der gesetzlichen und gewillkürten Erbfolge usw., stellen und inwieweit sie hierbei vom gemeinen Recht abweichen.

I. Das gemeine Recht

1. *Allgemeine Grundsätze*

Im gemeinen spanischen Recht des CC gilt der Satz „Sterben macht Erben" nicht unbedingt. Vielmehr kann die Einzelnachfolge die Universalsukzession verdrängen, wenn der Erblasser sein ganzes Vermögen in Vermächtnisse aufgeteilt hat. Dies ergibt sich aus Art. 668 CC in Verbindung mit Art. 660, 764 CC. Die erstgenannte Vorschrift bestimmt in ihrem Absatz 1, daß der Erblasser über sein Vermögen durch Erbeinsetzung oder Vermächtnisse („a título de herencia o de legado") verfügen kann. Art. 660 CC stellt klar, daß der Erbe auf Grund eines universellen Titels, der Vermächtnisnehmer in einzelne Gegenstände nachfolgt. Art.

[342] Vgl. unten §§ 45 f.

764 CC endlich gibt die formelle Möglichkeit, durch Testament über das ganze Vermögen in Form von Vermächtnissen zu verfügen, da er bestimmt, daß das Testament eine Erbeinsetzung nicht zu enthalten braucht[343]. Die Konsequenz aus dieser Regelung für die Haftung gegenüber den Nachlaßgläubigern zieht Art. 891 CC, wonach in einem solchen Falle die Vermächtnisnehmer mangels abweichender Bestimmung des Erblassers anteilig für die Nachlaßverbindlichkeiten haften. Unberührt bleiben jedoch in jedem Falle die Rechte etwaiger Noterben[344]. Auch die traditionellen Sätze des römischen Rechtes „nemo pro parte testatus, pro parte intestatus decedere potest" und „semel heres, semper heres", die eng mit der notwendigen Erbeinsetzung des römischen Testamentes zusammenhängen, gelten im Erbrecht des CC nicht. So bestimmt Art. 658 Abs. 3 CC ausdrücklich, daß die Beerbung zum Teil kraft letztwilliger Verfügung, zum Teil kraft Gesetzes erfolgen kann. Diese Vereinbarkeit der gesetzlichen mit der gewillkürten Erbfolge gilt auch zeitlich, da Art. 790 f. CC eine fristgebundene und auflösend bedingte Erbeinsetzung zulassen.

2. *Berufungsgründe*

Berufungsgründe sind im gemeinen Recht gemäß Art. 658 CC das Testament und, bei dessen Fehlen, das Gesetz. Der Erbvertrag ist nicht als Berufungsgrund vorgesehen. Vielmehr steht ihm das gemeine Recht, der römischen Tradition folgend, ablehnend gegenüber[345].

II. Aragón, Navarra, Vizcaya und Álava

1. *Allgemeine Grundsätze*

Das *aragonesische* und das *biskayische* Foralrecht enthalten keine besonderen Regeln über die hier erörterten Grundsätze mehr[346]. Früher war schon in der „Compilación de Huesca" und später in der Observancia 5 „de testamentis" für Aragón bestimmt, daß die gesetzliche Erbfolge neben der testamentarischen auftreten kann[347]. Heute gilt gemeines Recht.

---

343 Wie das Testament des BGB entspricht daher auch das gemeinspanische Testament dem römischen Kodizill und nicht dem Testament des römischen Rechts.

344 Vgl. Roca Sastre, Notas I, 12; Ossorio Morales 348; Coello Gallardo, Sucesiones I (Madrid 1952) 82 f.; Puig Peña V/1, 25 f.; T. S. 15. 1. 1918; 10. 1. 1920; 26. 10. 1928.

345 Vgl. auch Art. 1271 Abs. 2, Art. 816, 991, 1674 Abs. 2 sowie Art. 635 CC; Ausnahmen hiervon stellen die Fälle der Art. 174 i. d. F. vom 24. 4. 1958, Art. 1331 und Art. 826, 827 CC dar.

346 „Sterben macht Erben", „nemo pro parte ...", „semel heres, semper heres", „heredis institutio est caput testamenti".

347 Moneva/Palá/Martín-Ballestero (oben N. 277) 183; Isabal 250.

Das *navarrische* Recht gewährt dem Erblasser, abgesehen von gewissen Vorbehalten bei einer zweiten oder späteren Ehe, die absolute Testierfreiheit, ohne daß ein bestimmter Teil der Erbschaft bestimmten pflichtteilsberechtigten Personen vorbehalten wäre[348]. Aus dieser absoluten Testierfreiheit ergibt sich, daß der Grundsatz „Sterben macht Erben" nicht gilt. Der Erblasser kann nicht nur quantitativ frei über seinen gesamten Nachlaß verfügen, sondern auch wie er will, d. h. in beliebiger Form und somit auch ausschließlich durch Vermächtnisse, wenn er die Zwangserben auf die formelle „legítima"[349] einsetzt[350]. Eine Erbeinsetzung ist somit für die Gültigkeit des Testamentes nicht erforderlich[351]. Auch die Anwendbarkeit des Satzes „nemo pro parte ..." wird wegen der Testierfreiheit verneint[352]. Der FR enthält zu beiden Fragen keine eigene Regelung, so daß ihm gegenüber der CC ergänzend eingreifen würde, der die genannten Prinzipien ebenfalls nicht kennt. Auch dies ist ein Indiz für die Richtigkeit der dargestellten Auffassung. Anderer Ansicht ist vor allem CASTÁN, der Navarra zu den Gebieten zählt, in denen die Unvereinbarkeit der testamentarischen mit der gesetzlichen Erbfolge auch heute noch kraft römischen Rechtes gilt und die Erbeinsetzung notwendiger Testamentsinhalt ist[353]. Im Ergebnis kann jedoch, zumal CASTÁN seine Auffassung nicht begründet, davon ausgegangen werden, daß in Aragón, Navarra und den baskischen Foralrechtsgebieten einschließlich der „tierra de Ayala" die allgemeinen erbrechtlichen Grundsätze des gemeinen Rechts gelten.

2. *Berufungsgründe*

Für *Aragón* ergibt sich die allgemeine Zulässigkeit des Erbvertrages als dritter Berufungsgrund neben Testament und Gesetz aus Art. 34 ap., wonach für das Eingreifen der gesetzlichen Erbfolge neben den im CC festgesetzten Voraussetzungen[354] weiter erforderlich ist, daß die Erbfolge auch nicht durch Vertrag, insbesondere durch Ehevertrag geordnet wurde[355].

Auch in *Navarra* ist der Erbvertrag zulässig und findet sich vor allem

---

348 Vgl. unten, § 29.

349 Vgl. unten, § 29 II 1.

350 LACARRA II, 148; AIZPÚN TUERO, Derecho de representación y de acrecer, in: Curso 226.

351 LACRUZ, Notas al Binder 65.

352 LACCARA II, 150; ALBALADEJO/LACRUZ 174; SANTAMÁRÍÁ ANSÁ, La sucesión abintestato en el Derecho foral de Navarra, in: Curso 182.

353 CASTÁN VI/1, 51; DERS., D. F. 84.

354 Vgl. Art. 912 CC.

355 Vgl. Art. 58 ap.; 59 f., 74 VE; unten § 48.

in der Form der universellen Schenkung des gesamten gegenwärtigen und zukünftigen Vermögens, also als kombinierter Erb- und Übergabevertrag, der „donación propter nuptias" heißt, wenn er mit dem Ehevertrag des Erben verbunden wird, sowie als kommissarische Erbeinsetzung[356].

Im Geltungsbereich des *biskayischen Foralrechts* ist, wie in allen Foralrechten, die vertragliche Übertragung des ungeteilten Familienvermögens an einen Zwangserben gebräuchlicher als die Bestimmung eines Allein- oder Hoferben im Testament. Sie kann erfolgen durch die Schenkung des gegenwärtigen Vermögens mit sofortiger Übergabe und dem Verlust jeder Verfügungsbefugnis des Schenkers (Übergabevertrag). Ob daneben auch ein echter Erbvertrag, der den Eigentumsübergang bis zum Erbfall aufschiebt, zulässig ist, kann aus Art. 11 und 30 CDV für das geltende Recht bejaht werden, erscheint dagegen für das frühere Recht äußerst zweifelhaft. Der ganze Fragenkomplex ist im einzelnen an anderer Stelle zu untersuchen[357].

III. Katalonien und Balearische Inseln

1. *Allgemeine Grundsätze*

Der unmittelbare Einfluß des justinianischen Rechtes in *Katalonien* zeigt sich vor allem im Erbrecht, wo die römischrechtlichen Grundsätze volle Geltung besitzen und mannigfache Auswirkungen auf die Gestaltung der Erbfolge haben. So ist in Katalonien bei jedem Erbfall notwendigerweise ein Erbe vorhanden, jeder Erbfall führt zu einer Universalsukzession, und eine Verteilung der gesamten Erbschaft durch Vermächtnisse ohne Berufung eines Erben — gegebenenfalls beruft ihn das Gesetz — ist nicht möglich[358]. Dies ergibt sich vor allem daraus, daß in Katalonien mit Ausnahme Tortosas das Testament notwendigerweise eine Erbeinsetzung beinhalten muß (Art. 109 CDC). Daneben kennt das katalanische Recht noch das Kodizill als Form der einseitigen letztwilligen Verfügung, die eine Erbeinsetzung nicht erfordert. Im Kodizill kann der Erblasser zwar Vermächtnisse anordnen (Art. 217 CDC), gemäß Art. 105 CDC beschweren diese jedoch dann in jedem Falle den gesetzlichen Erben, der auch dann nicht wegfällt, wenn das ganze Vermögen in Vermächtnisse aufgeteilt ist. Einer Verteilung des gesamten Erblasservermögens in Vermächtnisse steht

---

356 Lacarra II, 46; Aizpún Tuero 158 f.; Lacruz, Notas al Binder 129; vgl. Ley 221 FR; L. 284 FR; unten § 49.

357 Unten § 50 II.

358 Borrell y Soler, Cataluña V, 11; Pella III, 110 f., 327; Condomines/Faus 134 f.

dabei auch entgegen, daß der mit Vermächtnissen beschwerte Erbe in Katalonien die falzidische Quart einbehalten kann und damit dem Erben in jedem Falle ein Viertel der Erbschaft verbleibt (Art. 226 f. CDC). Eine Verdrängung der Universalsukzession durch Einzelnachfolge ist nur in Tortosa wegen der genannten Ausnahme möglich (Art. 222 Abs. 3 CDC). Somit gelten im übrigen Katalonien die Grundsätze „Sterben macht Erben" und „heredis institutio est caput et fundamentum testamenti".

Gemäß Art. 97 Abs. 1 S. 2 CDC ist die gesetzliche Erbfolge mit der gewillkürten Erbfolge unvereinbar und greift nur ein, wenn ein eingesetzter Erbe überhaupt fehlt. Der Satz „nemo pro parte testatus, pro parte intestatus decedere potest" wird somit aufrechterhalten und stellt sich als Folge der notwendigen Erbeneinsetzung im Testament dar: Ist ein Erbe eingesetzt, dann ist eine gesetzliche Erbfolge nicht möglich, und enthält das Testament keine Erbeinsetzung, dann ist es als solches nichtig und der Erblasser wird nach dem Gesetz beerbt. Diese Unvereinbarkeit der gleichzeitigen Berufung mehrerer Erben aus verschiedenen Berufungsgründen hindert jedoch nicht die Belastung des gesetzlichen Erben mit Vermächtnissen, die auch, wie bereits angedeutet, im Kodizill erfolgen kann (Art. 105 Abs. 1 CDC)[359]. Weitere Folgen der aufgezeigten Grundsätze sind, daß auch der Satz „semel heres, semper heres", abgesehen von der Zulässigkeit der Nacherbschaft, im katalanischen Recht fortgilt und eine allgemeine Anwachsung stattfindet, wenn der Erblasser nicht über sein ganzes Vermögen verfügt hat oder ein Miterbe wegfällt, da die gesetzliche Erbfolge über den Rest nicht stattfinden kann. So bestimmt Art. 111 Abs. 1 CDC, daß derjenige, der Erbe ist, dies immer bleibt und eine Erbeinsetzung unter auflösender Bedingung oder Zeitbestimmung nicht möglich ist und die Bedingung bzw. Zeitbestimmung in diesem Falle als nicht geschrieben gilt. Nicht gegen diesen Grundsatz verstößt eine Erbeinsetzung unter aufschiebender Bedingung, da bei ihrem Eintritt der Eingesetzte durch die Annahme ex tunc, d. h. vom Erbfall an, Erbe wird (Art. 111 Abs. 2 CDC) und die Erbschaft bis zum Eintritt der Bedingung oder bis zur Gewißheit darüber, daß die Bedingung nicht eintreten kann, nicht den gesetzlichen Erben zufällt, sondern unter Nachlaßverwaltung steht (Art. 801 CC).

Die allgemeine Anwachsung als Folge der Regel „Nemo pro parte..." wird von der Kompilation in Art. 267 CDC geregelt und unterscheidet sich von der besonderen Anwachsung in Art. 265 f. CDC und der Anwachsung

---

359 Borrell y Soler, Cataluña V, 113.

des gemeinen Rechts (Art. 981 ff. CC) dadurch, daß die Miterben nicht gemeinschaftlich berufen („coniunctim" eingesetzt) sein müssen[360]. Das gemeinspanische Recht kennt eine solche allgemeine Anwachsung ebensowenig wie das deutsche Recht[361], da sich die gesetzliche und die gewillkürte Erbfolge nicht ausschließen[362].

Auf den *Balearen* gilt, wie bereits ausgeführt wurde, verschiedenes Recht für Mallorca, Menorca, Ibiza und Formentera. Auf Mallorca gelten die Grundprinzipien des justinianischen Erbrechts fort und sind in die Kompilation aufgenommen worden. Es sind dies, wie in Katalonien,

1. der Satz „nemo pro parte testatus, pro parte intestatus decedere potest" (Art. 7 CDB) und
2. Die Erbeinsetzung ist notwendige Voraussetzung für die Wirksamkeit des Testaments (Art. 14 CDB).

Als Folge dieser beiden Grundsätze fällt der Teil der Erbschaft, über den der Erblasser nicht verfügt hat, wie in Katalonien den eingesetzten Erben durch Anwachsung zu (Art. 24 Abs. 2 S. 2 CDB). Auch der Satz „Sterben macht Erben" gilt, da etwa „ex re certa" eingesetzte Erben (also objektiv Vermächtnisnehmer) beim Fehlen eines Universalerben bezüglich ihrer Vermächtnisse zwar als Legatare, im übrigen und gegebenenfalls für den Rest der Erbschaft als Erben angesehen werden (Art. 15 CDB).

3. Die Unvereinbarkeit der gewillkürten mit der gesetzlichen Erbfolge gilt auch hier zeitlich und schließt eine Erbeinsetzung unter auflösender Bedingung oder unter Bestimmung eines Anfangs- oder Endtermins aus (Art. 16 CDB). Für die aufschiebende Bedingung gilt das oben für Katalonien Gesagte.

Auf Menorca gelten Kapitel 1 und 2 des 2. Titels, 1. Buch CDB nicht (Art. 65 CDB). Damit entfällt die Anwendbarkeit des Satzes „nemo pro parte ...". Im übrigen soll, mit Ausnahme von Art. 50 CDB, das gleiche Erbrecht wie in Mallorca anwendbar sein. Hiervon sind aber m. E. die Vorschriften auszunehmen, die lediglich eine Folge der Unvereinbarkeit der gewillkürten mit der gesetzlichen Erbfolge darstellen (Art. 15 Abs. 1 S. 2; Art. 24 Abs. 2 S. 2 CDB), da sonst der ausdrücklich ausgeschlossene Grundsatz des Art. 7 CDB im Ergebnis doch gelten würde.

Auf den Inseln Ibiza und Formentera gilt für die hier erörterten Grund-

---

[360] Dieser besonderen Anwachsung entspricht die des BGB, die auf den Erblasserwillen abstellt, §§ 2094 f. BGB.

[361] Art. 986 CC einerseits, §§ 2088 BGB andererseits.

[362] Vgl. Borrell y Soler, Cataluña V, 14; Pella IV, 24 N. 1; Condomines/Faus 135.

sätze mangels besonderer Vorschriften gemeines Recht (vgl. Art. 658 Abs. 3, 764, 790 CC). Auf Ibiza galt auch schon vor dem Inkrafttreten der Kompilation gemeines Recht, und nur für die Annahme der Erbschaft im Erbvertrag („heredamiento“), die Bestimmung des Pflichtteils der Abkömmlinge und die Modalitäten ihrer Bezahlung bestanden Besonderheiten[363]. Die römischrechtlichen Sätze „institutio est caput et fundamentum totius testamenti“ und „nemo pro parte...“ sind seit unvordenklicher Zeit nicht mehr angewendet worden[364].

Somit kann zusammenfassend festgestellt werden, daß in Katalonien und auf der größten der balearischen Inseln, Mallorca, die Grundsätze des römischen Erbrechts noch fortgelten, während sie auf Menorca, Ibiza und Formentera nicht beibehalten sind.

2. Berufungsgründe

In *Katalonien* sind Berufungsgründe das Testament, der Erbvertrag und das Gesetz (Art. 97 Abs. 1 S. 1 CDC). Der Erbvertrag („heredamiento“) ist nur im Ehevertrag zulässig, der vor oder nach Eheschließung abgeschlossen oder geändert werden kann (Art. 63 CDC)[365]. Das frühere Recht gestattete den Abschluß des Erbvertrages auch unabhängig von einem Ehevertrag[366].

Auch auf *Mallorca* ist der Erbvertrag als dritter Berufungsgrund genannt. Er ist jedoch nur in Form der universellen Schenkung des gesamten gegenwärtigen und zukünftigen Vermögens („donación universal de todos los bienes presentes y futuros“) zulässig (Art. 6 CDB). Inwieweit es sich hierbei um einen echten Erbvertrag handelt, wird gegebenenorts zu prüfen sein[367].

Da auf *Menorca* Kap. 1, 2, Tit. 2, Buch 1 CDB nicht gelten (Art. 65 CDB), entfällt der Erbvertrag dort als Berufungsgrund, und für seine Zulässigkeit gilt gemeines Recht. Auf *Ibiza und Formentera* ist der Erbvertrag dagegen zulässig, und zwar kraft Verweisung auf das mallorkinische Recht in Art. 69 CDB als „donación universal“ und als das notwendig mit dem Ehevertrag („espolits“) verbundene „heredamiento a favor del hijo nacedero“ (Erbvertrag zugunsten des zukünftigen Kindes) (Art. 70 f. CDB).

---

[363] Costa Ramón 37.

[364] Costa Ramón 38.

[365] Vgl. auch Borrell y Soler, Cataluña V, 14; Pella IV, 26 f.; Condomines/Faus 97 f.

[366] Borrell y Soler, Cataluña IV, 168; Pella IV, 28 N. 1.

[367] Unten § 46.

1. Teil

DIE TESTAMENTARISCHE ERBFOLGE

1. Abschnitt

Das Testament im Foralrecht

§ 12: VERGLEICHENDE HINWEISE AUF DAS GEMEINE RECHT

I. Vorbemerkung

Eine Legaldefinition des gemeinrechtlichen spanischen Testamentes findet sich in Art. 667 CC: „Die Handlung, durch die jemand für die Zeit nach seinem Tode über sein Vermögen oder einen Teil davon verfügt, heißt Testament." Das Testament des spanischen Rechts entspricht somit dem des BGB und erfordert zu seiner Wirksamkeit die Erbeinsetzung nicht (Art. 764 Abs. 1 CC). Es ist höchstpersönlich, und seine Errichtung kann nicht durch einen Dritten (Beauftragten oder Kommissar) erfolgen (Art. 670 CC). Ausnahmen von diesem Grundsatz stellen die Institutionen der Pupillar- und Exemplarsubstitution dar (Art. 775 f. CC). Die Testierfähigkeit tritt mit dem 16. Lebensjahr für beide Geschlechter ein (Art. 663 CC), ein holographisches Testament können aber nur Volljährige errichten (Art. 688 CC).

Der CC unterscheidet zwischen dem „testamento común" und dem „testamento especial". Hierbei kann das „testamento común" als eigenhändiges Testament, als geschlossenes Testament oder als offenes Testament errichtet werden (Art. 676 CC). „Testamentos especiales" sind das Militärtestament, das Seetestament und das Auslandstestament (Art. 678 CC). Die Unterscheidung zwischen „testamento común" und „testamento especial" deckt sich nicht mit der des BGB zwischen ordentlichem und außerordentlichem Testament, da der CC die außerordentlichen Testamentsformen für besondere Notlagen als Varianten des offenen Testamentes regelt und sie in Art. 678 CC nicht erwähnt. Somit meint „común" die normalen, gewöhnlichen Testamente und „especial" die besonderen Testamente. Der Gegensatz zwischen ordentlichem und außerordentlichem Testament wird durch die Worte „ordinario" und „extraordinario" wiedergegeben. Die systematische Trennung ist jedoch nicht genau durchgeführt, und PUIG PEÑA[368] bemerkt richtig, daß das Testament bei Todesbesorgnis und das Seuchentestament eigentlich „especial", d. h. — und hier kann man diesen Ausdruck anwenden — außerordentlich sind.

II. Die einzelnen Testamentsformen

1. Das eigenhändige Testament

Das holographische Testament wurde durch den CC neu eingeführt[369]. Es stellt die den volljährigen Personen (Art. 688 CC) eingeräumte normale Testamentsform dar, bei der der Erblasser ohne fremde Mitwirkung seine letztwillige Verfügung errichtet (Art. 689 CC)[370]. Zu seiner Wirksamkeit erfordert das eigenhändige Testament die Eigenschriftlichkeit bzw. eigenhändige Niederschrift (Art. 688 Abs. 2 CC), zwingend die eigenhändige Angabe des Datums[371] und die eigenhändige Unterschrift[372]. Die Unterschrift nur mit dem Vornamen wird im allgemeinen nicht als ausreichend angesehen. Ein solches Testament wurde nur einmal für wirksam erklärt, als es in Briefform abgefaßt war[373]. Ausländer können in Spanien in ihrer eigenen Sprache testieren (Art. 688 Abs. 4 CC). Ebenso können dies Spanier, was für die Regionalsprachen (baskisch, katalanisch, galizisch) von Bedeutung ist[374].

Zur Wirksamkeit des eigenhändigen Testamentes ist weiter erforderlich, daß es innerhalb von fünf Jahren nach dem Erbfall von dem Richter erster Instanz des letzten Wohnsitzes oder des Sterbeortes des Erblassers zu Protokoll genommen wird (Art. 689 CC). Etwaige Formmängel des Testamentes werden aber durch die Protokollierung nicht geheilt (Art. 693 Abs. 2 CC)[375].

---

368 PUIG PEÑA V/1, 305.

369 BORRELL Y SOLER, España V, 34; DE DIEGO 54 f.

370 PUIG PEÑA V/1, 221.

371 ebenda; PUIG PEÑA V/1, 237; fehlt das Datum, so ist das Testament nichtig: T. S. 4. 11. 1947.

372 PUIG PEÑA V/1, 241; T. S. 5. 1. 24; 5. 6. 25; 7. 2. 26 usw.

373 T. S. 8. 6. 1918; vgl. BORRELL Y SOLER, España V, 39.

374 BORRELL Y SOLER, España V, 38.

375 T. S. 12. 10. 1914; PUIG PEÑA V/1, 248.

2. Das offene Testament

Das offene Testament, in den Foralrechtsgebieten häufig noch „testamentum nuncupativum" genannt, ist gemäß Art. 679 CC diejenige Testamentsform, bei der der Erblasser seinen letzten Willen in Gegenwart derjenigen Personen erklärt, die diese Handlung zu bestätigen („autorizar") haben und von dem Inhalt der Verfügung Kenntnis erlangen[376]. Das offene Testament wird grundsätzlich vor einem am Errichtungsort zur Amtsausübung befugten Notar und drei[377] geeigneten Zeugen errichtet. Die Zeugen müssen den Erblasser sehen und verstehen können und wenigstens einer von ihnen muß des Schreibens kundig und dazu imstande sein (Art. 694 Abs. 1 CC). Die Niederschrift durch den Notar erfolgt entweder auf Grund der mündlichen Ausführungen des Erblassers oder an Hand einer ihm übergebenen offenen Schrift. In beiden Fällen wird die Niederschrift verlesen und von dem Erblasser und den schreibkundigen Zeugen unterzeichnet. Für einen Erblasser oder Zeugen, der nicht schreiben kann, hat ein anderer Zeuge zu unterzeichnen (Art. 695, 696 CC)[378].

Als Varianten des offenen Testamentes regelt der CC das Testament des Stummen (Art. 697: Ersatz der Verlesung durch eigenes Lesen), des Blinden (Art. 698 CC: keine abweichende Zeugenzahl wie im römischen Recht, aber doppelte Verlesung durch Notar und einen Zeugen) und das Testament in fremder Sprache, das die Anwesenheit zweier Dolmetscher verlangt (Art. 684 CC). Ebenfalls im Zusammenhang mit dem offenen Testament werden das Testament bei naher Todesgefahr (Art. 700 CC) und das Seuchentestament (Art. 701 CC) behandelt, also Testamente, die eigentlich außerordentliche Formen darstellen[379]. Diesen beiden Testamenten ist gemeinsam, daß die Mitwirkung eines Notars nicht erforderlich ist. Für das Testament in Todesgefahr (Art. 700 CC) genügen fünf Zeugen, für das Seuchentestament drei Zeugen über 16 Jahre (Art. 701: Ausnahme von Art. 681 Z. 1 CC, wonach nur Volljährige Testamentszeugen sein können). Die Regelung für die Errichtung dieser Testamente im einzelnen findet sich in Art. 702—704 CC, wobei für die spätere Erörterung des Foralrechts vor allem von Bedeutung ist, daß das in der Notlage errichtete Testament zwei Monate nach deren Beendigung oder, wenn der Erblasser innerhalb dieser Frist stirbt, mangels Protokollierung durch das zuständige

---

[376] Vgl. auch Puig Peña V/1, 254.

[377] Abweichungen in den Foralrechtsgebieten!

[378] Zur Zeugenfähigkeit vgl. Art. 681 f. CC. Seit dem Änderungsgesetz vom 24. 4. 1958 können auch Frauen Testamentszeugen sein.

[379] Puig Peña V/1, 305; vgl. auch §§ 2249 f. BGB.

Gericht innerhalb von drei Monaten nach dem Erbfall unwirksam wird (vgl. Art. 703 und 704 CC). Im übrigen setzt das Testament bei Todesbesorgnis nach Art. 700 CC voraus, daß die Todesgefahr tatsächlich besteht[380] und die Mitwirkung eines Notars vernünftigerweise unmöglich erscheint[381]. Das Seuchentestament kann auch errichten, wer von der Seuche nicht unmittelbar befallen ist[382]. Nach h. L. muß die Seuche nicht amtlich festgestellt sein[383].

3. Das geschlossene Testament

Das Testament ist gemäß Art. 680 CC geschlossen, wenn der Erblasser, ohne seinen letzten Willen zu enthüllen, erklärt, daß dieser in dem zur Testamentserrichtung vorgelegten verschlossenen und versiegelten Umschlag enthalten ist[384]. Diese Testamentsform ist Blinden und Analphabeten verschlossen (Art. 708 CC). Eigenschriftlichkeit ist nur erforderlich, wenn der Erblasser stumm oder taubstumm ist (Art. 706, 709 CC). Liegt sie vor, dann kann ein formnichtiges geschlossenes Testament (Art. 715 S. 1 CC) gegebenenfalls in ein holographisches Testament umgedeutet werden (Art. 715 S. 2 CC). Anders als beim offenen Testament erfordert das gemeine Recht zur Errichtung des geschlossenen Testaments außer der Anwesenheit des beurkundenden Notars die von fünf geeigneten Zeugen, von denen wenigstens drei unterschreiben können müssen (Art. 707 Z. 2 CC).

4. Besondere Testamente

Besondere Testamente sind nach Art. 677 CC, wie bereits ausgeführt, das Militärtestament, das Seetestament und das Auslandstestament. Aus Art. 716 Abs. 1 CC geht hervor, daß das *Militärtestament* diejenige Testamentsform ist, die zu Kriegszeiten den Mitgliedern der Streitkräfte und den Personen, die diesen folgen, zur Verfügung steht, wenn sie sich im Felde oder einer vergleichbaren Lage befinden[385]. Das Militärtestament kann als ordentliches offenes oder geschlossenes und als außerordentliches Testament errichtet werden. Als ordentliches offenes Testament erfolgt die Errichtung vor einem Offizier mit mindestens Hauptmannsrang, in einer im Einsatz befindlichen Einheit („destacamento") vor deren Befehls-

---

380 Ossorio Morales 95; Puig Peña V/1, 310; Borrell y Soler, España V, 52.

381 Ossorio Morales 95; Puig peña V/1, 311; Borrell y Soler, España V, 52.

382 Ossorio Morales 98; Puig Peña V/1, 324.

383 Puig Peña V/1, 324; Borrell y Soler, España V, 60; a. A. Ossorio Morales 97.

384 Vgl. auch Puig Peña V/1, 280.

385 Vgl. Puig Peña V/1, 329; de Diego 94 f.

haber, auch wenn er einen subalternen Rang bekleidet, und im Krankheitsfall oder bei Verwundung vor einem Feldkaplan oder dem behandelnden Arzt. In allen diesen Fällen ist die Anwesenheit von *zwei* geeigneten Zeugen erforderlich (Art. 716 CC). Das geschlossene Militärtestament wird vor einem Kriegskommissar errichtet, der in diesem Falle die Funktionen des Notars ausübt (Art. 717 CC). Die ordentlichen Militärtestamente werden vier Monate nach der Rückkehr des Erblassers aus dem Felde unwirksam. Ein außerordentliches Militärtestament kann während einer Kampfhandlung oder angesichts einer auf Kriegshandlungen beruhenden Gefahr mündlich vor zwei Zeugen oder geschlossen vor einem Offizier (vgl. Art. 716 CC) und zwei Zeugen errichtet werden (Art. 720, 721 CC). Es verliert seine Wirksamkeit, wenn der Erblasser die Gefahr übersteht (Art. 720 Abs. 2 CC).

Das *Seetestament* ist das Testament, das diejenigen Personen errichten können, die sich an Bord eines spanischen Schiffes auf einer Seereise befinden. Nicht erforderlich ist, daß das Schiff die Anker gelichtet hat oder sich auf hoher See befindet. Nach h. L. ist das Seetestament jedoch nur auf See-(Meeres-)reisen, nicht aber Flußreisen zulässig (Art. 722 f. CC)[386]. Das Seetestament kann sein: eigenhändig (Art. 729 CC, bes. Vorschriften für die Aufbewahrung und Aushändigung an die Seebehörden, wenn der Erblasser an Bord stirbt); ordentlich (offen oder geschlossen) und außerordentlich. Beide Arten des ordentlichen Testamentes erfordern nur die Anwesenheit von *zwei* Zeugen und werden auf Kriegsschiffen vor dem Zahlmeister, auf Handelsschiffen vor dem Kapitän errichtet (Art. 722 CC). Bei Gefahr des Schiffbruchs können die Besatzungsmitglieder und Reisenden nach Art. 720 CC, d. h. also mündlich vor zwei Zeugen, testieren. Ob Schiffsbruchgefahr vorliegt, ist hierbei Tatfrage ohne Rücksicht auf das Verschulden (Art. 731 CC)[387].

Das *Auslandstestament* ist diejenige letztwillige Verfügung, die ein Spanier im Ausland oder auf hoher See auf einem ausländischen Schiff errichtet (in spanischen Hoheitsgewässern kann er ein spanisches Seetestament errichten; Art. 732 Abs. 1, 2)[388]. Das Auslandstestament kann als eigenhändiges Testament gemäß Art. 688 CC errichtet werden, und zwar auch dann, wenn das Recht des Errichtungsortes diese Testamentsform nicht zuläßt. Außerdem kann der Spanier im Ausland ein ordent-

---

386 Puig Peña V/1, 164; Ossorio Morales 164.

387 Puig Peña V/1, 342.

388 Puig Peña V/1, 346 f.

liches offenes oder geschlossenes Testament nach spanischem Recht vor seinen konsularischen oder diplomatischen Vertretern errichten (Art. 734 f. CC). Eine dritte Möglichkeit ergibt sich aus der versteckten Kollisionsnorm des Art. 732 Abs. 1 CC, wonach Spanier im Ausland in den Formen des Landes, in dem sie sich aufhalten, testieren können. Es gilt also für die Form des Testamentes die Regel „locus regit actum“[389].

III. Der Widerruf des einfachen Testamentes

Art. 739, 740 CC bestimmen, anders als § 2258 BGB, daß ein späteres Testament das frühere in vollem Umfang aufhebt, soweit es der Erblasser nicht ausdrücklich aufrechterhält. Demgegenüber wurde allerdings in der Res. vom 12. 9. 1947 festgestellt, daß diese Vorschriften nicht das Nebeneinander mehrerer Testamente hindern, wenn das neue Testament nicht eine völlige Neuregelung trifft. Abzustellen ist vor allem darauf, was der Erblasser wollte[390]. Somit erscheint es gerechtfertigt, das frühere Testament aufrechtzuerhalten, wenn sich die Verfügungen in beiden Testamenten nicht widersprechen oder das spätere Testament als Ergänzung des ersten angesehen werden kann. Hierfür spricht auch, daß die gesetzliche Regelung in Art. 739 CC dem römischen Recht mit notwendiger Erbeinsetzung im Testament entspricht, wo das spätere Testament notwendig dem ersten widersprach. Im übrigen kennt das spanische Recht wie das deutsche den ausdrücklichen Widerruf, den stillschweigenden Widerruf und den Widerruf durch schlüssige Handlung („revocación presunta“).

§ 13: DAS TESTAMENT UND DIE TESTIERFÄHIGKEIT IN DEN FORALRECHTEN

I. Der Begriff des Testamentes

Der für das gemeine Recht gegebene Begriff des Testamentes (Art. 667 CC) hat in all den Foralrechtsgebieten Gültigkeit, in denen eine Erb-

---

389 Zweifelhaft ist, ob Spanien eine Rückverweisung auf das Personalstatut annimmt. Dafür spricht jedenfalls die Entscheidung des Juzgado del Hospital de Barcelona vom 3. 8. 1900; vgl. auch Puig Peña V/1, 350.

390 Vgl. Puig Peña V/1, 194 f.; Ossorio Morales 482 f.; Lacruz, Notas al Binder 119.

einsetzung für die Wirksamkeit des Testamentes nicht erforderlich ist. Etwas anderes gilt dagegen für *Katalonien* und *die Balearen*, wo auch heute noch die Erbeinsetzung wesentlicher Bestandteil des Testamentes ist[391]. Dort ist das Testament zu definieren als das persönliche, einseitige, formbedürftige und widerrufliche Rechtsgeschäft, durch das eine Person für die Zeit nach ihrem Tode über ihr Vermögen unter Einsetzung eines oder mehrerer Erben verfügt[392]. Daher findet sich auf den Balearen und in Katalonien neben dem Testament auch das Kodizill als selbständige Art der Verfügung von Todes wegen (Art. 105 CDC; Art. 17 CDB). Nur für das Kodizill und die sog. „Memorias testamentarias" (Nachzettel; vgl. Art. 107 CDC) paßt die gemeinrechtliche Legaldefinition des Art. 667 CC[393]. Ausnahmen von der persönlichen Errichtung des Testamentes stellen in den Foralrechtsgebieten neben der Pupillar- und Exemplarsubstitution und der aufschiebenden Potestativbedingung[394] die Möglichkeiten der Erbeinsetzung durch Dritte dar[395].

II. Die Testierfähigkeit

Besondere Vorschriften für die Testierfähigkeit finden sich heute nur mehr in Navarra und Aragón (Art. 13 ap.). Die in Katalonien früher geltenden Besonderheiten gegenüber dem gemeinen Recht sind in der Kompilation nicht aufrechterhalten worden.

1. *Navarra*

Gemäß Kapitel 1 des „Amejoramiento del Fuero" können Männer nach Vollendung des 14. Lebensjahres, Frauen bereits nach Vollendung des 12. Lebensjahres testieren[396]. Die gleiche Regelung sieht Ley 228 FR vor.

2. *Aragón*

Nach Art. 13 ap. in Verbindung mit Art. 3 des Gesetzes vom 13. 12. 1943 kann ein lediger Minderjähriger zwischen 14 und 21 Jahren selbst jede Art von Verträgen abschließen, bedarf hierzu jedoch des Beistandes — nicht der Zustimmung oder Vertretung — des Elternteils, der die Autorität

[391] Vgl. Art. 109 CDC: Eine Ausnahme besteht, wenn Erbstatut das Recht von Tortosa ist; Art. 14, 65 CDB.

[392] Borrell y Soler, Cataluña V, 15; Castán, D. F. 71.

[393] Vgl. Figa Faura, La compilación en sus conexiones con el CC, in: Comentarios 119.

[394] Borrell y Soler, Cataluña V, 16.

[395] Vgl. unten § 20.

[396] Lacarra II, 49; Alonso y Lambán V, 15.

über ihn ausübt[397]. Der letzte Satz der genannten Vorschrift bestimmt, daß dieser Beistand für die Verfügung über das Vermögen durch Testament nicht erforderlich ist.

3. Katalonien

Nach katalanischem Recht war testierunfähig der „Impúber". „Impúberes" waren hierbei Männer bis zum 14. und Frauen bis zum 12. Lebensjahr[398]. Die Regelung der Testierfähigkeit entsprach damit derjenigen, die heute noch in Navarra gilt. Heute bestimmt dagegen Art. 156 CDC, daß als „Impúberes" die Minderjährigen beider Geschlechter bis zum 14. Lebensjahr angesehen werden.

Bestritten war, ob der testierfähige, nicht emanzipierte und damit der elterlichen Gewalt unterworfene Minderjährige über sein gesamtes Vermögen oder nur über sein peculium castrense oder quasi-castrense verfügen konnte[399]. Borrell führte hierzu aus, daß auch der testierfähige Minderjährige unter elterlicher Gewalt über sein gesamtes Vermögen testieren konnte, da andernfalls für ihn die ratio des für die gesetzliche Erbfolge nach einem „impúber" vorgesehenen Fallrechts[400] gelten würde. Diese ratio besteht darin, daß der „impúber" nicht testieren kann.

Die CDC enthält keine Beschränkungen für den testierfähigen Minderjährigen, so daß insoweit heute gemeines Recht gilt. Auch die auf Buch 2, Tit. 12, Frag. 2 der Instituta zurückgehende Testierunfähigkeit des zum Verschwender Erklärten ist in die Kompilation nicht übernommen worden. Der Verschwender ist daher heute auch in Katalonien testierfähig (Art. 662, 663 CC), soweit er sich im Vollbesitz seiner geistigen Kräfte befindet[401].

§ 14: ÜBERSICHT ÜBER DIE TESTAMENTSFORMEN IN DEN FORALRECHTEN

Wie schon im gemeinen Recht, so kann man auch in den Foralrechten zwischen normalen („testamentos comunes") und besonderen („testa-

---

397 Eine elterliche Gewalt im römisch-rechtlichen Sinne gibt es in Aragón nicht, vgl. Castán, D. F., 36 f.

398 Condomines/Faus 142, Borrell y Soler, Cataluña I, 88.

399 Pella III, 105; Borrell y Soler, Cataluña V, 19; Manresa V, zu Art. 662, 663, S. 364.

400 Sucesión troncal, vgl. Art. 251 CDC und unten, § 34 III 3.

401 Condomines/Faus 142; Pella III, 107 f.; Borrell y Soler, Cataluña V, 18; Manresa V, zu Art. 662, 663, S. 364.

mentos especiales") Testamenten, zwischen ordentlichen und außerordentlichen Testamenten unterscheiden und dabei die gleichen Untereinteilungen treffen (eigenhändiges Testament, geschlossenes Testament, offenes Testament vor Notar und Zeugen oder nur vor Zeugen usw.). Bei der Erörterung der foralrechtlichen Testamentsformen sprechen aber gewichtige Gründe dafür, nicht dieser Einteilung für jedes Foralrechtsgebiet gesondert zu folgen, da in den meisten Fällen die Testamentsformen des gemeinen Rechtes auch in den Foralrechten, sei es unverändert oder mit geringen Abwandlungen, zulässig sind und sich die eigentlichen Besonderheiten bei Testamentsformen finden, die das gemeine Recht nicht oder nicht mehr kennt. Somit sollen zunächst die foralen Abweichungen für diejenigen Testamentsformen, die mit dem gemeinen Recht im wesentlichen übereinstimmen, und anschließend die typisch foralrechtlichen Testamente erörtert werden.

I. Gebiete, in denen die gemeinrechtlichen Testamentsformen unverändert gelten[402]

1. Balearen

Die Kompilation von 1961 enthält für keine der Inseln besondere Vorschriften über die Arten oder Formen der Testamente. Es gilt daher das Recht des Código Civil.

Vor Inkrafttreten der Kompilation galt nach der Rechtsprechung des T. S.[403] auf den Balearen das römische Recht. Nach LACRUZ[404] war daher in der Praxis das römische Recht anzuwenden, soweit es nicht durch die ständige Anwendung des Código Civil ersetzt worden war. Letzteres war aber offenbar in so weitem Umfang der Fall, daß auf die äußere Form des Testamentes nur noch das gemeine Recht angewendet wurde[405]. PASCUAL zitiert hierzu ein Urteil der A. T. Palma de Mallorca vom 24. 7. 1908: „Für die äußeren Förmlichkeiten (der Testamente) werden mit allgemeiner Zustimmung (d. h. wohl: unbestritten) die Vorschriften des CC angewandt." Sonach erübrigt sich eine Erörterung, ob das alte balearische Recht das Testament vor dem Pfarrer zuließ, wie von einigen aus der Ordenación 63 der Sammlung von MOLL hergeleitet wurde[406]. Da das auf Mallorca und

402 Die CDG enthält keine besonderen Vorschriften. Auch früher bestanden keine Abweichungen vom gemeinen Recht.

403 6. 6. 1905; 8. 5. 1925 usw.

404 LACRUZ, Notas al Binder 65; ihm folgt ALONSO Y LAMBÁN V, 16.

405 PASCUAL Y GONZÁLEZ 179.

406 ALONSO Y LAMBÁN V, 34.

Menorca geltende Recht zur Wirksamkeit des Testamentes die Erbeinsetzung erfordert (Art. 15, 65 DCB), besteht dort daneben das Kodizill fort[407].

2. Vizcaya

Die Vorschriften des gemeinen Rechtes über die Testierfähigkeit, die Formen und den Widerruf des Testamentes finden in Vizcaya volle Anwendung[408]. Daneben bestehen in Vizcaya zwei besondere Formen des Testamentes, die dem gemeinen Recht unbekannt bzw. von ihm verboten sind: das sogenannte Testament „il-buruco"[409] und das kommissarische Testament[410] (Art. 13 CDV).

II. Gebiete, in denen die gemeinrechtlichen Testamentsformen mit Abweichungen gelten

1. Aragón

In Aragón sind nach dem Apéndice alle vom Código Civil vorgesehenen Testamentsformen zulässig. Im einzelnen ergibt sich dies aus folgenden Vorschriften:

a) offenes und geschlossenes notarielles Testament: Art. 21, 28 ap.
b) eigenhändiges Testament: Art. 28 Abs. 2 ap.
c) Zeugentestamente gemäß Art. 700—704 CC: Art. 27 Abs. 1 ap.
d) Militär-, See- und Auslandstestament (Art. 716 f., 722 f., 732 f. CC): Art. 27 Abs. 2 ap.[411].

Die einzige Besonderheit des aragonesischen Rechtes für die genannten Testamente ist die, daß, soweit Zeugen bei der Errichtung mitwirken, ihre Zahl nur *zwei* betragen muß (Art. 21, 27 Abs. 1, 28 ap.).

Der VE erwähnt die Testamente nicht mehr im einzelnen, sondern bestimmt lediglich in Art. 38, daß für jedes in Aragón errichtete Testament die Zahl von zwei Zeugen ausreicht. Die Anwendbarkeit der gemeinrechtlichen Testamentsformen ergibt sich aus Art. 1 VE, wonach der CC in Aragón gilt, soweit das Foralrecht keine Regelung trifft. Für das eigenhändige Testament ist außerdem auf die Rechtsprechung der T. S. hinzu-

---

407 Vgl. unten § 16.

408 Alonso y Lambán V, 16.

409 Vgl. unten § 15 II 3.

410 Vgl. unten § 20 II 3.

411 Für das Auslandstestament ist hierbei zu beachten, daß die Errichtung eines gemeinschaftlichen Testamentes bzw. eines Testamentes durch Kommissar (beide für das gemeine Recht verboten, Art. 669, 670 CC) als Frage der Testierfähigkeit und nicht als solche der Form aufgefaßt wird (Art. 17 Abs. 2 ap.) und daher für sie die Regel „locus regit actum" nicht gilt.

weisen, wonach diese Testamentsform als neue Institution in ganz Spanien und damit auch in allen Foralrechtsgebieten zulässig ist[412].

Eigenständige Testamentsformen des aragonesischen Rechtes sind das Testament vor dem Pfarrer („testamento ante párroco"; Art. 22 f. ap.; 39 f. VE)[413] und das kommissarische Testament (Art. 29 f. ap.; Art. 48 f. VE), wobei das letztere zwar allgemein als besondere Testamentsform angesehen wird, in Wirklichkeit jedoch eine Art der Erbeinsetzung durch Dritte darstellt[414]. Im Apéndice nicht mehr aufrechterhalten wurde das „testamento ante espondalarios", das bei Todesgefahr in unbewohnten Gegenden vor zwei mindestens sieben Jahre alten Zeugen errichtet werden konnte[415].

2. *Katalonien*

In Katalonien gelten die Art. 700 und 701 CC nicht, da Art. 101 Abs. 5 CDC bestimmt, daß Testamente, die nur vor Zeugen — und nicht auch vor einem Notar — errichtet worden sind, ungültig sein sollen. Eine Ausnahme hiervon bildet das sogenannte sakramentale Testament des Lokalrechts von Barcelona und der alten Diözese Gerona. Sonach ist in Katalonien das Testament bei Todesgefahr überhaupt unbekannt, während das Seuchentestament vor einem Notar errichtet werden muß. Abweichend vom gemeinen Recht (Art. 701 CC)[416] bestimmt jedoch Art. 101 Abs. 2 CDC, daß seine Errichtung nicht uno acto zu erfolgen braucht. Wegen der Ansteckungsgefahr bei der gleichzeitigen Anwesenheit mehrerer Personen[417] können Notar und Zeugen zu verschiedenen Zeiten erscheinen und unterzeichnen[418].

Im übrigen kennt das katalanische Recht die gleichen Testamentsformen wie das gemeine Recht, und die wichtigste Abweichung besteht hierbei darin, daß für die Errichtung eines *offenen oder geschlossenen Testamentes vor dem Notar* in jedem Falle nur zwei Zeugen erforderlich sind (Art. 101 Abs. 1 CDC)[419]. Die genannte Vorschrift enthält für die Zeugen noch weitere Erleichterungen, da Zufallszeugen genügen, d. h. die Zeugen müs-

---

412 Vgl. T. S. 31. 3. 1917; 26. 6. 1929; 22. 6. 1948; 22. 3. 1957.

413 Unten § 15 I.

414 Unten § 15 III.

415 CASTÁN, D. F., 66; ISABAL 253; ALBAREDA 43.

416 PUIG PEÑA, V/1, 326; MANRESA, V, 569.

417 Zwei Zeugen, Art. 101 Abs. 1 CDC, vgl. unten.

418 CASTÁN, D. F. 77; PLANAS Y CASALS 83; BORRELL Y SOLER, Cataluña V, 48.

419 Früher Kapitel 26, Tit. 13, Buch 1, Bd. 2 Constituciones de Cataluña (Pragmáticas) „De valido testamento quo sint duo, vel tres testes adhibiti", vgl. PONS/SANDALINAS 159.

sen nicht eigens vom Erblasser bestellt („rogados") sein[420]. Endlich brauchen die Zeugen nicht, wie im gemeinen Recht (Art. 685 CC), die Testierfähigkeit des Erblassers zu beurteilen und ihn zu kennen, vorausgesetzt, daß er dem Notar persönlich bekannt ist.

Über die Geeignetheit, Testamentszeuge zu sein, enthält die Kompilation in Art. 108 CDC abschließende Regeln, denen gegenüber Art. 681 CC nicht gilt[421]. Danach können nicht Zeugen sein: Minderjährige oder Testierunfähige; Stumme und völlig blinde oder taube Personen; wegen Urkundenfälschung oder Falschaussage Verurteilte; diejenigen Personen, die in dem Testament begünstigt werden oder mit dem eingesetzten Erben oder Vermächtnisnehmer bzw. dem beurkundenden Notar oder Pfarrer bis zum 4. Grad verwandt oder bis zum 2. Grad verschwägert sind (Art. 108 Abs. 1 CDC). Sonach sind abweichend vom gemeinen Recht auch Ortsfremde (vgl. Art. 681 Z. 2 CC) und Angestellte des Notars (vgl. Art. 681 Z. 7 CC) zeugenfähig. Schon früher war unbestritten, daß dieser letzte Unfähigkeitsgrund in Katalonien nicht galt, da ihn das römische Recht nicht kennt[422]. Anders als im alten katalanischen Recht[423] und im bis 1958 geltenden gemeinen Recht können nunmehr auch Frauen Testamentszeugen sein.

Das *eigenhändige Testament* war früher nur als sogenanntes Testament „parentum inter liberos" bekannt, durch das die Eltern zugunsten der Kinder testierten[424]. Nach Inkrafttreten des Código Civil wurde das eigenhändige Testament nach Art. 688 f. CC als neue Institution auch in Katalonien als wirksam angesehen[425]. Heute ergibt sich die Anwendbarkeit des CC aus Art. 101 Abs. 4 CDC. Das Testament „inter liberos" ist nicht mehr ausdrücklich erwähnt; eine Besonderheit besteht aber fort, da die genannte Vorschrift bestimmt, daß „wenn (das eigenhändige Testament) nur Verfügungen zugunsten aller Abkömmlinge oder zugunsten dieser und die Überlassung des Nießbrauches an den Ehegatten (des Erblassers) enthält, die Protokollierung keiner Frist unterliegt". Nach gemeinem Recht hat,

---

[420] Dies geht zurück auf ein Privileg Peters III. für Barcelona von 1339, enthalten im Tit. 1 des 6. Buches der „Pragmáticas y otros Derechos de Cataluña", dem 2. Bd. der Constituciones de Cataluña, vgl. PONS/SANDALINAS 233 f.

[421] FIGA FAURA 555.

[422] T. S. 8. 6. 1904; CASTÁN, D. F. 73.

[423] BORRELL Y SOLER, Cataluña V, 26.

[424] BORRELL Y SOLER, Cataluña V, 35 f.; PELLA III, 123; MANRESA V, vor Art. 688, S. 504; es geht zurück auf Novelle 107.

[425] Vgl. die oben II 1 angegebene Rspr. und BORRELL Y SOLER, Cataluña V, 36; CASTÁN, D. F. 72; CONDOMINES/FAUS 144; a. A. PELLA III, 125 f.

wie ausgeführt, die Protokollierung grundsätzlich innerhalb von fünf Jahren nach dem Erbfall zu erfolgen (Art. 689 CC).

Für die besonderen Formen des Militär-, See- und Auslandstestamentes verweist Art. 101 Abs. 3 CDC auf die Vorschriften des Código Civil. Bei wörtlicher Auslegung von Art. 101 Abs. 5 CDC dürften von diesen in Katalonien Art. 720, 731 CC nicht anwendbar sein, da sie reine Zeugentestamente vorsehen. Die moderne katalanische Literatur verweist jedoch für die besonderen Testamente auf den CC schlechthin, d. h. für das Militärtestament auf Art. 716 bis 721 CC und für das Seetestament auf Art. 722 bis 731 CC[426]. Es kann angenommen werden, daß dies auch der Standpunkt der CDC ist, die diese Testamentsformen offenbar von ihrer Regelung vollständig ausnimmt.

Nicht besonders erwähnt ist in der Kompilation das *Testament „ad pias causas"*, das zugunsten der Kirche und zu frommen Zwecken vor zwei Zeugen errichtet werden konnte[427]. Der Erblasser setzte hierbei seine Seele oder Gott zu Erben ein[428]. Abgesehen davon, daß zwei Zeugen zur Errichtung ausreichten, handelt es sich mehr um eine inhaltliche Modalität, als um eine Testamentsform[429].

Für das *Blindentestament* bestehen heute keine Besonderheiten mehr; früher konnte ein Blinder auch schriftlich testieren, wobei neben dem Notar sieben Zeugen hinzuzuziehen waren[430].

Einer besonderen Erörterung bedürfen im katalanischen Foralrecht das Testament vor dem Pfarrer (Art. 102 CDC) und das sakramentale Testament (Art. 103 CDC)[431].

3. Navarra

In Navarra sind alle Testamente des gemeinen Rechtes zulässig, und auch hier findet sich als wichtigste Besonderheit die, daß für das offene Testament vor einem Notar nur zwei Zeugen erforderlich sind (Kapitel 9, Tit. 20, Buch 3 Fuero General)[432]. Im einzelnen ergibt sich folgendes:

Das *eigenhändige Testament* gemäß Art. 688 f. CC stellt für Navarra eine neue Form dar, die gemäß Art. 12 CC anwendbar ist[433]. Dies stimmt

---

426 Alonso y Lambán V, 15; ders. VI, 40 f.; Condomines/Faus 140 f.
427 Borrell y Soler, Cataluña V, 43.
428 Castán, D. F. 76.
429 Vgl. auch Alonso y Lambán VI, 58.
430 Borrell y Soler, Cataluña V, 49.
431 Vgl. hierzu unten § 15 I und II 1.
432 Lacarra II, 78; Lacruz, Notas al Binder 65.
433 Lacarra II, 73 f.; Alonso y Lambán V, 24 f.

mit der angeführten ständigen Rechtsprechung des T. S. überein. Der FR enthält keine Vorschrift über seine Zulässigkeit in Navarra. Ley 254 Dictamen schlägt vor, es ausdrücklich für zulässig zu erklären, um allen Zweifeln ein Ende zu bereiten (Anm. 174).

Das *offene Testament* vor einem Notar verlangt die Anwesenheit von zwei Zeugen (siehe oben). Die Zeugen müssen mindestens 14 Jahre alt, männlichen Geschlechts und ausdrücklich zugezogen („rogados") sein. Nach dem geltenden Recht ist es unschädlich, wenn sie nicht schreiben können[434]. Gemäß L. 236 FR muß wenigstens einer von beiden des Lesens und Schreibens kundig sein. Nach LACARRA[435] gelten für die Geeignetheit der Zeugen nicht die Vorschriften des gemeinen, sondern die des foralen und römischen Rechtes. Ausgeschlossen sind danach allgemein die im Testament Bedachten und die mit ihnen bis zum 4. Grad verwandten oder bis zum 2. Grad verschwägerten Personen, nicht dagegen die Verwandten und Angestellten des Notars, da Art. 681 Z. 7 CC nicht gilt[436]. Das offene Testament kann unter bestimmten Umständen wie in Aragón und Katalonien vor einem Geistlichen oder, anders als in den genannten Gebieten, vor drei Zeugen errichtet werden. Hiervon wird unten im Zusammenhang die Rede sein[437].

Im navarrischen Foralrecht fehlen Vorschriften über das *geschlossene Testament*. Es wird daher das römische Recht angewandt, wonach sieben Zeugen erforderlich sind[438]. Ist der Erblasser des Schreibens unkundig, so hat ein achter Zeuge für ihn zu unterschreiben. Die Eröffnung und Protokollierung dieses Testamentes richtet sich nach gemeinem Recht. Ist die Mitwirkung eines Notars nicht möglich, so genügen die sieben Zeugen allein[439]. L. 236 FR beschränkt die Zahl der Zeugen wie beim offenen Testament auf zwei, während L. 253 Dictamen an der bisherigen Regelung, allerdings mit obligatorischer Anwesenheit des Notars, festhalten will. Nach einem Gesetz von 1705 (G. 14, Tit. 3, Buch 5 Nov.) sind die Erblasser vom Notar und gegebenenfalls auch vom Geistlichen, vor dem das offene oder geschlossene Testament errichtet wird, auf die Möglichkeit hinzuweisen, ein Vermächtnis zugunsten des örtlichen Krankenhauses an-

---

434 LACARRA II, 79.
435 LACARRA II, 68.
436 Ebenso CASTÁN, D. F. 79 f.
437 Unten § 15 I.
438 LACARRA II, 87; ALONSO Y LAMBÁN V, 23; CASTÁN, D. F. 81.
439 Bestr.; LACRUZ, Notas al Binder 65; ALONSO Y LAMBÁN V, 23.

zuordnen[440]. Der FR enthält diese Vorschrift nicht. Das Dictamen schlägt in L. 259 eine ähnliche Bestimmung vor.

Für die *Militär-, See- und Auslandstestamente* gilt der CC mit Ausnahme von Art. 733 CC, da in Navarra das gemeinschaftliche Testament unter beliebigen Personen („testamento de hermandad") zulässig ist[441].

Für das *Blindentestament* nahm ALONSO[442] wegen des Fehlens einer foralrechtlichen Regelung an, daß nach römischem Recht sieben Zeugen zur Errichtung als offenes Testament erforderlich seien[443]. Nach einem Urteil des T. S. vom 24. 12. 1867 gelten jedoch für das Blindentestament keine Besonderheiten[444], da das navarrische Recht hier nicht zwischen Blinden und Sehenden unterscheidet.

Eine Ergänzung zu Art. 684 stellt L. 240 FR dar, wonach diejenigen Navarrer, die die spanische Sprache nicht oder nicht genügend beherrschen, auf baskisch testieren können, wobei die Erfordernisse von Art. 684 CC zu beachten sind (zwei Dolmetscher, Niederschrift in beiden Sprachen).

Eine besondere Erörterung als eigene Testamentsformen erfordert das offene Testament vor einem Geistlichen oder drei Zeugen[445]. Daneben kennt auch das navarrische Recht die Erbeinsetzung durch Dritte in Form des kommissarischen oder Treuhändertestaments[446].

§ 15: FORALRECHTLICHE TESTAMENTSFORMEN

I. Das Testament vor dem Pfarrer

Die Möglichkeit, ein offenes Testament vor dem Pfarrer und zwei Zeugen zu errichten, findet sich heute noch in *Aragón* (Art. 22 f. ap., Art. 39 VE), *Navarra* (G. 10, Tit. 13, Buch 3 Nov.; L. 237, 239 FR) und *Katalonien* (Art. 102 CDC).

1. Ursprung

Nach ISABAL[447] geht die Möglichkeit, vor dem Pfarrer zu testieren, auf das vom kanonischen Recht beeinflußte mittelalterliche Gewohnheitsrecht

---

440 LACARRA II, 126, 245; CASTÁN, D. F. 110.

441 LACARRA II, 90, 95, 104 f.; ALONSO Y LAMBÁN V, 40 f.

442 Nicht zu verwechseln mit ALONSO Y LAMBÁN.

443 ALONSO I, 321.

444 Vgl. auch Art. 698 CC.

445 Unten § 15 I, II 2.

446 Unten § 20 II 2.

447 ISABAL, EJE XXIX unter „Testamento ante el Párroco" 716.

zurück. Ihm schließen sich RIVAS PÉREZ[448] und ALONSO Y LAMBÁN[449] an. Die kanonische Rechtsgrundlage bildet Kap. 10, Tit. 26, Buch 3 der Dekretalen Gregors IX.[450], die in Katalonien als unmittelbare Rechtsquelle galten. Außerdem war dort diese Testamentsform durch eine königliche Verordnung vom 15. 12. 1863 anerkannt[451].

In den aragonesischen Quellen findet sie sich seit der „Compilación de Huesca" von 1247[452]. In Navarra geht die Möglichkeit, das offene Testament vor einem Geistlichen statt vor einem Notar zu errichten, auf den Fuero von Estella von 1164 und die „Fueros de la Novenera" zurück[453]. Im Fuero General ist diese Testamentsform nicht erwähnt, wenn auch nicht ausgeschlossen erscheint, daß sie im Urtext, der nicht erhalten ist[454], vorgesehen war[455]. Erstmals gesetzlich geregelt wurde das Pfarrertestament durch ein Gesetz der navarrischen Cortes von 1607, das als Gesetz 10, Tit. 13, Buch 3 in die Novísima Recopilación aufgenommen wurde[456]. Der FR behandelt das Testament vor dem Pfarrer in L. 237, 239 Abs. 2.

2. *Rechtsnatur*

Das Pfarrertestament stellt eine besondere Form des ordentlichen offenen Testamentes dar, bei dem an die Stelle des Notars der für den Ort der Errichtung zuständige Pfarrer oder sein Stellvertreter tritt. Es ist kein besonderes Testament, wie das Militär-, See- und Auslandstestament, und auch kein außerordentliches Testament, wie z. B. das Seuchentestament, obwohl es in Aragón und Navarra, wie noch zu sehen sein wird, nur errichtet werden kann, wenn der Erblasser in Lebensgefahr schwebt.

In *Aragón* ist dies einhellige Meinung der Literatur[457] und entspricht der gesetzlichen Regelung (Art. 21, 22 Abs. 2 ap.; Art. 39).

In *Navarra* kommen LACARRA[458] und SOLCHAGA[459] zu dem gleichen Er-

---

448 RIVAS PÉREZ 378.

449 ALONSO Y LAMBÁN V, 25.

450 PONS/SANDALINAS 255; BORRELL Y SOLER, Cataluña V, 33; CONDOMINES/FAUS 145.

451 ALONSO Y LAMBÁN V, 25.

452 RIVAS PÉREZ 379.

453 SOLCHAGA 398.

454 YANGUAS (oben N. 258) S. XI.

455 SOLCHAGA 402 N. 6 a. E.

456 SOLCHAGA 399 f.; ALONSO Y LAMBÁN V, 25.

457 ALONSO Y LAMBÁN V, 26; LACRUZ, Notas al Binder 55 f.; RIVAS PÉREZ 383; a. A. war FRANCO Y LÓPEZ, Adición a la memoria sobre las Instituciones civiles de Aragón (Zaragoza 1893) 137 f., Art. 73.

458 LACARRA II, 79.

459 SOLCHAGA 409.

gebnis. Die wichtigste Folge dieser Auffassung ist in Aragón und Navarra, daß Art. 703 f. CC keine Anwendung finden[460] und das Pfarrertestament auch wirksam bleibt, wenn der Erblasser die Lebensgefahr übersteht. Es bedarf jedoch der gerichtlichen Bestätigung und Protokollierung nach dem Erbfall, von der weiter unten die Rede sein wird[461]. Zu einer anderen Lösung führt L. 239 FR, die das Pfarrertestament als außerordentliches Testament ansieht und den Vorschriften der Art. 702 bis 704 CC unterwirft.

In *Katalonien* ist die hier erörterte Frage unproblematisch, da dort eine Lebensgefahr des Erblassers nicht erforderlich ist[462] und aus Art. 102 CDC klar hervorgeht, daß das Pfarrertestament eine Variante des normalen und ordentlichen offenen Testamentes ist.

3. Zulässigkeitsvoraussetzungen

Das Pfarrertestament nimmt in allen Gebieten, in denen es zulässig ist, gegenüber dem offenen Testament vor einem Notar eine subsidiäre Stellung ein, d. h. es ist nur zulässig, wenn ein Notar nicht zur Verfügung steht. In Aragón und Navarra muß weiter hinzukommen, daß sich der Erblasser in Lebensgefahr befindet.

In *Aragón* kann das offene Testament vor dem Pfarrer gemäß Art. 22 Abs. 1 ap. errichtet werden, wenn am Ort der Errichtung kein Notar vorhanden ist oder nicht feststeht, ob er rechtzeitig herbeigeholt werden kann. In der Praxis wird nur die zweite Alternative angewandt, d. h. der Pfarrer beglaubigt das Testament nur, wenn zu befürchten ist, daß ein Notar nicht „rechtzeitig" — d. h. vor dem Tode des Erblassers — herbeigeholt werden kann[463]. Wenn der Gesetzgeber auch nicht ausdrücklich sagt, daß der Erblasser in Todesgefahr schweben muß, wenn er ein Pfarrertestament errichten will, so ergibt sich dies zumindest für die zweite Alternative aus dem Gebrauch des Wortes „rechtzeitig". Auch für die erste Modalität wird dies jedoch von der h. L. abweichend vom Wortlaut des Apéndice allgemein verlangt und damit das gleiche Ergebnis wie nach der obigen Praxis erzielt[464]. Der VE sagt hierzu in Art. 39, daß das Testament vor

---

[460] Außer den Genannten Quintana, Caducidad del testamento ante Párroco: An. Der. Aragonés I (1944) 366.

[461] Unten 8.

[462] Siehe unten 3.

[463] Rivas Pérez 384.

[464] Rivas Pérez 385; Belled Heredía, Un problema en la adveración del testamento ante Párroco en Aragón: Homenaje a la memoria de Don Juan Moneva (Zaragoza 1954) 539.

dem Pfarrer errichtet werden kann, der die Pfarrstelle innehat, wenn ungewiß ist, ob ein am Errichtungsort zum Tätigwerden befugter Notar rechtzeitig eintreffen kann. Diese Formulierung scheint auch den Fall zu umfassen, daß der Notar aus einem gesetzlichen Grund an der Ausübung seines Amtes in concreto verhindert ist[465].

Wenn dies auch aus dem geltenden positiven Recht nicht ausdrücklich hervorgeht, so erfordert das Pfarrertestament für seine Zulässigkeit auch in *Navarra,* daß sich der Erblasser in Lebensgefahr befindet und ein Notar nicht rechtzeitig herbeigeholt werden kann. Der tatsächlichen Verhinderung des Notars steht die rechtliche Verhinderung wegen seines Verhältnisses zum Erblasser gleich[466]. LACARRA stellt in seiner Erörterung dieser Frage nur darauf ab, daß ein Notar nicht vorhanden ist, erörtert aber im folgenden, ob das Testament auch wirksam bleibt, wenn der Kranke wieder gesund wird[467]. Somit geht auch dieser Autor davon aus, daß das Pfarrertestament eine besondere Lage des Erblassers voraussetzt. L. 237 Abs. 1 FR spricht ebenfalls für die Richtigkeit dieser Auffassung, da sie de lege ferenda bestimmt: „Befindet sich der Erblasser in unmittelbarer Lebensgefahr und kann die rechtzeitige Anwesenheit eines Notars nicht erlangt werden, so kann ihn der Ortspfarrer vertreten." Demgegenüber lassen ALBAREDA[468] und CASTÁN[469] diese Voraussetzung unerwähnt.

In *Katalonien* bestimmte die Real Provisión Philipps V. vom 29. November 1736, daß ein Testament nur an solchen Orten vor einem Pfarrer errichtet werden darf, an denen ein Notar nicht vorhanden ist[470]. Jetzt ist dieses Erfordernis in Art. 102 CDC normiert. Die gesetzliche Regelung bestätigt die Ansicht BORRELLS[471], daß es an einem Notar auch dann fehlt, wenn zwar die Stelle eines Notars am Ort vorhanden, aber nicht besetzt ist. Das gleiche gilt auch hier wiederum, wenn der Notar an der Ausübung seines Amtes wegen seines Verhältnisses zum Erblasser gehindert ist[472]. Die Voraussetzungen zur Errichtung eines Pfarrertestamentes sind auch ge-

---

[465] So bisher RIVAS PÉREZ 386; a. A. offenbar T. S. 10. 7. 1944: Es ist nicht zulässig, bestimmte Voraussetzungen durch andere unter Berufung auf eine angebliche Analogie zu ersetzen. — Der Fall betraf ein außerordentliches Militärtestament.

[466] SOLCHAGA 412 f.; ALONSO Y LAMBÁN V, 27.

[467] LACARRA II, 79 f.

[468] ALBAREDA 46 f.

[469] CASTÁN, D. F. 80.

[470] Diese provisión ist das Beispiel einer von der Zentralgewalt nur für Katalonien erlassenen Rechtsnorm.

[471] BORELL Y SOLER, Cataluña V, 33.

[472] BORELL Y SOLER, Cataluña V, 33; CASTÁN, D. F. 73; ALONSO Y LAMBÁN V, 27.

geben, wenn in einem Gerichtsbezirk („partido judicial") mehrere Notariate vorhanden sind, von denen nur einige besetzt sind, obwohl die Notare in den Orten ihres Bezirkes, an denen sich kein Notar befindet, Amtshandlungen vornehmen dürfen[473]. Nicht erforderlich ist in Katalonien, im Gegensatz zu Aragón und Navarra, daß sich der Erblasser in Todesgefahr befindet. Vielmehr kann beim Fehlen eines Notars das offene Testament jederzeit vor einem Pfarrer errichtet werden (Art. 102 CDC)[474].

4. Urkundsperson

Das Pfarrertestament ist grundsätzlich vor dem örtlich zuständigen Pfarrer, also dem Inhaber der Pfarrstelle oder seinem Stellvertreter zu errichten (Art. 22 Abs. 1 ap.; Art. 102 CDC). Das navarrische Recht gestattet die Errichtung auch vor jedem anderen Geistlichen. Der Ortspfarrer ist aber, auch aus Gründen des kanonischen Rechtes (canon 139 § 2 cod. iur. can.)[475], an erster Stelle berufen. Ein anderer Geistlicher darf nur tätig werden, wenn ein Ortspfarrer nicht vorhanden ist[476].

Gemäß Art. 22 Abs. 2 ap. kann das Pfarrertestament in Aragón auch vor den Kaplanen und Anstaltsgeistlichen des Provinzialhospitals „de Nuestra Señora de Gracia" durch einen Insassen errichtet werden. Im VE ist diese Besonderheit nicht aufrechterhalten.

5. Errichtung des Testamentes

Für die Errichtung des Pfarrertestamentes gilt die Regel „locus regit actum" auch in dem Sinne, daß der Erblasser nicht der betreffenden Pfarrei angehören muß. Für *Aragón* und *Navarra* ist dies seit jeher unbestritten[477]. Anderer Ansicht war die klassische *katalanische* Lehre, die den Standpunkt vertrat, daß der Pfarrer nur den letzten Willen seiner Pfarrkinder entgegennehmen konnte[478]. Die Fassung von Art. 102 CDC läßt aber den Schluß zu, daß heute auch Ortsfremde vor dem Pfarrer testieren können und Condomines/Faus[479] halten dies vor allem im Hinblick auf Verkehrsunfälle für bedeutsam.

Zur Errichtung des Testamentes ist die Anwesenheit von zwei Zeugen

---

473 Condomines/Faus 147.

474 Alonso y Lambán V, 27.

475 Die Geistlichen können nach dieser Vorschrift notarielle Funktionen nur in der eigenen Pfarrei ausüben.

476 Solchaga 417; Alonso y Lambán V, 28; Albareda 49.

477 Alonso y Lambán V, 28; Rivas Pérez 396; Solchaga 421.

478 Vgl. etwa Pella III, 131 N. 2.

479 Condomines/Faus 147.

erforderlich. In *Aragón* ergibt sich dies aus Art. 21 ap. (Art. 38 VE). Für ihre Fähigkeit gilt dort Art. 681 CC. Nach Art. 39 Abs. 3 VE dürfen die Zeugen nicht Hilfsgeistliche oder Angestellte des Pfarrers sein. Durch diese Vorschrift wird der Anwendungsbereich von Art. 681 Z. 7 CC abgegrenzt. In *Navarra* mußten die beiden Zeugen nach historischem Recht „vecinos", d. h. Bürger des Errichtungsortes sein[480]. Heute wird an diesem Erfordernis nicht mehr festgehalten, und auch im FR ist es nicht erwähnt. Dieser normiert die Zahl von zwei Zeugen in L. 237 Abs. 1 in Verbindung mit L. 236 FR. In *Katalonien* gelten für die Errichtung des offenen Testamentes vor dem Pfarrer dieselben Bestimmungen wie für die Errichtung vor dem Notar. Sonach sind gemäß Art. 101 Abs. 1 CDC zwei Zeugen erforderlich, deren Fähigkeit sich nach Art. 108 Abs. 1 CDC bestimmt. In dieser Vorschrift werden der Pfarrer und der Notar gleichgestellt, so daß auch die mit dem Pfarrer bis zum angegebenen Grad Verwandten oder Verschwägerten nicht Zeugen sein können.

6. Förmlichkeiten

Für die Form der Errichtung bestimmt Art. 23 Abs. 1 ap. in *Aragón*, daß der Pfarrer die Erklärung des Erblassers schriftlich niederzulegen und zu unterzeichnen hat. Soweit der Erblasser und die Zeugen unterschreiben können, ist auch ihre Unterschrift anzufügen, ohne daß hiervon die Wirksamkeit des Testamentes abhinge[481]. Art. 39 Abs. 2 VE sieht das gleiche vor und sagt weiter ausdrücklich, daß die Niederschrift durch den Pfarrer eigenhändig zu erfolgen hat und datiert werden muß. Die Angabe des Datums wird auch nach geltendem Recht als erforderlich angesehen[482].

Das *navarrische* Recht verlangt demgegenüber nicht, daß der Geistliche den letzten Willen des Erblassers selbst niederschreibt und unterzeichnet. Vielmehr genügt die bloße Anwesenheit des Geistlichen und der beiden Zeugen. Der Pfarrer hat somit nicht die Aufgabe, das Testament zu beglaubigen oder zu beurkunden, sondern ist nur qualifizierter Zeuge[483]. Gleichwohl ist wegen G. 8 und 9, Tit. 11, Buch 2 Nov. die Unterschrift des Geistlichen, der Zeugen und — abweichend vom aragonesischen Recht — des Erblassers erforderlich[484]. Außerdem erscheint die Beobachtung der Förmlichkeiten des notariellen Testamentes zumindest rat-

480 Alonso y Lambán V, 28.

481 Rivas Pérez 393; Alonso y Lambán V, 29.

482 Rivas Pérez 393; Alonso y Lambán V, 29.

483 Solchaga 418; Alonso y Lambán V, 29.

484 Solchaga 427.

sam[485]; Solchaga[486] hält sie für erforderlich. Das gleiche ergibt sich aus L. 237 Abs. 1 FR, wonach der Geistliche an die Stelle des Notars tritt.

In *Katalonien* vollzieht sich die Errichtung des Testamentes vor dem Pfarrer unter den gleichen Förmlichkeiten wie vor dem Notar (Art. 102 Abs. 1 a. E. CDC; vgl. Art. 101 CDC und Art. 694 f. CC).

7. Aufbewahrung des Testamentes

Gemäß Art. 24 Abs. 1 ap. hat derjenige, der das Testament in Besitz hat, dieses unverzüglich, nachdem er von dem Erbfall Kenntnis erlangt, dem Gericht erster Instanz vorzulegen. Der Apéndice für *Aragón* enthält jedoch nichts darüber, wer das Testament bis zum Erbfall aufzubewahren hat, wenn auch naheliegt, daß dies der Pfarrer ist. So wird die Aufbewahrung durch den Pfarrer in der Literatur übereinstimmend empfohlen[487]. Art. 40 Abs. 1 VE lautet: „Die Testamentsschrift wird im Pfarrarchiv oder an dem vom Erblasser bestimmten Ort oder durch die von ihm bestimmte Person aufbewahrt, wobei die Errichtung im Pfarrarchiv des Errichtungsortes vermerkt wird."

Auch das *navarrische Recht* enthält keine Vorschriften über die Aufbewahrung des Testamentes. Die für Aragón angestellten Überlegungen haben jedoch auch hier Gültigkeit, am geeignetsten erscheint die Aufbewahrung im Pfarrarchiv[488].

In *Katalonien* bestimmte die bereits zitierte Real Provisión von 1736, daß das Original des Testamentes im Pfarrarchiv aufbewahrt werden kann. Art. 102 Abs. 2 CDC bestimmt nunmehr zwingend, daß das Testament in diesem Archiv aufbewahrt werden muß.

8. Bestätigung und Protokollierung

Sowohl in Aragón als auch in Navarra bedarf das Pfarrertestament zu seiner Wirksamkeit der gerichtlichen Bestätigung („adveración" in Aragón; „abonamiento" in Navarra) und der Protokollierung.

Gemäß Art. 25 und 26 ap. erfolgt die „adveración" und Protokollierung in *Aragón* durch den Richter erster Instanz, dessen Amtshandlungen vom Gerichtssekretär zu beglaubigen sind. Zur Bestätigungsverhandlung werden der Pfarrer, die Zeugen und die beteiligten Antragsteller — die Erben — geladen. Nachdem sich der Gerichtssekretär der Identität des Priesters

---

485 Alonso y Lambán V, 29; Albareda 49.

486 Solchaga 425.

487 Alonso y Lambán V, 30; Rivas Pérez 395; Quintana, Persona en cuyo poder debe quedar el testamento otorgado ante párroco: An. Der. Aragonés I (1944) 368 f. Belled Heredía (oben N. 464) 556.

488 Alonso y Lambán V, 31; Solchaga 429.

und der Zeugen versichert hat, wird die Schrift verlesen und anschließend vom Priester und den Zeugen auf die Hl. Schrift als echt und wahr beschworen (Art. 25 ap.). Hält das Gericht die Bestätigung für ausreichend, so ordnet es an, daß die bestätigte Schrift als letzter Wille des Erblassers anzusehen und zu protokollieren ist (Art. 26 ap.). Die Bestätigung ist an keine Frist gebunden. Hieraus können sich Schwierigkeiten ergeben, wenn der Pfarrer oder einer der Zeugen oder mehrere dieser Personen vorher gestorben oder an der Teilnahme an der Bestätigungsverhandlung gehindert sind und somit eine Bestätigung unmöglich geworden ist. Nach Belled Heredía[489] ergeben sich nach dem geltenden Recht folgende Lösungen: Ist nur eine der beteiligten Personen gestorben, so kann das Testament gemäß Art. 27 ap., 700 f. CC als Zeugentestament aufrechterhalten werden, wenn dessen Voraussetzungen vorliegen. Hierbei kann auch der Pfarrer Zeuge sein. Sind zwei oder alle beteiligten Personen gestorben, so ist das Testament unwirksam — im Falle der Verhinderung ebenfalls so lange, bis die Bestätigung vorgenommen werden kann. Belled hält das Ergebnis für unbefriedigend und schlägt de lege ferenda verschiedene Lösungen vor. Art. 42 Abs. 4 VE trägt diesem Gedanken Rechnung und bestimmt, daß beim Tode des Pfarrers oder wenn dieser verhindert ist, die Echtheit der Niederschrift durch Sachverständigengutachten festzustellen ist. Sind die Zeugen gestorben oder verhindert, so ist das Testament wirksam, wenn sie es unterzeichnet haben (Art. 42 Abs. 5 VE). Auch der VE (Art. 42) hält im übrigen an der Bestätigung fest.

Das *navarrische* „abonamiento“ besteht in der gerichtlichen Niederschrift des Testamentes, für die das Gericht erster Instanz zuständig ist. Das Verfahren bestimmt sich heute nach Art. 1943 LEC[490], was vor allem die foralrechtlich erforderliche Veröffentlichung eines Aufgebotes überflüssig macht. Die Bestätigung ist nur wirksam, wenn sie innerhalb eines Jahres nach dem Erbfall von dem Geistlichen, den Zeugen oder einem anderen Beteiligten beantragt wird[491]. L. 239 Abs. 2 FR läßt diese Frist mit der Errichtung beginnen. L. 255 Abs. 2 Dictamen stellt dagegen wieder auf den Erbfall ab und bezeichnet die Fassung des FR als versehentliche Abweichung von G. 9, Tit. 8, Buch 3 Nov., wo diese Frist vorgesehen ist (Anm. 175).

In *Katalonien* bestehen keine besonderen Regeln für die Protokollie-

---

489 Belled Heredía (oben N. 464) 538.

490 Solchaga 439; Lacarra II, 83.

491 Alonso y Lambán V, 31; Solchaga 440; Lacarra II, 82.

rung des Pfarrertestamentes, und eine Bestätigung im Sinne einer „adveración“ ist nicht erforderlich. Nach ALONSO Y LAMBÁN[492] galten für die Protokollierung bisher die „allgemeinen Vorschriften“, also diejenigen des gemeinen Rechts. Nunmehr bestimmt Art. 102 Abs. 2 CDC, daß sich die Protokollierung nach dem Notariatsrecht richtet. In Frage kommt hierbei das „Reglamento notarial“, die Notariatsordnung, die aber zur Anwendung auf das Pfarrertestament einer Angleichung an die katalanische Kompilation bedarf[493].

Abschließend sei bemerkt, daß das Testament vor dem Geistlichen in den spanischen Foralrechten mit dem Bürgermeistertestament nach § 2249 BGB verglichen werden kann, wobei die Rolle des Geistlichen sich aus dem Einfluß des kanonischen Rechtes und daraus erklärt, daß er in den abgelegenen Dörfern, wo diese Testamentsform praktisch vorkommt, als die Person mit der größten Bildung angesehen wird. Die Errichtung des Testamentes vor dem Pfarrer und zwei oder mehr Zeugen findet sich auch in den älteren und neueren deutschen Partikularrechten, wenn ihr auch seit dem 15. Jahrhundert die weltliche Gesetzgebung ablehnend gegenüberstand[494].

II. Zeugentestamente in den Foralrechtsgebieten

Da das aragonesische Zeugentestament, das „testamento ante espondalarios“, nicht mehr fortbesteht, finden sich heute in den Foralrechtsgebieten nur noch drei typische, jedoch voneinander unabhängige Formen eines reinen Zeugentestamentes. Es sind dies das sakramentale Testament der katalanischen Lokalrechte von Barcelona und der Diözese Gerona (Art. 103 CDC), das navarrische Dreizeugentestament und das sogenannte „testamento il-buruco“ in Vizcaya (Art. 14 CDV).

1. Das sakramentale Testament

a) Begriff

Das sakramentale Testament („testamento sacramental“) ist ein privilegiertes mündliches oder offenes Testament, das unter bestimmten Umständen vor zwei Zeugen errichtet werden kann, die es später durch ihren Schwur (sacramentum) bestätigen. Es kann heute nur von Personen errichtet werden, die die „vecindad“ von Barcelona oder des alten Bistums

---

492 ALONSO Y LAMBÁN V, 32.

493 CONDOMINES/FAUS 147.

494 Vgl. hierzu STOBBE 221, 229.

Gerona besitzen. Vor Inkrafttreten der Kompilation war es, in etwas abgewandelter Form, auch in Tortosa zulässig[495].

b) Ursprung

Während BORRELL[496] nur erwähnt, daß das sakramentale Testament durch ein Privileg Ludwigs des Frommen eingeführt wurde, und andere es auf G. 12, Tit. 5, 2. Buch des Fuero Juzgo gründen[497], sieht PELLA Y FORGAS[498] seinen Ursprung im römischen Militärtestament und weist in diesem Zusammenhang darauf hin, daß Barcelona als römische Kolonie (Colonia Faventia Julia Barcino) gegründet wurde und auch in den übrigen Gebieten, die das sakramentale Testament kennen, römisches Recht galt. Die Ansicht, daß es westgotischen Ursprungs sei oder von den Westgoten unabhängig vom römischen Recht entwickelt wurde, lehnt er entschieden ab[499]. In seiner heutigen Gestalt ist das sakramentale Testament jedenfalls eine typisch katalanische Rechtsfigur, die sich von dem früheren kastilischen mündlichen Testament[500] nicht nur durch die Zahl von nur zwei Zeugen, sondern auch im Hinblick auf das Verfahren unterscheidet. Ausdrücklich geregelt war es in drei alten katalanischen Rechtsquellen:

1. im „Recognoverunt proceres", Kapitel 48[501] von Peter II. vom 11. 1. 1248 für Barcelona[502],
2. in den „Consuetudines diocesis Gerundensis", Rubrik 26, Kapitel 1 für Gerona und
3. in den „Constituciones de Tortosa", 7. Rubrik „de testamentis", Buch IV für Tortosa[503].

Während es im Entwurf eines Apéndice des katalanischen Rechtes zum Código Civil von 1930 (Art. 254) abgeschafft werden sollte[504], ist es in Art. 103 CDC nunmehr für Barcelona und die frühere Diözese Gerona beibehalten worden, nicht aber für Tortosa. Die neue gesetzliche Rege-

---

495 CASTÁN, D. F. 74; MANRESA V, zu Art. 704, S. 582 f.; BORRELL Y SOLER, Cataluña V, 38 f.

496 BORRELL Y SOLER, Cataluña V, 38.

497 So DURÁN Y BAS 178.

498 PELLA III, 151.

499 PELLA III, 159.

500 Nov. Rec., Buch 10, Tit. 18, G. 1; Ordenamiento de Alcalá, Tit. 19, einziges Gesetz.

501 Buch 1, Tit. 13, Vol. 2 der „Constituciones de Cataluña".

502 PONS/SANDALINAS 163.

503 PONS/SANDALINAS 163 f; PELLA III, 163.

504 PONS/SANDALINAS 166; CASTÁN, D. F. 76.

lung entscheidet, wie in vielen anderen Fällen, alte Streitfragen und gibt die Ergebnisse der höchstrichterlichen Rechtsprechung wieder.

c) Erfordernisse und Förmlichkeiten

Der Erblasser muß, wie das T. S. bereits in Urteilen vom 30. 10. 1901 und vom 23. 2. 1922 entschieden hat, die „vecindad" von Barcelona oder der alten Diözese Gerona besitzen (Art. 103 Abs. 1, 4 CDC). Dies erklärt sich historisch aus dem Charakter des sakramentalen Testaments als Privileg, der die Anwendung der Regel „locus regit actum" ausschließt[505]. Angesichts der gesetzlichen Regelung ergibt sich dies weiter daraus, daß das sakramentale Testament von den Berechtigten nur *außerhalb* Barcelonas bzw. der Diözese Gerona während einer Reise errichtet werden kann (Art. 103 Abs. 1 CDC), was früher bestritten war[506]. Von der Kompilation kann aber jedenfalls gesagt werden, daß sie das sakramentale Testament auf seine ursprüngliche Form zurückführt[507].

Nach dem Willen des Gesetzgebers soll das sakramentale Testament sonach eine Erleichterung für den Fall darstellen, daß dem Erblasser die vertrauten Testamentsformen seines Heimatrechts nicht uneingeschränkt zur Verfügung stehen. Hierfür spricht auch, daß diese Testamentsform nur zulässig ist, wenn der Erblasser seinen letzten Willen im Hinblick auf seinen während der Reise zu befürchtenden Tod erklärt (Art. 103 Abs. 1 CDC).

Der Erblasser muß weiter die Absicht haben zu testieren (Art. 103 Abs. 1 CDC), und diese Absicht muß zweifelsfrei feststehen[508]. Nach der bisherigen Rechtsprechung ist dies der Fall, wenn die Zeugen wissen, daß ein Testament errichtet werden soll. Eine Vermutung für diesen Testierwillen besteht vor allem bei Todesgefahr. Die Rechtsprechung hat auch die Umdeutung von Testamenten mit strengeren Formerfordernissen in ein sakramentales Testament zugelassen und einmal ein notarielles Testament als sakramentales aufrechterhalten, bei dem die Erblasserin vor Abgabe der Unterschrift gestorben ist[509].

---

505 PELLA III, 165; CASTÁN, D. F. 75; BORRELL Y SOLER, Cataluña V, 38 N. 2; MANRESA V, zu Art. 704, S. 582 f.

506 Wie CDC: PELLA III, 165; a. A. BORRELL Y SOLER, Cataluña V, 38 N. 2; PLANAS Y CASALS 86; DURÁN Y BAS 179; alle offenbar im Einklang mit der bisherigen Praxis, vgl. PONS/SANDALINAS 164 und das dortige Zitat aus T. S. 30. 10. 1901: „no solo dentro del territorio catalán, sino fuera del mismo".

507 ROCA SASTRE, Elementos 9 f.

508 BORRELL Y SOLER, Cataluña V, 39; PONS/SANDALINAS 164; CASTÁN, D. F. 75; PLANAS Y CASALS 86; PELLA III, 169.

509 BORRELL Y SOLER, Cataluña V, 39, PLANAS Y CASALS 86. Nach der neuen Rechts-

Der Errichtende muß seinen letzten Willen mündlich oder schriftlich vor zwei geeigneten Zeugen, die seine Sprache verstehen, erklären (Art. 103 Abs. 1, 108 Abs. 2 CDC). Auch hier findet sich wieder die für die Foralrechte typische Zahl von zwei Testamentszeugen, die aber abweichend von der Regelung für das notarielle Testament (Art. 101 CDC) und für das sakramentale Testament vor Inkrafttreten der Kompilation[510] besonders bestellt sein („rogados"), den Testator kennen und seine Testierfähigkeit beurteilen müssen. Zufallszeugen genügen somit nicht. Die Zeugen müssen nicht die „vecindad" des Testierenden besitzen[511], da deren Fehlen in Art. 108 CDC nicht als Hinderungsgrund aufgeführt ist. Der Ausschluß von Frauen als Zeugen ist schon 1958 durch die Änderung von Art. 681 CC entfallen und widersprach offenbar dem alten katalanischen Rechtszustand[512]. Gleichwohl war seit Inkrafttreten des CC die Ansicht herrschend, daß Frauen nicht Zeugen des sakramentalen Testamentes sein könnten[513]. Die Zeugen müssen bei der Errichtung des Testamentes gleichzeitig anwesend sein und den letzten Willen des Errichtenden entweder hören oder geschrieben zur Kenntnis nehmen[514]. In dem Kapitel 48 des „Recognoverunt proceres" heißt es hierzu: „Quod ibi testes ita viderunt, et audierunt scribi, seu dici, sicut in illa scriptura continetur."

Den Namen gab dem sakramentalen Testament das weitere und wichtigste Erfordernis, daß die Zeugen innerhalb von sechs Monaten nach ihrer Ankunft in Barcelona[515] vor dem Altar vom Heiligen Kreuz (Santa Cruz; früher Altar des San Félix Mártir) der Kirche „de los Santos Justos y Pastor" den vor ihnen erklärten letzten Willen des Erblassers in Gegenwart des zuständigen Richters und Protokollführers beschwören müssen (Art. 103 Abs. 2 Z. 3; 104 CDC)[516]. Gemäß Art. 103 Abs. 4 CDC erfolgt der Schwur in der Diözese Gerona innerhalb der gleichen Frist vor dem

---

lage ist aber hierbei zu beachten, daß das sakramentale Testament nur „auf Reisen" errichtet werden kann.

510 Planas y Casals 86; Borrell y Soler, Cataluña V, 40; Pella III, 171.

511 So bisher schon Pella III, 174 und mit ihm Borrell y Soler, Cataluña V, 39 N. 5.

512 Planas y Casals 86; Pella III, 172.

513 Borrell y Soler, Cataluña V, 39 N. 5; Pons/Sandalinas 165; T. S. 13. 3. 1912.

514 Castán, D. F. 75; Borrell y Soler, Cataluña V, 38 N. 4; Pella III, 171; Condomines/Faus 148.

515 Nach Pella III, 175, ist diese Frist westgotischen Ursprungs.

516 Früher erfolgte die Eidesleistung in Anwesenheit eines Notars; „Recognoverunt proceres" (oben N. 501).

hierfür herkömmlicherweise vorgesehenen Altar. Es ist dies heute der Altar der Kirche „del Carmen"[517].

Als weitere Voraussetzung bestimmt die CDC in Art. 103 Abs. 2 Z. 1, daß der Erblasser auf der Reise oder später infolge eines Unfalles oder einer Krankheit stirbt, von denen er auf der Reise betroffen wurde. Gemäß Art. 242 Abs. 2 CDC wird das sakramentale Testament im übrigen unwirksam, wenn, ungeachtet des Zeitpunkts der Ankunft der Zeugen in Barcelona, die notwendige öffentliche Urkunde nicht innerhalb von fünf Jahren nach dem Erbfall errichtet wird.

Zweifelhaft war bisher, ob die hier geschilderte Form, von Todes wegen zu verfügen, nur für Testamente mit der in Katalonien erforderlichen Erbeinsetzung oder für alle Verfügungen von Todes wegen gilt. Im letzteren Sinne entschied sich bereits Planas y Casals[518]. Da die Kompilation in Art. 105 Abs. 3 für die Form der noch zu erörternden Kodizille auf die Form des Testaments verweist und in Art. 103 Abs. 1 CDC vom letzten Willen spricht, scheint diese Ansicht nunmehr auch die des Gesetzgebers zu sein.

Wegen der kurzen Geltungsdauer der Kompilation sei kurz auf den Rechtszustand in Tortosa hingewiesen: Das sakramentale Testament war dort nur zulässig, wo kein Notar vorhanden war. Die Eidesleistung durch die notwendig männlichen Zeugen erfolgte innerhalb von sechs Monaten nach dem Erbfall vor Gericht, nicht in einer Kirche[519].

d) Verfahren

Die verfahrensrechtlichen Bestimmungen finden sich in Art. 104 CDC und Art. 1943—1955 LEC. Auf Antrag eines Beteiligten setzt der Richter einen Termin zur Eidesleistung unter Ladung der Zeugen und weiteren Beteiligten (Ehegatte des Erblassers, gesetzliche Erben, Begünstigte aus früheren Testamenten) an. In der Kirche nimmt der amtierende Geistliche dann den Zeugen den Eid ab, in dem sie den zu Protokoll gegebenen Inhalt des Testaments bekräftigen. Die Erschienenen haben ein Fragerecht, das sie durch den Richter ausüben. Gegebenenfalls ordnet der Richter die Protokollierung des Testaments durch einen Notar an. Die Nichtigkeit des Testaments kann nur im ordentlichen Klageverfahren geltend gemacht werden[520].

---

517 Castán, D. F. 75; Pella III, 178; Planas y Casals 88.

518 Planas y Casals 88.

519 Konst. 7, Rubrik „de testamentis", Buch VI der „Constituciones de Tortosa", abgedruckt bei Pella III, 163; Borrell y Soler, Cataluña V, 41.

520 Planas y Casals 87; Borrell y Soler, Cataluña V, 40.

2. Das navarrische Dreizeugentestament

Dieses Testament stellt eine Variante des navarrischen Pfarrertestamentes dar, dessen Vorschriften es im übrigen folgt. Es ist zulässig, wenn zwar die Voraussetzungen für die Errichtung eines Testamentes vor einem Geistlichen gegeben sind, aber auch die Anwesenheit eines Geistlichen nicht erreicht oder herbeigeführt werden kann. Statt vor diesem kann das Testament dann vor drei Zeugen errichtet werden, von denen wenigstens zwei lesen und schreiben können müssen[521]. Nach dem geltenden Recht dürfen diese Zeugen weder Verwandte oder Bedienstete der Erben noch sonst am Testament interessiert sein und müssen die gleiche „vecindad" wie der Erblasser besitzen[522]. Eine bloße Wiederholung von Art. 701 CC findet sich — de lege ferenda — in L. 238 FR, die das Dreizeugentestament auch bei Seuchen zuläßt. Im Dictamen fehlt eine entsprechende Vorschrift wohl deshalb, weil sie überflüssig ist.

3. Das biskayische Testament „il-buruco"

Dieses Testament ist ein Dreizeugentestament, das ohne Mitwirkung eines Notars errichtet werden kann und der späteren gerichtlichen Protokollierung bedarf. Es war im Fuero de Vizcaya in G. 4, Tit. 21 geregelt und wurde in Art. 14 CDV aufrechterhalten. Die letztgenannte Vorschrift lautet: „Wer sich fern von einer Ortschaft und dem Sitz eines Notars in Todesgefahr befindet, kann ein Testament vor drei Zeugen sowohl mündlich als auch schriftlich errichten. Die Wirksamkeit dieses Testamentes unterliegt der Erfüllung der Förmlichkeiten zu seiner Bestätigung, die im 4. Titel des 3. Buches der Ley de Enjuiciamiento Civil vorgesehen sind." Voraussetzungen für die Zulässigkeit dieses Testamentes sind somit übereinstimmend mit dem alten Recht:

1. Todesgefahr des Erblassers. Für das alte Recht begründet dies Jado[523] vor allem aus dem Wortlaut des Fuero (4, 21) und aus der Bedeutung des baskischen Wortes „il-buruco". „il" heißt „sterben" und „buruco" oder „burucoa" „Kissen" oder „Kopfende des Bettes" und „il-buruco" „Nähe des Todes".
2. Der Erblasser muß sich fern von einer Ortschaft und dem Sitz eines Notars befinden.
3. Die Anwesenheit von drei Zeugen. Der Fuero sah vor, daß einer

521 Alonso y Lambán V, 20; Lacarra II, 78; Albareda 47; Castán, D. F. 80; Ley 237 Abs. 2 FR.

522 Alonso y Lambán V, 20; Albareda 47; Castán, D. F. 80.

523 Jado 263 f.

dieser Zeugen eine Frau „guten Rufes“ („de buena fama“) sein konnte. Die Kompilation sagt über die Geeignetheit der Zeugen nichts, so daß hierfür die Vorschriften des CC gelten[524].

III. Das kommissarische oder Treuhändertestament

Unter der Bezeichnung „testamento por comisario“ findet sich in Aragón und Vizcaya (Art. 29 ap.; Art. 15—20, 48 CDV) die Befugnis, die Regelung der Erbfolge und in deren Rahmen die Einsetzung eines Erben einem Dritten zu überlassen. Die gleiche Möglichkeit besteht in Navarra. Sowohl der aragonesische Apéndice wie auch die neue baskische Kompilation regeln das kommissarische Testament unter der Überschrift „Testamentsformen“ (6. Überschrift des Apéndice; 3. Titel CDV). Auch die spanische Literatur behandelt es zusammen mit den Formen des Testamentes[525]. Endlich beurteilen die spanischen internationalprivatrechtlichen Autoren die Frage der Zulässigkeit seiner Errichtung nach dem Formstatut, d. h. nach der Regel „locus regit actum“, und qualifizieren es somit ebenfalls als Testamentsform[526].

Dieser Auffassung kann nicht gefolgt werden. Sowohl die Regelung in Art. 29 ap. als auch in Art. 15 CDC geht davon aus, daß der Erblasser die Regelung der Erbfolge, wie ausgeführt, einem Dritten überlassen kann. Es handelt sich hierbei um die Frage nach dem Inhalt des letzten Willens, nicht nach der Form seiner Kundgebung durch den Erblasser oder durch den Dritten, den sogenannten Kommissar oder Treuhänder. So deutet auch tatsächlich die Bezeichnung „testamento por comisario“ nur diesen Inhalt in der genannten Art an. Sowohl dem Erblasser als auch dem Treuhänder stehen dagegen zur Erklärung ihres Willens verschiedene Formen unter Lebenden und von Todes wegen zur Verfügung. So kann der Erblasser nach geltendem Recht in Aragón die Befugnis zur Regelung der Erbfolge dem Kommissar nicht nur, wie aus Art. 29 ap. hervorzugehen scheint, durch Testament, sondern auch im Ehe- und Erbvertrag übertragen[527]. In Vizcaya hat die Ernennung in notariellem Testament oder im Ehevertrag zu erfolgen (Art. 16 CDV). In Navarra schließlich steht die Bestellung des Dritten im Erbvertrag im Vordergrund, während die testamentarische Be-

---

524 Alonso y Lambán VI, 66.
525 So z. B. Alonso y Lambán VI, 45 f.
526 Goldschmidt II, 346; Verplaetse (oben N. 197) 509.
527 Vgl. auch Art. 48 f. VE.

stellung noch von ALONSO überhaupt für unzulässig gehalten wurde[528]. Der Treuhänder kann seinerseits von seiner Befugnis in Aragón und Vizcaya unter Lebenden in öffentlicher Urkunde oder von Todes wegen in einem Testament (Art. 29 ap. a. E.; Art. 20 CDV) Gebrauch machen. Soweit also die Bestellung des Treuhänders oder dessen Erbeinsetzung in einem Testament erfolgt, handelt es sich hierbei um ein Testament in einer der als eigentliche Testamentsformen anzusehenden Formen. Daneben eine weitere Form „testamento por comisario" annehmen zu wollen, entbehrt jeder Grundlage. Vielmehr ist dieses Rechtsinstitut eine Ausnahme von dem in Art. 670 CC ähnlich wie in § 2065 BGB normierten Grundsatz des höchstpersönlichen Charakters der Verfügungen von Todes wegen, insbesondere des Testamentes. Diese Ausnahme bezieht sich auf den Inhalt des letzten Willens des Erblassers und ist systematisch einzuordnen als eine ausnahmsweise zulässige „Erbeinsetzung durch Dritte" und wird daher, im Hinblick auf das Testament, zusammen mit anderen Fällen der Erbeinsetzung durch Dritte[529] behandelt, die sich von dem „testamento por comisario" vor allem durch die Stellung des Dritten und seine Gebundenheit an Weisungen des Erblassers unterscheiden[530]. Vor allem diese Ähnlichkeit mit anderen Institutionen, die Modalitäten der Erbeinsetzung darstellen, läßt eine Erörterung unter der Überschrift „Inhalt des Testaments" angezeigt erscheinen, obwohl man, da es sich um eine Ausnahme von der Höchstpersönlichkeit des Testamentes handelt, auch von einer allgemeinen Regel für alle Testamentsformen sprechen könnte.

§ 16: DAS KODIZILL UND DIE SOGENANNTEN „MEMORIAS TESTAMENTARIAS" (NACHZETTEL)

I. Allgemeines

Das Kodizill, eine letztwillige Verfügung ohne Erbeinsetzung, ist einer sinnvollen selbständigen Existenz nur in einer Rechtsordnung fähig, in der das Testament zu seiner Wirksamkeit der Erbeinsetzung bedarf. Diese Voraussetzung erfüllen die Rechte *Kataloniens* und der Baleareninseln *Mallorca* und *Menorca* (Art. 109 CDC; 14, 65 CDB). Dagegen ist die

---

528 ALONSO I, 325 f.

529 Heredero de confianza, Art. 118 f. CDC; cláusula de confianza, Art. 115, 176 f. CDC; heredero distribuidor, Art. 18 f. CDB; usufructo poderoso, Fuero de Ayala.

530 Vgl. unten § 20.

Unterscheidung von Testament und Kodizill ohne realen Wert, wenn der letzte Wille „durch einseitige Verfügung von Todes wegen"[531] erklärt werden kann, und zwar sowohl mit als auch ohne Erbeinsetzung. In den übrigen spanischen Foralrechten finden sich daher weder besondere Regeln für das Kodizill, noch wird es in der einschlägigen Literatur erörtert. Eine Ausnahme gilt für *Navarra*, wo sich LACARRA[532] wegen der subsidiären Geltung des römischen Rechtes mit dem Kodizill befaßt und es als „letztwillige Verfügung, die die Erbfolge nur teilweise regelt und keine Erbeinsetzung enthält", definiert. Da es aber die gleichen Förmlichkeiten wie das Testament erfordert, ist die Unterscheidung auch in Navarra bedeutungslos, da dort, wie ausgeführt, das Testament eine Erbeinsetzung nicht zu enthalten braucht[533].

Die „Memorias testamentarias" werden definiert als Ergänzungen des Testamentes, die keinen besonderen Formvorschriften unterliegen, deren Wirksamkeit jedoch davon abhängt, daß der Erblasser im Testament auf sie hinweist[534]. Das T. S. stellte in einer Entscheidung vom 28. 10. 1927 über die dem geltenden gemeinen Recht unbekannte, jedoch in Art. 1969 LEC noch erwähnte „Memoria testamentaria" fest: „Sie ist ein offenes oder geschlossenes, formloses Schriftstück zur Ergänzung, Abänderung oder Neuordnung der im Testament enthaltenen letztwilligen Verfügungen. Für ihre Wirksamkeit ist einzig erforderlich, daß sie im Testament angedeutet ist..." Die „Memorias testamentarias" entsprechen somit den formlosen Kodizillen oder sogenannten Nachzetteln einiger alter Partikularrechte Deutschlands[535]. Auch CONDOMINES/FAUS verwenden die Bezeichnung „formloses Kodizill" („codicilo no sujeto a formalidades"). Diese Nachzettel finden sich außer in *Katalonien*[536] noch in *Navarra*[537]. Gemäß L. 249 FR können sie nur die im Testament angekündigten oder vorbehaltenen Verfügungen enthalten. L. 250 FR bestimmt, daß sie Erbeinsetzungen, Zuteilungen der „legítima foral", Substitutionen und Enterbungen weder anordnen noch ändern oder widerrufen können. Nach L. 251 FR sind sie vom Erblasser zu unterzeichnen und haben die im Testa-

---

[531] Vgl. § 1937 BGB.

[532] LACARRA II, 105 f.

[533] Vgl. LACARRA II, 105 f.; ALONSO Y LAMBÁN VI, 62.

[534] Vgl. PLANAS Y CASALS 19; CONDOMINES/FAUS 149.

[535] Vgl. STOBBE 219 f.

[536] CONDOMINES/FAUS 149.

[537] Vgl. unten II.

ment als Zeichen vorgesehenen Worte zu enthalten, unterliegen also einer Art „clausula ad cautelam".

II. Katalonien

1. Begriff

Die katalanische Literatur definiert das Kodizill als „kurze letztwillige Verfügung ohne Erbeinsetzung"[538]. Es stellt sich in der Praxis vor allem als Mittel zur Abänderung oder Ergänzung des Testamentes dar[539]. Es kann vor oder nach dem Testament errichtet werden. Hinterläßt der Erblasser kein Testament, so beschweren die Bestimmungen des Kodizills die gesetzlichen Erben[540] (Art. 105 Abs. 1 S. 1 CDC).

2. Form

Art. 105 Abs. 3 CDC erklärt die für die Testamente geltenden Formvorschriften auch auf das Kodizill für anwendbar. Sie unterliegen somit nicht mehr wie früher einer erleichterten Form[542]. Auch die Geeignetheit der Zeugen bestimmt sich nach den Testamentsvorschriften (Art. 108 CDC).

3. Inhalt

Im Kodizill können keine Erbeinsetzungen angeordnet oder widerrufen noch ein Testamentserbe von der Erbfolge ausgeschlossen werden. Auch können nicht andere als fideikommissarische Substitutionen (Vor- und Nacherbschaft) und vorsorgliche Nacherbschaften („sustituciones preventivas de residuo") angeordnet, ein Noterbe enterbt oder dem Erben Bedingungen auferlegt werden (Art. 105 Abs. 1 S. 2, 3 CDC). Enthält das Kodizill eine Erbeinsetzung, so gilt diese als Anordnung eines reinen Fideikommisses, wobei die Testaments- oder Intestaterben Fiduziare, der im Kodizill Eingesetzte Fideikommissar (Nacherbe) wird (Art. 105 Abs. 2 CDC in Übereinstimmung mit dem früheren Rechtszustand)[543]. Den Hauptgegenstand der Kodizille bilden daher Vermächtnisse und Fideikommisse[544].

4. Kodizillarklausel

Gemäß Art. 106 CDC ist ein unwirksames Testament als Kodizill an-

---

538 Lacarra II, 107.

539 Vgl. Castán, D. F. 77; Pella III, 134.

540 Borrell y Soler, Cataluña V, 52; Pella III, 134.

541 Instestat-Kodizill; vgl. Stobbe 219 f.

542 Planas y Casals 84; Borrel y Soler, Cataluña V, 53.

543 Vgl. Borrell y Soler, Cataluña V, 54, 116.

544 Borrell y Soler, Cataluña V, 54.

zusehen, wenn dessen Form gewahrt ist und das Testament nicht wegen irriger Übergehung eines Noterben (Präterition) unwirksam ist. Es tritt damit kraft Gesetzes die Wirkung ein, die man bisher durch Aufnahme der sogenannten Kodizillarklausel („Cláusula codicilar") in alle Testamente zu erreichen suchte und die besagte, daß das Testament im Falle seiner Unwirksamkeit als Kodizill anzusehen ist[545]. Eine aus anderen Gründen als wegen irriger Übergehung nichtige Erbeinsetzung ist sonach, wenn die übrigen Voraussetzungen gegeben sind, in eine fideikommissarische Substitution umzudeuten, wobei der gesetzliche oder in früherem Testament eingesetzte Erbe Vorerbe, der nicht wirksam eingesetzte Erbe Nacherbe wird.

5. Memorias testamentarias

Art. 107 Abs. 1 CDC läßt die formlosen Nachzettel wirksam sein, wenn sie in allen ihren Blättern vom Erblasser unterzeichnet sind, auf das vorhergehende Testament Bezug nehmen, ihre Echtheit bewiesen ist und sie gegebenenfalls den vom Erblasser in seinem Testament aufgestellten formellen Voraussetzungen genügen.

Eine neue Regel enthält Art. 107 Abs. 2 CDC, wonach in den Nachzetteln nur über höchstens ein Zwanzigstel des Nachlasses, über Schmuck, Kleidungsstücke und Hausrat verfügt werden kann. Hierdurch soll vermieden werden, daß in den Nachzetteln über einen bedeutenden Teil der Erbschaft verfügt und möglicherweise Steuervorteile erschlichen werden[546].

III. Balearen

Da auch das auf Mallorca und Menorca geltende Recht zur Wirksamkeit des Testamentes die Erbeinsetzung erfordert (Art. 14, 65 CDB), besteht dort das Kodizill ebenfalls fort. Gemäß Art. 17 Abs. 1 CDB kann der Erblasser durch das Kodizill sein Testament ergänzen oder abändern sowie, wenn er kein Testament errichtet hat, Verfügungen zu Lasten seiner gesetzlichen Erben treffen (Intestat-Kodizill). Es ist nicht möglich, im Kodizill einen Erben einzusetzen, eine frühere Erbeinsetzung zu widerrufen, einen Erben von der Erbschaft auszuschließen, andere als fideikommissarische Substitutionen anzuordnen, Pflichtteilsentziehungen vorzunehmen oder dem Erben eine Bedingung aufzuerlegen. Zulässig ist es dagegen,

---

545 Borrell y Soler, Cataluña V, 55; Pella III, 135; Planas y Casals 85; Castán, D. F. 78.

546 Condomines/Faus 149.

erst im Kodizill den eingesetzten Erben namentlich zu bezeichnen oder die Erbteile der einzelnen Erben zu bestimmen. Das Kodizill bedarf der gleichen Form wie das Testament (Art. 17 Abs. 2 CDB).

Das Testament kann die Kodizillarklausel enthalten (Art. 17 Abs. 3 CDB). Diese Bestimmung zeigt, daß die Umdeutung nicht wie in Katalonien (Art. 106 CDC) kraft Gesetzes erfolgt, sondern nur, wenn die genannte Klausel in das Testament aufgenommen ist. Die Kodizillarklausel kann dann dazu führen, daß eine nichtige Erbeinsetzung als fideikommissarische Substitution aufrechtzuerhalten ist[547].

§ 17: UNWIRKSAMKEIT UND WIDERRUF DES EINFACHEN TESTAMENTES, DES KODIZILLS UND DER NACHZETTEL

Über die Unwirksamkeit und den Widerruf einfacher letztwilliger Verfügungen finden sich einige wenige Vorschriften in Art. 242 f. CDC und — de lege ferenda — im Entwurf eines Fuero Recopilado für Navarra[548].

I. Katalonien

Aus den zahlreichen Gründen, die zur Unwirksamkeit eines Testamentes führen können (Fehlen der Testierfähigkeit, Nichtbeachtung der Form, Fehlen des Erben beim Erbfall, Widerruf usw.) greift Art. 242 Abs. 1 CDC einige heraus, wenn er bestimmt, daß ein Testament unwirksam ist, wenn es nicht einem der in der Kompilation vorgesehenen Typen entspricht oder keine Erbeinsetzung enthält. Der erste Grund gilt auch für das Kodizill. Bei einem Testament ohne Erbeinsetzung ist zu beachten, daß diese in Tortosa nicht erforderlich ist (Art. 109 Abs. 2 CDC), daß ein solches Testament gegebenenfalls in ein Kodizill umgedeutet werden kann (Art. 106 CDC) und schließlich, daß die Ernennung eines Universaltestamentsvollstreckers[549] die Erbeinsetzung ersetzen kann (Art. 236 CDC).

Das sakramentale Testament wird, wie bereits ausgeführt, unabhängig vom Zeitpunkt der Rückkehr der Zeugen nach Barcelona unwirksam,

---

547 Rivera I, 45.

548 Unberücksichtigt bleibt hier die Wirkung der Übergehung eines Noterben auf das Testament, vgl. dazu § 25 f.

549 Vgl. unten § 24.

wenn es nicht innerhalb von fünf Jahren nach dem Erbfall protokolliert wird (Art. 242 Abs. 2 CDC).

Die Nichtigkeit des Testamentes erfaßt endlich auch alle vom Erblasser errichtete Kodizille und Nachzettel, soweit ihnen nicht ein früheres, nunmehr wieder auflebendes Testament „untergeschoben" werden kann (Art. 242 Abs. 2 CDC).

Keine besonderen Vorschriften enthält die Kompilation über den Widerruf des Testamentes. Anders als im gemeinen Recht wird man aber wohl hier Art. 739, 740 CC streng anzuwenden haben, da die zwingende Erbeinsetzung im Testament ein Nebeneinander mehrerer Testamente schwer denkbar erscheinen läßt, weil der Satz „nemo pro parte testatus, pro parte intestatus decedere potest" dazu führt, daß die Erbeinsetzung jeweils den ganzen Nachlaß umfaßt. Vor Inkrafttreten der Kompilation bestand eine Besonderheit für das Testament „inter liberos": Es konnte nur durch ein späteres *notarielles* Testament widerrufen werden[550].

Nicht ganz klar erscheint die Frage, ob der Widerruf des Testamentes nur durch Errichtung eines neuen Testamentes mit neuer Erbeinsetzung möglich ist, da Art. 738 CC nicht den Ausdruck „Testament" gebraucht, sondern nur sagt, daß der Widerruf in den für die Testamentserrichtung vorgesehenen Formen zu erfolgen habe. Pella y Forgas[551] leitet hieraus den Schluß ab, daß der Widerruf auch ohne Erbeinsetzung erfolgen kann. Condomines/Faus[552] führen hierzu aus, daß nach römischem Recht zum Widerruf eines Testamentes nicht die Errichtung eines neuen erforderlich war, sondern die Errichtung einer öffentlichen Urkunde ausreichte. Diese Vorschrift sei aber durch die Kodifikationskommission der Cortes gestrichen worden. Condomines/Faus stehen damit offenbar auf dem Standpunkt, daß der Widerruf nur noch durch Testament mit Erbeinsetzung erfolgen kann.

Vorschriften über das Verhältnis Kodizill—Testament enthält Art. 243 CDC. Nach Abs. 1 dieser Vorschrift wird ein früheres Testament durch ein späteres Kodizill insoweit widerrufen, als dieses es ändert oder mit ihm unvereinbar ist. Abs. 2 bestimmt, daß frühere Kodizille und Nachzettel durch ein späteres Testament widerrufen werden, wenn nicht der Erblasser etwas anderes angeordnet hat. Für mehrere Kodizille untereinander bringt Art. 243 Abs. 3 CDC eine § 2258 BGB ähnliche Regelung: Das spätere

---

550 Pella III, 125; Borrell y Soler, Cataluña V, 339; Durán y Bas 175.

551 Pella III, 142.

552 Condomines/Faus 281.

Kodizill hebt das frühere nur insoweit auf, als das spätere dem früheren widerspricht. Die ausdrückliche Aufhebung eines Kodizills oder eines Nachzettels kann in einem neuen Kodizill oder Nachzettel erfolgen (Art. 243 Abs. 4, 5 CDC).

Mangels abweichender Regelung in der Kompilation gilt heute auch in Katalonien Art. 737 Abs. 2 CC, der die sogenannte derogatorische Klausel und die „clausula ad cautelam" für nicht geschrieben, also für unwirksam erklärt. Die derogatorische Klausel ist eine letztwillige Verfügung des Inhalts, daß ein späterer Widerruf unwirksam sein soll, die „clausula ad cautelam" die Anordnung, daß der Widerruf nur wirksam sein solle, wenn er bestimmte Worte oder Zeichen enthalte. Das römische Recht hatte diese beiden Klauseln nicht zugelassen. Sie fanden jedoch in das katalanische Recht gewohnheitsrechtlichen Eingang im Einklang mit der Lehre der Glossatoren, wenn auch ihre Zulässigkeit bestritten war[553]. Erst in jüngster Zeit erkannte aber ein Urteil des T. S. vom 11. 12. 1953 die Wirksamkeit der „clausula ad cautelam" in Katalonien an. Die geltende Kompilation bestätigt nachträglich noch die Richtigkeit dieser Rechtsprechung, da sie in ihrer 3. Übergangsbestimmung vorsieht, daß die „clausula ad cautelam" wirksam ist, wenn sie in einem vor Inkrafttreten der Kompilation errichteten offenen notariellen Testament enthalten ist. Nach Durán y Bas[554] waren beide Klauseln früher in Katalonien sehr häufig.

II. Navarra

Nach der Regelung des Entwurfes eines Fuero Recopilado für Navarra ist das Testament vor allem dann nichtig, wenn die Formvorschriften nicht beachtet wurden (L. 253 FR). Das Testament ist, unbeschadet der besonderen Vorschriften für das gemeinschaftliche Testament, frei widerruflich[555] (L. 255, 258 FR). L. 255 Abs. 1 FR bestimmt außerdem, daß eine etwaige derogatorische Klausel als nicht geschrieben gilt[556]. Dagegen läßt L. 255 Abs. 2 FR die „clausula ad cautelam" zu. Anderer Ansicht sind für das geltende Recht Lacarra[557] und Alonso y Lambán[558], die beide Klauseln für unzulässig halten.

---

553 Pella III, 140; Borrell y Soler, Cataluña V, 341; Alonso y Lambán VI, 59 f.
554 Durán y Bas 182.
555 Lacarra II, 114.
556 Ebenso Lacarra II, 114.
557 Lacarra II, 114.
558 Alonso y Lambán VI, 60.

Das spätere Testament und der spätere Erbvertrag widerrufen ein früheres Testament gemäß L. 257 Abs. 1 FR in vollem Umfange, wenn sie es nicht ausdrücklich teilweise oder in seiner Gesamtheit aufrechterhalten. Dagegen widerruft eine spätere „Memoria testamentaria" die frühere nur insoweit, als die spätere „Memoria" mit der früheren in Widerspruch steht (L. 261 FR).

§ 18: DAS GEMEINSCHAFTLICHE TESTAMENT

I. Der Standpunkt des gemeinen Rechts

Das spanische Testament ist, wie das des älteren römischen Rechts, streng einseitig. Die germanischen Rechte führten das gemeinsame Testament zwischen Ehegatten in das Recht der Halbinsel ein, und es wurde auch im kastilischen Recht zur ständigen Praxis. Schließlich war es nicht mehr nur zwischen Ehegatten, sondern auch zwischen Verlobten, Eltern und Kindern oder Geschwistern gebräuchlich. Wegen der vielen dadurch entstehenden Probleme, besonders im Hinblick auf die Widerruflichkeit, wurde es im Código Civil, dem napoleonischen Beispiel folgend, ganz abgeschafft. Nach Art. 669 können zwei oder mehrere Personen weder gegenseitig noch zu Gunsten eines Dritten in einem Schriftstück testieren, und zwar auch nicht im Ausland unter dem Schutz einer das gemeinschaftliche Testament anerkennenden lex loci (Art. 733 CC). Es ist nicht nur das testamentum correspectivum bzw. reciprocum, sondern auch das testamentum mere simultaneum verboten. Nach PUIG PEÑA[559] fallen dagegen nicht unter Art. 669:

1. gegenseitige Testamente, die in verschiedenen Urkunden errichtet sind[560],
2. zwei völlig verschiedene und voneinander unabhängige letztwillige Verfügungen in einer Urkunde, in denen zugunsten mehrerer Dritter verfügt wird, da Art. 669 nur verbietet, daß mehrere Personen zugunsten des gleichen Dritten verfügen,
3. zwei unter 2. genannte Verfügungen von Ehegatten.

Die Ausnahmen zu 2. und 3. sind aber bestritten und wegen der Schwierigkeiten bei der Abgrenzung äußerst zweifelhaft.

---

559 PUIG PEÑA V/1, 216.

560 So auch OSSORIO MORALES 34.

II. Die Regelung in den Foralrechten

1. *Übersicht*

Das gemeinschaftliche Testament ist noch zulässig in *Aragón* (Art. 17 ap.; Art. 43 Abs. 1 VE) und *Navarra* (vgl. L. 241 FR). In den übrigen Foralrechtsgebieten gilt heute kein besonderes Recht mehr, so daß Art. 669 CC eingreift. Bis zum Inkrafttreten der Kompilation war das gemeinschaftliche Testament jedoch in *Katalonien* nicht verboten. Schon in einem Rundschreiben vom 20. 12. 1889 hatte aber die Notarskammer von Barcelona empfohlen, das Verbot des Código Civil zu beachten. Ebenfalls bis zum Inkrafttreten der entsprechenden Kompilation war das gemeinschaftliche Testament auch in *Vizcaya* zulässig und in G. 1, Tit. 21 Fuero de Vizcaya geregelt. Da es in Vizcaya, anders als in Katalonien, auch gebräuchlich war, werden im Verlauf der folgenden Erörterung einige kurze Hinweise auf die alte Rechtslage gegeben.

2. *Zulässigkeit*

Wie im deutschen Recht können in *Aragón* nur Ehegatten ein gemeinschaftliches Testament errichten (Art. 17 ap.; Art. 43 Abs. 1 VE). Das gleiche galt für das alte *biskayische* Recht. Seinen Ursprung sehen die aragonesischen Autoren im Gewohnheitsrecht des hohen Mittelalters[561]. Aus der Zeit vor dem Inkrafttreten des Apéndice sind auch noch gemeinschaftliche Testamente bekannt, die von Geschwistern[562] und von Mutter und Tochter[563] errichtet wurden, so daß in Aragón die Beschränkung auf Ehegatten jüngeren Datums ist.

Das gemeinschaftliche Testament des *navarrischen* Rechtes (testamento de hermandad; sonst: testamento mancomunado) kann nicht nur von Ehegatten, sondern allgemein von zwei oder mehreren Personen errichtet werden. Das Kapitel 4, Tit. 4, Buch 2 des Fuero General sprach zunächst nur vom gemeinschaftlichen Testament unter Ehegatten[564]. Die Gewohnheit ließ es aber auch für Nichtehegatten zu, und in einem Gesetz der navarrischen Cortes von 1766 ist erstmals von dem „testamento de hermandad entre marido y mujer, o de cualquiera otras personas" die Rede[565]. L. 241 FR definiert das gemeinschaftliche Testament als das von zwei oder mehr Personen gemeinschaftlich oder in einer Urkunde errichtete Testament[566].

---

561 Alonso y Lambán VI, 23.

562 Res. 28. 10. 1894.

563 T. S. 28. 5. 1912.

564 „Et si marido et muger fazen destin en uno", abgedruckt bei Santamaría de Cristóbal 203.

565 Santamaría de Cristóbal 203.

566 Lacarra II, 97; Santamaría de Cristóbal 193; Alonso y Lambán V, 25.

3. *Abhängigkeit vom Bestand der Ehe*

Ähnlich der Regelung in § 2268 BGB ist das gemeinschaftliche Testament in *Aragón* vom Bestand der Ehe abhängig und unwirksam, wenn zu Lebzeiten beider Ehegatten die Ehe für nichtig erklärt oder getrennt wird, sowie dann, wenn die Trennungsklage oder die Strafklage wegen Ehebruchs erhoben ist und der Ehegatte hiervon bei seinem Tode Kenntnis hat (Art. 18 ap.; ähnlich Art. 47 VE).

In *Navarra* führt die Zulässigkeit des gemeinschaftlichen Testaments auch für Nichtehegatten zu der Frage, ob auch dort eine ähnliche Abhängigkeit vom Bestand der Ehe besteht, wenn Ehegatten gemeinschaftlich testieren. SANTAMARÍA[567] bejaht dies, da die Nichtigkeit der Ehe dem gemeinschaftlichen Ehegattentestament die ethische Grundlage entziehe und die Wirksamkeit des Testamentes dem vermuteten Willen der Erblasser widerspräche. Dagegen sind ALBAREDA[568] und ALONSO Y LAMBÁN[569] der wohl richtigen Auffassung, daß die Nichtigkeit der Ehe auf das gemeinschaftliche Testament ohne Einfluß ist, da auch Nichtehegatten gemeinsam testieren können und die „Exehegatten" die Möglichkeit haben, das Testament zu widerrufen.

4. *Form*

Für die Errichtung des gemeinschaftlichen Testamentes stehen mehrere Formen zur Verfügung, wobei die Ausführungen über *Aragón* im wesentlichen auch für *Navarra* Gültigkeit haben. Wird das notarielle Testament gewählt, so bestimmt Art. 17 Abs. 1 ap., daß es bei Errichtung als offenes Testament genügt, wenn ein Ehegatte die Erklärung abgibt und der andere sie bestätigt. Auch das geschlossene notarielle Testament begegnet keinen Schwierigkeiten, da Art. 706 CC keine Eigenschriftlichkeit, sondern nur die Unterschrift der Erblasser verlangt. Wegen des Fehlens einer § 2267 BGB entsprechenden Vorschrift wird dagegen die Zulässigkeit, ja sogar die tatsächliche Möglichkeit eines gemeinschaftlichen eigenhändigen Testamentes in der aragonesischen Literatur verneint, da es entweder an der erforderlichen Eigenschriftlichkeit beider Ehegatten oder an der Einheit bzw. Gemeinschaftlichkeit des Testamentes fehle[570]. Zur weiteren Begründung wird vorgetragen, daß das in den Foralrechtsgebieten durch den CC eingeführte holographische Testament streng einseitig sei. LORENTE

---

567 SANTAMARÍA DE CRISTÓBAL 193.

568 ALBAREDA 50.

569 ALONSO Y LAMBÁN VI, 28.

570 LACRUZ, Notas al Binder 124; ALONSO Y LAMBÁN VI, 30; TEIXEIRA 147.

Sanz[571] sieht einen, wenn auch gekünstelten Ausweg darin, daß beide Ehegatten jeweils das gesamte Testament gleichlautend niederschreiben. Die aragonesischen Autoren übersehen bei der Erörterung von § 2267 BGB, daß diese Vorschrift das gemeinschaftliche eigenhändige Testament nicht erst möglich macht, sondern nur ein gesetzliches Beispiel für die Form darstellt. Es genügt jedoch — mit den von der Rechtsprechung gemachten Einschränkungen —, wenn die Ehegatten in irgendeiner Form klar zum Ausdruck bringen, daß ihre eigenschriftlichen Erklärungen aus einem gemeinsamen Entschluß hervorgegangen sind[572]. Gleichwohl steht die navarrische Lehre auf demselben Standpunkt[573]. Im Dictamen wird in L. 260 S. 2 ausdrücklich die Bestimmung aufgenommen: „Es (d. h. das gemeinschaftliche Testament) kann nicht in eigenschriftlicher Form errichtet werden." Die Gründe hierfür — so ergänzt Anm. 179 — sind offenkundig. Gemeint sind damit wohl die angestellten Überlegungen.

Die übrigen Testamentsformen, einschließlich der besonderen Testamente, sind dem gemeinschaftlichen Testament zugänglich (Art. 17 Abs. 3 ap.), wobei sich jedoch gegebenenfalls beide Ehegatten in der das besondere Testament rechtfertigenden Lage befinden müssen (Art. 697 f., 716 f. CC)[574]. Dies gilt auch für das *aragonesische* Testament vor einem Geistlichen, das — obwohl es als ordentliches Testament angesehen wird — die Todesgefahr voraussetzt. Besteht diese für beide Ehegatten, so ist es zulässig[575]. Schwebt aber nur ein Ehegatte in Todesgefahr, so ist es unzulässig. Für das *navarrische* Pfarrertestament ergibt sich das gleiche, wenn man mit der h. L. der Auffassung ist, daß es eine Lebensgefahr des Erblassers voraussetzt[576]. Anderer Auffassung ist Santamaría[577], der aber die Voraussetzung der Todesgefahr unberücksichtigt läßt.

Gemäß Art. 43 Abs. 2 VE kann das gemeinschaftliche Testament in jeder zulässigen Form errichtet werden, wenn deren jeweilige Voraussetzungen gegeben sind.

Etwas anders war die Regelung in *Vizcaya*. Die Form des gemeinschaftlichen Testaments war dort dadurch erleichtert, daß die Errichtung durch

---

571 Lorente Sanz, Testamento mancomunado 132.

572 Kipp/Coing 159; Palandt, Anm. 3 a. E. zu § 2267.

573 Insbesondere Santamaría de Cristóbal 195.

574 Alonso y Lambán VI, 31; Teixeira 148.

575 Teixeira 147; Alonso y Lambán VI, 30; Lorente Sanz, Testamento mancomunado 132; Rivas Pérez 387.

576 Solchaga 415 f.

577 Santamaría de Cristóbal 196 f.

einen Ehegatten genügte, wenn es der andere Ehegatte zu dessen Lebzeiten in testamentarischer Form genehmigte[578]. Dies führte dazu, daß die Ehegatten auch wie nach § 2267 BGB eigenhändig testieren konnten und die für Aragón und Navarra vorgetragenen Bedenken keine Gültigkeit haben.

5. Inhalt

In *Aragón* kann der Inhalt des gemeinschaftlichen Testamentes in Verfügungen zugunsten des anderen Ehegatten oder zugunsten eines Dritten bestehen (Art. 17 Abs. 1 ap.). Sind Kinder vorhanden, so erhält meist der überlebende Ehegatte den Nießbrauch am unbeweglichen Vermögen oder am gesamten Nachlaß mit der Befugnis, die Erbschaft nach seinem Gutdünken unter den Kindern zu verteilen[579]. Sind keine Kinder vorhanden, so beerben sich die Ehegatten gegenseitig. Beide Formeln werden häufig miteinander verbunden und begegnen auch im Erbvertrag, wo die gegenseitige Erbeinsetzung der Ehegatten als „casamiento al más viviente“ bezeichnet wird.

Haben sich die Ehegatten gegenseitig zu Erben eingesetzt und bestimmt, daß nach dem Tode des Überlebenden der beiderseitige Nachlaß an einen Dritten fallen soll[580], so wird in der Regel abweichend vom deutschen Recht angenommen, daß dieser Dritte jeweils Erbe des Ehegatten ist, von dem der Nachlaß herrührt, gleichgültig, ob dieser zuerst oder zuletzt verstorben ist. Je nach der Verfügungsbefugnis des Überlebenden erwirbt der Dritte somit den Nachlaß des vorverstorbenen Ehegatten als Nacherbe einer befreiten oder nicht befreiten Vorerbschaft und den des Überlebenden — wenn dies auch in der aragonesischen Literatur unerwähnt bleibt — als Ersatzerbe. Die Frage, ob eine nicht befreite oder eine befreite — und damit durch das Vorhandensein eines Nachlaßrestes beim Nacherbfall bedingte — Vorerbschaft vorliegt, ist für den Erwerb und die Vererblichkeit des Anwartschaftsrechtes bedeutsam[581]. Darüber hinaus ist es für die spätere Beerbung des Dritten nach Fallrecht[582] entscheidend, von wem die einzelnen Vermögenswerte stammen, die der Nach- bzw. Ersatzerbe erwirbt (Art. 39, 40 ap.)[583].

---

578 Jado 29; Alonso y Lambán VI, 29.

579 Lorente Sanz, Testamento mancomunado 133; Teixeira 149; Lacruz, Notas al Binder 124.

580 Berliner Testament, vgl. § 2269 BGB.

581 Unten § 22.

582 Unten § 36.

583 Lorente Sanz, Testamento mancomunado 134 f.; Teixeira 149; Alonso y Lambán VI, 33; Lacruz, Notas al Binder 124.

In *Navarra* hat das gemeinschaftliche Testament unter Ehegatten meist die gegenseitige Erbeinsetzung zum Inhalt, auch wenn Abkömmlinge vorhanden sind. Kollisionen mit deren Pflichtteilsrecht, wie sie in Aragón auftreten würden, kommen dabei nicht vor. Vielmehr werden die Abkömmlinge gerade durch die gleichzeitige Einsetzung auf die formelle „legítima" enterbt[584]. Ist bei der gegenseitigen Erbeinsetzung bestimmt, daß der Nachlaß nach dem Tode des Überlebenden an einen Dritten fallen soll, so wird dies auch in Navarra als Vor- und Nacherbschaft am Nachlaß des Vorverstorbenen ausgelegt. Nach einem Urteil der A. T. Pamplona vom 25. 10. 1943[585] kann aber der Überlebende über den Nachlaß des Vorverstorbenen frei unter Lebenden verfügen, wenn ihm nicht ausdrückliche Beschränkungen auferlegt sind. Das gleiche sagt L. 247 FR. Der Überlebende ist somit mangels ausdrücklicher anderweitiger Bestimmung befreiter Vorerbe. Außerdem können Vermächtnisse auch des Vorverstorbenen erst nach dem Tode des Überlebenden — oder, bei mehr als zwei Erblassern, nach dem Tode des zuletzt Versterbenden — gefordert werden[586] (L. 246 FR).

Für das alte *biskayische* gemeinschaftliche Testament leitete Jado[587] aus dem Text des Fuero ab, daß es nur zugunsten eines Dritten möglich war, nicht aber eine gegenseitige Erbeinsetzung der Ehegatten enthalten durfte. Dieser Dritte müsse außerdem ein Abkömmling der beiden Ehegatten sein[588].

6. *Widerruf*

In *Aragón* kommt es für die Frage des Widerrufes der Verfügungen eines Ehegatten, abgesehen von der verschiedenen Rechtslage zu Lebzeiten beider Ehegatten und nach dem Tod eines der Ehegatten, wie bei uns darauf an, ob die Verfügung wechselbezüglich ist oder nicht. Im früheren Recht ging dagegen die Widerrufsmöglichkeit auch nach dem Tode eines Ehegatten offenbar sehr weit und war nur dann ausgeschlossen, wenn ein Ehegatte verfügt oder testiert und der andere lediglich zugestimmt hatte[589].

---

584 Santamaría de Cristóbal 197 f.; Lacruz, Notas al Binder 124; Alonso y Lambán VI, 32.

585 Zitiert bei Santamaría de Cristóbal 199.

586 Lacarra II, 201.

587 Jado 252; ihm folgt García Royo II, 280.

588 Jado 253.

589 Lorente Sanz, Testamento mancomunado 138; Alonso y Lambán VI, 24; Teixeira 151; Isabal 265; Franco/Guillén 29: alle unter Berufung auf Observancia 1, „de testamentis".

Heute kann der Widerruf zu Lebzeiten beider Ehegatten außer durch gemeinschaftliche Verfügung auch einseitig erfolgen, wenn der Widerrufende dem anderen Ehegatten seine Absicht durch einen Notar förmlich mitteilt (Art. 19 Abs. 1 ap.; nach NAGORE[590] ist Art. 19 ap. dem BGB — offenbar §§ 2271 Abs. 1, 2296 Abs. 2 — entnommen). Art. 45 VE sieht von diesem auf heftige Kritik gestoßenen, durch den Apéndice neu eingeführten Erfordernis ab.

Nach dem Tode eines der beiden Ehegatten ist der Widerruf gemäß Art. 19 Abs. 2, 3 ap. weitaus beschränkter als im deutschen Recht, da nicht, wie in § 2271 BGB, auf die einzelne Verfügung abgestellt wird, sondern eine unwiderlegliche Vermutung zugunsten der Wechselbezüglichkeit eingreift, die auch gilt, wenn sich die Ehegatten nicht gegenseitig etwas zugewendet haben. Nimmt nämlich der Überlebende das ihm von seinem verstorbenen Ehegatten Zugewendete an, so gelten alle von ihm errichteten Verfügungen als wechselbezüglich und sind unwiderruflich. Etwas anderes kann sich nur aus dem Testament selbst ergeben, wenn z. B. der Widerruf ausdrücklich gestattet ist. Enthält das Testament keine Verfügungen zugunsten eines der Ehegatten, so muß allerdings auch im aragonesischen Recht die Wechselbezüglichkeit von Fall zu Fall geprüft werden[591]. Ein Widerruf durch den Überlebenden ist daher nur möglich, wenn das Testament weder Verfügungen zu seinen Gunsten noch sonst wechselbezügliche Verfügungen enthält, wenn er das ihm Zugewendete ausschlägt oder wenn der Widerruf im Testament ausdrücklich gestattet ist[592]. Unbeschadet der Unwiderruflichkeit ist die Aufhebung der Verfügungen ähnlich wie nach §§ 2271 Abs. 2 S. 2, 2294, 2336 BGB zulässig. Außerdem kann der überlebende Ehegatte insoweit von Todes wegen verfügen, als hierdurch das gemeinschaftliche Testament nicht berührt wird.

Der VE bestimmt, daß die Verfügungen im gemeinschaftlichen Testament zu Lebzeiten beider Ehegatten frei widerruflich sind, auch wenn sie ausdrücklich als wechselbezüglich, d. h. als gegenseitig bedingt, bezeichnet werden. Ihr Widerruf führt zur Unwirksamkeit auch der wechselbezüglichen Verfügungen des anderen Ehegatten (Art. 46 Abs. 1 VE). Nach dem Tode eines Ehegatten kann der Überlebende seine wechselbezüglichen Verfügungen nicht mehr widerrufen (Art. 46 Abs. 2 VE).

---

590 NAGORE, Revocación de Disposiciones sucesorias, in: Curso 244.

591 LACRUZ, Notas al Binder 125.

592 TEIXEIRA 152; LORENTE SANZ, Testamento mancomunado 145.

In *Navarra* ist der Widerruf des gemeinschaftlichen Testamentes zu Lebzeiten aller Erblasser möglich entweder durch gemeinsames Handeln aller Beteiligten (Kap. 4, Tit. 4, Buch 2 Fuero General) oder einseitig durch einen Beteiligten mit Kenntnis der anderen (Gesetz von 1766; ebenso L. 243 Abs. 1 FR). Wie den anderen Beteiligten der Widerruf mitzuteilen ist, regelt das navarrische Recht nicht[593]. SANTAMARÍA[594] hält eine persönliche Mitteilung für notwendig, die durch die öffentliche Zustellung ersetzt werden kann, wenn der Aufenthalt des Empfängers unbekannt ist. L. 243 stimmt mit dieser Ansicht überein und läßt die Mitteilung sowohl vor als auch nach dem Widerruf durch neues Testament zu.

In Navarra gelten alle Verfügungen in einem gemeinschaftlichen Testament als wechselbezüglich[595]. Es kann daher nach dem Tode eines der Beteiligten nicht mehr widerrufen werden (so bereits Fuero General, 4, 4, II und Gesetz von 1766)[596]. Eine Ausnahme hiervon sieht de lege ferenda L. 244 Abs. 2 FR übereinstimmend mit den früheren Entwürfen[597] dann vor, wenn ein Überlebender nach dem Tode eines der Beteiligten legitime Abkömmlinge hat. Er kann dann die Verfügungen über sein eigenes Vermögen widerrufen. LACARRA[598] nennt als weitere Ausnahme das rein gegenseitige Testament, das keine Verfügungen zugunsten Dritter enthält. In diesem Falle sind aber die Verfügungen des Überlebenden zugunsten des Verstorbenen durch dessen Tod gegenstandslos geworden, und es bedarf keiner näheren Begründung, daß der Überlebende nunmehr über sein eigenes und das ererbte Vermögen auch von Todes wegen verfügen darf. Der Widerruf erscheint aber in jedem Falle dann zulässig, wenn er im Testament ausdrücklich zugelassen ist[599].

In *Vizcaya* konnte das gemeinschaftliche Testament von einem der Ehegatten erst nach Jahr und Tag („año y día") widerrufen werden. Starb einer der Ehegatten innerhalb dieses Jahres, so wurde das Testament auch für die Zeit nach Ablauf dieser Frist unwiderruflich. Lebten beide Ehegatten nach der Errichtung länger als ein Jahr, so konnte jeder von ihnen

---

593 LACRUZ, Notas al Binder 128; ALONSO Y LAMBÁN VI, 36; LACARRA II, 98.

594 SANTAMARÍA DE CRISTÓBAL 202.

595 LACRUZ, Notas al Binder 124; ALONSO Y LAMBÁN VI, 37.

596 LACARRA II, 98; LACRUZ, Notas al Binder 124 f.; ALONSO Y LAMBÁN VI, 35, 37; SANTAMARÍA DE CRISTÓBAL 200; ebenso L. 244 Abs. 1 FR.

597 SANTAMARÍA DE CRISTÓBAL 204 f.

598 LACARRA II, 98.

599 NAGORE (oben N. 590) 246.

nach dem Tode des anderen seine Verfügungen frei widerrufen[600]. Errichtete ein Ehegatte das Testament allein, während es der andere nur genehmigte, so lief die Frist seit Errichtung des ersten Testamentes, da die Genehmigung dazu führte, daß dieses — ex tunc — als gemeinschaftlich anzusehen war[601].

---

600 Jado 253; Alonso y Lambán VI, 35, 38.
601 Vgl. Jado 253.

2. Abschnitt

Inhalt des Testamentes

§ 19: ERBEINSETZUNG

I. Übersicht

Sieht man von der in allen Foralrechtsgebieten außer auf Menorca und in Galizien vorhandenen Möglichkeit ab, den Erben durch Erbvertrag oder im Wege der antizipierten Erbfolge durch Übergabevertrag einzusetzen, so sind Besonderheiten im Zusammenhang mit der Einsetzung des Erben im Testament nur für die „römischrechtlichen" Gebiete Balearen, Katalonien und Navarra zu erörtern. Die restlichen Gebiete weisen keine Abweichungen vom gemeinen Recht auf, dessen Darstellung im übrigen hier überflüssig erscheint, da es keine wesentlich anderen Regeln enthält als das deutsche Recht des BGB.

II. Katalonien und Balearen

1. Notwendiger Testamentsbestandteil

Die wichtigste Besonderheit des katalanischen und balearischen Rechtes bei der Erbeinsetzung besteht darin, daß diese notwendiger Inhalt des Testamentes ist (Art. 109 Abs. 1 CDC; Art. 14 CDB; vgl. dagegen Art. 764 CC), wobei aber der Eingesetzte nicht ausdrücklich als Erbe bezeichnet zu sein braucht (Art. 109 Abs. 2 CDC). Ausgenommen hiervon ist Tortosa, nach dessen Sonderrecht[602] die Erbeinsetzung nicht wesentlicher Bestandteil des Testamentes ist. Bei Fehlen der Erbeinsetzung ist das Testament nichtig (Art. 242 CDC) und gegebenenfalls in ein Kodizill umzudeuten (Art. 106 CDC), auf den Balearen allerdings nur, wenn das Testament die Kodizillarklausel enthält (Art. 17 Abs. 3 CDB). Zu beachten ist, daß die Ernen-

---

[602] Früher: Konstitution 2, Rubrik 4, Buch 6 der Konstitutionen von Tortosa.

nung eines Universaltestamentsvollstreckers in Katalonien die fehlende Erbeinsetzung ersetzt (Art. 236 Abs. 2 CDC)[603].

2. *Auslegungsregeln*

Übereinstimmend bestimmen Art. 110 Abs. 1 S. 2 CDC und Art. 15 Abs. 1 S. 1 CDB, daß ein „Erbe", der neben einem oder anderen Erben, dem oder denen ein Bruchteil zugewendet wurde, nur auf eine bestimmte Sache eingesetzt ist, als Vermächtnisnehmer anzusehen ist[604]. Nach S. 2 der genannten Vorschriften erhalten dagegen die „Erben", wenn sie alle nur auf eine bestimmte Sache eingesetzt sind, diese als Vorausvermächtnis und sind im übrigen echte Erben zu gleichen Teilen, da, anders als im gemeinen Recht, immer eine Gesamtrechtsnachfolge eintritt[605], eine Intestaterbfolge aber vermieden werden soll[606]. Art. 210 Abs. 2 CDC und Art. 15 Abs. 2 CDB stellen den Erben, dem ein Nießbrauch vermacht ist, dem „ex re certa" Eingesetzten gleich.

Das Verbot der Koexistenz zwischen gesetzlicher und testamentarischer Erbfolge in Verbindung mit dem römischrechtlichen Satz „Semel heres, semper heres" hat zur notwendigen Folge, daß bei einer Erbeinsetzung unter auflösender Bedingung oder unter Bestimmung eines Anfangs- oder Endtermins die Bedingung bzw. der Termin als nicht gesetzt angesehen wird (Art. 111 Abs. 1 CDC; Art. 16 CDB)[606a]. Zulässig ist dagegen eine aufschiebende Bedingung, bei deren Eintritt der Bedachte ex tunc Erbe wird (Art. 111 Abs. 2 CDC; 801 CC). Dies gilt, obwohl eine ausdrückliche gesetzliche Regelung fehlt, auch auf den Balearen. Schon vor Eintritt der Bedingung hat der Erbe in Katalonien Anspruch auf Einräumung des vorläufigen Besitzes (Art. 276 CDC). Im übrigen gelten die Vorschriften des CC (Art. 801 ff. CC). Art. 111 Abs. 3 CDC schreibt vor, daß ein unbestimmter Termin im Zweifel als Bedingung anzusehen ist („dies incertus quando condictionem in testamento facit"). Für die Auflage bestimmt Art. 111 Abs. 3 CDC, daß ihre Nichterfüllung die Erbeinsetzung niemals unwirksam werden läßt, der Erblasser für diesen Fall jedoch eine fidei-

---

[603] In der balearischen Kompilation fehlt eine entsprechende Vorschrift.

[604] Die Unterscheidung zwischen Erbe und Vermächtnisnehmer ist im deutschen und im spanischen Recht gleich, § 2087 BGB einerseits; Art. 660, 768 CC andererseits.

[605] D. h. „Sterben macht Erben".

[606] Vgl. auch Borrell y Soler, Cataluña V, 90 f.; Pascual y González 194 spricht auch für die Balearen, anders als das wohl nur ungenaue Gesetz, von „Vorausvermächtnis".

[606a] Art 805 läßt Anfangs- und Endtermin zu. Nicht geregelt ist im gemeinen Recht die auflösende Bedingung, aber auch sie ist nach h. L. zulässig, vgl. Puig Peña V/1, 387; Castán IV, 424.

kommissarische Substitution (Nacherbschaft) anordnen oder andere Vorkehrungen treffen kann.

Ein auf einen Nießbrauch eingesetzter Erbe, der nicht nur Vermächtnisnehmer ist, und ein „lebenslänglich eingesetzter Erbe" („heredero vitalicio") sind fiduziarische oder Vorerben, wenn für die Zeit nach ihrem Tode ein anderer Erbe eingesetzt, sonst, oder wenn der Bezeichnete nicht Nacherbe wird, Vollerben (Art. 112 CDC).

Während nach gemeinem Recht ein zusammen mit seinen Kindern eingesetzter Erbe gleichzeitig mit diesen Erbe wird (Art. 771 CC), sieht die Auslegungsregel in Art. 113 Abs. 1 CDC die Kinder in diesem Falle als Ersatzerben an, es sei denn, der Erblasser habe etwas anderes bestimmt. In Abs. 2 und 3 der genannten Vorschrift finden sich Regeln für die Berechnung des Erbteils, wenn ein Teil der Erben einzeln, ein anderer Teil „coniunctim" eingesetzt ist. Im Zweifel entfällt dabei auf die zusammen eingesetzten Erben ein Erbteil gleicher Höhe wie auf einen der einzeln eingesetzten. Ist der Anteil einer Gruppe unbestimmt, so erhält sie den Teil der Erbschaft, über den nicht verfügt ist. Ist ein solcher Überrest („porción sobrante") nicht vorhanden, so wird die Zahl der Erbteile so lange vervielfacht, bis ein Überrest bleibt.

Für die Bestimmung des Erben, der nach dem CC namentlich oder durch die Umstände gekennzeichnet sein kann, die ihn unmißverständlich identifizieren (Art. 772 CC)[607], enthält die katalanische Kompilation in Art. 114 CDC einige Auslegungsregeln. Sind die „Kinder" („hijos") ohne Namensangabe bedacht, so fallen hierunter die aus einer gültigen Ehe hervorgegangenen Kinder beiderlei Geschlechts sowie die Abkömmlinge eines Vorverstorbenen. Hierbei schließen die dem Grade nach näher mit dem Erblasser verwandten Abkömmlinge die entfernteren aus, wobei die Abkömmlinge jeweils nach Stämmen in das Erbrecht des Weggefallenen eintreten (Art. 114 Abs. 1 CDC)[608]. Die Hauptbedeutung dieser Vorschrift liegt darin, daß sie im Einklang mit dem klassischen katalanischen Recht klarstellt, daß der Begriff „hijos" die Abkömmlinge beiderlei Geschlechts umfaßt, wenn er vom Erblasser oder im Gesetz selbst verwendet wird[609]. Sind die Abkömmlinge eines Dritten bedacht, so sind die beim Erbanfall („delatio") noch nicht erzeugten Abkömmlinge nicht berufen (Art. 114

607 Bei Mehrdeutigkeit ist die Verfügung unwirksam, Art. 773 Abs. 2 CC; vgl. dagegen § 2073 BGB.

608 Vgl. § 2068 BGB.

609 CONDOMINES/FAUS 160.

Abs. 2 CDC; vgl. § 2070 BGB). Ist einem Aszendenten der Nießbrauch vermacht, so sind diejenigen Abkömmlinge berufen, die zu dem Zeitpunkt geboren oder erzeugt sind, zu dem der Nießbrauch anders als durch Verzicht erlischt. Die noch nicht erzeugten Abkömmlinge werden in diesem Fall — offenbar vom Erbfall bis zum Erlöschen des Nießbrauches — durch einen Pfleger vertreten, wenn der Erblasser einen solchen benannt hat. Andernfalls übernimmt dessen Stellung der Nießbraucher, der im Einverständnis mit den bereits geborenen Abkömmlingen zu handeln hat (Art. 114 Abs. 3, 4 CDC). Im übrigen gelten auch in Katalonien die in Art. 770, 751 und 749 CC enthaltenen Auslegungsregeln (Einsetzung der Geschwister, der Verwandten und der Armen).

Abschließend sei in diesem Zusammenhang Art. 117 CDC erwähnt, der Vorschriften über ein letztwillig auferlegtes Verfügungsverbot enthält. Dieses ist nur wirksam, wenn es zeitlich beschränkt, vernünftig begründet und auferlegt wurde, um irgend jemanden zu begünstigen, wobei der Begünstigte auch der Erbe selbst sein kann (Abs. 1). Ist das Verfügungsverbot auferlegt, um das Vermögen auf einen Dritten übergehen zu lassen, so wird dies als Anordnung einer Nacherbschaft (fideikommissarischen Substitution) angesehen (Abs. 2). Das Verfügungsverbot unterliegt den gleichen Beschränkungen wie die Nacherbschaft (Abs. 3). Ist die Verfügung an die Zustimmung eines Dritten gebunden, so gilt Art. 211 Abs. 2 Ziff. 1 CDC. Danach entfällt die Zustimmungspflicht, wenn der Dritte gestorben ist, auf sein Recht verzichtet hat oder entmündigt wurde.

III. Navarra

Wie bereits angedeutet wurde, erfordert das Testament in Navarra nach wohl h. L.[610] zu seiner Gültigkeit die Erbeinsetzung nicht. Lacarra formuliert dies im Anschluß an Alonso[611] dahingehend, daß zwar das römische Recht die Erbeinsetzung grundsätzlich verlange, diesem Erfordernis aber dann genügt sei, wenn der Erblasser die Zwangserben auf den formellen Pflichtteil einsetzt. Diese Einsetzung ist aber in Wirklichkeit ein Mittel zur Enterbung. Ist sie im Testament enthalten, so kann der Erblasser über den gesamten Nachlaß auch durch Vermächtnisse zugunsten Dritter verfügen. Es gilt dann Art. 891 CC: der durch Einsetzung auf den Pflichtteil Enterbte

[610] Lacruz, Notas al Binder 65; Lacarra II, 54, 115 f.; a. A. Castán, D. F. 84.
[611] Alonso I, 335.

haftet nie für die Nachlaßverbindlichkeiten (vgl. L. 234 FR). Erschöpfen die Vermächtnisse den Nachlaß nicht, so fällt der Überrest an die gesetzlichen Erben.

Der FR regelt die Frage der Erbeinsetzung nicht, so daß insoweit — de lege ferenda — gemeines Recht gelten würde. Das Dictamen schlägt in L. 293 f. eine Anzahl von Vorschriften zur Ausfüllung dieser Lücke vor. Nach Anm. 187 wurden hierbei die gegenwärtige navarrische Praxis und die römischrechtliche Lehre, soweit ihr foralrechtliche Normen nicht widersprechen, berücksichtigt. So sind nach L. 293 Dictamen Testament und Erbvertrag auch ohne Erbeinsetzung wirksam. L. 294 Dictamen sagt ausdrücklich, daß die gesetzliche und die testamentarische Erbfolge nebeneinander eingreifen können, da sie bestimmt, daß für den Nachlaßteil, über den nicht verfügt wurde, die gesetzliche Erbfolge eintritt. L. 296 Dictamen läßt die Erbeinsetzung unter aufschiebender oder auflösender Bedingung und unter Zeitbestimmung zu, wobei der „dies incertus" als Bedingung anzusehen ist (vgl. Art. 111 Abs. 3 CDC). Auch diese Möglichkeit ergibt sich aus der absoluten Testierfreiheit[612].

Zur Auslegung der Erbeinsetzung ist zu beachten, daß in Navarra ein Gesetz von 1580 (1, 13, 3 Nov.) die Repräsentation, d. h. also den Eintritt der Abkömmlinge, auch bei der testamentarischen Erbfolge zuläßt. Dieses Gesetz hat zu verschiedenen Auslegungsschwierigkeiten Anlaß gegeben. Es lautet im entscheidenden Teil:

> „En las disposiciones ex-testamento o intervivos, los hijos y descendientes, por línea recta de los substituídos y llamados a la sucesión de algunos bienes, que murieren antes que los primeros llamados, entren en lugar de sus padres, y ascendientes; como si ellos vivieren, representándolos."

Die Frage geht dahin, wer die Abkömmlinge der „substituídos" sind. „Substituídos" meint den Vorerben oder allgemein den Erstberufenen im Falle der Substitution. Da aber das Gesetz die Repräsentation für den Fall vorsieht, daß der „substituído" vor den „primeros llamados", den Erstberufenen, stirbt, kann das Wort hier nicht diese Bedeutung haben. Das Gesetz würde dann lauten: „Wenn der Erstberufene vor dem Erstberufenen stirbt..." Die Auslegungsversuche sind zahlreich und kommen zu zwei Ergebnissen:

1. Die Bezeichnung „substituído" beruht auf einem Irrtum und soll

---

[612] Lacarra II, 179.

richtig heißen „instituído" (Eingesetzter), und das Eintrittsrecht besteht immer dann, wenn der eingesetzte Erbe vor dem Erblasser stirbt[613].

2. Das Wort „substituído" bezeichnete zum Zeitpunkt des Erlasses des Gesetzes die heute „substituto" genannte Person, also den Ersatz- oder Nacherben, und nur zu dessen Gunsten besteht das Eintrittsrecht. Dieser Meinung ist die A. T. Pamplona[614]. Auch LACARRA[615], AIZPÚN TUERO[616] und FRAUCA LLAMAS[617] legen das Gesetz in dieser Weise aus, wobei vor allem der letztgenannte Autor überzeugende Gründe anführt. Sie kommen zu dem Ergebnis, daß das Repräsentationsrecht auch für die Abkömmlinge des Erstberufenen oder allgemein für die Abkömmlinge jedes Testamentserben gegeben ist, wenn dies auch nicht aus dem genannten Gesetz hervorginge. LACARRA begründet dies aus der Analogie des Sachverhalts, wobei er aber m. E. übersieht, daß von einer Ausnahme nicht auf eine allgemeine Regel geschlossen werden darf. Überzeugender ist die Begründung FRAUCAS, der sinngemäß ausführt: Die Cortes de Navarra regelten einen Sonderfall, weil die allgemeine Regel — Repräsentation auch bei der testamentarischen Erbfolge — bereits feststand. Sie ergibt sich nicht aus 1, 13, Nov., sondern aus der durch die Lehre anerkannten Gewohnheit. Ähnlich lautet auch das Urteil des T. S. vom 16. 12. 1943: „Der navarrische Gesetzgeber, der das Repräsentationsrecht für die zweite Berufung festlegte, unterließ die gleiche Erklärung für den Erstberufenen, weil sie zu keinen Zweifeln Anlaß gab"[618].

Als Grundsatz kann daher festgehalten werden, daß das navarrische Recht die Repräsentation auch bei der testamentarischen Erbfolge zugunsten der Abkömmlinge eines vorverstorbenen Kindes vorsieht.

Eine Bestätigung hierfür findet sich in L. 292 FR: „Bei der testamentarischen Erbfolge zugunsten von Abkömmlingen und[619] Geschwistern des Erblassers besteht ein Repräsentationsrecht bezüglich des vorverstorbenen oder erbunfähigen Erben, wenn der Erblasser nicht ausdrücklich etwas anderes bestimmt hat. Als gegenteilige Bestimmung ist hierbei nicht die bloße Anordnung einer Substitution anzusehen, wenn durch sie nicht aus-

---

613 ALONSO I, 347.

614 ALBALADEJO/LACRUZ 210.

615 LACARRA II, 160.

616 AIZPÚN TUERO (oben N. 350) 220.

617 FRAUCA LLAMAS, La representación sucesoria en el Derecho navarro (Zaragoza 1956) 65 f.

618 Im Ergebnis ebenso AIZPÚN TUERO (oben N. 350) 221 f.

619 — weiter als das geltende Recht —

drücklich die Repräsentation des Eingesetzten durch seine Abkömmlinge ausgeschlossen erscheint."

§ 20: EINSETZUNG UND BESTIMMUNG DES ERBEN DURCH DRITTE

I. Übersicht

Während das deutsche Recht in §§ 2064, 2065 BGB und das gemeinspanische Recht in Art. 670 CC den höchstpersönlichen Charakter der Verfügungen von Todes wegen und den Ausschluß der Stellvertretung bei ihrer Errichtung normieren, kennen alle Foralrechte, mit Ausnahme des galizischen Gewohnheitsrechtes und des Fuero von Baylío, verschiedene Formen der Einsetzung und Bestimmung des Erben durch Dritte, meist den Ehegatten des Erblassers. Es kann als sicher angenommen werden, daß diese Formen unmittelbar auf dem kanonischen Recht beruhen, wo man aus C. 3 X III. 26 („qui extremam voluntatem in alterius dispositionem committit, non videtur decedere intestatus") ableitete, daß Geistliche die Verteilung ihres Nachlasses einem Treuhänder übertragen dürfen[620], wenn auch manche Formen unverkennbare Züge des römischen Fideikommiss zeigen.

Im einzelnen finden sich folgende Möglichkeiten der Erbeinsetzung durch Dritte:

1. das sogenannte *kommissarische Testament* oder Treuhändertestament („testamento por comisario") in Aragón (Art. 29 ap.; die sog. „Fiducia", vgl. Art. 48 VE), in Navarra und Vizcaya (Art. 15—20, 48 CDV).

2. die Einsetzung eines *„heredero de confianza"*, eines Vertrauenserben, dessen Aufgabe es ist, den Nachlaß einer Bestimmung zuzuführen, die ihm der Erblasser — meist vertraulich — mitgeteilt hat[621]. Die Rechtsfigur des „heredero de confianza" findet sich in Katalonien und Navarra (vgl. Art. 118 CDC; L. 269 f. FR).

3. die *„cláusulas de confianza"*, die letztwillige Übertragung der Befugnis, den Erben aus einer bestimmten Gruppe, vor allem den Kindern des Erblassers, auszuwählen, wobei die Auswahl meist nur dem Ehegatten übertragen werden kann. Sie finden sich in Katalonien (Art. 115, 116 und Art. 176 CDC) sowie auf Ibiza und Formentera (Art. 77 CDB). Ähnliche

620 Vgl. KIPP/COING 82; STOBBE 264, 270.

621 BORRELL Y SOLER, Cataluña V, 194.

Funktionen erfüllt im Geltungsbereich des mallorkinisch-menorkinischen Rechtes der „heredero distribuidor" (Art. 18 f. CDB) und der mit einem „usufructo poderoso" ausgestattete Ehegatte des Fuero von Ayala.

Eine systematische Einteilung der einzelnen aufgeführten Möglichkeiten kann vor allem darauf abstellen, welche Stellung der Dritte nach innen und nach außen erhält und welchen Inhalt seine Befugnisse bzw. sein Auftrag haben; d. h. ob er selbst Erbe ist, ob er selbständige Rechte an dem Nachlaß hat, ob er bei der Wahl des Erben gebunden ist oder nicht usw.

So ist der Treuhänder, der beim „testamento por comisario" mit der Regelung der Erbfolge betraut wird, nicht Erbe, sondern nur Beauftragter mit sehr weitgehenden, häufig seinem Ermessen überlassenen Befugnissen. Irgendwelche Rechte am Nachlaß stehen ihm nicht zu. Ähnliches gilt von dem durch eine „cláusula de confianza" zur Auswahl des Erben eingesetzten Ehegatten, der aber innerhalb der Abkömmlinge des Erblassers freie Hand hat. Auch der „heredero de confianza" ist nicht echter Erbe, sondern nur äußerlich mit der Stellung eines Erben ausgestattet, in Wahrheit jedoch „Beauftragter mit der Stellung eines qualifizierten Zeugen"[622], der keine Rechte am Nachlaß, sondern lediglich in Katalonien einen Vergütungsanspruch hat (Art. 119 Abs. 2 S. 1 CDC). Der „heredero distribuidor" auf Mallorca und Menorca und der auf einen „usufructo poderoso" eingesetzte Ehegatte in der „Tierra de Ayala" weisen hinsichtlich ihrer Aufgaben und Befugnisse sowohl Ähnlichkeiten mit dem Treuhänder-Kommissar des geltenden aragonesischen Rechtes als auch mit dem durch „cláusula de confianza" Beauftragten auf, sind aber mit eigenen Rechten am Nachlaß ausgestattet, die meist den Nießbrauch, in Einzelfällen beim „heredero distribuidor" auch das Eigentum zum Gegenstand haben können.

II. Das Treuhändertestament

1. Aragón

a) Allgemeines

Art. 29 ap. regelt einen Ausschnitt aus einer Institution des aragonesischen Rechtes, die der VE in seinem 3. Titel, Kapitel 3, als „Fiducia" bezeichnet und deren Wesen darin besteht, daß der Erblasser einen oder mehrere Treuhänder („fiduciarios") bestimmen kann, die seine Erbschaft regeln sollen (Art. 48 VE). Nach Art. 29 ap. ist es, abweichend von Art. 670, 671 CC, zulässig, daß „der Testator seinem Ehegatten allein oder zusammen mit bestimmten Verwandten die Regelung der Erbschaft, die Aus-

---

[622] Pella III, 347; Castán, D. F. 117.

wahl des oder der Erben und die Verteilung des Nachlasses überläßt, sei es frei und nur beschränkt durch zwingende Vorschriften, sei es innerhalb der vom Testator gesetzten möglichen und zulässigen Grenzen ... Die Handlungen des Treuhänder-Kommissars sind in öffentlicher Urkunde festzuhalten." Art. 29 Abs. 2 S. 2 sagt dann weiter, daß die Kommissare ihre Bestimmungen durch Testament oder unter Lebenden treffen können. Nur im ersten Falle kann man auf das Treuhändertestament die Definition CASTÁNS anwenden: Es ist das Testament, das jemand (der Kommissar) im Namen eines anderen (Kommittent) errichtet[623]. In jedem Fall bleibt es jedoch ungenau, von einer Testamentsform zu sprechen, da als solche nur das vom Kommissar errichtete Testament angesehen werden könnte, nicht aber das, in dem der Erblasser einen Kommissar ernennt. Abzustellen ist aber auf das letztgenannte Testament, das einen besonderen Inhalt hat.

Trifft der Kommissar in Aragón seine Anordnungen durch Rechtsgeschäft unter Lebenden, so sind sie unwiderruflich.

b) Anordnung im Erbvertrag

Der Apéndice bezieht sich nur auf die von dem Erblasser *testamentarisch* seinem Ehegatten übertragene Befugnis, da er vom „Testator" spricht und die Vorschrift sich unter der Überschrift „Von den Testamenten und ihren Formen" findet. In Wirklichkeit ist jedoch die Anordnung der „Fiducia" nicht durch Testament, sondern durch Ehe- und Erbvertrag üblich. In der Gegend Aragóns, in der die „Fiducia" am meisten verbreitet ist — im gebirgigen Alto Aragón —, verhielt sich die Häufigkeit des Erbvertrages zu der des Testamentes bis vor kurzem etwa wie 100 zu 5[624] und ist seit Beginn dieses Jahrhunderts nur unerheblich zurückgegangen[625].

c) Der Treuhänder

Gemäß Art. 29 ap. kann zum Kommissar nur der Ehegatte allein oder zusammen mit Verwandten ernannt werden. Nach Art. 48 Abs. 1 VE kann der Erblasser — nicht nur der Testator — einen oder mehrere Kommissare ernennen, zu denen notwendig sein Ehegatte gehören muß, wenn gemeinsame Abkömmlinge vorhanden sind.

d) Der „consejo de parientes" („junta de parientes")

Die Erwähnung der Verwandten im geltenden Apéndice deutet auf eine besonders in Alto Aragón weit verbreitete Institution des Familien- und

---

623 CASTÁN IV, 405.

624 EXPOSICIÓN DE MOTIVOS 12.

625 SAPENA, Pacto sucesorio 735, N. 3.

Erbrechts hin, den sogenannten „consejo de parientes“, der sich vom gemeinrechtlichen, dem Code Civil nachgebildeten Familienrat vor allem dadurch unterscheidet, daß er nicht auf vormundschaftsrechtliche Funktionen beschränkt ist. Im Apéndice nicht geregelt, widmet ihm der VE das 6. Kapitel des 1. Titels, Art. 23—30. Der „consejo de parientes“ übt vormundschaftsrechtliche Funktionen aus, entscheidet in vielen Fällen als Familiengericht („tribunal familiar“, Art. 29 VE) und wird schließlich im Rahmen der „Fiducia“ zur Bestimmung des Erben usw. tätig, wenn — wie in Alto Aragón üblich — der Erb- und Ehevertrag bestimmt: „Eines, mehrere oder alle Kinder aus dieser Ehe werden Erbe oder Erben sein ... und zwar die, die beide Ehegatten oder der Überlebende benennen, und wenn auch dieser stirbt, ohne die Wahl vorgenommen zu haben, so setzen ihn die beiden (oder mehrere) nächsten Verwandten und bei gleicher Gradesnähe die älteren, jeweils einer (zwei usw.) von seiten des ... (Ehemann) und einer (zwei usw.) von seiten der ... (Ehefrau) ein. Bei Meinungsverschiedenheiten unter den Verwandten entscheidet der Pfarrer“[626]. In dieser Formel sind bereits die wichtigsten Wesenszüge des „consejo de parientes“ enthalten:

1. Die subsidiäre Zuständigkeit. Häufig sind auch Fälle, wo der Überlebende zusammen mit den Verwandten oder nur mit den Verwandten, die aus der Linie des Vorverstorbenen berufen sind, entscheidet.
2. Die Berufung des Pfarrers zur Entscheidung bei Meinungsverschiedenheiten, also bei Stimmengleichheit. Der VE bestimmt hierzu, daß die Treuhänder einstimmig entscheiden müssen und andernfalls die gesetzliche Erbfolge eingreift. Ist jedoch aus den Umständen zu entnehmen, daß ein Alleinerbe bestimmt werden soll, so genügt Stimmenmehrheit. Bei Stimmengleichheit entscheidet in den Gegenden, wo dies üblich ist, der Pfarrer. Üblich ist die Entscheidung durch den Pfarrer in Alto Aragón, den sogenannten „Zonas de capitulación“[627]. In den anderen Gebieten entscheidet der Richter oder ein Freund der Familie (Art. 53 Abs. 1, 26 VE). Sind die Verwandten, die den Con-

[626] Sainz de Varanda, El consejo de parientes en el Derecho civil aragonés: An. Der. Aragonés VII (1953—1954) 35; Martín-Ballestero, La casa 38—62 (praktische Beispiele).

[627] Comisión Compiladora del Derecho foral aragonés (Seminario), Informe sobre el „Consejo de Parientes“ (Adenda, Zaragoza 1954) I—5, S. 4: Provinz Huesca, daneben in der Provinz Zaragoza die Bezirke Sos und Ejea, sowie Teile des Bezirks Caspe; vgl. auch Sainz de Varanda (oben N. 626) 10.

sejo bilden sollen, nicht bestimmt, so besteht er zu Lebzeiten des Ehegatten des Erblassers aus diesem und den beiden nächsten Seitenverwandten des Vorverstorbenen, nach dem Tode des Überlebenden aus jeweils den beiden nächsten Verwandten beider Linien (Art. 23, 28 VE).

e) Befugnisse

Der Kommissar bzw. „consejo de parientes" ist insbesondere befugt, einen oder mehrere Erben einzusetzen und diesen Beschränkungen und Beschwerungen aufzuerlegen[628]. Art. 50 VE bestimmt, daß, wenn der Ehegatte der Treuhänder ist und Kinder aus der Ehe vorhanden sind, die Regelung der Erbschaft nur den vom Erblasser vorgesehenen Schranken unterworfen ist, während sich die anderen Treuhänder auf die Verteilung der Erbschaft unter den Verwandten des Erblassers zu beschränken haben.

f) Ausübung der Befugnis

Das geltende Recht sieht keine Frist vor, innerhalb der der Treuhänder seine Aufgaben zu erfüllen hat. Dagegen kann nach Art. 52 VE, wenn der Erblasser keine Frist vorgesehen hat und der Kommissar nicht der Ehegatte ist, jeder, der ein berechtigtes Interesse hat, vom Richter 1. Instanz die Bestimmung einer Frist verlangen.

Nach Art. 29 ap. a. E. kann der Kommissar seine Aufgaben unter Lebenden in öffentlicher Urkunde oder von Todes wegen in einem Testament wahrnehmen. Im letzteren Falle sind die Bestimmungen widerruflich[629]. Art. 51 VE gestattet nur noch dem allein handelnden Ehegatten die Erbschaft des Vorverstorbenen durch Testament zu regeln. Wird der Ehegatte zusammen mit anderen Verwandten tätig, so muß die Regelung in öffentlicher Urkunde unter Lebenden erfolgen. Ihre Wirkungen können aber bis zum Tode des Überlebenden aufgeschoben werden. In diesem Falle ist die Regelung widerruflich.

g) Schicksal der vakanten Erbschaft

Art. 54 VE löst die umstrittene Frage nach dem Schicksal der Erbschaft bis zur Bestimmung des Erben. Beim Fehlen eines überlebenden Ehegatten oder wenn diesem nicht die „viudedad", d. h. also der Nießbrauch an der Erbschaft, zusteht, wird diese nach den (gemeinrechtlichen) Grundsätzen über die Erbengemeinschaft verwaltet. Diese wird von der Gesamtheit der möglichen Erben — also in der Regel allen Kindern des Erblassers oder

---

[628] Sainz de Varanda (oben N. 626) 49 f.

[629] A. T. Zaragoza 18. 3. 1954.

ihren gesetzlichen Vertretern — gebildet, die gemeinsam zur Verwaltung und Verfügung über den Nachlaß befugt sind[630].

2. Navarra

Nach LACARRA[631] ist das Testament in Navarra höchstpersönlich. L. 223 FR bestimmt das gleiche für die Regelung der Erbfolge allgemein. Gleichwohl ist aber nach LACARRA gewohnheitsrechtlich die Möglichkeit zugelassen, dem überlebenden Ehegatten oder nahen Verwandten im Ehe- und Erbvertrag die Befugnis zur Einsetzung eines Erben und zur Verteilung des Nachlasses zu übertragen[632]. Die Gewohnheit bezieht sich also vor allem auf den Erbvertrag, und nur unter diesem Gesichtspunkt erwähnt sie LACARRA. Das eigentliche kommissarische Testament hält ALONSO[633] in Navarra für unzulässig. Dagegen wird es nach ALONSO Y LAMBÁN[634] in der Praxis zugelassen und geübt, darf jedoch nicht mit der weiter unten zu erörternden Bestimmung eines „heredero de confianza" verwechselt werden. Der Kommissar unterscheidet sich von diesem vor allem durch den weiteren Umfang seiner Befugnisse, da der „heredero de confianza" nur den fest umrissenen, geheimen Erblasserwillen zu erfüllen hat. Im FR ergibt sich die allgemeine Zulässigkeit der Übertragung der Erbeinsetzung an den überlebenden Ehegatten oder andere Personen aus L. 223. Nach dieser Vorschrift sind, wenn die Befugnisse den „Verwandten" zuerkannt sind, hierunter die „Parientes mayores" zu verstehen, die dem „Consejo de parientes" des aragonesischen Rechts entsprechen. Es sind die jeweils beiden nächsten ältesten und vorzugsweise männlichen Verwandten bis zum 4. Grad, und zwar je einer aus der Linie des Erblassers und seines Ehegatten. Bisher ist diese Institution ausschließlich gewohnheitsrechtlich geregelt und findet sich vor allem in den Ehe- und Übergabeverträgen („capitulaciones y escrituras de donación propter nuptias")[635]. Der Fuero Recopilado soll die „Parientes mayores" in L. 212 f. regeln. Unter den Befugnissen der „Parientes mayores" nennt L. 215 (Buchstabe a) FR die Bestimmung des Erben, wenn diese einer bestimmten Person übertragen ist, die stirbt, ohne einen Erben benannt zu haben oder sich weigert, ihn zu bestimmen. Kommen die beiden Verwandten zu keiner Entscheidung, so

---

630 Im gleichen Sinne für das geltende Recht SAINZ DE VARANDA (oben N. 626) 46 im Anschluß an Res. 19. 7. 1927.

631 LACARRA II, 55.

632 LACARRA II, 55.

633 ALONSO I, 325 f.

634 ALONSO Y LAMBÁN VI, 56.

635 Vgl. SANTAMARÍA ANSA, Derecho de familia, in: Curso 122.

haben sie den zunächstberufenen Verwandten hinzuzuziehen und entscheiden dann durch Stimmenmehrheit (L. 218 FR). L. 217 Abs. 2 FR bestimmt, daß, wenn die Verwandten den Erben aus den Kindern des Erblassers auszuwählen haben, sie nicht zur Durchführung der Wahl verpflichtet sind, solange nicht das jüngste Kind geheiratet hat oder volljährig geworden ist. L. 238 Abs. 1 Dictamen will diese Vorschrift auch auf den überlebenden Ehegatten und andere Kommissare anwenden und sie allgemein auf alle Fälle erstrecken, in denen der Erbe aus einer Personengruppe auszuwählen ist. L. 241 Dictamen sieht vor, daß bis zur Bestimmung des Erben alle möglichen Erben, also wiederum meist alle Kinder des Erblassers, den Nachlaß gemeinsam verwalten, wobei Verwaltungshandlungen Stimmenmehrheit, Verfügungen Einstimmigkeit erfordern. Die Bestimmung des Erben ist nach L. 226 FR nur widerruflich, wenn dieser sie nicht annimmt. Ist der Erbe aus den Kindern auszuwählen und nehmen die berufenen Kommissare die Wahl nicht vor, so wird kraft Gesetzes das älteste der im Hause verbliebenen und nicht von der Erbfolge ausgeschlossenen Kinder zum Erben bestimmt. Ist nur ein Kind oder legitimer Abkömmling vorhanden, so wird dieser Erbe (L. 224 FR).

3. Vizcaya

Das frühere Recht regelte das Treuhändertestament in G. 3, Tit. 21 Fuero de Vizcaya. Ergänzend galten die Vorschriften der Leyes 35 f. der „Leyes de Toro“, also altes kastilisches Recht. Heute ist es abschließend in Art. 15—20 und 48 CDV geregelt, wenn auch hierbei nicht alle möglichen Fragen gelöst wurden[636].

Nach Art. 15 CDV können zum Treuhänder eine oder mehrere Personen ernannt werden. Die Ernennung hat gemäß Art. 16 CDV in notariellem Testament oder im Ehevertrag zu erfolgen. Im Ehevertrag können sich die Ehegatten auch gegenseitig als Treuhänder bestellen. Die Verpflichtungen und Befugnisse des Treuhänders richten sich in erster Linie nach den Anordnungen des Erblassers (Art. 17 Abs. 1 CDV). Fehlen diese, so obliegt ihm die Verteilung des Nachlasses mit allen Befugnissen, die die Erbfolge mit sich bringt (Art. 15 CDV). Sind einem von mehreren Treuhändern besondere Befugnisse übertragen, so erlöschen sie mit seinem Tode (Art. 18 S. 3 CDV). Der Treuhänder hat keinen Anspruch auf Vergütung und kann seine Befugnisse nicht delegieren (Art. 18 S. 4 CDV). Hat der vorverstorbene Ehegatte einen Treuhänder bestellt, so bleibt das Vermögen bis zur Bestimmung des Erben ungeteilt. Bis dahin vertritt der Überlebende den

---

636 Alonso y Lambán VI, 67.

Nachlaß und verwaltet das gesamte Vermögen (Art. 48 CDV). Die Befugnisse des Treuhänders finden ihre Grenze in den Anordnungen des Erblassers. Dessen Testament kann er nur widerrufen, wenn er hierzu ausdrücklich ermächtigt wurde (Art. 17 Abs. 2 CDV).

Der Erblasser kann dem Treuhänder eine Frist für die Erfüllung seiner Aufgaben setzen. Unterläßt er dies, so beträgt die Frist ein Jahr seit dem Erbfall oder seit der Eheschließung bzw. Erlangung der Volljährigkeit durch den jüngsten der möglichen Erben (Art. 19 Abs. 2 CDV).

Der Treuhänder kann seine Befugnisse unter Lebenden oder durch Testament ausüben, in dem er aber nicht gleichzeitig über seinen eigenen Nachlaß verfügen darf. Etwas anderes gilt nur für den zum Treuhänder bestellten überlebenden Ehegatten, der die Bezeichnung des Erben des Vorverstorbenen mit seinem eigenen Testament verbinden darf, wenn er zugunsten eines gemeinsamen Abkömmlings verfügt (Art. 20 CDV). Gemäß Art. 19 Abs. 1 CDV hat der Treuhänder seinen Auftrag in einer Handlung zu erfüllen, wenn die Erben volljährig sind. Sind einer oder alle Erben minderjährig, so ist die Einsetzung auch in mehreren Handlungen zulässig, und zwar jeweils, wenn der betreffende Erbe heiratet oder volljährig wird. Sind mehrere Treuhänder vorhanden, so handeln sie, wenn aus dem Testament nichts anderes hervorgeht, gemeinschaftlich. Die Beschlüsse erfordern Stimmenmehrheit. Bei Stimmengleichheit entscheidet der an erster Stelle ernannte Treuhänder (Art. 18 S. 1, 2 CDV). In jedem Falle sind die Verfügungen des oder der Treuhänder unwiderruflich (Art. 19 Abs. 3 CDV). ALONSO Y LAMBÁN[637] weist darauf hin, daß die Kompilation nichts darüber enthält, was zu geschehen hat, wenn der Treuhänder vor Erfüllung seiner Aufgabe stirbt. Naheliegt, daß dann die gesetzliche Erbfolge eingreift. In vielen Fällen widerspricht dies allerdings dem Willen des Erblassers, der die gesetzliche Erbfolge gerade vermeiden wollte.

III. Der „heredero de confianza“ in Katalonien und Navarra

1. Begriff

„Herederos de confianza“ sind „Erben“, die eingesetzt wurden, um die Erbschaft der Bestimmung bzw. dem Zweck zuzuführen, die ihnen der Erblasser vertraulich mitgeteilt hat[638]. Während das gemeine Recht diese Art der Erbeinsetzung im Zusammenhang mit der Regelung des Fidei-

---

637 ALONSO Y LAMBÁN VI, 69.

638 BORRELL Y SOLER, Cataluña V, 194; PELLA III, 343.

kommisses verbietet (Art. 785 Z. 4 CC), ist sie in *Katalonien* (Art. 118 CDC) und *Navarra*[639] zulässig. Die vertrauliche Mitteilung kann schriftlich oder mündlich erfolgen (Art. 118 Abs. 1 CDC; L. 269 FR). In Navarra gibt der FR im wesentlichen das geltende Recht wieder.

2. Ursprung und Rechtsnatur

Obwohl sich der „heredero de confianza" auch in Navarra findet, bezeichnen ihn PELLA Y FORGAS[640] und CASTÁN[641] als typisch katalanische Rechtsfigur, und es erscheint nicht ausgeschlossen, daß ihn das navarrische Recht aus dem Recht des benachbarten Katalonien entlehnt hat. Wie alle verwandten Institutionen beruht auch der „heredero de confianza" auf dem kanonischen Recht, geht aber wohl letztlich auf den römischen „fideicommissum tacitum" zurück[642]. Der „heredero de confianza" wird zwar bis zur Bekanntgabe der „confianza" als Erbe mit Verfügungsbefugnis unter Lebenden angesehen (Art. 121 Abs. 1 CDC; L. 271 FR), ist aber in Wirklichkeit, wie schon erwähnt wurde, „Beauftragter mit der Stellung eines qualifizierten Zeugen"[643]. Vom Fiduziar (Vorerben bei der fideikommissarischen Substitution) unterscheidet er sich insbesondere dadurch, daß ihm keine Nutzungen gebühren und er keinen Anspruch auf die trebellianische Quart hat. Die Einsetzung eines „heredero de confianza" kann eher mit der Errichtung eines kommissarischen Testamentes verglichen werden, wenn auch dort der Treuhänder überhaupt keine erbenähnliche Stellung hat[644].

3. Rechtsstellung des „heredero de confianza"

Art. 118 Abs. 1 CDC sieht ausdrücklich vor, daß „herederos de confianza" nur natürliche Personen, nicht mehr juristische Personen oder die jeweiligen Träger eines Amtes sein können. Dies gilt aber nur für Einsetzungen nach Inkrafttreten der Kompilation (1. Übergangsbestimmung). Gemäß Art. 118 Abs. 2 CDC können sie vom Erblasser ermächtigt werden, einen Ersatzmann für den Fall zu bestellen, daß sie vor Bekanntgabe der „confianza" sterben. L. 272 FR läßt allgemein zu, daß der „heredero de confianza" seine Befugnisse ganz oder teilweise an eine oder mehrere andere Personen delegiert, sei es unter Veröffentlichung der „confianza"

---

639 LACARRA II, 171 f.; L. 269 FR; dort heißen die „herederos de confianza" auch „herederos fiduciarios".

640 PELLA III, 342.

641 CASTÁN, D. F. 117.

642 BORRELL Y SOLER, Cataluña V, 195; PELLA III, 342; CASTÁN, D. F. 117.

643 PELLA III, 347; CASTÁN, D. F. 117.

644 BORRELL Y SOLER, Cataluña V, 197; PELLA III, 347; CASTÁN, D. F. 117.

oder sei es, indem er ihnen die Instruktionen des Erblassers wiederum vertraulich mitteilt.

Sind mehrere „herederos de confianza“ vorhanden, so entscheiden sie mit einfacher Mehrheit (Art. 118 Abs. 3 CDC; L. 268 Abs. 2 FR: Sind es nur zwei, so müssen sie in Navarra einverständlich handeln). Das katalanische Recht verpflichtet sie zur Inventarerrichtung innerhalb eines Jahres nach dem Erbfall (Art. 119 Abs. 1 CDC).

Bis zur Bekanntgabe der „confianza“ werden die „herederos de confianza“ zur Verfolgung etwaiger Ansprüche als Vollerben angesehen und können unter Lebenden über den Nachlaß in den vom Erblasser vorgesehenen Grenzen verfügen. Sie können sich aber weder die Nachlaßgegenstände noch etwaige Surrogate aneignen. Vielmehr bleiben diese von ihrem eigenen Vermögen getrennt (so ausdrücklich Art. 121 CDC). Nach Bekanntgabe der „confianza“ wird der „heredero de confianza“ in *Katalonien* mangels abweichender Bestimmung des Erblassers als Testamentsvollstrecker (Art. 121 Abs. 2 CDC), in *Navarra* als Vollstrecker des Willens des Erblassers mit den Befugnissen eines Testamentsvollstreckers, contador-partidor und Vertreters der Erbschaft ohne zeitliche Begrenzung angesehen (L. 271 FR). Außerdem kann in Navarra der Erblasser anordnen, daß bei Streit über die Wirksamkeit des zugrunde liegenden Fideikommisses oder über die Geschäftsführung des „heredero fiduciario“ dieser als Vollerbe anzusehen ist (L. 270 Abs. 2 FR). Nach LACARRA[645] geschieht dies häufig, um so die Stellung des „heredero de confianza“ zu stärken.

4. Bekanntgabe der „confianza“

Hat der Erblasser nichts anderes bestimmt, so ist der „heredero de confianza“ in *Navarra* weder zur Mitteilung der Instruktionen des Erblassers noch zur Rechnungslegung verpflichtet (L. 270 Abs. 2 FR). Hat in *Katalonien* der Erblasser die Bekanntgabe nicht verboten oder den „heredero de confianza“ nicht von ihr befreit, so kann diese durch öffentliche Urkunde oder durch Protokollierung der eigenhändig vom Erblasser geschriebenen Anweisungen erfolgen. Die vom Erblasser geschriebene „memoria de confianza“ hat den Vorrang, d. h. sie gilt auch dann, wenn die „herederos de confianza“ erklären, er habe sie später mündlich geändert. Fehlen schriftliche Anweisungen, so gilt bei mehreren „herederos de confianza“ die Erklärung der Mehrheit von ihnen (Art. 120 Abs. 1 CDC)[646].

---

645 LACARRA II, 173.

646 BORRELL Y SOLER, Cataluña V, 199.

Nach der Bekanntgabe wird die „confianza" zum Bestandteil des Testaments und kann nicht mehr widerrufen oder geändert werden (Art. 120 Abs. 2 CDC).

5. Vergütung des „heredero de confianza"

Das *katalanische* Recht gewährt dem „heredero de confianza" neben Ersatz seiner Auslagen kraft Gesetzes die bisher gewohnheitsrechtlich anerkannte Entschädigung von 10 % des Nachlaßwertes und des Wertes der während seiner Verwaltung gezogenen Nutzungen (Art. 119 Abs. 2 S. 1 CDC)[647]. Diese Entschädigung wird „cap sou" genannt[648] und kann vom Erblasser abweichend festgesetzt werden. Die „herederos de confianza" können die volle Entschädigung auch dann verlangen, wenn sie selbst mit einem Vermächtnis bedacht sind, da dieses nicht angerechnet wird (Art. 119 Abs. 2 S. 2 CDC)[649].

Für das *navarrische* Recht bestimmt L. 273 FR lediglich, daß dem „heredero fiduciario" mangels ausdrücklichen Verbots durch den Erblasser eine angemessene Vergütung für seine Tätigkeit zusteht.

6. Unwirksamkeit der „confianza"

Die „confianza" ist unwirksam, wenn das Testament, das sie vorsieht, unwirksam ist, wenn alle „herederos de confianza" sterben, ohne sie bekanntgegeben oder ausgeführt zu haben und vor allem, wenn die „herederos de confianza" sich selbst zu Erben erklären (Art. 244 Abs. 1 CDC)[650]. Bei Unwirksamkeit der Einsetzung der „herederos de confianza" treten die gesetzlichen Erben ein. Liegt nur eine Teilunwirksamkeit vor, so erhalten die gesetzlichen Erben den Teil der Erbschaft, für den die „confianza" nicht gilt, als Vermächtnis. Ist ein Vermächtnis „de confianza" unwirksam, so verfällt es der Erbschaft (Art. 244 Abs. 2 CDC).

7. Anwendbarkeit auf Vermächtnisse

Die hier dargelegten Regeln gelten auch für Vermächtnisnehmer („legatarios de confianza")[651].

---

647 BORRELL Y SOLER, Cataluña V, 201; PELLA III, 348; CASTÁN, D. F. 116.

648 BORRELL Y SOLER, Cataluña V, 201.

649 Früher bestritten, vgl. BORRELL Y SOLER, Cataluña V, 201.

650 BORRELL Y SOLER, Cataluña V, 202; CASTÁN, D. F. 118; PELLA III, 349, unter Berufung auf Ulpian: „Qui testamento heres instituitur, in eodem testamentum testis (qualifizierter Zeuge!) esse non potest."

651 Zu den unter 6 und 7 erörterten Fragen enthält das navarrische Recht keine Regeln.

IV. Die „cláusula de confianza"

1. Allgemeines

Die Bezeichnung „cláusula de confianza" findet sich sowohl für die in Katalonien und in dem Recht von Ibiza und Formentera geregelte Befugnis, die Auswahl des Erben dem Ehegatten zu übertragen (Art. 115 f. CDC, Art. 77 CDB), als auch für die in Art. 178 CDC vorgesehene Möglichkeit, daß der Vorerbe (Fiduziar) den Nacherben (Fideikommissar) aus einer bestimmten Personengruppe auszuwählen hat.

2. Die „cláusula de confianza" für den Ehegatten und die Verwandten

a) Katalonien

In Katalonien versteht man hierunter die letztwillige Übertragung der Befugnis, den Erben aus den Kindern des Erblassers auszuwählen oder die Erbschaft unter ihnen zu verteilen, an den Ehegatten oder — in den Orten des Pallars Sobirá — an zwei nahe Verwandte. Gemäß Art. 115 CDC kann ein Ehegatte das Kind zum Erben bestimmen, das der überlebende Ehegatte aus den gemeinsamen Kindern auswählt, oder diese zu den vom Überlebenden zu bestimmenden Erbteilen einsetzen. Hierbei gelten, soweit die letztwillige Verfügung oder das Gewohnheitsrecht nichts anderes bestimmen, folgende Regeln:

Die Auswahl oder Verteilung ist unter den Kindern und den ehelichen Abkömmlingen eines vor dieser Handlung verstorbenen Kindes vorzunehmen, wobei im Falle der Verteilung die Kinder zu Erben, Pflichtteils- oder Vermächtnisnehmern bestimmt werden und zugunsten der Abkömmlinge des Erblassers mit Bedingungen, Verfügungsbeschränkungen und Substitutionen beschwert werden können (Art. 115 Z. 1 CDC). Die Auswahl oder Verteilung hat ausdrücklich unter Berufung auf die „cláusula de confianza" in Testament, Erbvertrag (heredamiento) oder öffentlicher Urkunde zu erfolgen und ist in den beiden letzten Fällen unwiderruflich (Art. 115 Z. 2 CDC). Die Erbschaft fällt erst mit der Auswahl oder Verteilung an, der überlebende Ehegatte kann aber schon vorher etwaige Pflichtteils- und Vermächtnisansprüche befriedigen (Art. 115 Z. 3 CDC). Stirbt der Überlebende, ohne von seiner Befugnis Gebrauch gemacht zu haben, oder verzichtet er auf sie, so erben alle Kinder zu gleichen Teilen, wobei die weiteren Abkömmlinge nach Stämmen eintreten. Ist ein Kind ohne Abkömmlinge vorverstorben, so entfällt auf es nur der Pflichtteil. Solange der Erbanfall nicht eintritt, steht die Erbschaft unter der Pflegschaft der vom Erblasser bezeichneten Personen. Ist kein Pfleger benannt, so übt der Überlebende die Pflegschaft aus. Er ist hierfür verfügungsberechtigt, soweit Surrogate an die Stelle von veräußerten Nachlaßgegenständen treten oder es sich um Verfügungen für die Verwaltung des Nachlasses, die Bestreitung des Unterhaltes des Überlebenden und seiner Abkömmlinge und um die Befriedigung von Lasten, Schulden, „dotes" und Pflichtteilen handelt. Die nicht verbrauchten Nutzungen und Erträge der Erbschaft werden zu deren Bestandteil.

Hat der Erblasser die „vecindad" eines Ortes des Pallars Sobirá[652] oder einer Gegend („comarca"),wo die Bestimmung des Erben durch die beiden nächsten Verwandten gewohnheitsrechtlich zulässig ist, so kann er gemäß Art. 116 CDC diesen die Bestimmung des Erben übertragen. Hierbei gelten folgende Regeln:

Die Auswahl obliegt den beiden mit den Abkömmlingen am nächsten Verwandten beiderlei Geschlechts guten Rufes, die voll geschäftsfähig und in Spanien wohnhaft sein müssen. Sie dürfen auf ihre Befugnis nicht verzichtet haben, und jeweils einer von ihnen muß der väterlichen bzw. mütterlichen Linie angehören. Bei gleicher Gradesnähe geht der ältere, bei gleichem Alter der männliche Verwandte vor (Z. 1). — Die Wahl muß auf einen geeigneten legitimen Abkömmling des Erblassers fallen, wobei dessen Anordnungen zu berücksichtigen sind. Mangels abweichender Bestimmung durch den Erblasser dürfen dem Erben keine Beschränkungen oder Beschwerungen auferlegt werden. Im Zweifel gehen männliche Abkömmlinge den weiblichen vor. Weitere Abkömmlinge dürfen nur zu Erben bestimmt werden, wenn alle Kinder wegen Vorversterbens, Ausschlagung, Erbunfähigkeit, Erbunwürdigkeit oder Ungeeignetheit weggefallen sind (Z. 2). — Die beiden Verwandten nehmen die Wahl persönlich, aber nicht notwendig „uno acto" vor (Z. 3). — Die Wahl hat in öffentlicher Urkunde, nicht in einem Testament, zu erfolgen und ist unwiderruflich. Sie kann jedoch wiederholt werden, wenn der Ausgewählte nicht Erbe sein kann oder will, selbst wenn diese frühere Wahl vom überlebenden Ehegatten vorgenommen worden war. Bei Meinungsverschiedenheiten kann ein Dritter beauftragt werden, unter den beiden benannten Kindern oder Abkömmlingen den Erben auszuwählen (Z. 4). — Die Erbschaft fällt erst nach getroffener Wahl an. Bis dahin gelten für ihr Schicksal gegebenenfalls die gleichen Regeln wie nach Art. 115 Z. 3 CDC (Z. 5).

b) *Ibiza und Formentera*

Wesentlich einfacher und kürzer ist die entsprechende Regelung in Ibiza und Formentera. Art. 77 CDB bestimmt nur, daß der Erblasser

---

[652] d. h. eines der Pyrenäentäler, die zum Gerichtsbezirk von Sort oder dem nördlichen Teil des Gerichtsbezirks von Tremp gehören; vgl. Roca Sastre (oben N. 84) 101.

seinem Ehegatten die Verteilung der Erbschaft unter den gemeinsamen Kindern übertragen und ihm hierbei völlige Freiheit lassen oder ihn gewissen Beschränkungen unterwerfen kann (Art. 77 Abs. 1 CDB). Wird die „cláusula de confianza" im Erb- und Ehevertrag („heredamiento") angeordnet, so gelten dessen Vorschriften(Art. 77 Abs. 2 CDB).

3. Die „cláusula de confianza" für den Vorerben (Fiduziar)

Art. 178 CDC stellt besondere Regeln für den Fall auf, daß dem Vorerben (Fiduziar) die Befugnis übertragen ist, den Nacherben (Fideikommissar) unter mehreren Personen auszuwählen. Auch hier handelt es sich um einen Fall der „cláusula de confianza"[653]. Die Vorschrift weist eine starke Ähnlichkeit mit der des Art. 115 CDC auf[654]. Die Wahl des Vorerben kann auf eine, mehrere oder alle dieser Personen unter Zuteilung gleicher oder verschiedener Teile und, wenn es sich nur um Kinder handelt, auch auf die Kinder eines Vorverstorbenen fallen (Z. 1, 2). Andere Belastungen als fideikommissarische oder Vulgarsubstitutionen (Nach- und Ersatzerbschaften) zugunsten anderer wählbarer Personen können dem Ausgewählten nicht auferlegt werden (Z. 3). Die Wahl hat höchstpersönsich im Testament, Kodizill oder Erbvertrag („heredamiento") oder unter Lebenden in öffentlicher Urkunde zu erfolgen. Im letzeren Falle ist sie unwiderruflich, unbeschadet der Befugnis, einen neuen Nacherben zu bestimmen, wenn der zuerst benannte vor dem Nacherbfalle wegfällt (Z. 4). Unterbleibt die Wahl, so werden die bezeichneten Personen Nacherben zu gleichen Teilen (Z. 5). Die gleichen Vorschriften finden Anwendung, wenn der Vorerbe befugt sein soll, den Nachlaß unter den Nacherben zu verteilen (Art. 178, letzter Abs. CDC).

V. Der „heredero distribuidor" (Mallorca, Menorca)

Auf Mallorca und Menorca kann der Erblasser dem Eingesetzten, auch wenn dieser nur auf den Nießbrauch am gesamten Nachlaß oder an einem Teil davon eingesetzt ist, anempfehlen, durch Rechtsgeschäft unter Lebenden oder durch letztwillige Verfügung den Nachlaß einem Verwandten des Erblassers oder einem eigenen Verwandten zuzuwenden oder unter mehreren dieser Verwandten zu verteilen. Hierbei kann diese Befugnis völlig frei oder durch Anordnungen des Erblassers beschränkt sein. In jedem Fall bleibt das Pflichtteilsrecht unberührt (Art. 18 CDB)[655].

---

[653] BORRELL Y SOLER, Cataluña V, 186 f.
[654] CONDOMINES/FAUS 219.
[655] PASCUAL Y GONZÁLEZ 277.

Den auf diese Weise eingesetzten Erben nennt das geltende Recht „heredero distribuidor" oder nur „distribuidor" (Art. 18 f. CDB). Früher war die — sprachlich ungenaue — Bezeichnung „heredero distributario" üblich[656]. In Menorca ist der „heredero distribuidor" trotz der gesetzlichen Zulässigkeit heute nicht mehr häufig[657]. Die Rechtsnatur der Einsetzung eines „heredero distribuidor" ist die eines Fideikommisses sui generis[658], denn auch die vom „distribuidor" eingesetzten Erben sind Erben des Erblassers. Dies gilt auch dann, wenn ihnen nur ein bestimmter Gegenstand zugewendet worden ist; der „heredero distribuidor" hat keinen Anspruch auf die falzidische Quart (Art. 23 CDB). Vom gewöhnlichen Fideikommiß unterscheidet der „distribuidor" sich vor allem dadurch, daß er weder — wie der Fiduziar des mallorkinischen Rechtes allgemein (Art. 29 CDB) — einerseits zur Inventarerrichtung verpflichtet ist, noch andererseits Anspruch auf die trebellianische Quart hat, es sei denn, der Erblasser hat ihn zu ihrer Einbehaltung ausdrücklich ermächtigt (Art. 22 CDB). Noch offenkundiger ist der Unterschied, wenn dem „distribuidor" nur der Nießbrauch am Nachlaß zugewendet wird[659]. Im übrigen sind auch die vom „heredero distribuidor" eingesetzten Erben in gewissem Sinne „Nacherben" — an zweiter Stelle berufene Erben des Erblassers —, gegenüber der fideikommissarischen Substitution besteht jedoch die Besonderheit, daß hier der „Vorerbe" diese zweitberufenen Erben aus einem bestimmten Personenkreis selbst auswählt[660]. Vom „heredero de confianza" des katalanischen und navarrischen Rechtes unterscheidet sich der „distribuidor" dadurch, daß ersterer lediglich ein äußerlich mit der Stellung eines Erben ausgestatteter Beauftragter des Erblassers ist, der dessen ihm vertraulich mitgeteilten Willen mit umfassenden Befugnissen eigenverantwortlich ausführt, während sich der Auftrag des „distribuidor" aus dem Testament ergibt. Auch hat der „heredero de confianza", abgesehen vom Vergütungsanspruch in Katalonien, keine eigenen Rechte am Nachlaß, dem „distribuidor" steht dagegen zumindest der Nießbrauch am Nachlaß zu. Sterben alle Personen, unter denen der Erbe auszuwählen ist, vor einem auf das Eigentum eingesetzten „distribuidor", so wird dieser

---

[656] Pascual y Ruiz, La institución del heredero distributario: Rev. Der. Priv. 1931, S. 114 f.

[657] Rivera II, 806.

[658] Pascual y Ruiz (oben N. 656) 114.

[659] In diesem Falle besteht, rein institutionell, eine gewisse Ähnlichkeit mit dem „usufructo poderoso" des Fuero de Ayala, vgl. unten VI.

[660] Vgl. aber Art. 178 CDC.

Vollerbe und kann frei über den Nachlaß verfügen[661]. Vom Treuhänder bzw. Kommissar des „testamento por comisario“ in Navarra, Aragón und Vizcaya endlich scheidet den „distribuidor“ der Umstand, daß der Treuhänder nicht Erbe ist[662]. Die Befugnisse des Ehegatten-Treuhänders in Art. 29 ap. sind im übrigen jedoch ähnlich umschrieben wie die des „distribuidors“ in Art. 18 CDB.

Ist der „distribuidor“ der Ehegatte des Erblassers, so wird ihm meist die Verpflichtung auferlegt, zugunsten der gemeinsamen Kinder zu verfügen. Durch eine neue Ehe verliert er diese Befugnis nicht[663]. In den übrigen Fällen wird bestimmt, daß zugunsten der Kinder oder Verwandten des Erblassers oder zugunsten der Verwandten des „distribuidor“ zu verfügen ist. Die Einsetzung des „distribuidor“ kann einer befreiten Vorerbschaft („fideicomiso de residuo“) in der Weise angenähert werden, daß sich die Verfügung auf den beim Tode des „distribuidor“ vorhandenen Überrest beschränkt, der wegen Art. 37 Abs. 1 CDB wenigstens ein Viertel des Nachlasses umfassen muß[664].

Der „distribuidor“ kann seine Verfügungen gemäß Art. 19 CDB unter Lebenden oder von Todes wegen treffen. Erfolgen sie unter Lebenden, so sind sie unwiderruflich. Erfolgen sie von Todes wegen, so können sie widerrufen werden (Art. 19 CDB).

Der Erblasser kann eine ausdrückliche fideikommissarische Substitution für den Fall anordnen, daß der „distribuidor“ von seinen Befugnissen keinen Gebrauch macht[665]. Andernfalls gelten die mit dem Erblasser dem Grade nach am nächsten verwandten Angehörigen der Gruppe als berufen, aus denen der „distribuidor“ den Erben hätte auswählen sollen (Art. 20 CDB). Gleiches gilt für den Teil der Erbschaft, über den der „distribuidor“ nicht verfügt hat[666], es sei denn, er hätte im übrigen nur einen Erben eingesetzt. Dieser erbt dann auch den Teil der Erbschaft, den der „distribuidor“ bei seiner Verfügung unerwähnt ließ (Art. 21 CDB).

---

661 Pascual y Ruiz (oben N. 656) 116.

662 Pascual y Gonzáles 281.

663 Pascual y Ruiz (oben N. 656) 117; nach Rivera II, 802 wurde aber in Menorca der Verlust für diesen Fall ausdrücklich vorgesehen.

664 Vgl. Pascual y González 286 f.

665 Pascual y González 287 f.

666 Dies stellt offenbar eine Ausnahme zu Art. 24 Abs. 2 S. 2 CDB dar.

VI. Der „usufructo poderoso" des Fuero de Ayala

In der offiziellen Einleitung zur Kompilation des Foralrechtes von Vizcaya und Álava wird im vorletzten Absatz a. E. ausgeführt: „Die Anerkennung der weitesten Verfügungsfreiheit über das Vermögen der Ayalesen enthält die Anerkennung der eigenständigen Institution dieses Fuero[667], die „usufructo poderoso" genannt wird."

Hierunter versteht man den Nießbrauch, den nach dem Gewohnheitsrecht von Ayala ein Ehegatte dem anderen für die Zeit nach seinem Tode überträgt, mit der Bestimmung, daß der überlebende Ehegatte eines der gemeinsamen Kinder zum Erben einsetzen kann[668].

Diese Institution ist im geschriebenen Recht nicht geregelt, sondern beruht auf Gewohnheitsrecht und findet ihre Grundlage in der absoluten Testierfreiheit. Der „usufructo poderoso" entsteht nicht kraft Gesetzes, sondern nur, wenn er vom Vorverstorbenen im Testament angeordnet wird. Er kann nur dem überlebenden Ehegatten gewährt werden[669]. Sein Inhalt geht im wesentlichen bereits aus der oben gegebenen Begriffsbestimmung hervor:

a) Der überlebende Ehegatte hat den Nießbrauch am gesamten Nachlaß des Vorverstorbenen.
b) Er kann über diesen Nachlaß beliebig von Todes wegen oder unter Lebenden zugunsten der gemeinschaftlichen Kinder im Rahmen der absoluten Testierfreiheit verfügen. Häufig werden im voraus, d. h. vom Erblasser selbst, alle oder einige der gemeinsamen Kinder ausgeschlossen, damit der Nießbraucher in seiner Verfügung völlig frei ist, oder es wird bestimmt, daß die vom Nießbraucher nicht eingesetzten Kinder mit einer bestimmten Zuwendung als ausgeschlossen anzusehen sind[670]. Vom treuhänderischen Testament oder der Einsetzung eines „heredero de confianza" anderer Foralrechte unterscheidet sich der „usufructo poderoso" vor allem dadurch, daß dem Treuhänder oder „heredero de confianza" ein Nießbrauch am Nachlaß nicht zusteht; er ähnelt aber dem Regelfall des „heredero distribuidor". Vom gemeinrechtlichen Nießbrauch unterscheidet ihn die Möglichkeit, einen Erben für das dem Nießbrauch unterliegende Vermögen zu bestim-

---

[667] d. h. des Fuero von Ayala.
[668] Yaben 155; ähnlich Uriarte 135 und García Royo III, 151.
[669] Uriarte 137.
[670] Uriarte 135 f.; García Royo III, 151.

men. Auch die Abgrenzung zum Fideikommiß ist eindeutig, da der fiduziarische Erbe nicht diejenige Person bestimmen kann, die nach ihm berufen sein soll[671].

§ 21: SUBSTITUTIONEN (INSBESONDERE VULGAR-, PUPILLAR- UND QUASIPUPILLARSUBSTITUTION)

I. Allgemeines

Von Substitution spricht man, wenn jemand zum Empfang einer Erbschaft, eines Bruchteils davon oder eines Vermächtnisses (d. h. also als Erbe oder Vermächtnisnehmer) beim Fehlen des Erstberufenen oder nach diesem berufen ist[672]. Mehrere Erben sind also nicht gleichzeitig, sondern nacheinander — sei es im Hinblick auf ihre Rangfolge, sei es zeitlich — berufen[673]. Die Substitution kann somit auch definiert werden als die zweitrangige, subsidiäre oder sukzessive Einsetzung eines Erben oder Vermächtnisnehmers[674].

Die Substitution entstammt dem römischen Recht und entsprang dort dem Wunsch, nicht ab intestato zu sterben, was immer dann der Fall war, wenn das Testament keine wirksame Erbeinsetzung enthielt[675].

Je nachdem, ob der Substitut für den Fall berufen ist, daß der Erstberufene nicht Erbe wird, oder ob er nach diesem Erbe werden soll, spricht die Wissenschaft von „direkter" und „indirekter" Substitution[676]. Die einzelnen Unterscheidungsmerkmale sind von geringer praktischer Bedeutung, vielmehr ist davon auszugehen, daß das spanische Recht vier Typen von Substitutionen kennt:

1. Die Vulgarsubstitution, einen Fall der direkten Substitution, die genau der deutschen Ersatzerbschaft entspricht und eintritt, wenn der Erstberufene nicht Erbe wird („si heres non erit").
2. Die Pupillarsubstitution, die für den Fall angeordnet ist, daß der eingesetzte minderjährige Abkömmling vor Erlangung der Testierfähigkeit stirbt („si heres erit et ante pubertatem decesserit").

---

671 Uriarte 137; aber Ausnahme in Art. 178 CDC.
672 Roguin, Traité de droit civil comparé. Les successions IV (Paris 1912) 59.
673 Puig Peña V/1, 442.
674 Borrell y Soler, Cataluña V, 93.
675 De Diego 138.
676 Puig Peña V/I, 444; Castán IV, 452.

3. Die Quasipupillarsubstitution oder exemplarische Substitution, durch die ein Substitut für einen geisteskranken oder geistesgestörten Abkömmling berufen wird, falls dieser in diesem Zustand sterben sollte („si heres erit et in furore decesserit").
4. Die fideikommissarische Substitution, die unserer Nacherbschaft entspricht und einen Fall der indirekten Substitution darstellt[677, 678].

Als weitere Unterarten der Substitutionen werden noch die gegenseitige („recíproca o mutua") und die gemischte („compendiosa") aufgeführt, wobei bei der gegenseitigen mehrere Miterben gegenseitig zu Substituten bestimmt und bei der gemischten Substitution mehrere Formen gleichzeitig angeordnet sind. Endlich spricht man je nach der Art der Anordnung von ausdrücklicher oder stillschweigender Substitution sowie von einfacher oder mehrfacher, je nachdem, ob eine oder mehrere Substitutionen angeordnet sind[679].

II. Die Vulgar-, Pupillar- und Quasipupillarsubstitution im gemeinen Recht

1. Die Vulgarsubstitution (Ersatzerbschaft)

Die Vulgarsubstitution oder Ersatzerbschaft ist die Einsetzung eines zweiten Erben für den Fall, daß der Erstberufene die Erbschaft nicht antritt, und wird wirksam, wenn dieser vor dem Erblasser stirbt oder die Erbschaft nicht annehmen kann oder will (Art. 774 Abs. 1 CC). Ist die Ersatzerbschaft ohne Angabe eines Grundes schlicht für den Fall angeordnet, daß der Erstberufene nicht Erbe wird („sustitución simple; substitutio expresa in genere"), so gilt dies mangels abweichender Bestimmung des Erblassers für alle drei genannten Fälle (Art. 774 Abs. 2 CC). Ist dagegen ein Grund angegeben, aus dem die Ersatzerbschaft eingreifen soll („substitutio in parte expresa"), so gilt die Anordnung im Zweifel nicht für die anderen Fälle[680].

Dem Ersatzerben steht die sogenannte actio interrogatoria (Art. 1004, 1005 CC) zu, da er ein Interesse daran hat, zu wissen, ob er Erbe wird

---

677 Vgl. hierzu § 21.

678 Vgl. hierzu Puig Peña V/1, 442 f.; de Diego 139; Borrell y Soler, España V, 121; Castán IV, 452 f.

679 De Diego 139; Castán IV, 453.

680 Puig Peña V/1, 452; Castán IV, 454 f.; de Diego 142; das spanische Recht gelangt somit zu einer anderen Lösung als § 2097 BGB.

oder nicht[681]. Wie bei allen Substitutionen gelten die Vorschriften über die Vulgarsubstitution auch für Vermächtnisse (Art. 789 CC), nicht aber für die Not- oder Zwangserbfolge (Art. 813 CC; T. S. 15. 1. 1918).

Wie gemäß § 2099 BGB geht auch im spanischen Recht das Recht des Ersatzerben dem Anwachsungsrecht vor[682]. Fällt der Ersatzerbe vor dem Erbfall weg, so erlischt die Substitution und es greift das Anwachsungsrecht ein[683]. Stirbt der Erbe vor Annahme der Erbschaft, aber nach dem Erbfall, so geht das Recht anzunehmen oder auszuschlagen auf seine Erben über, es tritt also nicht der Ersatzerbe ein (Art. 1006 CC)[684]. Etwas anderes gilt, wenn die Ersatzerbschaft nur für den Fall angeordnet ist, daß der Erbe die Erbschaft nicht antreten kann[685]. Vor Eintritt des Ersatzerbfalles besitzt der Ersatzerbe wie im deutschen Recht ein bedingtes Anwartschaftsrecht[686].

2. Die Pupillarsubstitution

Die Pupillarsubstitution ist gemäß Art. 775 CC zu definieren als die Ernennung eines Erben oder Substituten für einen noch nicht 14 Jahre alten und damit testierunfähigen Abkömmling durch die Eltern[687] oder übrigen Aszendenten für den Fall, daß der Abkömmling vor Vollendung dieses Lebensjahres stirbt[688]. Die Rechtsnatur der Pupillarsubstitution ist schwierig zu umgrenzen, und die Bezeichnung „Substitut" für den nach dem Abkömmling eingesetzten Erben ist ungenau, da dieser gegebenenfalls auch Erbe des testierunfähigen Abkömmlings selbst sein kann und zwar dann, wenn die Substitution auch für den Nachlaßteil wirkt, der nicht vom Verfügenden herrührt.

Während man im späteren römischen Recht unter Pupillarsubstitution die Einsetzung eines Erben für den „filius" durch den die elterliche Gewalt ausübenden „pater familias" zur Vermeidung der Intestaterbfolge nach dem Testierunfähigen verstand und auch die Partidas ihr noch diesen Charakter beilegten[689], führte die Ausdehnung der Befugnis zur Anord-

---

681 Borrell y Soler, España V, 123; de Diego 143.

682 Borrell y Soler, España V, 124; de Diego 144.

683 Puig Peña V/1, 449; de Diego 144.

684 Vgl. §§ 1952, 2069 BGB.

685 De Diego 145.

686 Puig Peña V/1, 456.

687 Nicht allerdings durch die eheliche Mutter zu Lebzeiten des Vaters, T. S. 13. 12. 1909.

688 Puig Peña V/1, 460; Castán IV, 456.

689 „E tal substitución como esta es como otro testamento que faze el Padre al moço sobredicho", G. 11, Tit. V, Partida VI.

nung der Pupillarsubstitution auf alle Aszendenten (Art. 775 CC) zu einem Meinungsstreit über ihre Rechtsnatur. Ein Teil der Lehre wollte sie nur noch als echte Substitution[690] ansehen, mit Wirkung nur für das dem Abkömmling von seinem Aszendenten hinterlassene Vermögen, und bestritt ihr somit den Charakter eines außerordentlichen Vertretertestaments[691] über das ganze Vermögen des Minderjährigen[692]. Man stützte sich dabei vor allem auf den höchstpersönlichen Charakter des Testamentes und die erwähnte Tatsache der Erstreckung der Befugnis auf alle Aszendenten, die zu einander widersprechenden Testamenten mit verschiedener Regelung der Erbfolge nach dem Minderjährigen führen kann, ohne daß der CC eine Lösung für diesen Konflikt bereithielte[693]. Die Gegenmeinung, die besagt, daß die Pupillarsubstitution auch nach Inkrafttreten des CC ihren traditionellen römischrechtlichen Charakter beibehalten hat und die Verfügung sich auf das gesamte Vermögen des Minderjährigen erstreckt[694], wird durch die Rechtsprechung bestätigt[695] und bietet für den genannten Konflikt verschiedene Lösungen an. So wird insbesondere vorgeschlagen, der Pupillarsubstitution des vor dem oder den anderen zur Ausübung der elterlichen Gewalt oder der Vormundschaft berufenen Aszendenten[696] oder der späteren Verfügung den Vorzug zu geben[697]. Nach DE DIEGO[698] erhält in diesem Fall jeder Substitut jeweils den Teil der Erbschaft, der von dem ihn einsetzenden Aszendenten herrührt, während der Rest, den der Minderjährige selbst oder von anderen erworben hat, gleichmäßig auf alle Substituten verteilt wird.

Eine weitere Streitfrage, die ebenfalls bereits auf das römische Recht zurückgeht, ist die, ob die Anordnung einer Pupillarsubstitution die stillschweigende Ernennung des Substituten zum Ersatzerben enthält. Der Streit geht also in concreto darum, ob der Substitut außer im Falle „si heres erit et ante pubertatem decesserit" auch im Falle „si heres non erit" Erbe des Aszendenten wird. Die Lehre und die Rechtsprechung scheinen diese Frage im allgemeinen zu bejahen, und zwar vor allem auch für den

---

690 Eine Art der „Nacherbfolge" oder einer abgewandelten Ersatzerbfolge.
691 Vgl. SOHM/MITTEIS, Institutionen des römischen Rechts[17] (Berlin 1949) 599.
692 Vgl. CASTÁN IV, 457; OSSORIO MORALES 246; BORRELL Y SOLER, España V, 126 f.; PUIG PEÑA V/1, 464 f.; MANRESA VI, 151.
693 PUIG PEÑA V/1, 464.
694 So OSSORIO MORALES 248 f.; PUIG PEÑA V/1, 468 f.; DE DIEGO 147.
695 Vgl. die Nachweise bei PUIG PEÑA V/1, 461 und MANRESA VI, 183.
696 ROCA SASTRE, Notas I, 283.
697 PUIG PEÑA V/1, 467 N. 10.
698 DE DIEGO 151.

umgekehrten Fall, wenn nur eine Ersatzerbschaft angeordnet ist[699]. Eine ausdrückliche gesetzliche Regelung fehlt jedoch[700].

Abschließend sei noch darauf hingewiesen, daß der für den Minderjährigen verfügende Aszendent den allgemeinen Grenzen der Testierfreiheit, insbesondere hinsichtlich der Noterben des Minderjährigen, unterliegt. Dies gilt sowohl für den dem Minderjährigen zustehenden Noterbteil, der nicht mit einer Substitution belastet werden darf (Art. 813 Abs. 2 CC), als auch für den Teil des Vermögens des Minderjährigen, über den dieser selbst nach Erlangung der Testierfähigkeit nicht frei verfügen könnte (Art. 777 CC).

Die Pupillarsubstitution wird unwirksam, wenn der Minderjährige das 14. Lebensjahr vollendet, wenn das Testament nichtig ist, wenn der Abkömmling vor dem die Pupillarsubstitution anordnenden Aszendenten stirbt — weil er dann nicht Erbe geworden ist („si heres erit ..."!) — und wenn der Substitut vor dem Abkömmling oder Aszendenten stirbt[701].

3. Die Quasipupillar- oder exemplarische Substitution

Die der Pupillarsubstitution nachgebildete und auch exemplarische Substitution genannte Quasipupillarsubstitution ist gemäß Art. 776 CC die Ernennung eines Erben durch einen Aszendenten für seinen über vierzehn Jahre alten und rechtskräftig wegen Geistesgestörtheit entmündigten Abkömmling für den Fall, daß dieser stirbt, ohne seine Vernunft wiederzuerlangen[702]. Die Lehre stellt dem Geistesgestörten den (faktisch testierunfähigen) taubstummen Analphabeten gleich[703]. Bestritten ist vor allem, ob die Entmündigung vor Errichtung des Testamentes erfolgen muß oder ob das Testament auch wirksam ist, wenn die Entmündigung der Errichtung nachfolgt. Im letzteren Sinne sprach sich das T. S. in Urteilen vom 10. 6. 1941, 12. 6. 1956 aus, nachdem es früher die entgegengesetze Meinung vertreten hatte[704]. Voraussetzung ist allerdings immer das Vorliegen der Geisteskrankheit zum Zeitpunkt der Errichtung.

Ein weiteres Problem ergibt sich für die Entmündigung von Minderjährigen über vierzehn Jahren, die im CC, da sie unter elterlicher Gewalt

---

699 Ossorio Morales 250; Puig Peña V/1, 470; de Diego 149.

700 Vgl. dagegen Art. 155 Abs. 3 CDC.

701 Puig Peña V/1, 471; de Diego 151.

702 De Diego 152; Castán IV, 460.

703 Puig Peña V/1, 472.

704 T. S. 10. 12. 1929; 21. 4. 1928.

stehen, nicht vorgesehen ist (Art. 213 CC). Ossorio Morales hält auch hier eine Entmündigung für möglich[705].

Die Anordnung der Quasipupillarsubstitution ist nicht als stillschweigende Anordnung einer Vulgarsubstitution anzusehen[706].

Neben den im Gesetz genannten Gründen, die zur Unwirksamkeit der Quasipupillarsubstitution führen[707], soll sie auch dann nicht gelten, wenn der Entmündigte vor Beginn seiner Krankheit bereits wirksam testiert hatte[708].

III. Die Vulgar-, Pupillar- und Quasipupillarsubstitution im katalanischen Recht

Das katalanische Recht kennt die gleichen Arten von Substitutionen wie das gemeine Recht. Es hält sich dabei in der Ausgestaltung, wie nicht anders zu erwarten, getreu an das römische Vorbild und löst einige der Fragen, die in der gemeinrechtlichen Literatur und Rechtsprechung wegen der Fassung des CC Anlaß zu Meinungsverschiedenheiten gaben oder im CC abweichend vom römischen Recht geregelt sind, in der Kompilation ausdrücklich im römischrechtlichen Sinne. Den breitesten Raum nehmen in diesem Gesetz dabei die besonderen Vorschriften über die Fideikommisse ein.

1. Vulgarsubstitution

Während im gemeinen Recht, wie ausgeführt, bestritten ist, ob die Pupillarsubstitution immer eine stillschweigende Vulgarsubstitution enthält, ist in der Kompilation klargestellt, daß die Vulgarsubstitution auch stillschweigend angeordnet werden kann (Art. 155 Abs. 1 CDC) und die Pupillarsubstitution ebenso wie die fideikommissarische Substitution[709] immer eine stillschweigende Vulgarsubstitution enthält, erstere allerdings nur, soweit es sich um das Vermögen dessen handelt, der sie anordnet (Art. 155 Abs. 3 CDC). Der Grund hierfür ist offenkundig: nur insoweit ist der in zweiter Linie Berufene echter Substitut (Nacherbe), im übrigen

---

[705] Ossorio Morales 257.

[706] Puig Peña V/1, 476.

[707] Späteres Testament des Entmündigten nach Genesung oder in lichtem Augenblick; Art. 776 Abs. 2 CC.

[708] Borrell y Soler, España V, 129; de Diego 155; Castán IV, 462.

[709] auch die fideikommissarische Substitution „de residuo", Art. 210 Abs. 3, und „preventiva de residuo", Art. 216 Abs. 3 CDC.

aber durch „Vertreter" eingesetzter Erbe des Minderjährigen (Art. 157 Abs. 1 S. 1 CDC).

Art. 113 Abs. 1 CDC bestimmt, daß, wenn eine bestimmte Person zusammen mit ihren Kindern eingesetzt ist, diese im Zweifel als Ersatzerben berufen sind, und folgt auch darin der römischrechtlichen Tradition[710]. Eine ähnliche Vorschrift für den Erbvertrag findet sich in Art. 69 Abs. 1 CDC. Demgegenüber läßt Art. 771 CC in diesem Fall alle genannten Personen gleichzeitig Erben werden, soweit nicht der Elternteil ausdrücklich zum Alleinerben eingesetzt ist (Res. 16. 11. 1908).

Art. 155 Abs. 2 CDC enthält eine § 2097 BGB ähnliche, wenn auch engere Regelung. Danach gilt die für den Fall des Vorversterbens des Erstberufenen angeordnete Ersatzerbschaft im Zweifel auch in den übrigen Fällen, während das gemeine Recht dies nur für den Fall der unbenannten Ersatzerbschaft („substitutio expresa in genere", Art. 774 Abs. 2 CC) vorsieht. Die Kompilation klärt damit eine alte Streitfrage[711].

2. Pupillarsubstitution

Wie bereits angedeutet, folgt die Pupillarsubstitution in Katalonien getreu dem römischen Vorbild. Nach ihrer gesetzlichen Regelung in der CDC und auch nach dem früheren Recht ist sie die Institution, durch die der Vater und jetzt auch die Mutter die Testierunfähigkeit des „impúber" dahingehend ergänzen, daß sie für ihn einen Erben einsetzen, wenn er vor Erlangung der Testierfähigkeit stirbt. Die im Bereich des CC entstandenen und oben erörterten Streitfragen können daher nicht auftauchen. Im einzelnen ergibt sich folgendes Bild:

Die Befugnis zur Anordnung der Pupillarsubstitution ist an die elterliche Gewalt gebunden und kann daher nur von den Eltern ausgeübt werden (Art. 156 Abs. 1 CDC). Gemäß Art. 154 CC, der wegen des Fehlens von besonderen Vorschriften auch in Katalonien gilt[712], kann die eheliche Mutter nur „bei Fehlen des Vaters", d. h. wenn dieser gestorben oder sonst an der Ausübung gehindert ist, eine Pupillarsubstitution anordnen. Der die elterliche Gewalt ausübende Vater kann eine Pupillarsubstitution nach der CDC nur für eheliche Kinder anordnen und nicht mehr, wie nach dem alten Recht, auch für ehelich erklärte[713], adoptierte

---

710 Borrell y Soler, Cataluña V, 92.

711 Falcón-O'Neill, De la Sustitución, Sustituciones hereditarias y fideicomisos (Barcelona 1962), zu Art. 155 CDC, 2.

712 Vgl. Figa Faura 555.

713 Hierbei ist Art. 122 CC zu beachten, der die durch nachfolgende Ehe legitimierten Kinder den ehelichen gleichstellt.

oder Pflegekinder. Für ihr natürliches Kind kann die uneheliche Mutter eine Pupillarsubstitution anordnen (Art. 156 Abs. 1 S. 2 CDC).

Die Pupillarsubstitution kann, wie im gemeinen Recht, für Minderjährige bis zur Vollendung des 14. Lebensjahres und für den Nasciturus angeordnet werden. Die CDC spricht zwar noch vom „impúber", definiert diesen Begriff aber in Art. 156 Abs. 3 CDC dahingehend, daß darunter Minderjährige beiderlei Geschlechts unter 14 Jahren zu verstehen sind. Die alte Pubertätsgrenze von zwölf Jahren für Frauen spielt somit keine Rolle mehr[714]. Die Anordnung hat notwendigerweise in einem Testament zu erfolgen, in dem die Eltern jeweils über ihren eigenen Nachlaß — nicht unbedingt zugunsten des Kindes — verfügen und die Pupillarsubstitution für den Fall vorsehen, daß der Minderjährige vor Vollendung des 14. Lebensjahres stirbt (Art. 156 Abs. 1 bis 3 CDC).

Daß der verfügende Elternteil bei der Pupillarsubstitution nicht nur einen Substituten (Nacherben) für das von ihm stammende Vermögen bestimmen, sondern auch für den Minderjährigen einen echten Erben einsetzen kann, war schon früher für den Bereich des katalanischen Rechtes unbestritten[715]. Heute ergibt sich das aus Art. 157 S. 1 CDC, wonach der „Substitut" bezüglich des Nachlaßteiles, den der Minderjährige von Todes wegen vom Verfügenden erworben hat, Nacherbe, im übrigen aber Erbe des Minderjährigen wird. Es erfolgt also eine Trennung in zwei verschiedene Erbfolgen und Nachlässe. Der eigentliche, nicht vom Verfügenden stammende Nachlaß des Minderjährigen erfährt hierbei in zwei Richtungen eine Sonderbehandlung: Erstens kann er von den Eltern keinen Beschränkungen und Beschwerungen unterworfen werden und zweitens erwirbt ihn als Erbe der vom zuletzt versterbenden Elternteil benannte Substitut, wenn beide Eltern eine Pupillarsubstitution angeordnet haben. Dagegen wird Nacherbe bezüglich des vom Vater oder der Mutter stammenden Vermögensteiles der von ihnen jeweils benannte Nacherbe. Nicht mehr wird heute, wie im früher geltenden römischen Recht[716], die erste Pupillarsubstitution des Vaters bei dessen Tod unwirksam, weil der Minderjährige dann aus seiner elterlichen Gewalt unter die der Mutter gelangt[717]. Haben somit beide Elternteile eine Pupillarsubstitution angeordnet, so gilt die letzte für das nicht von den Eltern stam-

[714] Borrell y Soler, Cataluña I, 88.

[715] Borrell y Soler, Cataluña V, 99; Pella III, 198.

[716] Borrell y Soler, Cataluña V, 101.

[717] Falcón-O'Neill (oben N. 711) zu Art. 156 CDC, 4.

mende Vermögen des Minderjährigen und jede der beiden für das vom jeweiligen Elternteil stammende Vermögen (Art. 157 S. 2 CDC), so daß hier sogar eine Dreiteilung des hinterlassenen Vermögens eintreten kann. Hierbei kann allerdings dem hier verwandten Ausdruck „Nacherbe" schon deswegen nicht der Terminus „Vorerbe" für den Minderjährigen gegenübergestellt werden, weil dieser kraft Erbrechts keinerlei Beschränkungen in der Verfügung über den von den Eltern stammenden Vermögensbestandteilen unterworfen ist, die den Beschränkungen eines Vorerben in unserem Sinne vergleichbar wären[718]. Vielmehr wird der Minderjährige so angesehen, als ob er selbst testiert hätte. Ein eigenes Testament beschränkt aber die Verfügungsmacht nicht. Die Unterscheidung in Nacherbenstellung und Erbenstellung des Substituten ist vielmehr nur wegen der bereits aufgezeigten Unterschiede und wegen Art. 780 CC bedeutsam, wonach der Substitut mangels anderer Bestimmung durch den Erblasser den gleichen Beschwerungen wie der Erbe unterliegt, soweit diese nicht persönlicher Art sind.

Abgesehen von den Grenzen der Testierfreiheit (Art. 161 Abs. 3 CDC)[719] legt Art. 158 CDC, ähnlich dem früheren Recht[720], demjenigen, der eine Pupillarsubstitution anordnet, eine weitere Beschränkung auf: Soweit ein Elternteil mangels entsprechender Anordnung des anderen dem Minderjährigen auch für das von diesem anderen Elternteil stammende Vermögen einen Erben bestimmt, kann er diesen Erben nur aus den Geschwistern des Minderjährigen oder, bei deren Fehlen, aus dem Kreis der übrigen mit dem Minderjährigen durch den anderen Elternteil bis zum 4. Grad verwandten Angehörigen auswählen[721]. Diese Vorschrift und die Bestimmungen über die gesetzliche Erbfolge nach dem „impúber" sind die beiden einzigen Erscheinungsformen des Fallrechts („troncalidad") in Katalonien[722].

Im übrigen und wenn keine der genannten Personen vorhanden ist, kann jede erbfähige Person eingesetzt werden (Art. 158 Abs. 1 CDC). Wird gegen diese Vorschrift verstoßen, so gelten die genannten Verwandten in der Reihenfolge als Substituten, in der sie zur gesetzlichen

---

718 Vgl. Borrell y Soler, Cataluña V, 104.

719 Vgl. unten.

720 Borrell y Soler, Cataluña V, 102.

721 Da die Kompilation für Tortosa keine Sonderregelung trifft, gilt diese Beschränkung jetzt auch dort. Das alte Recht von Tortosa kannte sie nicht; Const. 14, Rub. 4, Buch VI Konstitutionen von Tortosa, vgl. Borrell y Soler, Cataluña V, 103.

722 Durán y Bas 193.

Erbfolge berufen wären (Art. 158 Abs. 2 CDC). Art. 159 CDC bestimmt, daß die ausdrückliche Einsetzung zum Ersatzerben die stillschweigende Pupillarsubstitution hinsichtlich des vom Verfügenden stammenden Vermögens einschließt, außer wenn zwei Geschwister, von denen eines unter und eines über vierzehn Jahre alt ist, gegenseitig zu Ersatzerben eingesetzt sind. Diese Regel gilt jedoch nur, wenn der Erblasser nichts anderes vorgesehen hat.

Die Erbschaft geht auf den Substituten über, wenn der Minderjährige vor Vollendung des 14. Lebensjahres stirbt. Die Substitution wird aus den gleichen Gründen wie im gemeinen Recht unwirksam, sowie dann, wenn der „impúber" vor seinen Eltern stirbt[723].

3. Quasipupillarsubstitution

Das katalanische Recht schränkt sowohl den Kreis derjenigen, die eine exemplarische Substitution anordnen können, als auch den Kreis derjenigen, die als Substituten (Nacherben) eingesetzt werden können, gegenüber dem gemeinen Recht ein.

Nach dem bisher geltenden Recht[724] und gemäß Art. 160 Abs. 1, 2 CDC kann eine Quasipupillarsubstitution nur der Aszendent anordnen, demgegenüber der Entmündigte ein Noterbenrecht hat, wenn er dem Entmündigten den Noterbteil („legítima") zuwendet. Die im gemeinen Recht umstrittene Frage nach dem Zeitpunkt der Entmündigung beantwortet Art. 160 Abs. 2 CDC im Sinne der Rechtsprechung des Tribunal Supremo: Sie muß zu Lebzeiten des Aszendenten erfolgen, nicht aber vor Anordnung der Substitution.

Eingesetzt können werden die legitimen Abkömmlinge des Entmündigten oder, bei deren Fehlen, die des Erblassers (Anordnenden). Nur wenn beide Gruppen nicht vorhanden sind, kann jede erbfähige Person bedacht werden (Art. 160 Abs. 3 CDC). Die Einsetzung erstreckt sich auch auf das Vermögen des Entmündigten, soweit dieser nicht darüber durch Testament oder Erbvertrag („heredamiento universal")[725] wirksam verfügt hat. Die Tatsache, daß ein früheres Testament vorhanden ist, schließt sonach die Wirksamkeit der Quasipupillarsubstitution nicht schlechthin aus, wie von einigen für das gemeine Recht angenommen wird.

Art. 160 Abs. 4 CDC enthält die im gemeinen Recht fehlende Regel zur Lösung von Kollisionen zwischen mehreren Quasipupillarsubstitutionen

---

723 FALCÓN-O'NEILL (oben N. 711) zu Art. 156 CDC, 4.

724 PELLA III, 203; BORRELL Y SOLER, Cataluña V, 108 f.

725 Vgl. unten § 47.

verschiedener Aszendenten. Vorrang hat die des mit dem Entmündigten im näheren Grade verwandten Aszendenten. Sind mehrere Aszendenten mit dem Entmündigten im gleichen Grade verwandt, so erben dessen eigenes Vermögen alle benannten Substituten in dem Verhältnis, in dem die Aszendenten, die sie eingesetzt haben, zu gesetzlichen Erben berufen wären. Die von den einzelnen Aszendenten herrühenden Nachlaßteile fallen den jeweils von diesen eingesetzten Substituten zu.

Anders als nach gemeinem Recht führt die tatsächliche Beendigung der Unfähigkeit des Entmündigten zur Unwirksamkeit der Substitution, ohne daß die Errichtung eines eigenen Testaments erforderlich wäre. Gleiches gilt, wenn der Substitut vor dem Erblasser oder dem Entmündigten oder dieser vor dem Aszendenten stirbt. Bei mehreren Aszendenten gilt dies für jede Substitution gesondert (Art. 161 Abs. 1 CDC). Die Vorschriften über die Pupillarsubstitution finden, soweit ihre Rechtsnatur dies gestattet, entsprechende Anwendung (Art. 161 Abs. 2 CDC).

Die Noterben des „impúber" oder Entmündigten haben ein Noterbrecht nur an dessen eigentlichem Nachlaß. Zu diesem gehört auch, was ihnen bei den Erbgängen, für die die Substitutionen angeordnet wurden, als Noterbteil („legítima") zusteht (Art. 161 Abs. 3 CDC).

Die Regelung der Quasipupillarsubstitution in der CDC entspricht im wesentlichen dem alten katalanischen Recht[726].

IV. Substitutionen, insbesondere Vulgar-, Pupillar- und Quasipupillarsubstitution in Aragón und Navarra

Außer in Katalonien finden sich nur noch in Aragón und Navarra besondere Vorschriften für die hier erörterten Arten der Substitutionen.

1. Aragón

Der aragonesische Apéndice gibt zwar seinen Art. 30—33 die Überschrift „Von der Erbschaft, der Erbeinsetzung, dem Pflichtteil, der Substitution und der Enterbung", regelt aber die Substitution dort nicht, so daß der CC ergänzende Anwendung findet. Die Substitution ist lediglich in Art. 31 Abs. 1 ap. dahingehend erwähnt, daß der Erblasser die den Abkömmlingen als kollektiven Pflichtteil[727] vorbehaltenen zwei Drittel nicht mit Substitutionen beschweren darf. Eine Ausnahme hiervon sehen Art. 31 Z. 3 und 4 ap. vor, wonach der Erblasser auch für diese zwei Drittel Sub-

[726] Borrell y Soler, Cataluña V, 108 f.; Pella III, 203 f.

[727] Unten § 28 III 1.

stitutionen zugunsten von anderen unmittelbaren oder entfernteren Abkömmlingen anordnen kann. Auch ist die Anordnung einer Substitution zugunsten Dritter zulässig, wenn sie für den Fall gelten soll, daß der Pflichtteilsberechtigte ohne Nachkommen stirbt. Die Wirksamkeit der Substitution beschränkt sich hierbei auf den Teil des Vermögens, über den der Pflichtteilsberechtigte nicht verfügt hat.

Diese Vorschriften des aragonesischen Apéndice sind weitgehend auf die fideikommissarische Substitution ausgerichtet. Da aber nur von „Substitution" schlechthin gesprochen ist, gelten sie für alle Arten der Substitution und waren daher hier zu erörtern.

2. Navarra

Auch für die Substitutionen gilt in Navarra das römische Recht subsidiär nach den wenigen Vorschriften des eigenständigen Foralrechts[728]. Seine Grundsätze sind im wesentlichen die gleichen wie die der einschlägigen Regelung des CC, so daß auch im navarrischen Recht die Vulgarsubstitution, die Pupillarsubstitution, die Quasipupillar- oder exemplarische Substitution und die fideikommissarische Substitution unterschieden werden können.

Nach römischem Recht kann eine Pupillarsubstitution nur der Aszendent anordnen, der die elterliche Gewalt ausübt[729]. Lacarra[730] ist daher der Ansicht, daß sie nur von den Eltern angeordnet werden kann. Dagegen spricht L. 267 FR von der vom Vater oder einem Aszendenten angeordneten Pupillar- und Quasipupillarsubstitution. Zu beachten ist — da die Pupillarsubstitution für den Fall angeordnet ist, daß der eingesetzte Erbe vor Erlangung der Testierfähigkeit stirbt —, daß in Navarra Männer nach Vollendung des vierzehnten, Frauen jedoch schon nach Vollendung des zwölften Lebensjahres testieren können (L. 228 FR).

Sowohl für die Pupillar- als auch für die Quasipupillarsubstitution bestimmt L. 267 FR, daß die Verfügungen des Erblassers für das gesamte Vermögen des Minderjährigen bzw. Geistesgestörten gelten (vgl. Art. 157, 159 CDC).

---

728 Lacarra II, 156; Castán, D. F. 111.
729 Castán, D. F. 112.
730 Lacarra II, 167.

§ 22: DIE FIDEIKOMMISSARISCHE SUBSTITUTION

I. Die fideikommissarische Substitution im gemeinen Recht

1. Begriff und Übersicht

Das Gesetz definiert die fideikommissarische Substitution als die Substitution, bei der der Erbe beauftragt wird, die Erbschaft oder einen Teil davon einem Dritten zu erhalten und auf ihn zu übertragen (Art. 781 CC)[731]. Puig Peña[732] gibt folgende Begriffsbestimmung der fideikommissarischen Substitution: „Sie ist diejenige Verfügung, durch die der Erblasser eine zwei- oder mehrfache Erbenberufung anordnet und bestimmt, daß der erstberufene Erbe das Vermögen bewahrt und auf einen zweiten oder weiteren Erben überträgt, sei es für den Fall seines Todes oder wenn irgend ein Ereignis oder Termin eintritt, die im Testament vorgesehen sind.“ Art. 789 CC erstreckt die Vorschriften über die fideikommissarische Substitution auch auf Vermächtnisse (Singularfideikommiß im Gegensatz zum Universalfideikommiß).

Die Anordnung der fideikommissarischen Substitution hat ausdrücklich im Testament zu erfolgen (Art. 783 Abs. 1 CC)[733]. Bei bedingter Erbeinsetzung und solcher mit Anfangs- oder Endtermin sind die gesetzlichen Erben nicht stillschweigend zu Vor- oder Nacherben eingesetzt (Art. 801, 805 CC)[734]. Zwar entspricht Art. 805 CC inhaltlich etwa §§ 2104, 2105 BGB. Das Erfordernis der ausdrücklichen Anordnung läßt aber keine konstruktive Nacherbenfolge zu und auch Art. 805 CC kann hieran nichts ändern. Ist der Erbe unter auflösender Bedingung eingesetzt, so wirkt diese ex tunc (Art. 791, 1120 f. CC), so daß der Erbe bei ihrem Eintritt so angesehen wird, als ob er nie Erbe geworden wäre. Hier gelten vom Erbfall an die gesetzlichen Erben als berufen. Bei aufschiebender Bedingung stehen die gesetzlichen Erben ebenfalls nicht einem Vorerben gleich, sondern haben nur begrenzte Verwaltungsaufgaben (Art. 800 f. CC)[735].

Die Formulierung von Art. 781 CC „se encarga al heredero“ ist ungenau, da der Erblasser die Substitution anordnet und nicht „beauftragt“ („encargar“)[736].

---

731 Vgl. unsere Nacherbschaft.
732 Puig Peña V/1, 479.
733 Puig Peña V/1, 480.
734 Puig Peña V/1, 480.
735 Lacruz, Notas al Binder 79, 113; Roca Sastre, Notas I, 23 f.; II, 78.
736 Puig Peña V/1, 480; de Diego 160.

Der Erblasser ordnet bei der fideikommissarischen Substitution mehrere Berufungen an. Hierin liegt auch der Hauptunterschied zum einfachen römischen Fideikommiß, wo es nur eine Berufung gab und der Fiduziar nicht Erbe, sondern eher eine Art Vollstrecker des letzten Willens war. Bei der Nacherbfolge liegen zwei oder mehr Freigebigkeiten vor, beim reinen Fideikommiß nur eine[737]. Gegenüber der Vulgarsubstitution fehlt es bei der fideikommissarischen Substitution an der Subsidiarität der weiteren Berufung. Es handelt sich vielmehr um eine mehrfache Berufung auf das gleiche Vermögen und mit gleichem Gegenstand[738]. Der erste Erbe ist verpflichtet, den Nachlaß zu erhalten („conservar") und auf den Nacherben zu übertragen („transmitir")[739].

Weiteres Erfordernis bzw. Merkmal der Nacherbfolge ist, daß die Erbfolgen zeitlich aufeinanderfolgen. Hauptfall und geschichtlicher Ursprung ist hierbei die Berufung des Fideikommissars (Nacherben) auf den Tod des Fiduziars (Vorerben). Nach dem CC sind aber auch andere Nacherbfälle möglich.

2. Verhältnis zur Vulgarsubstitution

Die Frage, ob eine Nacherbeneinsetzung auch die Einsetzung als Ersatzerbe beinhaltet, wurde von der Rechtsprechung nicht einheitlich beantwortet[740], wird von der Lehre aber überwiegend bejaht[741]. Wie im deutschen Recht[742] gilt der Eingesetzte als Ersatzerbe, wenn zweifelhaft ist, ob er als Nach- oder Ersatzerbe eingesetzt ist[743]

3. Geschichte

Das römische Recht kannte zunächst nur den reinen Fideikommiß, der zur Umgehung von Erbunfähigkeitsvorschriften diente, bis das Senatusconsultum Pegasianum vom Fideikommissar die gleiche Fähigkeit wie vom Erben verlangte.

Später entstand dann eine Kombination mit der Substitution, das sogenannte „fideicommissum familiae relictum", in dessen Rahmen sich die Verpflichtungen zur Erhaltung des fideikommissarischen Vermögens und zur Herausgabe an die Fideikommissare entwickelten. Zum Ausgleich für etwaige Lasten erhielt der Fiduziar die „Quarta trebellianica", die als An-

---

737 Castán IV, 463.
738 Puig Peña V/1, 481; de Diego 160 f.
739 Vgl. Puig Peña V/1, 481; Castán IV, 463.
740 Verneinend T. S. 13. 2. 1943; bejahend T. S. 13. 11. 1948.
741 Puig Peña V/1, 487; Ossorio Morales 296; Lacruz, Notas al Binder 114.
742 § 2102 Abs. 2 BGB.
743 Roca Sastre, Notas I, 282; II, 78.

wendungsfall der „Quarta falcidia“[744] auf die Fideikommisse anzusehen ist.

Die eigentliche Entwicklung der fideikommissarischen Substitution erfolgte im Zusammenhang mit dem „Familienfideikommiß“. Verbunden mit einem System der Bindungen und den Grundsätzen der Männlichkeit und Erstgeburt führte dies in Spanien zur Entstehung der „Mayorazgos“ (Majorate), die für die wirtschaftliche und rechtliche Entwicklung des Landes ungünstig und hemmend waren.

Ende des 18. Jahrhunderts und in der französischen Revolution wurde diese Art der Erbfolge heftig angegriffen und von der französischen gesetzgebenden Versammlung am 25. 8. 1792 und durch die Konvention vom November gleichen Jahres verboten. Dieses Verbot wurde im Code Napoleon[745] und den meisten von ihm beeinflußten Rechten bestätigt. Trotzdem besteht aber die fideikommissarische Substitution in vielen Rechten, darunter im spanischen gemeinen Recht, in den spanischen Foralrechten und im BGB fort, wobei aber Beschränkungen vorgesehen sind, die diese Institution mit dem modernen Rechtsdenken vereinbar sein lassen[746, 747].

4. Arten der fideikommissarischen Substitution

a) Ausdrückliche und stillschweigende fideikommissarische Substitution

Der CC läßt nur die ausdrücklich angeordnete Substitution zu (Art. 783 Abs. 1 CC), während das deutsche Recht auch eine gedachte bzw. konstruktive Nacherbfolge kennt[748].

b) Ständige und zeitlich begrenzte Fideikommisse

Gegen eine ständige Bindung in Form einer fideikommissarischen Substitution wurden in Spanien die Real Cédula Karls III. vom 14. 5. 1779 und das Gesetz vom 11. 10. 1820[749] erlassen[750]. Heute ergibt sich das Verbot ständiger Fideikommisse aus Art. 785 Z. 2 mit Art. 781 CC. Die Zahl der zulässigen Nacherbenberufungen ist danach auf zwei beschränkt[751].

c) Reine, befristete und bedingte Fideikommisse

Beim reinen Fideikommiß liegt keine echte Substitution vor, da der

---

744 Vgl. unten § 23 II 6.

745 Vgl. jetzt Art. 896 Code Civil mit den Ausnahmen in Art. 1048, 1049 Code Civil.

746 Vgl. Art. 781 CC; § 2109 BGB.

747 Puig Peña V/1, 487 f.; Castán IV, 465 f.

748 Palandt, Einf. 3 vor § 2100.

749 Aufgehoben am 1. 10. 1823, wieder in Kraft gesetzt am 30. 8. 1836.

750 Vgl. auch de Diego 158.

751 T. S. 23. 6. 1940; vgl. auch Manresa, zu Art. 781, S. 271.

Fiduziar den Nachlaß sofort herausgeben muß und es am Zeitablauf wie auch an mehreren echten Berufungen fehlt.

Den Normalfall stellt die befristete Substitution dar, bei der der Nacherbe ein Anwartschaftsrecht hat, das bei Eintritt des Zeitpunktes oder des Ereignisses („dies certus an, incertus cuando") wirksam wird. Dieses Recht ist übertragbar und vererblich (Art. 784 CC).

Bei der bedingten Substitution ist ungewiß, ob das bedingende Ereignis eintritt. Sie liegt z. B. vor, wenn der Erblasser die fideikommissarische Substitution für den Fall anordnet, daß der Fiduziar ohne Nachkommen stirbt („si sine liberis decesserit"). Bei der bedingten Substitution bestehen folgende Besonderheiten: Der Vorerbe kann über den Nachlaß verfügen, aber die Verfügungen hängen in ihrer Wirksamkeit von dem Eintreten der Bedingung ab. Unter den gleichen Voraussetzungen kann der Vorerbe über sein zeitliches Recht verfügen. Der Nacherbe, der vor Eintritt der Bedingung stirbt, erwirbt kein Recht am Nachlaß und vererbt auch seinen Erben kein Anwartschaftsrecht[752]. Fällt die Bedingung aus, dann entfällt die fideikommissarische Beschwerung und die Verfügungen des Vorerben werden voll wirksam. Tritt die Bedingung ein, so kommt es zum „Nacherbfall" („momento de la restitución de los bienes") und die Verfügungen des Vorerben sind unwirksam.

5. Gesetzliche Beschränkungen der fideikommissarischen Substitution

Die Anordnung der Substitution muß, wie mehrfach ausgeführt, ausdrücklich sein (Art. 783 Abs. 1 CC). Das bedeutet aber nur, daß der Wille des Erblassers unmißverständlich sein, nicht aber, daß der Ausdruck „fideikommissarische Substitution" gebraucht werden muß[753]. Hierbei bestehen drei Möglichkeiten: 1. Gebrauch des Wortes. — 2. Anordnung der Herausgabe[754]. — 3. Anordnung eines Veräußerungsverbotes unter Angabe des Nacherben (Art. 785 Z. 1, 4 CC). Dabei ist von einer engen Auslegung auszugehen und eine fideikommissarische Substitution niemals zu vermuten („contra fideicommissum semper est in dubio iudicandum")[755]. Im Zweifel ist Ersatzerbschaft („sustitución vulgar") anzunehmen[756]. Das Verbot in Art. 785 Z. 4 CC betrifft vor allem die „fideicomisos tácitos o albaceazgos de confianza". Empfehlungen gemäß Art. 671 CC an den Erben sind aber zulässig (z. B. bestimmte Summen an Verwandte auszuzahlen).

---

752 T. S. 13. 3. 1942; vgl. § 2108 Abs. 2 S. 2 BGB.
753 Puig Peña V/1, 493.
754 Vgl. § 2103 BGB.
755 Res. 19. 12. 1942; 6. 6. 1929; T. S. 19. 2. 1898.
756 Puig Peña V/1, 494; Roca Sastre, Notas I, 282; II, 78.

Die Substitution darf nicht über den zweiten Grad hinausgehen oder nur zugunsten von Personen erfolgen, die beim Erbfall leben oder erzeugt sind (Art. 29; 781 CC). Bestritten war hierbei, was zweiter Grad bedeutet. Während einige aus Art. 915 CC herleiteten, daß Grad mit Generation gleichzusetzen ist[757], sagt die herrschende Meinung, daß mit zwei Graden zwei Berufungen („llamamientos") gemeint sind[758]. Auch die Rechtsprechung setzt heute „grado" mit „llamamiento" gleich[759]. Bei Überschreitung dieser Grenze sind nach der bisherigen Rechtsprechung und der Lehre[760] nur die unzulässigen, über die Grenze von zwei Berufungen hinausgehenden Substitutionen nichtig. Neuerdings scheint aber das T. S. zur Annahme einer Gesamtnichtigkeit zu neigen[761].

Endlich darf die fideikommissarische Substitution nicht die „legítima" belasten. Beschwerungen des für die „mejora" bestimmten Drittels[762] sind nur zugunsten von Abkömmlingen zulässig (Art. 782, 813 Z. 2, 808 CC)[763].

6. Die Stellung des fiduziarischen Erben (Vorerben)

Der Fiduziar ist echter Erbe, nicht nur Nießbraucher am Nachlaß, und ihm gebühren die gezogenen Nutzungen[764].

Er hat folgende Verpflichtungen:

a) Den Bestand des Nachlasses zu erhalten:

Er kann über Nachlaßgegenstände weder von Todes wegen noch unter Lebenden verfügen[765], es sei denn, er ist dazu vom Erblasser ermächtigt (Art. 783 Abs. 2 CC)[766], die Nacherben stimmen zu[767], es liegen hierzu zwingende Gründe vor[768] oder wenn durch die Verfügung ein Surrogat an die Stelle des Nachlaßgegenstandes tritt, das günstiger ist[769]. Nie jedoch kann der Fiduziar unentgeltlich verfügen[770].

---

757 Vgl. bei MANRESA VI, 182; DE DIEGO 165.

758 CASTÁN IV, 467; OSSORIO MORALES 288; LACRUZ, Notas al Binder 114; PUIG PEÑA V/1, 497.

759 Grundlegend T. S. 23. 6. 1940.

760 PUIG PEÑA V/1, 498; LACRUZ, Notas al Binder 115.

761 T. S. 29. 10. 1949.

762 Siehe unten § 25 IV 1.

763 T. S. 5. 4. 1934; DE DIEGO 163.

764 OSSORIO MORALES 281; LACRUZ, Notas al Binder 237; ROCA SASTRE, Notas II, 78.

765 Vgl. dagegen § 2112 BGB.

766 Vgl. „fideicomiso de residuo", unten I 10.

767 Vgl. PALANDT, Anm. 1 zu § 2113.

768 Veräußerung verderblicher Waren, Erfüllung von Nachlaßverbindlichkeiten etc.; PUIG PEÑA V/1, 501; T. S. 17. 4. 1929 wegen Art. 1026 bis 1032 CC.

769 Bestr., PUIG PEÑA V/1, 502.

770 BORRELL Y SOLER, España V, 146.

Im Rahmen der Nachlaßerhaltung hat der Fiduziar weiter den Nachlaß mit der Sorgfalt eines ordentlichen Familienvaters zu verwalten. Nutzungen gebühren ihm, nicht aber Früchte, die zu einer Minderung des Gebrauchswertes von Sachen führen. Der Vorerbe hat dabei eine nießbraucherähnliche Stellung, da er aber echter Eigentümer ist, beschränkt sich seine Haftung auf „culpa levis in concreto"[771]. Bestritten ist, ob der Fiduziar ein Inventar errichten muß[772], wie dies für den Nießbraucher vorgesehen ist. Bezüglich der Sicherheitsleistung hat das T. S. am 29. 1. 1916 entschieden, daß sie entfällt, weil Art. 419 CC nur für den Nießbrauch gilt. Da das Inventar für den Nießbraucher in der gleichen Vorschrift vorgesehen ist, entfällt es wohl für den Fiduziar ebenfalls. Die andere Meinung wird aber von vielen vertreten. So verlangen Ossorio Morales[773] und Lacruz[774] sowohl Sicherheitsleistung als auch Inventar, de Diego[775] und Castán[776] nur das Inventar.

b) Den Nachlaß an den fideikommissarischen Erben (Nacherben) herauszugeben

Über den Zeitpunkt der Herausgabe enthält Art. 783 CC nichts. Entscheidend ist der Wille des Erblassers. Hat er nichts angeordnet, so tritt der Nacherbfall beim Tod des Vorerben ein[777].

Die Herausgabepflicht umfaßt in der Regel alles, was der Fiduziar erhalten hat. Eine trebellianische Quart kennt der CC nicht. Der Fiduziar kann aber notwendige Aufwendungen, die über bloße Verwaltungskosten hinausgehen („gastos legítimos") abziehen (Art. 783 Abs. 2 CC)[778]. Weiter kann er von dem herauszugebenden Nachlaß abziehen: Forderungen gegen Erblasser und Nachlaß, die bei Ausfall der Nacherbfolge durch Konfusion erloschen wären („créditos") (Art. 783 Abs. 2 CC)[779]; nützliche und gutgläubig herbeigeführte Werterhöhungen („mejoras") (Art. 783 Abs. 2 CC)[780], nicht aber solche, die auf Luxusausgaben beruhen. Hier hat aber

---

771 diligentia quam in suis; vgl. § 2131 BGB; Puig Peña V/1, 502.

772 Vgl. § 2121 BGB.

773 Ossorio Morales 284.

774 Lacruz, Notas al Binder 238.

775 De Diego 167.

776 Castán IV, 470 f.

777 Puig Peña V/1, 504; Ossorio Morales 275; Manresa VI, 181; vgl. § 2016 Abs. 1 BGB.

778 Puig Peña V/1, 505; vgl. § 2124 BGB.

779 Puig Peña V/1, 506.

780 Puig Peña V/1, 506.

der Fiduziar ein Wegnahmerecht, wenn der Fideikommissar sie nicht gegen entsprechenden Ersatz übernehmen will[781].

7. Die Stellung des fideikommissarischen Erben (Nacherben)

Nacherbe kann jede erbfähige Person sein. Auch der beim Erbfall noch nicht Erzeugte (nondum conceptus) kann Nacherbe sein, wenn er beim Nacherbfall lebt oder erzeugt ist[782].

Vor dem Nacherbfall hat der Fideikommissar ein Anwartschaftsrecht, über das er wie nach deutschem Recht verfügen kann[783]. Es ist stärker bei befristeter Substitution als bei bedingter Substitution, insbesondere nur bei ersterer vererblich, da dann der Eintritt des Nacherbfalles sicher ist (certus an). Auf Grund von Art. 79 Abs. 1 Reglamento de la L. Hipotecaria ist das Anwartschaftsrecht bei Eintragung der Rechte des Fiduziars im Grundbuch („Registro de la Propiedad") einzutragen. Bei Eintritt des Nacherbfalles geht die Erbschaft ipso iure auf den Fideikommissar über[784] und dieser hat dem Fiduziar die in Art. 783 CC genannten Beträge zu erstatten[785]. Sind die gesetzlichen Erben als Nacherben berufen, so kann auch der Fiskus Nacherbe sein, da das spanische Recht eine § 2104 S. 2 BGB entsprechende Vorschrift nicht kennt[786].

8. Nichterfüllung der Verpflichtungen des Fiduziars

Unzulässige Veräußerungen des Fiduziars sind nichtig, soweit nicht der Gutglaubensschutz des Grundbuchs („Registro de la Propiedad") eingreift (z. B. weil der Vorerbenvermerk nicht eingetragen war). Der Fiduziar haftet für Schäden aus nicht ordnungsgemäßer Verwaltung.

9. Erlöschen und Nichtigkeit der fideikommissarischen Substitution

Die fideikommissarische Substitution erlischt bzw. ist nichtig:

a) bei Nichtigkeit des Testaments, das sie selbst oder die Erbeneinsetzung enthält;
b) bei Eintritt der auflösenden oder Ausfall der aufschiebenden Bedingung;
c) bei Erbunfähigkeit oder Vorversterben des Nacherben (d. h. vor dem Erbfall oder vor Eintritt der Bedingung beim bedingten Fideikommiß);

---

781 Puig Peña V/1, 506; Ossorio Morales 291 f. unter entsprechender Anwendung von Art. 453, 454 CC; vgl. § 2125 BGB.

782 Puig Peña V/1, 504; Ossorio Morales 280; Lacruz, Notas al Binder 113.

783 Roca Sastre, Notas II, 88.

784 Lacruz, Notas al Binder 242.

785 Puig Peña V/1, 506 f.

786 Lacruz, Notas al Binder 113.

d) bei Verstoß gegen die Vorschriften des CC (z. B. Überschreitung der Begrenzung auf zwei Berufungen)[787].

10. Die befreite Vorerbschaft („fideicomiso de residuo")

Der „fideicomiso de residuo" stellt eine Ausnahme von der Verpflichtung des Fiduziars zur Erhaltung und Herausgabe des gesamten Nachlasses dar, da hier der Fiduziar nur das Vermögen herauszugeben hat, das bei seinem Tode tatsächlich vorhanden ist („los bienes que subsistan a su muerte" oder „eo quod tempore mortis supererit"). Bestritten ist, ob wegen des Fehlens der Verpflichtung, den Nachlaß in seinem Bestand zu erhalten[788], überhaupt noch von einer echten fideikommissarischen Substitution gesprochen werden kann. So verneint dies z. B. DE DIEGO[789]. Heute ist aber wohl die Mehrheit der Ansicht, daß auch auf den „fideicomiso de residuo" die Vorschriften über die Substitution anwendbar sind[790]. Die Rechtsprechung, auf der mangels gesetzlicher Vorschriften im gemeinen Recht die befreite Vorerbschaft beruht, war geteilt und stellte z. B. im Urteil des T. S. vom 13. 2. 1943 fest, daß der „fideicomiso de residuo" nicht genau mit der Institution der fideikommissarischen Substitution übereinstimme, die Zeit aber für endgültige Entscheidungen noch nicht reif sei. Dagegen geht das T. S. im Urteil vom 13. 11. 1948 einen Schritt weiter und stellt als gemeinsames Merkmal beider Institutionen die doppelte und sukzessive Berufung fest. Wenn aber auch der „fideicomiso de residuo" in den letzten Absatz von Art. 783 eingeordnet werden könne, so ergäben sich doch wesentliche Unterschiede zur fideikommissarischen Substitution:

Bei der eigentlichen fideikommissarischen Substitution erwirbt der Zweitberufene sein Erbrecht mit dem Erbfall gemäß Art. 784 CC, während der Zweitberufene eines „fideicomiso de residuo" eine bloße Anwartschaft oder Chance („un derecho de mera expectativa") erwirbt und der endgültige Erwerb davon abhängt, daß der Fiduziar nicht über das gesamte Vermögen verfügt hat (aufschiebende Bedingung), wenn er stirbt (Einsetzung auf einen unbestimmten Termin). Somit erwirbt der Zweiberufene hier ein Recht am Nachlaß erst mit dem Tod des Erstberufenen, da erst dann, bei Eintritt der aufschiebenden Bedingung, bekannt ist, ob das Recht überhaupt entstehen kann. Außerdem trifft den Erstberufenen bei der fideikommissarischen Substitution die Verpflichtung, den Nachlaß wie ein Nießbraucher zu erhalten und auf den Zweitberufenen zu dem vom Erb-

787 DE DIEGO 168.
788 Vgl. Art. 781 CC.
789 DE DIEGO 162.
790 CASTÁN IV, 464; PUIG PEÑA V/1, 482.

lasser festgesetzten Zeitpunkt zu übertragen, während der befreite Fiduziar („fiduciario de residuo") über das Vermögen unter Lebenden und, wenn ihn der Erblasser hierzu ermächtigt hat, auch von Todes wegen verfügen kann und nur den bei seinem Tode vorhandenen Überrest herauszugeben hat.

Auf Grund dieser Rechtsprechung bestimmt PUIG PEÑA[791] folgende Merkmale des „fideicomiso de residuo":

a) Er ist eine echte bedingte fideikommissarische Substitution, auf die Art. 759 CC anwendbar ist.
b) Stirbt der Fiduziar vor dem Erblasser, so ist die Anordnung unwirksam.
c) Der Fiduziar kann nur unter Lebenden verfügen. Die Befugnis zur Verfügung von Todes wegen muß ihm vom Erblasser besonders übertragen sein.
d) Der Fiduziar muß alle Surrogate herausgeben und darf nicht in der Absicht verfügen, den Fideikommissar zu benachteiligen.

Einen ähnlichen Fall stellt die fideikommissarische Substitution an vertretbaren Sachen dar. Auch hier ist bestritten, ob eine echte fideikommissarische Substitution vorliegt, wenn lediglich der Wert zu erstatten ist[792]. Abzustellen ist auf den Willen des Erblassers. Bei reiner Verpflichtung zur Werterstattung liegt keine fideikommissarische Substitution vor.

II. Katalonien

1. Geschichtlicher Überblick

Die katalanischen Familienfideikommisse gehen auf den römischen Fideikommiß zurück. Grabinschriften aus der Zeit der römischen Besetzung zeugen davon, daß sich zu dieser Zeit der zeitlich begrenzte Familienfideikommiß herausbildete[793]. Am Ende der Entwicklung steht der „fideicomiso familiar catalán" mit folgenden Hauptmerkmalen:

1. Er ist zeitlich begrenzt und konnte bis zur Kompilation[794] vier Generationen umfassen (Novelle 159).
2. Er ist eine echte fideikommissarische Substitution im Gegensatz zum römischen Fideikommiß, der in Katalonien als „fideicomiso puro"

---

[791] PUIG PEÑA V/1, 483.
[792] PUIG PEÑA V/1, 484.
[793] DURÁN Y BAS 248; PELLA III, 218; BORRELL Y SOLER, Cataluña V, 211; CASTÁN, D. F. 114.
[794] Vgl. Art. 180 CDC.

fortbesteht[795]. Die Nacherbeneinsetzung erfolgt meist unter der Bedingung, daß der Fiduziar ohne (männliche) Nachkommen stirbt. Diese Nachkommen heißen „hijos puestos en condición".

3. Für die Erbfolge galt das Recht der männlichen Erstgeburt[796].

Der katalanische Familienfideikommiß unterlag den Einflüssen des kastilischen Majorats und hat von ihm den Grundsatz der Nachfolge des erstgeborenen Sohnes und andere lehensrechtliche Gestaltungsformen übernommen. Die ständigen Fideikommisse nach dem Vorbild des „mayorazgo" waren nie eine eigenständige katalanische Rechtsinstitution, wenn sie auch in Katalonien Eingang fanden. Seit Aufhebung der Majorate bestand nur noch der eigentliche katalanische Familienfideikommiß fort, der als eine Modalität der fideikommissarischen Substitution anzusehen ist. Die für die Aufhebung des Majorats maßgebenden Nachteile einer lang dauernden Eigentumsbindung vermied er durch seine Beschränkung auf vier (jetzt: zwei) Berufungen, durch die Befugnis des Fiduziars, als trebellianische Quart und Pflichtteil gegebenenfalls die Hälfte des Nachlasses zurückzubehalten, und durch die dem Fiduziar eingeräumte Möglichkeit, Grundeigentum zu verpachten. Letzteres konnte der Fiduziar nach katalanischem Recht in Form der Emphyteuse, der Halbpacht, und der „rabassa morta", einer in Art. 1656 vom CC übernommenen katalanischen Form der Verpachtung eines Weinberges für die Lebens- bzw. Ertragsdauer der ersten Weinstöcke, höchstens aber für fünfzig Jahre[797], während das moderne Recht, in endgültiger Abwendung vom Feudalsystem, die mit einer Aufspaltung des Eigentums verbundene Bestellung einer Emphyteuse nicht mehr gestattete[798].

Auf diesen Grundlagen beruht im wesentlichen die nunmehr rein erbrechtliche Regelung des katalanischen Fideikommisses in Art. 162 bis 216 CDC, die darüber hinaus der modernen Rechtsentwicklung und Rechtsprechung Rechnung trägt. So enthält sie als erstes spanisches Gesetz eingehende Vorschriften über die befreite Vorerbschaft („fideicomiso de residuo") und gibt in vielen Fällen die Rechtsprechung des T. S. zu umstrittenen Fragen des Rechtes der fideikommissarischen Substition wieder. Auffallend ist, daß die Kompilation diesem Thema, das der CC in nur acht

---

[795] Vgl. Art. 163 Abs. 1 CDC.

[796] PELLA III, 219.

[797] In Art. 320 übernimmt die CDC Art. 1656 CC als ihren Inhalt, was zu der eigenartigen Situation führt, daß für eine ursprünglich katalanische Institution auf gemeines Recht verwiesen wird. PELLA III, 220; CASTÁN, D. F., 114.

[798] PELLA III, 228.

Artikeln abhandelt, ihr längstes Kapitel (2. Buch, 2. Titel, Kapitel VII) widmet.

2. Begriff und wesentliche Unterschiede zum gemeinen Recht

BORRELL[799] gibt folgende Definition des katalanischen Fideikommisses: „Er ist eine Erbeinsetzung mit dem Verbot, über die gesamte Erbschaft oder einen Teil davon zu verfügen, damit diese auf einen anderen übergeht, und zwar in der Regel nur, wenn eine bestimmte Bedingung eintritt." Die darin enthaltenen Abweichungen von der gemeinrechtlichen Begriffsbestimmung, wie sie etwa PUIG PEÑA[800] formuliert, deuten bereits einige der katalanischen Besonderheiten an:

1. Die Anordnung des Fideikommisses kann nicht nur im Testament, sondern auch im Kodizill, Erbvertrag („heredamiento") sowie durch Schenkung unter Lebenden oder von Todes wegen erfolgen (Art. 162 Abs. 1, 105 Abs. 1 S. 2, 64 CDC).

2. Die Pflicht des fiduziarischen Erben zur Erhaltung des Bestandes der Erbschaft ist nicht Inhalt der Begriffsbestimmung, weil sie auch den jetzt in Art. 163 CDC im Gegensatz zum CC ausdrücklich geregelten „reinen Fideikommiß" umfassen soll, bei dem der Nachlaß nicht für eine bestimmte Zeit dem Erstberufenen verbleibt.

3. Die fideikommissarische Substitution wird in der Regel unter einer aufschiebenden Bedingung angeordnet. Neben der Bedingung „si sine liberis decesserit" („hijos puestos en condición") findet sich häufig die Bedingung, daß der Fiduziar ohne Testament stirbt (Art. 164 Abs. 2 CDC). Auch Substitutionen, die mit dem Tode des Fiduziars wirksam sein sollen, gelten im Zweifel als bedingt (Art. 163 Abs. 3 CDC). Die Bedeutung dieser Regelung liegt darin, daß bei der bedingten Substitution („sustitución condicional") der Fideikommissar vor dem Eintritt der Bedingung kein vererbliches Recht am Nachlaß erwirbt (Art. 164 Abs. 2 CDC). Dagegen steht ihm bei der befristeten Substitution, bei der der Eintritt des Nacherbfalles gewiß, sein Zeitpunkt aber möglicherweise ungewiß ist[801], schon vom Anfall der Erbschaft an den ersten Fiduziar an ein vererbliches Anwartschaftsrecht zu (Art. 164 Abs. 4, 6 CDC), dessen Vererblichkeit der Erblasser allerdings ausschließen kann[802]. Kraft gesetzlicher Regelung

---

[799] BORRELL Y SOLER, Cataluña V, 113.

[800] PUIG PEÑA V/1, 779.

[801] Aber Art. 163 Abs. 3 CDC.

[802] Vgl. hierzu §§ 2108 Abs. 2; 2074 BGB: aufschiebende Bedingung für den Nacherben wäre hier der Tod des Vorerben ohne Testament oder Nachkommen.

kommt hier die CDC zu einer im gemeinen Recht erst allmählich erarbeiteten Lösung. Dort wurde, wie bereits angedeutet, insbesondere im Zusammenhang mit dem „fideicomiso de residuo" entschieden, daß bei bedingten Substitutionen nicht Art. 784 CC, sondern Art. 759 CC anwendbar ist[803]. Der Fideikommissar muß also den Eintritt der Bedingung erleben. Während aber das gemeine Recht die befristete Substitution als Normalfall ansieht, wird kraft der erwähnten Vermutung in Art. 163 Abs. 3 CDC und kraft Übung in Katalonien die Bedingung zur Regel.

3. Auslegungsregeln

Das katalanische Recht erkennt auch eine stillschweigend („tácitamente") angeordnete fideikommissarische Substitution an (Art. 165 Abs. 2 CDC)[804]. Es versteht darunter im wesentlichen die Fälle, die denen der §§ 2101 f. BGB in der Weise gleichen, daß durch Auslegung des Wortlautes der letztwilligen Verfügung der Wille des Erblassers, eine fideikommissarische Substitution anzuordnen, klar ermittelt werden kann[805]. Dies wird z. B. angenommen, wenn der Erblasser die Erben verpflichtet, einen Nachlaßteil oder den ganzen Nachlaß einem anderen zu hinterlassen oder für diesen zu erhalten (Art. 165 Abs. 2 CDC). Hat der Erblasser alle oder den einzigen Erben auf bestimmte Gegenstände oder Bruchteile eingesetzt, die den Nachlaß nicht erschöpfen, und angeordnet, daß es dabei bewenden solle („cláusula de contentamiento"), dann unterliegt der Rest der Erbschaft einer bedingten fideikommissarischen Substitution zugunsten derjenigen, die zum Zeitpunkt des Todes der Erben gesetzliche Erben des Erblassers sein würden (Art. 166 Abs. 1 CDC)[806]. Sind mehrere Erben vorhanden und einer oder mehrere von ihnen von dieser Beschränkung nicht betroffen, so werden diese Nacherben.

Die Anerkennung eines stillschweigenden Fideikommisses berührt aber nicht die Geltung des Satzes „Contra fideicommissum semper est in dubio iudicandum", der in Art. 169 Abs. 1 CDC seinen gesetzlichen Niederschlag gefunden hat. Diese Vorschrift bestimmt, daß gegen einen Fideikommiß zu entscheiden ist: 1. bei Zweifeln, ob der Erblasser einen Fideikommiß anordnen oder nur eine Empfehlung oder Bitte ausdrücken wollte; 2. wenn zweifelhaft ist, ob Ersatzerbschaft oder Fideikommiß angeordnet ist[807]. Hat der Erblasser seine Kinder oder Abkömmlinge in einer bestimmten

---

803 Vgl. Pella III, 231; Ossorio Morales 276.
804 Borrell y Soler, Cataluña V, 120 f.; Pella III, 224.
805 Vgl. „konstruktive Nacherbfolge".
806 Eine Folge der Regel „nemo pro parte ...".
807 Vgl. § 2102 Abs. 2 BGB.

Reihenfolge ausdrücklich oder unter Abstufung nach Geschlecht, Primogenitur usw. berufen, so ist dies als Anordnung einer Ersatzerbschaft anzusehen, es sei denn, daß sich aus dem Testament oder Kodizill der Wille des Erblassers ergibt, eine fideikommissarische Substitution anzuordnen (Art. 169 Abs. 2 CDC). Die häufigste Formulierung scheint hier zu sein, daß die Kinder „eines nach dem anderen" („uno después del otro") erben sollen[808]. In diesem Zusammenhang ist auch auf Art. 170 CDC hinzuweisen, der inhaltlich mit § 2107 BGB übereinstimmt und sich nur darin von diesem unterscheidet, daß er ausdrücklich verlangt, daß als Nacherbe kein Abkömmling bestimmt ist. Das katalanische Recht spricht hier von einer stillschweigenden Bedingung, die aus Pietät vermutet wird („conjetura pietatis")[809].

4. Arten des Fideikommisses

a) Universal- und Singularfideikommiß[810]

Wie das spanische Recht Erbfolge und Vermächtnis als Universal- und Singularsukzession gegenüberstellt (Art. 660 CC), so unterscheidet es auch bei den Fideikommissen zwischen „fideicomisos universales y singulares". Die Unterscheidung entspricht im wesentlichen der des deutschen Rechts in Nacherbfolge und Nachvermächtnis, da die „fideicomisos singulares" als Vermächtnisse angesehen werden[811]. Die Kompilation erwähnt diese Unterscheidung in Art. 167 und bezeichnet als „universal" den Fideikommiß, der die gesamte Erbschaft, einen Erbteil oder nur der Gattung nach bezeichnete Sachen, die der Erblasser als Erbe erworben hatte, zum Gegenstand hat (Abs. 1). Der „fideicomiso singular" umfaßt ein Vermächtnis oder einen Bruchteil eines solchen, wobei es sich auch um ein Quotenvermächtnis handeln kann (Abs. 2). Als Vermächtnis gilt vor allem auch der Fideikommiß, der den Erben in bezug auf einzelne Sachen, Rechte oder Sachinbegriffe, wie ein Unternehmen usw., beschwert oder der den Nießbrauch, sei es auch am ganzen Nachlaß, zum Gegenstand hat. Ein Bruchteilsfideikommiß wird im Gegensatz zum Erbteilsfideikommiß als Quotenvermächtnis angesehen (Art. 168 Abs. 1 CDC). Betrifft der Fideikommiß, der einen Vermächtnisnehmer beschwert, bestimmte Sachen oder nur einen Teil des Vermächtnisses, so gilt er als Untervermächtnis (Art. 168 Abs. 2 CDC).

b) Die klassische Unterscheidung des katalanischen Rechts ist die in

---

808 Borrell y Soler, Cataluña V, 122.

809 Pella III, 223.

810 Vgl. Nacherbfolge und Nachvermächtnis.

811 Borrell y Soler, Cataluña V, 116.

reine Fideikommisse, befristete fideikommissarische Substitution und bedingte fideikommissarische Substitution[812]. Hinzu kommen auf Grund ihrer gesetzlichen Regelung in der Kompilation der „fideicomiso de residuo“ (befreite Vorerbschaft) und die „sustitución preventiva de residuo“ (vorsorgliche, befreite Vorerbschaft), die weiter unten erörtert werden. Als Unterfall der fideikommissarischen Substitution ist die „sustitución vulgar en fideicomiso“ (Ersatznacherbfolge) anzusehen.

aa) Der *„reine Fideikommiß“* verpflichtet den Fiduziar, die Erbschaft sogleich nach dem Erbfall herauszugeben (Art. 163 CDC)[813], ohne daß ihm die Früchte gebühren. Er entspricht dem römischrechtlichen Fideikommiß am genauesten, da ihm das der fideikommissarischen Substitution eigene Merkmal einer „tractu temporis“ fehlt. Der Fiduziar ist aber nicht nur Beauftragter oder Testamentsvollstrecker, sondern nach dem Wortlaut des Gesetzes Erbe (Art. 163, Abs. 1 CDC)[814]. Das Fehlen eines Zeitablaufs bis zur Herausgabe bzw. die Verpflichtung zur sofortigen Herausgabe wird in Art. 205 CDC dahingehend interpretiert, daß, mangels anderweitiger Anordnung durch den Erblasser, der Fiduziar die Erbschaft innerhalb eines Jahres nach Aufforderung durch den fideikommissarischen Erben an diesen zu übertragen hat. Von dieser Form des Fideikommisses wird in Katalonien relativ selten Gebrauch gemacht[815], sie ergibt sich jedoch in bestimmten Fällen direkt aus dem Gesetz. Gemäß Art. 105 Abs. 2 CDC ist dies dann der Fall, wenn ein Kodizill eine Erbeinsetzung enthält oder, wie sich aus Art. 106 CDC in Verbindung mit der genannten Vorschrift ergibt, ein unwirksames Testament auf Grund der Kodizillarklausel als Kodizill aufrechterhalten wird. Unter diesen Voraussetzungen sind die früher durch Testament eingesetzten Erben oder die gesetzlichen Erben mit einem reinen Fideikommiß zugunsten des im Kodizill eingesetzten „Erben“ beschwert.

bb) Die *befristete fideikommissarische Substitution*, bei der der Eintritt der Nacherbfolge an einen bestimmten Zeitpunkt oder ein bestimmtes Ereignis gebunden ist, tritt in Katalonien in ihrer Bedeutung hinter der bedingten fideikommissarischen Substitution zurück. Sie wird aber vom Gesetz ausdrücklich berücksichtigt, und Art. 163 Abs. 2 CDC bestimmt: „Bei der fideikommissarischen Substitution erwirbt der Fiduziar die Erb-

---

812 Borrell y Soler, Cataluña V, 117.

813 Borrell y Soler, Cataluña V, 117.

814 Pella III, 238.

815 Borrell y Soler, Cataluña V, 117.

schaft oder das Vermächtnis mit der Beschwerung, daß diese(s) nach Ablauf der Frist ... auf den Fideikommissar übergeht."

cc) Von größerer Bedeutung ist die zweite Art der fideikommissarischen Substitution, bei der die Pflicht zur Herausgabe mit *Eintritt einer Bedingung* entsteht. Es kann sich hierbei um Potestativ-, Zufalls- oder gemischte Bedingungen handeln[816]. In den bereits angedeuteten häufigsten Fällen, in denen der Fideikommiß davon abhängig gemacht wird, daß der Erbe ohne Nachkommen, die das testierfähige Alter erreichen, oder ab intestato stirbt, finden sich beide Arten der Bedingung. Im zweiten Falle gilt die Bedingung als ausgefallen, wenn der Fiduziar ein Testament vor einem Notar oder Pfarrer errichtet, soweit der Erblasser nichts anderes bestimmt (Art. 164 Abs. 3 CDC). Ihre eigentliche Bedeutung gewinnt die bedingte fideikommissarische Substitution dadurch, daß sie Art. 163 Abs. 3 CDC im Einklang mit dem alten Recht[817] immer dann vermutet, wenn der Nacherbfall mit dem Tode des Fiduziars eintreten soll. Hierher gehört auch der Fall einer gegenseitigen fideikommissarischen Substitution, die Art. 162 Abs. 3 CDC ausdrücklich zuläßt, wenn er bestimmt, daß der jeweils überlebende Fiduziar dem zuerst gestorbenen (als Nacherbe) nachfolgt. Die Substitution tritt dabei mangels anderer Bestimmungen des Erblassers im Verhältnis der Vorerbeneinsetzungen ein.

Zur Auslegung der Bedingung „si sine liberis decesserit" gibt Art. 174 Abs. 1 CDC in Übereinstimmung mit dem alten Recht[818] verschiedene Regeln, die davon ausgehen, daß auch bei der Erwähnung von „hijos" (Plural!) die aufschiebende Bedingung nicht eingetreten ist, wenn der Fiduziar bei seinem Tode nur einen Abkömmling hinterläßt, der — wenn noch nicht geboren — bereits empfangen ist und später geboren wird[819].

Gleiches gilt, wenn die Bedingung mit den Worten „no dejar hijos" (keine Kinder hinterlassen), „fallecer sin hijos" (ohne Kinder sterben) oder ähnlich umschrieben ist, sowie dann, wenn der Fiduziar über die Erbschaft verfügen können soll, wenn er „mit Kindern stirbt" („fallece con hijos") oder „Kinder hinterläßt" („deja hijos") (Art. 174 Abs. 2 CDC). Auch wenn die fideikommissarische Substitution für den Fall angeordnet ist, daß der Fiduziar „keine Kinder hat", oder wenn es heißt, daß er frei

---

816 Borrell y Soler, Cataluña V, 117.

817 Borrell y Soler, Cataluña V, 118.

818 Borrell y Soler, Cataluña V, 119 f.

819 Hierbei ist Art. 30 CC zu beachten, wonach als geboren nur das Kind gilt, das menschliche Gestalt („figura humana") hat und 24 Stunden völlig vom Mutterleib getrennt lebt.

verfügen kann „wenn er Kinder hat", ist davon auszugehen, daß die Kinder bei seinem Tode leben müssen. Etwas anderes gilt nur, wenn der ausdrückliche Wille des Erblassers auf eine wörtliche Auslegung abzielt. Der Fiduziar ist dann im Sinne eines „fideicomiso de residuo" befreit und kann mangels anderer Bestimmung des Erblassers über die Erbschaft entgeltlich verfügen, solange eines seiner Kinder lebt (Art. 174 Abs. 3 CDC).

Ist Inhalt der Bedingung, daß der Fiduziar ohne Kinder, die das testierfähige Alter erreicht haben oder erreichen, stirbt und er hinterläßt dann bei seinem Tode nur einen Nasciturus oder noch nicht testierfähige Kinder („impúberes"), so bleibt die Wirksamkeit der Substitution „in der Schwebe", bis ein Kind die Pubertät erreicht. In der Zwischenzeit wird der Nachlaß von den Erben des Fiduziars verwaltet (Art. 174 Abs. 4 CDC). In jedem Fall gelten als Kinder („hijos puestos en condición") nur die legitimen und durch nachfolgende Ehe legitimierten Kinder, soweit der Erblasser nichts anderes bestimmt (Art. 174 Abs. 4 CDC).

dd) Die *Ersatznacherbfolge* („sustitución vulgar en fideicomiso") wird in Art. 171, 172 CDC geregelt. Sie tritt außer im Falle des Art. 175 CDC nur kraft ausdrücklicher Anordnung des Erblassers ein (Art. 171 Abs. 1 CDC) und gilt auch dann als angeordnet, wenn der Erblasser den Begriff „Repräsentation" gebraucht (Art. 171 Abs. 2 CDC). Sie enthält nicht die Anordnung einer fideikommissarischen Substitution zugunsten des Ersatznacherben (Art. 171 Abs. 3 CDC).

5. *Rechtsstellung der „hijos puestos en condición"*

Wenn ausdrücklich oder durch Auslegung feststeht, daß die Substitution aufschiebend dadurch bedingt ist, daß der Fiduziar ohne Kinder oder ohne solche, die das testierfähige Alter erreichen, stirbt, so heißen diese Kinder „hijos puestos en condición" (zur Bedingung gemachte oder bedingende Kinder). Sind sie vorhanden, so entfällt die Beschwerung (vgl. Art. 174 Abs. 1 CDC). Eine einfache Formel hierfür sei zur Verdeutlichung angegeben: „Zum Erben setze ich meinen Sohn A ein, der über die Erbschaft verfügen kann, wenn er mit Kindern stirbt. Stirbt er ohne Kinder, so wird mein Sohn B Nacherbe."[820] Hier taucht die Frage auf, welche Rechte die „hijos puestos en condición" am Nachlaß geltend machen können, vor allem wenn der erste Erbe (hier A) vor dem Erblasser stirbt. Sind sie dann Ersatzerben? Noch komplizierter wird der Fall bei mehreren aufeinander-

---

820 „Instituyo heredero a mi hijo A, el cual podrá disponer de la herencia, si muere con hijos; y si muere sin hijos, le sustituye mi otro hijo B." Nach BORRELL Y SOLER, Cataluña V, 131; Formel 1.

folgenden Substitutionen, die etwa folgendermaßen angeordnet sein können: „Zum Erben setze ich meinen Sohn A ein, und wenn er vor mir stirbt, dessen Kinder, soweit sie seine Erben sind. Stirbt er ohne Kinder, so wird mein Sohn B Nacherbe. Stirbt B ohne Kinder, so wird meine Tochter C (weitere) Nacherbin"[821]. Hier sind die Kinder des A einerseits bedingend, andererseits ausdrücklich zu Ersatzerben des A eingesetzt, während die Kinder B's dem Wortlaut nach nur „hijos puestos en condición" sind. Gleichwohl hat das T. S. hier den Nachlaß den Kindern B's zugesprochen, nachdem zuerst B mit Nachkommen und A später ohne Nachkommen gestorben waren, — und nicht der C. In der Ersatzerbeneinsetzung der Kinder des A sah es dabei eine stillschweigende Ersatznacherbeneinsetzung der Kinder des B[822]. Pella y Forgas[823] vertrat die Auffassung, daß ein Ausschluß der „hijos puestos en condición" nur dann möglich ist, wenn die oben erwähnte Formel 1 gebraucht wird oder wenn in der Formel 2 überhaupt keine Ersatzerbeneinsetzung angeordnet ist. Ist aber beim ersten Erben Ersatzerbfolge der „hijos puestos en condición" angeordnet und bei den weiteren Substitutionen auf diese verwiesen, oder eine solche Anordnung erfolgt, dann seien jeweils die „hijos puestos en condición" durch den Erblasser unmittelbar als Ersatz-(Nach-)Erben berufen (und damit nicht mehr nur „hijos puestos en condición").

Ausgangspunkt für die Lösung der hier aufgezeigten Probleme ist der katalanische Rechtssatz: „Los hijos puestos en condición no se consideran en disposición"[824], was man frei am kürzesten übersetzen kann: „Die bedingenden Kinder verfügen nicht." Auf diesem Grundsatz beruht auch Art. 175 Abs. 1 CDC, wonach die „hijos puestos en condición" mangels ausdrücklicher Berufung als Ersatz- oder fideikommissarische Erben nicht als fideikommissarische oder Ersatzerben angesehen werden. Als Ersatzerben des Fiduziars sind dessen „hijos puestos en condición" nicht ipso iure berufen, weil sie der Erblasser nur zum Bestandteil der Bedingung gemacht hat[825]. Die „hijos puestos en condición" eines Substituten (Formel 2 unter Wegdenken der Ersatzerbeneinsetzung) sind ebenfalls weder Ersatznacherben noch erben sie ein Anwartschaftsrecht, da es

---

821 „Instituyo heredero a mi hijo A, y este premuerto, a sus hijos, que herederos le serán. Si muere sin hijos le sustituye mi hijo B. Si B muere sin hijos le sustituye mi hija C." Vereinfacht nach Pella III, 233 zu T. S. 11. 1. 1895; Formel 2.

822 Pella III, 233.

823 Pella III, 234.

824 Pella III, 232; Borrell y Soler, Cataluña V, 131; Castán, D. F. 116.

825 Pella III, 232.

sich um eine bedingte Substitution handelt: „Nemo dat quod non habet" (Art. 756 CC; Art. 164 Abs. 2, 4 CDC). Auch ein Repräsentationsrecht kann hier nicht eingreifen, da es sich nicht um eine gesetzliche, sondern um eine gewillkürte Erbfolge handelt[826]. Grundsatz ist also, daß die „hijos puestos en condición" weder als Ersatz- noch als fideikommissarische Erben berufen sind.

Sie gelten aber in mehreren Fällen ausnahmsweise als Ersatzerben auf Grund einer „sustitución vulgar en fideicomiso" (Ersatznacherbfolge) berufen, und zwar so, daß jeweils die Kinder an die Stelle ihrer vor dem Erbfall bzw. vor dem jeweiligen Nacherbfall verstorbenen fiduziarisch oder fideikommissarisch eingesetzten Väter treten[827]. In Übereinstimmung mit dem alten Recht[828] wird dies gemäß Art. 175 Abs. 2 CDC vermutet:

1. Wenn die Kinder ausdrücklich ihrerseits mit Lasten und Verpflichtungen[829] beschwert sind (Art. 175 Abs. 2 Z. 1 CDC).
2. Wenn der Erblasser seine Kinder zu fideikommissarischen Erben, als letzten fideikommissarischen Erben aber eine andere Person beruft (Art. 175 Abs. 2 Z. 2 CDC).
3. Wenn der Fiduziar und die fideikommissarischen Erben Kinder des Erblassers sind, aber keiner von ihnen namentlich bezeichnet oder sonst individualisiert ist.
4. Wenn der Erblasser die Söhne des Fiduziars oder die des letzten fideikommissarischen Erben zu Ersatz- oder Nacherben beruft. In diesem Falle sind die verschiedenen Kinder in der Reihenfolge der Berufungen berufen, und zwar als Ersatz- oder Nacherben, je nachdem wie die Kinder des Fiduziars oder des letzten Nacherben berufen gewesen wären (Art. 174 Abs. 2 Z. 4 CDC). Bisher wurde dies in der Literatur nur dann anerkannt, wenn sämtliche Nacherben unter Verwendung der gleichen Formel berufen wurden[830].

Hiernach ergeben sich folgende Wirkungen, wenn bei dem Vorerben oder einem Nacherben die Bedingung „si sine liberis decesserit" angeordnet ist:

1. Sind Kinder vorhanden, so kann der Erbe oder Nacherbe frei über den Nachlaß verfügen, und zwar nicht nur zugunsten seiner Kinder.
2. Tritt die Bedingung ein, so wird die Substitution wirksam.

---

826 Borrell y Soler, Cataluña V, 132.
827 Pella III, 235; Borrell y Soler, Cataluña V, 123, 133 f.
828 Borrell y Soler, Cataluña V, 123.
829 Vor allem mit einem Fideikommiß.
830 Pella III, 234; Borrell y Soler, Cataluña V, 133.

3. In diesem Falle geht der Nachlaß auf die fideikommissarischen Erben in der vorgesehenen Reihenfolge über. Ist der jeweils zuerst Berufene vorverstorben, so geht die Erbschaft auf den nächsten fideikommissarischen Erben und nicht auf die „hijos puestos en condición" des Vorverstorbenen über, soweit nicht ein Fall des Art. 174 Abs. 2 CDC vorliegt[831].

6. Besondere Wirksamkeitsvoraussetzungen der Fideikommisse

a) Im Hinblick auf die Person des fideikommissarischen Erben:

Der fideikommissarische Erbe muß bei Eintritt des Nacherbfalles *leben* oder wenigstens erzeugt sein, damit die fideikommissarische Substitution, gleich welcher Art, wirksam ist (Art. 164 Abs. 1 CDC). Etwas anderes gilt beim reinen Fideikommiß, wo dieses Erfordernis entfällt. Wird der Fideikommissar nicht geboren[832], so wächst, bei Fehlen eines Ersatzerben, sein Recht den Miterben an. Sind solche nicht vorhanden oder eine Anwachsung ausgeschlossen, so treten die gesetzlichen Erben des Erblassers, die ihn zur Zeit seines Todes beerbt hätten, ein (Art. 164 Abs. 5 CDC).

Der Nacherbe muß *bestimmt* sein[833]. Ist er nicht bekannt, so kann aber möglicherweise der beschwerte Erbe als „heredero de confianza" eingesetzt sein[834] (Art. 118 f. CDC). Darüber hinaus können die „hijos puestos en condición" oder die Kinder des Fiduziars ohne nähere Bezeichnung eingesetzt werden oder dem Fiduziar die Befugnis übertragen sein, den fiduziarischen Erben unter mehreren Personen auszuwählen (Art. 176 CDC)[835]. Für diese Fälle stellt das Gesetz folgende Regeln auf:

1. Sind mehrere „hijos puestos en condición" nach ihrem Vater als Nach- oder Ersatzerben berufen, so erben sie zu gleichen Teilen und die Abkömmlinge der Vorverstorbenen nach Stämmen, wenn der Erblasser nichts anderes angeordnet und insbesondere nicht vorgesehen hat, daß die Kinder die Nacherbfolge so antreten sollen, wie sie zur Erbschaft ihres Vaters berufen sind (Art. 176 CC).
2. Ist dem Fiduziar die fideikommissarische Substitution zugunsten seiner Kinder, zugunsten seiner Enkel usw. in gerade absteigender Linie auferlegt, so treten die Abkömmlinge in das, was ihrem Vater zugestanden hätte, in der Reihenfolge ihrer Gradesnähe, einer nach dem anderen, ein, wobei die dem Grade nach näher mit dem Erb-

[831] Borrell y Soler, Cataluña V, 134 f.
[832] Art. 30 CC.
[833] Borrell y Soler, Cataluña V, 114.
[834] Borrell y Soler, Cataluña V, 115.
[835] Sogenannte „cláusula de confianza"; Borrell y Soler, Cataluña V, 186 f.

lasser verwandten die entfernteren ausschließen. Bei gleicher Gradesnähe erben sie zu gleichen Teilen. Auch dies gilt nur, soweit der Erblasser nichts anderes bestimmt hat (Art. 177 CDC).

3. Für den Fall, daß der Fiduziar befugt sein soll, den fideikommissarischen Erben unter mehreren namentlich oder sonst bezeichneten Personen oder aus einer Gruppe auszuwählen: vgl. oben § 20 IV 3.
4. Ist dem Erben oder Vermächtnisnehmer die Verpflichtung auferlegt, den Nachlaß in der Familie zu erhalten, so kann er Verwandte bis zum 4. Grad in der Reihenfolge, wie sie zur gesetzlichen Erbfolge berufen wären, zu Nacherben bestimmen. Art. 178 CDC findet hierbei Anwendung. Macht der Fiduziar von seinem Recht keinen Gebrauch, so werden diejenigen Personen Nacherben, die beim Tode des Fiduziars zur gesetzlichen Erbfolge nach diesem berufen sind.

b) Im Hinblick auf die Zahl der Nacherbfälle

Grundsätzlich sind zwei aufeinanderfolgende Nacherbenberufungen oder eine unbegrenzte Zahl von Substitutionen zugunsten von Personen, die beim Erbfall leben, zulässig (Art. 180 Abs. 2, 3 CDC). Obwohl das früher geltende Recht vier Nacherbenberufungen zuließ, war die Zahl von zwei Berufungen seit jeher üblich und verbreitet[836]. Das Gesetz spricht ausdrücklich von zwei Berufungen („llamamientos") und hat sich damit die Rechtsprechung des T. S. zu Art. 781 CC zu eigen gemacht. Gezählt werden nur solche Berufungen, bei denen der Nacherbe die Erbschaft angetreten hat.

Etwas anderes gilt für die eigentlichen Familienfideikommisse, bei denen die Nacherben die Kinder des Fiduziars oder des ersten Nacherben sind, sei es in gerader absteigender Linie oder in der Seitenlinie von Bruder zu Bruder oder von Bruder zu Geschwisterkindern. Hier sind mehrere aufeinanderfolgende Berufungen, die nicht über die zweite Generation hinausgehen, ohne zahlenmäßige Beschränkung zulässig. Als erste Generation gelten hierbei die Kinder des Fiduziars. Sind die Kinder des ersten Nacherben weitere Nacherben, so werden sie als zweite Generation angesehen (Art. 180 Abs. 1 CDC).

Die im gemeinen Recht bestrittene Frage, ob bei Überschreiten dieser Grenzen nur die unzulässige Substitution oder alle Substitutionen unwirksam sind, entscheidet Art. 180 Abs. 4 CDC zugunsten der ersten Lösung[837].

---

836 DURÁN Y BAS 258.

837 Wie im gemeinen Recht PUIG PEÑA V/1, 498.

7. Die Rechtsstellung des Vorerben

a) Allgemein

Der Vorerbe ist, was im gemeinen Recht Gegenstand eines Meinungsstreits ist, verpflichtet, ein *Inventar* des Nachlasses zu errichten (Art. 181 Abs. 1 Z. 1 CDC). Die Inventarerrichtung ist Voraussetzung für den Empfang der „Quarta Trebellianica“ (Art. 198 Abs. 1 CDC). Das Inventar muß innerhalb von 180 Tagen nach dem Erbfall errichtet werden[838]. Ist der Erblasser im Ausland verstorben oder hatte er dort seinen Wohnsitz, so beträgt die Frist ein Jahr. Das gleiche gilt, wenn der Erblasser seinen Wohnsitz nicht am Belegenheitsort des größten Teiles des Nachlaßvermögens hat (Art. 199 Abs. 1 CDC). Das Inventar ist in notarieller oder gerichtlicher Form zu errichten und hat die einzelnen Nachlaßgegenstände, ihren Wert beim Erbfall und die Nachlaßschulden mit Ausnahme der Gegenstände, die zum Haushalt, einem Unternehmen oder zu einem Sachinbegriff gehören, aufzuführen (Art. 199 Abs. 2 CDC). Ein wissentlicher oder absichtlicher Verstoß zur Benachteiligung der Nacherben macht das Inventar unwirksam (Art. 199 Abs. 3 CDC). Die form- und fristgerechte Inventarerrichtung durch Dritte erhält dem Fiduziar ebenfalls seine Rechte (Art. 199 Abs. 3 CDC).

Obwohl die „Constituciones de Cataluña“, Buch VI, Tit. VIII vorsahen, daß der Fideikommissar, wenn er sich am Belegenheitsort des Nachlasses oder seines größten Teiles aufhält, zur Inventarerrichtung zu laden ist und bei seinem Ausbleiben oder seiner Abwesenheit zwei vom Richter bestimmte Zeugen zuzuziehen sind[839], wurde dies bereits in der früheren Praxis nicht beachtet[840]. Art. 199 Abs. 3 S. 2 CDC bestimmt daher, daß eine Ladung bestimmter Personen nicht erforderlich ist, gibt aber den Fideikommissaren ein Recht auf Beteiligung, wenn sie diese beantragen[841].

Entgegen der bisher geübten und zum römischen Recht in Widerspruch stehenden katalanischen Praxis[842] verlangt Art. 181 Abs. 1 Z. 2 CDC vom Vorerben die Leistung einer *Sicherheit* zur Sicherung der beweglichen Nachlaßgegenstände, wenn ihn der Erblasser nicht hiervon befreit hat. Die Verpflichtung entfällt mangels ausdrücklicher Anordnung durch den Erblasser, wenn Nacherben die Kinder oder Geschwister des Fiduziars sind. Beschädigt der Fiduziar Nachlaßgegenstände, so kann der Nacherbe eine

838 Bisher 3 Monate; Roca Sastre, Elementos 22.
839 Pons/Sandalinas 100.
840 Pella III, 226.
841 Vgl. § 2121 BGB.
842 Borrell y Soler, Cataluña V, 140.

Bürgschaft zur Sicherung der Schadensersatzleistung, beim reinen Fideikommiß an ihrer Stelle auch sofortige Herausgabe des Nachlasses verlangen[843].

Der Fiduziar ist weiter kraft Gesetzes verpflichtet, die wörtliche Eintragung des *Vorerbenvermerks* im Grundbuch herbeizuführen (Art. 181 Abs. 1 Z. 3 CDC); überschüssiges Bargeld sicher anzulegen (Art. 181 Abs. 2 Z. 4 CDC)[844]; Wertpapiere bei bestimmten staatlichen oder privaten Bank- oder Sparinstituten zu hinterlegen, wobei in der Quittung zu vermerken ist, daß sie einem Fideikommiß unterliegen[845], oder anstelle der Hinterlegung Sicherheit zu leisten, ohne daß die in Art. 181 Abs. 1 Z. 2 CDC vorgesehene Ausnahme Platz greift (Art. 181 Abs. 2 Z. 5 CDC). Die Erfüllung dieser Pflichten kann jeder Nacherbe oder Pfleger jederzeit verlangen (Art. 181 Abs. 3 CDC). Die Sicherheit ist durch Bestellung einer Hypothek oder eines Pfandrechtes zu leisten; ist dies nicht möglich, dann genügt eine persönliche Sicherheit. Ist auch diese nicht möglich, kann die Sicherheitsleistung durch Eid erfolgen. In diesem Fall sind die beweglichen Nachlaßgegenstände, die der Sicherheit unterliegen, zu hinterlegen, mit Ausnahme der für den Fiduziar, seine Familie oder für die Ausnutzung des Nachlasses und die Berufsausübung des Fiduziars notwendigen Gegenstände. Die Nichtleistung der Bürgschaft rechtfertigt nicht die Anordnung einer Nachlaßverwaltung. Im Streitfall können der Nacherbe oder der Pfleger das in der „Ley Hipotecaria“ vorgesehene Verfahren beschreiten (Art. 181 Abs. 4—7 CDC).

b) Der Vorerbe als Erbe

Der Fiduziar oder Vorerbe ist, wie im deutschen Recht, echter Erbe, mit der Wirkung, daß er die Erbschaft zu Eigentum erwirbt. Dies kommt in Art. 163 CDC zum Ausdruck, wo er als Erbe bezeichnet ist, und entspricht der bisherigen Auffassung[846]. Mit einem Nießbraucher hat er nur die Art der Nutzung des Vermögens, nicht das Wesen gemeinsam, da der Nießbrauch ein Recht an einer fremden Sache ist. Diese Klarstellung erscheint notwendig, da zu dieser wohl nun auch im gemeinen Recht zugunsten der Eigentümerstellung entschiedenen Frage, auch im Hinblick auf die Rechtsprechung des T. S., Zweifel aufgetaucht waren[847].

Dem Vorerben gebühren der Gebrauch und die Nutzungen des Nachlasses

---

843 Vgl. § 2128 BGB.

844 Vgl. § 2119 BGB.

845 Vgl. § 2116 BGB.

846 Pella III, 228; Borrell y Soler, Cataluña V, 141 f.

847 Borrell y Soler, Cataluña V, 143 f.

sowie etwaiger Ersatzvorteile und des Zuwachses. Ihm fallen die Früchte zu und er hat die sonstigen Rechte eines Eigentümers, einschließlich der Erträge aus Schatzfund, Waldungen und Aktien oder sonstigen Gesellschaftsanteilen. Bei den Waldungen werden die Abholzungen, die nicht einer ordentlichen Wirtschaft entsprechen, nicht als Früchte angesehen (Art. 182 CDC).

Der Vorerbe haftet für die Nachlaßverbindlichkeiten, unbeschadet der Möglichkeit, die Erbschaft unter der Rechtswohltat des Inventars anzunehmen. Er ist zur Berichtigung der Nachlaßverbindlichkeiten und zur Erfüllung von Pflichtteilsansprüchen und Vermächtnissen verpflichtet (Art. 183 Abs. 1 CDC). Vor Eintritt der Substitution (des Nacherbfalles) kann er Forderungen gegen den Erblasser[848] oder den Nachlaß nicht geltend machen, wobei während der Dauer des Vorerbenverhältnisses weder Zinsen anfallen noch eine Verjährung läuft (Art. 183 CDC)[849].

Für die Erhaltung und Verwaltung des Nachlasses haftet der Vorerbe persönlich mit der Sorgfalt, die er in eigenen Angelegenheiten anzuwenden hat („culpa levis in concreto"). In diesem Rahmen hat er Forderungen zugunsten des Nachlasses einzuziehen, Schulden zu dessen Lasten zu begleichen und die gewöhnlichen Erhaltungskosten, Steuern, Pachtzinsen, Zinsen für Nachlaßschulden und ähnliche Aufwendungen zu tragen (Art. 184 Abs. 1 und 2 CDC)[850]. Außerordentliche Erhaltungskosten, außergewöhnliche Vermögensabgaben und ähnliche Lasten bestreitet der Vorerbe aus der Erbschaft oder dem Vermächtnis. Beim reinen Fideikommiß, bei dem dem Fiduziar die Nutzungen nicht gebühren, gehen alle diese Aufwendungen zu Lasten der Erbschaft oder des Vermächtnisses (Art. 184 Abs. 3 und 4 CDC)[851]. Auch dem Nachlaß vom Fiduziar zugeführte Vermögensgegenstände oder zugute kommende Verbesserungen unterliegen dem Fideikommiß, unbeschadet der Forderungen, die ihm daraus gegenüber dem Nachlaß beim Nacherbfall zustehen, wenn er gutgläubig gehandelt hat (Art. 185 CDC)[852].

c) Veräußerungs- und Verfügungsbefugnis des Vorerben

aa) Grundsätze

Der Fiduziar (Vorerbe) hat den Nachlaß für den Fideikommissar (Nacherben) zu erhalten und diesem bei Eintritt des Nacherbfalles heraus-

---

848 außer im Falle der Annahme unter der Rechtswohltat des Inventars.
849 Vgl. § 2143 BGB.
850 Vgl. §§ 2131, 2124 Abs. 1 BGB.
851 Vgl. §§ 2124 Abs. 2, 2126 BGB.
852 Vgl. § 2125 BGB.

zugeben („restitutio heredetatis"). Er kann daher über die Nachlaßgegenstände grundsätzlich nicht frei verfügen, d. h. sie nicht ohne Rücksicht auf das Recht des Nacherben und ohne Bindung an den Fideikommiß veräußern oder belasten. Ausnahmen von diesem Grundsatz können sich kraft Gesetzes, auf Grund einer Ermächtigung durch den Erblasser oder aus der Zustimmung aller Nacherben (Fideikommissare) ergeben (Art. 186 Abs. 1, Art. 196 Abs. 2 CDC). Andere Verfügungen kann er nur vornehmen, wenn sie durch ihre Form das Anwartschaftsrecht des Nacherben unberührt lassen[853]. Bei Grundvermögen ist dies durch den Vorerbenvermerk gewährleistet[854].

Tritt der Nacherbfall ein, so kann der Nacherbe, soweit er nicht zugestimmt hat und nicht zugunsten Dritter ein Gutglaubensschutz eingreift, die Unwirksamkeit einer unzulässigen Verfügung geltend machen und die veräußerten Nachlaßgegenstände herausverlangen (Art. 209 CDC)[855]. Bei der bedingten fideikommissarischen Substitution ist diese Befugnis in Art. 186 Abs. 2 CDC ausdrücklich vorgesehen. Die Verfügung ist hier in ihrer Wirksamkeit aber auch dann von dem Nichteintritt der Bedingung abhängig, wenn die Beschwerung verschwiegen wurde[856]. Aus der genannten Vorschrift scheint weiter hervorzugehen, daß der Nacherbe andere Verfügungen — also solche bei reinem oder befristetem Fideikommiß — auch vor dem Nacherbfall sofort anfechten kann, wenn sein Anwartschaftsrecht nicht ausdrücklich berücksichtigt worden ist[857]. Von der Anfechtung ausgenommen sind die Verfügungen, deren Gegenwert den Betrag der Forderung des Vorerben oder seiner Erben gegen den Nachlaß, insbesondere den ihm zustehenden Pflichtteil und die „Quarta Trebellianica" nicht überschreiten. Überschreitet der Gegenwert den Betrag der Forderungen, so werden jeweils die früheren Verfügungen vor den späteren aufrechterhalten, wobei aber die Verfügungen, die zugunsten von Dritten, die die Beschwerung mangels Eintragung im Grundbuch nicht kennen mußten, in öffentlicher Urkunde oder unter Berufung auf diese Anrechnung erfolgt sind, den Vorrang genießen (Art. 209 Abs. 3, 4 CDC)[858]. Die Anrechnung kann auch von Dritten, gegen die auf Grund dieser Vorschriften ein Anspruch geltend gemacht wird, einredeweise vor-

---

853 Borrell y Soler, Cataluña V, 146.
854 Borrell y Soler, Cataluña V, 153.
855 Borrell y Soler, Cataluña V, 153.
856 Ein Schutz gutgläubiger Dritter ist somit offenbar hier ausgeschlossen.
857 So für das alte Recht Borrell y Soler, Cataluña V, 148.
858 Borrell y Soler, Cataluña V, 149; Pella III, 229.

gebracht werden. Der Beweis für die behauptete Forderung des Fiduziars obliegt dann diesen Dritten (Art. 209 Abs. 5 CDC).

bb) Verfügungsbefugnis kraft Gesetzes

Das Gesetz ermächtigt den Vorerben für folgende Fälle zur freien Verfügung über Nachlaßgegenstände, die dem Fideikommiß unterliegen:

1. Mit Zustimmung aller Nacherben (Art. 196 Abs. 1 CDC). Es kann sich hierbei um eine vorherige (Einwilligung), gegenwärtige (zum Zeitpunkt der Verfügung erfolgende) oder nachträgliche Zustimmung (Genehmigung) handeln. Die (generelle) Einwilligung beinhaltet keinen Verzicht auf den Fideikommiß, sondern befreit nur die tatsächlich veräußerten oder belasteten Nachlaßgegenstände von der fideikommissarischen Beschwerung (Art. 196 Abs. 2 CDC). Die Zustimmung des Fideikommissars bindet diesen bei der bedingten fideikommissarischen Substitution nur, wenn er tatsächlich Nacherbe wird (Art. 196 Abs. 3 CDC).

2. Der Vorerbe kann nach Art. 187 Abs. 1 CDC Verfügungen treffen:

um sich den ihm gegebenenfalls zustehenden Pflichtteil anzueignen und andere Noterben zu befriedigen;

um sich, wenn der Vorerbe eine Frau ist, mit der „dos" zu versehen oder seiner Ehefrau, die eine „dos" einbringt, den „esponsalicio" oder „escreix" (eine Art Morgengabe) zu bestellen oder seine Kinder mit der „dos" zu versehen oder für sie den „escreix" zu bezahlen. Diese Befugnis besteht nur, wenn der Vorerbe unter Einschluß seines Pflichtteils und der „Quarta Trebellianica" nicht ein hierzu ausreichendes und frei verfügbares eigenes Vermögen hat, und er ist, sobald er dies vermag, zur Rückerstattung an den Fideikommiß verpflichtet;

um die Nachlaßverbindlichkeiten und Vermächtnisse zu befriedigen, soweit er nicht selbst der Gläubiger oder Vermächtnisnehmer ist;

um die „Quarta Trebellianica" einzubehalten;

um die außerordentlichen Erhaltungskosten für den Nachlaß zu bestreiten;

um Darlehen zur Errichtung, Erweiterung, Ausbesserung oder Erneuerung ländlicher oder städtischer Anwesen durch Pfandrechte oder Hypotheken zu sichern oder hierdurch eine größere Belastung erlöschen zu lassen.

Mit Ausnahme der ersten Befugnis gilt dies auch beim reinen Fideikommiß, bei dem im übrigen ein absolutes Verfügungsverbot besteht (Art. 187 Abs. 2 CDC)[859]. In allen Fällen des Art. 187 CDC ist die beabsichtigte

---

859 Borrell y Soler, Cataluña V, 150.

Verfügung dem Fideikommissar oder dem Pfleger vorher im Verfahren der freiwilligen Gerichtsbarkeit mitzuteilen. Die Mitteilung erfolgt an alle vorhandenen und feststehenden Nacherben oder gegebenenfalls an einen Pfleger, der bestellt werden muß, wenn der Nacherbe noch nicht erzeugt und geboren ist oder erst durch ein zukünftiges Ereignis bestimmt wird (Art. 194 Abs. 1, 2 CDC). Der Pfleger kann vom Erblasser im Testament oder einem späteren Kodizill benannt werden. Ist diese Benennung unterblieben oder der Benannte nicht vorhanden, so bestellt den Pfleger das Gericht im Verfahren der freiwilligen Gerichtsbarkeit. Der Pfleger kann im Einzelfall nur mit Genehmigung des Gerichts tätig werden. Die Kosten der Pflegschaft gehen zu Lasten des Fideikommisses (Art. 194 Abs. 4, 5 CDC). Gegenüber Nacherben unbekannten Aufenthaltes erfolgt die Mitteilung durch öffentliche Zustellung. Etwaige Einwendungen können innerhalb der festgesetzten Frist, die mindestens dreißig Tage betragen muß, vorgebracht werden. Sie können nur darauf gestützt werden, daß die beabsichtigte Verfügung ungesetzlich oder betrügerisch ist oder nicht dem Inhalt der Mitteilung entspricht (Art. 194 Abs. 2, 3 CDC).

3. Mit Einwilligung des Gerichts kann der Vorerbe über Nachlaßgegenstände verfügen, um sie durch andere zu ersetzen, die einen größeren Nutzen für den Nachlaß haben (Art. 189 Abs. 1 CDC). Der Erblasser kann diese Befugnis ausschließen oder selbst abweichend regeln (Art. 189 Abs. 2 CDC). Die Einwilligung und die Überwachung dieser Surrogation erfolgen im Verfahren der freiwilligen Gerichtsbarkeit, dessen Kosten niemals dem Fideikommiß zur Last fallen. Auch sind die Nacherben oder der Pfleger vorher zu benachrichtigen (Art. 189 Abs. 3 CDC).

4. Mehrere Miterben können ohne Mitwirkung der Nacherben jederzeit zur Auseinandersetzung schreiten, soweit es sich um echte Teilungshandlungen handelt (Art. 190 Abs. 1 CDC). Die Nacherben haben hierbei jedoch die gleichen Rechte, wie sie der CC den Zessionaren eines Miteigentümers bei Teilung der gemeinschaftlichen Sache (Aufhebung der Gemeinschaft) gewährt (Art. 180 Abs. 2 CDC)[860]. Gleiches gilt, wenn nur ein ungeteilter Anteil dem Fideikommiß unterliegt. Ist aber in letzterem Falle eine Teilung untunlich oder würde die Erbauseinandersetzung zur Aufhebung der Gemeinschaft an einem Nachlaßgegenstand führen, so kann die gemeinschaftliche Sache mit gerichtlicher Genehmigung einem oder mehreren Miteigentümern frei von der fideikommissarischen Beschwerung

[860] Art. 403 CC gibt den Zessionaren das Recht auf Teilnahme bei der Teilung und auf Widerspruch, wenn die Teilung ohne sie erfolgt. Sie können die gegen ihren Widerspruch und zu ihrer Benachteiligung erfolgte Teilung anfechten.

zugesprochen werden. Teilungsanordnungen des Erblassers oder eines von diesem benannten „contador-partidor“[861] sind auch für die Nacherben verbindlich, unbeschadet eines etwaigen Anfechtungsrechtes (Art. 190 Abs. 3, 4 CDC). Ist ein Erbe oder Vermächtnisnehmer hinsichtlich eines Teiles der Erbschaft oder des Vermächtnisses mit einem Fideikommiß beschwert, so kann er den Nachlaß selbst in einen freien und einen dem Fideikommiß unterliegenden Teil aufteilen, wenn er hierbei die Vorschriften über die Auseinandersetzung beachtet und die Nacherben vorher benachrichtigt. Hierfür gilt ebenfalls Art. 194 CDC.

5. Endlich kann der Vorerbe gemäß Art. 192 CC ohne fremde Mitwirkung auf eigene Verantwortung folgende, mit der Verwaltung des Nachlasses zusammenhängende Rechtsgeschäfte vornehmen:

Nicht zur Aufbewahrung geeignete Sachen und die vom Erblasser hinterlassenen Früchte kann er verkaufen. Letztere gehören zum Nachlaß und stehen ihm daher nicht, wie die während der Dauer seines Erbrechts gezogenen Nutzungen, selbst zu[862].

Der Vorerbe kann Nachlaßgegenstände, die einem Wiederkaufsrecht unterliegen, und solche, die auf „carta de gracia“[863] gekauft sind, wiederverkaufen; Veräußerungen, zu denen sich der Erblasser verpflichtet hat oder die aus einer Option herrühren, vornehmen; Erbpacht ablösen und in die Löschung von Hypotheken für erloschene oder befriedigte Nachlaßforderungen einwilligen; jedoch nur, wenn er von den Beteiligten hierauf in Anspruch genommen wird.

Der Vorerbe kann Vergleiche über Enteignungsmaßnahmen abschließen und darf Schadensersatzleistungen von Versicherungen und sonst zum Schadensersatz verpflichteten Personen annehmen.

Er darf unverzüglich und ohne Nachteil für den Fideikommiß diejenigen Sachen[864] ersetzen, die sich durch den Gebrauch abnützen und die im Gesetz beispielhaft aufgezählt sind. Insbesondere zählen hierzu Sachen, die zu einem gewerblichen, kaufmännischen oder landwirtschaftlichen

---

861 Vgl. § 24.

862 Borrell y Soler, Cataluña V, 146.

863 Käufe auf „carta de gracia“ oder „empenyament“ sind Käufe mit Wiederkaufsvorbehalt, die häufig eine Art versteckter Pfandbestellung darstellen (vgl. etwa Sicherungsübereignung). Pella IV, 221 f.; Castán, D. F., 198; Borrell y Soler, Cataluña III, 299. Sie sind in Art. 326 f. CDC geregelt.

864 Der Begriff „cosas“ oder „bienes“ entspricht unserem Begriff „Gegenstände“, während „Sachen“ im Sinne von § 90 BGB als „cosas corporales“ bezeichnet werden. Häufig meint aber, wie hier, der Begriff „cosas“ seinem Zusammenhang nach nur „Sachen“ in unserem Sinne.

Unternehmen gehören, sowie Haushaltsgegenstände und Sachen des familiären Gebrauchs. In den Fällen des Art. 192 Abs. 1 CDC treten die Geldsumme oder sonstigen Gegenstände, die der Vorerbe als Gegenwert erhält, an die Stelle des Veräußerten (Art. 190 Abs. 2 CDC).

6. Eine § 2115 BGB ähnliche Vorschrift enthält Art. 193 CDC, wonach die für Nachlaßschulden[865] im Wege der Zwangsvollstreckung veräußerten Nachlaßgegenstände vom Ersteigerer oder Zuschlagsempfänger frei von der Beschwerung erworben werden, wenn die Nacherben oder der Pfleger geladen waren (Art. 193 Abs. 1 CDC). Wegen Forderungen gegen den Fiduziar findet die Zwangsvollstreckung nur in den Pflichtteil, die „Quarta Trebellianica" und die ihm gebührenden Nutzungen statt, soweit nicht bei der bedingten fideikommissarischen Substitution der Gläubiger eine Veräußerung von Nachlaßgegenständen im Rahmen von Art. 186 Abs. 2 CDC vorzieht. Der Vorerbe ist ferner berechtigt, bei der befristeten fideikommissarischen Substitution die ihm zustehende Nutzung des Nachlasses ohne Einfluß auf seine Haftung an einen Dritten abzutreten, nicht aber in Erbpacht zu vergeben (Art. 197 Abs. 1 H. S. 2 CDC). Das gleiche Recht steht ihm, einschließlich der Befugnis zur Bestellung einer Erbpacht an Grundvermögen, im Rahmen von Art. 186 Abs. 2 CDC bei der bedingten fideikommissarischen Substitution zu. Die Wirksamkeit dieser Verfügungen hängt vom Eintritt der Bedingung ab.

cc) Verfügungsbefugnis kraft Ermächtigung durch den Erblasser

Der Erblasser kann den Fiduziar in beliebigem Umfang zu Verfügungen unter Lebenden über den Nachlaß ermächtigen (Art. 195 CDC; vgl. § 2136 BGB). Es gilt dann Art. 211 Z. 1 CDC[866]. Gibt die Befreiung inhaltlich dem Vorerben die dem „fideicomiso de residuo" eigene Stellung oder ist der Nacherbe auf den Überrest eingesetzt, so gelten dessen Regeln (Art. 210 f.; Art. 195 S. 2 CDC). Daneben sind gebräuchliche Formen die Ermächtigung zur Veräußerung von Nachlaßgegenständen bei Notlage des Vorerben und die Ermächtigung zu Verfügungen zugunsten der Kinder des Vorerben[867].

8. Die „Quarta Trebellianica"

a) Grundsatz

Der Vorerbe[868] hat, wenn er die Erbschaft annimmt, ein ordnungs-

---

865 Vom Erblasser herrührende oder den Fideikommiß treffende Schulden.

866 Vgl. Nr. 10.

867 Borrell y Soler, Cataluña V, 154, 156.

868 Das heißt der Fiduziar eines Universalfideikommisses, nicht aber der Vorvermächtnisnehmer.

gemäßes Inventar errichtet und der Erblasser nichts Gegenteiliges verfügt hat, Anspruch auf die „Quarta Trebellianica" nach den vom Erblasser aufgestellten Regeln oder — wenn diese fehlen — nach Art. 198 f. CDC (Art. 198 Abs. 1, 2 CDC). Die „Quarta Trebellianica" stellt einen durch das Senatus Consultum Pegasianum auf die Universalfideikommisse ausgedehnten Anwendungsfall der „Quarta Falcidia" dar und hat ihren Namen von dem S. C. Trebellianum. Daher gelten die Regeln für die Berechnung der falzidischen Quart für sie subsidiär (Art. 202 Abs. 2 CDC)[869]. Bei mehreren aufeinanderfolgenden fideikommissarischen Substitutionen steht sie nur dem ersten Vorerben zu, der die Erbschaft tatsächlich angetreten hat (Art. 201 Abs. 1 CDC)[870].

b) Wegfall

Der Anspruch auf die „Quarta Trebellianica" entfällt:

1. Wenn der Erblasser sie im Testament oder Kodizill ausgeschlossen hat. Dieses Recht war den Eltern in bezug auf ihre Kinder bereits in der „Constitución de Cataluña", Buch 6, Tit. 6, „de cuarta Trebelianica" zuerkannt worden, wobei der Ausschluß ausdrücklich erfolgen mußte[871]. Diese Vorschrift ist fast wörtlich in Art. 200 Abs. 2 CDC für das Verbot an Abkömmlinge beibehalten. Anderen Personen kann die trebellianische Quart auch stillschweigend entzogen werden. Dies ist insbesondere der Fall, wenn angeordnet wurde, daß die Substitution ohne Abzug erfolgen solle oder der Vorerbe nur bestimmte Gegenstände oder Beträge zurückbehalten dürfe (Art. 200 Abs. 1 CDC).

2. Wenn der Vorerbe ausdrücklich oder stillschweigend verzichtet. Letzteres wird insbesondere angenommen, wenn der Vorerbe oder sein Erbe in Kenntnis ihres Rechtes dem Nacherben den Besitz an der (ungeschmälerten) Erbschaft einräumen oder wenn der Fiduziar eines reinen Fideikommisses die Erbschaft ohne Vorbehalt herausgibt (Art. 200 Abs. 3 CDC).

3. Wenn der Vorerbe durch einen im Hinblick auf seine Eheschließung geschlossenen Erbvertrag oder durch einen gegenseitigen Erbvertrag unter Ehegatten eingesetzt ist („heredamiento otorgado en contemplación a su matrimonio o con carácter mutual entre cónyuges") (Art. 201 Abs. 2 CDC; Art. 72 Abs. 2, 95 Abs. 4 S. 2 CDC), nicht aber bei einem Erbvertrag zu-

---

[869] Vgl. Borrell y Soler, Cataluña V, 167 f.; Castán, D. F. 115; Pella III, 225; unten § 23 II 6.

[870] Borrell y Soler, Cataluña V, 168.

[871] Pons/Sandalinas 97.

gunsten der zukünftigen Kinder der Ehegatten („heredamiento a favor de los hijos de los contrayentes") (Art. 86 Abs. 1 S. 3 CDC).

4. Wenn der Vorerbe die Erbschaft nicht annimmt oder die Errichtung eines ordnungsgemäßen Inventars versäumt (Art. 198 Abs. 1 CDC).

c) Umfang

Die „Quarta Trebellianica" umfaßt ein Viertel des Reinnachlasses des Erblassers, d. h. nach Abzug der Nachlaßverbindlichkeiten, der Kosten für die letzte Krankheit und die Beerdigung des Erblassers, der Inventarerrichtungskosten, der Vermächtnisse für wohltätige und fromme Zwecke und der Verbindlichkeiten aus Pflichtteilsrechten und Pflichtteilsergänzungsrechten[872], einschließlich derjenigen zugunsten der Vorerben. Der Vormiterbe hat dabei Anspruch auf den seinem Erbteil entsprechenden Teil der „Trebellianica" (Art. 202 Abs. 1 CDC). Im übrigen finden die Vorschriften für die „Quarta Falcidia" ergänzende Anwendung (Art. 229 f. CDC). Auszugehen ist vom Nachlaßwert zur Zeit des Erbfalls, wobei der Vorerbe die Gefahr für zufälligen Untergang von Nachlaßgegenständen nach dem Erbfall und vor Geltendmachung des Anspruches auf die „Trebellianica" trägt. Außer Betracht bleiben die vom Vorerben gezogenen Nutzungen (Art. 202 Abs. 2 CDC). Gemindert wird aber die „Trebellianica" um die Beträge, die der Vorerbe dem Nacherben als Schadensersatz zu leisten hat, und um das, was er auf andere Weise (durch Vermächtnis und Schenkung von Todes wegen) vom Erblasser empfangen hat (Art. 229 Abs. 2; Art. 202 Abs. 3 CDC). Bestritten scheint zu sein, ob bei der Berechnung der „Trebellianica" dem Vorerben ein Vorausvermächtnis in vollem Umfang oder nur insoweit, als er das Empfangene auch als Erbe erhalten hätte, als Teil der Quart zuzurechnen ist[873].

d) Entrichtung

Der Vorerbe kann die „Quarta Trebellianica" einbehalten bzw. entnehmen, sobald er die Erbschaft angenommen und Nachlaßverbindlichkeiten und Pflichtteilsrechte Dritter befriedigt, den entsprechenden Betrag hinterlegt oder hierfür Sicherheit geleistet hat. Dieses Recht ist vererblich (Art. 201 Abs. 1 und 2 CDC). Hat er die Quart beim Nacherbfall noch nicht zurückbehalten, so können er oder seine Rechtsnachfolger vom Nacherben ihre Zahlung zuzüglich der Zinsen seit Klageerhebung verlangen (Art. 203 Abs. 1 CDC). Der Nacherbe muß dann einen genügend großen,

---

872 Borrell y Soler, Cataluña V, 170.

873 Borrell y Soler, Cataluña V, 171 f.; für die erste Ansicht Pella III, 227.

verhältnismäßigen Teil der Nachlaßgegenstände, nach Möglichkeit gleicher Art und Güte, zur Befriedigung der „Trebellianica“ bestimmen und kann zwischen der Herausgabe dieser Gegenstände und der Erstattung ihres gegenwärtigen Wertes in bar wählen (Art. 203 Abs. 2 und 3 CDC).

Während schon früher feststand, daß der Vorerbe neben der „Trebellianica“ auch seinen Pflichtteil vom Erbfall an entnehmen konnte[874] (jetzt Art. 187 Abs. 1 Z. 1; 202 Abs. 1 CDC), war das Verhältnis der trebellianischen zur falzidischen Quart umstritten. Die Frage taucht dann auf, wenn der Vorerbe mit Vermächtnissen beschwert ist. Durch die frühere Rechtsprechung[875] und jetzt durch Art. 233 Abs. 2 CDC ist aber klargestellt, daß der mit Vermächtnissen beschwerte Vorerbe nur Anspruch auf insgesamt ein Viertel des Nachlasses hat, wobei dieses Viertel im jeweiligen Verhältnis des Nachlasses nach Abzug der Vermächtnisse und dieser selbst zueinander als trebellianische bzw. falzidische Quart gilt. Er kann also nicht zunächst ein Viertel des Nachlasses als „Falcidia“ und dann noch ein weiteres Viertel als „Trebellianica“ zurückbehalten[876]. Der Anspruch auf die „Trebellianica“ kann auf Antrag des Vorerben, seiner Erben oder des Nacherben im Grundbuch bei Eintragung des dem Fideikommiß unterliegenden Grundvermögens vermerkt werden (Art. 206 Abs. 4 CDC).

9. Die Rechtsstellung des Nacherben und die Herausgabe der Erbschaft bei Eintritt des Nacherbfalles

a) Vor dem Nacherbfall hat der Nacherbe ein Anwartschaftsrecht auf künftigen Erwerb der Erbschaft, das stärker oder schwächer sein kann, je nachdem, ob es sich um einen reinen Fideikommiß bzw. eine befristete fideikommissarische Substitution oder um eine bedingte fideikommissarische Substitution handelt. Der Unterschied entspricht dem des deutschen Rechtes. Im ersten Falle ist die Anwartschaft vererblich (Art. 164 Abs. 3, 6 CDC)[877], im zweiten — wo der Nacherbe den Eintritt der Bedingung erleben muß — ist sie dies nicht (Art. 164 Abs. 2 CDC)[878]. Die Ausdrucks-

---

874 Borrell y Soler, Cataluña V, 174; Pella III, 227.

875 Pella III, 227.

876 So Borrell y Soler, Cataluña V, 176 mit folgendem Beispiel: Gesamtnachlaß 400, davon Vermächtnisse 300, „Falcidia“ (1/4) 100, „Trebellianica“ 100, und zwar 1/4 der Vermächtnisse = 75, 1/4 der Falcidia = 25. „Falcidia“ und „Trebellianica“ zusammen betragen dann 175 (7/16), während den Vermächtnisnehmern 225 (9/16) verbleiben. Nach der gesetzlichen Regelung verbleiben den Vermächtnisnehmern in diesem Beispiel 300, während das einbehaltene Viertel zu 75 „Falcidia“, zu 25 „Trebellianica“ ist.

877 Vgl. § 2108 Abs. 2 BGB.

878 Vgl. §§ 2108 Abs. 2 S. 2, 2074 BGB.

weise des katalanischen Rechtes ist hierbei ungenau. Art. 164 Abs. 1 CDC sagt, daß der Nacherbe „kein Recht (‚derecho') erwirbt", während er nach Art. 164 Abs. 3, 6 CDC schon vom Erbfall an ein „Recht auf den Fideikommiß" hat. BORRELL[879] spricht nur bei der bedingten fideikommissarischen Substitution von einer „expectativa de derecho", einer Erwartung oder Anwartschaft. Tatsächlich ist aber in beiden Fällen ein Anwartschaftsrecht in unserem Sinne gemeint. Bei der bedingten Substitution kann dieses Anwartschaftsrecht vor Eintritt der Bedingung[880] gesichert werden[881] und der Nacherbe kann über sein bedingtes Anwartschaftsrecht verfügen, ohne daß hierin ein verbotener Vertrag über eine zukünftige Erbschaft[882] zu sehen wäre. Diese Verfügungsbefugnis ist in Art. 197 Abs. 4 CDC vorgesehen, wobei bei der bedingten Substitution die Wirksamkeit der Verfügungen vom Eintritt der Bedingung abhängt. Vom Eintritt der Bedingung an, der wohl meistens mit dem Nacherbfall zusammenfällt, ist auch dieses nunmehr zum unbedingten erstarkte Anwartschaftsrecht vererblich[883].

b) Der Fideikommissar ist Erbe des Erblassers vom Eintritt des Nacherbfalles an (Art. 162 Abs. 2 CDC)[884], ohne daß hierzu die Annahme der Erbschaft erforderlich wäre, aber unbeschadet des Ausschlagungsrechtes. Der römischrechtliche Satz „Semel heres, semper heres" gilt hier also nicht. Dies ist auch bei mehreren aufeinanderfolgenden Fideikommissen so, mit denen sich Art. 173 Abs. 1 CDC befaßt. Tritt dabei ein Nacherbe die Erbschaft nicht an, so fällt die Erbschaft, unbeschadet einer möglicherweise angeordneten Ersatznacherbschaft („sustitución vulgar en fideicomiso") dem nächstberufenen Nacherben zu (Art. 173 Abs. 2 CDC). Der Anfall („delatio") tritt dabei zu dem Zeitpunkt ein, zu dem die vorherige Berufung fehlgeschlagen ist (Art. 204 Abs. 2 CDC), z. B. also mit Wirksamwerden der Ausschlagung.

Die Erbenstellung hat u. a. zur Folge, daß der Nacherbe nicht Erbe des Vorerben zu sein braucht, von diesem z. B. auch wirksam enterbt sein kann[885]. Der Nacherbe kann nunmehr ihm gegenüber unwirksame Ver-

---

879 BORRELL Y SOLER, Cataluña V, 179.

880 Das heißt vor dem „dies cedens".

881 Eintragung in das Grundbuch, Inventar etc.

882 Art. 1271 Abs. 2 CC unter Berücksichtigung der in Katalonien zulässigen Ausnahmen, insbesondere also der „heredamientos".

883 BORRELL Y SOLER, Cataluña V, 181 f.

884 Hier also wie § 1942 BGB, im Gegensatz zur Lösung beim Erbfall mit „hereditas iacens".

885 BORRELL Y SOLER, Cataluña V, 115.

fügungen des Vorerben anfechten (Art. 209 CDC).

c) Sind mehrere Nacherben gemeinschaftlich berufen und fällt einer von ihnen weg, so war früher bestritten, ob der Erbteil des Weggefallenen den übrigen Nacherben anwächst[886]. Art. 268 Abs. 2 CDC bestimmt nunmehr, daß in diesem Fall eine Anwachsung stattfindet, soweit nicht der weggefallene Nacherbe sein Anwartschaftsrecht vererbt hat oder eine Ersatznacherbenberufung eingreift. Der frei werdende Teil verbleibt also nicht dem Vorerben oder seinen Erben.

d) Der Vorerbe oder seine Erben haben die Erbschaft an den Nacherben herauszugeben, und zwar bei der fideikommissarischen Substitution innerhalb von dreißig Tagen nach dem Nacherbfall, bei dem reinen Fideikommiß innerhalb eines Jahres nach notarieller oder gerichtlicher Aufforderung durch den Nacherben (Art. 205, 206 Abs. 1 CDC). Diese Aufforderung kann hierbei im ersten Fall nach Eintritt des Nacherbfalles, im zweiten Fall nach dem Tode des Erblassers erfolgen. Die Herausgabe ist keine förmliche Abtretung der Erbschaft („restitutio hereditatis") mehr, obwohl sie häufig „restitución" genannt wird, sondern die Einräumung des Besitzes. Das Eigentum geht auf den Nacherben beim Nacherbfall ipso iure über, was in der Fassung von Art. 163 CDC „haga tránsito" gegenüber dem alten „transferir" zum Ausdruck kommt[887].

Der Vorerbe kann den Anfall der Nacherbschaft bei der befristeten fideikommissarischen Substitution auch vorverlegen und die Erbschaft früher herausgeben. Dies geschieht durch Verzicht auf das Vorerbenrecht zugunsten des unmittelbar berufenen Nacherben (Art. 197 Abs. 1 H. S. 1 CDC). Bei der bedingten fideikommissarischen Substitution ist dies nicht möglich und ein Verzicht des Vorerben wird hier als Abtretung des Rechtes auf die Nutzungen an den Nacherben angesehen (Art. 197 Abs. 2 S. 1 CDC). Beim reinen Fideikommiß kann der Fiduziar die Erbschaft auch vor dem vom Erblasser bestimmten Zeitpunkt herausgeben, wenn dieser es nicht ausdrücklich oder stillschweigend verboten hat (Art. 197 Abs. 3 CDC).

Vom Eintritt der obengenannten Voraussetzungen der Herausgabepflicht gemäß Art. 206 Abs. 1 S. 2 CDC an sind der Vorerbe oder seine Erben bloße („unrechtmäßige") Besitzer, denen die Nachlaßfrüchte nicht mehr gebühren und gegen die der Nacherbe die als besondere Verfahrensart geregelte Besitzeinräumungsklage[888] geltend machen kann (Art. 206

---

886 Borrell y Soler, Cataluña V, 183 f.

887 Condomines/Faus 215.

888 „interdicto de adquirir", Art. 1631, 1633 f. LEC.

Abs. 1 S. 2 CDC). Durch die ausdrückliche Erwähnung dieser Klageart scheint auch die alte Streitfrage entschieden zu sein, ob der Nacherbe sich den Besitz an der Erbschaft selbst verschaffen kann oder, wie jetzt anzunehmen ist, auf Besitzeinräumung klagen muß[889].

Die Herausgabepflicht erstreckt sich auf den gesamten, dem Fideikommiß unterliegenden Nachlaß einschließlich des Zuwachses, eventueller Surrogate (vgl. Art. 189 Abs. 1, 192 Abs. 2 CDC) und des dem Vorerben anwachsenden Teiles eines Miterben[890] (vgl. auch Art. 182 Abs. 1 CDC).

Der Vorerbe oder seine Erben haben jedoch Anspruch auf Ersatz des Wertes von Verbesserungen, soweit sie nicht auf Luxusaufwendungen beruhen, höchstens aber bis zu den tatsächlichen Kosten (Art. 208 Abs. 1 Z. 1 CDC). Sie können weiter die Beträge verlangen, die der Vorerbe zu Lasten des Fideikommisses aufgewendet hat [891] oder die er in Erfüllung von Nachlaßverbindlichkeiten aus seinem eigenen Vermögen bezahlt hat (Art. 208 Abs. 1 Z. 2 und 3 CDC). Auch können nunmehr die Forderungen des Vorerben gegen den Erblasser, die infolge von Vereinigung erloschen waren (Art. 183 Abs. 2 CDC), geltend gemacht werden. Ein Zinsanspruch entsteht hierbei mit Klageerhebung (Art. 208 Abs. 3 CDC). Beim reinen Fideikommiß entstehen alle genannten Rechte mit Übertragung auf den Nacherben (Art. 208 Abs. 3 CDC).

Machen im Falle des Art. 206 CDC der Vorerbe oder seine Erben innerhalb der Dreißigtagefrist einen dieser Ansprüche geltend, so erwächst ihnen hieraus ein Zurückbehaltungsrecht hinsichtlich des Besitzes am Nachlaß, solange der festgesetzte Betrag nicht hinterlegt, persönlich, durch Pfand oder hypothekarisch gesichert oder befriedigt ist. Für die nicht ordnungsgemäße Verwaltung des Nachlasses hat der Vorerbe Ersatz zu leisten, soweit er die „diligentia quam in suis" außer Acht gelassen hat (Art. 184 Abs. 1 CDC).

Vom Erwerb der Erbschaft an haftet der Nacherbe für die noch unbeglichenen Nachlaßverbindlichkeiten, sowie für die von dem Vorerben rechtmäßig zu Lasten des Fideikommisses eingegangenen Verpflichtungen und die Ansprüche aus Art. 208 CDC, Art. 207 Abs. 1 CDC. Er kann seine Haftung durch die Rechtswohltat des Inventars beschränken, wobei die einschlägigen Fristen mit dem Nacherbfall zu laufen beginnen. Ein vom

---

889 PELLA III, 237 f.; BORRELL Y SOLER, Cataluña V, 195.

890 BORRELL Y SOLER, Cataluña V, 161.

891 Beim reinen Fideikommiß also auch die gewöhnlichen Erhaltungskosten, Art. 184 Abs. 4 CDC.

Vorerben ordnungsgemäß errichtetes Inventar kommt ihm zugute (Art. 207 Abs. 2 CDC)[892].

10. Die befreite Vorerbschaft („fideicomiso de residuo")

Die Kompilation regelt die befreite Vorerbschaft, die im gemeinen Recht nur auf Grund der Rechtsprechung anerkannt ist, in Art. 210 f. Ein „fideicomiso de residuo" liegt vor, wenn der Vorerbe vom Erblasser zur freien Verfügung über den Nachlaß ausdrücklich oder durch Beschränkung der Herausgabepflicht auf den Überrest ermächtigt ist (Art. 210 Abs. 1 CDC). Kein „fideicomiso de residuo", sondern eine „sustitución preventiva de residuo" (vorsorgliche, befreite Vorerbschaft) ist anzunehmen, wenn sich die Ermächtigung auch auf Verfügungen von Todes wegen erstreckt und ein oder mehrere Nacherben auf den Todesfall eingesetzt sind (Art. 210 Abs. 2 CDC). Die Einsetzung eines befreiten Vorerben enthält zugleich die Einsetzung als Ersatzerbe (Art. 210 Abs. 3 CDC).

Beim „fideicomiso de residuo" ist der Vorerbe zu folgenden weiteren Verfügungen berechtigt:

a) Er kann über Nachlaßgegenstände unter Lebenden entgeltlich frei verfügen und ist dabei nur den vom Erblasser angeordneten Beschränkungen unterworfen. Bindet dieser die Verfügung an die Zustimmung Dritter, so erlischt diese Bindung, wenn der Dritte stirbt, verzichtet oder entmündigt wird, es sei denn, der Erblasser habe etwas anderes bestimmt. Für diese dritten Personen gelten die Vorschriften über den Einzeltestamentsvollstrecker entsprechend (Art. 211 Abs. 1 Z. 1 CDC). Der Vorerbe ist weiter befugt, Nachlaßgegenstände für seine eigenen Bedürfnisse und die seiner Familie ersatzlos umzuformen, zu verwenden oder zu verbrauchen, und zwar auch dann, wenn ihn der Erblasser nur zum „Verkauf" ermächtigt hat (Art. 211 Abs. 1 Z. 1, Abs. 2 CDC). Dem Fideikommiß unterliegen auch hier die Surrogate, über die aber der Vorerbe wieder frei verfügen kann (Art. 211 Abs. 3 CDC). Dies gilt allerdings nicht, wenn die befreite Vorerbschaft vor Inkrafttreten der Kompilation angeordnet war (2. Übergangsbestimmung), da nach altem Recht die Surrogate vom Fideikommiß frei waren.

b) Wenn ihn der Erblasser hierzu ausdrücklich ermächtigt hat, so ist der Vorerbe auch zu unwiderruflichen Schenkungen unter Lebenden befugt (Art. 213 Abs. 1 CDC).

c) Endlich kann er, mangels einer entgegenstehenden Anordnung des Erblassers, Nachlaßgegenstände und ihre Surrogate dadurch dem Fidei-

---

892 Vgl. § 2144 Abs. 2 BGB.

kommiß entziehen, daß er sie tatsächlich seinem eigenen Vermögen einverleibt oder duldet, daß sie andere Personen in Eigenbesitz haben (Art. 213 Abs. 2 CDC).

Die Verfügungsbefugnis des befreiten Vorerben findet ihre Grenze darin, daß ihr ein Viertel des Nachlasses entzogen ist. Dieses Viertel ist den Nacherben vorbehalten und die bereits vorhandenen Nacherben können verlangen, daß es nach den für die trebellianische Quart geltenden Regeln bestimmt wird. Vorher können sie gegen entgeltliche Dritterwerber, soweit diese nicht zu ihrem Nachteil bei einer Verfügung mitwirken, keine Ansprüche geltend machen. Auch von dieser Beschränkung kann der Erblasser den Vorerben befreien (Art. 212 CDC).

Das Verfügungsrecht haben nur die Vorerben und gegebenenfalls die Ersatzerben, soweit der Erblasser nichts anderes anordnet (Art. 215 Abs. 1 CDC). Der Wert der Nachlaßgegenstände, über die der Erbe verfügt hat, wird auf seinen Pflichtteil, die „Quarta Trebellianica" und seine sonstigen Ansprüche gegen den Nachlaß angerechnet (Art. 215 Abs. 2 CDC).

Ist die „sustitución fideicomisaria de residuo" unter dem Vorbehalt erfolgt, daß von der Erbschaft beim Tode des Vorerben noch etwas übrig ist, worüber dieser nicht verfügt hat, so kann dieser unter Lebenden und unentgeltlich über den ganzen Nachlaß verfügen und etwaige Surrogate verfallen nicht dem Fideikommiß. Das gleiche gilt, wenn der Erblasser den Überrest als das, worüber der Vorerbe nicht verfügt hat, beschreibt (Art. 214 Abs. 1 und 2 CDC). Beide Fälle erfordern jedoch, daß keine Zweifel an einem dahingehenden Erblasserwillen bestehen (Art. 214 Abs. 3 CDC).

11. Die vorsorgliche, befreite Vorerbschaft („sustitución preventiva de residuo")

Sie ist in Art. 216 f. CDC geregelt und gilt außer in dem erwähnten Fall des Art. 210 Abs. 2 CDC als angeordnet, wenn der Erblasser einem Erben oder Vermächtnisnehmer für den Fall, daß dieser ab intestato oder ohne Testament stirbt, einen Nacherben hinsichtlich des Teiles der Erbschaft beruft, über den der Erbe weder unter Lebenden, durch Schenkung, Erbeinsetzung, Vermächtnis oder eine andere Freigebigkeit verfügt hat (Art. 216 Abs. 1 CDC). Hat der Erblasser nichts anderes bestimmt, so tritt die Nacherbfolge nur ein, wenn der Vorerbe ohne Testament stirbt, ein vorhandenes Testament unwirksam ist oder der eingesetzte Erbe die Erbschaft nicht antritt. Es genügt, wenn ein durch Erbvertrag eingesetzter Erbe zum Zuge kommt. Die „sustitución preventiva de residuo" geht jedoch vor, wenn der Ehegatte des Erblassers, der zusammen mit diesem einen vorsorglichen Erbvertrag („heredamiento preventivo") errichtet hat, Vorerbe ist (Art.

216 Abs. 2 CDC). Auch die „sustitución preventiva de residuo" enthält im Zweifel eine Einsetzung als Ersatzerbe und wird unwirksam durch Verzicht oder Erbunwürdigkeit aller Nacherben oder wenn diese den Nacherbfall nicht erleben (Art. 216 Abs. 3 CDC). Wenn der Erblasser nichts anderes angeordnet hat, erstreckt sich die Nacherbfolge nicht auf die in Art. 213 Abs. 2 CDC genannten Gegenstände (Art. 216 Abs. 4 CDC). Auch bei dieser Art der Nacherbfolge erwerben die Nacherben den Überrest als Erben des Erblassers (Art. 216 Abs. 5 CDC).

12. Anwendbarkeit auf Vermächtnisse

Alle Vorschriften über die Fideikommisse gelten auch für das Vermächtnis. Auf die wichtigste Ausnahme — der Vorvermächtnisnehmer erhält die trebellianische Quart nicht — wurde bereits hingewiesen.

III. Balearen

1. Ibiza und Formentera

In dem in Ibiza und Formentera anwendbaren Teil der Kompilation ist die fideikommissarische Substitution nur in Art. 78 CDB erwähnt, der mit dem 2. Halbsatz von Art. 781 CC übereinstimmt.

2. Mallorca und Menorca

Für Mallorca und Menorca (Art. 65 CDB) enthält die balearische Kompilation eine Reihe von Vorschriften (Art. 25 f. CDB) über die fideikommissarische Substitution, die eine gewisse Ähnlichkeit mit der katalanischen Regelung aufweisen, wenn auch die Zahl der diesem Rechtsinstitut gewidmeten Artikel wesentlich geringer ist.

a) Allgemeines

Es können die gleichen Arten der fideikommissarischen Substitution wie in Katalonien unterschieden werden[893], wobei allerdings der reine Fideikommiß unberücksichtigt bleibt. Auf die Unterscheidung zwischen bedingter und befristeter fideikommissarischer Substitution bezieht sich Art. 27 CDB. Danach vererbt der fideikommissarische Erbe, der unter einer Bedingung eingesetzt wird, sein Anwartschaftsrecht nicht, wenn er vor Eintritt der Bedingung stirbt. Der Erblasser kann jedoch zugunsten der Erben des Fideikommissars eine Ersatznacherbschaft („sustitución vulgar en fideicomiso") anordnen.

Ist die fideikommissarische Substitution dadurch bedingt, daß der fiduziarische Erbe ohne Kinder stirbt, so sind diese „hijos puestos en condi-

---

893 Pascual y Gonzáles 247.

ción"[894] als Ersatz- oder Nacherben nur zur Erbschaft berufen, wenn dies ausdrücklich vorgesehen ist oder die fideikommissarische Substitution dadurch bedingt ist, daß sowohl der Fiduziar als auch seine Kinder ohne Nachkommen sterben (Art. 28 CDB).

Die fideikommissarische Substitution schließt immer die Vulgarsubstitution (Ersatzerbschaft) ein (Art. 26 CDB). Für die Zahl der zulässigen Nacherbenberufungen enthält Art. 25 CDB eine ähnliche Regelung wie Art. 180 CDC. Grundsätzlich können zwei Nacherben berufen werden (Art. 25 Abs. 1 S. 2 CDB). Nach altem Recht waren gemäß Novelle 159 vier Nacherbenberufungen zulässig[895]. Für die Berufung von Personen, die beim Erbfall leben, besteht keine Beschränkung (Art. 25 Abs. 2 CDB). Beim Familienfideikommiß, bei dem die Nacherben Abkömmlinge des Erblassers sind, sind alle Berufungen zulässig, die nicht über die zweite Generation hinausgehen (Art. 25 Abs. 1 S. 1 CDB).

b) Die Rechtsstellung des Vorerben

Zur Erhaltung seines Anspruches auf die trebellianische Quart muß der Fiduziar innerhalb von 180 Tagen nach dem Anfall der Erbschaft ein gerichtliches oder notarielles Inventar errichten. Befinden sich die Nachlaßgegenstände in verschiedenen Gemeindegebieten oder wohnt der Fiduziar nicht auf der Insel[896], so beträgt die Frist ein Jahr. Spätestens dreißig Tage vor der Inventarerrichtung sind die Fideikommissare oder, wenn sie unbekannt sind, der Vertreter der Staatsanwaltschaft zu laden. Das Inventar ist am Wohnsitz des Erblassers zu errichten (Art. 29 Abs. 3 Z.a—c CDB).

Darüber, ob der Fiduziar Sicherheit zu leisten hat, sagt die CDB nichts. Es gilt daher gemeines Recht, für das diese Frage bestritten ist[897]. Für das alte Recht bejaht PASCUAL Y GONZÁLEZ[898] die Verpflichtung zur Sicherheitsleistung, außer wenn Kinder des Erblassers gegenseitig zu Nacherben eingesetzt sind oder der Erblasser den Vorerben hiervon befreit hat.

Der Fiduziar ist zum Gebrauch sowie zur Ziehung der Nutzungen des Nachlasses berechtigt und hat etwaige Pflichtteile, Vermächtnisse und sonstige Lasten aus dem Nachlaß zu befriedigen (Art. 30 CDB). Für Nach-

---

[894] Vgl. zu diesem Begriff II 5.

[895] SUBIAS, La compilación del Derecho civil especial de Baleares: Rev. Gen. Leg. Jur. 210 (1961) 631; T. S. 6. 6. 1905.

[896] Das heißt Mallorca oder gemäß Art. 65 CDB Menorca.

[897] Verneinend T. S. 29. 1. 1916; a. A. OSSORIO MORALES 284; LACRUZ, Notas al Binder 238.

[898] PASCUAL Y GONZÁLEZ 250.

laßverbindlichkeiten haftet er unbeschränkt, wenn er nicht von der Rechtswohltat des Inventars Gebrauch gemacht hat, unbeschadet seines Rechtes, sich am Nachlaß schadlos zu halten (Art. 31 CDB).

Die außerordentlichen Erhaltungs- und Reparaturkosten gehen zu Lasten der Erbschaft.

Zur Veräußerung und Belastung von einzelnen Nachlaßgegenständen ist der Fiduziar berechtigt

1. wenn alle Fideikommissare zustimmen,
2. um sich für seinen Pflichtteil und die „trebellianische Quart" zu befriedigen. Hierbei ist die vorherige Mitteilung an die bekannten Fideikommissare erforderlich.
3. um Nachlaßverbindlichkeiten, in bar zu entrichtende Vermächtnisse und außerordentliche Erhaltungs- oder Reparaturkosten zu befriedigen (Art. 33 CDB).

Hat dies der Erblasser nicht ausdrücklich verboten, so kann der Fiduziar mit gerichtlicher Genehmigung, vor deren Erteilung die Fideikommissare oder der Vertreter der Staatsanwaltschaft zu hören sind, Nachlaßgegenstände veräußern und belasten, um sie durch andere Vermögensgegenstände mit höherem Ertrag oder Gebrauchswert zu ersetzen (Art. 34 CDB).

c) Die trebellianische Quart

Hat der Fiduziar ordnungs- und fristgemäß ein Inventar errichtet, so steht ihm ein vererblicher Anspruch auf die trebellianische Quart zu, wenn der Erblasser (Fideikommittent) ihre Einbehaltung nicht ausdrücklich verboten hat (Art. 29 Abs. 1 CDB). Die trebellianische Quart besteht in einem Viertel der Erbschaft, nach Abzug der Nachlaßverbindlichkeiten und „legítimas" (Pflichtteile), einschließlich der des Fiduziars (Art. 29 Abs. 2 CDB).

d) Herausgabe an den Fideikommissar

Bei Eintritt des Nacherbfalles haben der Fiduziar oder seine Erben die Erbschaft dem Nacherben innerhalb von dreißig Tagen nach der entsprechenden Aufforderung herauszugeben. Anderenfalls gelten sie als bloße (unrechtmäßige) Besitzer (Art. 35 CDB). Art. 26 CDB bestimmt, daß der Fideikommissar den Besitz an der Erbschaft erst antreten kann, wenn eine ordnungsgemäße Abrechnung (mit dem Fiduziar oder seinen Erben) erfolgt ist. Bis zur Befriedigung seines Guthabens und bis zur Herausgabe der trebellianischen Quart steht dem Fiduziar oder seinen Erben ein Zurückbehaltungsrecht zu.

e) Die befreite Vorerbschaft („fideicomiso de residuo")

Unterliegt der fideikommissarischen Substitution nur der beim Tode des Fiduziars vorhandene Überrest, so kann dieser entgeltlich über drei Viertel der Erbschaft verfügen, während, mangels abweichender Anordnung des Erblassers, ein Viertel dem Fideikommissar vorbehalten ist. Über dieses Viertel kann der Fiduziar nur verfügen, wenn er sich in einer schweren wirtschaftlichen Notlage befindet. Wie im katalanischen Recht gilt also auch in Mallorca und Menorca die Regelung der Novelle 108 Justinians. Auf den Wert der Nachlaßgegenstände, über die der Fiduziar verfügt hat, wird das angerechnet, was ihm als „legítima", trebellianische Quart oder sonst zusteht (Art. 37 Abs. 2 CDB). Die Verfügungsbefugnis besteht nur, wenn der Fiduziar ein Inventar nach den für die trebellianische Quart geltenden Vorschriften errichtet und Sicherheit leistet (Art. 37 Abs. 2 CDB).

IV. Navarra

Für die fideikommissarische Substitution gilt nicht die Beschränkung des gemeinen Rechtes auf zwei Nacherbeneinsetzungen. Vielmehr sind gemäß Novelle 159 vier Nacherbeneinsetzungen zulässig[899]. Während der FR diese Vorschrift nicht enthält und somit den CC subsidiär gelten läßt, wird sie in L. 301 Dictamen ausdrücklich aufgenommen.

Die Vorschriften über die trebellianische Quart gelten in Navarra nicht. Der Grund hierfür ist, wie der für die Nichtanwendung der falzidischen Quart, darin zu sehen, daß sie der absoluten Testierfreiheit widerspricht[900]. Eine Folge ihres Fehlens ist, daß der Verfügungsbefugnis des Vorerben bei der befreiten Vorerbschaft nicht, wie im römischen Recht[901], ein Viertel der Erbschaft entzogen ist[902]. Mangels anderer Anordnung kann aber der befreite Vorerbe gemäß L. 268 Abs. 2 FR nur unter Lebenden und entgeltlich verfügen.

Ist die fideikommissarische Substitution dadurch bedingt, daß der Fiduziar ohne Abkömmlinge stirbt („si sine liberis decesserit"), so gilt auf Grund eines Gesetzes von 1583 (G. 11, Tit. 13, Buch 3 Nov.) wie in Katalonien der Satz „los hijos puestos en condición no se tengan por puestos en disposición", d. h. die Kinder, deren Vorhandensein die Substitution unwirksam sein läßt, gelten nur dann als Nacherben ihres Vaters, wenn

---

899 Lacarra II, 169.
900 Lacarra II, 170; der FR erwähnt die Quart nicht.
901 Vgl. Art. 212 CDC.
902 So obiter dictum auch Lacarra II, 175.

dies ausdrücklich angeordnet ist. Andernfalls lassen sie nur die auflösende Bedingung eintreten, der Vater kann jedoch letztwillig beliebig über die Erbschaft verfügen[903].

Als Kuriosität sei vermerkt, daß, wenn der Fiduziar in ein Kloster eintritt, dieses nach einem Gesetz von 1604 (G. 14, Tit. 13, Buch 3 Nov.) als Kind im genannten Sinne angesehen wird, wenn nicht ausdrücklich von legitimen oder natürlichen Kindern die Rede ist oder ähnliche Beiworte gebraucht sind[904].

§ 23: VERMÄCHTNISSE UND SCHENKUNG VON TODES WEGEN

I. Gemeines Recht

1. Allgemeines

Das Vermächtnis wird im spanischen Recht ebenso wie im deutschen Recht als Einzelverfügung von Todes wegen angesehen, die der Erblasser im Testament zugunsten des Bedachten und zu Lasten des Erben oder eines anderen Vermächtnisnehmers anordnet (Art. 858, 660 mit 768 CC)[905]. Der Hauptunterschied zum deutschen Recht besteht darin, daß der CC im Anschluß an die römischrechtliche Tradition das Vindikationslegat beibehalten hat und in Art. 882 CC bestimmt, daß der mit einer bestimmten, spezifizierten Sache bedachte Vermächtnisnehmer diese Sache beim Erbfall mit dinglicher Wirkung erwirbt. In den übrigen Fällen hat das Vermächtnis nur obligatorische Wirkung.

Das Vermächtnis kann durch Testament und im Rahmen von Art. 1271 Abs. 2 CC nur in bestimmten Ausnahmefällen durch Erbvertrag angeordnet werden[906]. Für die Frage, ob im Einzelfall eine Erbeinsetzung oder die Anordnung eines Vermächtnisses vorliegt, enthält Art. 768 CC eine § 2087 Abs. 2 BGB entsprechende Regel.

Mit einem Vermächtnis kann beschwert sein jeder Erbe und Vermächtnisnehmer (Art. 858 Abs. 1 CC)[907]. Im letzteren Falle liegt ein Unter-

---

903 LACARRA II, 165; FRAUCA LLAMAS (oben N. 617) 94; L. 302 Dictamen schlägt vor, diese Bestimmungen in den FR aufzunehmen.

904 LACARRA II, 165.

905 ROCA SASTRE, Notas II, 146; DE DIEGO 479; OSSORIO MORALES 344; ALBADEJO/LACRUZ 59.

906 LACRUZ, Notas al Binder 318; ROCA SASTRE, Notas II, 145.

907 Vgl. § 2147 S. 1 BGB.

vermächtnis vor, das unwirksam ist, soweit es den Wert des Vermächtnisses übersteigt (Art. 858 Abs. 2 CC).

Die Bezeichnung „gesetzliches Vermächtnis“ für bestimmte, kraft Gesetzes eintretende Fälle der Einzelnachfolge (Art. 834 f. CC, 845 CC; 1397, 1427 CC) wird in Spanien abgelehnt, da als Vermächtnis nur eine letztwillige Verfügung angesehen wird[908]. Derjenige, der in diesen Fällen etwas kraft Gesetzes erwirbt, kann daher nicht seinerseits mit einem Untervermächtnis belastet werden[909].

Es ist auch möglich, den Dritten, der durch Vertrag zu seinen Gunsten eine Leistung mit dem Tode des Versprechensempfängers erwirbt (z. B. Lebensversicherung), mit einem Vermächtnis zu belasten[910].

Ist der Beschwerte nicht bezeichnet, dann sind die Erben in dem Verhältnis, in dem sie zur Erbschaft berufen sind, gemeinschaftlich (d. h. teil-, nicht gesamtschuldnerisch) beschwert (Art. 858 Abs. 1, 859 Abs. 2, 1003 CC)[911]. Das gleiche ergibt sich aus Art. 859 Abs. 2 CC für mehrere beschwerte Erben und aus analoger Anwendung dieser Vorschrift auch für mehrere Vermächtnisnehmer, es sei denn, der Erblasser hat ihre solidarische Haftung vorgesehen (Art. 1137 CC). Ein bestimmter Miterbe ist beschwert, wenn ein ihm gehörender Gegenstand vermacht ist (Art. 863 Abs. 1 CC). Wird der Beschwerte nicht Erbe oder Vermächtnisnehmer, so gilt die gleiche Regelung wie nach § 2161 BGB. Im spanischen Recht ergibt sich das aus Art. 764 Abs. 2, 780 Abs. 1, 888, 984 und 986 CC mit Res. 7. 1. 1904.

Dem Erben selbst kann, wie sich aus Art. 890 Abs. 2 CC ergibt, ein Vorausvermächtnis zugewandt werden. Dies gilt auch dann, wenn der Vorausbedachte der alleinige Erbe ist. Der Bedachte kann die Erbschaft ausschlagen und das Vermächtnis annehmen oder umgekehrt. Abweichungen vom deutschen Recht ergeben sich nicht[912].

Für das Ersatz- und das Nachvermächtnis gelten die gleichen Regeln wie für die Ersatz- und Nacherbfolge.

2. Verhältnis zur „legítima“

Ihre Grenzen findet die Möglichkeit der Anordnung eines Vermächtnisses im Noterbenrecht. Die „mejora“[913] kann jedoch zugunsten von

---

908 Albaladejo/Lacruz 61 f.
909 Roca Sastre, Notas II, 150.
910 Roca Sastre, Notas II, 150; a. A. offenbar Lacruz, Notas al Binder 319.
911 Roca Sastre, Notas II, 150; vgl. § 2147 S. 2 BGB.
912 Lacruz, Notas al Binder 335.
913 Vgl. § 25 IV 1.

Pflichtteilsberechtigten und ihren Abkömmlingen beschwert werden (Art. 824 CC). Soweit die Vermächtnisse den Freiteil überschreiten, werden sie als „inoffiziös" herabgesetzt (Art. 819 bis 822 CC)[914]. Anderen Regeln folgt die etwaige Kürzung der Vermächtnisse, wenn die Haftung auf den Nachlaß beschränkt ist und dieser zu ihrer Befriedigung nicht ausreicht (Art. 887 CC). Hier werden bestimmte Vermächtnisse vorweg erfüllt[915].

3. Haftung des Vermächtnisnehmers

Der Vermächtnisnehmer haftet für Untervermächtnisse nur soweit, wie der Wert seines Vermächtnisses reicht (Art. 858 Abs. 2 CC). Ist jedoch die gesamte Erbschaft in Vermächtnisse aufgeteilt und somit ein Erbe nicht oder nur nominell vorhanden, so werden die Nachlaßverbindlichkeiten im Zweifel auf die Vermächtnisnehmer im Verhältnis ihrer Anteile aufgeteilt (Art. 891 CC). Eine Haftung des Beschwerten für den Gegenstand des Vermächtnisses nach dessen Leistung besteht nur beim Gattungsvermächtnis. Hier haftet er wie nach § 2182 BGB für Rechtsmängel (Art. 860 CC).

4. Ausschlagung und Annahme; Unwirksamkeit

Die Ausschlagung bzw. Annahme richtet sich nach den allgemeinen Vorschriften, wobei eine teilweise Ausschlagung möglich ist (Art. 889; 890 CC). Der Vermächtnisnehmer kann nicht von zwei Vermächtnissen das für ihn infolge einer Beschwerung ungünstigere ausschlagen. Anders als bei der Erbschaft ist aber hier die Annahme nur als Verzicht auf das Recht zur Ausschlagung des ipso iure erworbenen Vermächtnisses anzusehen[916]. Das Vermächtnis wird — allgemein — unwirksam, wenn der Erblasser die vermachte Sache in ihrem Wesen verändert, sie veräußert oder diese untergeht, ohne daß dies der beschwerte Erbe zu vertreten hätte (Art. 869 CC).

5. Schenkung von Todes wegen

Als Schenkung von Todes wegen im eigentlichen Sinne („donatio mortis causa") bezeichnet man eine Einzelverfügung von Todes wegen, die angesichts des Todes oder im Hinblick auf den Tod in Form einer Schenkung vorgenommen wird. Man kann sie auch als Vermächtnis durch Schenkung bezeichnen und sie unterscheidet sich von ersterem dadurch, daß sie nicht

---

914 Siehe unten § 25 VI.

915 Reihenfolge: 1. belohnende Vermächtnisse, 2. Vermächtnisse von zum Nachlaß gehörenden bestimmten Sachen, 3. Vermächtnisse, die der Erblasser als vorrangig bezeichnet hat, 4. Unterhaltsvermächtnisse, 5. Ausbildungsvermächtnisse, 6. alle übrigen Vermächtnisse im Verhältnis ihres Wertes.

916 Lacruz, Notas al Binder 321.

durch einseitiges Rechtsgeschäft im Testament oder Kodizill, sondern durch Vertrag, der der Annahme bedarf, erfolgt. Mit dem Vermächtnis gemeinsam hat die „donatio mortis causa" vor allem, daß sie zu keiner gegenwärtigen Vermögensminderung des Verfügenden führt und frei widerruflich ist[917]. Das BGB hat die „donatio mortis causa" durch § 2301 als Mischform des Erb- und Schenkungsrechtes abgeschafft und sie entweder Schenkungsrecht (vollzogene Schenkung) oder Erbrecht (Schenkungsversprechen) unterstellt[918]. Gleiches ist im Hinblick auf Art. 620 CC für das spanische Recht anzunehmen, da diese Vorschrift die Schenkungen von Todes wegen ausschließlich den Regeln über die letztwilligen Verfügungen unterstellt[919]. Sie kann daher nicht mehr in den für die Schenkung vorgesehenen Formen, sondern nur noch durch formgültiges Testament erfolgen[920]. Etwas anderes gilt nur, wie im deutschen Recht, für die vollzogene Schenkung: Sie untersteht dem für Schenkungen unter Lebenden geltenden Recht[921].

II. Katalonien

Art. 217 ff. CDC enthalten besondere Vorschriften über die Vermächtnisse in Katalonien. Der wichtigste Unterschied zum gemeinen und zum deutschen Recht ist der, daß in Katalonien auch heute noch der beschwerte Erbe die „Quarta Falcidia" zurückbehalten kann (Art. 226 f. CDC).

1. Errichtung

Außer durch Testament kann ein Vermächtnis auch durch Kodizill oder „memoria testamentaria"[922] angeordnet werden (Art. 217 Abs. 1 CDC). Die Vorschriften über die Vermächtnisse gelten auch für die durch Ehevertrag vereinbarten Übertragungen des Nießbrauches auf den Ehegatten und Zuwendungen der „dos" oder des Pflichtteiles sowie für die „mortis causa capiones"[923].

---

917 Roca Sastre, Notas I, 255; de Diego 475.

918 Kipp/Coing 341.

919 Roca Sastre, Notas I, 256; Lacruz, Notas al Binder 145; T. S. in ständiger Rspr.: 8. 7. 1943, 23. 2. 1948 u. a.; zweifelnd de Diego 475.

920 Roca Sastre, Notas I, 256; T. S. 4. 11. 1926 u. a.; a. A. offenbar de Diego 475.

921 Lacruz, Notas al Binder 145.

922 Unter Beachtung von Art. 107 Abs. 2 CDC, vgl. oben § 16 II 5.

923 Einzelverfügungen von Todes wegen, die weder ein Vermächtnis noch eine Schenkung von Todes wegen darstellen. (Borrell y Soler, Cataluña V, 331). Beispiel: Geschenke an Hausangestellte.

2. Bedachter

Art. 218 CDC sagt ausdrücklich, daß auch der nondum conceptus[924] sowie derjenige, der erst durch ein zukünftiges Ereignis bestimmt werden soll, Vermächtnisnehmer sein können. In beiden Fällen ist das Vermächtnis aufschiebend bedingt.

3. Beschwerter

Der im gemeinen Recht nicht ausdrücklich normierte Grundsatz, daß beim Wegfall des zunächst Beschwerten derjenige beschwert ist, dem der Wegfall unmittelbar zustatten kommt[925], ist in Art. 220 Abs. 1 CDC enthalten. Eine Ausnahme besteht, wenn der zunächst Beschwerte kraft Anordnung des Erblassers oder wegen seiner Eigenart das Vermächtnis nur persönlich erfüllen kann. Ein Untervermächtnis hat ein Vermächtnisnehmer erst dann zu erfüllen, wenn er sein eigenes Vermächtnis empfängt (Art. 220 Abs. 2 CDC). Nach Art. 221 CDC ist es zulässig, das Vermächtnis unter aufschiebender oder auflösender Bedingung oder unter Befristung anzuordnen. Dabei handelt es sich im Zweifel um eine Befristung und nicht um eine Bedingung, wenn das Vermächtnis wirksam werden soll, wenn der Vermächtnisnehmer stirbt oder wenn eine andere Person ein bestimmtes Alter erreicht. Früher wurde der zweite Fall als Bedingung angesehen[926].

4. Arten von Vermächtnissen

Zu den einzelnen Vermächtnisarten trifft die Kompilation folgende Sonderregelungen:

Art. 222 Abs. 1 CDC wiederholt für das Vindikationslegat, daß sich der Bedachte nicht eigenmächtig in den Besitz des vermachten Gegenstandes setzen kann[927]. Etwas anderes gilt nur, wie die Rechtsprechung auch im gemeinen Recht anerkannt hat, wenn der Erblasser den Bedachten zur Besitzergreifung ermächtigt hat, wenn es sich um ein universelles Nießbrauchvermächtnis handelt oder wenn die gesamte Erbschaft in Vermächtnisse aufgeteilt ist. Letzteres ist, im Hinblick auf Art. 109 CDC, nur in Tortosa möglich (Art. 222 Abs. 2, 3 CDC).

Das Nießbrauchvermächtnis („legado de usufructo universal") umfaßt den gesamten Nachlaß, ausschließlich der Gegenstände, über die durch Schenkung von Todes wegen verfügt ist, und unbeschadet des Pflichtteils-

---

924 Früher bestr., Borrell y Soler, Cataluña V, 259.

925 Vgl. § 2161 BGB.

926 Borrell y Soler, Cataluña V, 232.

927 Vgl. Art. 885 CC.

rechtes (Art. 223 Abs. 1 CDC). Der Erblasser kann hierbei den Nießbraucher von der Sicherheitsleistung befreien und ihm die Verfügung über den Nachlaß gestatten. Es gelten dann die Regeln über die befreite Vorerbschaft gemäß Art. 211, 212 CDC (Art. 223 Abs. 2 CDC). Mangels anderweitiger Bestimmung des Erblassers wächst der Anteil eines durch Tod oder aus anderen Gründen ausscheidenden Nießbrauchers den zusammen mit ihm berufenen anderen Nießbrauchern an, und zwar auch dann, wenn diese auf ihren eigenen Nießbrauch vorher verzichtet oder diesen abgetreten haben (Art. 223 CDC). Die in Art. 513 CC enthaltenen Vorschriften über das Erlöschen des Nießbrauches greifen somit nicht ein. Verbleibt dem Erben oder dem Miterben auf Grund des Nießbrauchvermächtnisses nicht wenigstens ein Viertel des Nachlasses zur freien Verfügung, so kann er eine Aufhebung des Nießbrauches insoweit verlangen, als dies zur Befreiung dieses Viertels vom Nießbrauch erforderlich ist. Er muß aber dem Vermächtnisnehmer den Wert des aufgehobenen Teiles ersetzen. Zur Ermittlung des Viertels muß sich der Erbe oder Miterbe hier seinen Pflichtteil und ein etwaiges, nicht dem Nießbrauch unterliegendes Vorausvermächtnis anrechnen lassen. Die Ausübung dieses Rechtes erfordert die für die Geltendmachung der „Quarta Falcidia“ vorgesehene Inventarerrichtung (Art. 234 CDC). Zu beachten ist Art. 508 CC, wonach ein Leibrenten- oder Unterhaltsvermächtnis zu Lasten des Nießbrauchers geht.

Das Quotenvermächtnis („legado de parte alícuota“) ist im katalanischen Recht ausdrücklich vorgesehen. Die Quote ist nach den Regeln über die Berechnung der „Quarta Falcidia“ zu bestimmen, wobei allerdings die Begräbniskosten nicht, wie in Art. 229 Abs. 3 CDC, vorweg abgezogen werden (Art. 224 Abs. 1 H. S. 1 CDC). Der Erbe kann aber den Bedachten unter Beachtung von Art. 203 Abs. 2 CDC in Geld abfinden (Art. 224 Abs. 1 H. S. 2 CDC). Werden erst nach Erfüllung des Vermächtnisses Umstände bekannt, die den Nachlaßwert erhöhen[928] oder mindern[929], so hat der Vermächtnisnehmer Anspruch auf Nachleistung bzw. ist verpflichtet, das zuviel Erhaltene zurückzuerstatten (Art. 224 Abs. 2 CDC). Entgegen der bisherigen Meinung[930] steht dem Quotenvermächtnisnehmer die Testamentsklage nicht zu, er kann jedoch die Eintragung einer Vor-

---

[928] Bisher unbekannte Nachlaßgegenstände, sowie die Befriedigung zweifelhafter Nachlaßforderungen.

[929] Bisher unbekannte Nachlaßschulden.

[930] Borrell y Soler, Cataluña V, 265.

merkung („anotación preventiva") im Grundbuch beantragen[931] (Art. 224 Abs. 3 CDC).

Bei einem Vermächtnis zur Bestellung der „dos" („legado en concepto de dote") kann die Bedachte im Zweifel vom Erbfall an die Leistung verlangen, auch wenn sie noch keine Ehe geschlossen hat (Art. 28 Abs. 3 CDC). Ein einfaches Pflichtteilsvermächtnis („legado simple de legítima") liegt vor, wenn der Erblasser dem Pflichtteilsnehmer das gewährt, „was ihm als Pflichtteil zusteht", oder eine ähnliche Formulierung gebraucht (Art. 131 Abs. 3 S. 1 CDC). Wird sonst, ohne Bezeichnung als Pflichtteil, einem Pflichtteilsnehmer etwas durch Vermächtnis zugewendet, so ist das Empfangene auf den Pflichtteil anzurechnen (Art. 131 Abs. 1 CDC). Das Vermächtnis muß dabei Gegenstände betreffen, die im uneingeschränkten Eigentum des Erblassers stehen (Art. 131 Abs. 2 CDC). Es kann sich aber auch auf Geld, selbst wenn solches im Nachlaß nicht vorhanden ist, oder eine fremde Sache erstrecken (Art. 131 Abs. 3 S. 1 CDC).

Ein Vorausvermächtnis („prelegado") erwerben der Mit- oder Alleinerbe in jedem Falle und auch soweit er selbst beschwert ist als Vermächtnis (Art. 219 CDC). Bisher wurde angenommen, daß — soweit der Erbe selbst beschwert ist — der Erwerb als Erbe den Erwerb als Vermächtnisnehmer ausschließt[932].

5. Annahme

Für die Annahme des Vermächtnisses stellt Art. 222 CDC klar, daß das Vermächtnis ipso iure, unbeschadet des Ausschlagungsrechtes erworben wird.

6. Die „Quarta Falcidia"

a) Begriff

Unter „Quarta Falcidia" versteht man das Erbschaftsviertel, das der Erbe auch dann zurückbehalten kann, wenn über mehr als drei Viertel der Erbschaft durch Vermächtnisse verfügt ist (Art. 226 Abs. 1 CDC)[933]. Dieses Recht geht zurück auf die „Lex Falcidia" (40 v. Chr.)[934]. Sind mehrere Erben vorhanden, so hat jeder gesondert Anspruch auf die falzidische Quart, selbst wenn die Summe der Vermächtnisse drei Viertel der Erbschaft nicht übersteigt. Die „Falcidia" ist in diesem Falle jeweils ein Viertel des betreffenden Erbteiles (Art. 227 CDC). Die „Quarta Falcidia"

---

[931] Anderer Ansicht vor der Kompilation und wohl für das gemeine Recht ROCA SASTRE, D. H. II, 560.

[932] BORELL Y SOLER, Cataluña V, 313 f.; PELLA III, 313.

[933] BORRELL Y SOLER, Cataluña V, 243.

[934] Vgl. KIPP/COING 240.

soll vermeiden, daß der übermäßig beschwerte Erbe die Erbschaft ausschlägt[935].

b) Berechtigter

Berechtigt zur Einbehaltung der „Quarta Falcidia" ist jeder erstberufene Erbe, auch wenn er auf Grund einer Vulgar-, Pupillar- oder Exemplarsubstitution berufen ist (Art. 226 Abs. 1, 3 CDC). Sie richtet sich nur dann nach dem Gesetz, wenn der Erblasser keine eigenen Regeln vorgesehen hat. Er kann jedoch nicht eine bestimmte Bewertung der Berechnungsgrundlagen vorschreiben (Art. 226 Abs. 2 CDC). Ist dem Erben ein ihn selbst beschwerendes Vorausvermächtnis zugewendet, mit der Auflage, die übrigen Vermächtnisse zu erfüllen, so kann der Erbe zwischen dem Vorausvermächtnis und der „Quarta Falcidia" wählen (Art. 282 Abs. 2 CDC). Der mit Vermächtnissen beschwerte Erbe, der zugleich Pflichtteilsnehmer ist, hat außer auf den Pflichtteil auch Anspruch auf die „Falcidia" (Art. 233 Abs. 1 CDC).

Der Anspruch auf die „Falcidia" besteht nicht, wenn der Erblasser ihre Einbehaltung ausgeschlossen hat (Art. 226 Abs. 2 CDC), wenn der Erbe nicht innerhalb von 180 Tagen nach dem Erbfall ein ordnungsgemäßes Inventar errichtet (Art. 226 Abs. 4; 199 CDC) oder wenn er auf sie ausdrücklich oder stillschweigend verzichtet. Als stillschweigender Verzicht wird es insbesondere angesehen, wenn der Erbe das Vermächtnis in Kenntnis der Umstände erfüllt, ohne seinen Anspruch geltend zu machen (Art. 233 Abs. 3 CDC).

c) Berechnung

Auszugehen ist vom Aktivwert der Erbschaft zur Zeit des Erbfalles und den herabsetzbaren Vermächtnissen (Art. 228, 229 Abs. 4 CDC). Der Aktivwert der Erbschaft wird ermittelt, indem vom Gesamtwert aller Nachlaßgegenstände die Nachlaßverbindlichkeiten abgezogen werden (Art. 229 Abs. 1 CDC). Den Nachlaßgegenständen werden hierbei hinzugerechnet die Gegenstände, über die der Erblasser in Vermächtnissen[936], durch Schenkung von Todes wegen oder unter Ehegatten verfügt hat, die Forderungen des Erblassers gegen den Erben und die durch ein Schuldbefreiungsvermächtnis erloschenen Forderungen (Art. 229 Abs. 2 CDC). Absetzbar sind alle Verbindlichkeiten des Erblassers, die Kosten für seine letzte Krankheit und für sein Begräbnis, die Auslagen für das Inventar, Pflichtteile und Vermächtnisse für fromme oder wohltätige

---

935 Borrell y Soler, Cataluña V, 243; Pella III, 324.

936 Ausnahmen siehe unten.

Zwecke sowie Unterhaltsvermächtnisse (Art. 229 Abs. 3 CDC). Befristete Nachlaßforderungen und -verbindlichkeiten werden mit ihrem gegenwärtigen Wert angesetzt, während bedingte und zweifelhafte Verbindlichkeiten vorläufig — d. h. vorbehaltlich späterer Berichtigung — außer Betracht bleiben (Art. 229 Abs. 4, 5 CDC).

Übersteigen die angeordneten Vermächtnisse unter Berücksichtigung ihres Wertes beim Erbfall drei Viertel des so ermittelten Aktivwertes der Erbschaft[937], so werden sie gleichmäßig herabgesetzt (Art. 236 Abs. 1 CDC). Von der Herabsetzung ausgeschlossen sind Schuldvermächtnisse, Vermächtnisse zugunsten von Pflichtteilsberechtigten, soweit sie den Pflichtteil nicht übersteigen, Unterhaltsvermächtnisse und Vermächtnisse, für die der Erblasser die Herabsetzung ausgeschlossen hat (Art. 230 Abs. 2 CDC). Das gleiche gilt wohl auch heute noch von den Vermächtnissen für fromme und wohltätige Zwecke, da sie zu den absetzbaren Nachlaßverbindlichkeiten gehören (Art. 229 Abs. 3 CDC)[938].

Die in Art. 229 Abs. 2 CDC genannten Schenkungen von Todes wegen und unter Ehegatten werden wie Vermächtnisse behandelt (Art. 230 Abs. 3 CDC).

Bei teilbaren Vermächtnissen wirkt die Herabsetzung unmittelbar. Beim Vindikationslegat werden der Erbe und der Vermächtnisnehmer Miteigentümer. Art. 232 Abs. 1 CDC bestimmt für diesen Fall, daß der Vermächtnisnehmer, wenn eine Teilung untunlich ist, den Gegenstand für sich allein beanspruchen kann, wenn er dem Erben den Differenzbetrag erstattet (Art. 232 Abs. 1 CDC).

Auf die „Falcidia" eines Erben wird das angerechnet, was er ohne sie aus der Erbschaft nach Abzug aller ihn beschwerenden Vermächtnisse erhält. Hierher gehört auch, was er durch Ersatzerbschaft, Anwachsung, infolge der Unwirksamkeit von Vermächtnissen oder durch die Nutzung aufschiebend bedingt oder befristet vermachter Gegenstände erwirbt (Art. 231 Abs. 1 CDC). Dem Erben werden jedoch nicht, wie das nach der früheren Rechtslage anzunehmen war[939], Vorausvermächtnisse oder Schenkungen von Todes wegen angerechnet. Diese können aber, soweit sie das Recht eines Miterben auf die „Falcidia" beeinträchtigen, herabgesetzt werden. Hat der Beschwerte keinen Anspruch auf die „Falcidia", so kann

---

937 Rentenvermächtnisse sind hierbei, ggf. unter Berücksichtigung der Lebenserwartung des Bedachten, zu kapitalisieren. (Borrell y Soler, Cataluña V, 251; Pella III, 325).

938 Für das frühere Recht: Borrell y Soler, Cataluña V, 247; Pella III, 326.

939 Borrell y Soler, Cataluña V, 154.

er gleichwohl die Vermächtnisse, die den Wert seines Erbteils übersteigen, auch wenn er unbeschränkt haftet, herabsetzen (Art. 225 Abs. 1, 3 CDC). Die Herabsetzung ist ausgeschlossen, wenn es sich um ein Vermächtnis handelt, das auch zur Einbehaltung der „Quarta Falcidia" nicht herabgesetzt werden könnte (Art. 225 Abs. 2 CDC). Diese Verweisung auf die „Falcidia" schließt eine Anwendung von Art. 887 CC aus, vielmehr werden auch hier alle Vermächtnisse gleichmäßig herabgesetzt[940].

7. Schenkung von Todes wegen

Anders als im deutschen[941] und im gemeinen Recht[942] untersteht die „donatio mortis causa" im katalanischen Recht auch heute noch teils schenkungsrechtlichen, teils — und zwar überwiegend — erbrechtlichen Vorschriften (Art. 245 CDC). Sie ist als unentgeltliche Einzelverfügung unter Lebenden anzusehen, die in ihrer Wirksamkeit dadurch bedingt ist, daß der Schenker den Beschenkten nicht überlebt, und kann sowohl in unmittelbarer Lebensgefahr als auch allgemein im Hinblick auf den Tod erfolgen[943] (arg. 247 a. E. CDC). Im ersten Falle ist die Schenkung nur wirksam, wenn der Schenker die Lebensgefahr nicht übersteht, im zweiten Fall muß der Beschenkte den Schenker überleben (Art. 247 a. E. CDC).

Die Schenkung von Todes wegen kann nur Einzelverfügungen enthalten. Sie untersteht in folgenden Punkten den für die Vermächtnisse geltenden Vorschriften: Erbunfähigkeit und Erbunwürdigkeit; Vorrecht der Nachlaßgläubiger; Anwachsungsrecht; Ersatzerbschaft; Bedingungen, Beschwerungen, Fideikommisse und Auflagen, sowie späterer Untergang der verschenkten Sache (Art. 245 Abs. 1 S. 1 CDC). Aus Art. 229 Abs. 2 und 230 Abs. 3 CDC geht hervor, daß die „donatio mortis causa" auch bezüglich der „Falcidia" und der Herabsetzung zu deren Einbehaltung als Vermächtnis zu behandeln ist. Im übrigen — insbesondere also auch für die Form — gilt Schenkungsrecht (Art. 245 Abs. 1 S. 2 CDC)[944].

Die diesen Schenkungen eigene Bedingung (Überleben des Beschenkten) kann aufschiebend oder auflösend sein, je nachdem ob das Eigentum erst mit dem Tode des Schenkers übergehen soll oder ob es sofort übergeht, mit dem Vorbehalt, daß die Schenkung unwirksam ist, wenn der Beschenkte vorverstirbt, der Schenker die Lebensgefahr übersteht oder die

---

940 Figa Faura 432.

941 § 2301 BGB.

942 Art. 620 CC.

943 Borrell y Soler, Cataluña V, 326.

944 Vgl. Borrell y Soler, Cataluña V, 327.

Schenkung widerruft[945]. Vollzogene Schenkung und Schenkungsversprechen werden sonach gleich behandelt. Dieser Grundsatz ist in Art. 245 Abs. 2 CDC ausdrücklich normiert, unbeschadet der für die „heredamientos“ geltenden Vorschriften. Im Zweifel stellt Art. 246 Abs. 3 CDC eine Vermutung für die aufschiebende Bedingung auf.

Eine Schenkung von Todes wegen kann anordnen, wer testierfähig ist, der Minderjährige jedoch nur in öffentlicher Urkunde. Die Annahmeerklärung kann entweder der geschäftsfähige Beschenkte oder dessen gesetzlicher Vertreter abgeben (Art. 246 Abs. 1 CDC).

Die „donatio mortis causa“ ist in ihrer Wirkung von der Annahme der Erbschaft durch den Erben sowie von der Wirksamkeit des Testamentes des Schenkers unabhängig (Art. 246 Abs. 2 S. 1 CDC). Der Beschenkte kann sich selbst in den Besitz der verschenkten Sachen setzen (Art. 246 Abs. 2 S. 2 CDC).

Außer in den beiden eingangs genannten Fällen[946] ist die „donatio mortis causa“ unwirksam, wenn der Schenker sie in öffentlicher Urkunde, in einem Testament oder in einem Kodizill ausdrücklich widerruft, wenn er die verschenkte Sache verkauft oder vermacht und schließlich, wenn er ein „heredamiento“ errichtet, das nicht nur ein „heredamiento prelativo“ ist[947] (Art. 247 CDC).

III. Balearen

Besondere Vorschriften für das Vermächtnis gelten nur in Mallorca und Menorca (Art. 15, 38 bis 40, 65 CDB), nicht dagegen in Ibiza und Formentera. Die folgenden Ausführungen beziehen sich daher nur auf die beiden erstgenannten Inseln.

1. Anordnung

Ein Vermächtnis kann außer im Testament oder Erbvertrag auch in einem Kodizill angeordnet werden (arg. Art. 17 CDB). Für die Abgrenzung zwischen Erbeinsetzung und Vermächtnis ist Art. 15 CDB zu beachten, der bereits bei der Erbeinsetzung erörtert wurde. Beim Vermächtnis sind eine auflösende Bedingung sowie ein Anfangs- oder Endtermin zu-

945 Borrell y Soler, Cataluña V, 327.

946 Vorversterben des Beschenkten und Überstehen der Lebensgefahr durch den Schenker.

947 Art. 91 CDC; „heredamiento prelativo“ ist die vertragliche Beschränkung der Befugnis zur Erbeinsetzung zugunsten bestimmter Abkömmlinge, ohne daß diese ein unmittelbares Erbrecht erwerben.

lässig, da hier der auf der Unvereinbarkeit der gewillkürten mit der gesetzlichen Erbfolge beruhende Satz „semel heres, semper heres" nicht entgegensteht[948].

2. Falzidische Quart

Wie in Katalonien kann der Erbe ein Viertel des Nachlasses als falzidische Quart einbehalten, wenn die angeordneten Vermächtnisse drei Viertel des Nachlasses übersteigen. Zu diesem Zweck werden alle Vermächtnisse, soweit erforderlich, herabgesetzt (Art. 38 Abs. 1 CDB). Ist das Vermächtnis unteilbar, so hat der Vermächtnisnehmer die Differenz zu erstatten[949]. Berechtigt zur Einbehaltung der „Falcidia" ist nur der erstberufene Erbe (Art. 38 Abs. 2 CDB). Ist der beschwerte Erbe zugleich Pflichtteilsberechtigter, so besteht der Anspruch auf die „Quart" neben dem Pflichtteilsanspruch (Art. 40 Abs. 1 CDB). Ein beschwerter Vorerbe kann insgesamt nur ein Viertel der Erbschaft als falzidische und trebellianische Quart einbehalten, das sich anteilmäßig aus beiden zusammensetzt (Art. 40 Abs. 2 CDB).

Der Anspruch auf die „Falcidia" entfällt, wenn ihn der Erblasser ausgeschlossen (Art. 38 Abs. 1 CDB) oder der Erbe nicht innerhalb von 180 Tagen ein ordnungsgemäßes Inventar errichtet hat (Art. 38 Abs. 3; 29 CDB).

Zur Berechnung der „Falcidia" sind vom Nachlaß die durch den Tod des Erblassers und die Inventarerrichtung verursachten Kosten, die Nachlaßverbindlichkeiten und die „legítimas", einschließlich der des Erben selbst, abzuziehen (Art. 39 CDB).

IV. Navarra

Die Vermächtnisse und Schenkungen von Todes wegen folgen in Navarra dem römischen Recht[950]. Der FR enthält nur wenige Vorschriften. Die falzidische Quart wird in Navarra nicht angewandt[951]. LACARRA[952] führt dies darauf zurück, daß sie der absoluten Testierfreiheit widerspricht.

Der römischrechtlichen Regelung folgt L. 265 FR[953] für das Quoten-

---

[948] Ebenso im Ergebnis PASCUAL Y GONZÁLES 366.

[949] PASCUAL Y GONZÁLES 387.

[950] LACRUZ, Notas al Binder 316, 146; CASTÁN, D. F. 106; LACARRA II, 244.

[951] ALONSO I, 355; LACARRA II, 170; CASTÁN, D. F. 110.

[952] LACARRA II, 249.

[953] Ebenso L. 299 Dictamen.

vermächtnis. Hiernach kann der Erbe das Vermächtnis entweder im Wege der Auseinandersetzung in Erbschaftsgegenständen oder durch Erstattung ihres Wertes befriedigen, wenn der Erblasser nichts anderes angeordnet hat[954]. L. 264 FR bestimmt, daß jede Verfügung über einen Bruchteil der Erbschaft als Erbeinsetzung anzusehen ist, wenn sie nicht ausdrücklich als Vermächtnis vorgenommen wurde. Die entgegengesetzte Lösung schlägt L. 298 Dictamen vor, wonach diese Verfügung im Zweifel als Vermächtnis gilt.

L. 266 FR bestimmt, daß die Zuwendung eines bestimmten Gegenstandes nicht als Vermächtnis anzusehen ist, wenn sie der Erblasser als Erbeinsetzung vorgenommen hat.

Das Dictamen (Anm. 192) schlägt vor, in den FR die wichtigsten Besonderheiten des „Corpus Iuris" über das Vermächtnis aufzunehmen und das Problem des Vermächtnisses der „bienes de conquista" (des navarrischen „Zugewinnes") zu erörtern. Im einzelnen bringt das Dictamen folgende Vorschriften:

Das Vermächtnis einer bestimmten, zur Erbschaft gehörenden Sache ist Vindikationslegat (L. 309 Dictamen). Das Vermächtnis eines Sachinbegriffes umfaßt alles, was beim Erbfall zu diesem gehört (L. 310 Dictamen). Ist die Sache der Gattung nach bestimmt, so steht die Wahl dem Vermächtnisnehmer zu (L. 311 Dictamen). Der Erblasser kann ein übertragbares dingliches Recht an einem fremden Gegenstand vermachen und im Wege des Vermächtnisses dingliche Rechte an Gegenständen bestellen, die zur Erbschaft, dem Erben oder einem Dritten gehören. Im ersten Fall entsteht das Recht mit dem Erbfall; im zweiten hat der Vermächtnisnehmer einen Anspruch gegen den Erben auf Einräumung des Rechtes und im dritten Fall ist der Erbe verpflichtet, dem Vermächtnisnehmer das Recht zu verschaffen oder seinen Wert zu ersetzen (L. 312 Dictamen). Beim Wahlvermächtnis obliegt die Auswahl im Zweifel dem Vermächtnisnehmer (L. 313 Dictamen).

---

954 ALBALADEJO/LACRUZ 87 f.

§ 24: TESTAMENTSVOLLSTRECKER

I. Gemeines Recht

Der Testamentsvollstrecker[955] des spanischen Rechtes hat seinen Ursprung im germanischen und kanonischen Recht[956] und ist in fast allen Testamenten vorgesehen[957]. Testamentsvollstrecker kann auch der testamentarische oder gesetzliche Erbe sein. Ist der Testamentsvollstrecker nur mit der Teilung beauftragt, so heißt er „contador-partidor" (Art. 1057 Abs. 1 CC). Zu diesem Amt kann ein Erbe nicht bestellt werden.

1. Ernennung und Stellung

Der Testamentsvollstrecker wird vom Erblasser ernannt (Art. 892 CC)[958]. Fehlt ein testamentarisch bestellter Testamentsvollstrecker, erscheint er aber erforderlich (Art. 1966 LEC), so kann ihn das Gericht ernennen (Art. 966 LEC)[959]. Für die (bestrittene) Rechtsstellung des Testamentsvollstreckers gibt es, wie im deutschen Recht, verschiedene Formulierungen, wobei er vor allem mit dem Beauftragten — von manchen Autoren auch mit dem Vormund oder Vertreter[960] — verglichen und als Träger eines Amtes mit bestimmten Funktionen angesehen wird[961]. Daher wird subsidiär Auftragsrecht angewendet[962]. Das Amt des Testamentsvollstreckers ist freiwillig (Art. 898, 899 CC), persönlich (Art. 909 CC), zeitlich begrenzt (Art. 904 CC)[963] und grundsätzlich unentgeltlich (Art. 908 CC)[964].

Die Ernennung hat im Testament zu erfolgen (Art. 892 CC). Nur der „contador-partidor" kann auch durch Rechtsgeschäft unter Lebenden ernannt werden (Art. 1057 CC). Es können ein oder mehrere Testamentsvollstrecker nacheinander oder gleichzeitig ernannt werden, die entweder

---

955 Spanisch: „Albacea" vom arabischen „al wací" = Vollstrecker, DE DIEGO 258.

956 ROCA SASTRE, Notas II, 215.

957 OSSORIO MORALES 424.

958 Vgl. § 2197 Abs. 1 BGB.

959 ROCA SASTRE, Notas II, 216.

960 OSSORIO MORALES 426.

961 ROCA SASTRE, Notas II, 217; DE DIEGO 261.

962 OSSORIO MORALES 431.

963 i. Zw. 1 Jahr seit Wirksamkeit der Bestellung. Eine Verlängerung dieser Frist kann der Erblasser selbst oder — nach dem Erbfall — das Gericht anordnen (Art. 905 CC). Diese Vorschrift gilt auch für die „contadores-partidores" (ROCA SASTRE, Notas II, 245).

964 OSSORIO MORALES 431.

gemeinschaftlich (so im Zweifel Art. 897 CC) oder jeweils allein handeln (Art. 894, Abs. 2, 897 CC). Sie handeln durch Mehrheitsbeschluß, es sei denn, der Erblasser hat Einstimmigkeit vorgeschrieben[965]. Bei Verschulden haften sie als Teilschuldner (Art. 1723 CC). Gemäß Art. 896 CC kann ein Testamentsvollstrecker, der gemeinschaftlich mit anderen bestellt ist, nur in dringenden Fällen allein handeln. Nicht zulässig ist nach spanischem Recht die Bestimmung des Testamentsvollstreckers durch Dritte[966]. Dagegen kann dieser, bei ausdrücklicher Ermächtigung durch den Erblasser, sein Amt weiter übertragen (Art. 909 CC), was in öffentlicher Urkunde zu geschehen hat (analog Art. 1280 Z. 5 CC)[967].

Der Testamentsvollstrecker muß voll geschäftsfähig sein (Art. 893 Abs. 1 CC). Roca Sastre[968] und Lacruz Berdejo[969] halten auch eine juristische Person für befähigt, Testamentsvollstrecker zu sein[970]. Abweichend vom deutschen Recht ist eine Zuwendung an den Testamentsvollstrecker immer von der Annahme des Amtes abhängig, es sei denn, die Ablehnung erfolgt aus einem triftigen Grund oder der Erblasser hat etwas anderes bestimmt (Art. 900 CC). Die Annahme ist formlos und gilt als erklärt, wenn der Testamentsvollstrecker das Amt nicht innerhalb von sechs Tagen, nachdem er Kenntnis von seiner Bestellung oder — wenn er diese bereits kannte — vom Erbfall erlangt hat, ablehnt (Art. 898 CC). Die Annahme kann nur aus triftigem Grunde widerrufen werden (Art. 899 CC).

Eine § 2202 Abs. 2 BGB entsprechende Vorschrift kennt das spanische Recht nicht[971]. Ein Testamentsvollstreckerzeugnis gibt es in Spanien ebensowenig wie einen Erbschein. Vielmehr dient zum Beweis der Bestellung das Testament zusammen mit dem Nachweis über den Tod des Erblassers und der Bestätigung der Eintragung in das Register für letztwillige Verfügungen. Die Testamentsvollstreckung wird nicht im Grundbuch eingetragen (Art. 20 Abs. 4 L. H.).

2. Befugnisse und Pflichten

Mangels anderweitiger Anordnung des Erblassers hat der Testamentsvollstrecker nur die Befugnisse gemäß Art. 902, 903 CC, die beschränkter

---

965 Lacruz, Notas al Binder 205.
966 Vgl. § 2198 BGB.
967 Roca Sastre, Notas II, 225.
968 Roca Sastre, Notas II, 126.
969 Lacruz, Notas al Binder 204.
970 Vgl. Kipp/Coing 285.
971 Roca Sastre, Notas II, 226.

sind als die gemäß §§ 2203 f. BGB und weder die Verwaltung des Nachlasses noch die Auseinandersetzung bzw. Teilung umfassen. Sie beziehen sich vielmehr nur auf die Begleichung der Begräbniskosten und die auf bares Geld lautenden Vermächtnisse — im Einverständnis mit dem Erben — sowie auf die Überwachung der Ausführung der letztwilligen Verfügungen des Erblassers und die Erhaltung des Nachlasses (Art. 902 CC). Die Befugnis zur Veräußerung von Nachlaßgegenständen hat der Testamentsvollstrecker nur soweit dies zur Begleichung der genannten Nachlaßverbindlichkeiten erforderlich ist (Art. 903 CC). Einen Amtsmißbrauch des Testamentsvollstreckers verhindert die in weitem Umfang erforderliche Mitwirkung der Erben (vgl. Art. 902, 903 CC). Der Testamentsvollstrecker mit den gesetzlichen Befugnissen gemäß Art. 902, 903 CC heißt Einzelvollstrecker („albacea particular") (Art. 894 Abs. 1 CC)[972]. Der Erblasser kann jedoch dem Testamentsvollstrecker weitere Befugnisse übertragen, soweit dies nicht gegen das Gesetz verstößt (Art. 901 CC). Hierher gehört die Befugnis zur Verwaltung und Teilung des Nachlasses, zur Auslegung des Testamentes und die Einräumung der Verfügungsmacht über den Nachlaß. Sind dem Testamentsvollstrecker alle diese Befugnisse übertragen, so ist er Universalvollstrecker („albacea universal") (Art. 894 Abs. 1 CC)[973]. Für die Überschreitung der Befugnisse gilt Auftragsrecht (T. S. 10. 6. 1948). Die Auslegung des Testamentes steht dem Testamentsvollstrecker aber zu, soweit es sich um reine Tatfragen handelt[974].

Der spanische CC enthält keine Vorschriften über die Rechtsstellung des Erben bei Testamentsvollstreckung. Soweit aber die Befugnisse des spanischen „albacea" reichen, gelten wohl die gleichen Grundsätze wie nach deutschem Recht[975]. Ebenso fehlen außer Art. 902 Z. 3 CC Vorschriften über die prozessuale Stellung des Testamentsvollstreckers. Im Rahmen seiner Befugnisse kann er aber nach der Rechtsprechung Partei sein[976]. Hierdurch wird die Prozeßführung der Erben im allgemeinen nicht ausgeschlossen, insbesondere nicht, soweit Gegenstand des Rechtsstreites die Gültigkeit des Testamentes ist[977]. Die Testamentsvollstreckung hindert nach spanischem Recht die Privatgläubiger der Erben nicht am Zugriff auf

---

972 De Diego 262.

973 De Diego 262; Lacruz, Notas al Binder 204.

974 Vgl. dagegen den Schiedsrichter gem. § 1048 ZPO; Kipp/Coing 323 f.; Roca Sastre, Notas II, 244.

975 Roca Sastre, Notas II, 247.

976 Roca Sastre, Notas II, 252 f.

977 Roca Sastre, Notas II, 252.

Nachlaßgegenstände[978]. Ohne daß der CC hierüber Einzelvorschriften enthält, ist der zur Verwaltung des Nachlasses ermächtigte Testamentsvollstrecker verpflichtet, diese im Rahmen der Anordnungen des Erblassers (arg. Art. 1096 LEC) ordnungsgemäß durchzuführen[979].

Für die Verpflichtungen des Testamentsvollstreckers gegenüber den Erben gilt im wesentlichen Auftragsrecht (Art. 1718 f. CC). Das gleiche gilt für den Anspruch auf Aufwendungsersatz (Art. 1711 CC, aber Art. 908 CC). Der Erblasser kann aber dem Testamentsvollstrecker daneben eine allgemeine Vergütung zuerkennen (Art. 908 Abs. 1 S. 2 CC). Gemäß Art. 907 Abs. 1, 2 CC hat der Testamentsvollstrecker gegenüber den Erben oder gegebenenfalls gegenüber dem Gericht die Pflicht zur Rechnungslegung. Hiervon kann ihn der Erblasser nicht befreien (Art. 907 Abs. 3 CC). Bei Beendigung seines Amtes (Art. 910 CC) ist der Testamentsvollstrecker zur Herausgabe der Nachlaßgegenstände wie ein Beauftragter verpflichtet (Art. 1720 CC)[980].

II. Katalonien

1. Ursprung

Die dem alten römischen Recht weitgehend unbekannte Einrichtung des Testamentsvollstreckers hat in Katalonien vor allem auf Grund des kanonischen Rechtes als „mandatum post mortem" Eingang gefunden[981]. An das römische Recht erinnert der Einzeltestamentsvollstrecker („albacea particular"), dessen Aufgabe sich auf die Beerdigung des Erblassers beschränkt[982]. Aus dem kanonischen Recht wurde auch die Mitwirkung der kirchlichen Behörden bei Testamenten zugunsten frommer Zwecke übernommen (Art. 240, 241 CDC)[983].

2. Bestellung

Gemäß Art. 235 Abs. 1 CDC kann in Katalonien der Testamentsvollstrecker außer durch Testament durch Kodizill und Erbvertrag („heredamiento") bestellt werden. Fallen die letztwillig bestellten Testamentsvollstrecker weg, so erfolgt die Bestellung durch das Gericht, oder, wenn die Vollstreckung „frommen Charakter" hat, durch den Bischof (Art. 241 Abs. 1, 2 CDC). Endet die Testamentsvollstreckung, ehe der Vollstrecker

---

978 Roca Sastre, Notas II, 255.
979 Roca Sastre, Notas II, 264.
980 Roca Sastre, Notas II, 265.
981 Borrell y Soler, Cataluña V, 206; Pella III, 331.
982 Durán y Bas 194; Borrell y Soler, Cataluña V, 206; Pella III, 331.
983 Roca Sastre, Elementos 17.

seine Aufgaben erfüllt hat, so hat der Erbe den Auftrag des Erblassers auszuführen (Art. 241 Abs. 3 CDC).

3. Arten

Auch das katalanische Recht unterscheidet zwischen „albacea universal" (Universalvollstrecker) und „albacea particular" (Einzelvollstrecker). „Albacea particular" ist dabei derjenige Testamentsvollstrecker, der nur einzelne Aufträge oder Verfügungen durchzuführen hat (Art. 236 Abs. 4 S. 1 CDC). Mangels anderweitiger Anordnung durch den Erblasser obliegt ihm im wesentlichen nur die Erfüllung der sogenannten „cláusula del alma"[984], d. h. die Sorge für das Begräbnis. Daneben ist es seine Aufgabe, die Erfüllung etwaiger Auflagen zu überwachen (Art. 236 Abs. 4 S. 2 CDC).

Der „albacea universal" kann entweder mit der Liquidation bzw. Veräußerung des Nachlasses oder mit dessen Übergabe an bestimmte Empfänger beauftragt sein. Im Zweifel gilt die zweite Alternative (Art. 236 Abs. 1, 3 CDC). Dieser Empfänger kann vom Erblasser benannt sein oder aus der sich durch Testament oder bekanntgemachter „confianza"[985] ergebenden Zweckbestimmung des Nachlasses hervorgehen (Art. 236 Abs. 1 CDC). Die Bestellung eines „albacea universal" ersetzt die für das Testament erforderliche Erbeneinsetzung (Art. 236 Abs. 2, 109 Abs. 1 CDC)[986].

4. Befugnisse

Der Erblasser kann die Befugnisse des Testamentsvollstreckers im Testament frei festlegen (Art. 237 Abs. 4 CDC). Trifft er keine Bestimmung, so gilt Art. 237 Abs. 1 bis 3 CDC. Danach kann der Universalvollstrecker wie ein Erbe den Nachlaß in Besitz nehmen, verwalten und über ihn in den noch darzustellenden Grenzen verfügen (Art. 237 Abs. 1 S. 1 CDC). Abs. 1 S. 2 der genannten Vorschrift bestimmt, daß der Testamentsvollstrecker hinsichtlich aller mit dem Nachlaß, der Vollstreckung und der Gültigkeit und Auslegung letztwilliger Verfügungen zusammenhängenden Fragen prozeßführungsbefugt ist. Ist es Aufgabe des Testamentsvollstreckers, den Nachlaß zu veräußern, so ist er zu allen hierzu erforderlichen Rechtsgeschäften ermächtigt, insbesondere zur Veräußerung von Nachlaßgegenständen, zur Forderungseinziehung und zur Begleichung von Nachlaßverbindlichkeiten (Art. 237 Abs. 2 CDC). Obliegt ihm nur die Herausgabe der Erbschaft, so ist er im wesentlichen zu allen Handlungen, die zur

---

[984] Borrell y Soler, Cataluña V, 219.

[985] Oben § 20 III.

[986] Borrell y Soler, Cataluña V, 216.

Berichtigung von Nachlaßverbindlichkeiten erforderlich sind sowie, mangels eines „contador-partidor", zur Teilung befugt (Art. 237 Abs. 3 CDC). Dem Testamentsvollstrecker verwandt sind die an anderer Stelle erörterten „herederos de confianza"[987].

5. Ablehnung des Amtes

Für die Ablehnung der Bestellung enthält Art. 235 Abs. 3 CDC eine von Art. 900 CC abweichende Bestimmung: Im Zweifel führt sie nicht dazu, daß der Testamentsvollstrecker das ihm Zugewendete verliert (Art. 235 Abs. 3 CDC)[988]. Übereinstimmend mit Art. 909 CC stellt Art. 235 Abs. 1, 4 CDC fest, daß die Testamentsvollstrecker nur dann ihre Befugnisse delegieren oder einen Substituten ernennen können, wenn sie der Erblasser hierzu ermächtigt hat.

6. Vergütung und Rechnungslegung

Die „albaceas" haben in Katalonien kraft Gesetzes einen Vergütungsanspruch, auf den im Zweifel etwaige Vermächtnisse an den Testamentsvollstrecker nicht angerechnet werden (Art. 239 Abs. 1, 2 CDC). Die Vergütung der „albaceas universales" beträgt, wie die der „herederos de confianza" (Art. 119 Abs. 2 CDC), 10 v. H. des Nachlasses und die des „albacea particular", der „contador-partidor" ist, 2 v. H. Die übrigen Einzelvollstrecker werden unter Berücksichtigung ihres etwa einschlägigen Berufes und nach ihrer Verwaltungstätigkeit entlohnt (Art. 239 Abs. 3 CDC). Unter mehreren Berechtigten wird die Vergütung gleichmäßig verteilt (Art. 239 Abs. 1 CDC). Daneben haben die Testamentsvollstrecker einen Anspruch auf Aufwendungsersatz (Art. 239 Abs. 4 CDC). Die Testamentsvollstrecker haben innerhalb eines Jahres nach dem Erbfall ein Nachlaßverzeichnis zu errichten und nach Beendigung ihres Amtes dem Gericht oder dem Bischof Rechnung zu legen, die Einzelvollstrecker allerdings nur auf Aufforderung (Art. 238 CDC).

7. Frist

Die Testamentsvollstrecker haben ihr Amt in der vom Erblasser vorgesehenen Frist zu erfüllen. Diese kann jedoch von den Erben verlängert werden (Art. 240 Abs. 1 CDC). Ist eine Frist nicht bestimmt und erfüllen die Testamentsvollstrecker ihre Aufgabe nicht innerhalb eines Jahres nach dem Erbfall, so kann jeder Beteiligte vom Gericht bzw. Bischof verlangen, daß an die Testamentsvollstrecker die Aufforderung gerichtet wird, ihre

---

987 Pella III, 332.

988 Nach Pella III, 334 war zur Herbeiführung der Wirkung von Art. 900 CC die Aufforderung durch das Gericht zum Antritt des Amtes erforderlich.

Aufgaben innerhalb einer bestimmten Frist zu erfüllen (Art. 240 Abs. 2 CDC). Nach der Kompilation kann also der Richter die Amtsdauer des Testamentsvollstreckers zeitlich begrenzen. Das Gesetz enthält jedoch im Gegensatz zu Art. 905 CC[989] nichts über die Dauer dieser Frist. Art. 905 ist nicht ergänzend anzuwenden, da das katalanische Recht seit jeher nur die vom Erblasser gesetzte Frist, nicht aber eine gesetzliche Frist kennt[990].

III. Navarra

Der FR enthält nur wenige Vorschriften über den Testamentsvollstrecker und das navarrische Recht scheint hier allgemein dazu zu neigen, die Regelung des CC zu übernehmen[991]. L. 274 FR bestimmt, daß der Erblasser die Befugnisse des Testamentsvollstreckers beliebig erweitern und ihn auch zu Verfügungen über Nachlaßgegenstände ermächtigen kann. Gemäß L. 275 FR gilt für den Quotenvermächtnisnehmer das vom gemeinen Recht in Art. 1057 Abs. 1 CC für den Erben vorgesehene Verbot, „contador-partidor“ zu sein. L. 276 FR gestattet den Testamentsvollstreckern und „contadores-partidores“, sich für ihre Tätigkeit eine angemessene Vergütung zuzuerkennen.

---

989 ein Jahr.
990 Figa Faura (oben N. 393) 121; Pella III, 336.
991 Lacarra II, 261.

3. Abschnitt

Die Beschränkung der Testierfreiheit

§ 25: DAS NOTERBENRECHT DES CÓDIGO CIVIL

I. Allgemeines

Das spanische Pflichtteilsrecht stellt eine Mischform aus deutschrechtlichen und römischrechtlichen Elementen dar. Hierbei ist davon auszugehen, daß nach römischem Recht der Erblasser frei über sein Vermögen verfügen konnte und nur einen Teil davon bestimmten Verwandten zuwenden mußte, während im germanischen Recht zunächst nur die gesetzliche Erbfolge bekannt war[992]. Erst später konnte dort der Erblasser über einen bestimmten Teil seines Vermögens — den Freiteil — von Todes wegen verfügen, während der Rest des Vermögens den Abkömmlingen als Pflichtteil vorbehalten war[993].

In Spanien wurde das germanische System von den Westgoten eingeführt und das Gesetz „dum inlicita" des Westgotenkönigs Chindaswint aus dem Jahre 643/644[994] setzte den Freiteil (Seelteil) auf ein Fünftel, den Pflichtteil auf vier Fünftel fest. Über einen Bruchteil seines Vermögens konnte der Erblasser innerhalb des Pflichtteils frei unter seinen Kindern verfügen. Dieser Bruchteil ist die sogenannte „mejora". Ihre Höhe betrug ein Zehntel und seit der Reform durch Ervigius (681) ein Drittel des Nachlasses[995].

---

[992] „Solus Deus potest facere heres."

[993] In außerspanischen Rechten: „reserve"; in Spanien ist „reserva" etwas anderes, vgl. Art. 811, 812, 968 CC und VALLET DE GOYTISOLO, Apuntes IV, 428; unten § 32.

[994] ELFGEN, Die Mejora, Geschichte und Dogmatik im spanischen und südamerikanischen Recht (Berlin 1962) 9.

[995] LACRUZ, Notas al Binder 181 f.; ROCA SASTRE, Notas II, 358; (zweifelnd) CASTÁN IV, 523; nach ELFGEN (vorige Note) 16,20 im Anschluß an LACOSTE, La mejora (Madrid 1913) und unter Berufung auf ROMERO VIEITEZ, La mejora (Madrid 1956) beziehen sich die Bruchteile nur auf die 4/5 des Nachlasses, die den Pflichtteil darstellen.

Dieses System wurde in den Fuero Juzgo und später in den Fuero Real und die Leyes de Toro übernommen. Mit Abweichungen galt es bis zum Inkrafttreten des CC, da die Partidas sich, soweit sie das Justinianische System einführten, nicht durchsetzen konnten, sondern unter anderem nur zu einer Ausdehnung des Pflichtteilsrechtes auf die Aszendenten und die Geschwister führten. Anders verlief die Entwicklung in den Foralrechten, wo die Testierfreiheit immer weniger Einschränkungen unterlag und zum Teil sogar absolut war[996].

Schwierigkeiten bereitet es, festzustellen, welchem System der CC folgt. Art. 806 CC und die von ihm gegebene Definition der „legítima" und der Pflichtteilsberechtigten als „herederos forzosos" (Zwangserben) deutet auf das germanische System hin, da die Merkmale der „Reserve" angedeutet sind: Verfügungsverbot, Vorbehalt kraft Gesetzes (und nicht etwa nur Anspruch der Pflichtteilsnehmer) und Bezeichnung der Pflichtteilsnehmer als Erben. Gegenüber dieser Begriffsbestimmung sprechen jedoch gute Gründe für ein Überwiegen römischrechtlicher Gesichtspunkte. So zeigt Art. 763 Abs. 2 CC, daß das Verfügungsverbot nicht absolut, sondern bedingt ist, wenn er sinngemäß sagt: „Sind Zwangserben vorhanden, so kann der Erblasser über sein Vermögen nur in der Form und in den Grenzen des 5. Abschnitts dieses Kapitels (3. Buch, 3. Tit., 2. Kapitel) verfügen." Die Verfügung ist also, wie sich aus den Vorschriften des 5. Abschnitts ergibt, möglich, wenn auch nur soweit, als hierdurch das Recht der Zwangserben nicht beeinträchtigt wird[997]. Weiter wird dies aus Art. 815 CC deutlich, wonach der Erblasser dem Zwangserben den Pflichtteil auf jede Weise — nicht nur von Todes wegen — zukommen lassen kann und dieser gegebenenfalls einen Pflichtteilsergänzungsanspruch hat[998].

II. Begriff

Roca Sastre[999] gibt folgende umfassende Definition der „legítima":

„Die ‚legítima' gewährt im spanischen Recht den Pflichtteilsnehmern kraft Gesetzes das Recht, aus der Erbschaft einen bestimmten Vermögenswert als Eigentum zu erhalten, und zwar in der Höhe, die sich aus der

---

996 Lacruz, Notas al Binder 291; Roca Sastre, Notas II, 282 f.

997 Vallet de Goytisolo, Apuntes IV, 428.

998 Vgl. hierzu Roca Sastre, Naturaleza jurídica de la legítima: Rev. Der. Priv. (1944) 194.

999 Roca Sastre, Notas II, 283.

Anwendung des gesetzlich vorgesehenen Satzes auf den Reinnachlaß ergibt. Dem Reinnachlaß — Überschuß der Aktiva über die Passiva — sind hierbei die Schenkungen des Erblassers hinzuzurechnen. Den genannten Vermögenswert können die Zwangserben durch jede unentgeltliche Verfügung des Erblassers oder kraft Gesetzes und gegebenenfalls durch die Herabsetzung inoffiziöser Schenkungen oder Verfügungen von Todes wegen erhalten, soweit nicht wegen Übergehung eines Zwangserben im Testament die gesetzliche Erbfolge Platz greift."

Neben den sich hieraus ergebenden Unterschieden zum deutschen Recht kann noch auf folgende Abweichungen hingewiesen werden:

Neben die Pflichtteilsberechtigten des deutschen Rechtes treten die weiteren Aszendenten, die natürlichen Eltern und Kinder und — mit Einschränkungen — die illegitimen Kinder (Art. 807 CC). Die Höhe der „legítima" ergibt sich nicht aus dem gesetzlichen Erbteil, sondern ist vom Gesetz für die jeweils begünstigten Personengruppen kollektiv festgelegt. Der Pflichtteil des einzelnen Zwangserben richtet sich daher zwar wie bei uns nach der Zahl der zugleich mit ihm berufenen Zwangserben, der Gesamtanteil der „legítima" am Nachlaß ist aber immer gleich.

III. Rechtsnatur der „legítima"

Anders als im deutschen Recht ist der Pflichtteilsanspruch — der Anspruch auf die „legítima" — in Spanien keine Geldforderung[1000].

Die positive Bestimmung seiner Rechtsnatur ist eng verknüpft mit der umstrittenen Frage nach der Rechtsstellung der Zwangserben. Ausgangspunkt für den Streit ist Art. 806 CC, der die Zwangserben — wie auch viele andere Vorschriften des CC[1001] — als „Erben" bezeichnet. Demzufolge sieht die traditionelle Meinung die Zwangserben als echte Erben an[1002], und zwar entweder alle[1003] oder mit Ausnahme des Ehegatten und der natürlichen Kinder, da diese in Geld abgefunden werden können[1004].

Die Gegenmeinung stützt sich auf Art. 815 CC, wonach die „legítima" in irgendeiner Weise, nicht nur durch Testament, gewährt werden kann;

1000 Roca Sastre, Notas II, 304; Lacruz, Notas al Binder 209; nur de Diego 238 betrachtet offenbar die spanische legítima als reines Forderungsrecht.

1001 Art. 763, 807, 813, 814, 815, 816, 817 u. a. CC.

1002 Vgl. Espín 276; Castán IV, 488.

1003 Sánchez Román, Estudios de Derecho civil², VI/2, (Madrid 1910) 787 f.

1004 Vgl. Espín 277.

auf die Vorschriften, die eine Barabfindung zulassen[1005], und schließlich darauf, daß der Zwangserbe Rechtsgeschäfte des Erblassers anfechten kann, ohne daß darin ein „venire contra factum proprium" zu sehen wäre. Ihre Vertreter sehen die Fassung von Art. 806 CC als sprachliche oder technische Ungenauigkeit an. Der Ausdruck „herederos forzosos" stamme aus der Terminologie vor Inkrafttreten des CC und habe den Begriff überlebt[1006].

Lacruz spricht sich dagegen aus, den Zwangserben als echten Erben anzusehen, und bezeichnet die „legítima" als das Recht, „etwas aus der Erbschaft zu empfangen", oder als „Vergünstigung", nicht aber als schuldrechtliche Forderung, da sie auch dann, wenn sie in Geld gewährt werden kann, besonderen erbrechtlichen Vorschriften unterliegt[1007].

Roca Sastre sieht den Zwangserben deswegen nicht als Erben an, weil die Nachlaßschulden zwar für die Höhe seines Rechtes maßgebend sind, aber nicht auf ihn übergehen, und der CC nach seiner Auffassung Erben gegen den Willen des Erblassers nicht kennt[1008]. Für ihn ist die „legítima" ein dinglicher Wertverwirklichungsanspruch mit unmittelbarer Wirkung auf den Nachlaß (pars valoris bonorum)[1009].

Am klarsten ist der Standpunkt von Vallet de Goytisolo, der das spanische Pflichtteilssystem als negative Regelung mit „Bremswirkung" ansieht, wobei die Verfügungsfreiheit im Testament oder bei der Schenkung relativ beschränkt ist. Nicht handelt es sich um eine „reserve" im französischen Sinne, noch um einen „tertius genus" des Erbanfalls wie in Italien[1010]. Die „legítima" ist kein Berufungsgrund, sondern der Teil der Erbschaft, den die Zwangserben notwendig erhalten müssen und der durch eine Reihe negativer, die Verfügungsmacht des Erblassers beschränkende Vorschriften gesichert ist[1011]. Richtig ist es daher, den Anspruch auf die „legítima" als Forderungsrecht eigener Art anzusehen, das nicht auf Geld, sondern auf eine „pars bonorum" geht. Im Ergebnis kann man somit wohl sagen, daß die Stellung der „herederos forzosos" im Grunde der des deutschen Pflichtteilnehmers entspricht[1012]. Aus den Vorschriften des CC ist

---

1005 Art. 838 Abs. 2, 840 Abs. 2, 1056 Abs. 2, 1062 CC.
1006 Vallet de Goytisolo, Apuntes IV, 428.
1007 Lacruz, Notas al Binder 293, 309; vgl. Art. 15 L. H.
1008 Roca Sastre, Notas II, 317; vgl. Art. 658 Abs. 1 CC.
1009 Roca Sastre (oben N. 998) 195.
1010 Vallet de Goytisolo, Apuntes IV, 529.
1011 Vallet de Goytisolo, Apuntes IV, 428.
1012 Cosack, El Derecho hereditario alemán comparado con el español: Rev. Der. Priv. (1923) 201.

aber jedenfalls abzuleiten, daß der Zwangserbe einen Anspruch darauf hat, seinen Anteil in Nachlaßgegenständen zu empfangen (Verbot der qualitativen Beeinträchtigung der „legítima"). Der Erblasser kann ihm allerdings bestimmte Nachlaßgegenstände zuwenden (Art. 1056 CC) und ihn, in Ausnahmefällen, in bar abfinden (Art. 821, 829, 839, 840 Abs. 2, 1056 Abs. 2 CC).

IV. Die einzelnen Pflichtteilsberechtigten[1013]

1. Legitime Abkömmlinge, Art. 808 CC

Sind legitime Abkömmlinge vorhanden, so beträgt ihr Pflichtteil unabhängig von ihrer Anzahl zwei Drittel der Erbschaft („legítima larga"), während der Erblasser über ein Drittel frei verfügen kann. Von den zwei auf den Pflichtteil entfallenden Dritteln ist in jedem Fall eines gleichmäßig unter die Abkömmlinge zu verteilen („legítima corta o estricta"), während der Erblasser das zweite Drittel der „legítima larga" — also deren Hälfte — einem oder mehreren seiner Abkömmlinge zuwenden kann („mejora", Art. 808 CC). Es ergibt sich sonach folgendes Bild:

1/3	1/3	1/3
— Freiteil —	legítima corta o estricta	— mejora —
	legítima larga	

Sind entferntere Abkömmlinge eines vorverstorbenen Kindes vorhanden, so erben sie kraft Repräsentation (Art. 924 CC analog)[1014].

Den legitimen ehelichen Abkömmlingen gleichgestellt sind die durch nachfolgende Ehe legitimierten Kinder (Art. 122 CC), die Kinder aus einer Putativehe (Art. 69 CC) und der nasciturus (Art. 29, 814 Abs. 1 CC).

Die *„mejora"*[1015] stellt eine überaus typische Figur des spanischen Rechtes dar. Das Wort „mejora" bedeutet hier Wohltat oder Vorteil, den ein Erbe gegenüber den übrigen erhält[1016]. Im rechtstechnischen Sinne ist sie gemäß Art. 823, 808 CC der Teil der „legítima" der Abkömmlinge, den der

---

[1013] Vgl. Art. 807 CC.

[1014] De Diego 190; Espín 288; Castán IV, 492.

[1015] Vgl. hierzu Elfgen (oben N. 994); die Foralrechte mit Ausnahme des galizischen kennen die Mejora nicht; Elfgen 2, 110 f., Anlage I; vgl. auch die Darstellung in dieser Arbeit.

[1016] De Diego 236.

Erblasser einem oder mehreren seiner Abkömmlinge zuwendet, wobei diese Zuwendung das für die „mejora“ vorgesehene Drittel nicht zu erschöpfen braucht und der Rest gegebenenfalls wie die „legítima corta“ gleichmäßig verteilt wird, da er in der „legítima“ aufgeht. Aus Art. 825, 828 CC ergibt sich, daß eine „mejora“ nur ausdrücklich angeordnet werden kann und nie vermutet wird. Somit sind, wenn im Gesetz von der „mejora“ oder von den mit einer „mejora“ bedachten Kindern die Rede ist („hijos mejorados“), immer die Fälle gemeint, in denen die Eltern von ihrer Befugnis Gebrauch gemacht haben. Ausnahmen bilden u. a. Art. 828 Abs. 2, 834 und 782 CC, die sich auf das ideelle Drittel, das für die „mejora“ bestimmt ist, beziehen. Art. 828 Abs. 2 CC findet vor allem auch dann Anwendung, wenn die Eltern bestimmt haben, daß ein Vermächtnis von Todes wegen nicht auf die „legítima“ angerechnet werden soll. Gleiches gilt für Schenkungen (Art. 825 CC)[1017]. Die Tatsache, daß eine „mejora“ nicht vermutet wird, hindert aber nicht, daß sie als stillschweigend angeordnet gilt, wenn sich der dahingehende Wille des Erblassers klar ergibt[1018].

Die ausdrückliche Anordnung der „mejora“ kann außer im Testament als Erbeinsetzung oder Vermächtnis durch Schenkung unter Lebenden (Art. 825 CC), im Ehevertrag (Art. 826; Versprechen, die „mejora“ vorzunehmen oder zu unterlassen, Art. 827 CC) oder durch Vertrag mit Dritten (Art. 827 CC) erfolgen. Es handelt sich hier um einen der wenigen Fälle, in denen das spanische Recht abweichend von Art. 1271 Abs. 2 CC einen Erbvertrag zuläßt. Die Anordnung der „mejora“ kann nur persönlich oder gemäß Bestimmung im Ehevertrag durch den Ehegatten erfolgen (Art. 830, 831 CC).

Gegenstand der „mejora“ kann eine Quote der Erbschaft, ein bestimmter Gegenstand oder eine Summe sein (Art. 829, 832 CC). Übersteigt der Wert einer bestimmten Sache den der „mejora“ und des Pflichtteils des Begünstigten, so hat dieser die Differenz in Geld zu erstatten (Art. 829 CC). Die „mejora“ kann, auch zu Lebzeiten der Kinder, zugunsten entfernterer Abkömmlinge angeordnet[1019] und zugunsten anderer Abkömmlinge beschwert werden (Art. 824; 782 CC).

2. Legitime Aszendenten

Der Pflichtteil der legitimen Aszendenten beträgt, wenn keine Abkömmlinge vorhanden sind (Art. 807 Z. 2 CC), die Hälfte des Reinnach-

---

[1017] Roca Sastre, Notas II, 359.

[1018] Roca Sastre, Notas II, 358 f.

[1019] De Diego 241; Roca Sastre, Notas II, 361; Castán IV, 532.

lasses (Art. 809 CC). Sind beide Eltern vorhanden, so erhält jeder Elternteil ein Viertel. Ist ein Elternteil verstorben, so erbt der Überlebende allein (Art. 810 Abs. 1 CC). Sind nur entferntere Aszendenten vorhanden, so entfällt auf jede Linie die Hälfte des Pflichtteils, wenn die Aszendenten beider Linien im gleichen Grade mit dem Erblasser verwandt sind. Andernfalls erben die am nächsten mit dem Erblasser verwandten Aszendenten allein (Art. 810 Abs. 1 CC).

3. Anerkannte natürliche und für ehelich erklärte Kinder

Seit Inkrafttreten des CC haben die anerkannten natürlichen Kinder gegenüber den Eltern oder dem anerkennenden Elternteil auch beim Zusammentreffen mit legitimen Abkömmlingen ein Noterbrecht (Art. 840 CC). Ihnen gleichgestellt sind die für ehelich erklärten Kinder (Art. 179 Abs. 1 CC). Ihr Erbrecht geht auf die legitimen Abkömmlinge über, die kraft Repräsentationsrechtes eintreten (Art. 843; 179 Abs. 1 CC). Die Höhe der „legítima" ist variabel und richtet sich danach, welche anderen Zwangserben gleichzeitig berufen sind. Neben legitimen Abkömmlingen beträgt sie für jedes natürliche Kind die Hälfte des Pflichtteils eines der legitimen Abkömmlinge, jedoch nur bis zur Höhe des Freiteils, aus dem sie zu entnehmen ist (Art. 840 Abs. 1 CC). Anteil eines legitimen Abkömmlings ist dabei das, was dieser ohne Anordnung einer „mejora" zu seinen Gunsten, d. h. aus dem paritätisch verteilten Teil der „legítima" erhält. Der Pflichtteil des natürlichen Kindes richtet sich daher u. a. danach, ob und inwieweit von der „mejora" Gebrauch gemacht ist. Gleichzeitig ist seine Höhe von dem zahlenmäßigen Verhältnis zwischen legitimen Abkömmlingen und natürlichen Kindern abhängig, da die gesetzliche Quote nur den Höchstbetrag angibt. Ist z. B. ein legitimer Abkömmling vorhanden, so erhält dieser zwei Drittel der Erbschaft als „legítima", da eine „mejora" hier begrifflich ausscheidet. Ein natürliches Kind erhält dann ein Drittel, also die Hälfte von zwei Dritteln. Sind jedoch zwei natürliche Kinder vorhanden, so kann von diesen jedes nur ein Sechstel erhalten, da damit der Freiteil erschöpft ist. War der Erblasser zweimal verheiratet, so belastet der Nießbrauch des zweiten Ehegatten, wenn Kinder aus der ersten Ehe vorhanden sind, den Freiteil und damit den Pflichtteil der natürlichen Kinder, denen nur das nießbrauchbelastete Eigentum und gegebenenfalls ein Unterhaltsanspruch gegen die Zwangserben zusteht (Art. 836 CC). Erschöpft die „legítima" der natürlichen anerkannten Kinder den Freiteil, wie im gegebenen Beispiel, so wird dem Erblasser praktisch jede Verfügung über die Erbschaft von Todes wegen und sogar jede unentgeltliche Verfügung unter Lebenden unmöglich gemacht. Art. 840 Abs. 2

CC räumt den legitimen Kindern das Recht ein, die „legítima" der natürlichen Kinder in Geld oder anderen Erbschaftsgegenständen zu befriedigen.

Neben legitimen Aszendenten erhalten die natürlichen Kinder die Hälfte des Freiteils, also ein Viertel der Erbschaft (Art. 841 Abs. 2 mit 809 CC). Der Ehegatten-Nießbrauch erstreckt sich dabei auf ein Drittel der Erbschaft innerhalb der freien Hälfte (vgl. Art. 809, 841 Abs. 2 CC). Da $^1/_4 + ^1/_3$ größer ist als $^1/_2$, erhalten die natürlichen Kinder einen Teil ihrer „legítima" mit dem Nießbrauch belastet (Art. 841 Abs. 2 CC).

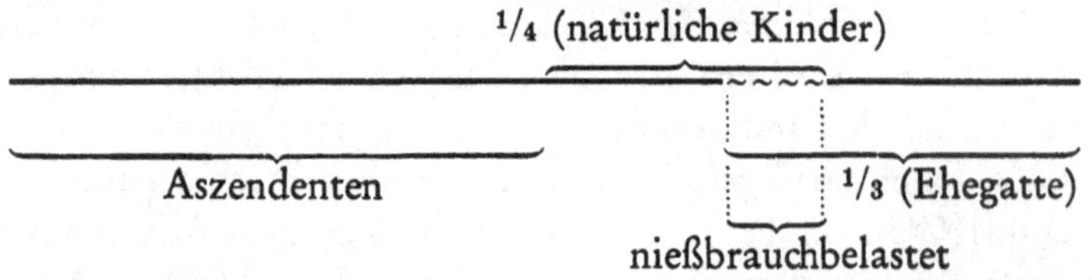

In den übrigen Fällen erhalten die natürlichen Kinder insgesamt ein Drittel der Erbschaft (Art. 842 CC), während sich ein etwaiger Ehegattennießbrauch auf die restlichen zwei Drittel erstreckt (Art. 838 CC).

4. Natürliche Eltern (Art. 846 CC)

Sie beerben ihre anerkannten natürlichen Kinder kraft Gegenseitigkeit, wenn diese ohne legitime oder natürliche Abkömmlinge sterben[1020]. Daß sie, anders als die legitimen Aszendenten des legitimen Kindes, auch durch natürliche Kinder von der Zwangserbschaft ausgeschlossen werden, läßt sich wohl damit begründen, daß auch innerhalb der natürlichen Familie der Grundsatz des Vorranges der absteigenden vor der aufsteigenden Linie gilt (vgl. Art. 807 Z. 2, 935, 944 CC). Da außerdem eine Konkurrenz mit legitimen Aszendenten begrifflich ausgeschlossen ist, gewährt ihnen die herrschende Lehre gemäß Art. 842 CC ein Zwangserbrecht in Höhe eines Drittels der Erbschaft[1021]. Es wird jedoch auch die Auffassung vertreten, daß ihre „legítima" ein Viertel der Erbschaft, d. h. in analoger Anwendung von Art. 840 CC die Hälfte der der legitimen Aszendenten, beträgt[1022].

5. Illegitime (nicht natürliche) Kinder (Art. 845 CC)

Sie haben gegenüber ihren Eltern nur einen Anspruch gemäß Art. 139, 143 Abs. 2 CC auf Gewährung des notwendigen Unterhalts. Nach Art. 845 CC erlischt dieser Unterhaltsanspruch entgegen Art. 150 CC nicht mit dem Tode des Verpflichteten. Vielmehr geht die Unterhaltspflicht auf die Erben über und besteht bis zur Volljährigkeit des illegitimen Kindes fort.

1020 Roca Sastre, Notas II, 285.

1021 De Diego 221; Roca Sastre, Notas II, 285; Castán IV, 503.

1022 Espín 311.

Ist das illegitime Kind entmündigt, so endet die Unterhaltspflicht mit Aufhebung der Entmündigung.

6. Überlebender Ehegatte (Art. 834 f. CC)

Bei Schaffung des CC bestanden Bestrebungen, den allgemeinen Nießbrauch des überlebenden Ehegatten bestimmter Foralrechte („viudedad foral") aufzunehmen. Dieser Gedanke wurde aber nur teilweise verwirklicht[1023]. Der CC räumt dem überlebenden Ehegatten einen Nießbrauch an der Erbschaft ein, dieser erstreckt sich jedoch nur auf einen bestimmten, von Fall zu Fall verschiedenen Teil der Erbschaft. Daneben kann der Ehegatte von den Erben in beiderseitigem Einverständnis, das durch das Gericht ersetzt werden kann, mit einer Leibrente, den Erträgen bestimmter Gegenstände oder in bar abgefunden werden (Art. 839 CC). Diese Umstände, sowie die Tatsache, daß die Präterition des Ehegatten nicht zur Nichtigkeit der Erbeinsetzung führt (Art. 814 CC), sprechen dafür, ihn zwar als „heredero forzoso" in der weiten Bedeutung dieses Begriffes, nicht jedoch als echten Erben anzusehen, selbst wenn man grundsätzlich die Zwangserben als Erben betrachtet. Die Vorschriften über den Nießbrauch des überlebenden Ehegatten wurden durch das Gesetz vom 24. 4. 1958 grundlegend geändert und neu gefaßt. Die Änderung brachte vor allem eine Erhöhung des dem Nießbrauch unterliegenden Teiles der Erbschaft. So erstreckt sich der Nießbrauch, wenn legitime Abkömmlinge vorhanden sind, jetzt immer auf das gesamte für die „mejora" vorgesehene Drittel (Art. 834 CC), der eines etwaigen zweiten Ehegatten auf den Freiteil (Art. 836 Abs. 1 CC). Nach dem bisherigen Recht war dies nur der Fall, wenn bloß ein legitimer Abkömmling vorhanden war (Art. 834 Abs. 2 a. F. CC). Neben mehreren legitimen Abkömmlingen entsprach der Nießbrauch der Höhe der „legítima" eines dieser Abkömmlinge, soweit diese nicht durch eine „mejora" erhöht war (Art. 834 Abs. 1 a. F. CC). Hierbei war bestritten, welcher Teil der Erbschaft für die Berechnung dieser Vergleichsgrundlage anzusetzen war, wobei sich die herrschende Lehre dafür aussprach, daß der Teil der „legítima" maßgebend war, der den Kindern paritätisch kraft Gesetzes und nicht auf Grund einer „mejora" zufiel. War z. B. keine „mejora" angeordnet, so war von zwei Drittel der Erbschaft — „legítima estricta" zuzüglich dem (abstrakt) für die „mejora" bestimmten Teil — auszugehen. Zweifelhaft war auch, ob der insgesamt als „legítima" anzusehende Teil der Erbschaft nur durch die Zahl der Kinder[1024] oder

---

[1023] De Diego 207.

[1024] So Roca Sastre, Notas II, 300.

zur Besserstellung der Kinder durch die Zahl der Kinder plus eins (Ehegatte) zu teilen war[1025].

Neben legitimen Aszendenten hat der Ehegatte den Nießbrauch an der Hälfte des Nachlasses (Art. 837 CC)[1026]. Sind neben den Aszendenten natürliche Kinder vorhanden, so verringert sich der Nießbrauch auf ein Drittel (Art. 841 Abs. 2 CC). In allen anderen Fällen umfaßt der Nießbrauch zwei Drittel der Erbschaft (Art. 838 CC)[1027]. Der überlebende Ehegatte hat diese Rechte nicht, wenn die Ehe aus seinem Verschulden getrennt ist und ihm der andere nicht verziehen hat (Art. 834, 835 Abs. 2 CC). Ist eine Trennungsklage anhängig, so ist das Ergebnis des Rechtsstreits abzuwarten (Art. 835 Abs. 1 CC). Das Recht auf den Nießbrauch hat der Ehegatte auch bei gesetzlicher Erbfolge[1028].

V. Der Pflichtteilsanspruch

Das spanische System der „legítima" bedeutet, daß der Erblasser weder von Todes wegen noch „inter vivos" unentgeltlich über den Teil seines Nachlasses, der den Zwangserben vorbehalten ist, wirksam zu deren Nachteil verfügen kann (Art. 813, 816, 818 Abs. 2, 1035 sowie 636 CC). Dies erfordert, dem Reinnachlaß die Schenkungen des Erblassers hinzuzurechnen (Art. 818 Abs. 2 CC), um festzustellen, ob er seine Verfügungsbefugnis überschritten hat, und gegebenenfalls die Rückgängigmachung der unzulässigen, inoffiziös genannten Verfügungen durch Herabsetzung der Freigebigkeiten von Todes wegen und unter Lebenden (Art. 819, 820 CC). Hierbei ist zunächst der insgesamt als „legítima" den Zwangserben vorbehaltene Nachlaßteil zu ermitteln. Da dieser immer einen Bruchteil des Reinnachlasses darstellt, ist der Verkaufswert der Erbschaft beim Erbfall zu schätzen und hiervon sind alle Nachlaßverbindlichkeiten abzuziehen, soweit sich diese nicht aus dem Testament ergeben (Art. 818 Abs. 1 CC). Diesem Reinnachlaß („relictum") sind alle Schenkungen mit ihrem Wert zur Zeit ihrer Vornahme hinzuzurechnen (Art. 818 Abs. 2 CC). Obwohl der Gesetzestext von „ausgleichungspflichtigen" Schenkungen („donaciones colacionables") spricht, fallen hierunter alle Schenkungen an Dritte und an die Zwangserben selbst, mit Ausnahme der in Art. 1041 und 1042

1025 Vgl. Espín 317 f.
1026 Früher an einem Drittel innerhalb der freien Hälfte, Art. 836 a. F. CC.
1027 Früher die Hälfte, Art. 837 a. F. CC.
1028 Vgl. § 33 IV 4 b.

(bestr.) CC genannten Schenkungen (Schenkungen zum Unterhalt, zur Ausbildung, für Heilungskosten, Anstandsschenkungen usw.)[1029]. Art. 1035 f. CC über die Ausgleichspflicht findet hierbei keine Anwendung. Diese kommt nur zum Zuge, wenn die Frage auftaucht, was sich der einzelne Zwangserbe, der zugleich testamentarischer oder gesetzlicher Erbe ist, bei der Auseinandersetzung auf seinen Pflichtteil anrechnen lassen muß[1030]. Bei der Hinzurechnung der Schenkungen ist jedoch der Unterschied zwischen Dritten und Zwangserben insofern bedeutsam, als Schenkungen an Dritte dem Freiteil, Schenkungen an Zwangserben der „legítima" oder, wenn sie als „mejora" gewährt wurden, dieser zuzurechnen sind (Art. 819, 847 Abs. 1, 825 CC). Daß die Schenkungen an die Zwangserben der „legítima" zuzurechnen sind, ist zwar nur für die Abkömmlinge und die natürlichen Kinder gesagt, gilt aber wohl für alle Zwangserben[1031]. Dem Freiteil sind die Schenkungen an Zwangserben hinzuzurechnen, für die ersichtlich ist, daß sie nicht die „legítima" kürzen sollen oder die diese übersteigen. Insofern gilt dann der beschenkte Zwangserbe als Dritter, die Schenkung unterliegt gegebenenfalls der Herabsetzung[1032].

Ist somit nun der Wert des Reinnachlasses zuzüglich der Schenkungen ermittelt, so ergibt sich durch Anwendung des Gesetzes die „Gesamtlegítima" und, wenn man diese „Gesamtlegítima" durch die Zahl der beim Erbfall lebenden und nicht durch Verzicht oder Enterbung ausgeschiedenen Zwangserben teilt, die „legítima" des einzelnen Zwangserben. Zu berücksichtigen ist hierbei, daß an die Stelle eines weggefallenen Abkömmlings kraft Repräsentation sein Stamm treten kann (Art. 925 f., 857 CC). Hierbei muß sich der Zwangserbe die zu seinen Gunsten erfolgten Schenkungen auf den Pflichtteil anrechnen lassen[1033].

Stellt sich heraus, daß der Nachlaß zur Befriedigung des durch die Hinzurechnung der Schenkungen gefundenen Mehrwertes der „legítima" trotz Streichung der Erbeinsetzungen und Vermächtnisse und der etwaigen Anrechnung von Schenkungen auf den Pflichtteil nicht ausreicht, so können die Zwangserben auf Grund des sogenannten Herabsetzungsanspruches die Schenkungen, die nicht der „legítima" zuzurechnen sind, nach Art. 819 Abs. 3, 636, 654 f. CC rückgängig machen, soweit sie den Freiteil über-

---

1029 Roca Sastre, Notas II, 295 f.; Lacruz, Notas al Binder 306.

1030 Roca Sastre, Notas II, 297, 57.

1031 Espín 329; de Diego 229; Lacruz, Notas al Binder 308; a. A. Roca Sastre, Notas II, 325.

1032 Roca Sastre, Notas II, 324 f.

1033 Roca Sastre, Notas II, 326.

herabzusetzen oder zu streichen (Art. 817, 820 Z. 1, 2 CC). Der Erblasser kann jedoch anordnen, daß ein Vermächtnis bevorzugt befriedigt wird. Dieses Vermächtnis wird dann erst nach den anderen letztwilligen Versteigen und somit inoffiziös sind[1034]. Sonach sind also vor Kürzung der Schenkungen die letztwilligen Verfügungen zugunsten Dritter gleichmäßig fügungen gestrichen (Art. 820 Z. 2 CC). Besteht das Vermächtnis in einem Nießbrauch oder einer Leibrente, deren Wert den Freiteil übersteigt, so können die Zwangserben entweder die letztwillige Verfügung erfüllen oder dem Vermächtnisnehmer den Teil der Erbschaft herausgeben, über den der Erblasser hätte frei verfügen können (Art. 820 Z. 3 CC). Hat das Vermächtnis ein Grundstück zum Gegenstand, dessen Teilung untunlich ist, so verbleibt es dem Vermächtnisnehmer, wenn die Kürzung weniger als die Hälfte des Wertes ausmacht, sonst den Zwangserben. Derjenige, dem das Grundstück zufällt, hat jeweils den Wert zu erstatten (Art. 821 CC).

Die Herabsetzung der Schenkungen erfolgt in der Weise, daß die späteren vor den früheren herabgesetzt werden, bis die „legítima" befriedigt werden kann (Art. 565 CC). Die Herabsetzung hat keine Rückwirkung, sondern wirkt „ex nunc" (Art. 654 Abs. 1 CC). Ist der Beschenkte zur Herausgabe außerstande, so hat er den Wert zu ersetzen, den die Schenkung bei ihrer Vornahme hatte (arg. Art. 645, 818, 1124 CC). Diese Verpflichtung trifft ihn auch, soweit er nicht mehr bereichert ist, da die Vorschriften über die ungerechtfertigte Bereicherung nicht anwendbar sind[1035]. Die Herabsetzung kann nur der Zwangserbe verlangen[1036].

Beispiel: Ein Vater hinterläßt einen Sohn und einen Reinnachlaß von 14 000,— Peseten. Er hat seinen Sohn zum Erben eingesetzt und ein Vermächtnis zugunsten eines Dritten in Höhe von 3000,— Peseten angeordnet. Zu Lebzeiten hat er einem Außenstehenden 22 000,— Peseten geschenkt.

relictum		donatum					
14 000,—	+	22 000,—	=	36 000,—		$^2/_3$ = 24 000,—	
Erbe		Vermächtnis		Kürzung		(legítima $^2/_3$)	
11 000,—	+	3 000,—	+	10 000,—	=	24 000,—	

1034 Lacruz, Notas al Binder 306; Roca Sastre, Notas II, 349.

1035 Lacruz, Notas al Binder 307; Roca Sastre, Notas II, 351.

1036 Roca Sastre, Notas II, 351; Espín 332.

VI. Verhältnis des Pflichtteilsrechtes zum Testament und zur gesetzlichen Erbfolge

Das spanische Recht kennt keine § 1938 BGB entsprechende Vorschrift und knüpft den Anspruch auf die „legítima“ nicht an die Voraussetzung, daß der Zwangserbe stillschweigend oder ausdrücklich von der gesetzlichen Erbfolge ausgeschlossen wurde. Zwar ist es auch im spanischen Recht die Regel, daß derjenige, der als gesetzlicher Erbe berufen ist, keinen Anspruch auf die „legítima“ hat. Hiervon ergibt sich aber eine Ausnahme, wenn der Erblasser in seinem Testament nicht über sein ganzes Vermögen verfügt hat und der Zwangserbe durch die ergänzend eingreifende gesetzliche Erbfolge zu einem Teil berufen ist, der niedriger ist als seine „legítima“. Er kann dann die Kürzung etwaiger letztwilliger Anordnungen und die Kürzung inoffiziöser Schenkungen verlangen (Art. 817, 819 CC).

1. Präterition

Das gleiche gilt, wenn eine Erbeinsetzung wegen *Übergehung* (Präterition; Art. 814 Abs. 1 CC) nichtig ist, bezüglich der gemäß Art. 814 Abs. 1, 2. H. S. CC aufrechtzuerhaltenden Vermächtnisse und „mejoras“. Im übrigen greift jedoch die gesetzliche Erbfolge ein. Die Übergehung eines Zwangserben ist immer dann gegeben, wenn der Erblasser der Verpflichtung, seinen Zwangserben ihre „legítima“ zu hinterlassen, nicht nachkommt; mit anderen Worten, wenn er sie im Testament unerwähnt läßt und damit „übergeht“. Während von einem Teil der Lehre unter Berufung auf Art. 814 CC die Auffassung vertreten wird, daß eine Präterition nicht vorliegt, wenn der Zwangserbe zu Lebzeiten Schenkungen vom Erblasser erhalten hat, sondern dann der Pflichtteilsergänzungsanspruch eingreift[1037], sagt das T. S.[1038], daß sich die Frage, ob eine Präterition vorliegt, allein nach dem Testament bestimmt. Die Präterition hat die Nichtigkeit der Erbeinsetzung zur Folge, Vermächtnisse und „mejoras“ bleiben wirksam (Art. 814 Abs. 1 CC). Eine Ausnahme besteht für die Übergehung der Ehegatten: Sie ist ohne Einfluß auf die Erbeinsetzung, der Ehegatte kann jedoch das ihm zustehende Nießbrauchrecht geltend machen (Art. 814 Abs. 2 CC). Stirbt der Übergangene vor dem Erblasser, so ist die Erbeinsetzung ebenfalls wirksam (Art. 814 Abs. 3 CC). Die Wirkungen der Präterition kann der Erblasser vermeiden, wenn er den Zwangserben im

---

1037 Espín 334; Castán IV, 578.

1038 T. S. 17. 6. 1908; ebenso Roca Sastre, Notas II, 287 und wohl auch Lacruz, Notas al Binder 300.

Testament erwähnt, sei es, daß er ihm etwas zuwendet, oder sei es, daß er ihn, wenn auch ungerechtfertigt, „enterbt" oder besser: ihm den Pflichtteil, die „legítima", entzieht. Hat der Erblasser dem Zwangserben etwas letztwillig zugewendet, so sind wie im deutschen Recht verschiedene Fälle zu unterscheiden[1039]: Hat der Erblasser dem Zwangserben durch Erbeinsetzung oder durch Vermächtnis[1039a] eine der „legítima" gleichkommende oder höhere Zuwendung gemacht, so kann der Zwangserbe, auch wenn er die Zuwendung ausschlägt, nie die „legítima" verlangen. Ist der Wert der Zuwendung geringer als der Pflichtteil, so hat der Zwangserbe den Pflichtteilsergänzungsanspruch gemäß Art. 814 CC[1040], wenn dieser nicht bereits durch Schenkungen befriedigt ist. Hierbei taucht wieder die bereits behandelte Streitfrage auf, ob ein Pflichtteilsergänzungsanspruch auch gegeben ist, wenn der Zwangserbe im Testament unerwähnt bleibt, aber bereits auf den Pflichtteil anzurechnende Schenkungen empfangen hat.

2. Beschwerungen und Beschränkungen der „legítima"

Ist das dem Zwangserben Zugewendete Beschwerungen oder Beschränkungen unterworfen, so sind diese grundsätzlich und abweichend von § 2306 Abs. 1 S. 2 BGB unwirksam, soweit sie sich auf die „legítima" erstrecken (Art. 813 Abs. 2, 777, 782, 817, 863 CC)[1041]. Eine Ausnahme im Sinne des angeführten § 2306 Abs. 1 S. 2 BGB besteht gemäß Art. 820 Z. 3 CC nur, wenn die Beschränkung in einem Vermächtnis besteht, das einen Nießbrauch oder eine Leibrente zum Gegenstand hat. In diesem Falle können die Zwangserben zwischen der Erfüllung des Vermächtnisses und der Herausgabe des Freiteils an den Vermächtnisnehmer wählen. Die gleiche Wirkung kann durch die sogenannte *„Cautela Socini"*[1042] erreicht werden, die ausdrücklich vorgesehen sein muß und häufig zusammen mit einem Nießbrauchvermächtnis an den Ehegatten vorkommt[1043]. Bestritten ist, ob die Formel, daß der Zwangserbe erhalten soll, „was ihm als ‚legítima' zusteht", eine Erbeinsetzung[1044] oder die Anordnung eines Vermächtnisses[1045] darstellt.

[1039] Roca Sastre, Notas II, 315 f; Lacruz, Notas al Binder 300 f.

[1039a] Vgl. dagegen § 2307 BGB.

[1040] actio ad supplendam legitimam

[1041] Verbot der quantitativen Beeinträchtigung der „legítima".

[1042] Die „Cautela Socini" heißt so nach den „Consilia" Maximus Socinus des Jüngeren, Venedig 1544, der sie im Rahmen der Novelle 117 und des 38. Buches der Digesten für zulässig erklärte (Pella III, 266).

[1043] Roca Sastre, Notas II, 318; Lacruz, Notas al Binder, 301; vgl. auch Kipp/Coing 332 und Sohm/Mitteis (oben N. 691) 610 Anm. 7.

[1044] Lacruz, Notas al Binder 300.

[1045] Roca Sastre, Notas II, 318.

3. Pflichtteilsentziehung

Die Entziehung der „legítima" im Wege der Enterbung („desheredación") ist nur zulässig, wenn einer der gesetzlichen Gründe vorliegt und dieser im Testament angegeben ist (Art. 648, 849 CC). Diese Gründe sind in Art. 853 bis 855 CC aufgeführt. Art. 852 CC verweist außerdem auf die Erbunwürdigkeitsgründe. Eine teilweise Enterbung ist nicht zulässig[1046]. Ist die Enterbung ohne bewiesenen Grund oder ohne Angabe des Grundes erfolgt, so ist die Erbeinsetzung — anders als bei der Präterition — nicht in vollem Umfang, sondern nur insoweit nichtig, als sie das Recht des Enterbten beeinträchtigt. Das gleiche gilt für die übrigen letztwilligen Verfügungen.

§ 26: DAS PFLICHTTEILSRECHT IN KATALONIEN

I. Allgemeines und Rechtsnatur

Die katalanische „legítima" — geregelt in Art. 122 f. CDC — beruht auf dem römischen Recht. Während aber im allgemeinen die Kompilation das römische Recht aus dem Corpus Iuris einschließlich der Novellen übernimmt, blieben im Pflichtteilsrecht die Novellen 18 und 115 unberücksichtigt. Daher beträgt die „legítima" in Katalonien insgesamt ein Viertel der Erbschaft und der Erblasser kann sie dem Zwangserben auf jede Weise zuwenden (Art. 122, 129 Abs. 1 CDC). Außerdem führt die irrtümliche Übergehung pflichtteilsberechtigter Abkömmlinge zur Nichtigkeit des ganzen Testamentes (Art. 141 Abs. 3 CDC), wenn diese die Nichtigkeit geltend machen[1047]. Alle diese Einzelheiten entsprechen dem klassischen römischen Recht. Die wichtigste eigenständige Besonderheit des katalanischen Rechtes ist, daß die „legítima" in Geld, das nicht zum Nachlaß gehören muß, bezahlt werden kann (Art. 137 CDC). Der Pflichtteilsanspruch ist daher in Katalonien, wie bei uns, eine reine Forderung, und zwar in Höhe eines Viertels des Nachlaßwertes (vgl. Art. 122, 129 Abs. 1 CDC)[1048].

Daraus, daß das Gesetz die „legítima" als Wertanspruch bezeichnet, den der Erblasser dem Pflichtteilsberechtigten auf jede Weise zuwenden kann

---

1046 Castán IV, 571; de Diego 234; Roca Sastre, Notas II, 356; Espín 339; a. A. Lacruz, Notas al Binder 313.

1047 Vgl. § 2079 BGB.

1048 Condomines/Faus 178; allgemein: Roca Sastre, Elementos 15.

(Art. 122 CDC), läßt sich ableiten, daß sie in Katalonien keinesfalls dem Pflichtteilsberechtigten die Stellung eines Erben verleiht, sondern eine schuldrechtliche Forderung darstellt[1049], die allerdings kraft Gesetzes in bestimmter Weise dingliche Auswirkungen hat (Art. 15 L. H., Art. 140 Abs. 1 CDC). Von dieser dinglichen Sicherung und ihrer Eintragung im Grundbuch („Registro de la Propiedad") wird weiter unten noch die Rede sein. Gerade ihre Regelung spricht aber für den hier vertretenen Standpunkt, weil der gesamte unbewegliche Nachlaß auf den Erben umgeschrieben wird. Diese Rechtsnatur der katalanischen „legítima" kommt besonders deutlich in der von Borrell[1050] gegebenen Definition zum Ausdruck: „Sie ist ein dem Wert eines Erbschaftsviertels entsprechender Betrag, der kraft Gesetzes bestimmten Personen, die gegebenenfalls zur gesetzlichen Erbfolge berufen wären, zuzuführen ist."[1051] Der Zwangserbe hat somit, wenn nicht weitere Umstände hinzutreten, nur einen reinen Geldanspruch[1052]. Dies hindert aber nicht, daß der Pflichtteilsberechtigte gleichzeitig als Erbe oder Vermächtnisnehmer berufen ist, wenn ihm auf diese Weise seine „legítima" zugewendet wird. Vielmehr kann man dann von der Konkurrenz mehrerer Rechtsgrundlagen sprechen.

II. Geschichte

Zunächst galt gotisches Recht, wonach acht Fünfzehntel der Erbschaft den Abkömmlingen gleichmäßig als „legítima" zustanden, für fünf Fünfzehntel eine „mejora" angeordnet werden konnte und zwei Fünfzehntel den Freiteil darstellten. Später fand das justinianische System der Novelle 18 Eingang, das den Abkömmlingen ein Drittel der Erbschaft gewährte, wenn ihre Zahl nicht größer war als vier, während ihnen sonst die Hälfte gebührte. Das gotische System galt nur in Tarragona und einigen anderen Gegenden weiter, wurde jedoch von Peter II. im „Recognoverunt Proceres" für Barcelona wieder eingeführt, der allerdings nur bestimmte, daß die „legítima" acht Fünfzehntel umfassen solle, jedoch keine Vorschriften über den Rest der Erbschaft enthielt. Soweit das gotische Recht in

---

1049 Saguer y Olivet, Naturalesa jurídica de la llegítima segons el Dret de Catalunya (Gerona 1905) 8 f.

1050 Borrell y Soler, Cataluña V, 350.

1051 Im gleichen Sinne: Pella III, 253; Durán y Bas 202; Lacruz, Notas al Binder 295, 309; Roca Sastre, D. H. II, 661 f.

1052 Borrell y Soler, Cataluña V, 359.

anderen Gegenden noch beachtet wurde, ersetzte es Alfons III. 1333 durch das justinianische System. Die heute noch geltende „legítima" in Höhe eines Viertels der Erbschaft wurde von Peter III. durch eine am 1. März 1394 für Barcelona erlassene „Pragmática"[1053] zunächst in Barcelona eingeführt und von Philipp II. im Jahre 1585[1054] auf ganz Katalonien ausgedehnt[1055]. In der zuletzt genannten Vorschrift ist auch bereits vorgesehen, daß der Erbe den Pflichtteilsanspruch nach seiner Wahl in Geld oder durch Nachlaßgegenstände befriedigen kann (jetzt Art. 137 CDC)[1056].

III. Pflichtteilsberechtigte

Die Pflichtteilsberechtigten[1057] des katalanischen Rechtes sind im wesentlichen dieselben wie die des CC, allerdings unter Ausschluß des Ehegatten, für den ein weitgehender Nießbrauch im Rahmen der gesetzlichen Erbfolge vorgesehen ist. Die Witwe hat daneben gegebenenfalls noch Ansprüche auf die „Quarta Marital" („Quarta Uxoria") und, kraft Ehegüterrechts, auf Unterhaltsgewährung während des Trauerjahres („any del plor") und die „tenuta"[1058].

1. *Abkömmlinge*

In erster Linie sind pflichtteilsberechtigt die legitimen Abkömmlinge zu gleichen Teilen, mit einem Eintrittsrecht der weiteren Abkömmlinge nach Stämmen (Art. 124 Abs. 1 CDC).

Die Adoptivkinder haben das gleiche Pflichtteilsrecht wie die legitimen Kinder, und zwar unabhängig von diesen. Ihr Pflichtteil kann aber nicht größer sein als der, der sich ergibt, wenn man ein Viertel der Erbschaft durch die Zahl der vorhandenen legitimen Kinder oder Stämme teilt. — *Beispiel:* Sind 3 legitime Kinder und 1 Adoptivkind vorhanden, so erhalten alle vier Kinder je ein Zwölftel[1059]. Das Adoptivkind behält seinen Pflichtteilsanspruch innerhalb der leiblichen Familie (Art. 125 CDC).

1053 Buch VI, Tit. III des 2. Bandes der Constituciones de Cataluña; PONS/SANDALINAS 241.

1054 PONS/SANDALINAS 241; CONDOMINES/FAUS 179; CASTÁN, D. F. 89; dagegen nennen CASTÁN IV, 509; LACRUZ, Notas al Binder (nach eigener Angabe infolge eines Druckfehlers) und DE DIEGO² 255 irrtümlich das Jahr 1535 und DURÁN Y BAS das Jahr 1547. (Buch VI, Tit. V des 1. Bandes der Constituciones de Cataluña).

1055 PONS/SANDALINAS 92.

1056 Nach CASTÁN, D. F. 89; DURÁN Y BAS 199; PELLA III, 259.

1057 Der CDC nennt sie „legitimarios" und nicht wie der CC „herederos forzosos". Auch diese Tatsache läßt einen Schluß auf die Rechtsnatur der „legítima" zu.

1058 Unten § 53.

1059 FIGA FAURA 179.

Die natürlichen Kinder oder kraft Repräsentation deren legitime Abkömmlinge sind gegenüber der Mutter immer pflichtteilsberechtigt, gegenüber dem Vater nur, wenn dieser keine legitimen Abkömmlinge hinterläßt (Art. 126 Abs. 1 CDC). Treffen sie bei der Beerbung der Mutter mit legitimen Abkömmlingen zusammen, so errechnet sich ihr Pflichtteil gemäß Art. 126 Abs. 2 CDC wie der eines Adoptivkindes. Soweit die natürlichen Kinder oder ihre legitimen Abkömmlinge gegenüber dem Vater keinen Pflichtteilsanspruch haben, steht ihnen, wenn sie sich nicht selbst erhalten können, gegenüber den Erben ein Anspruch auf Unterhalt zu. Die Höhe des Unterhalts richtet sich nach dem Werte der Erbschaft, kann also über den bloßen Lebensbedarf hinausgehen (Art. 127 CDC).

2. Eltern und Aszendenten

Sind legitime Abkömmlinge nicht vorhanden, so sind die Eltern und weiteren Aszendenten nach den gleichen Regeln wie im gemeinen Recht pflichtteilsberechtigt, unbeschadet der Rechte der Adoptivkinder und der natürlichen Kinder (Art. 124 Abs. 2 CDC).

Stirbt ein natürliches Kind ohne Abkömmlinge, so ist die Mutter in jedem Fall pflichtteilsberechtigt. Der Vater hat einen Anspruch auf den Pflichtteil nur, wenn er dem natürlichen Kind mehr als den gesetzlichen Unterhalt gewährt hat (Art. 128 CDC). Nicht aufrechterhalten ist in der Kompilation das vom römischen Recht den vollbürtigen Geschwistern für den Fall gewährte Pflichtteilsrecht, daß ihnen eine unehrenhafte Person („persona turpis") vorgezogen worden war[1060].

IV. Pflichtteilsanspruch

1. Höhe des Pflichtteils

Der Gesamtbetrag der „legítima", die sogenannte „legítima global", beträgt gemäß Art. 129 CDC immer ein Viertel der Erbschaft; eine Ausnahme besteht nur, wenn Adoptivkinder oder natürliche Kinder neben legitimen Abkömmlingen berufen sind. Eine „mejora" gibt es im katalanischen Recht nicht. Das für die „legítima" vorgesehene Erbschaftsviertel errechnet sich ähnlich wie im gemeinen Recht. Auszugehen ist vom Wert der Erbschaft zur Zeit des Erbfalles, von dem zunächst die Nachlaßverbindlichkeiten abgezogen werden. Dem so ermittelten reinen Nachlaßwert sind die Schenkungen des Erblassers hinzuzurechnen, ausgenommen die-

---

1060 Pella III, 260 f.; Borrell y Soler, Cataluña V, 355 f.; Durán y Bas 198; Condomines/Faus 174.

jenigen, die unter Art. 1041 CC fallen, der „escreix“[1061] und die „soldada“[1062] (Art. 129 Abs. 1 CDC). Der Wert der Schenkungen ist hierbei der zur Zeit des Erbfalles, abzüglich der etwaigen nützlichen Aufwendungen und der außerordentlichen Erhaltungskosten des Beschenkten, die nicht durch dessen Verschulden verursacht worden sind[1063]. Die Regelung der CDC entspricht dem Corpus Iuris und führt bei Geldabwertungen zu einer gerechteren Lösung als der Código Civil[1064]. Dem Wert der Schenkungen beim Erbfall sind jedoch die Wertminderungen hinzuzurechnen, die sie durch Verschulden des Beschenkten erlitten haben. Hat der Beschenkte die verschenkte Sache veräußert oder ist diese durch sein Verschulden untergegangen, so ist der Wert maßgebend, den sie bei der Veräußerung bzw. beim Untergang hatte (Art. 129 Abs. 2 CDC).

Der Anteil des einzelnen Pflichtteilsberechtigten an dem so bestimmten Viertel des Reinnachlasses wird ermittelt, indem man dieses durch die Zahl der vorhandenen Pflichtteilsberechtigten teilt. Hierbei zählen auch diejenigen Pflichtteilsberechtigten mit, die zu Erben eingesetzt wurden, die auf den Pflichtteil verzichtet haben und die rechtmäßig enterbt oder für erbunwürdig erklärt wurden, unbeschadet des Eintrittsrechtes der legitimen Abkömmlinge des Enterbten oder erbunwürdig Erklärten gemäß Art. 761, 857 CC (Art. 130 CDC). Dies stellt eine Abweichung vom gemeinen Recht dar, da dort der verzichtende bzw. erbunwürdige oder enterbte Zwangserbe nicht mitgezählt wird, sondern sein Anteil den übrigen Zwangserben anwächst, soweit nicht Art. 857 CC eingreift. In Katalonien gilt dagegen der römischrechtliche Satz „exheredatus partem facit ad minuendam legitimam“[1065], so daß die „Gesamtlegítima“ teilweise frei wird[1066].

2. *Anrechnung auf den Pflichtteil*

Auf den Pflichtteilsanspruch ist das anzurechnen, was dem einzelnen Pflichtteilsberechtigten unter bestimmten Umständen, von Todes wegen oder unentgeltlich unter Lebenden zugewendet worden ist. Es ist hierbei zu berücksichtigen, daß der Pflichtteilsberechtigte gleichzeitig Erbe oder Ver-

---

1061 Morgengabe

1062 Rente des einheiratenden, nicht erbenden Sohnes, die ihm die „pubilla“ — Erbin — gewährt, Art. 43 CDC.

1063 Nach Art. 818 Abs. 2 CC ist dagegen der Wert der Schenkung bei ihrer Vornahme maßgebend.

1064 Condomines/Faus 180.

1065 Vgl. § 2310 BGB.

1066 Roca Sastre, Notas II, 299.

mächtnisnehmer sein kann und sich das, was er hieraus erhält, auf den Pflichtteil anrechnen lassen muß, auch wenn er die Erbschaft oder das Vermächtnis ausschlägt. Der Erblasser kann die Anrechnung jedoch ausschließen (Art. 122, 131 Abs. 1 CDC). Das Vermächtnis kann hierbei ein einfaches unbenanntes Pflichtteilsvermächtnis, durch das der Erblasser dem Erben das zuwendet, „was ihm als Pflichtteil zusteht", oder ein bestimmtes Vermächtnis als Pflichtteil sein, das entweder unbelastete Erbschaftsgegenstände, Geld oder eine fremde Sache zum Gegenstand hat, denn in Katalonien darf der Pflichtteil „per dret de llegat o de qualesvulla altra manera" befriedigt werden (Art. 131 Abs. 2, 3 CDC). Den Fall, daß dem Pflichtteilsberechtigten „der Pflichtteil" zugewandt ist, legt das katalanische Recht somit als Vermächtnis aus. Die Vorschrift zeigt weiter, daß der Pflichtteilsberechtigte, dem ein Erbteil hinterlassen wurde, der geringer ist als der Pflichtteil, auch wenn er den Erbteil ausschlägt, nur einen Pflichtteilsergänzungsanspruch hat (vgl. Art. 136 CDC).

Auf den Pflichtteil sind weiter anzurechnen die Schenkungen von Todes wegen, es sei denn, daß der Erblasser ihre Anrechnung bei Anordnung der Schenkung oder in einem Testament oder Kodizill ausgeschlossen hat (Art. 132 Abs. 1 CDC); Schenkungen unter Lebenden, wenn dies ausdrücklich vorgesehen wurde oder sie als vorweggenommene Pflichtteilszahlung anzusehen sind (Art. 132 Abs. 2 CDC) sowie das, was der Pflichtteilsnehmer als vorweggenommenen Pflichtteil erhalten hat, wenn er hierbei gleichzeitig auf eine weitere Geltendmachung von Pflichtteilsansprüchen verzichtet hat (Art. 145 Abs. 1, 132 Abs. 2 CDC). In dem zuletzt erwähnten Falle behält der Pflichtteilsberechtigte seinen Pflichtteilsanspruch, da der Verzicht unwirksam ist (Art. 145 Abs. 1 CDC). Außer den genannten Zuwendungen müssen sich die Abkömmlinge ihre „dos" oder im Zusammenhang mit ihrer Eheschließung gemachte Schenkungen anrechnen lassen, soweit der Erblasser nichts anderes bestimmt hat (Art. 132 Abs. 1 CDC). Wendet der Erblasser im Ehe- und Erbvertrag („heredamiento") seinen Abkömmlingen eine „legítima", „dos" oder Schenkung zu, so sind diese wie Vermächtnisse oder, wenn die Zuwendung zu Lebzeiten des Erblassers vollzogen wird, wie die „dos" anzurechnen (Art. 134 CDC). Den für ihre vorverstorbenen Eltern eintretenden Enkeln wird das angerechnet, was ihren Eltern angerechnet worden wäre, wenn sie den Erbfall erlebt hätten (Art. 135 CDC). In jedem dieser Fälle bestimmt sich der Wert der Schenkungen nach Art. 129 CDC (Art. 132 Abs. 3 CDC). Andere als die genannten Schenkungen werden nicht angerechnet, da grundsätzlich anzunehmen ist, daß sie eine Freigebigkeit und nicht die vorweggenommene Erfüllung einer Verbindlichkeit darstellen sollen[1067].

3. Leistung des Pflichtteils

Wie bereits ausgeführt, kann der Erbe grundsätzlich den Pflichtteil nach seiner Wahl in Geld ausbezahlen, es sei denn, der Erblasser hat den Pflichtteilsnehmer zum Erben oder Vermächtnisnehmer eingesetzt oder ihm einen bestimmten Gegenstand oder eine Schenkung zugewendet (Art. 137 Abs. 1 S. 1, Abs. 2 S. 1 CDC). Hat der Erbe die Befriedigung des Pflichtteils in einer bestimmten Weise begonnen, so hat er diese Modalität beizubehalten (Art. 137 Abs. 1 S. 2 CDC). Entscheidet er sich hierbei für die Herausgabe von Nachlaßgegenständen, so entscheidet das zuständige Gericht im Verfahren der freiwilligen Gerichtsbarkeit, wenn Streit darüber herrscht, welche Nachlaßgegenstände im einzelnen herauszugeben sind (Art. 137 Abs. 2 S. 2 CDC). Zugrunde zu legen ist dabei der Wert, den die Nachlaßgegenstände zu dem Zeitpunkt haben, zu dem die Bestimmung bzw. Zuteilung billigerweise zu erfolgen hat (Art. 138 CDC). Vom Erbfall an hat der Pflichtteilsberechtigte Anspruch auf Zinsen bzw. auf die Früchte, wenn ihm ein bestimmter Gegenstand zugewendet ist (Art. 139 Abs. 1, 2 CDC). Lebt der Pflichtteilsberechtigte in der Familie des Erben oder des Erbschaftsnießbrauchers auf dessen Kosten, so hat er keinen Zinsanspruch (Art. 139 Abs. 3 CDC). Diese Vorschrift bezieht sich auf einen für die katalanische Familienorganisation kennzeichnenden Sachverhalt, der kurz dargestellt werden soll: Häufig bleibt der auf den Pflichtteil gesetzte Sohn („fadre extern“ oder „cabaler“) im elterlichen Anwesen, das die Eltern an einen, meist den ältesten Sohn („hereu“) übergeben oder vererbt haben. Der „cabaler“ hilft dem „hereu“ bei der Bewirtschaftung des Anwesens oder im Familienbetrieb und betätigt sich nebenbei vielleicht als Viehhändler oder erwirbt ein eigenes Stück Land. Der „hereu“ gewährt ihm dafür Unterhalt. Bleibt der „cabaler“ ledig[1068], so besteht dieser Zustand oft bis zu seinem Tode. Art. 138 Abs. 3 CDC bestimmt, daß der Anspruch auf die Zinsen des Pflichtteils gegen den Unterhalt „aufzurechnen“ ist und daher erlischt[1069]. Die Frage, ob während der Zeit, in der der „cabaler“ Unterhalt empfängt, die Verjährung des Pflichtteilsanspruches läuft, hat Art. 146 Abs. 2 CDC im negativen Sinne entschieden. Bleibt aber der Pflichtteilsberechtigte in der geschilderten Situation, so ist der Pflichtteils-

---

1067 Pella III, 280; Borrell y Soler, Cataluña V, 377.

1068 Man nennt ihn dann „onclet“ — Diminutiv von „oncle“ = kat. Onkel.

1069 Ebenso das frühere Recht. Pella III, 281 f.; Borrell y Soler, Cataluña V, 381.

anspruch als verjährt anzusehen, wenn die Verjährungsfrist abgelaufen ist[1070] und der Pflichtteilsberechtigte ihn weder geltend gemacht noch in seinem Testament oder Kodizill erwähnt hat. Das T. S. hatte in einem Urteil vom 12. 4. 1913 trotz Erwähnung des Pflichtteils im Testament Verjährung angenommen. In dem zugrunde liegenden Falle war der „onclet" 63 Jahre nach dem Erbfall gestorben[1071].

V. Kürzung inoffiziöser Verfügungen

Reicht der Wert des Reinnachlasses zur Befriedigung der Pflichtteilsansprüche, der Pflichtteilsvermächtnisse und eines etwaigen Pflichtteilsergänzungsanspruches nicht aus, so können zunächst die Vermächtnisse zugunsten Dritter und zugunsten der Pflichtteilsberechtigten, soweit sie den Pflichtteil übersteigen, sowie die ihnen gleichgestellten Schenkungen von Todes wegen und nicht vollzogenen Zuwendungen unter Lebenden verhältnismäßig herabgesetzt oder gestrichen werden, wobei eine etwaige Anordnung des Erblassers, daß ein Vermächtnis vorzugsweise zu befriedigen ist, beachtet wird (Art. 142 Abs. 1, 2, 4 CDC). Soweit erforderlich, werden dann die Schenkungen an Dritte oder an Pflichtteilsberechtigte, soweit sie den Pflichtteil übersteigen, herabgesetzt oder rückgängig gemacht, und zwar die späteren vor den früheren (Art. 142 Abs. 3, 5 CDC). Der Erblasser kann diese Reihenfolge nicht ändern (Art. 142 Abs. 6 CDC). Der von der Herabsetzung betroffene Vermächtnisnehmer oder Beschenkte kann deren Wirkungen abwenden, wenn er die Pflichtteilsberechtigten in bar befriedigt (Art. 142 Abs. 7 CDC). Den Gläubigern des Erblassers kommt die Herabsetzung der Schenkung nicht zugute. Sie können aber gegen den Erben vorgehen, wenn dieser die Erbschaft nicht unter der Rechtswohltat des Inventars angenommen hat und durch die Herabsetzung begünstigt ist (Art. 143 Abs. 3 CDC).

VI. Verhältnis des Pflichtteilsanspruches zum Testament

Hat der Erblasser ein Testament errichtet, ohne den Pflichtteilsberechtigten zu erwähnen, so liegt *Präterition* vor, wenn er ihm nicht vor oder nach Errichtung des Testamentes eine auf den Pflichtteil anzurechnende Schenkung zugewendet hat. Gleiches gilt, wenn der Erblasser den Pflichtteilsberechtigten zwar erwähnt, ihm aber weder etwas als Pflichtteil zuwendet noch ihn, sei es auch zu Unrecht, enterbt (Art. 141 Abs. 1 CDC).

[1070] Dreißig Jahre nach dem Erbfall, Art. 146 Abs. 1 CDC.
[1071] Vgl. Pella III, 285, 286.

Die im gemeinen Recht bestrittene Frage, ob sich die Präterition allein aus dem Testament ergibt[1072] oder ob eine Schenkung den Zwangserben auf den Pflichtteilsergänzungsanspruch beschränkt, hat die Kompilation somit im letzteren Sinne entschieden und folgt damit dem römischen Recht.

Während nach dem vor Inkrafttreten der Kompilation in Katalonien geltenden gemeinen römischen Recht die Präterition die Nichtigkeit des Testamentes zur Folge hatte[1073], war dieses gemeine römische Recht für Barcelona durch eine „Pragmática“ Peters III. aus dem Jahre 1339[1074] außer Kraft gesetzt worden. Nach ihr war das Testament nicht nichtig, die Übergangenen hatten jedoch gegebenenfalls Anspruch auf den Pflichtteil. Bestritten war dabei, wie die (irrtümliche) Übergehung eines Pflichtteilsberechtigten zu behandeln war, der erst nach der Errichtung des Testamentes geboren wurde. Im Anschluß an CANCER[1075] spricht BORRELL[1076] hier von einem Willensmangel[1077]. PELLA[1078] hält auch in diesem Falle das Testament für wirksam und beruft sich dabei m. E. mit Recht auf den Wortlaut der genannten „Pragmática“. Die Kompilation dehnt nunmehr das bisher nur für Barcelona geltende Recht auf ganz Katalonien aus, wobei es der Auslegung von CANCER folgt[1079].

Somit führt die absichtliche Präterition nicht zur Nichtigkeit des Testamentes, der Übergangene kann aber das verlangen, was ihm als Pflichtteil zusteht (Art. 141 Abs. 2 CDC). Ist dagegen der übergangene Pflichtteilsberechtigte ein legitimer Abkömmling des Erblassers, der erst nach der Errichtung des Testamentes geboren oder pflichtteilsberechtigt geworden ist, oder dessen Vorhandensein dem Erblasser bei Errichtung des Testamentes nicht bekannt war, so kann er die Nichtigkeit des ganzen Testamentes — nicht nur der Erbeinsetzung — geltend machen (Art. 141 Abs. 3 CDC).

Die Formulierung des Art. 141 Abs. 3 CDC stimmt weitgehend mit § 2069 S. 2 BGB überein und auch das Ergebnis entspricht im wesentlichen dem deutschen Recht. Art. 141 Abs. 4 CDC bestimmt ergänzend, daß der

---

1072 So die h. M.

1073 BORRELL Y SOLER, Cataluña V, 386; PELLA III, 269.

1074 VI. Buch, 1. Tit. des 2. Bandes der Constituciones de Cataluña; PONS/SANDALINAS 233.

1075 CANCER, Variae resolutiones utriusque juris (Venedig 1760) I, Kapitel IV; zitiert bei BORRELL Y SOLER, Cataluña V, 387 und PELLA III, 272.

1076 BORRELL Y SOLER, Cataluña V, 387.

1077 Vgl. § 2079 BGB.

1078 PELLA III, 273.

1079 ROCA SASTRE, Elementos 16.

kraft Repräsentation pflichtteilsberechtigte Abkömmling das Recht aus irrtümlicher Übergehung nur geltend machen kann, wenn es dem vorverstorbenen Abkömmling zugestanden worden wäre, falls er den Erblasser überlebt hätte.

Hat der Erblasser den Pflichtteilsberechtigten enterbt, so erlischt, wenn die Enterbung gerechtfertigt ist, der Pflichtteilsanspruch (Art. 144 CDC). Ist ein Grund für die Enterbung nicht angegeben oder nicht bewiesen[1080], so ist das Testament nicht nichtig, der Enterbte kann jedoch seinen Pflichtteil verlangen (Art. 141 Abs. 5 CDC, der auf Art. 141 Abs. 2 CDC verweist). Nach dem früher geltenden Recht war in diesem Falle die Erbeinsetzung nichtig und es trat gesetzliche Erbfolge ein[1081].

Ist der Pflichtteilsberechtigte zum Erben oder Vermächtnisnehmer eingesetzt oder mit einer auf den Pflichtteil anzurechnenden Schenkung bedacht, so behält er gleichwohl in Höhe seines Pflichtteiles die Rechtsstellung eines Pflichtteilsberechtigten (Art. 136 Abs. 1 CDC). Ist ihm weniger zugewendet worden als sein Pflichtteil, so steht ihm ein Pflichtteilsergänzungsanspruch zu, für dessen Befriedigung Art. 137, 138 CDC gelten (Art. 136 Abs. 1 S. 1 CDC). Dieser Anspruch besteht nicht, wenn sich der Pflichtteilsberechtigte nach dem Erbfall mit dem Zugewendeten zufriedengegeben oder auf den Ergänzungsanspruch verzichtet hat (Art. 136 Abs. 2 S. 2 CDC).

Dem Pflichtteil können grundsätzlich keine Beschränkungen oder Beschwerungen auferlegt werden (Art. 133 S. 1 CDC). Der Erblasser kann jedoch die „Cautela Socini" anordnen[1082]. Sie besteht darin, daß der Erblasser dem Pflichtteilsberechtigten einen Erbteil hinterläßt, der größer ist als der Pflichtteil, und bestimmt, daß der Pflichtteilsberechtigte nur den Pflichtteil verlangen kann, wenn er die Beschwerungen nicht annimmt (Art. 133 S. 2, 3 CDC)[1083].

VII. Erlöschen des Pflichtteilsanspruches

Vor dem Erbfall und damit vor Anfall des Pflichtteils kann dieser weder Gegenstand einer Zwangsvollstreckung für Schulden der Pflichtteilsberechtigten noch eines Vertrages oder Verzichtes sein (Art. 123 Abs. 1 CDC). Diesen Grundsatz wiederholt Art. 145 Abs. 1 CDC, der bestimmt, daß

1080 Die Beweislast trifft den Erben, Art. 849 CC.
1081 Borrell y Soler, Cataluña V, 397; Pella III, 305.
1082 Borrell y Soler, Cataluña V, 370; Pella III, 266.
1083 Vgl. § 2306 Abs. 1 S. 2 BGB.

jeder Verzicht, Vertrag oder Vergleich über den künftigen Pflichtteil nichtig ist. Hiervon bestehen drei Ausnahmen:

1. Im Ehevertrag kann vereinbart werden, daß der überlebende Ehegatte auf seinen Pflichtteil verzichtet, der ihm an den Gegenständen des Vorverstorbenen bei der Beerbung eines gemeinsamen Abkömmlings unter 14 Jahren („impúber") zusteht (Art. 145 Abs. 2 Z. 1, 251 Z. 2 CDC).
2. Die Vereinbarung zwischen Abkömmlingen und Aszendenten im Ehevertrag oder im Vertrag über die Bestellung einer „dos", durch den der Abkömmling anläßlich seiner Heirat Gegenstände oder Geld als Pflichtteil erhält, daß der Abkömmling auf eine Ergänzung verzichtet, ist wirksam, wenn die Zuwendung wenigstens die Hälfte dessen ausmacht, was der Abkömmling zum Zeitpunkt der Vertragserrichtung als Pflichtteil zu fordern hätte (Art. 145 Abs. 2 Z. 2 CDC).
3. Die im Ehevertrag des pflichtteilsberechtigten Abkömmlings vom Erblasser vorgenommene Zuweisung bestimmter Beträge und Gegenstände als Pflichtteil gemäß Art. 134 CDC ist ebenfalls wirksam (Art. 145 Abs. 2 Z. 3 CDC).

Unbeschränkt zulässig ist der Verzicht (Ausschlagung) auf den angefallenen Pflichtteil (Art. 144 S. 2 CDC). Solange der Verzicht nicht erklärt wird, gilt der Pflichtteil als angenommen (Art. 123 Abs. 2 CDC). Der Verzicht, die begründete Enterbung, die Erbunwürdigkeitserklärung und die Verjährung bringen den betroffenen Pflichtteil zum Erlöschen. Übereinstimmend mit der Regel „exheredatus partem facit ad minuendam legitimam" vereinigt sich der Anspruch mit der Erbschaft und wächst nicht den übrigen Pflichtteilsberechtigten an (Art. 144 S. 2 CDC). Das Eintrittsrecht der Abkömmlinge wird hiervon nicht berührt (Art. 144 S. 2, 130 CDC; Art. 761, 857 CC).

Der klagbare Pflichtteilsanspruch („acción") verjährt 30 Jahre nach dem Erbfall (Art. 146 Abs. 1 CDC; zur Hemmung der Verjährung für den im Hause des Erben lebenden Pflichtteilsberechtigten vgl. oben IV a. E.).

VIII. Ansprüche und (klagbare) Rechte („acciónes") der Pflichtteilsberechtigten

Der Pflichtteilsanspruch gibt dem Pflichtteilsberechtigten kein Recht, das Testamentsverfahren zur Liquidation des Nachlasses, d. h. zur Auseinandersetzung („juicio de testamentaría") zu beantragen.

Er kann aber seinen Pflichtteil mit dinglicher Klage geltend machen, da alle Nachlaßgegenstände für die Bezahlung der „legítima" haften (Art. 140 Abs. 1 CDC). Der Pflichtteilsergänzungsanspruch kann dagegen nur mit der persönlichen Klage verfolgt werden (Art. 140 Abs. 2 CDC). Beide Ansprüche verjähren 30 Jahre nach dem Erbfall (Art. 146 Abs. 1 CDC).

Die Inoffiziosität letztwilliger Verfügungen kann nur von den Pflichtteilsberechtigten und dem Erben, der die Erbschaft nicht unter der Rechtswohltat des Inventars angenommen hat, geltend gemacht werden. Die Inoffiziosität der Schenkungen können nur die Pflichtteilsberechtigten und ihre Erben geltend machen. Auf keinen der beiden Ansprüche kann zu Lebzeiten des Erblassers verzichtet werden (Art. 143 Abs. 1 CDC). Der Anspruch auf Herabsetzung inoffiziöser Schenkungen verjährt fünf Jahre nach dem Erbfall (Art. 146 Abs. 3 CDC).

Die Nichtigkeit des Testamentes wegen irrtümlicher Übergehung eines Abkömmlings ist vom Übergangenen geltend zu machen. Auch dieser Anspruch verjährt fünf Jahre nach dem Erbfall (Art. 146 Abs. 3 CDC)[1084].

IX. Eintragung des katalanischen Pflichtteils im Grundbuch („Registro de la Propiedad")[1085]

Ohne daß hier auf nähere Einzelheiten der komplizierten Grundbuchverhältnisse bei Eintragung des katalanischen Pflichtteils eingegangen werden soll, sei kurz auf wenige Punkte hingewiesen. Der katalanische Pflichtteil ist ein „ius in re aliena", eine Forderung mit beschränkt dinglichen Wirkungen auf die Nachlaßgegenstände (Art. 140 Abs. 1 CDC). Als Eigentümer der Nachlaßgrundstücke kann, da der Pflichtteilsanspruch eine Forderung ist, ohne weiteres der Erbe eingetragen werden. Art. 15 L. H. sieht jedoch vor, daß das Vorhandensein von Pflichtteilsberechtigten ähnlich wie die Anordnung einer Vorerbschaft im Grundbuch zu vermerken ist. Art. 15 L. H. gilt nur für die Fälle, in denen der Pflichtteil eine Erbschaftsquote darstellt, die in Geld befriedigt werden kann, insbesondere für den katalanischen Pflichtteil. Er bestimmt in Abs. 1, daß die Rechte der katalanischen Pflichtteilsberechtigten bei den Nachlaßgrundstücken zu vermerken sind, wenn sie sich aus den für die Eintragung der Erben maßgebenden Urkunden ergeben (Abs. 3). Der Vermerk kann sein: ein konkreter Vermerk, wenn bestimmte Nachlaßgegenstände oder ein bestimmter

---

[1084] Figa Faura 522 f.

[1085] Roca Sastre, D. H. II, 660 f.

Betrag als Pflichtteil feststehen; ein Bestätigungsvermerk des Inhalts, daß der Pflichtteil zu Lebzeiten des Erblassers befriedigt wurde; ein Enterbungsvermerk und, in allen übrigen Fällen, ein abstrakter Vermerk. Der Vermerk unterbleibt, wenn der Pflichtteilsanspruch nicht mehr besteht (Art. 85 R. H.).

Die Eintragung des Vermerkes bewirkt, daß auch die von Dritten erworbenen Nachlaßgegenstände 5 Jahre (beim abstrakten Vermerk 20 Jahre) für den Pflichtteil weiter haften (Art. 15 Abs. 5 L. H.), wenn nicht der Pflichtteilsnehmer vorher befriedigt oder anders dinglich gesichert wurde. Die Eintragung wird, außer wenn der Pflichtteilsberechtigte zustimmt, nach spätestens 20 Jahren gelöscht (Art. 15 Abs. 9 L. H.). Ein konkreter Vermerk wird, wenn dem Pflichtteilsberechtigten ein bestimmter Gegenstand zusteht, nach 5 Jahren gelöscht. Der Gegenstand wird auf den Pflichtteilsberechtigten umgeschrieben. Steht ein bestimmter Betrag fest, so wird der Vermerk ebenfalls nach 5 Jahren gelöscht, wenn der Erbe eine entsprechende Summe bei einer Bank oder öffentlichen Kasse hinterlegt[1086].

§ 27: DAS PFLICHTTEILSRECHT AUF DEN BALEAREN

I. Mallorca und Menorca

Das in Mallorca und Menorca geltende Pflichtteils- oder Noterbenrecht ist das des Corpus Iuris, insbesondere der Novellen 18, 115 und 118[1087].

1. Rechtsnatur

Die mallorkinische (und menorkinische) „legítima" gewährt dem Pflichtteilsberechtigten einen Anspruch auf einen Teil der Erbschaft, der zwingend in Nachlaßgegenständen zu befriedigen ist. Jede abweichende Anordnung des Erblassers ist unwirksam (Art. 46 CDB). Die „legítima" ist also nicht ein reiner Wertanspruch, sondern ein Recht an einer „pars hereditatis". Dementsprechend können die Pflichtteilsberechtigten gemäß Art. 46 Abs. 2 CDB den Erbschafts- und Teilungsanspruch als Erben geltend machen und das Nachlaßverfahren („juicio de testamentaría") in Gang setzen. Die Rechtsnatur der „legítima" wird auch aus Art. 47 CDB deutlich, der bestimmt, daß sie aus dem Wert berechnet wird, den die beim Erbfall vorhandenen Gegenstände bei ihrer Befriedigung haben. Die Wert-

---

1086 Vgl. im übrigen Art. 15 L. H., 85—90 R. H.

1087 In Katalonien gilt dagegen das vorjustinianische Recht, vgl. § 25.

änderung des Nachlasses trifft somit den Pflichtteilsberechtigten ebenso wie den Erben.

2. Die einzelnen Pflichtteilsberechtigten

Pflichtteilsberechtigt sind die legitimen und, in gewissen Grenzen, die natürlichen Abkömmlinge, die legitimen Aszendenten, die natürlichen Eltern und der Ehegatte (Art. 41—45 CDB).

a) Die „legítima" der Abkömmlinge

Die „legítima" der legitimen Kinder[1088] beträgt gemäß Art. 41 Abs. 1 CDB ein Drittel der Erbschaft, wenn die Zahl der Kinder vier oder weniger beträgt, und die Hälfte der Erbschaft, wenn mehr Kinder vorhanden sind. Für vorverstorbene Kinder treten ihre Abkömmlinge nach Stämmen ein.

Für anerkannte natürliche Kinder ist zu unterscheiden, ob es sich um die Beerbung der Mutter oder des Vaters handelt. Gegenüber der Mutter haben die anerkannten natürlichen Kinder den gleichen Pflichtteilsanspruch wie die legitimen Abkömmlinge (Art. 41 Abs. 2 S. 1 CDB). Treffen die anerkannten natürlichen Kinder mit legitimen Abkömmlingen zusammen, so verbleibt diesen die Hälfte bzw. ein Drittel der Erbschaft, während die natürlichen Kinder einen ebenso großen Teil wie ein legitimer Abkömmling aus dem Rest der Erbschaft erhalten (Art. 41 Abs. 2 S. 2 CDB). Auch gegenüber dem Vater haben die natürlichen Kinder und, kraft Repräsentation, ihre legitimen Abkömmlinge grundsätzlich das gleiche Pflichtteilsrecht wie die legitimen Abkömmlinge (Art. 43 Abs. 1 CDB). Es gelten jedoch zwei Einschränkungen:

aa) Neben legitimen Abkömmlingen erhält jedes natürliche Kind die Hälfte des Anteils eines der legitimen Abkömmlinge aus dem Freiteil (Art. 43 a, 41 Abs. 2 S. 2 CDB).

bb) Anders als bei der Beerbung der Mutter[1089] schließen die natürlichen Kinder bei der Beerbung des Vaters dessen legitime Aszendenten nicht aus, sondern erhalten insgesamt einen gleichen Pflichtteil wie diese (Art. 43 b CDB), d. h. also ein Drittel der Erbschaft.

Da die Kompilation die Rechte der durch Verwaltungsakt legitimierten Kinder nicht regelt, gilt Art. 844 CC: Sie haben die gleichen Rechte wie die anerkannten natürlichen Kinder.

Volladoptierte Kinder sind gegenüber beiden Adoptiveltern pflichtteils-

---

1088 Ihnen stehen die durch nachfolgende Ehe legitimierten Kinder gleich, Art. 122 CC.

1089 Art. 42 CDB: „Beim Fehlen der im vorstehenden Artikel berufenen Personen ...".

berechtigt. Im übrigen gilt auch hier Art. 41 Abs. 2 S. 2 CDB[1090], nicht aber Art. 43 CDB.

b) Die „legítima" der Aszendenten

Beim Fehlen der in Art. 41 CDB genannten Personen[1091] sind pflichtteilsberechtigt die legitimen Eltern und Aszendenten (Art. 42 S. 1 CDB). Ihnen stehen die natürlichen Eltern im Verhältnis zum natürlichen Kind und die Adoptiveltern gegenüber dem volladoptierten Kind gleich, dessen leibliche Verwandten kein Erbrecht haben (Art. 44 CDB).

Der Pflichtteil der Aszendenten beträgt gemäß Art. 42 S. 2 CDB ein Drittel der Erbschaft. Vor Inkrafttreten der Kompilation war die Höhe des Pflichtteils der Aszendenten wegen der Unklarheit der römischen Quellen bestritten. O'Callaghan[1092] und Mascaró[1093] vertraten die Ansicht, er betrage ein Viertel des Intestaterbteils und stützten sich dabei auf römische Quellen[1094]. Tatsächlich wurde aber auf *Mallorca* in der Praxis ein Drittel des Intestaterbteils als „legítima" angesehen[1095]. Hierbei war zweifelhaft, ob der Intestaterbteil zu diesem Zweck nach römischem Recht[1096] oder nach dem Código Civil zu bestimmen war. Auch für Mallorca galt grundsätzlich die Rechtsprechung des T. S., die die gesetzliche Erbfolge in ganz Spanien nach gemeinem Recht beurteilte[1097]. Pascual y González[1098] ist jedoch der Ansicht, daß zur Berechnung der „legítima" von der gesetzlichen Erbfolge des römischen Rechtes auszugehen war, da sonst das römische Pflichtteilsrecht verfälscht würde. In *Menorca* überwog dagegen die Meinung, daß der Pflichtteil in einem Drittel der gesamten Erbschaft besteht[1099].

Leben beim Erbfall beide Eltern, so erhalten sie je die Hälfte der „legítima". Ist ein Elternteil oder sind beide Eltern vorverstorben, so

---

1090 Siehe oben.

1091 Legitime Abkömmlinge, natürliche Kinder gegenüber der Mutter, volladoptierte Kinder.

1092 O'Callaghan, La legítima de los ascendientes en Mallorca: Rev. Der. Priv. (1918) 152.

1093 Mascaró, Ensayos jurídicos sobre el Derecho foral en Mallorca (Palma de Mallorca 1896) 89.

1094 Const. 29, c. III, 28.

1095 Pascual y González 224; Subías (oben N. 895) 634; ebenso Art. 33 des Entwurfes von 1920 und noch Art. 37 des Vorentwurfes vom 22. 2. 1949 (nach Ballester, El apéndice de Baleares: Rev. Gen. Leg. Jur. 146 (1925) 74 und Pascual y González 288 f.).

1096 Vgl. Sohm/Mitteis (oben N. 691) 580.

1097 Vgl. § 33.

1098 Pascual y González 227.

1099 Ballester (oben N. 1095) 74; Rivera I, 48; allgemein ebenso Castán, D. F. 91.

erben die nächsten Aszendenten nach den Regeln über die gesetzliche Erbfolge (Art. 42 S. 3 CDB). Diese Regeln sind, wie sich aus Art. 51 CDB ergibt, die des Art. 937 CC.

c) Die „legítima" des überlebenden Ehegatten

Das frühere Recht Mallorcas und Menorcas gewährte nur der armen Witwe die sogenannte „Quarta uxoria" der 117. Novelle Justinians (Kapitel 5)[1100]. Die Witwe erhielt ein Viertel des Nachlasses zu Eigentum, wenn die Ehe kinderlos war, oder zu Nießbrauch, wenn bis zu drei Kindern vorhanden waren. Waren aus der Ehe mehr als drei Kinder hervorgegangen, so unterlag dem Nießbrauch ein dem Anteil eines der Kinder an der Erbschaft entsprechender Teil[1101].

Die Kompilation behält die „Quarta uxoria" nicht bei, sondern stellt den Witwer der Witwe gleich und gewährt dem überlebenden Ehegatten allgemein eine im Nießbrauch an einem bestimmten Nachlaßteil bestehende „legítima" (Art. 45 CDB). Voraussetzung hierfür ist, daß der überlebende Ehegatte nicht aus seinem Verschulden vom Vorverstorbenen getrennt war (Art. 45 Abs. 1 CDB).

Neben Abkömmlingen erstreckt sich der Nießbrauch auf ein Drittel der Erbschaft und belastet gegebenenfalls die „legítima" der neben legitimen Abkömmlingen berufenen natürlichen und Adoptivkinder (Art. 45 Abs. 2 mit Art. 41 Abs. 2 CDB).

Trifft der Ehegatte mit Aszendenten zusammen, so umfaßt der Nießbrauch die Hälfte der Erbschaft, auch wenn hierdurch die „legítima" der natürlichen (und adoptierten) Kinder belastet wird (Art. 45 Abs. 3 CDB). Sind weder Abkömmlinge noch Aszendenten vorhanden, so besteht der Nießbrauch aus zwei Dritteln der Erbschaft. Die Rechte des überlebenden Ehegatten nach den in Mallorca und Menorca (Art. 65 CDB) anwendbaren Vorschriften der balearischen Kompilation stimmen somit mit denjenigen überein, die ihm das gemeine Recht in Art. 834—838 CC gewährt. Gemäß Art. 45 Abs. 4 CDB unterliegt der Nießbrauch der überlebenden Ehegatten gegebenenfalls der Herabsetzung nach Art. 53 CDB. Danach kann der überlebende Ehegatte, der mit legitimen Abkömmlingen des Vorverstorbenen aus einer früheren Ehe zusammentrifft, von dem Vorverstorbenen unentgeltlich direkt oder indirekt nicht mehr erwerben als das mindest begünstigte legitime Kind. Der Überschuß wird gleichmäßig unter den Überlebenden und allen Kindern verteilt.

1100 Pascual y González 309 f.

1101 Pascual y González 313; Rivera I, 49.

3. Pflichtteilsanspruch

Art. 48 CDB bestimmt, daß die Erbeinsetzung eines Pflichtteilsberechtigten oder die Zuwendung eines Vermächtnisses an ihn als Zuwendung des Pflichtteils gilt und mangels abweichender Anordnung des Erblassers auf diesen anzurechnen ist, selbst wenn der Pflichtteilsberechtigte die Erbschaft oder das Vermächtnis ausschlägt.

Art. 49 CDB regelt die sogenannte „Cautela Socini“, deren Wirkungen im deutschen Recht gemäß § 2306 Abs. 1 S. 2 BGB kraft Gesetzes eintreten. Die Verfügung zugunsten eines Pflichtteilsberechtigten — so lautet Art. 49 CDB —, die den Wert der „legítima“ übersteigt und unter der Bestimmung vorgenommen ist, daß sich, wenn er die auferlegten Beschwerungen nicht annimmt, sein Recht auf die „legítima“ beschränkt, ermächtigt den Pflichtteilsberechtigten, zwischen der Annahme der Verfügung in der angeordneten Form und dem von Beschwerungen oder Beschränkungen freien Pflichtteil zu wählen.

II. Ibiza und Formentera

In dem auf Ibiza und Formentera anwendbaren 3. Buch der balearischen Kompilation regeln Art. 79—84 CDB das Pflichtteilsrecht. Hiernach besteht die „legítima“ der Abkömmlinge, wie auf Mallorca und Menorca, in einem Drittel der Erbschaft, wenn bis zu vier Kinder vorhanden sind, und in der Hälfte, wenn ihre Zahl größer ist. Dabei werden die Kinder nach Köpfen, die entfernteren Abkömmlinge nach Stämmen gezählt (Abs. 1). Die restlichen zwei Drittel bzw. die restliche Hälfte unterliegen der freien Verfügung des Erblassers (Abs. 2). Im übrigen gilt gemäß der 2. Schlußbestimmung der CDB der CC[1102]. Hieran könnten gewisse Zweifel bestehen, wenn man Art. 79 CDB als abschließende Regelung ansieht. Subías[1103] kommentiert die Vorschrift mit folgenden Worten: „Man kennt (auf Ibiza und Formentera) keine andere römische legítima als die justinianische der Kinder.“ Er ist daher offenbar ebenfalls der Auffassung, daß im übrigen das gemeine Recht gilt. Das ergibt sich, abgesehen von der 2. Schlußbestimmung der CDB aus folgenden Überlegungen:

1. Seinem Wortlaut nach stellt Art. 79 CDB keine abschließende Regelung dar, sondern will lediglich Art. 806 CC ersetzen.

1102 So für das Recht vor der Kompilation Costa Ramón 39.

1103 Subías (oben N. 895) 642.

2. Auch das Recht Mallorcas und Menorcas regelt nur die „legítima" der Deszendenten wesentlich abweichend vom gemeinen Recht. Im übrigen setzt es gegenüber diesem nur die „legítima" der Aszendenten von der Hälfte (Art. 809 CC) auf ein Drittel herab (Art. 42 S. 2 CDB).

Es sei allerdings nicht verkannt, daß nach der hier vertretenen Auffassung die Aszendenten eine höhere „legítima" erhalten als die Kinder, deren Zahl mehr als vier beträgt, was nach PASCUAL Y GONZÁLEZ[1104] gegen die wesentlichen Grundprinzipien des Pflichtteilsrechts verstößt.

Auch auf Ibiza und Formentera ist die „legítima" grundsätzlich in Nachlaßgegenständen zu befriedigen. Anders als auf Mallorca und Menorca kann aber hiervon abgewichen werden, wenn dies der Erblasser angeordnet hat oder der Pflichtteilsberechtigte und der beschwerte Erbe etwas anderes vereinbaren (Art. 81 CDB). Gemäß Art. 82 CDB kann der Erbe ohne Mitwirkung der Pflichtteilsberechtigten die Erbschaft annehmen, die Nachlaßgegenstände auf seinen Namen in den entsprechenden Registern eintragen lassen und, unbeschadet ihrer dinglichen Haftung für die „legítima", frei über sie verfügen.

Veräußert der Erbe Nachlaßgegenstände, so hat der Pflichtteilsberechtigte kein Vorkaufsrecht (Art. 83 S. 1 CDB). Dieses steht ihm jedoch zu, wenn ein anderer Pflichtteilsberechtigter sein Recht an einen Dritten abtritt (Art. 83 S. 2 CDB). Die „legítima" trägt vom Erbfall an die gesetzlichen Zinsen, der Ergänzungsanspruch dagegen erst von der Geltendmachung an (Art. 84 Abs. 1 CDB). Ist dem Pflichtteilsberechtigten ein bestimmter Gegenstand zugewendet, der auf den Pflichtteil anzurechnen ist, so treten seine Nutzungen seit dem Erbfall an die Stelle der Zinsen (Art. 84 Abs. 2 CDB). Lebt der Pflichtteilsberechtigte im Hause des Erben auf dessen Kosten, so erbringt die noch nicht geleistete „legítima" keine Zinsen (Art. 84 CDB).

III. Gemeinsames

Im übrigen gilt mangels besonderer Vorschriften auf den Balearen das gemeine Recht, vor allem für den Pflichtteilsergänzungsanspruch, die Übergehung und Enterbung (Art. 815, 814, 848 f. CC). Eine Ausnahme besteht hinsichtlich der Inseln Mallorca, Ibiza und Formentera für Art. 816 CC, die im folgenden zu erörtern ist.

1104 PASCUAL Y GONZÁLEZ 227.

IV. Der Verzicht auf den Pflichtteil auf Mallorca, Ibiza und Formentera („definición")

Auf Mallorca, Ibiza und Formentera können die emanzipierten Kinder[1105] des Erblassers durch einen besonderen Vertrag, die sogenannte „definición", auf ihre „legítima" verzichten (Art. 50, 80 CDB). Durch diesen Vertrag erklären die Kinder anläßlich einer ihnen vom Erblasser zu seinen Lebzeiten als Abfindung für den Pflichtteil gewährten Schenkung, daß hierdurch alle ihre Rechte auf den Pflichtteil und die Erbschaft befriedigt sind[1106].

Die „definición" geht auf zwei balearische Privilegien von 1274 und 1319 zurück[1107]. Auf Ibiza und Formentera scheint sie bisher zwar zulässig, jedoch nahezu ungebräuchlich gewesen zu sein[1108].

Auf Menorca sind weder die Vorschriften über den Erbvertrag noch über die „definición" anwendbar (Art. 65 CDB). Es gilt daher Art. 816 CC, der den Verzicht auf die „legítima" zu Lebzeiten des Erblassers verbietet. Nach Rivera[1109] bestand diese Rechtslage auch schon vor Inkrafttreten der Kompilation, da die „definición" in Menorca seit langem außer Gebrauch gewesen sei.

Pascual y González[1110] untersucht die Wirkungen der „definición", wenn der Verzichtende das einzige Kind des Erblassers ist, und kommt zu dem Schluß, daß dann dessen Abkömmlinge erben. Fehlen Abkömmlinge des Verzichtenden, so neigt Pascual zu der Auffassung, daß dieser trotz der „definición" Erbe wird. Im übrigen kann der Verzichtende Rechte auf die Erbschaft aus keinem Berufungsgrund geltend machen. Sind im Vermögen des Erblassers unbewegliche Gegenstände vorhanden, so hat die „definición" in öffentlicher Urkunde zu erfolgen[1111]. Bei der Berechnung der individuellen „legítima" der übrigen Kinder sind die Verzichtenden nicht mitzuzählen, da eine Art. 130 CDC entsprechende Vorschrift fehlt[1112].

1105 Vgl. Art. 314 CC.

1106 „dar finiquito", d. h. Rechnungsabschluß oder Quittung geben; vgl. Pascual y González 159.

1107 Pascual y González 160 f.; Luna Serrano 239 N. 124.

1108 Subías (oben N. 895) 642.

1109 Rivera I, 57.

1110 Pascual y González 171.

1111 Pascual y González 170; vgl. auch Art. 1280 Z. 1 und 4 CC; die letztgenannte Ziffer deutet darauf hin, daß diese Form immer erforderlich ist.

1112 Ebenso Pascual y González 205.

§ 28: DIE „LEGITIMA" IN ARAGÓN

I. Grundsatz

Die einzigen Pflichtteilsberechtigten des aragonesischen Rechtes sind die legitimen Abkömmlinge des Erblassers, denen, unabhängig von ihrer Zahl, zwei Drittel der Erbschaft gebühren. Über das dritte Drittel kann der Erblasser frei verfügen (Art. 30 Abs. 2 S. 2 ap.; Art. 66 Abs. 1 VE). Die eigentliche Besonderheit des Pflichtteilsrechtes in Aragón ist, daß es nur diesen Kollektivpflichtteil von zwei Dritteln kennt, dem einzelnen Abkömmling aber kein bestimmter Anteil hieran zusteht. Vielmehr kann der Erblasser unter mehreren Abkömmlingen den Gesamtpflichtteil nach seinem Belieben ungleichmäßig verteilen (Art. 30 Abs. 1 S. 3 ap.; Art. 66 Abs. 2 VE).

II. Geschichtliche Entwicklung

Zweifelhaft erscheint die Existenz eines der Stadt Jaca im 8. oder 9. Jahrhundert gegebenen Fuero, der eine sehr weitgehende Testierfreiheit zum Inhalt gehabt haben soll[1113]. Die ersten nachweisbaren Fueros, die die Testierfreiheit regeln bzw. beschränken, sind der von Daroca (1142) und der von Jaca aus dem Jahre 1187. Während der erstere vorschrieb, daß „niemand einem Kinde mehr als den anderen hinterlassen kann", sah der Fuero von Jaca die absolute Testierfreiheit vor[1114]. Die Kompilation von Huesca von 1247 regelte die Testierfreiheit nach Vidiella[1115] folgendermaßen: Grundsätzlich haben die Kinder Anspruch auf das elterliche Vermögen, und ihr Anteil kann ihnen nur in bestimmten Fällen entzogen werden. Der Anteil aller Kinder ist gleich groß, wenn auch ein einzelnes Kind besonders begünstigt werden kann. Über die Möglichkeit, zugunsten Dritter zu verfügen, sagt das Gesetzeswerk nichts.

Grundlegend für die Rechtslage bis zum Apéndice und auch für die in ihm übernommene Regelung sind die 1307 für die Adeligen und 1311 für die Bürger erlassenen Fueros „De testamentis nobilium" und „De testamentis civium". Sie lauten in ihrem entscheidenden Teil: „Nobiles...

[1113] Isabal 269; Vidiella, De la legítima de descendientes en Aragón: Rev. Der. Priv. (1918) 137; Ortega y San Iñigo, Las sucesiones en Aragón: Rev. Der. Priv. (1936) 154: „Gegeben 800 von Galindo Aznar."

[1114] Isabal 270; Vidiella (vorige Note) 138; Castán, D. F. 85.

[1115] Vidiella (oben N. 1113) 139.

(bzw. Omnes cives ...) possint (in suis testamentis) unum ex filiis quem voluerint haeredem facere; aliis filiis de bonis suis, *quantum eis placuerit* dimittendo (bzw. reliquendo)"[1116]. Seither war sonach davon die Rede, daß den Kindern, die nicht zu Erben eingesetzt waren, das sogenannte „Quantum" hinterlassen werden mußte. Bis zum Inkrafttreten des Apéndice knüpften sich an die Auslegung dieser Fueros insbesondere folgende Streitfragen:

1. War der Vater verpflichtet, die Erbschaft einem oder mehreren Kinder zu hinterlassen oder konnte er über sie zugunsten eines Dritten verfügen und die Kinder mit einem mehr oder weniger nominellen „Quantum" abfinden?

Während noch im 18. Jahrhundert die Meinungen geteilt waren und sogar die der Verfügung zugunsten eines Dritten günstig gegenüberstehende überwog, setzte sich im 19. Jahrhundert die Auffassung durch, daß eines der legitimen Kinder zum Erben eingesetzt werden mußte[1117]. So konnte ISABAL[1118] mit Recht und in Einklang mit der Rechtsprechung der Audiencia Territorial de Zaragoza und des T. S. feststellen, daß beim Vorhandensein von Kindern ein Dritter nicht zum Erben eingesetzt werden kann[1119]. An dieses Ergebnis knüpfte sich jedoch notwendig die Frage, ob der Erblasser nicht doch über einen Teil der Erbschaft — und, bejahendenfalls, über welchen — zugunsten eines Dritten verfügen konnte. Der früher vertretene Standpunkt „in Regno tota hereditas est legitima" wurde im vorigen Jahrhundert endgültig aufgegeben und kraft subsidiärer Anwendung des damaligen kastilischen Rechtes ein Fünftel als frei verfügbar angesehen[1120]. Nach dem Inkrafttreten des CC trat an die Stelle des Fünftels das nunmehr auch im Apéndice übernommene Drittel[1121].

2. Hatte der einzelne Abkömmling einen Anspruch auf einen individuellen Pflichtteil, d. h. bestand eine Mindestgrenze für das „quantum ei placuerit"?

Im Anschluß an die Fueros von 1307 und 1311 hatte sich die Gewohnheit eingebürgert, den nicht zu Erben eingesetzten Kindern als nomi-

---

1116 LA PEÑA, Recopilación de los Fueros y Observancias vigentes en el antiguo Reino de Aragón (Zaragoza 1880) 169 f.

1117 FRANCO/GUILLÉN 194.

1118 ISABAL 278.

1119 Art. 68 Abs. 3 VE sagt, daß beim Vorhandensein von Pflichtteilsberechtigten die Erbeinsetzung zugunsten eines Dritten als Vermächtnis anzusehen ist.

1120 So T. S. 8. 10. 1877.

1121 T. S. 7. 5. 1903; ISABAL 295 f.; CASTÁN, D. F. 85; VIDIELLA (oben N. 1113) 148; VALENZUELA Y SANCHO 397.

nellen Pflichtteil den Betrag von 10 „sueldos jaqueses"[1122] zuzuwenden. Bis zum Beginn des letzten Jahrhunderts war die Frage, ob dieser Betrag einen ausreichenden Pflichtteil darstellt, bejaht worden. FRANCO/GUILLÉN qualifizierten jedoch diese Praxis als stillschweigende Enterbung und nannten sie absurd[1123]. Vielmehr müsse der individuelle Pflichtteil dem elterlichen Vermögen entsprechen, andernfalls stünde ein Pflichtteilsergänzungsanspruch zu. Der Einfluß dieser Autoren führte dazu, daß in der Praxis ein Pflichtteilsergänzungsanspruch geltend gemacht und diesem auch in einigen Fällen stattgegeben wurde. Dem widersprach ISABAL[1124], der sagte, daß ein Pflichtteilsergänzungsanspruch niemals besteht, ungeachtet der Höhe des Zugewendeten[1125]. Auch das T. S. lehnte einen Pflichtteilsergänzungsanspruch zuletzt in ständiger Rechtsprechung ab. Nach dem geltenden Recht hat der nur tatsächlich, nicht de iure enterbte oder übergangene Pflichtteilsberechtigte, wie noch zu sehen sein wird, gemäß Art. 30 Abs. 2 ap. gegebenenfalls einen Unterhaltsanspruch gegen den Erben, niemals jedoch einen weitergehenden Pflichtteilsergänzungsanspruch[1126].

III. Geltendes Recht und Vorentwurf

1. *„Legítima colectiva"*

Wie bereits einleitend ausgeführt, beträgt der Pflichtteil der Abkömmlinge insgesamt zwei Drittel der Erbschaft, die beliebig unter die Kinder verteilt werden können (Art. 30 Abs. 1 S. 2 ap.). Der Vorentwurf spricht hierbei in Art. 66 von der „legítima material colectiva" und bestimmt weiter, daß auch das, was den Pflichtteilsberechtigten über diese zwei Drittel hinaus zufällt, als Pflichtteil anzusehen ist. Für die Berechnung des Pflichtteils verweist er auf Art. 818 CC. Aus Art. 30 Abs. 3 ap. ergibt sich, daß pflichtteilsberechtigt die Kinder sind und die entfernteren Abkömmlinge nur kraft Eintrittsrechtes begünstigt sein können[1127]. Das aragonesische Recht steht also hier offenbar auf einem anderen Standpunkt als das ge-

---

1122 Der „sueldo" ist eine alte Münze mit nach Zeit und Ort verschiedenem Wert. 20 „sueldos" bildeten ein Pfund. Nach CASTÁN, D. F. 86, entsprechen 10 „sueldos jaqueses" 2,40 Peseten, ein „sueldo" somit 24 cts. (vgl. frz. —sou—).

1123 FRANCO/GUILLÉN 194, 197.

1124 ISABAL 305.

1125 Ebenso RICO GAMBARTE, Alimentos como suplemento de legítima: An. Der. Aragonés VI (1951—1952) 225 f.

1126 A. T. Zaragoza 8. 7. 1935; 15. 7. 1937: abgedruckt bei VALENZUELA Y SANCHO 396.

1127 A. T. Zaragoza 10. 5. 1945: VALENZUELA Y SANCHO 394.

meine Recht hinsichtlich des vergleichbaren Falles der „mejora“[1128]: Im Urteil vom 19. 12. 1903 hat das T. S. zu Art. 823 CC entschieden, daß eine „mejora“ auch zu Lebzeiten der Kinder den Enkeln zugewendet werden kann[1129].

2. *„Legítima individual“*

Auch das geltende Recht kennt keinen individuellen Pflichtteil eines einzelnen von mehreren Abkömmlingen und übernimmt vor allem nicht die nie zum Gesetz gewordenen 10 „sueldos jaqueses“, noch gewährt es einen allgemeinen Pflichtteilsergänzungsanspruch. Ein Pflichtteilsberechtigter kann aber von den Erben des Aszendenten als Pflichtteilsergänzung Unterhalt gemäß Art. 142 CC verlangen, den die Erben im Verhältnis ihrer Beteiligung an der Erbschaft zu tragen haben (Art. 30 Abs. 2 ap.). Voraussetzung hierfür ist, daß sich der Pflichtteilsberechtigte in einer Lage befindet, die nach den Vorschriften des CC die Unterhaltspflicht auslöst. So hat die A. T. Zaragoza durch Urteil vom 11. 12. 1958[1130] entschieden, daß unter Geschwistern Art. 143 Abs. 3 CC anwendbar ist und sonach der Pflichtteilsberechtigte nur dann Anspruch auf den (notwendigen) Unterhalt hat, wenn er sich aus einem der dort genannten Gründe nicht selbst erhalten kann.

Dieser Umstand ließ La Fuente Pertegaz[1131], m. E. mit Recht, feststellen, daß Art. 30 ap. eine grundlose Enterbung zuläßt. Die in Art. 30 Abs. 2 ap. vorgesehenen Rechte seien häufig deshalb illusorisch, weil gemäß Art. 152 Z. 3 CC die Unterhaltspflicht endet, wenn der Berechtigte einem Erwerb nachgehen kann.

Zum Umfang des Unterhaltsanspruches vertritt Rico Gambarte[1132] die Meinung, daß sich dieser nach dem „haber y poder de la casa“, also nach dem Vermögen des Hauses bzw. der Familie richtet. Art. 142 CC nennt als Maßstab die soziale Stellung der Familie, während Art. 143 Abs. 3 CC den Anspruch unter Geschwistern auf den notwendigen Unterhalt beschränkt. Diese Vorschrift erscheint, wie gesagt, anwendbar, wenn es sich um Geschwister handelt[1133]. Im übrigen besteht wohl zwischen dem „haber

---

1128 Man könnte etwa sagen, daß in Aragón der ganze Pflichtteil „mejora“ ist.

1129 Die gleiche Meinung wie das T. S. zu Art. 823 vertritt jedoch lt. mündlicher Auskunft Lacruz Berdejo auch für das aragonesische Recht, vor allem für den VE.

1130 Foro Aragonés, 1958.

1131 La Fuente Pertegaz, La distribución de la legítima en Aragón: Prim. Sem. Der. Aragonés 83 f.

1132 Rico Gambarte (oben N. 1125) 234.

1133 Lorente Sanz, Crónica de Jurisprudencia (1957—1958): An. Der. Aragonés IX (1957—1958) 342.

y poder de la casa" und der sozialen Stellung der Familie kein allzugroßer Unterschied. Zu beachten ist auch Art. 149 CC, wonach der zum Unterhalt Verpflichtete nach seiner Wahl die festgesetzte Rente bezahlen oder den Berechtigten in sein Haus aufnehmen und dort unterhalten kann.

Art. 67 VE bestimmt unter der Überschrift „legítima material individual" (individueller materieller Pflichtteil), daß der vom Erblasser abstammende Pflichtteilsberechtigte, wenn keine erbfähige Person dazwischensteht, d. h. also m. E. wenn er ein unmittelbarer oder ein kraft Repräsentation eintretender weiterer Abkömmling des Erblassers ist, von den Erben des Aszendenten Unterhalt im Rahmen von Art. 142 CC verlangen kann. Voraussetzung hierfür ist, daß seine wirtschaftliche Lage die Unterhaltsgewährung rechtfertigt und er nicht ausreichend abgefunden wurde. Die Höhe richtet sich nach dem Umfang der Erbschaft.

3. Qualitative Unbeschränkbarkeit der „legítima"

Der Grundsatz, daß der Pflichtteil keinen Beschränkungen und Beschwerungen unterworfen sein darf, ist im aragonesischen Recht durch zahlreiche Ausnahmen durchbrochen (Art. 31 ap.). Zulässig ist es, dem überlebenden Ehegatten den Nießbrauch am gesamten Nachlaß („viudedad universal") zu bestellen. Den Abkömmlingen kann weiter die Auflösung der fortgesetzten Gütergemeinschaft verboten werden, solange der Überlebende im Witwenstande verbleibt und das Vermögen ordnungsgemäß verwaltet (ähnlich Art. 72, 126 VE). Außerdem sind möglich Beschränkungen und Beschwerungen zugunsten anderer, auch entfernterer legitimer Abkömmlinge, selbst zu Lebzeiten der näher mit dem Erblasser verwandten Abkömmlinge (ebenso Art. 72 Z. 1 VE). Wirksam sind weiter die Beschränkungen und Beschwerungen, die der Erblasser zugunsten eines Dritten für den Fall angeordnet hat, daß die Pflichtteilsberechtigten ohne Abkömmlinge sterben, soweit sie sich auf das Vermögen beziehen, über das der Pflichtteilsberechtigte nicht selbst verfügt hat (vgl. Art. 72 Z. 3 VE). Art. 72 Z. 2 VE sieht vor, daß in Zukunft auch rein negative Verfügungsverbote und Beschränkungen zulässig sein sollen, wenn sie auf einem wichtigen Grunde beruhen.

4. Präterition und Enterbung

Zu den Vorschriften über die Übergehung und Enterbung leitet Art. 68 VE über die „legítima formal", das formelle Pflichtteilsrecht, hin. Danach müssen alle Pflichtteilsberechtigten, die nicht unter Lebenden oder kraft gesetzlicher Erbfolge begünstigt wurden, im Testament erwähnt werden. Die Erwähnung muß wenigstens erkennen lassen, daß sie der Erblasser bei Verteilung des Pflichtteils nicht übersehen hat. Nach Testamentserrichtung geborene Pflichtteilsberechtigte gelten als übergangen, wenn sie generell, nicht aber einzeln im Testament erwähnt sind (Art. 68 Abs. 2 VE).

Die Enterbung oder Entziehung des Pflichtteils ist heute aus den in Art. 852 CC genannten Gründen zulässig, da der Apéndice und der VE keine besonderen Vorschriften mehr enthalten, sondern in Art. 32 ap. und Art. 69, 70 VE nur die Wirkungen der grundlosen Enterbung und der Präterition geregelt sind.

Es sind hierbei folgende Fälle zu unterscheiden:

a) Sind alle Pflichtteilsberechtigten übergangen oder enterbt, so ist der letzte Wille des Erblassers hinsichtlich von zwei Dritteln der Erbschaft unwirksam, für die die gesetzliche Erbfolge eintritt. Besteht zwischen den Ehegatten „agermanamiento" oder „casamiento al más vivente" — also ein gegenseitiger Erbvertrag —, der mit dem Überleben von Kindern unwirksam wird, so erben diese alles (Art. 32 Abs. 1 ap.).

Der Vorentwurf behält die gesetzliche Erbfolge in zwei Drittel der Erbschaft bei, wenn die Existenz aller Pflichtteilsberechtigten zum Zeitpunkt der Testamentserrichtung bekannt war. Andernfalls greift die gesetzliche Erbfolge für die gesamte Erbschaft ein (Art. 69 VE).

b) Sind einer oder mehrere Pflichtteilsberechtigte übergangen oder grundlos enterbt und die übrigen zu gleichen Teilen eingesetzt, so werden ebenfalls zwei Drittel der Erbschaft nach den Vorschriften über die gesetzliche Erbfolge verteilt. Sind sie zu ungleichen Teilen eingesetzt, so erhält der Übergangene oder ungerechtfertigt Enterbte soviel wie der am wenigsten begünstigte, bedachte Pflichtteilsberechtigte (Art. 32 Abs. 2, 3 ap.). Die letztgenannte Modalität sieht Art. 70 VE für den Fall vor, daß ein pflichtteilsberechtigter Abkömmling nach Testamentserrichtung auftaucht.

Von der Wirkung der Übergehung oder grundlosen Enterbung sind die Vermächtnisse und Freigebigkeiten zugunsten Dritter nicht betroffen, wenn sie den Freiteil nicht übersteigen (Art. 32 Abs. 4 ap.). Gehen sie über das freie Drittel hinaus, so können die Pflichtteilsnehmer ihre Herabsetzung insoweit verlangen, als sie ihren jeweiligen Anteil beeinträchtigen (Art. 32 Abs. 5 ap.). Eine ähnliche Vorschrift enthält Art. 71 VE.

Eine Bestimmung über die Anrechnung der Zuwendungen für die Berufsausbildung usw. findet sich in Art. 32 Abs. 6 ap. (sowie Art.73 Abs. 3 VE). Die Anrechnung erfolgt danach, wenn nichts anderes bestimmt ist, kraft Gesetzes.

Gemäß Art. 33 ap. verjähren die aus dem Pflichtteilsrecht entspringenden Ansprüche in fünf Jahren.

5. Schlußbemerkung (Rechtsnatur)

Abschließend sei bemerkt, daß unter Berücksichtigung des aragonesischen Pflichtteilsrechtes als Erbe nur der Pflichtteilsberechtigte angesehen werden kann, der tatsächlich zum Erben eingesetzt ist. Andernfalls bemißt sich seine Rechtsstellung nach dem Titel, aufgrund dessen ihm sein Pflichtteil zugewendet wird. Greift die gesetzliche Vorschrift über seine Mindestrechte und einen materiellen Pflichtteil ein, so ist er lediglich Unterhaltsgläubiger des Erben. Die Problematik des gemeinen Rechtes taucht somit hier nicht auf.

§ 29: DIE NAVARRISCHE TESTIERFREIHEIT UND IHRE AUSNAHMEN

Bereits mehrfach bestand Anlaß, auf die in Navarra geltende absolute Testierfreiheit hinzuweisen, der das rein formelle Pflichtteilsrecht nur noch dazu dient, die „Zwangserben" zu enterben.

I. Geschichtliche Entwicklung

Die historische Entwicklung des navarrischen Pflichtteilsrechtes weist Ähnlichkeit mit der Entwicklung in Aragón auf. Ursprünglich war auch in Navarra die Testierfreiheit stark eingeschränkt, der Großteil der Erbschaft war den Kindern vorbehalten, während die Eltern nur über einen kleinen (Frei-)Teil verfügen konnten[1134]. Der Fuero General gestattete den Adeligen („hijosdalgo, caballeros y ricos-hombres") zwar, die Erbschaft unter ihren Kindern ungleich zu verteilen, sie mußten jedoch jedem Kinde mangels eines Enterbungsgrundes mindestens eine „vecindad", d. h. ein im Kap. 2, Tit. 20, Buch 3 Fuero General näher beschriebenes Haus mit landwirtschaftlichem Grund hinterlassen (Kap. 4, Buch 2, Tit. 4 Fuero General). Dagegen konnten die Bürgerlichen, die mit den Bauern gleichzusetzen sind, einem Kind nicht mehr als einem anderen hinterlassen (Kap. 2, Tit. 19, Buch 3 Fuero General)[1135].

Die Gewohnheit ersetzte aber bald die „vecindad" durch die heute noch geltenden fünf „sueldos carlines" und die „robada de tierra"[1136].

1134 Albareda 41.

1135 Lacarra II, 135 f., 185 f., 226; Castán, D. F. 91 f.

1136 Erläuterungen siehe unten.

Im Jahre 1576 erging ein Gesetz der Cortes von Pamplona (G. 4, T. 7, B. 3 Nov.), wonach die Eltern, wenn sie einem der heiratenden Kinder eine Schenkung zuwenden, ihr Vermögen einem Kind hinterlassen und die anderen durch Zuwendung der „legítima" ausschließen können („excluir a los otros con su legítima"). Im Jahre 1583 wurde diese Befugnis auf alle letztwilligen Verfügungen und Erbverträge erweitert (G. 5, T. 7, B. 3 Nov.)[1137]. Das dem heutigen Rechtszustand entsprechende Gewohnheitsrecht, das die „legítima foral" auf die illusorischen fünf „sueldos" und die „robada de tierra" reduziert hatte, wurde 1688 von den Cortes gesetzlich für diejenigen Navarrer anerkannt, die keine Bauern waren (G. 16, T. 13, B. 3 Nov.). Für die Bauern galten auch die beiden obenerwähnten Gesetze nicht. Mit der Beseitigung der Standesunterschiede erstreckte jedoch die Gewohnheit die Testierfreiheit auf alle Navarrer, gleich welchen Standes[1138]. Nach LACARRA[1139] gilt eine Ausnahme für die in den im Valle de Allin gelegenen Dörfern[1140] ansässigen Bauern, die verpflichtet sind, ihr Grundvermögen gleichmäßig unter ihren Kindern zu teilen. Der FR trifft diese Unterscheidung nicht, seine Vorschriften sollen für ganz Navarra gelten.

II. Geltendes Recht

1. Testierfreiheit

Das navarrische Pflichtteilsrecht ist grundsätzlich rein formell, ohne den Zwangserben ein Recht auf einen bestimmten Teil der Erbschaft zu gewähren. Es gibt ihnen nur ein Recht, im Testament erwähnt zu werden[1141], sie haben aber weder Anspruch auf einen kollektiven materiellen Pflichtteil wie in Aragón noch auf einen tatsächlichen individuellen Pflichtteil. Der navarrischen „legítima" fehlt jeder vermögensrechtliche Inhalt, und sie besteht — wie L. 282 FR in Übereinstimmung mit dem geltenden Recht sagt — in der formellen Zuweisung an jeden Zwangserben von fünf „sueldos febles" oder „carlines" für das bewegliche Vermögen und einer „robada" (8,98 ar) Land am Gemeindeanger („montes comunes") für das unbewegliche Vermögen. Die genannten fünf „sueldos" entsprachen 10

1137 LACARRA II, 136 f.

1138 LACARRA II, 140; CASTÁN, D. F. 92.

1139 LACARRA II. 140.

1140 Amillano, Aramendía, Arlavia, Echávarri, Eulz, Galdeano, Larrión und Munda.

1141 LACRUZ, Notas al Binder 295.

Céntimos[1142]. Da es sich aber um ein heute nicht mehr vorhandenes Zahlungsmittel handelt und der Erblasser über den Gemeindeanger nicht verfügen kann, erhalten die Zwangserben in Wirklichkeit nichts[1143]. Allerdings berichtet ABADÍA ESCOLÁ[1144] von einem Fall, wo die fünf „sueldos" tatsächlich und offenbar mit Erfolg geltend gemacht wurden. ABADÍA sagt nicht, was dem Zwangserben zugesprochen wurde. Heute steht dem — zumindest de lege ferenda — L. 232 FR entgegen[1145], der mit der modernen Interpretation des geltenden Rechtes übereinstimmt[1146]. Vielmehr dient die „legítima" allein dazu, den „Begünstigten" zu enterben und garantiert somit die absolute Testierfreiheit auch zugunsten familienfremder Personen (L. 232 FR). Der Entwurf eines Apéndice von 1930[1147] wollte diese formelle „legítima" daher als überflüssige Fiktion abschaffen.

Nach dem geltenden Recht und nach dem FR setzt aber die freie Verfügung die Enterbung des Zwangserben durch Einsetzung auf den formellen Pflichtteil voraus. Zwangserben, und damit im Testament zu erwähnen, sind die legitimen, legitimierten, anerkannten natürlichen und volladoptierten Kinder des Erblassers, wobei an die Stelle eines verstorbenen Kindes dessen weitere Abkömmlinge treten (L. 231 FR). Auch die natürlichen Kinder hatten ursprünglich Anspruch auf eine „vecindad". Heute, wo die „legítima" zum Werkzeug der Enterbung herabgesunken ist, erscheint es um so begründeter, diese Enterbung auch gegenüber den natürlichen Kindern zuzulassen[1148].

L. 232 FR sagt, daß die navarrische „legítima" in der Zuweisung von „cinco sueldos febles o carlines para bienes muebles y una robada de tierra en los montes comunes por inmuebles" besteht und stimmt hierin mit dem geltenden Recht überein. Wegen der rein formellen Bedeutung dieser Anordnung ist bestritten, ob diese oder ähnliche Worte gebraucht werden müssen, oder ob es genügt, den Zwangserben allgemein auf die „legítima foral" einzusetzen[1149]. L. 246 Abs. 2 Dictamen entscheidet sich für die zuletzt genannte Auffassung.

1142 LACARRA II, 186 N. 4.
1143 LACARRA II, 135.
1144 ABADÍA 88 f.
1145 „La legítima es puramente honorífica".
1146 ABADÍA 89.
1147 Apéndice von 1930 S. 51 Anm. 5.
1148 LACARRA II, 229.
1149 Dictamen, Anm. 167.

2. Ausnahmen

Eine Ausnahme von der absoluten Testierfreiheit besteht dann, wenn der Erblasser mehrere Male verheiratet war. In diesem Falle ist eine Enterbung der Kinder aus der ersten oder einer früheren Ehe nur möglich, wenn ein Enterbungsgrund, d. h. ein Grund für die Entziehung des Pflichtteils vorliegt[1150] (L. 233 FR). L. 247 Dictamen, die L. 233 FR entspricht, verweist für die Enterbungsgründe auf Art. 853 CC und sieht weiter vor, daß bei Einsetzung einer familienfremden Person die Kinder aus der früheren Ehe durch die „legítima foral" enterbt werden können[1151]. Die obenerwähnte und auf die „lex feminae" sowie die „lex hac dictali" des justinianischen Rechtes zurückgehende Regelung[1152], die für das navarrische Recht durch das Gesetz Nr. 48 der Cortes von 1765 und 1766 bestätigt und erläutert wurde[1153], bedeutet daher praktisch vor allem, daß der in zweiter oder weiterer Ehe verheiratete Erblasser den Kindern aus der späteren Ehe sowie dem zweiten oder späteren Ehegatten nicht mehr hinterlassen darf als dem am wenigsten begünstigten Kind aus der ersten Ehe (L. 303 FR). Verstößt der Erblasser gegen dieses Verbot, so wird das zuviel Gewährte so verteilt, daß die Kinder aus der ersten Ehe ebensoviel erhalten wie der übermäßig bedachte Ehegatte oder Abkömmling aus der späteren Ehe[1154]. Gemäß L. 304 FR erstreckt sich diese Beschränkung der Testierfreiheit nicht auf das, was der Erblasser unentgeltlich vom späteren Ehegatten oder dessen Verwandten in gerader Linie erhalten hat.

Eine weitere Beschränkung der Testierfreiheit aufgrund der genannten Rechtsquellen (insb. Z. 1—6 des Gesetzes von 1765—1766)[1155] besteht darin, daß der Erblasser bei Wiederverheiratung verpflichtet ist, den Kindern aus der früheren Ehe mit Ausnahme der „Arras" (der Gegendos oder Morgengabe des navarrischen Rechtes, L. 191 FR) alles vorzubehalten, was er von dem verstorbenen früheren Ehegatten oder den gemeinsamen Abkömmlingen aus der früheren Ehe unentgeltlich erworben hat[1156] (L. 306 FR). Über dieses Vermögen kann der Erblasser unter den begünstigten Abkömmlingen frei verfügen (L. 307 FR). Trifft er eine solche Verfügung

---

1150 Lacarra II, 146.

1151 Ebenso Lacarra II, 146.

1152 Castán, D. F. 92.

1153 Lacarra II, 142 f.

1154 Castán, D. F., 92; Ziff. 7 f. des genannten Gesetzes von 1765—1766 (abgedruckt bei Lacarra II, 142).

1155 Lacarra II, 302 f.

1156 Iribarren, Segundas nupcias, in: Curso 137.

nicht, so erben die Abkömmlinge das betroffene Vermögen kraft Sondererbfolge nach den Vorschriften über die gesetzliche Erbfolge (L. 308 FR). Ausgeschlossen hiervon ist nur das rechtmäßig enterbte Kind[1157]. Für es treten jedoch kraft Repräsentation seine Abkömmlinge ein (L. 309 FR). Im übrigen gelten die einschlägigen Vorschriften des CC, d. h. also Art. 968 f. CC (L. 310 FR).

3. Präterition

Die Übergehung eines Zwangserben im Testament, die im navarrischen Recht den einzigen möglichen Verstoß gegen das Pflichtteilsrecht darstellt, führt nach geltendem Recht nicht zur Nichtigkeit des Testamentes. Vielmehr erhält der legitime Abkömmling das gleiche wie die übrigen legitimen Abkömmlinge, der natürliche Abkömmling das gleiche wie ein anderer Abkömmling seiner Art[1158] (Kap. 1, T. 20, B. 3 FG)[1159]. Dies bedeutet jedoch nicht, daß, wenn die anderen Abkömmlinge durch Einsetzung auf die „legítima foral" enterbt wurden, der Übergangene ebenfalls nur die symbolische „legítima" erhält und damit als enterbt anzusehen ist. Es würde dann genügen, *einen* Abkömmling formell zu enterben, und das navarrische Pflichtteilsrecht wäre damit hinfällig, da die Erwähnung im Testament in bestimmter Form gerade deswegen vorgeschrieben ist, damit gesehen werden kann, ob der Erblasser die Existenz des Zwangserben bei Vornahme seiner Verfügung gekannt und zum Gegenstand seiner Überlegungen gemacht hat[1160]. Vielmehr erhält der Übergangene in diesem Falle sowie bei ungleicher Zuwendung an die übrigen Abkömmlinge das, was er erhalten hätte, wenn der Erblasser alle Kinder zu gleichen Teilen eingesetzt hätte oder ab intestato gestorben wäre.

Setzt der Vater z. B. seine Ehefrau zur Alleinerbin ein und enterbt fünf seiner Kinder durch Zuweisung der „legítima", so erhält ein übergangenes sechstes Kind ein Sechstel der Erbschaft, während die restlichen fünf Sechstel seiner Mutter verbleiben[1161]. Hieraus ergibt sich, daß, wenn der Übergangene das einzige Kind des Erblassers ist, er die ganze Erbschaft erhält und in diesem Falle das Testament hinfällig ist. Ein legitimes Kind ist auch dann übergangen, wenn es nach dem Tode des Erblassers geboren wird und der Erblasser keine Kenntnis von seiner Erzeugung hatte[1162]. Dagegen tre-

---

1157 Hier kommt also wieder L. 233 FR zum Zuge, siehe oben.

1158 Castán, D. F., 105; Lacarra II, 188.

1159 Bei Lacarra II, 187.

1160 Auch Abadía 89 sieht hierin die Bedeutung der navarrischen „legítima".

1161 Lacarra II, 189.

1162 Lacarra II, 190.

ten die Wirkungen der Übergehung nicht ein, wenn dem Erblasser bei seinem Tode die Erzeugung eines posthumen natürlichen Kindes unbekannt war (Kap. 5, T. 4, B. 2 FG)[1163]. Im übrigen haben die natürlichen Kinder die gleichen Rechte wie die legitimen Kinder, auch dann, wenn sie neben diesen berufen sind[1164].

Abweichend von dem hier dargestellten geltenden Recht sieht L. 235 Abs. 1 FR vor, daß der übergangene Zwangserbe die Nichtigkeit der Erbeinsetzung geltend machen kann. Gemäß Abs. 2 dieser Vorschrift liegt eine Übergehung nicht vor, wenn der Zwangserbe in einem Testament durch irgendeine Verfügung oder mit einem Vermächtnis, sei es auch im Wege der Substitution, bedacht wurde, vor oder nach Testamentserrichtung eine Ausstattung empfangen hat oder vor dem Erblasser stirbt.

4. Pflichtteilsentzug

Der Fuero General sah noch verschiedene Gründe für die Enterbung bzw. den Entzug des Pflichtteils vor. Sie haben heute ihre praktische Bedeutung verloren und werden von einigen sogar für unanwendbar gehalten, da ein materielles Pflichtteilsrecht nicht besteht und zur Enterbung die Einsetzung auf die formelle „legítima" genügt[1165]. ABADÍA ESCOLÁ[1166] sagt hierzu: „Die Zuteilung der ‚legítima' ist nicht erforderlich, wenn ... im Testament ausdrücklich ein Enterbungsgrund angegeben wird. Aber die Regel ist die Einsetzung aller der Personen auf die ‚legítima', die ein Recht auf den Nachlaß zu haben glauben, um so jedes Risiko der Unwirksamkeit der Berufung zu vermeiden."

Es wurde jedoch hier bereits aufgezeigt, daß eine echte Enterbung, die einen bestimmten Grund voraussetzt, gemäß L. 233 FR dann erforderlich ist, wenn der mehrfach verheiratete Erblasser den späteren Ehegatten oder die Kinder aus der späteren Ehe unter Ausschluß der Kinder aus der früheren Ehe bedenken will. Es darf jedoch angenommen werden, daß in diesem Falle Art. 853 CC gegenüber dem etwas anachronistischen Katalog des Fuero General der Vorzug zu geben ist. Hierfür spricht auch L. 247 Abs. 1 Dictamen, wo ausdrücklich auf die genannte gemeinrechtliche Vorschrift verwiesen wird.

1163 Bei LACARRA II, 188, 191, 194.

1164 LACARRA II, 194.

1165 CASTÁN, D. F. 103; LACARRA II, 234.

1166 ABADÍA 88.

§ 30: DAS PFLICHTTEILSRECHT IN VIZCAYA UND DIE AYALESISCHE TESTIERFREIHEIT

I. Grundsätze

Das biskayische Pflichtteilsrecht beruht auf dem Erbfallrecht („troncalidad"), dessen oberster Grundsatz sich in Art. 10 CDV findet: „Die Biskayer, auch wenn sie in einem anderen als dem foralen Gebiet Vizcayas ansässig sind[1167], können, wenn Stammesverwandte („parientes tronqueros") vorhanden sind, über die Stammesgüter („bienes troncales") unentgeltlich unter Lebenden oder von Todes wegen nur zu deren Gunsten verfügen."

Die eingehende Erörterung der Zwangserbfolge in Vizcaya wird zeigen, daß dieser Grundsatz Art. 21 CDV vorgeht, der lautet: „Die ‚legítima' oder Zwangserbschaft besteht aus vier Fünfteln der gesamten Erbschaft. Das restliche Fünftel unterliegt der freien Verfügung."

Tatsächlich ist jedoch der Freiteil je nach der Zusammensetzung des hinterlassenen Vermögens und der Art der berufenen Zwangserben variabel, da der Erblasser über die sogenannten „bienes raíces troncales"[1168] im Ergebnis nur soweit verfügen kann, als er ein Vermächtnis zugunsten „der Seele", d. h. zu frommen oder wohltätigen Zwecken in Höhe eines Fünftels der Erbschaft anordnet und die nicht stammesgebundenen Vermögensgegenstände das Fünftel nicht erreichen (Art. 10, 22, 29 CDV). In den übrigen Fällen kann jedoch der Freiteil geringer als ein Fünftel sein, wenn die „bienes raíces troncales" mehr als vier Fünftel der Erbschaft ausmachen (Art. 10, 28 CDV), und er kann größer sein, wenn Seitenverwandte als Zwangserben berufen sind und diese „bienes raíces troncales" vier Fünftel der Erbschaft nicht erreichen (Art. 22 Z. 4 CDV).

Zwangserben sind gemäß Art. 22 CDV in folgender Reihenfolge die sogenannten Stammesverwandten (Art. 7 CDV):

1. die legitimen Abkömmlinge mit einem Eintrittsrecht der entfernteren legitimen Abkömmlinge,
2. die anerkannten natürlichen und die durch Verfügung des Staatschefs für ehelich erklärten Kinder, ebenfalls mit einem Eintrittsrecht der legitimen Abkömmlinge,
3. die legitimen Eltern und Aszendenten,

1167 Zur kollisionsrechtlichen Bedeutung dieser Vorschrift vgl. § 7 I.

1168 Etwa: stammesgebundene Grundstücke und ihre wesentlichen Bestandteile.

4. die Stammesverwandten in der Seitenlinie (d. h. die Seitenverwandten, die mit dem Erblasser bis zum 4. Grad römischer Zählung verwandt sind, Art. 8 Abs. 3 CDV).

Ähnlich wie in Aragón ist die „legítima" bzw. Zwangserbschaft[1169] kollektiv, d. h. sie steht jeweils insgesamt der berufenen Gruppe zu, wobei sie aber der Erblasser innerhalb dieser Gruppe beliebig verteilen oder nur einem Gruppenmitglied unter Ausschluß der anderen zuwenden kann (Art. 23 CDV). Im bisher geltenden Recht war die Zwangserbfolge in den G. 11, 14, 18, Tit. 20 und G. 5, 6, 10, Tit. 21 F. de V. geregelt. Die Regelung in der CDV entspricht im wesentlichen dem früheren Rechtszustand. Im einzelnen wird, soweit erforderlich, auf die wichtigsten Abweichungen hingewiesen.

II. Die „bienes raíces troncales"

Da für die „legítima" der Zwangserben darauf abgestellt wird, ob und in welchem Umfang in der Erbschaft stammesgebundenes Grundvermögen vorhanden ist, ist zuerst der Begriff „bienes raíces troncales" zu klären, deren Gegensatz das nicht stammesgebundene Vermögen bildet. Als „bienes raíces" werden in der Sprache der Foralrechte, z. B. in Aragón, häufig allgemein alle unbeweglichen Gegenstände bezeichnet. In Vizcaya hat dieser Begriff jedoch eine engere Bedeutung. Gemäß Art. 6 Abs. 2 Z. 1 CDV sind „bienes raíces" nur die in Ziff. 1—7 des Art. 334 CC aufgezählten Gegenstände, nicht aber die in Z. 8—10 genannten (Bergwerke, Steinbrüche, Deiche und dingliche Rechte an unbeweglichen Gegenständen). Dagegen sind nach Art. 6 Abs. 2 Z. 2 CDV „bienes raíces" auch die Grabmäler in den Kirchen. Jado[1170] gibt hierzu die Erläuterung, daß zwar heute Bestattungen in der Kirche nicht mehr zulässig sind, jedoch die Gewohnheit fortbesteht, daß sich die Frauen an religiösen Festen, vor allem während der Messe, auf den jeweiligen Familiengräbern aufstellen, sie mit einem schwarzen Tuch bedecken und darauf eine Kerze anzünden.

Art. 6 Abs. 1 CDV bestimmt, daß die „troncalidad" in der Verwandtschaft immer in bezug auf ein sogenanntes „bien raíz" im „Infanzonado", d. h. also im Geltungsbereich des biskayischen Foralrechts, zu bestimmen ist. Ob ein solches „bien raíz" im Einzelfall stammesgebunden („troncal") ist, hängt davon ab, welche der einleitend genannten Gruppen von Stam-

---

[1169] Die CDV spricht vorzugsweise von „herencia forzosa".
[1170] Jado 286.

mesverwandten als Zwangserben berufen sind. Eine allgemeine Regelung hierfür findet sich in Art. 7 bis 9 CDV, die sowohl für die Zwangserbfolge und die gesetzliche Erbfolge als auch für das Vorkaufsrecht der Stammesverwandten („retracto gentilicio" oder „llamamientos forales") gilt. Im Interesse der Klarheit erfolgt die Erörterung dieser Frage zusammen mit der Darstellung der Zwangserbfolge der einzelnen Gruppen. In jedem Falle sind aber stammesgebunden diejenigen Vermögensgegenstände, die im Tausch gegen „bienes troncales" erworben wurden (Art. 9 Abs. 3 CDV).

III. Das Zwangserbrecht der einzelnen Gruppen

1. Die Abkömmlinge des Erblassers

An erster Stelle sind gemäß Art. 22 Z. 1, 2 CDV die legitimen Kinder[1171] und bei ihrem Fehlen die anerkannten natürlichen und durch Verfügung des Staatschefs legitimierten Kinder berufen. Die Abkömmlinge eines vorverstorbenen Kindes erben kraft Eintrittsrechtes.

Sind Abkömmlinge vorhanden, so beträgt der Freiteil ein Fünftel der Erbschaft (Art. 21 CDV). Zur Berechnung dieses Freiteils ist vom Wert des Nachlasses nach Abzug der Verbindlichkeiten auszugehen, die Verfügung über den Freiteil (zugunsten einer nicht der berufenen Gruppe „Kinder" bzw. der eintretenden Abkömmlinge angehörenden Person) ist inoffiziös, soweit sie über das nicht stammesgebundene Vermögen hinausgeht (Art. 28 Abs. 1 CDV). Der Erblasser kann also über ein Fünftel der Erbschaft frei zugunsten eines nicht berufenen Verwandten oder eines Dritten verfügen, wenn das nicht stammesgebundene Vermögen ein Fünftel oder mehr der Erbschaft umfaßt. Der Freiteil ist jedoch entsprechend geringer, wenn das nicht stammesgebundene Vermögen seinerseits geringer als ein Fünftel der Erbschaft ist. Der Erblasser kann dann nur über das (geringere) freie Vermögen verfügen. Art. 21 CDV gibt also, wenn Deszendenten vorhanden sind, nur den Höchstbetrag des Freiteils an, der jedoch je nach Zusammensetzung des Vermögens kleiner als ein Fünftel sein kann.

Die entsprechende Regel im Fuero de Vizcaya (G. 14, 18, Tit. 20) gestattete dem Erblasser die Verfügung über ein Fünftel des Vermögens, soweit dieses Fünftel durch bewegliche Gegenstände gedeckt war[1172]. In

---

1171 Ihnen stehen die durch nachfolgende Ehe legitimierten Kinder gleich (Art. 40 CDV).

1172 Jado 390.

einigen Abhandlungen über dieses Thema findet sich die irrige Ansicht, daß der Erblasser nur über ein Fünftel des beweglichen Vermögens verfügen konnte[1173]. Dies widerspricht jedoch dem Wortlaut des Fuero, der in G. 14, Tit. 20 sagt: „... pueda mandar y disponer de todo lo tal (de los bienes muebles) hasta el quinto de todos sus bienes muebles, *y raíces*, y no más ...", und in G. 18, Tit. 20 vom „quinto de sus bienes" spricht.

Im Ergebnis stimmen hier die CDV und der Fuero überein, da für die Abkömmlinge, ungeachtet der Gradesnähe zum Erblasser alle im Infanzonado belegenen „bienes raíces" gemäß Art. 9 Z. 1 CDV stammesgebunden sind, auch wenn der Erblasser das Grundstück bzw. die übrigen als „bienes raíces" geltenden Sachen von einem Dritten — d. h. von einem nicht stammesverwandten Fremden — erworben hat. Nicht stammesgebundene Gegenstände im Sinne von Art. 28 CDV sind für die Abkömmlinge — wenn man von Art. 334 Z. 8—10 CC absieht — nur die beweglichen Gegenstände. Nicht stammesgebundene „bienes raíces" gibt es gegenüber den Abkömmlingen somit nicht.

2. Die Eltern und Aszendenten des Erblassers

Beim Fehlen von Abkömmlingen sind die legitimen Eltern und Aszendenten des Erblassers Zwangserben (Art. 22 Z. 2, Art. 7 Z. 2 CDV). Die Berechnung des Freiteils folgt gemäß Art. 28 Abs. 1 CDV nach den oben für die Abkömmlinge dargestellten Regeln. Auch hier kann das Fünftel unterschritten werden, wenn das nicht stammesgebundene Vermögen geringer ist, und andererseits erwerben die Aszendenten in jedem Falle vier Fünftel der Erbschaft. War jedoch im Fuero de Vizcaya, der die Verfügungsfreiheit auf bewegliche Gegenstände beschränkte[1174], die Regelung für die Aszendenten und Deszendenten in allen Punkten gleich, so gilt dies für die CDV nicht mehr. Die Abweichung besteht darin, daß für die Aszendenten die vom Erblasser von einem Fremden erworbenen Gegenstände nicht stammesgebunden sind und ergibt sich aus Art. 7 Z. 2, 3, Art. 9 Abs. 2 CDV. Nach der letztgenannten Vorschrift sind für die Aszendenten nur diejenigen „bienes raíces" im „Infanzonado" stammesgebunden, die einem gemeinsamen Aszendenten („tronco") des Erben und des Erblassers gehört haben, allerdings auch dann, wenn der Erblasser sie von einem anderen Stammesverwandten erworben hat.

1173 So z. B. de Esjavierría 403; Sánchez de la Torre, Régimen jurídico de la legítima vizcaína: Estudios de Deusto (1958) 413.

1174 Siehe oben.

Art. 7 Z. 3 CDV bestimmt, daß für einen überlebenden Elternteil auch diejenigen Grundstücke stammesgebunden sind, die der Vorverstorbene während der Ehe erworben und an ein gemeinsames Kind vererbt hat. Hat der Vorverstorbene die Gegenstände vor der Ehe erworben, so fehlt es dagegen wegen der Beschränkung in Art. 7 Z. 3 CDV an einem Aszendenten, für den diese Gegenstände „troncal" sind. Die Frage, wie es sich mit den Gegenständen verhält, die ein Elternteil erworben und dem Erblasser geschenkt hat, wenn dieser Elternteil Erbe wird, ist nicht nach dem foralen biskayischen Fallrecht, sondern nach Art. 812 CC zu lösen, der in Vizcaya anwendbar ist (Art. 35 CDV): Wiederanfall an den Elternteil.

Sind in den vorstehend erörterten Fällen beide Eltern verstorben, so ist das von ihnen erworbene Grundstück nicht stammesgebunden. Die allgemeine Regel findet sich in Art. 8 Abs. 2 CDV. Hiernach endet die Stammesverwandtschaft in der aufsteigenden Linie beim ersten Besitzer (wohl genauer: Eigentümer) des betreffenden Gegenstandes, unbeschadet der Rechte der weiteren Aszendenten in der nicht stammesgebundenen Erbfolge. Diese Vorschrift ist eine Klarstellung der allgemeinen Regeln des Erbfallrechts — das in Vizcaya einen gemeinsamen Aszendenten des Erben und Erblassers als Eigentümer des Stammesgutes erfordert („tronco común") — in dem Sinne, daß auch der Ersterwerber in der Familie selbst in concreto Stammesverwandter ist.

Ist der Anteil des nicht stammesgebundenen Vermögens am Nachlaß größer als ein Fünftel oder hat der Erblasser über den Freiteil nicht verfügt[1175], so besteht die „legítima" aus stammesgebundenem und nicht stammesgebundenem Vermögen.

Wegen der Vereinigung der väterlichen und mütterlichen Linie in Abkömmlingen ergibt sich für diese keine unterschiedliche Behandlung beider Vermögensmassen. Sind die Erben Abkömmlinge des Erblassers, so verwischen sich die Grenzen zwischen der auf dem Fallrecht und der rein auf der Verwandtschaft beruhenden Erbfolge, und von Angulo[1176] wird z. B. die Ansicht vertreten, daß die Erbfolge der Deszendenten in Vizcaya nicht auf dem Fallrecht beruhe[1177]. Sind die berufenen Erben jedoch die Aszendenten, so muß die Erbfolge verschieden geregelt sein, je nachdem, ob das Vermögen stammesgebunden ist oder nicht.

1175 In diesem Falle ist die gesamte Erbschaft „legítima" (Sánchez de la Torre, [oben N. 1173] 413).

1176 Angulo (oben N. 95) 129.

1177 Die Gegenmeinung vertritt vor allem Jado 306 f. und m. E. gibt ihm das System der CDV, vor allem Art. 29, recht.

Für das stammesgebundene Vermögen gilt die Regel: „Paterna paternis, materna maternis". Gemäß Art. 24 Abs. 1 CDV fallen die Stammesgüter jeweils an die stammesverwandten Aszendenten der Linie, aus der sie gekommen sind, d. h. an die Abkömmlinge eines gemeinsamen früheren Aszendenten, der Eigentümer dieser Stammesgüter war, oder gegebenenfalls an den Erwerber (Art. 8 Abs. 2 CDV). Eine Ausnahme von diesem Grundsatz bildet der bereits erwähnte Art. 7 Z. 3 CDV, den Art. 24 Abs. 2 CDV ausdrücklich unberührt läßt. Die Vorschrift sagt nicht, welche von mehreren Aszendenten innerhalb einer Linie erben, wenn sie in verschiedenem Grade mit dem Erblasser verwandt sind. Es besteht aber kein Zweifel daran, daß die näher mit dem Erblasser verwandten die entfernteren Aszendenten ausschließen. Dieser für die gemeinrechtliche „legítima" in Art. 810 Abs. 2 CC enthaltene Grundsatz ist mit dem Fallrecht durchaus vereinbar, da bei mehreren Stammesverwandten einer Gruppe die Gradesnähe entscheiden kann. Ausdrücklich festgestellt wird dies in Art. 24 Abs. 2 CDV für die Seitenverwandten[1178].

Das nicht stammesgebundene Vermögen wird jeweils zur Hälfte auf beide Linien, ohne Vorrang der Eltern und ungeachtet der Gradesnähe jeder Linie, verteilt. Die Aszendenten müssen hier nicht stammesverwandt sein (Art. 8 Abs. 2 CDV). Sind in einer Linie keine Aszendenten vorhanden, so erben die der anderen Linie alles (Art. 25 CDV).

3. Die Stammesverwandten in der Seitenlinie

Sind in einer der beiden Linien keine stammesverwandten Aszendenten vorhanden, so fallen die Stammesgüter jeweils an die Stammesverwandten in der entsprechenden Seitenlinie (Art. 22 Z. 4, 24 Abs. 2 CDV). Stammesverwandte sind hierbei die mit dem Erblasser bis zum 4. Grad römischer Zählung verwandten legitimen Kollateralen (Art. 8 Abs. 3 CDV). Daß auf die Verwandtschaft zum Erblasser abzustellen ist, wird im Gesetz nicht ausdrücklich bestimmt, und grundsätzlich ist auch ein Fallrecht denkbar, bei dem die Verwandtschaft zum Ersterwerber („auctor") entscheidet. Der Wortlaut von Art. 8 Abs. 3 CDV deutet jedoch darauf hin, daß die Verwandtschaft zum Erblasser gemeint ist. Von ihr geht auch JADO[1179] bei Erörterung des Erbrechtes der Seitenverwandten aus. Früher war bestritten, ob die Verwandtschaft nach kanonischer oder römischer Zählung zu bestimmen ist[1180]. Art. 8 Abs. 3 CDV entscheidet sich im letz-

---

[1178] Siehe unten.
[1179] JADO 346 f.
[1180] JADO 347 f.

teren Sinne und folgt darin der gemeinrechtlichen Regelung (Art. 918 CC).

Für die Frage, über welchen Teil seines Vermögens der Erblasser frei verfügen kann, wenn nur Seitenverwandte vorhanden sind, ist von folgenden Überlegungen auszugehen:

a) Art. 22 Z. 4 CDV beruft die Seitenverwandten für die Stammesgüter ihrer Linie, und Art. 24 Abs. 2 CDV läßt sie anstelle der Aszendenten einer Linie als Erben dieser Stammesgüter eintreten, wenn diese beim Erbfall nicht vorhanden sind. Keine Vorschrift beruft sie jedoch in das nicht stammesgebundene Vermögen, und es fehlen vor allem auch Regeln darüber, wie sie dieses Vermögen erben sollten. Im alten Recht wurde daher allgemein angenommen, daß, wenn nur Seitenverwandte vorhanden sind, der Erblasser frei über das gesamte bewegliche Vermögen und die nicht stammesgebundenen Grundstücke verfügen kann[1181]. Das gleiche ergibt sich notwendig auch für das geltende Recht. Der Erblasser kann somit über das nicht stammesgebundene Vermögen auch verfügen, wenn es ein Fünftel der Erbschaft übersteigt, da die Seitenverwandten Zwangserben nur sind, soweit das Fallrecht eingreift[1182].

b) Welches Vermögen stammesgebunden ist, hängt nicht nur vom Vorhandensein von Seitenverwandten allgemein, sondern insbesondere davon ab, welcher Linie sie angehören und welcher gemeinsame Aszendent sie mit dem Erblasser verbindet. Art. 7 Z. 4 CDV unterscheidet zwischen den Seitenverwandten väterlicher und mütterlicher Linie, die jeweils nur Stammesverwandte für das Vermögen väterlicher oder mütterlicher Linie sein können, da der Stammbaum des Verwandten mit dem des Vermögens übereinstimmen muß. Gemäß Art. 9 Z. 2 CDV sind stammesgebunden für die Seitenverwandten diejenigen „bienes raíces", die einem gemeinsamen Aszendenten des (potentiellen) Erben und des Erblassers gehört haben. Ist also z. B. ein Grundstück vom Großvater des Erblassers erworben worden, so ist es stammesgebunden für den Onkel, Vetter, Bruder, Neffen und Großneffen, nicht aber für den ebenfalls im 4. Grad mit dem Erblasser verwandten Großonkel. Wenn im folgenden die Verfügungsbefugnis des Erblassers über das stammesgebundene Vermögen untersucht wird, so ist zu unterstellen, daß es sich um Vermögen handelt, für das Seitenverwandte der richtigen Linie vorhanden sind, die von dem gemeinsamen Aszendenten abstammen, dem es gehört hat.

1181 Jado 298, 390; Sánchez de la Torre (oben N. 1173) 420 spricht allerdings nur vom beweglichen Vermögen. Aber man kann einem Seitenverwandten ein Grundstück nur zuteilen, wenn es für ihn „troncal" ist.

1182 García Royo III, 20.

Sind nur Seitenverwandte vorhanden, kann der Erblasser über das stammesgebundene Vermögen wie in den bisher erörterten Fällen (Verwandte gerader Linie) auch nicht verfügen, soweit es in das gemäß Art. 21 CDV freie Fünftel fällt. Für das alte Recht ergab sich dies aus den G. 14, 18, Tit. 20 des Fuero de Vizcaya[1183]. In der CDV sagt zwar Art. 21, daß ein Fünftel frei verfügbar ist, und Art. 28 sieht die „Inoffiziosität" der über das stammesgebundene Vermögen innerhalb des Fünftels vorgenommenen Verfügung nur dann vor, wenn der Erblasser Verwandte in gerader Linie hinterläßt. Die Richtigkeit der hier vertretenen Auffassung ergibt sich jedoch aus Art. 10 CDV[1184] in Verbindung mit Art. 22 Z. 4 CDV: Zwangserben sind die Stammesseitenverwandten bezüglich der Stammesgüter ihrer Linie. Wenn man Art. 21 CDV als Sondervorschrift zu Art. 10 CDV ansehen wollte, so beseitigt die letzten Zweifel Art. 24 Abs. 2 CDV, der lautet: „Gibt es in einer der beiden Linien keine stammesverwandten Aszendenten, so erben die Stammesgüter die Stammesseitenverwandten dieser Linie nach Gradesnähe." Die Seitenverwandten treten also an die Stelle der Aszendenten und erben die Stammesgüter dieser Linie, so wie sie den Aszendenten zugefallen wären. Dies ist die einzige Vorschrift, die die Erbfolge der Seitenverwandten im einzelnen regelt, und von einer Beschränkung gegenüber der Erbfolge der Aszendenten ist nicht die Rede. Die Aszendenten erben aber, wie sich aus Art. 29 CDV ergibt, alle Stammesgüter, und das gleiche muß aufgrund der vorstehenden Ausführungen für die Seitenverwandten gelten. Es zeigt sich nunmehr endgültig der beschränkte Wert der in Art. 21 CDV getroffenen Feststellung: „Ein Fünftel unterliegt der freien Verfügung." Dieses Fünftel ist lediglich der Höchstbetrag beim Vorhandensein von Verwandten in gerader Linie. Sind nur Seitenverwandte vorhanden, so ist Freiteil das in concreto nicht stammesgebundene Vermögen. Fehlen auch Seitenverwandte, so kann der Erblasser über das ganze Vermögen frei verfügen (Art. 22, letzter Satz CDV).

4. Die Rechte des Ehegatten bei der Zwangserbfolge.

Art. 26 CDV sieht vor, daß dem überlebenden Ehegatten notwendig der Nießbrauch an der Hälfte des frei verfügbaren Vermögens zusteht, wenn er nicht mit legitimen Kindern und Abkömmlingen zusammentrifft. Die Höhe des dem Nießbrauch unterliegenden Vermögens ist somit, wie die „legítima", variabel. Neben Aszendenten umfaßt es höchstens ein Zehntel des Nachlasses, neben Seitenverwandten kann es über ein

[1183] Jado 298, 390; Sánchez de la Torre (oben N. 1174) 420.

[1184] Siehe I, am Anfang.

Zehntel hinausgehen und schließlich die Hälfte des gesamten Vermögens sein, wenn keine Zwangserben vorhanden sind. Dieser Ehegattennießbrauch wurde von der CDV neu eingeführt[1185].

IV. Das „legado en favor del alma“

Bei Prüfung der Frage, über welchen Teil seines Vermögens der Erblasser jeweils frei verfügen kann, wenn Zwangserben Abkömmlinge, Aszendenten oder Seitenverwandte sind, fand sich die einleitend aufgestellte Behauptung bestätigt: Art. 10 CDV geht Art. 21 CDV vor, über in concreto stammesgebundenes Vermögen kann der Erblasser nur zugunsten der berufenen Zwangserben verfügen, die — wie immer — zugleich Stammesverwandte im Sinne von Art. 10 CDV sind. Eine Ausnahme hiervon sahen G. 10, T. 21 und G. 18, T. 20 a. E. des Fuero de Vizcaya vor. Der Erblasser konnte danach ein Fünftel seines Vermögens „zugunsten seiner Seele vermachen“, d. h. im Interesse seines Seelenheils der Kirche zuwenden[1186], auch wenn das bewegliche Vermögen geringer war als ein Fünftel und dieses mit „bienes raíces troncales“ vervollständigt werden mußte, die eigentlich den vorhandenen Verwandten in gerader Linie gebührt hätten. Waren als Zwangserben Seitenverwandte berufen, so galt grundsätzlich das gleiche, wenn auch der Erblasser gegebenenfalls über mehr als ein Fünftel verfügen konnte, weil das nicht stammesgebundene Vermögen größer war[1187].

Diese Ausnahme bzw. dieses Privileg gegenüber dem allgemeinen, in Art. 21 CDV konkretisierten Grundsatz regelt nunmehr Art. 29 CDV. Diese Vorschrift spricht zwar noch vom „legado en favor del alma“, meint dabei aber nicht mehr ausschließlich das Vermächtnis im Interesse des Seelenheils, sondern alle Vermächtnisse zu frommen und wohltätigen Zwecken (Art. 29 Abs. 2 CDV). Ordnet der Erblasser ein solches Vermächtnis an, so wird der Freiteil von einem Fünftel aus dem ganzen Vermögen, nach Abzug der Schulden, berechnet. Das Vermächtnis wird vorzugsweise aus dem beweglichen Vermögen und den nicht stammesgebundenen „raíces“ befriedigt. Reichen diese jedoch nicht aus, so wird der Fehlbetrag aus den Stammesgütern gedeckt, wobei jede Linie im Verhältnis ihres Anteils gleichmäßig zu belasten ist (Art. 29 Abs. 1 CDV).

1185 Vgl. Jado 360 f.

1186 Vgl. „Seelteil“.

1187 Vgl. Jado 396 f.

V. Die Ausschließung von Zwangserben

Die biskayische „legítima“ ist kollektiv, d. h. sie steht einer Gruppe von Zwangserben zu. Innerhalb dieser Gruppe kann aber der Erblasser die Erbschaft frei verteilen und sogar einen Alleinerben einsetzen („heredero principal“). Der Alleinerbe schließt dann die übrigen Angehörigen der gleichen Gruppe von der Erbfolge aus. Sie haben nur einen Anspruch darauf, daß das stammesgebundene Vermögen nicht jemandem hinterlassen wird, der der Gruppe nicht angehört. Im Fuero de Vizcaya war diese Möglichkeit vor allem in G. 11, T. 20 vorgesehen. Voraussetzung für die Einsetzung des Alleinerben war die Ausschließung („apartamiento“ oder „apartación“) der übrigen, der Gruppe angehörenden Zwangserben unter Zuwendung „de algún tanto de tierra, poco o mucho“ (d. h. eines beliebig großen Stückes Land). In der Kompilation ist die Ausschließung von jeder Förmlichkeit befreit. Da aber nach den Übergangsbestimmungen zu diesem Gesetz die unter dem alten Recht erworbenen Rechte zu achten sind, erfordert die Ausschließung in einem vor dem 21. 8. 1959 — dem Tag des Inkrafttretens der Kompilation — errichteten Testament die Förmlichkeiten des alten Rechtes[1188]. Es ist daher kurz auf den Rechtszustand vor und nach Inkrafttreten der CDV einzugehen.

1. *Die Ausschließung im „Fuero de Vizcaya“*

Das Pflichtteils- oder Zwangserbrecht der nicht zu Erben ausgewählten Stammesverwandten konnte dadurch ausgeschlossen werden, daß ihnen an Pflichtteils Statt ein beliebig großes Stück Land zugewiesen wurde (G. 4, 11, 13, T. 20; G. 6, 7, 10, T. 21 Fuero de Vizcaya). Die Mindestgröße dieses Stückes Land war unbestimmt[1189]. Es konnte sich daher im Einzelfall um die Zuweisung eines Grundstückes mit realem Wert handeln. Üblich war jedoch die von der Gewohnheit entwickelte und den aragonesischen und navarrischen Formeln vergleichbare Einsetzung auf eine Handbreit Boden („un palmo de tierra“), wobei ein Zentimeter genügte. Daneben wurde dem ausgeschlossenen Zwangserben häufig ein Baum, ein Dachziegel oder ein „real de vellón“ (alte Münze im Wert von 25 céntimos) hinterlassen[1190]. Die Ausschließung hatte somit rein formelle Bedeutung, sie zeigt, daß der Erblasser den Ausgeschlossenen nicht vergessen, dadurch, daß sie keines Grundes bedarf. Wollte der Erblasser einem Ver-

---

1188 De Esjavierría 452 f.

1189 G. 4, T. 20: „con algún tanto de tierra, poco o mucho“, G. 6, T. 21: „con poco o mucho de tierra“, etc.

1190 Jado 328; de Esjavierría 428.

nicht übergangen hat. Von der Enterbung unterscheidet sie sich vor allem wandten das gesamte oder einen Großteil seines Vermögens hinterlassen, so mußte er die anderen Stammesverwandten in der geschilderten Weise ausschließen. Der formelle Charakter führte dabei dazu, daß eine Präterition vorlag, wenn dem Ausgeschlossenen nicht ein Stück Land zugewiesen wurde, selbst wenn ihm andere Vermögensgegenstände hinterlassen worden sind[1191]. Eine andere Ansicht vertritt JADO. Er erkennt zwar an, daß der Fuero vorschreibt, daß jedem Zwangserben ein, wenn auch noch so kleines Stück Land gebührt. Es sei aber formalistisch, eine Übergehung einerseits nicht anzunehmen, wenn der Ausgeschlossene eine Handbreit Boden erhalten hat, und sie andererseits dann anzunehmen, wenn der Ausgeschlossene andere Gegenstände bekommen hat[1192]. Richtig ist hieran, daß nach dem Fuero die Einsetzung auf irgendein Stück Boden, gleich welcher Größe, genügt und die Formel „un palmo de tierra" keine Bedeutung hat. Übergangen ist aber ein Zwangserbe, wenn ihm nur bewegliches Vermögen zugewendet wurde[1193].

2. *Die Ausschließung in der CDV*

Die CDV regelt die Ausschließung in Art. 23[1194] in einer gegenüber dem Fuero völlig neuen Form.

Gemäß Art. 23 Abs. 1 CDV kann der Erblasser in jeder Linie des Art. 22 CDV die Zwangserbschaft frei verteilen oder einen einzigen Zwangserben unter Ausschluß der anderen als Erben wählen. Art. 23 CDV spricht zwar von den Linien gemäß Art. 22 CDV, der seinerseits in Z. 3 und 4 die Eltern, Aszendenten und Stammesverwandten in der Seitenlinie schlechthin erwähnt. Es ist aber zu beachten, daß für die Stammesgüter die Regel „paterna paternis, materna maternis" zwingend gilt. Der Erblasser kann offenbar nicht e i n e n Erben, der nicht Abkömmling ist, für die väterliche und mütterliche Linie bestimmen, da hierdurch ein vom Gesetz nicht gedeckter Stammeswechsel eintreten würde, den nur Art. 7 Z. 3 CDV ausnahmsweise vorsieht. Für das nicht stammesgebundene Vermögen ergibt sich aus der notwendigen Teilung in Art. 25 Abs. 1 CDV ebenfalls, daß nicht ein Aszendent Erbe für beide Linien sein kann. GARCÍA ROYO[1195] spricht hier von einer „semitroncalidad". Sind somit Zwangserben die

1191 DE ESJAVIERRÍA 444.

1192 JADO 334; ähnlich GARCÍA ROYO, III, 12: Wer irgend etwas bekommen hat, ist nicht übergangen.

1193 DE ESJAVIERRÍA 445.

1194 Vgl. auch Art. 30 und 37 Abs. 2 CDV.

1195 GARCÍA ROYO III, 16.

Aszendenten und/oder Kollateralen, so könnte danach der Erblasser einen Alleinerben in jeder der Linien, nicht aber für beide Linien zusammen bestimmen. Andeutungen für diese Ansicht finden sich bei Jado[1196] und García Royo[1197]. Dagegen spricht vor allem der Sinn der Ausschließung: Es soll die ungeteilte Erhaltung des Anwesens in der Hand eines Alleinerben gewährleistet werden[1198]. Auch der Wortlaut von Art. 23 Abs. 1 CDV stützt vielleicht die Meinung, daß innerhalb jeder Gruppe ein einziger Erbe ausgewählt werden kann. M. E. wird hierdurch der Wille des Erblassers über die Grundsätze des Fallrechtes gestellt, und es ist daher die erste Auffassung als die richtige anzusehen, da eine Testierfreiheit in Vizcaya nur im Rahmen der „troncalidad" bestehen kann (vgl. vor allem Art. 10 CDV). Der Erblasser kann nicht einen Alleinerben für das gesamte Grundvermögen einsetzen, wenn einzelne Grundstücke an einen anderen „Stamm" gebunden sind. Die praktische Bedeutung der Frage ist gering, weil Alleinerbe meist ein Abkömmling ist, der beiden Linien angehört.

Die Neuerung in Art. 23 CDV gegenüber dem Fuero besteht darin, daß die Zuweisung des Stückes Land zur Ausschließung nicht mehr erforderlich ist. Vielmehr können die Verwandten in gerader Linie ohne besondere Formel ausgeschlossen werden, wenn der dahingehende Wille des Erblassers klar ersichtlich ist (Art. 23 Abs. 2 CDV). Die Seitenverwandten können sogar stillschweigend ausgeschlossen werden. Als stillschweigend ausgeschlossen gelten hierbei die nicht eingesetzten Seitenverwandten (Art. 23 Abs. 3 CDV).

Sind die Abkömmlinge oder Aszendenten nicht ausdrücklich ausgeschlossen, d. h. hat der Erblasser seinen dahingehenden Willen nicht unmißverständlich erklärt, so treten die Wirkungen der Übergehung gemäß Art. 814 CC ein[1199].

VI. Die Beschwerung der „legítima"

Die dem ausgewählten Erben („heredero principal") zugewandte Erbschaft gilt in ihrer vollen Höhe als „legítima" und konnte nach h. L. unter der Geltung des Fuero nicht beschwert oder belastet werden. Zulässig war nur, gemäß G. 7, T. 21 Fuero de Vizcaya, die Beschwerung dessen, was der

---

1196 Jado 341 f.
1197 García Royo III, 14.
1198 De Esjavierría 417 f.
1199 De Esjavierría 451.

ausgeschlossene Erbe über das Stück Boden („tierra de apartación") hinaus erhielt[1200]. Art. 27 CDV bestimmt nunmehr, daß die Beschwerung über das Fünftel des Nachlasses hinaus nur zugunsten anderer Zwangserben zulässig ist, wenn Verwandte in gerader Linie berufen sind (Abs. 1). Ein Stammesgut kann nur zugunsten eines anderen Stammeserben beschwert werden (Abs. 2). Aus dieser Vorschrift ergibt sich somit einmal, daß das freie Fünftel immer und auch zugunsten eines Dritten beschwert werden kann. Dies kann jedoch nur mit der gleichen Einschränkung gelten wie der Satz „Ein Fünftel unterliegt der freien Verfügung". „Fünftel" bezieht sich danach auch hier, wie aus Abs. 2 der Vorschrift hervorgeht, nur auf das nicht stammesgebundene Vermögen. Zum anderen kann aber nunmehr auch das stammesgebundene Vermögen zugunsten eines anderen Zwangserben beschwert werden, wenn es für ihn stammesgebunden ist.

VII. Der Fuero von Ayala

Die einzige privatrechtliche Vorschrift aus dem Fuero de Ayala, die heute noch gilt, hat die absolute Testierfreiheit der Ayalesen zum Inhalt. Der Fuero von Ayala von 1373 bestimmte hierzu in seinem Gesetz XXVIII: „Otrosi todo hombre ó muger estando en su sana memoria puede mandar todo lo suio ó parte dello á quien quisiere por Dios, é por su alma é por servicio que le figo"[1201]. Während der Regierungszeit der katholischen Könige Ferdinand von Aragón und Isabel von Kastilien und unter Pedro de Ayala, Graf von Salvatierra, verzichteten die Ayalesen 1487 auf ihre Fueros, u. a. „exepto que en cuanto á las herencias é subseciones de los bienes de cualesquier vecino de la dicha tierra, que pueden testar é mandar por testamento ó manda ó donación de todos sus bienes ó de parte dellos á quien quisiesen, apartando sus fijos é parientes con poco ó con mucho, como quisieren ó por bien tuvieren". Fast der gleiche Wortlaut findet sich in Art. 62 CDV wieder. Art. 62 spricht von „herederos legales", nicht von „herederos forzosos", was konsequent erscheint, da diese Erben kein materielles Pflichtteil- oder Noterbenrecht besitzen. „Herederos legales" sind jedoch die gleichen Personen, die der CC als „herederos forzosos" bezeichnet (vgl. Art. 807 CC).

1200 De Esjavierría 403; Sánchez de la Torre (oben N. 1173) 430 f.; Ders., Variabilidad e intangibilidad de la legítima vizcaína: Estudios de Deusto (1958) 138 f.; a. A. Jado 337 f.

1201 Der Fuero ist abgedruckt bei Uriarte 185 f.

Die Ayalesen können also sowohl unter Lebenden unentgeltlich als auch von Todes wegen frei über ihr Vermögen verfügen. Voraussetzung hierfür ist, daß sie die gesetzlichen Erben („herederos legales") durch eine Zuwendung ausschließen, sei es bei der Testamentserrichtung, Anordnung des Vermächtnisses oder bei der Schenkung. Ausgeschlossen werden müssen, wie sich aus Art. 62, letzter Satz CDV ergibt, die in Art. 807 CC genannten Personen:

1. die legitimen Kinder und Abkömmlinge
2. die legitimen Eltern und Voreltern
3. der Ehegatte, die anerkannten natürlichen Kinder und die natürlichen Eltern.

Die für die Ausschließung erforderliche Zuwendung liegt im Belieben des Erblassers und kann rein symbolisch sein. Uriarte[1202] nennt als Beispiele einen Real (25 cts.), einen Dachziegel oder einen unfruchtbaren Baum.

Ist ein gesetzlicher Erbe („heredero legal") weder eingesetzt noch wirksam ausgeschlossen worden, so ist er übergangen worden. Uriarte[1203] nahm für das Recht vor Inkrafttreten des CDV zutreffend an, daß dann Art. 814 CC ergänzend anwendbar und die Erbeinsetzung gegebenenfalls nichtig war. Nunmehr sieht jedoch Art. 63 CDV vor, daß der übergangene „heredero legal" seine große „legítima" („legítima larga") verlangen kann, die Erbeinsetzung oder sonstige letztwillige Verfügung jedoch nur insoweit unwirksam ist, als sie dieses Recht beeinträchtigt. Mit „legítima larga" ist hierbei die des gemeinen Rechts gemeint, das, von der geschilderten Ausnahme abgesehen, im Gebiet von Ayala gilt. Sie besteht somit aus zwei Dritteln der Erbschaft für Abkömmlinge (Art. 808 CC).

§ 31: DIE „MEJORA DE LABRAR Y POSEER" DES GALIZISCHEN FORALRECHTS

I. Wesen

Nur im galizischen Foralrecht finden sich besondere Vorschriften über die „mejora", während die übrigen Foralrechte diese Institution nicht kennen. Im übrigen gilt in Galizien das Noterbenrecht des CC.

Durch die sogenannte „mejora de labrar y poseer" wird einem Ab-

[1202] Uriarte 130.
[1203] Uriarte 130.

kömmling auf die im folgenden darzustellende Weise der Großteil des Familienvermögens zugewendet, während den übrigen „herederos forzosos" ihre „legítimas" in bar ausbezahlt werden können (Art. 84 Abs. 2; 86 CDG).

Die „mejora de labrar y poseer" ermöglicht es somit dem Familienoberhaupt („petrucio") einem Abkömmling, unter Ausschluß der übrigen, den Kern des Familienvermögens („la casa petrucial") zu übertragen. Dieser Abkömmling oder Haupterbe wird auch „vinculeiro" genannt, worin eine gewisse Bindung des Familienvermögens zum Ausdruck kommt, die dadurch erreicht wird, daß in jeder Generation analoge Regelungen getroffen werden[1204].

In der Vorrede zur CDG heißt es hierzu, daß die „mejora de labrar y poseer" (dort „derecho de labrar y poseer" genannt) eine gewohnheitsrechtliche Institution ist, kraft derer der Vater im voraus den Sohn bestimmen kann, der ihm in der Nutzung des Familienvermögens nachfolgen soll. Sie dient zur Erhaltung der Einheit dieses Vermögens, die von allen Foralrechten angestrebt wird[1205].

Nach Fuenmayor[1206] sind drei Formen der „mejora de labrar y poseer" gebräuchlich:

1. In den meisten Fällen wird die sogenannte „mejora por la vieja" oder „de tercio y quinto" angeordnet. Hierbei erhält der Begünstigte sieben Fünfzehntel der gesamten Erbschaft, bestehend aus dem der „mejora" vorbehaltenen Drittel und zwei Fünfteln des Freiteils oder einem Fünftel des Restes ($^5/_{15} + ^2/_{15} = ^7/_{15}$). Den Rest („legítima estricta" und drei Fünftel des Freiteils) erben alle Abkömmlinge, einschließlich des Begünstigten, zu gleichen Teilen. Hierbei wird im allgemeinen vorgesehen, daß der mit der „mejora" Bedachte im Rahmen dieser Verfügung die wesentlichsten Teile des „Hauses" erhält.

2. Weniger häufig ist die sogenannte „mejora por la nueva", die das der „mejora" vorbehaltene Drittel und den Freiteil sowie den Anteil des Begünstigten an der „legítima estricta" umfaßt.

3. Gelegentlich findet sich auch eine „mejora" über acht Fünfzehntel, die ebenfalls „mejora de tercio y quinto" genannt wird. Hierbei wird jedoch sowohl das Drittel als auch das Fünftel aus der gesamten Erbschaft genommen ($^5/_{15} + ^3/_{15} = ^8/_{15}$).

[1204] Fuenmayor 245 f.

[1205] siehe § 5 II 2.

[1206] Fuenmayor 246.

II. Regelung in der CDG

Gemäß Art. 48 Abs. 1 CDG kann der Aszendent, der einen Landwirtschaftsbetrieb ungeteilt erhalten will, diesen einem seiner Abkömmlinge durch Verfügung unter Lebenden oder von Todes wegen zuwenden. Eine solche Zuwendung wird als stillschweigende „mejora" auf sieben Fünfzehntel der Erbschaft angesehen, soweit nichts anderes bestimmt ist. Die CDG geht also von dem oben geschilderten häufigsten Fall aus, läßt aber auch andere Lösungen zu. Mangels abweichender Vorschriften in der Kompilation dürfen diese dem Noterbenrecht des CC nicht widersprechen, mit dem auch der Regelfall durchaus vereinbar ist.

Hat der Aszendent von dieser Möglichkeit Gebrauch gemacht, so gestattet ihm Art. 84 Abs. 2 CDG die übrigen Zwangserben in Geld oder in Nachlaßgegenständen, soweit diese vorhanden sind, abzufinden. Art. 86 CDG bestimmt hierzu, daß die beweglichen Gegenstände, Früchte, Gerätschaften und Tiere, die auf die „legítimas" derjenigen entfallen, denen das „derecho de labrar y poseer" nicht zusteht, dem Eigentümer herauszugeben oder in bar abzulösen sind.

Die „ratio" der hier erörterten Institution geht aus Art. 85 CDG hervor, wonach das „Haus" („casa petrucial") mit dem dazugehörigen Grund in der gesetzlichen und gewillkürten Erbfolge sowie bei Teilungen zu Lebzeiten des Aszendenten als unteilbar anzusehen ist.

Gemäß Art. 87 CDG ist die „mejora de labrar y poseer" unwirksam, wenn die bei ihrer Anordnung festgesetzten Bedingungen nicht erfüllt werden, wenn der Begünstigte die Landwirtschaft nicht weiter betreibt und wenn durch sein schlechtes persönliches Verhalten das familiäre Zusammenleben unmöglich gemacht wird. Als Verpflichtungen, die dem Begünstigten auferlegt werden, nennt FUENMAYOR[1207] das Zusammenleben mit dem Erblasser und seinem Ehegatten im elterlichen Haus, die Zustimmung dazu, daß ledige oder kinderlos verwitwete Geschwister im Haus leben, die Schließung einer Ehe, die Bezahlung der Kosten der Erbauseinandersetzung und die Auszahlung der „legítima estricta" an die Geschwister, sobald diese heiraten oder das Haus verlassen.

1207 FUENMAYOR 247.

III. Die „rentas sisas" oder „en saco"

Art. 22 Abs. 1 CDG bestimmt, daß „rentas sisas" oder „en saco" nur zur Befriedigung der „legítima" derjenigen Zwangserben, denen das „derecho de labrar y poseer" nicht zusteht, bestellt werden dürfen.

Es handelt sich hier um eine den „censos" (Art. 1604 f. CC) bzw. „foros"[1208] verwandte Institution, bei der der Erbe Gegenstände, die dem „heredero forzoso" als „legítima" zustehen, behält und sich zur Zahlung eines Geldbetrages in Höhe ihres Wertes verpflichtet. Diesen Betrag zahlt er jedoch nicht aus, sondern es werden Grundstücke dinglich belastet und aus diesen eine Rente entrichtet[1209]. Gemäß Art. 22 Abs. 1 CDG sind die belasteten Grundstücke genau anzugeben und zu beschreiben. Art. 22 Abs. 2 CDG bestimmt, daß der Schuldner diese „rentas" jederzeit ablösen kann, auch wenn bei ihrer Begründung etwas anderes vereinbart wurde. Der Gläubiger kann jedoch erst zehn Jahre nach diesem Zeitpunkt Zahlung verlangen.

§ 32: DIE „RESERVAS"

I. Die „reservas" im gemeinen Recht

1. Allgemeines

Das Wort „reserva" oder „reserve" hat verschiedene Bedeutungen und meint in manchen Ländern innerhalb des Erbrechts den den Zwangserben vorbehaltenen Teil der Erbschaft. Im spanischen Recht bedeutet dagegen „reserva" eine besondere, außerordentliche Erbfolge, kraft derer bestimmte Gegenstände dem Willen des Testators und dem ordentlichen Ablauf der Erbfolge, sei es der gewillkürten oder der kraft Gesetzes, entzogen werden und bestimmten Personen zufallen[1210]. Die „reservas" sind sonach nicht lediglich eine Beschränkung der Testierfreiheit, sondern greifen auch bei gesetzlicher Erbfolge ein. De Buen[1211] definiert die „reserva" als eine Institution, die einige Personen zwingt, über gewisse Güter nicht frei zu verfügen, wobei diese Güter unter anderem durch ihre Herkunft gekennzeich-

---

1208 Siehe N. 39.
1209 Fuenmayor 248.
1210 Castán VI/1, 165.
1211 EJE XXVII unter „Reserva de bienes".

net sind, und den Übergang dieser Güter oder ihres Gegenwertes von Todes wegen auf andere bestimmte Personen zu gewährleisten, wenn diese Personen beim Erbfall leben. Nach DE DIEGO[1212] und ESPÍN[1213] versteht man unter „reserva" die bestimmten Personen auferlegte Verpflichtung, anderen Personen unter bestimmten Umständen erworbene Gegenstände zu erhalten.

2. *Arten der „reserva"*

Das gemeine Recht kennt zwei Arten von Reserven:

a) Die *„reserva ordinaria o común"* ist geregelt in Art. 968 bis 980 CC und kann definiert werden als die Institution, durch die dem überlebenden Ehegatten, der eine zweite oder weitere Ehe (Art. 979 CC) eingeht oder der im Witwenstand ein anerkanntes natürliches Kind gehabt hat, die gesetzliche Verpflichtung auferlegt wird, den legitimen (arg. Art. 971 CC) Kindern und Abkömmlingen aus der früheren Ehe diejenigen Gegenstände zu erhalten, die er von irgendeinem Kind aus dieser Ehe, von dem verstorbenen Ehegatten oder seinen Verwandten im Hinblick auf die Ehe erhalten hat. Hiervon ausgenommen ist der Anteil des überlebenden Ehegatten am Zugewinn („gananciales") (Art. 986, 969, 980 CC).

b) Die „reserva extraordinaria o especial", gemeinhin als *„reserva troncal,* semitroncal, lineal" oder „familiar" bezeichnet, ist in Art. 811 CC geregelt und wird definiert als diejenige Sondererbfolge, die dadurch eintritt, daß einem Aszendenten, der von einem Abkömmling Gegenstände erbt, die dieser seinerseits unentgeltlich von einem Bruder oder einer Schwester oder einem anderen Aszendenten erworben hatte, die Verpflichtung auferlegt wird, diese Gegenstände, soweit er sie kraft Gesetzes erworben hat, Verwandten bis zum 3. Grad vorzubehalten, die der Linie angehören, aus der die Gegenstände stammen.

3. *Die „reserva ordinaria"*

Die Rechtsnatur der „reserva ordinaria" wird von der h. L. und der Rechtsprechung darin gesehen, daß das Eigentum des Reservisten[1214] auflösend bedingt ist: Sind bei dem Tode des Ehegatten Reservatare[1215] vorhanden, so werden diese Eigentümer und nicht seine Erben. Die Reservatare erwerben von der zweiten Eheschließung oder der Anerkennung des natürlichen Kindes mit Rückwirkung auf das Geburtsdatum (Art. 980

1212 DE DIEGO 379.

1213 ESPÍN 78.

1214 Des zum Vorbehalt verpflichteten Ehegatten.

1215 Personen, zu deren Gunsten der Vorbehalt erfolgt.

Abs. 2 CC) an ein übertragbares Anwartschaftsrecht, das bei Eintritt der — für sie — aufschiebenden Bedingung zum Eigentum erstarkt. Diese Bedingung tritt ein, wenn der Reservist stirbt und zu diesem Zeitpunkt Reservatare vorhanden sind[1216]. Wegen ihres Ausnahmecharakters sind die Vorschriften über die „reserva ordinaria" eng auszulegen.

Die Reservatare erwerben die ihnen vorbehaltenen Gegenstände nach den Regeln über die gesetzliche Erbfolge, unabhängig davon, ob und wie sie den verstorbenen Ehegatten beerbt haben (Art. 973 Abs. 1 CC). Der Reservist kann jedoch gemäß Art. 972 CC die vorbehaltenen Gegenstände entsprechend Art. 823 CC ungleichmäßig auf die begünstigten Abkömmlinge verteilen. Fraglich ist, ob er hierbei über alle diese Gegenstände innerhalb der Gruppe „Abkömmlinge" frei verfügen kann[1217] oder nur über ihren dritten Teil, die Hälfte oder zwei Drittel[1218]. Der Wortlaut von Art. 972 CC spricht für die Richtigkeit der ersten Meinung.

Welche Gegenstände vorbehalten werden müssen, sagen Art. 968, 969 CC. Sie führen u. a. auch die von den Kindern erster Ehe herrührenden Gegenstände auf. Hierunter fallen nicht die weiteren Abkömmlinge, vielmehr ist der Begriff „Kind" hier eng auszulegen[1219]. Nicht zu reservieren sind Gegenstände, die die Kinder ihrem Vater oder ihrer Mutter in Kenntnis der zweiten Ehe zugewendet haben (Art. 971 CC).

Dem Schutz der Reservatare dienen die Vorschriften in Art. 974 f. CC. Da, wie zu sehen sein wird, die Reserve dem Reservisten die Verfügungsbefugnis nicht nimmt, legt ihm das Gesetz folgende Pflichten auf: Er hat, wenn er eine neue Ehe eingeht, ein Inventar zu errichten, den Vorbehalt im Grundbuch („Registro de la Propiedad") zu vermerken und bewegliche Gegenstände schätzen zu lassen (Art. 977 CC). Außerdem ist er verpflichtet, eine Hypothek zur Sicherung der Ansprüche der Reservatare zu bestellen. Diese Ansprüche können gehen auf Herausgabe, Schadensersatz und Wertersatz (wenn die Gegenstände wirksam veräußert werden) (Art. 978 CC; vgl. auch Art. 185—189 L. H.).

1216 ESPÍN 79; DE DIEGO 383 f.; T. S. 18. 4. 1942 mit Anmerkung von OSSORIO MORALES in: Rev. Gen. Leg. Jur. 171 (1942) 671 f.; vgl. auch CASTÁN VI/1, 173 f.: „Andere vergleichen sie mit der fideikommissarischen Substitution oder sehen sie, was zweifellos vertretbar ist, als Institution sui generis an."

1217 VALVERDE, Tratado de Derecho civil español[4] V (Derecho de sucesión „mortis causa"; Valladolid 1939) 474; CASTÁN VI/1, 189.

1218 Vgl. bei CASTÁN VI/1, 189; ESPÍN 82.

1219 VALVERDE (oben N. 1217) 466.

Die Reserve berührt die Verfügungsbefugnis des Reservisten nicht. Die vor der Entstehung der Pflicht zum Vorbehalt vorgenommenen Verfügungen sind unbeschränkt wirksam, der Reservist hat aber von ihrer Entstehung an den Wert der veräußerten Gegenstände hypothekarisch zu sichern (Art. 974, 976 mit 978 Z. 3, 4 CC). Gleiches gilt für die Verfügungen über bewegliche Gegenstände nach Entstehung der Verpflichtung (Art. 976 mit 978 Z. 3 CC). Das Schicksal der Verfügungen über unbewegliche Gegenstände hängt von der Grundbuchlage ab. Ist ein Vermerk eingetragen, so sind die Verfügungen gegenüber den Reservataren „relativ unwirksam"[1220] (Art. 975 CC mit Art. 34 L. H.), es sei denn, sie sterben vor dem Reservisten (Art. 975 CC). Ist ein Vermerk nicht eingetragen, so erwirbt der Dritte gegebenenfalls gutgläubig das Eigentum auch mit Wirkung gegenüber den Reservataren.

Die Verpflichtung zur Reserve erlischt, wenn alle Reservatare vor dem Reservisten sterben (Art. 971 CC), wenn die Reservisten verzichten (Art. 970 CC) und wenn der oder die Reservatare enterbt sind (Art. 973 Abs. 2 CC). Im letzten Falle bleibt allerdings das Eintrittsrecht der legitimen Abkömmlinge (Art. 857 CC) bestehen (Art. 973 Abs. 2, H. S. 2 CC).

4. Die „reserva lineal"

Art. 811 CC führte eine außergewöhnliche Erbfolge kraft Vorbehalts neu in das spanische Recht ein[1221]. Die Vorschrift bestimmt, daß „der Aszendent, der von seinem Abkömmling Gegenstände erbt, die dieser unentgeltlich von einem anderen Aszendenten oder einem seiner Geschwister erworben hat, verpflichtet ist, diejenigen dieser Gegenstände, die er kraft Gesetzes erworben hat, den Verwandten vorzubehalten, die sich innerhalb des dritten Grades befinden und der Linie angehören, aus der die Gegenstände stammen".

Die Verpflichtung zum Vorbehalt setzt somit voraus:

a) daß der Aszendent die Gegenstände kraft Gesetzes von einem Abkömmling geerbt hat

b) daß dieser Abkömmling seinerseits die Gegenstände unentgeltlich von einem Aszendenten, einem Bruder oder einer Schwester erworben hat.

[1220] Der Spanier sagt „anfechtbar".

[1221] De Diego 182; Castán VI/1, 200.

CASTÁN[1222] gibt folgende graphische Darstellung der verschiedenen Eigentumsübergänge:

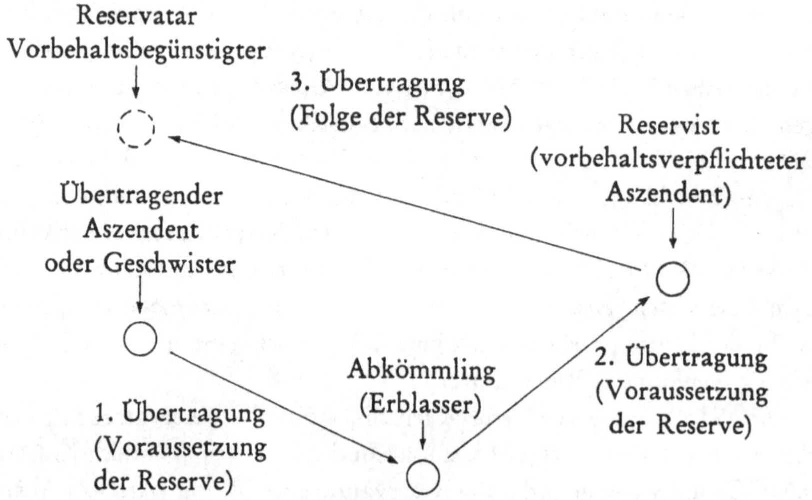

Da die „reserva lineal“ in ihrem Aufbau an das Fallrecht erinnert, wird sie auch „reserva troncal“ bzw. „semitroncal“ genannt.

Ratio legis des Art. 811 CC ist es, den zufälligen Anfall der vorbehaltenen Gegenstände an eine andere Linie oder an Dritte zu verhindern[1223].

Die Rechtsnatur der Reserve nach Art. 811 CC ist umstritten, und ähnlich wie die „reserva ordinaria“ vergleicht man sie mit einem Nießbrauch, einer fideikommissarischen Substitution oder sieht sie als bedingtes Recht oder Anwartschaft an. VALLET DE GOYTISOLO[1224] betrachtet sie rein negativ als Beschränkung des Rechtes der Reservisten, und ihm ist zuzustimmen, da er überzeugende Gründe anführt und, wie bei der „legítima“ — wo er zu einem ähnlichen Ergebnis kommt[1225] —, eine eingehende Untersuchung vornimmt.

Art. 811 CC gilt nur für legitime Aszendenten[1226]. Die Verwandtschaft (3. Grad) ist im Hinblick auf den beerbten Abkömmling[1227] und innerhalb der Linie, aus der die Gegenstände stammen, zu bestimmen[1228]. Die Ver-

---

1222 CASTÁN VI/1, 199.

1223 Vgl. VALLET DE GOYTISOLO, Interpretación, localización, sistemática e integración de la reserva del art. 811 CC: Rev. Der. Priv. (1959) 275 f., 375 f., insb. 296 f.

1224 VALLET DE GOYTISOLO (vorige Note) 291.

1225 VALLET DE GOYTISOLO, Apuntes IV, 421 f.

1226 DE DIEGO 194; ESPÍN 300.

1227 T. S. 24. 5. 1945; 1. 7. 1955; CASTÁN VI/1, 212.

1228 Mehrfache Verwandtschaft! T. S. 2. 3. 1956.

wandten sind nach Gradesnähe berufen, und eine Repräsentation ist möglich, soweit die Eintretenden mit dem Abkömmling ebenfalls im 3. Grad verwandt sind[1229]. Andere Personen erben das Recht aus Art. 811 CC, wenn der Begünstigte (Reservatar) nach dem Aszendenten gestorben ist und es so erworben hat[1230]. Die Begünstigten müssen beim Tode des Aszendenten, nicht aber beim Erbfall leben[1231].

Kraft Gesetzes hat der Aszendent die Gegenstände erworben, wenn sie ihm als „legítima" oder durch gesetzliche Erbfolge zugefallen sind. Ist der Begünstigte gleichzeitig Zwangserbe des Aszendenten, so wird hierdurch die besondere Erbfolge nach Art. 811 CC nicht ausgeschlossen oder von der „legítima" absorbiert, und zwar auch dann nicht, wenn die Zwangserben gemeinsame Abkömmlinge des Aszendenten (Reservisten) und des anderen Aszendenten, von dem die Gegenstände stammen, sind. Vielmehr handelt es sich um zwei wesensmäßig verschiedene Institute[1232].

Der gemäß Art. 811 CC zur Reserve verpflichtete Aszendent ist widerruflicher Eigentümer der erworbenen Gegenstände und kann über sie verfügen, wobei aber zum Schutze des Begünstigten Art. 977 und 978 CC Anwendung finden[1233]. Danach hat der Aszendent den Wert der Gegenstände dem oder den Begünstigten zu erhalten und gegebenenfalls zu erstatten. Die Werterstattung erfolgt im Wege des Schadensersatzes bei Verschulden, und wenn der Aszendent über den Gegenstand verfügt hat, durch Herausgabe der Gegenleistung[1234] oder — bei unentgeltlicher Verfügung — durch Ersatz des Wertes. Die Rechte des Begünstigten sind hypothekarisch zu sichern (Art. 978 CC). Die Begünstigten erwerben beim Tode des Aszendenten die der „reserva" unterliegenden Gegenstände kraft Sondererbfolge. Ein Verzicht auf die „reserva" ist zulässig[1235].

II. Die „reservas" in den Foralrechten

1. *Katalonien*

a) *„reserva ordinaria"*

Die Zweitehe oder die spätere Ehe, der das byzantinische und das kanonische Recht ablehnend gegenüberstanden, ist in Katalonien von

---

1229 T. S. 14. 6. 1945.
1230 T. S. 14. 6. 1945; 2. 1. 1929.
1231 T. S. 30. 12. 1912; de Diego 197; Castán VI/1, 212.
1232 T. S. 14. 12. 1957.
1233 Ständige Rspr., T. S. 25. 3. 1933.
1234 Auch Surrogate unterliegen der „reserva"; T. S. 24. 5. 1945.
1235 T. S. 17. 4. 1956; vgl. de Diego 202 f.; Espín 304 f.; Castán VI/1, 209 f.

mannigfachen Auswirkungen auf das Erbrecht. Am bedeutendsten sind die Beschränkungen der Einsetzbarkeit des überlebenden Ehegatten aus der zweiten Ehe des Erblassers und der gemeinsamen Abkömmlinge aus dieser Ehe[1236] und die „reserva ordinaria". Die „reserva binupcial o ordinaria" wird von der Kompilation eingehend in Art. 269 CDC geregelt. Sie war als Einrichtung des römischen Rechtes seit langem in Katalonien bekannt, allerdings bestand sie, im Einklang mit dem römischen Recht, darin, daß der Ehegatte durch seine Wiederverheiratung bereits das Eigentum an den betroffenen Gegenständen verlor und nunmehr eine nießbraucherähnliche Stellung innehatte[1237]. Das geltende katalanische Recht dagegen verleiht der „reserva" die gleiche Rechtsnatur als bedingtes Eigentum wie das gemeine Recht.

Gemäß Art. 296 Abs. 1 CDC unterliegen der Reserve zugunsten der legitimen Abkömmlinge aus der ersten Ehe diejenigen Vermögensgegenstände, die die Witwe oder der Witwer unentgeltlich von dem Vorverstorbenen erworben hat, sei es direkt oder durch die gesetzliche Erbfolge nach einem gemeinsamen Abkömmling. Der Kreis der Personen, deren Zuwendungen den Ehegatten zur „reserva" verpflichten, ist also enger als im gemeinen Recht und umfaßt eigentlich nur den Vorverstorbenen, da die Abkömmlinge nur dann in Frage kommen, wenn sie den Gegenstand vom vorverstorbenen Elternteil erworben haben.

Die „reserva" bewirkt, daß beim Tode des überlebenden Ehegatten die betroffenen Gegenstände oder ihre Surrogate auf die dann vorhandenen gemeinsamen Abkömmlinge als Erben des Vorverstorbenen übergehen (Art. 269 Abs. 2 CDC). Hierbei finden die Regeln über die gesetzliche Erbfolge Anwendung. Ausgeschlossen von der Erbfolge sind diejenigen Abkömmlinge, die verzichtet haben, die vom vorverstorbenen Ehegatten enterbt oder ihm gegenüber erbunwürdig erklärt wurden. Dieser Ausschluß gilt aber nicht für die nach Stämmen berufenen weiteren Abkömmlinge des Betroffenen (Art. 270 Abs. 1 CDC).

Neben den in Art. 977, 978 CC, 184—189 L. H. vorgesehenen Verpflichtungen des Reservisten hat er außerdem Bargeld sicher anzulegen und Wertpapiere bei einem Bank- oder Sparinstitut zu hinterlegen (Art. 271 Abs. 2, 181 Z. 4, 5 CDC).

Während sich die Verfügung über Nachlaßgegenstände nach der Wiederverheiratung nach Art. 976, 975 CC richtet, bestimmt Art. 271 Abs. 1

1236 Lex „Hac edictali", vgl. Art. 259 CDC.

1237 Borrell y Soler, Cataluña V, 410 f.; insbes. 411, 412.

CDC für die vorher veräußerten oder von Verfügungen betroffenen Gegenstände, daß diese von der „reserva" nicht betroffen sind, es sei denn, daß bei der Verfügung der Ehegatte kollusiv und betrügerisch mit dem Dritten zusammengewirkt hat oder ein Scheingeschäft vorlag. Die Reserve erstreckt sich jedoch auf die Surrogate (Art. 271 Abs. 1 CDC).

Der Reservist hat daneben die Befugnis zur Verteilung der von der Reserve betroffenen Gegenstände unter den Reservataren (Art. 270 Abs. 2 CDC). Hat er hiervon keinen Gebrauch gemacht, so gelten, wenn der Reservist einen Erbvertrag („heredamiento") oder ein Testament zugunsten eines oder mehrerer Reservatare errichtet hat, dieser oder diese als alleinige Empfangsberechtigte der vorbehaltenen Gegenstände (Art. 270 Abs. 3, 4 CDC). Die Gegenstände werden, wenn eine Verteilung erfolgt ist oder als erfolgt gilt, zur Berechnung der Pflichtteile der Erbschaft des überlebenden Ehegatten zugerechnet und auf die jeweiligen Pflichtteile angerechnet (Art. 270 Abs. 5 CDC). Die vierte Übergangsvorschrift der CDC bestimmt, daß diese Vorschriften (Art. 270 Abs. 2—5 CDC) nur anzuwenden sind, wenn der Erbfall, auf dem die Reserve beruht, nach Inkrafttreten der CDC erfolgt ist.

Vergleicht man Art. 269 Abs. 1 CDC mit der Regelung des CC, so zeigt sich, daß im katalanischen Recht eine Art. 980 CC entsprechende Vorschrift fehlt. Zweifelhaft ist daher, ob Art. 980 CC in Katalonien anwendbar und der überlebende Ehegatte auch dann zur Reserve verpflichtet ist, wenn er im Witwenstand ein anerkanntes natürliches Kind hat. FIGA FAURA[1238] verneint die Frage, da die Reserve in Katalonien auf das römische Recht zurückgeht, während die Ausdehnung der Reserve im CC kein römischrechtliches Vorbild hat.

b) „reserva" nach Art. 811 CC („reserva lineal")

Vor Inkrafttreten der Kompilation war bestritten, ob Art. 811 CC in Katalonien galt[1239]. Jetzt wird die Anwendung dieser Vorschrift durch Art. 272 CDC geregelt. Danach gilt Art. 811 CC für die dort genannten Vermögensgegenstände, es sei denn, der Aszendent erwirbt sie durch die gesetzliche Erbfolge nach einem „impúber" (Art. 272 Abs. 1 mit Art. 251 CDC) oder als seinen Pflichtteil bei der Beerbung eines Abkömmlings (Art. 272 Abs. 2 CDC). Im übrigen gelten dieselben Vorschriften wie für die Reserve bei Wiederverheiratung („reserva binupcial o ordinaria"), Art.

1238 FIGA FAURA (oben N. 393) 121 f.

1239 Bejahend BORRELL Y SOLER, Cataluña V, 416; ablehnend PELLA III, 263.

270 Abs. 2—5 CDC allerdings nur, wenn die Reservatare Abkömmlinge des Reservisten sind (Art. 272 Abs. 3 CDC).

c) Art. 812 CC

Vor der Kompilation wurde die Geltung von Art. 812 CC in Katalonien abgelehnt[1240]. Heute gilt er, da die Kompilation nichts anderes bestimmt[1241].

2. Aragón

Art. 43 ap. bestimmt, daß in Aragón die Reserve von Vermögensgegenständen nur eingreift, wenn dies vorher in einer öffentlichen Urkunde vorgesehen wurde. Andernfalls greifen weder die Vorschriften über die „reserva ordinaria" noch über die „reserva lineal" ein[1242].

Ähnlich lautet Art. 84 VE: „In Aragón gelten die Vorschriften des CC über die Reserve von Vermögensgegenständen nicht, wenn auch jeder Ehegatte sie dem anderen in Testament oder öffentlicher Urkunde unter Lebenden auferlegen kann." Dies kann sich jedoch sinngemäß nur auf die „reserva ordinaria" beziehen, so daß de lege ferenda die „reserva lineal" ganz ausgeschlossen erscheint.

3. Navarra

Die „reserva ordinaria" ist in Navarra durch Gesetz Nr. 48 der Cortes von 1765—1766 geregelt[1243]. Die Regelung entspricht im wesentlichen der des gemeinen Rechtes. Der Ehegatte kann jedoch, weitergehend als nach Art. 972 CC, die vorbehaltenen Gegenstände beliebig einem oder mehreren der Abkömmlinge aus der ersten oder früheren Ehe zuwenden, und die Ehefrau ist nicht zur Reservierung der „arras" (der navarrischen Gegendos oder Morgengabe) verpflichtet. Der FR regelt die „reserva ordinaria" in L. 306—310 und die „reserva troncal" in L. 278 und 279. Die letztgenannte „reserva" entspricht dem vom CC in Art. 811 geregelten Vorbehalt, wenn auch erhebliche Abweichungen bestehen. L. 278 FR lautet: „El que heredare abintestato de un descendiente legítimo bienes que este hubiera adquirido por título lucrativo de otro descendiente de distinta linea o de un hermano, deberá reservarlos a favor del más próximo de los parientes troncales dentro del cuarto grado que le sobreviva, a quien harán reversión en su día, sin perjuicio del usufructo del cónyuge viudo en su caso."[1244] Hierzu ist als erstes festzustellen, daß es sich um einen offen-

---

1240 Pella III, 264; Borrell y Soler, Cataluña V, 423.

1241 2. Schlußbestimmung CDC; Figa Faura 508, 556.

1242 Castán VI/1, 235.

1243 Vgl. Lacarra II, 302 f.

1244 Wer kraft Gesetzes von einem legitimen Abkömmling Vermögensgegenstände

baren Schreibfehler handelt, wenn die Vorschrift von den von einem „Abkömmling" erworbenen Gegenständen spricht. Vielmehr muß es richtig — wie in Art. 811 CC — „Aszendent" heißen[1245]. Als Unterschied zu Art. 811 CC ist vor allem zu erwähnen, daß Begünstigter nicht ein mit dem Erblasser bis zum 3. Grad Verwandter ist (so Art. 811 CC), sondern ein Stammesverwandter bis zum 4. Grade. Dies ist gemäß L. 282 Abs. 1 FR ein Verwandter des gleichen Stammes, von dem die Gegenstände herrühren, wobei die Verwandtschaft im Verhältnis zum Übertragenden — hier also im Verhältnis zum Aszendenten oder Geschwister, von dem der Erblasser die Gegenstände erworben hat — zu bestimmen ist.

4. Vizcaya

Art. 811 und 812 CC gelten in Vizcaya unbeschadet der Vorschriften in Art. 7 Abs. 3 CDV über das Fallrecht[1246]. Die Reserve des in zweiter Ehe verheirateten Gatten regelt die Kompilation in Art. 36 f. CDV. Art. 36 CDV bestimmt, daß der Vater oder die Mutter, die kraft Gesetzes oder aufgrund gewillkürter Erbfolge von einem Kind „bienes raíces"[1247] erwerben, die dieses von seinem Vater oder seiner Mutter geerbt hat, bei Eingehung einer neuen Ehe verpflichtet sind, dieses Grundvermögen den vollbürtigen Geschwistern des verstorbenen Kindes oder seiner legitimen Kinder und Abkömmlinge, unter Ausschluß der Abkömmlinge aus der späteren Ehe, vorzubehalten („reserva del cónyuge binube"). Art. 37 CDV bestimmt, daß der überlebende Ehegatte, der eine neue Ehe schließt, diejenigen „bienes raíces", die er durch Gütergemeinschaft („comunicacíon") aus der Linie des vorverstorbenen Ehegatten erworben hat, den legitimen Kindern und Abkömmlingen aus der früheren Ehe oder, bei deren Fehlen, den Stammesverwandten[1248] vorzubehalten hat. In beiden Fällen kann der wiederverheiratete Ehegatte aus den berufenen Personen den oder die Erben auswählen. Art. 38 CDV ordnet endlich an, daß in die aus Anlaß einer Ehe geschenkten oder als Mitgift („dos") gegebenen „bienes raíces" die Kinder und Abkömmlinge aus dieser Ehe unter Ausschluß der Kinder und Abkömmlinge aus einer späteren Ehe nachfolgen. Der Schenker hat

---

erbt, die dieser unentgeltlich von einem anderen Abkömmling einer anderen Linie, einem Bruder oder einer Schwester erworben hat, hat diese Gegenstände dem nächsten Stammesverwandten innerhalb des vierten Grades, der ihn überlebt, vorzubehalten. Die Gegenstände fallen seinerzeit an den Stammesverwandten zurück, unbeschadet eines etwaigen Nießbrauches des überlebenden Ehegatten.

1245 Ebenso L. 319 Dictamen, Anm. 197.

1246 Vgl. § 30.

1247 Vgl. Art. 8 CDV.

1248 „herederos tronqueros", vgl. Art. 7 CDV.

hier die Befugnis zur Auswahl des Erben und kann die Gegenstände zugunsten anderer berufener Kinder und Abkömmlinge beschweren. Diese Erbfolge umfaßt auch die vom wiederverheirateten Ehegatten errichteten Bauwerke, Pflanzungen und Verbesserungen, mit der Verpflichtung, ihm innerhalb von Jahr und Tag nach der Besitzergreifung durch die Erben die Hälfte des Wertes zu erstatten.

2. Teil

DIE GESETZLICHE ERBFOLGE

§ 33: DIE GESETZLICHE ERBFOLGE IM GEMEINEN RECHT

I. Übersicht

In Spanien gilt ein reines Dreiliniensystem unter Einfügung der unehelichen und ihnen gleichgestellten per prescriptum principis legitimierten Kinder und des überlebenden Ehegatten. Es erben in folgender Reihenfolge:

1. legitime und durch nachfolgende Ehe legitimierte Kinder und Deszendenten (Art. 930 f.; 122 CC);
2. Aszendenten nach Gradesnähe mit justinianischer „divisio in lineas" bei gradgleichen Aszendenten (Art. 935 f., 937 CC);
3. anerkannte natürliche und per prescriptum principis legitimierte Kinder (Art. 939 f. CC);
4. Geschwister und deren Kinder, wobei halbbürtige Geschwister nur „mit einer Hand" erben (Art. 947 f. CC), der Ehegatte (Art. 952, 953 CC) und die sonstigen Seitenverwandten bis zum 4. Grad[1249];
5. der Staat (Art. 956 f. CC)[1250].

II. Begriff

Nach Puig Peña[1251] ist die gesetzliche Erbfolge diejenige, „die das Gesetz zur Ordnung und Verteilung des Nachlasses einer Person vorsieht, wenn diese ohne Testament oder mit einem unwirksamen oder zur Nachlaßverteilung nicht ausreichenden Testament stirbt". Die gesetzliche Erb-

---

1249 Nach den Partidas und der L. de Mostrencos von 1835 bis zum 10. Grad; nach der Nov. Rec. bis zum 4. Grad und bis zum 13. 1. 1929 nach CC bis zum 6. Grad (Borrell y Soler, España V, 351; de Diego 280 f.).

1250 Lacruz, Notas al Binder 163.

1251 Puig Peña V/1, 512.

folge ist gegenüber dem Testament also subsidiär und greift nur ein, wenn nicht über das gesamte Vermögen letztwillig verfügt ist[1252] (Art. 658 CC).

III. Grundsätze

Der CC beruht auf dem Persönlichkeitsprinzip mit einigen Erinnerungen an das Fallrecht[1253], das in den Foralrechten eine große Rolle spielt[1254]. Als besondere Neuerungen enthält er die Berufung der halbbürtigen Geschwister zur Hälfte des jeweils auf die vollbürtigen entfallenden Teiles; die Berufung der natürlichen Kinder auch neben Abkömmlingen und Aszendenten und als bevorzugte Ordnung gegenüber den Kollateralen und dem überlebenden Ehegatten und schließlich die Bestimmung, daß der Staat ihm zufallende erbenlose Nachlässe bestimmten wohltätigen Zwecken zuführen muß[1255].

Die gesetzliche Erbfolge tritt, ähnlich wie im deutschen Recht, ein, wenn nicht ein Erbe durch Testament wirksam berufen ist oder ein vorhandenes Testament nicht abschließend über die Erbschaft verfügt. Im einzelnen können folgende Fälle unterschieden werden:

1. Ein Testament ist überhaupt nicht vorhanden oder ein vorhandenes Testament ist wegen fehlender Form, fehlender Testierfähigkeit oder aufgrund von Gewalt, Arglist oder Täuschung (Art. 673 CC) nichtig oder später widerrufen worden, hat aus formellen Gründen seine Wirksamkeit verloren[1256] oder ist verlorengegangen (Art. 912 Z. 1 CC).
2. Das Testament enthält überhaupt keine oder nur teilweise Erbeinsetzung oder trifft nicht über alle Nachlaßgegenstände eine Verfügung. Die gesetzliche Erbfolge greift dann ergänzend ein, da der Satz „nemo ex parte testatus, ex parte intestatus decedere potest" im gemeinen Recht nicht gilt (Art. 912 Z. 2 CC). Sie greift auch ein, wenn eine auflösende Bedingung der Erbeinsetzung eintritt oder eine aufschiebende ausfällt, der eingesetzte Erbe vorverstirbt, die Erbschaft ausschlägt, ohne daß eine Ersatzerbschaft oder

---

[1252] Puig Peña V/1, 514.

[1253] „troncalidad"; vgl. Art. 812 CC.

[1254] Vgl. Puig Peña V/1, 517; Castán IV, 647.

[1255] Puig Peña V/1, 518; Borrell y Soler, España V, 351.

[1256] Versäumung der Frist für die Protokollierung oder Aufnahme in öffentliche Urkunde, Art. 689, 703, 704, 719 f. CC.

ein Anwachsungsrecht Platz greift, und schließlich, wenn der eingesetzte Erbe erbunfähig oder erbunwürdig ist (Art. 912 Z. 3, 4 CC)[1257].

Die gesetzliche Erbfolge gründet sich auf die Blutsverwandtschaft mit dem Erblasser, und zwar, abweichend vom Parentelsystem des BGB, nach dem Grundsatz der Gradesnähe (Art. 921, 922, 923 CC)[1258] mit Unterscheidung von vier Klassen:

1. die legitimen Verwandten,
2. die natürlichen Verwandten,
3. der Ehegatte,
4. der Staat

(Art. 913 CC), wobei die Reihenfolge von Fall zu Fall verschieden geregelt ist und die ersten drei Klassen nebeneinander berufen sein können[1259]. Hierbei werden die Verwandten unterteilt in Abkömmlinge, Aszendenten und Seitenverwandte (Ordnungen), wobei von den letzteren die Geschwister und Geschwisterkinder bevorzugt behandelt werden.

Eine Durchbrechung erfährt der Grundsatz der Gradesnähe lediglich durch das Repräsentationsrecht. Gemäß Art. 924 CC ist es das Recht der Verwandten einer Person, dieser in allen Rechten nachzufolgen, die ihr zustünden, wenn sie leben würde oder die Erbschaft hätte antreten können. Hierbei bedarf jedoch, wie noch zu sehen ist, der Begriff „Verwandte“ einer Einschränkung, und der Gesetzestext ist dahin zu interpretieren, daß die Berechtigten nicht Rechtsnachfolger des weggefallenen Erben sind, sondern für ihn nach Stämmen eintreten (vgl. § 1924 Abs. 3 BGB; Art. 926, 948, 951 CC). Daher ist es unschädlich, wenn die Eintretenden die Erbschaft des Weggefallenen ausschlagen (Art. 928 CC). Die Repräsentation findet nicht nur statt, wenn der ursprünglich berufene Erbe vorverstorben ist, sondern — entgegen dem römischrechtlichen Satz „viventis nulla est repraesentatio“ — auch, wenn dieser für verschollen erklärt ist (Art. 191 CC), enterbt wurde oder erbunfähig (erbunwürdig) ist (Art. 929 CC). Sie entfällt jedoch, wenn der zunächst Berufene die Erbschaft ausschlägt (Art. 923 CC).

Ist die Repräsentation wegen Erbunwürdigkeit des zunächst Berufenen eingetreten, so gilt hier nicht Art. 761 CC, der den Abkömmlingen eines Erbunwürdigen den Anspruch auf dessen „legítima“ (Pflichtteil) zu-

---

1257 De Diego 283, Roca Sastre, Notas I, 22.

1258 Unbeschadet eines etwaigen Repräsentationsrechtes.

1259 Lacruz, Notas al Binder 163; Puig Peña V/1, 540.

erkennt. Vielmehr erhalten sie das, was der Erbunwürdige bekommen hätte[1260]. Die Repräsentation greift nur in der legitimen[1261] geraden absteigenden Linie und in der legitimen Seitenlinie zugunsten von Geschwisterkindern ein, wenn diese zusammen mit Geschwistern des Erblassers berufen sind (Art. 925, 927 CC)[1262].

Die Ermittlung der Erbteile erfolgt in der Regel durch Teilung nach Köpfen[1263]. Eine Teilung nach Stämmen findet statt, soweit ein Repräsentationsrecht eingreift. Endlich kommt es zur Teilung nach Linien, wenn Aszendenten berufen werden, die mit dem Erblasser in gleichem Grade verwandt sind (Art. 937)[1264].

IV. Die gesetzliche Erbfolge im einzelnen

1. Legitime Abkömmlinge

Die legitimen Abkömmlinge sind gemäß Art. 931 CC an erster Stelle berufen, ohne Rücksicht auf ihr Alter und Geschlecht und auch wenn sie aus verschiedenen Ehen stammen. Legitime Abkömmlinge sind hierbei die ehelichen Abkömmlinge einschließlich des Nasciturus gemäß Art. 108, 29 CC, die durch nachfolgende Ehe legitimierten Abkömmlinge (Art. 122 CC), die Abkömmlinge aus einer Putativehe (Art. 69 CC)[1265], nicht aber das adoptierte Kind (Art. 174, 179, 180 CC)[1266].

[1260] Puig Pena V/1, 547.

[1261] Ausnahmen: Art. 177, 941, 942 Abs. 2 CC.

[1262] Sind nur Geschwisterkinder berufen, so erben sie zu gleichen Teilen (Art. 927 CC). Bestritten ist, ob die Repräsentation auch bei der testamentarischen Erbfolge eingreift. Entgegen dem Wortlaut des Gesetzes ist dies wohl immer dann anzunehmen, wenn es mit dem Willen des Erblassers vereinbar erscheint (Puig Peña V/1, 555; ablehnend noch de Diego 291; vgl. § 2069 BGB). Das Repräsentationsrecht gilt, wie sich aus Art. 761 Abs. 1 und 861 CC ergibt, bei der Noterbfolge, nicht aber für die „mejora" (Puig Peña V/1, 556; de Diego 291).

[1263] Art. 932, 939: legitime und natürliche Kinder, Art. 936, 944: legitime und natürliche Eltern, Art. 947, 927: Geschwister und deren Kinder, wenn letztere allein berufen sind, Art. 921: übrige Kollateralen.

[1264] De Diego 286.

[1265] Vgl. § 25 EheG; de Diego 293.

[1266] Das spanische Recht unterscheidet seit dem Änderungsgesetz vom 24. 4. 1958 zwischen starker und schwacher Adoption (Art. 178, 180 CC). Erbrechtlich steht der voll Adoptierte dem natürlichen Kinde gleich, wobei das Gesetz seinen Abkömmlingen ein Repräsentationsrecht einräumt (Art. 179 Abs. 1 CC). (Für diese Lösung de lege ferenda schon de Diego 313.) Darüber hinaus hat das adoptierte Kind beider Arten nur ein Erbrecht, wenn dies im Annahmevertrag vorgesehen ist (Art. 174 Abs. 4, 180 Abs. 4 CC). In jedem Falle behält der Adoptierte sein Erbrecht innerhalb der leiblichen Familie (Art. 174 Abs. 5 CC).

Sind nur Kinder berufen, so erben sie zu gleichen Teilen (Art. 932 CC), während für die entfernteren Abkömmlinge kraft Repräsentationsrecht die Erbfolge nach Stämmen („estirpes") eingreift (Art. 934, 933 CC).

Das gesetzliche Erbrecht der legitimen Abkömmlinge wird dadurch eingeschränkt, daß dem Ehegatten, den natürlichen und für ehelich erklärten Kindern und ihren legitimen Abkömmlingen und den illegitimen Kindern die Rechte zustehen, die sie bei der Noterbfolge („legítima") haben (Art. 942 CC)[1267]. Daneben hat der Ehegatte — ähnlich unserem „Voraus", § 1932 BGB — Anspruch auf das Ehebett mit Zubehör und auf seine Kleidung (Art. 1374, 1420 CC) sowie die Witwe auf Bestreitung der Ausgaben für die Trauerkleidung (Art. 1379, 1427 CC). Diese Befugnisse beruhen aber auf Ehe-, nicht auf Erbrecht und sind im spanischen Recht keinesfalls als (gesetzliche) Vermächtnisse anzusehen[1268].

2. *Die Aszendenten (des legitimen Abkömmlings)*

Sind keine Abkömmlinge vorhanden, so erben die legitimen Aszendenten unter Ausschluß der Seitenverwandten (Art. 935, 939 CC) nach Gradesnähe (Art. 921 CC). Hierbei sind zunächst die Eltern zu gleichen Teilen, oder es ist — wenn ein Elternteil fehlt — der andere allein zur Erbschaft berufen (Art. 936). Sind die Eltern vorverstorben, so erbt der dem Grade nach am nächsten mit dem Erblasser verwandte Aszendent (Art. 937 Abs. 1 CC). Bei gleicher Gradesnähe mehrerer Aszendenten tritt innerhalb der gleichen Linie Teilung nach Köpfen ein, bei verschiedenen Linien wird in jeder der beiden Linien jeweils die Hälfte des Nachlasses unter den im gleichen Grade verwandten Aszendenten nach Köpfen verteilt (Art. 937 Abs. 2 CC). Neben den schon für die legitimen Abkömmlinge genannten Beschränkungen ist hier Art. 811 CC zu beachten, der bestimmt, daß der Aszendent die Nachlaßgegenstände, die der Erblasser unentgeltlich von einem anderen Aszendenten oder einem seiner Geschwister erworben hat, den bis zum 3. Grad mit dem Erblasser Verwandten der Linie, aus der die Gegenstände stammen, vorbehalten muß[1269]. Eine weitere Ausnahme kann sich aus dem Wiederanfallsrecht des Art. 812 CC ergeben. Art. 812 CC ist Art. 747 Code Civil nachgebildet und stellt eine außergewöhnliche Sondernachfolge dar. Nach dieser Vorschrift fallen zur Erbschaft gehörende Gegenstände oder ihre Surrogate, die Abkömmlinge durch Schenkung von Aszendenten erworben haben, an die Aszendenten zurück, wenn die Ab-

---

1267 Puig Peña V/I, 565; de Diego 295.

1268 Roca Sastre, Notas I, 51.

1269 Vgl. § 31 I 4.

kömmlinge kinderlos sterben[1270]. Dieses Wiederanfallsrecht hat keinen Einfluß auf die Verfügungsmacht des Abkömmlings und berührt, da es sich um eine Sondererbfolge handelt, die „legítima" des Aszendenten nicht[1271]. DE DIEGO[1272] leitet aus Art. 812 CC ab, daß der Abkömmling, wenn er Nachkommen hinterläßt, letztwillig über die diesem Wiederanfall unterliegenden Gegenstände nur zu deren Gunsten verfügen kann.

3. Die natürlichen Kinder

Fehlen sowohl legitime Abkömmlinge als auch Aszendenten, so erben die natürlichen (wirksam anerkannten) und für ehelich erklärten Kinder zu gleichen Teilen (Art. 939 CC)[1273]. Sind legitime (arg. Art. 843, 143 CC)[1274] Abkömmlinge eines vorverstorbenen natürlichen Kindes vorhanden, so erben letztere kraft Repräsentationsrechtes (Art. 940, 941 CC). Neben legitimen Deszendenten und Aszendenten haben die natürlichen Kinder nur Anspruch auf die „legítima" (Pflichtteil) (Art. 942, 840, 841 CC). Das Erbrecht der natürlichen Kinder wird beschränkt durch die Rechte des überlebenden Ehegatten (Art. 837, 836 CC) und die Unterhaltsansprüche der illegitimen Kinder (Art. 845 CC).

4. Die legitimen Seitenverwandten und der Ehegatte

Die Seitenverwandten werden eingeteilt in privilegierte Seitenverwandte (Geschwister und Geschwisterkinder), die dem Ehegatten vorgehen und ein Repräsentationsrecht haben[1275], und gewöhnliche Seitenverwandte, die der Ehegatte von der Erbfolge ausschließt[1276].

a) Privilegierte Seitenverwandte

Ist kein erbberechtigter Verwandter der vorhergehenden Ordnungen vorhanden, so sind die privilegierten Seitenverwandten gesetzliche Erben (Art. 946, 947 f. CC). Handelt es sich hierbei ausschließlich um vollbürtige Geschwister, so erben diese zu gleichen Teilen (Art. 947 CC). Treffen vollbürtige Geschwister mit vollbürtigen Geschwisterkindern zusammen, so erben die letzteren nach Stämmen kraft Repräsentation (Art. 948 CC), während vollbürtige Geschwisterkinder allein ebenfalls zu gleichen Teilen Erben werden (Art. 927 a. E. CC). Neben Halbgeschwistern erhalten die vollbürtigen Geschwister einen doppelten Erbteil (Art. 949 CC), während

1270 Vgl. Art. 641 CC, der einen Wiederanfall kraft Vereinbarung regelt.
1271 DE DIEGO 205; ESPÍN 306.
1272 DE DIEGO 205.
1273 Ihnen stehen die voll adoptierten Kinder gleich (Art. 179 Abs. 1 CC).
1274 PUIG PEÑA V/1, 576; DE DIEGO 297; T. S. 8. 1. 1940.
1275 Siehe oben.
1276 PUIG PEÑA V/1, 577.

Halbgeschwister allein zu gleichen Teilen erben (Art. 950 CC). Die Kinder von Halbgeschwistern erben neben vollbürtigen Geschwistern kraft Repräsentation den Anteil ihres Vaters oder ihrer Mutter, allein zu gleichen Teilen und neben vollbürtigen Geschwisterkindern einen einfachen Anteil, während die letzteren einen doppelten Erbteil erhalten (Art. 951, 954 CC analog)[1277]. Die Beschränkungen der gesetzlichen Erbfolge sind die gleichen wie bei den natürlichen Kindern.

b) Der überlebende Ehegatte

Sind Abkömmlinge, Aszendenten, Geschwister oder Geschwisterkinder vorhanden, so hat der überlebende Ehegatte, wie ausgeführt, nur die Rechte aus Art. 837, 834 f. CC, was gegenüber den Seitenverwandten durch Art. 953 CC ausdrücklich, in den beiden anderen Fällen durch die Rechtsprechung des Tribunal Supremo anerkannt ist[1278]. Fehlen jedoch diese vorgehenden Ordnungen, so wird der Ehegatte gesetzlicher Erbe, wenn die Ehe nicht rechtskräftig getrennt ist (Art. 952 CC). Unschädlich ist wohl auch hiernach wie in Art. 834 CC die Trennung der Ehe aus alleinigem Verschulden des Erblassers[1279]. Bestritten ist, ob bei anhängiger Trennungsklage deren Ergebnis, wie in Art. 834 Abs. 3 CC für die „legítima" vorgesehen, abzuwarten ist[1280] und ob die Verzeihung oder Versöhnung dem Ehegatten seine Rechte erhält[1281].

c) Die gewöhnlichen Seitenverwandten

Die gewöhnlichen Seitenverwandten stellen die letzte Ordnung der erbberechtigten Verwandten dar (Art. 954 CC) und erben ohne Repräsentationsrecht nach Gradesnähe, soweit sie mit dem Erblasser bis zum einschließlich 4. Grad[1282] verwandt sind. Da die im 2. Grad verwandten Geschwister und die im 3. Grad verwandten Geschwisterkinder zur Ordnung der privilegierten Kollateralen gehören, kommen hier praktisch die Geschwister der Eltern des Erblassers als Verwandte 3. Grades und die Verwandten 4. Grades in Frage. Auch hier ist, wie beim Ehegatten, Art. 845 CC die einzige Beschränkung des Erbrechtes.

1277 Puig Peña V/1, 580 f.

1278 Puig Peña V/1, 581; Roca Sastre, Notas I, 51.

1279 Puig Pena V/1, 587; bestr., zweifelnd de Diego 299; ablehnend Lacruz, Notas al Binder 169; Roca Sastre, Notas I, 52.

1280 Verneinend Puig Peña V/1, 588.

1281 So Puig Peña V/1, 588 im Anschluß an Art. 834 Abs. 4 CC; Roca Sastre, Notas I, 52 bejaht beide Fälle.

1282 Für die Bestimmung des Verwandtschaftsgrades vgl. Art. 915 f. CC, die im Ergebnis § 1589 Abs. 1 BGB entsprechen.

5. Der Staat

Wie nach deutschem Recht ist auch in Spanien als letzter Erbe der Staat berufen (Art. 956 CC), der immer so angesehen wird, als ob er die Erbschaft unter der Rechtswohltat des Inventars angenommen hätte (Art. 957 a. E. CC). Bestritten ist, ob er die Erbschaft ausschlagen kann[1283]. Er muß die Erbschaft bestimmten kommunalen, provinzialen und staatlichen Einrichtungen zuführen (Art. 956 CC).

6. Die gesetzliche Erbfolge nach anerkannten natürlichen oder durch nachfolgende Ehe legitimierten Kindern

Gemäß Art. 944, 945 CC wird das natürliche Kind, das ohne legitime oder natürliche Abkömmlinge stirbt, von seinen natürlichen Eltern[1284], die es anerkannt haben, und — bei deren Fehlen — von seinen natürlichen Geschwistern beerbt. Weitere Erben sind der Ehegatte und der Staat (Art. 952, 956 f. CC.) Die Besonderheit gegenüber legitimen Kindern besteht darin, daß an zweiter Stelle die natürlichen Kinder berufen und Aszendenten und Kollaterale mit Ausnahme der Eltern und Geschwister von der Erbfolge ausgeschlossen sind[1285].

7. Die gesetzliche Erbfolge nach illegitimen Kindern

Nach illegitimen Kindern sind deren legitime Abkömmlinge, ihre natürlichen Kinder, der Ehegatte und der Staat in dieser Reihenfolge berufen[1286]. Kein Erbrecht haben hier die Eltern und die durch die Eltern mit ihnen leiblich verwandten Personen.

§ 34: DIE GÜLTIGKEIT DER FORALRECHTLICHEN NORMEN ÜBER DIE GESETZLICHE ERFOLGE

I. Vor Inkrafttreten der Kompilationen

Am 16. Mai 1835 trat ein gesamtspanisches Gesetz in Kraft, das das Schicksal erbenloser Nachlässe zum Gegenstand hatte. Dieses Gesetz wird im allgemeinen als „Ley de Mostrencos" bezeichnet und bestimmt in seinem Art. 2:

1283 So LACRUZ, Notas al Binder 170; a. A. ROCA SASTRE, Notas I, 56; PUIG PEÑA V/1, 593.

1284 Entsprechendes gilt für den Annehmenden bei der Volladoption (Art. 179 Abs. 1, 944 CC).

1285 DE DIEGO 315.

1286 PUIG PEÑA V/1, 598; DE DIEGO 316.

„Corresponden al Estado los bienes de los que mueran o hayan muerto intestados sin dejar personas capaces de sucederles con arreglo a las leyes vigentes. A falta de dichas personas, sucederán con preferencia al Estado: 1° Los hijos naturales legalmente reconocidos, y sus descendientes por lo respectivo a la sucesión del padre, y sin perjuicio del derecho preferente que tienen los mismos para suceder a la madre. 2° El cónyuge no separado por demanda de divorcio, contestada al tiempo del fallecimiento, entendiéndose que a su muerte deberán volver los bienes raíces de abolengo a los colaterales. 3° Los colaterales desde el quinto hasta el décimo grado inclusive, computados civilmente al tiempo de abrirse la sucesión."[1287]

Erstmals am 20. 3. 1893 entschied das T. S. in einem Katalonien betreffenden Urteil, daß Art. 2 der „Ley de Mostrencos" auch die Reihenfolge der Verwandten untereinander beträfe und insoweit auch in den Foralrechtsgebieten anwendbar sei[1288]. Bis zu diesem Urteil und auch später wieder hatte das T. S. auf die gesetzliche Erbfolge das Foralrecht angewandt. Erst seit 1914[1289] erklärte das T. S. in ständiger Rechtsprechung, daß die Foralrechte im Bereich der gesetzlichen Erbfolge durch die „Ley de Mostrencos" und diese wiederum durch den CC ersetzt worden seien. Einschlägige Urteile ergingen für alle Foralrechtsgebiete[1290].

Das T. S. führte zu der Frage im Urteil vom 1. 2. 1958 aus:

„Auf dem Gebiete der gesetzlichen Erbfolge wurde das Foralrecht zuerst durch die sogenannte ‚Ley de Mostrencos' und später vom CC aufgehoben, der insoweit die einzige im gesamten Staatsgebiet anwendbare Rechtsquelle darstellt."

Eine Ausnahme bestand seit 1926 für Aragón, da dessen gesetzliche Erbfolge im Apéndice geregelt war.

Die Rechtsprechung des T. S. zur „Ley de Mostrencos" wurde von An-

---

1287 Aranzadi, Diccionario de Legislación XI (Pamplona 1951) Nr. 14 131.

1288 In ähnlichem Sinne bereits Durán y Bas 271, für die Einbeziehung des Ehegatten und der natürlichen Kinder in den Kreis der erbberechtigten Verwandten.

1289 Urteile vom 10. und 13. 6. 1914 betreffend Aragón und Katalonien.

1290 Zum Beispiel Katalonien: 13. 6. 1914; 3. 1. 1945; Aragón: 10. 6. 1914; Navarra: 14. 1. 1927; 26. 4. 1928; 19. 12. 1942; 30. 12. 1942; 3. 4. 1945; 1. 2. 1958; 10. 12. 1958; Vizcaya: 31. 1. 1950; 27. 5. 1961; Balearen: 13. 12. 1919; 29. 3. 1955; Pascual y Gónzalez 400 zitiert als letzte Entscheidung der A. T. Palma de Mallorca, die das justinianische Recht für anwendbar erklärt, ein Urteil vom 6. 11. 1918. Seit 1919 beseitigte das T. S. durch diese Rspr. auch die Sonderformen der gesetzlichen Erbfolge (z. B. die gesetzliche Erbfolge nach dem „impúber" in Katalonien, die auf dem Fallrecht beruht).

fang an von der Lehre heftig kritisiert, die in diesem Gesetz nur eine Regelung des Staatserbrechts im Verhältnis zu den üblichen gesetzlichen Erben sah[1291]. Für Navarra schließt SAINZ DE VARANDA die Anwendung des gemeinen Rechts auf die gesetzliche Erbfolge vor allem deswegen aus, weil die „Ley de Mostrencos" ergangen ist, ehe dieses Gebiet seine Gesetzgebungsautonomie verlor[1292].

Die unteren Gerichte, einschließlich der im Gebiete gemeinen Rechtes gelegenen, haben sich der Rechtsprechung des T. S. nicht angeschlossen, und auch heute noch muß das T. S. in regelmäßigen Abständen anderslautende Urteile aufheben[1293]. Das T. S. wandte seit 1914 nur einmal während der Republik[1294] navarrisches Recht für die gesetzliche Erbfolge an, um aber nach dem Bürgerkrieg wieder zur alten Rechtsprechung zurückzukehren.

II. Nach Inkrafttreten der Kompilationen

Seit dem Inkrafttreten des Apéndice und der Kompilationen ist die hier erörterte Frage nur noch für Navarra von Bedeutung, da die Kompilationen teils eigene Vorschriften enthalten (Aragón, Vizcaya) oder mit größeren (Katalonien) oder geringeren (Balearen) Vorbehalten auf das gemeine Recht verweisen.

Obwohl aber für Navarra die dargestellte Rechtsprechung noch volle Gültigkeit besitzt und in diesem Gebiet derzeit der CC für die gesetzliche Erbfolge angewendet wird, ist eine Darstellung des navarrischen Rechtes aus zwei Gründen erforderlich:

1. Es kann mit Sicherheit angenommen werden, daß eine zukünftige navarrische Kompilation wenigstens teilweise wieder das historische gesetzliche Erbfolgerecht in Kraft setzen wird. Der FR und das Dictamen enthalten eine ausführliche Regelung dieses Rechtsgebietes, und wegen der hier bestehenden Ähnlichkeit zum aragonesischen Recht ist zu erwarten, daß die Regelung der Kompilation mindestens denselben Umfang haben wird wie die des Apéndice und des VE.

1291 BORRELL Y SOLER, Cataluña V, 430; LACRUZ, Notas al Binder 166; DE DIEGO 319; CASTÁN, D. F. 129; DERS., IV, 681 f.; DERS., La sucesión del cónyuge viudo y el problema de las legislaciones forales: Rev. Gen. Leg. Jur. 125 (1914) 266 f.; LACARRA I, 77, 78; ALBAREDA 52 f.; ausführlich insbes. SAINZ DE VARANDA 135—157.

1292 SAINZ DE VARANDA 120, 159.

1293 Zum Beispiel T. S. 1. 2. 1958; 10. 12 1958, wo die A. T. Pamplona navarrisches Fallrecht angewandt hatte.

1294 T. S. 11. 7. 1936.

Da sie weiter im wesentlichen am überkommenen Recht festhalten wird, ist dessen Darstellung auch für das zukünftige Verständnis von Wert.

2. Die Auffassung des T. S., durch die die Foralrechte im Bereich der gesetzlichen Erbfolge praktisch außer Kraft gesetzt wurden, wird von der Lehre nicht geteilt. Auch die Rechtsprechung der unteren Gerichte ist ihr, soweit überhaupt, nie aus Überzeugung, sondern höchstens aus Einsicht gefolgt. Es ist nicht ausgeschlossen, daß sich diese Rechtsprechung des T. S. eines Tages für Navarra wieder äußert. Außerdem ist der deutsche Richter, der über einen einschlägigen Fall zu entscheiden hat, nicht an den Standpunkt des T. S. gebunden, sondern kann — wenn er dies für richtig hält — jederzeit navarrisches Foralrecht anwenden.

Selbst wenn man aber der Rechtsprechung des T. S. folgt, so ist für Navarra — und früher ebenso für Katalonien, Aragón, Balearen und Vizcaya — Art. 912 CC dahin zu ergänzen, daß die gesetzliche Erbfolge nur eingreift, wenn die Erbfolge auch nicht durch Erbvertrag geregelt ist.

§ 35: DIE GESETZLICHE ERBFOLGE IN KATALONIEN

I. Allgemeines

Anders als im gemeinen Recht tritt die gesetzliche Erbfolge nur dann ein, wenn ein Erbe weder testamentarisch noch durch Vertrag („heredamiento") eingesetzt ist (Art. 97 Abs. 1 S. 2 CDC). Auch eine teilweise Erbeinsetzung schließt die gesetzliche Erbfolge aus, da in Katalonien der römischrechtliche Satz „nemo ex parte testatus, ex parte intestatus decedere potest" uneingeschränkt gilt. In diesem Falle wächst der freie Teil den eingesetzten Erben im Verhältnis ihrer Erbteile an (Art. 267 S. 2 CDC)[1295].

II. Regelung in der Kompilation

Die Kompilation entscheidet sich in Art. 248 CDC endgültig für die Geltung des CC bei der gesetzlichen Erbfolge und verweist auf dieses Gesetzbuch. Allerdings handelt es sich hierbei um eine bedingte Verwei-

---

1295 Borrell y Soler, Cataluña V, 14, 462.

sung, da Art. 249—251 CDC bedeutende Ausnahmen enthalten, die im einzelnen noch zu erörtern sind. Maßgebend für den Gesetzgeber war hierbei die Überlegung, daß in Katalonien seit jeher durch die verschiedenen Arten der Substitution und die „heredamientos" eine Ausschaltung der gesetzlichen Erbfolge angestrebt wurde und auch heute noch im Verhältnis zum übrigen Spanien die meisten Testamente und Eheverträge errichtet werden. Die gesetzliche Erbfolge ist für Katalonien von untergeordneter Bedeutung, und es ist daher gleichgültig, ob das eine oder andere System übernommen wird, da alle Systeme zu einer Auflösung des Vermögens führen. Außerdem ist die erste Ordnung der Berufungen ab intestato überall gleich; die Unterschiede werden erst in der zweiten Ordnung wirksam. Auch führt gerade der CC z. B., anders als die Justinianischen Novellen 118 und 127[1296], gegebenenfalls dazu, daß das Vermögen bei dem Tode des Sohnes, der Erbe seines Vaters war, insgesamt an die Mutter fällt, wenn keine Abkömmlinge des Sohnes vorhanden sind, und so in seiner Gesamtheit erhalten bleibt[1297].

III. Die gesetzliche Erbfolge im einzelnen

Die in Art. 249—251 CDC enthaltenen Besonderheiten beziehen sich auf die Stellung der adoptierten und natürlichen Kinder (Art. 249 CDC), auf das gesetzliche Erbrecht des überlebenden Ehegatten (Art. 250) und auf die besondere gesetzliche Erbfolge nach einem Erblasser unter 14 Jahren („impúber").

1. Die adoptierten und natürlichen Kinder

Die adoptierten Kinder und ihre legitimen Abkömmlinge sind anders als im gemeinen Recht gemäß Art. 249 Abs. 1 CDC den legitimen Abkömmlingen gleichgestellt. Dies entspricht dem früheren Rechtszustand[1298]. Die Adoption als solche bestimmt sich dabei nach gemeinem Recht, mit der Besonderheit, daß auch adoptieren kann, wer selbst legitime, legitimierte oder anerkannte natürliche Kinder hat[1299] und sich eine vertragliche Regelung des Erbrechts nach der Kompilation richtet (Art. 6 CDC).

Die anerkannten natürlichen oder für ehelich erklärten Kinder und ihre legitimen Abkömmlinge haben im Verhältnis zur Mutter ebenfalls die-

---

1296 Wo eine Erbteilung zwischen der Mutter und den Geschwistern des Erblassers eintritt.

1297 Vgl. Art. 936 Abs. 2 CC; Roca Sastre, Elementos 28.

1298 Borrell y Soler, Cataluña V, 432; Durán y Bas 268.

1299 Anders Art. 173 Abs. 2 Z. 2 CC.

selben Rechte wie legitime Abkömmlinge. Gegenüber dem Vater bleibt es bei der Regelung des Art. 939 CC, wobei die adoptierten Kinder den legitimen Abkömmlingen gleichstehen. Ein Erbrecht gegenüber dem Vater besteht daher nur, wenn weder legitimierte Abkömmlinge oder Aszendenten noch Adoptivkinder oder deren legitime Abkömmlinge vorhanden sind (Art. 249 Abs. 2 CDC).

2. *Der überlebende Ehegatte*

Eine für das katalanische Recht neue Vorschrift[1300] enthält Art. 250 Abs. 1 CDC, der dem überlebenden Ehegatten im Rahmen der gesetzlichen Erbfolge einen Nießbrauch am gesamten Nachlaß unter Befreiung von der Verpflichtung zur Sicherheitsleistung einräumt, wenn der Erblasser ihn nicht in irgendeiner Weise durch Kodizill oder im Erbvertrag bedacht hat. Es handelt sich hierbei nicht um ein Pflichtteilsrecht, da der Nießbrauch nur bei gesetzlicher Erbfolge, nicht aber entgegen einer letztwilligen Verfügung gewährt wird. Daher greifen auch die Vorschriften über die Inoffiziosität nicht ein.

Trifft der überlebende Ehegatte mit Abkömmlingen zusammen, so besteht der Nießbrauch nur an der Hälfte des Nachlasses. Die Morgengabe[1301] und die „soldada“[1302] gelten dabei nicht als Verfügung von Todes wegen.

Wird, wenn der Nießbrauch auf die Hälfte der Erbschaft beschränkt ist, keine Einigkeit unter den Beteiligten erzielt, auf welche Nachlaßgegenstände sich der Nießbrauch erstreckt, und ergeht auch keine gerichtliche Entscheidung, so verwaltet der Überlebende den gesamten Nachlaß mit der Verpflichtung, den Erben die Nutzungen der vom Nießbrauch freien Hälfte herauszugeben (Art. 250 Abs. 2 CDC). Der Nießbrauch erstreckt sich nicht auf die „legítimas“ noch auf die in einem Kodizill zugunsten Dritter angeordneten Schenkungen von Todes wegen und Vermächtnisse. Er unterliegt im Falle der Wiederverheiratung der Beschränkung gemäß Art. 253 CDC[1303]. Liegen die Voraussetzungen für die Gewährung der „cuarta marital“ vor[1304], so kann die Witwe zwischen dieser und dem Nießbrauch wählen, nicht aber beide Rechte nebeneinander geltend machen (Art. 250 Abs. 3 CDC).

1300 Roca Sastre, Elementos 26.

1301 „escreix“, Art. 44 f. CDC.

1302 Die in bestimmten Gegenden an den nicht erbenden Sohn („caballer“), der eine „pubilla“ (Erbin) heiratet (= „einheiratet“), von dieser gewährte Summe oder Rente zur freien Verfügung des Mannes, vgl. Art. 43 CDC.

1303 Vgl. § 39 II 2.

1304 Siehe § 52 IV.

Das Recht auf den Nießbrauch entfällt, wenn der überlebende Ehegatte aus seinem Verschulden vom Erblasser getrennt lebt — auch ohne Urteil — oder wenn er für erbunwürdig erklärt ist. Der Nießbrauch erlischt durch Eingehung einer neuen Ehe und durch unsittlichen Lebenswandel.

3. Die gesetzliche Erbfolge nach dem „impúber"

Den bedeutendsten Vorbehalt der Kompilation gegenüber der Regelung der gesetzlichen Erbfolge nach dem CC stellt die in Art. 251 CC aufrechterhaltene besondere Erbfolge nach dem ab intestato verstorbenen, noch nicht vierzehnjährigen Erblasser („impúber", vgl. Art. 156 Abs. 3 CDC) dar, für den eine Pupillarsubstitution nicht angeordnet ist. Es handelt sich hierbei um eine eigenständige katalanische Rechtsfigur, die auf den Grundsätzen des Fallrechts („troncalidad"; „paterna paternis, materna maternis") beruht[1305] und auf das gotische Recht zurückgeht[1306].

Sie war bis zur Kompilation in der 1. Konstitution des 2. Tit., 6. Buch, Bd. 1 der „Constituciones de Cataluña", gegeben von Jaime I. im Jahre 1260 zu Tarragona, in einer 2. Konstitution[1307] Peters III. von 1363, erlassen auf den Cortes von Monzón, und in einer weiteren, nicht erhaltenen Konstitution Jaimes I. geregelt[1308]. Vor Inkrafttreten der Kompilation erfuhr sie das gleiche Schicksal wie die übrigen katalanischen Vorschriften über die gesetzliche Erbfolge, da das T. S. die besondere Erbfolge nach dem „impúber" seit einem Urteil vom 10. 10. 1919 als durch die „Ley de Mostrencos" aufgehoben betrachtet hat. Gegen dieses Urteil waren starke Bedenken vorgetragen worden, und die Kompilation hat diese Art der Erbfolge nunmehr aus rein sachlichen Erwägungen wieder aufleben lassen[1309].

Das Wesen dieser Sondererbfolge ist eine Dreiteilung des Nachlasses, wobei in jeden Teil ein gesonderter Erbgang stattfindet:

1. Alle Nachlaßgegenstände, die der „impúber" von seinem Vater oder einem väterlicherseits mit ihm bis zum 4. Grade Verwandten erworben hat, erbt entweder der Vater oder der väterliche Verwandte, der zur gesetzlichen Erbfolge berufen wäre, wenn nur mehr väterliche Verwandte vorhanden wären. Als vom Vater stammend gelten hierbei die geschätzte „dos" und die Morgengabe („escreix"). Nicht

---

1305 Roca Sastre, Elementos 27; Borrell y Soler, Cataluña V, 441 f.

1306 Pella IV, 18.

1307 Ebenda.

1308 Pons/Sandalinas 79 f.; Borrell y Soler, Cataluña V, 442; Pella IV, 17; Durán y Bas 275.

1309 Roca Sastre, Elementos 27.

stammesgebunden („troncal") sind die Früchte der genannten Nachlaßgegenstände (Art. 251 Z. 1, 4 u. 5 CDC).

2. Die von der mütterlichen Linie stammenden Nachlaßgegenstände werden nach den gleichen Grundsätzen vererbt. Zu ihnen gehören die nicht geschätzte „dos" und der zu erstattende Gegenwert der geschätzten „dos" (Art. 251 Z. 1, 4 u. 5 CDC).
3. Die Nachlaßgegenstände, die nicht von den Eltern oder Verwandten bis zum 4. Grade herrühren, werden nach den allgemeinen Grundsätzen vererbt (Art. 251 Z. 3 CDC).

Unberührt bleibt hierbei das jeweilige Pflichtteilsrecht eines Aszendenten der anderen Linie an den dem Fallrecht unterworfenen Nachlaßgegenständen in Höhe von einem Viertel ihres Wertes (Art. 251 Z. 3, 122, 129 Abs. 1 CDC)[1310].

Auf die außerehelichen „impúberes" finden die vorstehend erläuterten Vorschriften entsprechende Anwendung im Einklang mit den für ihre Beerbung geltenden Grundsätzen (Art. 251 Z. 6 CDC).

§ 36: DIE GESETZLICHE ERBFOLGE AUF DEN BALEAREN

I. Allgemeines

Ursprünglich galt für die gesetzliche Erbfolge auf den Balearen das justinianische Recht der Novellen 118 und 127[1311]. Die Rechtsprechung des T. S. zur „Ley de Mostrencos" von 1835 führte aber dazu, daß auch auf den Balearen die gesetzliche Erbfolge des CC angewendet wurde[1312]. Nach der Kompilation ist nunmehr endgültig das gemeine Recht anzuwenden.

II. Ibiza und Formentera

Für Ibiza und Formentera ergibt sich die Anwendung des CC aus der 2. Schlußbestimmung der CDB, da das 3. Buch keine Vorschriften über die gesetzliche Erbfolge enthält.

1310 Zu beachten ist hierbei, daß die „legítima" in Katalonien, wie nach deutschem Recht und anders als im gemeinen Recht ein Wertanspruch ist (siehe oben § 26 I).

1311 Pascual y González 395.

1312 Siehe oben § 34.

III. Mallorca und Menorca

Auf Mallorca und über Art. 65 CDB auch auf Menorca erklärt Art. 51 CDB ausdrücklich die Vorschriften des CC für anwendbar, soweit die Kompilation keine Besonderheiten enthält.

Eine derartige Besonderheit findet sich, wenn man von einer möglichen Anwendung des Art. 53 CDB[1313] absieht, nur in Art. 52 CDB. Diese Vorschrift bestimmt, daß alle Personen, die nach der 4. Abteilung des 2. Kapitels des gegenwärtigen Titels[1314] bei der gewillkürten Erbfolge pflichtteilsberechtigt gewesen wären, bei der gesetzlichen Erbfolge die gleichen Rechte haben. Für das Erbrecht der legitimen Abkömmlinge und Deszendenten ergeben sich hieraus keine Besonderheiten, da diese, wenn sie allein als gesetzliche Erben berufen sind, jeweils alles erben. Andere Erben, gegenüber denen ihr Erbteil abzugrenzen ist, können in diesem Falle nicht vorhanden sein. Auch die Regelung des Pflichtteilsrechtes der natürlichen Eltern und der Adoptiveltern bei der starken Adoption in Art. 44 CDB verleiht diesen keine weitergehenden Rechte als Art. 944, 179 Abs. 1 CC bei der gesetzlichen Erbfolge. Ebensowenig ergibt sich eine Abweichung für die Rechte des überlebenden Ehegatten, die im CC und der CDB gleichlautend geregelt sind und diesem auch im gemeinen Recht bei der gesetzlichen Erbfolge zustehen[1315].

Art. 52 CDB wird daher nur bedeutsam, soweit es sich um die anerkannten natürlichen, die durch Verwaltungsakt legitimierten und volladoptierten Kinder handelt. Diese Kinder werden durch Art. 41 Abs. 2, Art. 43 CDB in der Kompilation besser gestellt als in Art. 942, 840 f. CC, wenn sie mit legitimen Deszendenten oder Aszendenten zusammentreffen[1316]. Gegenüber der Mutter stehen sie legitimen Abkömmlingen gleich und schließen die Aszendenten aus (Art. 41 Abs. 2, Art. 42 CDB). Gegenüber dem Vater erben sie neben Aszendenten ein Drittel (Art. 43 b CDB), statt einem Viertel (Art. 841 CC).

1313 Vgl. § 40 III.

1314 Das heißt gemäß Art. 41 f. CDB.

1315 Dies ergibt sich nunmehr ausdrücklich aus Art. 953 CC i. d. F. des Gesetzes vom 24. 4. 1958.

1316 Vgl. über ihre Rechte im einzelnen die Ausführungen zum Pflichtteilsrecht § 27 I 2.

§ 37: DIE GESETZLICHE ERBFOLGE IN ARAGÓN

I. Grundsatz

Das aragonesische Recht unterscheidet sich im Bereich der gesetzlichen Erbfolge vom deutschen und vom gemeinen spanischen Recht vor allem dadurch, daß beim Fehlen von Abkömmlingen grundsätzlich die Seitenverwandten vor den Aszendenten zur Erbfolge in das stammesgebundene Vermögen berufen sind[1317]. Hierbei erben die Seitenverwandten nach den Grundsätzen des Erbfallrechts. Dieses kann folgendermaßen definiert werden:

„Das Fallrecht ist eine erbrechtliche Rückfallsregel, die für die gesetzliche Erbfolge desjenigen, der ohne Abkömmlinge stirbt, gilt und gemäß der das stammesgebundene Vermögen des Erblassers ausschließlich den Verwandten der Linie zufällt, von der die einzelnen Vermögensgegenstände herstammen."[1318]

Oder:

„Das Prinzip des nach friesischen, fränkischen und schweizerischen, vor allem aber nach den französischen Rechtsquellen geltenden Fallrechts (ius recadentiae, ius revolutionis) besteht bekanntlich darin, daß bei der Intestaterbfolge und bei Nichtvorhandensein von Deszendenten die im Nachlaß befindlichen Erb- oder Stammgüter, die ‚héritages' des französischen Rechts, nach ihrer Herkunft an diejenige Linie der Verwandten zurückfallen, von welcher sie herstammten, ein Prinzip, welches auch in dem sprichwörtlichen Satze: ‚paterna paternis, materna maternis' seinen Ausdruck findet."[1319]

Die Vererbung der den Nachlaß bildenden Vermögensgegenstände richtet sich somit insoweit nach dem Grundsatz „paterna paternis, materna

---

1317 Les propres ne remontent point; que los bienes no suben, si no que baxan; sog. Nichtsteigen. Der VE beruft dagegen nach den Geschwistern und vor den Seitenverwandten den Vater oder die Mutter, aus deren Linie das Vermögen stammt (Art. 79 Z. 2 VE).

1318 Braga da Cruz 19 f.: „O direito de troncalidade é uma regra de devolução sucessôria, aplicável apenas na sucessão legítima, daquele que morre sem descendentes, e segundo a qual os bens possuídos pelo de cujus na qualidade de próprios devem ser atribuídos exclusivamente aos parentes do mesmo lado de que êsses bens provêm."

1319 Frommhold, Zur Geschichte des fränkischen Rechts in Schlesien: ZSStRG (GA) 13 (1892) 221 f.; vgl. auch Hübner, Grundzüge des deutschen Privatrechts[5] (Leipzig 1930) 768; Schröder/v. Künszberg (oben N. 224) 822; Heusler, Institutionen des

maternis“, d. h. nach ihrer Herkunft aus der väterlichen oder mütterlichen Familie des Erblasser[1320].

II. Früherer Rechtszustand

Im früheren aragonesischen Recht der Fueros und Observancias waren in erster Linie die legitimen und adoptierten Abkömmlinge als gesetzliche Erben berufen[1321]. Nur sie konnten kraft Repräsentation an die Stelle eines vor ihnen berufenen Abkömmlings treten, während in der Seitenlinie ein Eintrittsrecht nicht bestand[1322]. Beim Fehlen von Abkömmlingen waren die Seitenverwandten zur Erbfolge in die Stammesgüter nach den Grundsätzen des Fallrechtes berufen, während das übrige Vermögen jeweils zur Hälfte unter Ausschluß der Eltern an die Verwandten der väterlichen und mütterlichen Linie fiel, auch wenn die Verwandten beider Linien in verschiedenem Grade mit dem Erblasser verwandt waren[1323].

Die im Provinzialhospital de Nuestra Señora de Gracia in Zaragoza verstorbenen Kranken wurden, wenn sie keine bis zum vierten Grad mit ihnen verwandten Erben hatten, von diesem beerbt.

Den Aszendenten stand lediglich, ähnlich wie im geltenden Recht bei Eingreifen der Stammeserbfolge, in bestimmten Fällen ein Wiederanfallsrecht („droit de retour“) zu[1324].

III. Geltendes Recht

1. Allgemeines

Die wichtigsten Änderungen gegenüber dem früheren Rechtszustand sind die Einführung des Repräsentationsrechtes auch in der Seitenlinie und die Beschränkung des Fallrechts auf die unentgeltlich von Verwandten bis zum 6. Grad oder von Aszendenten erworbenen Vermögensgegenstände (Art. 39 ap.). Außerdem beseitigt Art. 39 ap. in Verbindung mit

---

deutschen Privatrechts II (Leipzig 1886) 528, 607; Dahn, Westgothische Studien (Würzburg 1874) 133; Brunner, Forschungen zur Geschichte des deutschen und französischen Rechts (Stuttgart 1894) 680; Ficker 82, 211, 427; Gál, Der Ausschluß der Aszendenten von der Erbenfolge und das Fallrecht, in: Untersuchungen zur deutschen Staats- und Rechtsgeschichte 72 (Breslau 1904); Stobbe 7, 63, 105, 119.

1320 „Erbgut geht wieder den Weg daher es gekommen“; „het got mot gan von dar het gekomen is“; „torne raíz a raíz“. Stobbe 105; Braga da Cruz 11 N. 19.

1321 Isabal 335; Franco/Guillén 213.

1322 Isabal 361.

1323 Vgl. die „fente“ des französischen Rechtes; einfache Hälftelung im Sinne von Ficker 414.

1324 Isabal 340 f.; Lacruz, Notas al Binder 166; Albareda 56.

Art. 40 ap. die Erbfolge der Seitenverwandten nach Linien („fente") in das nicht stammesgebundene Vermögen des Erblassers.

Art. 34 ap. und Art. 74 VE bestimmen, daß die gesetzliche Erbfolge nur stattfindet, wenn die Erbfolge nicht durch Vertrag geregelt ist, womit der Zulässigkeit des Erbvertrages Rechnung getragen wird. Im übrigen gilt Art. 912 CC.

2. Abkömmlinge

An erster Stelle sind als gesetzliche Erben die legitimen Abkömmlinge berufen, wobei die zur Zeit des Erbfalls lebenden und erbfähigen Abkömmlinge die entfernteren Abkömmlinge ausschließen. Die weiteren Abkömmlinge können aber kraft Repräsentation Erben werden (Art. 39 Abs. 1, 2 ap.). Art. 75 VE verweist für das Erbrecht der legitimen Abkömmlinge auf Art. 931—943 CC. Im aragonesischen Recht können die legitimen Abkömmlinge niemals zusammen mit natürlichen Kindern oder dem Ehegatten berufen sein, da sich deren Rechte nur aus dem in Aragón nicht anwendbaren Pflichtteilsrecht des CC ergeben könnten. In Aragón sind pflichtteilsberechtigt nur die Abkömmlinge (Art. 30 ap.)[1325]. Unberührt bleibt das Recht des überlebenden Ehegatten auf die „viudedad".

3. Wiederanfallsrechte („derechos de reversión")

Sind keine legitimen Abkömmlinge vorhanden, so greifen zunächst die Wiederanfallsrechte nach Art. 36—38 ap. ein (im Vorentwurf Art. 76 bis 78)[1326]. Gemäß Art. 36 ap. fällt die „firma de dote"[1327] an den überlebenden Ehegatten zurück, der sie gewährt hat, wenn der Vorverstorbene keine Nachkommen hinterläßt oder — nach dem Wortlaut von Art. 36 Abs. 2 ap. — „wenn die Vermögensgegenstände bereits durch Verfügung des Verstorbenen an gemeinsame Abkömmlinge angefallen sind und diese ihrerseits ab intestato und ohne Nachkommen v o r dem überlebenden Ehegatten sterben. Bei dessen Fehlen (d. h. des überlebenden Ehegatten) sind es dessen Verwandte, die das Recht haben, die die ‚firma de dote' bildenden Gegenstände zurückzuverlangen". In diesem zweiten Falle wird das Wiederanfallsrecht somit bei der Beerbung eines Abkömmlings des mit der „firma de dote" begünstigten, vorverstorbenen Ehegatten wirksam. Zu den

---

1325 Lacruz, Notas al Binder 166; Albareda 56.

1326 Zum germanischen Ursprung des „droit de retour" vgl. Brunner, (oben N. 1319) 676 f.

1327 Die Vermögensportion, die der Ehemann seiner Frau als „dos", wenn sie undotiert ist, oder als Ergänzung der „dos" zuwendet; Castán, D. F. 144.

an die Stelle des überlebenden Ehegatten tretenden Verwandten gehören nicht die Aszendenten, es sei denn, sie seien gemäß Art. 37 ap. berufen.

Der oben wiedergegebene Abs. 2 des Art. 36 ap. enthält folgende Problematik: Er sagt zunächst, daß das Wiederanfallsrecht auch nach gemeinsamen Abkömmlingen eingreift, wenn diese v o r dem überlebenden Ehegatten sterben, um dann, bei dessen Fehlen, seine Verwandten zu berufen. Hierin liegt ein offenbarer Widerspruch; denn wenn die gemeinsamen Abkömmlinge zu Lebzeiten des Ehegatten sterben müssen, kann dieser nicht „fehlen". SANCHO REBULLIDA[1328] kommt auf Grund historischer Überlegungen, insbesondere anhand der Observancia 42 „de dotium", zu dem Schluß, daß für das Bestehen des Wiederanfallsrechtes das Überleben des Ehegatten, der die „firma de dote" gewährt hat, über die gemeinsamen Abkömmlinge nicht erforderlich ist und daß, wenn er vor diesen stirbt, den Verwandten das Wiederanfallsrecht zusteht. Die Formulierung „wenn sie vor dem überlebenden Ehegatten sterben" ist für ihn eine Binsenwahrheit für den Fall, daß der überlebende Ehegatte selbst das Wiederanfallsrecht geltend macht. Dagegen setzt Art. 36 Abs. 1 ap. voraus, daß der zuerst sterbende Ehegatte der mit der „firma de dote" begünstigte ist. Einen anderen Standpunkt nimmt der VE ein, der nicht darauf abstellt, welcher Ehegatte zuerst stirbt. Gemäß Art. 76, 78 VE treten an die Stelle des die „firma" gewährenden Ehegatten diejenigen Personen, die zum Zeitpunkt des Wiederanfalls seine gesetzlichen Erben gewesen wären, sei es, daß der Ehegatte vor dem begünstigten Ehegatten oder vor den kinderlosen gemeinsamen Abkömmlingen stirbt.

Befinden sich in der Erbschaft des Erblassers, der ab intestato und ohne Pflichtteilsberechtigte — also ohne Abkömmlinge — stirbt, in natura Gegenstände, die der Erblasser unentgeltlich oder entgeltlich von seinen Aszendenten oder seinen Geschwistern erworben hat, so fallen sie an diese zurück. Voraussetzung ist, daß der Wiederanfallsberechtigte den Erbfall erlebt (Art. 37 ap.). Auch hier besteht das Wiederanfallsrecht, wenn zwar Abkömmlinge des Erblassers vorhanden sind, diese jedoch ab intestato und ohne Nachkommen zu Lebzeiten des Schenkers oder Veräußerers sterben (Art. 38 ap.). Dank der klaren Formulierung dieser Vorschrift („zu Lebzeiten") taucht hier das zu Art. 36 ap. erörterte Problem nicht auf. Der VE beschränkt dieses Wiederanfallsrecht auf die unentgeltlich erworbenen Gegenstände und läßt es auch dann zu, wenn der Schenker

[1328] SANCHO REBULLIDA, Notas para la interpretación del artículo 36 del Apéndice: An. Der. Aragonés IV (1947—1948) 184 f.

vor dem Beschenkten oder dessen kinderlosen Abkömmlingen stirbt. Der Wiederanfall erfolgt dann an den Abkömmling des Schenkers, der mit dem Beschenkten am nächsten verwandt ist (Art. 77, 78 VE).

4. Fallrecht beim Fehlen von Abkömmlingen („troncalidad“)

Sind keine legitimen Abkömmlinge des Erblassers vorhanden, so vererben sich die stammesgebundenen Güter oder Vermögensgegenstände („bienes proprios, troncales o de abolorio“), unbeschadet der vorerwähnten Wiederanfallsrechte gemäß Art. 39 ap. nach dem dem Fallrecht („troncalidad“) zugrunde liegenden Grundsatz „paterna paternis, materna maternis“ unter Beachtung der im folgenden darzustellenden Regeln an die Seitenverwandten.

Stammesgebunden oder „troncal“ sind diejenigen Gegenstände, die der Erblasser von einem Aszendenten oder einem anderen Verwandten bis zum 6. Grad unentgeltlich erworben hat (Art. 39 Abs. 1 ap.). Soweit es auf die Herkunft von einer bestimmten Person, insbesondere auch zur Bestimmung der Linie, der die Vermögensgegenstände angehören, ankommt, entscheidet allein der unmittelbare Erwerb, ungeachtet früherer Übertragungen (Art. 39 Z. 4 ap.)[1329].

Gemäß Art. 81 VE sind stammesgebundene „bienes de abolorio“

1. diejenigen, die dem „Haus“ oder einem Aszendenten gehörten und dort zwei oder mehr Generationen bewahrt wurden, ohne daß es auf ihre unmittelbare Herkunft oder die Art ihres unmittelbaren Erwerbs ankäme.
2. diejenigen, die der Erblasser unentgeltlich von einem Verwandten bis zum 6. Grad erhalten hat, und
3. die Surrogate der genannten Gegenstände, wenn die Ersetzung aus dem Titel oder Rechtsgrund selbst hervorgeht (z. B. Tausch) oder vom Erblasser ausdrücklich festgestellt wurde.

a) Vollbürtige Geschwister

Gemäß Art. 39 Z. 1 ap. sind in erster Linie vollbürtige Geschwister ohne Rücksicht auf ihr Geschlecht als Erben des gesamten stammesgebundenen Vermögens berufen, ohne daß es auf die Art dieses Vermögens ankommt. Da diese Geschwister jeweils den gleichen Vater und die gleiche Mutter haben, führt der Grundsatz „paterna paternis, materna maternis“ nicht zu einer Unterscheidung. Er bildet aber insoweit die ratio dieser Regelung, als die vollbürtigen Geschwister beiden Linien angehören. Unbeachtlich

---

[1329] Einfaches Fallrecht oder coûtume de simple côté, vgl. FICKER 427; BRAGA DA CRUZ 85.

ist auch, ob der Erblasser das stammesgebundene Vermögen unmittelbar von den gemeinsamen Eltern erworben hat, da Art. 39 Z. 1 ap. von der Gesamtheit der im obigen Sinne stammesgebundenen Güter oder Vermögensgegenstände spricht. Eine andere Ansicht vertritt offenbar MORER PÉREZ[1330] im Hinblick auf Art. 39 Z. 2 S. 3 ap., den er ggf. anwenden will. Die Begründung der hier vertretenen Auffassung setzt jedoch eine Erörterung der weiteren Regelung des Art. 39 ap. voraus und kann daher nur im Zusammenhang mit dieser gegeben werden.

b) Halbgeschwister

Art. 39 Z. 2 ap. regelt das Erbrecht der halbbürtigen Geschwister. Er bestimmt in Satz 1, daß, wenn Geschwister aus verschiedenen Ehen zusammentreffen, diejenigen, die mit dem Erblasser den Vater gemeinsam haben („hermanos consanguíneos"), den vom Vater herrührenden Teil der Erbschaft erhalten. Dagegen fällt der von der Mutter herrührende Teil der Erbschaft an die über die Mutter mit dem Erblasser verwandten Geschwister („hermanos uterinos"). Diese Formulierung[1331] darf jedoch nicht so verstanden werden, daß, wenn nur mehr Halbgeschwister aus einer weiteren Ehe vorhanden sind, Art. 39 Z. 2 S. 1 ap. unanwendbar ist, weil nicht Geschwister aus mehreren Ehen „zusammentreffen". Dies glaubt MORER[1332] in folgendem Fall: Die Mutter A stirbt. Ihr Sohn B ist Erbe. Der Vater C heiratet wieder und hat zwei Kinder D und E. Beim Tode des B hält MORER die genannte Vorschrift bezüglich des von der Mutter ererbten Vermögens zugunsten von D und E für unanwendbar, da D und E nicht aus verschiedenen Ehen stammen und „zusammentreffen". Nach richtiger Auffassung erben sie deswegen nicht, weil sie mit B nur über den Vater verwandt sind. Stammten sie dagegen aus einer früheren Ehe der A und wäre B ihr Sohn aus zweiter Ehe, so stünde der Anwendung von Art. 39 Z. 2 S. 1 ap. nichts im Wege, da er nur den Grundsatz des Fallrechts ausdrückt. Es genügt m. E., daß die Geschwister aus einer anderen Ehe als der Erblasser stammen und somit Halbgeschwister sind. Die Formulierung des Art. 39 Z. 2 S. 1 ap. ist nur eine etwas unglückliche Umschreibung dieser Eigenschaft. Der gleichen Ansicht ist MARTÍNEZ MOYA[1333], wenn er sagt: „Der Satz ‚Cuando concursan hermanos de distintos matrimonios' gilt

---

[1330] MORER 131.

[1331] „Verschiedene Ehen".

[1332] MORER 131.

[1333] MARTÍNEZ MOYA, El artículo 39 del apéndice y su Derecho de representación: An. Der. Aragonés X (1959—1960) 163.

auch, wenn die Halbgeschwister aus e i n e r früheren Ehe stammen, da der Erbgang Erblasser und Erben umfaßt."

Sind gleichzeitig vollbürtige Geschwister berufen, so sind sie jeweils zusammen mit den entsprechenden Halbgeschwistern an dem Nachlaß beteiligt, den der Erblasser von dem gemeinsamen Vater oder der gemeinsamen Mutter erworben hat (Art. 39 Z. 2 S. 2 ap.). Bei den Halbgeschwistern findet somit der Grundsatz „paterna paternis, materna maternis" volle Anwendung und wird zum Unterscheidungsmerkmal. Die „troncalidad" ist nur gewahrt, wenn der väterlicherseits mit dem Erblasser verwandte Halbbruder den Vermögensteil erhält, den dieser von dem gemeinsamen Vater erhalten hat. Dem Stamm („tronco") bzw. der Linie der Mutter des Erblassers gehört er nicht an. Das gleiche gilt naturgemäß entsprechend für das mütterliche Vermögen bei gemeinsamer Mutter. Dementsprechend bestimmt Art. 39 Z. 2 S. 3 ap., daß „Nachlaßgegenstände, die nicht väterlicher oder mütterlicher Herkunft sind und deshalb gemäß dieser Regel nicht zugeteilt sind, auf folgende Art an die Seitenverwandten vererbt werden". Diese Vorschrift — und hierin liegt die Begründung für die oben bezüglich der vollbürtigen Geschwister vertretene Auffassung — setzt bereits ihrem Wortlaut nach voraus, daß die väterliche oder mütterliche Herkunft für die Zuteilung gemäß dieser Regel entscheidend ist. Dies ist sie aber nur bei den Halbgeschwistern, je nachdem, ob sie mit dem Erblasser durch den Vater oder die Mutter verbunden sind. Hierfür spricht auch Art. 280 Z. 2 S. 2 des Entwurfes eines Apéndice von 1904, der sagt, daß der „vakant" bleibende Teil der Erbschaft, der nicht den Halbgeschwistern zugeteilt werden konnte, den w e i t e r e n Seitenverwandten zusteht. Die vollbürtigen Geschwister haben ihr Erbrecht dagegen in beiden Linien, ohne daß es darauf ankommt, um welche Art von stammesgebundenen Vermögensgegenständen es sich handelt, und sie sind in jedem Falle die nächsten Seitenverwandten des Erblassers, so daß die „troncalidad" immer gewahrt bleibt. Somit konnte oben mit Recht und gegen Morer[1334] die Ansicht vertreten werden, daß es für die vollbürtigen Geschwister nicht auf die Herkunft der stammesgebundenen Güter ankommt, während sie für die Halbgeschwister entscheidend ist. Nach Morer[1335] liegen im Hinblick auf Art. 39 Z. 4 ap. Vermögensgegenstände väterlicher oder mütterlicher Herkunft nur vor, wenn sie der Erblasser unmittelbar vom Vater oder der Mutter erworben hat. Diese Auffassung erscheint nach dem Ge-

[1334] Morer 131.
[1335] Morer 131.

setz vertretbar, wenn auch nicht ganz verständlich ist, warum die Halbgeschwister nicht auch auf die vom Großvater usw. oder von Seitenverwandten der gemeinsamen Linie stammenden Gegenstände Anspruch haben sollen und somit gegenüber den vollbürtigen Geschwistern im Verhältnis zum gemeinsamen Elternteil benachteiligt werden. Folgt man ihr nicht, weil man etwa sagt, daß hier die Linie gemeint ist, so bleibt als einzige Möglichkeit der fehlenden Herkunft vom Vater oder der Mutter die, daß der Erblasser die Gegenstände seinerseits von einem seiner vollbürtigen Geschwister erworben hat, in dem sich beide Linien vereinigen. In diesem Fall erscheint nach dem geltenden Recht wegen Art. 39 Z. 4 ap. in der Tat die Zuordnung zu einer der beiden Linien unmöglich, da es nur auf den letzten Erwerb ankommt[1336].

c) Repräsentationsrecht

Das frühere aragonesische Recht kannte ein Repräsentationsrecht in der Seitenlinie nicht. Die zum Zeitpunkt des Erbfalles lebenden Geschwister schlossen somit alle Neffen aus, auch wenn sie die Kinder eines vorverstorbenen Bruders bzw. Schwester waren. Bereits in einem Urteil vom 7. 5. 1931 hatte jedoch die A. T. Zaragoza die Repräsentation in der Seitenlinie, beschränkt auf Geschwisterkinder, ohne Erwähnung des ap. zugelassen, da die foralrechtliche Regelung durch die „Ley de Mostrencos“ 1835 außer Kraft gesetzt worden und nunmehr Art. 925 CC subsidiär anzuwenden sei[1337]. Jetzt ist dieses Eintrittsrecht geregelt in Art. 39 Z. 3 S. 2 ap. und steht, entsprechend Art. 925 CC, nur den Geschwisterkindern zu. Treffen die eintretenden Geschwisterkinder mit Geschwistern des Erblassers zusammen, so erben sie nach Stämmen. Sind nur mehr Geschwisterkinder vorhanden, so wird die Erbschaft nicht nach Stämmen, sondern nach Köpfen geteilt. Dies läßt sich einmal aus Art. 927 CC begründen, der mangels einer foralrechtlichen Vorschrift subsidiär anwendbar ist. Außerdem ergibt es sich aus Art. 39 Z. 3 S. 1 ap., der sagt, daß „beim Fehlen von Geschwistern die dem Grade nach nächsten Seitenverwandten der Linie, aus der die Vermögensgegenstände stammen, zu gleichen Teilen bei gleicher Gradesnähe berufen sind“. Die allein erbenden Geschwisterkinder treten somit nicht für ihren verstorbenen Elternteil ein, sondern sind unmittelbar selbst als Seitenverwandte berufen[1338].

1336 Vgl. hierzu unten g).

1337 Abgedruckt bei Valenzuela y Sancho 404.

1338 A. T. Zaragoza 6. 10. 1958: Foro aragonés 1958, Nr. 215; Martínez Moya (oben N. 1333) 169 f.

d) Regelung im VE

Vorbildlich und knapp ist die Regelung der gesetzlichen Erbfolge der Geschwister in Art. 79 VE: „Die stammesgebundenen Güter erben: 1. die Geschwister, die es über die Linie sind (d. h. also: die durch die Linie mit dem Erblasser verwandt sind ...), aus der die Gegenstände herstammen. Sind nur Kinder oder Enkel von Geschwistern vorhanden, so erben sie nach Köpfen."

Abweichend vom geltenden Recht und unter teilweiser Durchbrechung des Grundsatzes des Nichtsteigens beruft Art. 79 Z. 2 VE nach den Geschwistern den Vater oder die Mutter des Erblassers, die der Linie angehören, aus der die Vermögensgegenstände stammen. Erst nach ihnen sind die übrigen Seitenverwandten berufen.

e) Weitere Seitenverwandte

Das gesetzliche Erbrecht der weiteren Seitenverwandten regelt Art. 39 Z. 3 ap. Er beruft die Seitenverwandten in drei Fällen:

1. Wenn die Verweisung des Art. 39 Z. 2 S. 3 ap. eingreift. Wie ausgeführt, verweist diese Vorschrift auf die ihr nachfolgende Regel und damit auf Z. 3, wenn Vermögensgegenstände, die weder väterlicher noch mütterlicher Herkunft sind, „aus diesem Grunde nicht zugeteilt werden". Z. 3 sagt hierzu: „Die letztgenannten Gegenstände fallen, auch wenn Geschwister des Verstorbenen vorhanden sind, an die Seitenverwandten ..." Nach der hier vertretenen Auffassung kann der Fall des Art. 39 Z. 2 S. 3 ap. nur hinsichtlich von Halbgeschwistern eintreten, Geschwister in dem wiedergegebenen Teil von Z. 3 meint daher nur die Halbgeschwister.
2. Wenn keine Geschwister vorhanden sind, erhalten die Seitenverwandten die gesamte Erbschaft („la totalidad de la herencia"). Hierunter fällt aber, wie sich aus Art. 39 Abs. 1, 40 ap. zweifelsfrei ergibt, nur das stammesgebundene Vermögen, im gleichen Umfang wie Art. 39 Abs. 1 ap. es versteht.
3. Dem letztgenannten Fall steht es gleich, wenn nur Halbgeschwister vorhanden sind, die das Vermögen väterlicher oder mütterlicher Herkunft nicht erben können. Dies ist dann der Fall, wenn die Eigenschaft „väterlich" oder „mütterlich" der Halbgeschwister und der Herkunft des Vermögens nicht übereinstimmt, wenn also z. B. das Vermögen von der Mutter stammt, der Halbbruder aber mit

dem Erblasser den Vater gemeinsam hat. Diese Modalität findet sich in Andeutungen bei LACRUZ[1339] und ALBAREDA[1340].

Erben werden diejenigen Seitenverwandten, die mit dem Erblasser durch die Linie derjenigen Person am nächsten verwandt sind, von der der Erblasser die Vermögensgegenstände erworben hatte. Treffen Seitenverwandte gleicher Gradesnähe zusammen, so erben sie zu gleichen Teilen. Eine andere Regelung trifft Art. 79 Z. 3 VE. Danach sind die nächsten Seitenverwandten des Erblassers berufen, die von einem gemeinsamen Aszendenten, der Eigentümer des stammesgebundenen Vermögens war, abstammen. Fehlt ein solcher, so erbt der nächste Verwandte desjenigen, von dem der Erblasser dieses Vermögen unentgeltlich erworben hat. Abzustellen ist somit auf die Verwandtschaft zum „auctor", nicht zum „de cuius". Für das geltende Recht spricht LACRUZ[1341] von einer „Pseudotroncalidad" (unechtem Fallrecht), weil die weitere Herkunft unberücksichtigt bleibt und die Verwandtschaft zum Erblasser entscheidet. Dies ist deswegen ungenau, weil beim unechten bzw. unvollständigen Fallrecht vorrangig nach Linie und Grad und erst bei gleicher Gradesnähe nach Herkunft vererbt wird[1342]. In Aragón gilt aber vollständiges einfaches Fallrecht. In Art. 81 Z. 1 VE[1343] und dem hier erörterten Art. 79 Z. 3 VE nähert sich das aragonesische Recht wieder dem (beschränkt) fortgesetzten Fallrecht.

Für den Fall der gleichen Gradesnähe bestimmte der VE[1344], daß die „Neffen (und Nichten)" des Erblassers die „Onkel (und Tanten)" ausschließen. Dies gilt nicht nur für Geschwisterkinder, sondern auch für Neffen 2. oder weiteren Grades und führt dazu, daß derjenige Seitenverwandte vorgeht, der — um mit dem deutschen Recht zu sprechen — der besseren Parentel angehört.

Weder das geltende Recht noch der VE sehen eine Beschränkung auf einen bestimmten Verwandtschaftsgrad vor. Anders als gemäß Art. 954 CC können auch Seitenverwandte erben, die mit dem Erblasser entfernter als bis zum 4. Grad verwandt sind. Eine Ausnahme besteht nur, wenn der Erblasser im Provinzialhospital de Nuestra Señora de Gracia in Zaragoza stirbt, da dieses als Erbe berufen ist, wenn keine Abkömmlinge,

---

1339 LACRUZ, Notas al Binder 167.

1340 ALBAREDA 56.

1341 LACRUZ, Notas al Binder 167.

1342 FICKER 427; BRAGA DA CRUZ 83.

1343 Vgl. oben.

1344 Art. 79 Z. 3.

Geschwister oder sonstige Seitenverwandten bis zum 4. Grad vorhanden sind (Art. 42 ap., s. u.)[1345].

f) Durch „Berliner Testament" erworbenes Vermögen

An die bereits erläuterte Ziff. 4 von Art. 39 ap., die bestimmt, daß es nur auf den unmittelbaren Erwerb ankommt, knüpft Aragüés Pérez[1346] die Frage, von wem der Erbe die Gegenstände bei dem dem „Berliner Testament" zugrunde liegenden Tatbestand im Sinne des Art. 39 ap. erworben hat:

Die Eheleute A und B setzen sich in gemeinschaftlichem Testament gegenseitig zu Erben ein. Beim Tode des zuletzt Versterbenden soll der Nachlaß an C fallen. Wie bestimmt sich beim Tode des C die Herkunft dieses Nachlasses?

Nach Aragüés kommt es darauf an, von welchem der beiden Ehegatten im einzelnen der Nachlaß stammt. Trotz Art. 39 Z. 4 ap. könne man nicht sagen, daß C den gesamten Nachlaß vom überlebenden Ehegatten erworben hat. Dieses Ergebnis ist zutreffend und findet seine Begründung darin, daß das aragonesische Recht den C nicht als Schlußerben im Sinne des § 2269 BGB, sondern als Nacherben des Vorverstorbenen und Ersatzerben des Überlebenden ansieht[1347].

g) Von Geschwistern erworbenes Vermögen

Große Schwierigkeiten bereitet, wie bereits angedeutet, im Einzelfall die Zuordnung des Vermögens, das der Erblasser von einem seiner vollbürtigen Geschwister erworben hat. Dies kann besonders eindrucksvoll an einem von Morer[1348] gebrachten Beispiel dargestellt werden, wobei allerdings im Ergebnis Morer nicht gefolgt werden kann[1349].

Der Sachverhalt ist kurz folgender: Die C heiratet den G und hat mit ihm zwei Kinder, H und I. Sie stirbt ohne letztwillige Verfügung und wird kraft Gesetzes je zur Hälfte von H und I beerbt (Art. 35, 36 ap.). G heiratet wieder, und zwar die Schwester D seiner ersten Frau: Hierdurch verliert er den Nießbrauch am Nachlaß der C (Art. 73 Z. 8 ap.). I stirbt mit fünf Jahren und sein mütterlicher Erbteil fällt an H (Art. 39 Z. 1 ap.). H

1345 T. S. 4. 4. 1932, 13. 3.1936; A. T. Zaragoza 12. 2. 1931, 4. 4. 1932, 30. 6. 1934, abgedruckt bei Valenzuela y Sancho 406 f.

1346 Aragüés Pérez, Algunas consideraciones sobre la regla cuarta del artículo 39 del Apéndice foral: Seg. Sem. Der. Aragonés 265 f.

1347 Siehe oben § 18 II 5.

1348 Morer 129 f.

1349 Die Erörterung erfolgt hier, da sie die Kenntnis des gesamten Art. 39 ap. voraussetzt.

stirbt mit acht Jahren und hinterläßt seinen Vater, zwei Halbbrüder aus der zweiten Ehe des G (J und K) und drei Tanten: D, seine Stiefmutter, E und F. Fragen wir uns nun, was mit dem Vermögen des H zu geschehen hat, so sind nach Art. 39 Z. 4 ap. zwei Vermögensteile zu unterscheiden, nämlich derjenige, den H von seiner Mutter C und der, den er von seinem Bruder I erworben hat. Bezüglich des ersten dieser Teile ergeben sich keine Schwierigkeiten. Da H keine vollbürtigen Geschwister hinterläßt, scheidet Art. 39 Z. 1 ap. aus. Auch Art. 39 Z. 2 ap. ist nicht anwendbar. Morer[1350] begründet dies damit, daß diese Vorschrift davon ausgeht, daß Geschwister aus verschiedenen Ehen zusammentreffen, während J und K aus der gleichen Ehe stammen. Dem kann, wie sich aus den Ausführungen zu dieser Vorschrift[1351] ergab, nicht gefolgt werden, da Art. 39 Z. 2 ap. immer dann anwendbar ist, wenn geprüft werden soll, ob Halbgeschwister erben. J und K erben vielmehr deswegen nicht, weil sie über den Vater mit H verwandt sind, während das Vermögen von der Mutter stammt. Da somit keine Geschwister vorhanden sind, die den mütterlichen Erbteil erben könnten, greift Art. 39 Z. 3 ap. ein, und zu Erben sind die mit dem Erblasser im 3. Grad mütterlicherseits verwandten Tanten D, E und F zu gleichen Teilen berufen. Morer[1352] kommt hier zu einem anderen Ergebnis, da er Art. 39 Z. 3 ap. nur für anwendbar hält, wenn das Vermögen weder vom Vater noch von der Mutter herrührt. Er sieht daher hier keine andere Möglichkeit als über Art. 40 ap., 955 CC den Vater erben zu lassen. Diese Ansicht ist irrig, da Art. 40 ap. grundsätzlich nur für nicht stammesgebundenes Vermögen gilt. Hier greift jedoch die zweite Alternative des Art. 39 Z. 3 ap. ein: „Die gesamte (stammesgebundene) Erbschaft fällt an die Seitenverwandten, wenn keine Geschwister vorhanden sind." Der von Morer herangezogene Art. 39 Z. 2 S. 3 ap. gilt dagegen nur für die erste Alternative der Z. 3, d. h. für den Fall, daß die Vermögensgegenstände weder väterlicher noch mütterlicher Herkunft sind und daher den Halbgeschwistern nicht zugeteilt werden können.

Komplizierter ist dagegen die Frage, wie der Erbschaftsteil zu behandeln ist, den H von seinem Bruder erhalten hat. Hierbei ist zu berücksichtigen, daß im Hinblick auf Art. 39 Z. 4 ap. dieser Vermögensteil strenggenommen weder väterlicher noch mütterlicher, sondern „brüderlicher" Herkunft ist. Im Bruder vereinigen sich aber beide Linien, er führt den

---

[1350] Morer 131.
[1351] Vgl. oben b)
[1352] Morer 131.

Familiennamen des Vaters zusammen mit dem der Mutter. Sind vollbürtige Geschwister vorhanden, so erben sie das vom Bruder dem Bruder zugewandte Vermögen gemäß Art. 39 Z. 1 ap. In unserem Falle zwingt aber das Gesetz dazu, eine Linie zu finden, innerhalb derer die Seitenverwandten berufen sind. J und K als Halbbrüder scheiden offenbar wegen Art. 39 Z. 2 S. 3 ap. aus, da das Vermögen weder väterlicher noch mütterlicher Herkunft ist[1353]. Somit bleibt nur Art. 39 Z. 3 ap. als Norm, in der die Lösung zu suchen ist. Und hier erhebt sich in voller Tragweite die Frage nach der Linie, aus der das Vermögen stammt. Zu sagen, es stamme aus der brüderlichen Linie und deshalb seien die Geschwister berufen, auch wenn sie nicht vollbürtig sind, widerspricht der Regelung des Art. 39 Z. 2 und 3 ap. wie vielleicht dem Fallrecht überhaupt, da, wenn man Art. 39 Z. 4 ap. insoweit außer acht läßt, gegebenenfalls ein Stammeswechsel von der mütterlichen zur väterlichen Linie eintreten würde[1354]. Auch kann die Verbindung in der Seitenlinie nur über einen gemeinsamen Aszendenten hergestellt werden, und der Grundsatz „paterna paternis, materna maternis" drängt hier zu der Lösung, daß dieser gemeinsame Aszendent die Mutter oder ein anderer Aszendent der mütterlichen Linie sein muß oder daß, wenn schon ein Stammeswechsel erfolgt, dieser nur die Halbgeschwister begünstigt[1355]. Dieser Lösung stehen aber Art. 39 Z. 4 ap. mit seinem Verbot der Berücksichtigung früherer Übertragungen und Art. 39 Z. 2 ap. entgegen. Es bleibt daher nur die Überlegung, daß hier sowohl die väterliche als auch die mütterliche Linie zu berücksichtigen sind und unter den Seitenverwandten beider Linien die dem Grade nach mit dem Erblasser am nächsten Verwandten erben. Dies wären hier dann auf den ersten Blick wieder die väterlichen Halbbrüder J und K. Morer lehnt sie hier deswegen ab, weil ihrer geschwisterlichen Eigenschaft die als Seitenverwandte 4. Grades vorgeht, da ihre Mutter D eine Schwester der C war, und beruft D, E und F. Logischer wäre die Berufung von J und K, da sonst gegebenenfalls Geschwister des Vaters zusammen mit den Schwestern der Mutter oder allein berufen sein könnten. J und K sind aber m. E. deswegen von der Erbfolge ausgeschlossen, weil Art. 39 Z. 1, 2 ap. das Erbrecht der Geschwister abschließend regeln und sich Art. 39 Z. 3 ap. nur auf die

---

1353 Eine Zuweisung an die Halbbrüder, weil das Vermögen sowohl mütterlicher wie väterlicher Herkunft ist, scheitert m. E. an Art. 39 Z. 4 ap., ist aber wohl eine vertretbare Lösung.

1354 So hätte aber der Entwurf von 1899 entschieden, wenn nur Halbgeschwister einer Seite vorhanden sind; Art. 75 Z. 4.

1355 Entwurf von 1899, a. a. O.

übrigen Seitenverwandten bezieht[1356]. Man kommt im gegebenen Fall zufällig zur richtigen Lösung, die das Vermögen dem Mutterstamm erhält, weil nur mütterliche Seitenverwandte 3. Grades vorhanden sind. Befriedigend und dem Fallrecht entsprechend erscheint aber keine dieser Konstruktionen, und der Apéndice enthält hier eine offenbare Lücke. Dem geltenden Recht entspricht — dies sei zusammenfassend gesagt — die Lösung, das Vermögen den nächsten Seitenverwandten des Erblassers ohne Rücksicht auf die Linie und unter Ausschluß der Halbgeschwister zuzusprechen. Abzulehnen ist hierbei eine weitere Hypothese, die darin besteht, dieses Vermögen nach dem für das nicht stammesgebundene Vermögen im alten Recht geltenden Grundsatz der Aufteilung auf beide Linien ungeachtet der Gradesnähe zu verteilen[1357], da hierfür jede gesetzliche Grundlage fehlt.

Zu einer anderen und einfacheren Lösung, die dem Fallrecht voll entspricht, kommt man im vorliegenden Fall anhand von Art. 79, 81 VE: Es handelt sich bei dem von I erworbenen Vermögen des H um „bienes de abolorio", sei es, weil es mehr als zwei Generationen der Familie gehörte (Art. 81 Z. 1 VE) oder sei es, weil I mit H näher als im 6. Grad verwandt ist (Art. 81 Z. 2 VE). Durch Art. 79 Z. 1 VE werden die Halbbrüder von der Erbfolge ausgeschlossen, da im VE die Berücksichtigung früherer Übertragungen nicht verboten ist (fortgesetztes Fallrecht) und die genannte Vorschrift diejenigen Geschwister beruft, die über die Linie, aus der das Vermögen stammt, mit dem Erblasser verwandt sind. Gemäß Art. 79 Z. 3 VE sind sonach die Tanten D, E und F berufen, da sie die nächsten mütterlichen Seitenverwandten des I sind[1358] oder weil sie, wenn sich das Vermögen schon längere Zeit in der mütterlichen Familie befand, die nächsten Seitenverwandten des I mit einem gemeinsamen Aszendenten sind, der Eigentümer dieses Vermögens war. Schließt Art. 79 Z. 1 VE die Halbgeschwister entgegen der hier vertretenen Auffassung nicht endgültig aus, so sind, wenn das Vermögen erst von der Mutter erworben wurde, J und K gemäß Z. 3 berufen. Auch dies wäre noch eine Lösung, die dem Anfall an entferntere Seitenverwandte vorzuziehen ist. Meines Erachtens bezieht sich aber Z. 3 nur auf weitere Seitenverwandte, und zwar auf solche, die der Linie angehören, aus der das Vermögen stammt.

1356 So expressis verbis Art. 280 Z. 2 S. 2 des Entwurfes von 1904.

1357 So auch der Entwurf von 1899 bei unbekannter Herkunft (Art. 77 Z. 5).

1358 Nach dem VE ist, wie erwähnt, auf die Verwandtschaft mit dem „auctor", nicht mit dem Erblasser abzustellen.

h) Stellung der Erben nach Art. 39 ap.

Nach LACRUZ[1359] sind die Erben gemäß Art. 39 ap., auch wenn sie nur einzelne Vermögensgegenstände erhalten, als echte Erben „ex re certa" anzusehen[1360]. Art. 80 VE bestimmt, daß diese Erben im Verhältnis des Wertes des Empfangenen auch für die Nachlaßverbindlichkeiten haften. Zum Abschluß der Erörterung von Art. 39 ap. sei gesagt, daß hier versucht wurde, diese Vorschrift ihrem Wortlaut und den Grundsätzen des Fallrechts entsprechend auszulegen. Andere Meinungen sind vertretbar. Aber bereits GIL GIL, Professor der Rechtsfakultät Zaragoza, sagte: „Es ist uns nicht gelungen, Art. 39, mit Ausnahme von Abs. 1 Z. 1 und Z. 2 S. 1, 2, zu verstehen, und ebenso erging es anderen, die viel gelehrter als der Vortragende sind."[1361]

5. Erbfolge in das nicht stammesgebundene Vermögen

Die Erbfolge in das nicht stammesgebundene Vermögen richtet sich nach dem CC (Art. 40 ap., 82 VE). Nicht stammesgebunden ist, wie sich bereits durch a. e. c. aus Art. 39 Abs. 1 ap. ergibt, das Vermögen, das der Erblasser von entfernter als im 6. Grad Verwandten oder Dritten erworben hat, das Vermögen unbekannter Herkunft und das vom Erblasser selbst erworbene Vermögen. Außerdem findet der CC für das stammesgebundene Vermögen Anwendungen, wenn keine der in Art. 39 ap. genannten Erben vorhanden sind[1362]. Diese Verweisung auf den CC führt gegenüber dem Fallrecht zu einer Umkehrung der Reihenfolge der Berufungen, da die Aszendenten vor den Seitenverwandten gesetzliche Erben sind (Art. 935 CC). Auch werden, für das aragonesische Recht neu, der Ehegatte und die natürlichen Kinder zu gesetzlichen Erben. Zweifelhaft — wegen der „viudedad"[1363] — mag sein, ob der Ehegatte in Aragón überhaupt ein gesetzliches Erbrecht haben kann oder ob Art. 952 unanwendbar ist[1364]. Die Anwendbarkeit ist aber zu bejahen, da Art. 952 CC das ganze Vermögen umfaßt, während der Nießbrauch bei der „viudedad" nur das unbewegliche Vermögen betrifft (vgl. auch Art. 83 VE).

1359 LACRUZ, Notas al Binder 166.

1360 Diese Rechtsfigur ist auch im deutschen Recht möglich, vgl. § 2087 Abs. 2 BGB: „im Zweifel".

1361 GIL GIL, Precedentes inmediatos y ligera crítica del Apéndice al Código Civil, correspondiente al Derecho foral de Aragón (Zaragoza 1928) 49.

1362 LACRUZ, Notas al Binder 167; Art. 82 VE.

1363 Siehe unten § 54.

1364 So MARTÍN-BALLESTERO, Loch derechos sucesiorios del cónyuge viudo en Aragón: Prim. Sem. Der. Aragonés 27; obiter dictum SANCHO REBULLIDA 40.

In Art. 42 ap. und Art. 83 VE wird ein Privileg zugunsten des im Jahre 1425 von König Alfons V. von Aragón gegründete Provinzialhospitals de Nuestra Señora de Gracia[1365] aufrechterhalten. Hiernach ist dieses Hospital gesetzlicher Erbe der Kranken, die in ihm oder einem ihm angeschlossenen Institut sterben und weder Abkömmlinge, Geschwister oder andere Seitenverwandte bis zum 4. Grad hinterlassen[1366]. Das Erbrecht erstreckt sich auf das gesamte Vermögen des Verstorbenen, soweit es nicht einem Rückfallsrecht gemäß Art. 36—38 ap. unterliegt (Art. 42 ap.)[1367]. Dieses Privileg geht auf einen Beschluß der aragonesischen Cortes von 1626 zurück.

§ 38: DIE GESETZLICHE ERBFOLGE IN NAVARRA

I. Vorbemerkung

Aus den Ausführungen in § 33 ergibt sich, daß unter dem „geltenden navarrischen Recht" hier das Recht zu verstehen ist, das anzuwenden wäre, wenn die Rechtsprechung des T. S. es nicht als aufgehoben betrachten würde oder wenn man dieser Rechtsprechung nicht folgen will. Außerdem wird auf die Rechtslage „de lege ferenda" nach dem FR hingewiesen.

II. Grundsatz

Die gesetzliche Erbfolge greift in Navarra nur ein, wenn die Erbfolge weder durch Testament oder Vertrag geregelt ist (L. 284 FR). Dies ist eine notwendige Folge der Zulässigkeit des Erbvertrages und muß daher auch bei Vollanwendung des gemeinen Rechtes abweichend von Art. 912 CC gelten.

III. Gesetzliche Erben

1. Abkömmlinge

Gesetzliche Erben 1. Ordnung sind die Abkömmlinge des Erblassers. Sie erben ohne Unterschied des Alters oder des Geschlechts zu gleichen Teilen

---

1365 Muñoz Salillas, Privilegios a favor del Hospital de Nuestra Sra. de Gracia: An. Der. Aragonés I (1944) 148.

1366 So Art. 42 ap. Art. 83 VE lautet: „die weder einen Ehegatten, Verwandte in gerader Linie noch Seitenverwandte bis zum 4. Grad hinterlassen".

1367 Im VE ist diese Bestimmung überflüssig, da alle rückfallberechtigten Personen — Ehegatte, Aszendenten und Geschwister — das Hospital von der Erbfolge ausschließen.

(Kap. 3, 6, 10 f., Tit. 4, B. 2 FG; G. 3, 4, 6, 7, Tit. 13, Buch 3 Nov.[1368]; L. 285 Abs. 1 FR). Den legitimen Abkömmlingen stehen die legitimierten und die anerkannten natürlichen Kinder gleich (Kap. 22, Tit. 4, B. 2 FG)[1369]; gemäß L. 285 Abs. 2 FR auch die volladoptierten Kinder. Nach L. 285 Abs. 3 FR können die anerkannten natürlichen Kinder von den übrigen Abkömmlingen in Geld abgefunden werden. Die illegitimen, nicht natürlichen Kinder haben, wie im gemeinen Recht, nur einen Unterhaltsanspruch (L. 285 Abs. 4 FR)[1370]. Für einen vorverstorbenen Abkömmling treten die durch ihn mit dem Erblasser verwandten weiteren Abkömmlinge nach Stämmen ein (L. 2981 Abs. 1 FR)[1371].

2. Weitere gesetzliche Erben

Sind keine Abkömmlinge des Erblassers vorhanden, so sind als gesetzliche Erben die Geschwister, die Eltern und Aszendenten, die weiteren Seitenverwandten und der Ehegatte berufen. Ihre Reihenfolge ist verschieden, je nachdem, ob es sich um stammesgebundenes oder nicht stammesgebundenes Vermögen („bienes troncales“ oder „bienes no troncales“) handelt. Die Erbfolge ist also, wie in Aragón, nicht für das ganze Vermögen einheitlich, sondern folgt zum Teil den Grundsätzen des Fallrechts („troncalidad“), zum Teil den auf die Familie abstellenden Gesichtspunkten des Justinianischen Rechtes.

In beiden Fällen sind nach den Abkömmlingen die vollbürtigen legitimen Geschwister berufen. Verschieden geregelt ist jedoch das Erbrecht der Halbgeschwister. Außerdem gehen beim Fallrecht die weiteren Seitenverwandten den Aszendenten vor[1372]. Darüber hinaus führt das Prinzip des Fallrechtes zu bestimmten besonderen Rückfallsrechten und „reservas“, je nach der Herkunft der einzelnen Vermögensgegenstände. Bei der Darstellung ist von der normalen gesetzlichen Erbfolge auszugehen. Anschließend folgt die Erläuterung des Fallrechts, das einen wesentlich geringeren Umfang hat als in Aragón. Dies entspricht dem System des FR, der in L. 284 sagt: „Die gesetzliche Erbfolge findet statt, wenn nicht durch Testament, Erbvertrag oder auf eine andere Art im Einklang mit diesem Fuero Recopilado wirksam über die gesamte Erbschaft oder einen Teil davon verfügt ist. Von der gesetzlichen Erbfolge ausgeschlossen sind die Ver-

---

1368 Lacarra II, 278.
1369 Lacarra II, 280.
1370 Lacarra II, 278 f.; Sainz de Varanda 160; Albareda 56 f.
1371 Lacarra II, 269; Sainz de Varanda 160.
1372 Auch hier gilt: „Les propres ne remontent point“ bzw. der Grundsatz des Nichtsteigens.

mögensgegenstände, die einem Stammesrückfallrecht unterliegen." Die eigentliche gesetzliche Erbfolge umfaßt somit das nicht stammesgebundene Vermögen und das stammesgebundene Vermögen, für das keine berufenen Stammesverwandten vorhanden sind[1373].

3. Gesetzliche Erbfolge in das keinem Rückfallsrecht unterliegende Vermögen

Wie bereits angedeutet, sind zur gesetzlichen Erbfolge nach den Abkömmlingen die Geschwister berufen (G. 3, T. 13, B. 3; G. 4, T. 13, B. 3; G. 7, T. 13, B. 3 Nov.; Kap. 6, Tit. 4, Buch 2 FG)[1374] (L. 286 Abs. 1 FR). Für das geltende Recht nimmt die h. M. an, daß die vollbürtigen Geschwister hierbei etwaige Halbgeschwister völlig von der Erbfolge ausschließen. Dies wird begründet aus Kap. 10, Tit. 4, Buch 2 FG: „Si de un padre et de una madre son hermanos que los que son de padre et de madre son más cercanos que los hermanos que son de otro padre et de otra madre"[1375] und aus dem subsidiären römischen Recht[1376]. Sind keine vollbürtigen Geschwister vorhanden, so gehen jedoch die Halbgeschwister den nächst berufenen Aszendenten vor[1377]. L. 286 Abs. 2 FR sieht dagegen vor, daß die Halbgeschwister neben vollbürtigen Geschwistern einen halben Erbteil erhalten.

Das geltende navarrische Recht kennt nach bisher h. L. ein Eintrittsrecht in der Seitenlinie nicht[1378]. L. 291 FR führt es zugunsten der Abkömmlinge von Geschwistern ein, die in jedem Falle nach Stämmen erben (L. 293 FR). Der Unterschied zum gemeinen Recht besteht darin, daß das Eintrittsrecht nicht auf Geschwisterkinder beschränkt ist und auch dann nicht nach Köpfen geerbt wird, wenn alle Geschwister weggefallen sind.

Das Erbrecht besteht zugunsten legitimer Geschwister, da das navarrische Recht den natürlichen anerkannten und legitimierten Kindern ein Erbrecht nur gegenüber den Eltern gewährt. Etwas anderes gilt, wenn ausschließlich natürliche Kinder vorhanden sind: Sie beerben sich gegenseitig

---

1373 Santamaría Ansa (oben N. 352) 182.

1374 Lacarra II, 285, 289.

1375 Wenn von einem Vater und einer Mutter Geschwister (vorhanden) sind, so sind die, die vom Vater und der Mutter sind, näher (verwandt) als die Geschwister, die von einem anderen Vater oder einer anderen Mutter sind.

1376 11, 59, 6 Codex; 1, 84, 3, 118 Novellae; Lacarra II, 289; Alonso I, 390; Sainz de Varanda 160; Albareda 57; Santamaría Ansa (oben N. 352) 185.

1377 Lacarra II, 291 mit 11, 59, 6 Codex.

1378 Lacarra II, 292; Frauca Llamas (oben N. 617) 109 f.; neuerdings a. A. Santamaría Ansa (oben N. 352) 184 f.: wie gemeines Recht und Aizpún Tuero (oben N. 350) 317 f.

nach den genannten Regeln[1379]. Somit schließen die Geschwister in Navarra die Eltern von der gesetzlichen Erbfolge aus. L. 286 FR mildert diese Regelung und gewährt den Eltern für diesen Fall den lebenslänglichen Nießbrauch am Nachlaß ihres Kindes, der ihnen bislang bereits an dem stammesgebundenen Vermögen zusteht.

Fehlen auch Geschwister des Erblassers, so erben die Aszendenten nach Gradesnähe (G. 3, 4, 6, 7, Tit. 13, B. 3 Nov.[1380]; L. 287 FR). Die „abuelos" (Großeltern) teilen sich gemäß L. 287 Abs. 2 FR die Erbschaft nach Linien und innerhalb jeder Linie nach Köpfen. Es kann angenommen werden, daß hierunter nicht nur die Großeltern im engeren Sinne, sondern alle weiteren Aszendenten zu verstehen sind, wenn sie im gleichen Grad mit dem Erblasser verwandt sind und im Ergebnis wie nach Art. 937 Abs. 2 CC zu verfahren ist[1381]. L. 287 Abs. 3 FR bestimmt, daß die Aszendenten gegebenenfalls der „reserva troncal" nach L. 278 FR unterliegen. Das geltende Recht beruft nach den Eltern an nächster Stelle die weiteren Seitenverwandten nach Gradesnähe (G. 13, T. 13, B. 3 Nov.)[1382].

Unklar erscheint, ob das navarrische Foralrecht eine Grenze der Verwandtenerbfolge zieht. LACARRA[1383], der sich mit der Anwendung des CC abfindet, nimmt folgerichtig an, daß der Staat erbt, wenn weder ein Verwandter bis zum 4. Grad noch ein überlebender Ehegatte vorhanden ist[1384]. ALBAREDA[1385] lehnt die Anwendbarkeit der „Ley de Mostrencos" und damit des CC ab und ist der Meinung, daß in Übereinstimmung mit dem Justinianischen Recht keine Begrenzung auf einen bestimmten Verwandtschaftsgrad bestünde[1386]. Dagegen findet sich bei SAINZ DE VARANDA[1387] ohne weitere Erläuterung der Satz: „Unter Anwendung des subsidiären römischen Rechtes enden die Berufungen in der Seitenlinie mit dem 10. Grad."[1388] Ein ähnlicher Gedankengang liegt offenbar L. 329 Abs. 2 Dictamen zugrunde. Diese Vorschrift korrigiert die Festlegung der Grenze auf den 4. Grad des gemeinen Rechtes in L. 288 FR und läßt die Berufungen

---

1379 LACARRA II, 293; ALBAREDA 57.

1380 LACARRA II, 293; SAINZ DE VARANDA 160; ALBAREDA 57.

1381 In diesem Sinne auch die Darstellung bei LACARRA II, 294.

1382 LACARRA II, 295; SAINZ DE VARANDA 161; ALBAREDA 57.

1383 LACARRA II, 295.

1384 Art. 954 f. CC im Wortlaut der Gesetzesverordnung vom 13. 1. 1928; vorher bis zum 6. Grad und nach der „Ley de Mostrencos" bis zum 10. Grad.

1385 ALBAREDA 57.

1386 So auch für das Justinianische Recht KIPP/COING 16.

1387 SAINZ DE VARANDA 161.

1388 Ebenso SANTAMARÍA ANSA (oben N. 352) 185.

ebenfalls mit dem 10. Grad enden, weil dies „mit dem besonderen Recht Navarras" übereinstimmt. Da eine eigene foralrechtliche Bestimmung fehlt, kann hiermit wiederum nur das subsidiäre Justinianische Recht gemeint sein. Welche Vorschrift des Justinianischen Rechtes entgegen der auf Novelle 118 gestützten h. L. diese Auffassung begründen soll, wird jedoch nirgends gesagt. In Frage kommt m. E. nur § 5, tit. V, lib. III der Instituta, aus dem diese Beschränkung auf die ersten 10 Verwandtschaftsgrade auch für einzelne deutsche Partikularrechte abgeleitet wurde[1389].

Sind keine erbberechtigten Seitenverwandten vorhanden, so erbt nach dem subsidiären römischen Recht der überlebende Ehegatte[1390]. Der FR beruft in L. 288 den Ehegatten, der nicht durch rechtskräftiges Urteil getrennt ist, nach den Aszendenten und vor den weiteren Seitenverwandten. Gemäß L. 289 FR erben, wenn auch Seitenverwandte bis zum 4. Grade fehlen, die nicht voll adoptierten Kinder.

L. 290 FR hält eine aus dem Gesetz 39 der Cortes von 1794, 1795, 1796 (G. 17, T. 20, B. 10 Nov.) stammende Regelung aufrecht, wonach diejenigen, die die Ordensprofeß abgelegt und gemäß C. 581 cod. iur. can. auf ihr Vermögen verzichtet haben, nicht gesetzliche Erben sein können.

4. Fallrecht

a) Geltendes Recht

Als stammesgebunden und dem allgemeinen Fallrecht unterliegendes Vermögen („bienes troncales") gelten diejenigen Vermögensgegenstände, die von dem Stamm, d. h. einem Aszendenten herrühren und unbeweglich sind (Kap. 16 u. 21, Tit. 4, B. 2 FG; G. 6, T. 13, B. 3 Nov.)[1391]. Für sie stellt Kap. 16, Tit. 4, Buch 2 FG folgenden Grundsatz auf: „Si algun hombre o alguna muger muere sin creaturas, los bienes deyllos deven tornar ad aqueyllos parientes ond las heredades vienen por natura"[1392]. Es ist dies geschichtlich die ältere Art der Erbfolge im navarrischen Recht und

---

1389 Vgl. Stobbe 77.

1390 1, 18, 6 Codex; § 1, 11, 38 Digesten; Lacarra II, 295; Sainz de Varanda 161.

1391 Lacarra I, 278; „In den Gesetzen Navarras sind die ‚bienes de abolorio o mayorío' erwähnt, die nach Kap. 3, Tit. 4, Buch 2 FG diejenigen sind, die dem Großelternteil gehören, der Enkel von einem vorverstorbenen Kind hat. ‚Bienes de patrimonio' heißen, nach diesem Kapitel, diejenigen, die den Eltern gehören, wenn sie die Großeltern überleben. Und ‚bienes troncales' sind diejenigen, die vom Stamm kommen, d. h. von einem Aszendenten, und unbeweglich sind".

1392 „Stirbt ein Mann oder eine Frau ohne Nachkommen, so soll ihr Vermögen an die Verwandten zurückfallen, von denen es seiner Natur (seinem Ursprung) nach kommt" oder „Erbgut geht wieder den Weg, daher es gekommen", Lacarra II, 278, 285.

sie zeichnet sich durch den Vorrang der Seitenverwandten vor den Aszendenten, das Nichtsteigen, aus. Erst mit der Rezeption des römischen Rechtes tritt daneben das justinianische System. So bestimmt ein Gesetz von 1583, daß die Aszendenten das von den Kindern selbst erworbene Vermögen erben (G. 3, T. 13, B. 3 Nov.). Das Gesetz der Cortes von Pamplona aus dem Jahre 1596 (G. 4, T. 13, B. 3 Nov.) legte dies irrig und unter Verstoß gegen das Fallrecht dahingehend aus, daß darunter auch das von den Kindern von Todes wegen und durch Schenkung erworbene Vermögen falle. Aber bereits 1604 (G. 6, T. 13, B. 3 Nov.) wurde dieser Irrtum berichtigt und bestimmt, daß die Eltern nicht das stammesgebundene Vermögen erben sollen; gleichzeitig wurde jedoch neu und als Besonderheit des navarrischen Rechtes ein lebenslänglicher Nießbrauch der Eltern an den „bienes troncales“ eingeführt[1393].

Als Erben des stammesgebundenen, unbeweglichen Vermögens sind an erster Stelle und in jedem Falle die vollbürtigen Geschwister berufen[1394]. Die halbbürtigen Geschwister erben mit ihnen zusammen, wenn sie der Linie angehören, aus der die stammesgebundenen Vermögensgegenstände stammen. Ihre Stellung entspricht also der des aragonesischen Rechtes[1395], wenn auch das navarrische Recht nicht auf die unmittelbare Herkunft von einem Elternteil abstellt. Diese Lösung ergibt sich eindeutig aus dem Schlußsatz von G. 6, T. 13, B. 3 Nov.: „y que en la sucesión de estos bienes troncales los hermanos que huvieren de excluir a los padres sean hermanos de padre y de madre; y si fueren hermanos de mitad lo sean de la parte de donde vienen los bienes ...“[1396]. Entgegen der Auffassung von ALBAREDA[1397] ist LACARRA derselben Meinung. Er sagt: „Sie (die Halbgeschwister) sind mit jenen (vollbürtigen) Geschwistern zur Beerbung des verstorbenen Bruders (bzw. Schwester) bezüglich der Stammesgüter berufen, die von einem gemeinsamen Aszendenten herrühren“[1398], und: „Die Stammesgüter erben beim Fehlen von Abkömmlingen und vollbürtigen Ge-

---

1393 Nach ALBAREDA 54; die angeführten Gesetze sind abgedruckt bei LACARRA II, 281 f.

1394 LACARRA II, 285.

1395 Vgl. Art. 39 Z. 2 Abs. 1 ap.

1396 „Und daß in der Erbfolge in diese Stammesgüter die Geschwister, die die Eltern ausschließen, Geschwister vom Vater und der Mutter (her) seien: und wenn sie Halbgeschwister wären, sie es von der Seite seien, von der die Güter herkommen ...“.

1397 ALBAREDA 57. Er meint, nach LACARRA würden die Halbgeschwister auch dann erben, wenn sie nicht der Linie angehören, aus der das Vermögen stammt.

1398 LACARRA II, 289.

schwistern oder Halbgeschwistern der Linie, aus der die Güter stammen, die Verwandten bis zum vierten Grad vor den Eltern ..."[1399].

Sind Geschwister der genannten Art nicht vorhanden, so sind die (Seiten-) Verwandten bis zum 4. Grad vor den Eltern und den Halbgeschwistern der anderen Linie berufen. Erben werden dabei diejenigen dem Grade nach am nächsten mit dem Erblasser (!) verwandten Seitenverwandten, die in direkter Linie von dem Aszendenten abstammen, von dem die Güter herrühren[1400]. Sind dagegen nur Seitenverwandte vorhanden, die ihrerseits wieder mit diesem Aszendenten in der Seitenlinie verwandt sind, so schließen sie die Eltern nicht aus[1401]. Wie bereits angedeutet, steht jedoch den Eltern, auch wenn ihnen Seitenverwandte vorgehen, der lebenslängliche Nießbrauch an den Stammesgütern zu[1402]. Nach den Seitenverwandten bis zum 4. Grad ist die Reihenfolge der Berufungen die gleiche wie bei der gewöhnlichen gesetzlichen Erbfolge: Eltern, weitere Seitenverwandte[1403], Ehegatte.

Ein besonderes Wiederanfallsrecht besteht für Schenkungen, die dem Erblasser anläßlich seiner Ehe gemacht wurden. Stirbt er kinderlos vor dem Schenker, so fällt der Gegenstand der Schenkung an diesen zurück. Das gleiche gilt, wenn der Erblasser Kinder hinterläßt, diese aber ebenfalls vor dem Schenker sterben (Kap. 3 Amejoramiento; G. 9, T. 7, B. 3 Nov.)[1404].

b) Der FR sieht folgende Regelung vor:

Nach L. 277 FR fallen diejenigen Gegenstände, die ein Aszendent einem legitimen oder natürlichen Abkömmling unentgeltlich übertragen hat, an den Aszendenten zurück, wenn der Abkömmling vor ihm ohne legitime Nachkommen stirbt. Sind die Gegenstände veräußert worden, so erstreckt sich der Wiederanfall auf den Erlös oder andere Surrogate, einschließlich der aus der Veräußerung dem Abkömmling zustehenden Rechte.

L. 278 regelt die sogenannte „reserva troncal“ und wurde bereits erörtert[1405]. Das eigentliche Fallrecht hat L. 280 FR zum Gegenstand. Die Vorschrift weicht erheblich vom dargestellten geltenden Recht ab. Der Rückfall tritt für diejenigen unbeweglichen Gegenstände ein, die der Erb-

---

1399 Lacarra II, 290.
1400 Lacarra II, 290 f.
1401 Alonso I, 393.
1402 Lacarra II, 285.
1403 Vgl. Ausführungen über die Grenzen ihrer Berufung unter 3.
1404 Lacarra II, 293.
1405 Vgl. § 32 II 3.

lasser von seinem Ehegatten oder irgendeinem Blutsverwandten bis zum 4. Grad erworben und über die er nicht unter Lebenden oder „mortis causa" verfügt hat. Der Rückfall erfolgt entweder an den Übertragenden selbst oder an seinen nächsten Stammesverwandten bis zum 4. Grad. Gemäß L. 282 Abs. 1 FR sind Stammesverwandte diejenigen, die vom gleichen Stamm wie der Übertragende herkommen, wobei die Verwandtschaft, abweichend vom geltenden Recht, im Verhältnis zu diesem zu bestimmen ist. Verwandte, die sich nicht innerhalb des 4. Grades befinden, haben kein Eintrittsrecht. Sie erben jedoch das „ius delationis" des Berufenen, wenn dieser nach dem Erbfall, aber vor Annahme oder Ausschlagung stirbt (L. 282 Abs. 2 FR). Treffen mehrere Verwandte gleichen Grades zusammen, so ist der Aszendent bevorrechtigt. Handelt es sich ausschließlich um Seitenverwandte, so geht derjenige vor, der durch den früheren Aszendenten mit dem Übertragenden verwandt ist (L. 282 Abs. 3 FR)[1406]. Nach L. 280 Abs. 1 a. E. FR bleibt der Nießbrauch des überlebenden Ehegatten unberührt. Abs. 2 dieser Vorschrift gewährt den Eltern, wenn sie nicht zum Rückfall berufen sind, im Einklang mit dem historischen Recht den lebenslänglichen Nießbrauch, dem aber der Ehegattennießbrauch vorgeht.

Gemäß L. 281 FR erstreckt sich das Wiederanfallsrecht der L. 278 und 280 FR bei dinglicher Ersetzung auf die unbeweglichen Surrogate. Die wichtigsten Unterschiede des Stammeserbrechtes des FR nach L. 280, 282 FR zum geltenden Recht sind somit m. E. folgende:

1. Die Frage, was stammesgebundenes Vermögen ist, kann klarer als bisher beantwortet werden. Spricht der FG etwas vage von unbeweglichen Gütern, die vom Stamme herkommen, so sind nach FR „bienes troncales" die unbeweglichen Gegenstände, die der Erblasser von seinem Ehegatten oder einem Blutsverwandten bis zum 4. Grad unentgeltlich erworben hat.
2. Die Unterscheidung in Geschwister, Seitenverwandte und Eltern unter Festlegung einer Reihenfolge ist aufgegeben. Berufen sind allgemein alle Verwandten, die die Voraussetzungen von L. 280, 282 FR erfüllen. Daß hierunter auch die Eltern und Aszendenten fallen, ergibt sich aus L. 280 Abs. 2 FR[1407] und aus Art. 282 Abs. 3 FR[1408]. L. 277 FR widerspricht dieser Auffassung nicht. Betrachtet man das Verhältnis dieser Vorschrift zu L. 280 FR, so zeigt sich, daß L. 277

1406 „... entroncado en ascendiente anterior".
1407 „Wenn sie nicht zum Rückfall berufen sind".
1408 Bei gleicher Gradesnähe geht der Aszendent vor.

FR einerseits weitergeht als diese, weil sie nicht auf das unbewegliche Vermögen beschränkt ist. Zum anderen greift sie aber nur zugunsten des Aszendenten ein, der selbst die Gegenstände auf den Abkömmling übertragen hat. Im Anwendungsfall von L. 280 FR kann der Aszendent aber auch berufen sein, ohne selbst die Übertragung vorgenommen zu haben, wenn er der nächste Stammesverwandte des Übertragenden ist. Der Grundsatz des Nichtssteigens wird damit aufgegeben. Für den besonderen Rückfall der Schenkungen bei Eingehung der Ehe verweist L. 283 FR auf L. 178 FR. Hiernach fallen sie, wenn der Beschenkte oder seine Abkömmlinge kinderlos sterben, an den Schenker oder seine nächsten Blutsverwandten gemäß L. 282 Abs. 2 u. 3 FR zurück.

§ 39: DIE GESETZLICHE ERBFOLGE IN VIZCAYA

I. Allgemeines

Die gesetzliche Erbfolge war in G. 8, T. 21 des „Fuero de Vizcaya" geregelt, wobei wie im geltenden Recht für das stammesgebundene Vermögen die Regel „paterna paternis, materna maternis" galt. Das T. S. hatte in Anwendung der „Ley de Mostrencos", insbesondere durch Urteil vom 31. 1. 1950, auch für Vizcaya die gesetzliche Erbfolge den Regeln des Código Civil unterstellt. In der CDV ist dagegen die gesetzliche Erbfolge für Vizcaya wieder eigens geregelt und folgt mit wenigen Abweichungen dem Fuero. Neu ist die ausdrückliche Bestätigung des Eintrittsrechtes der weiteren Abkömmlinge in der absteigenden Linie und die Erbfolge der Aszendenten nach Linien in das nicht stammesgebundene Vermögen, sowie das gesetzliche Erbrecht des Ehegatten.

II. Gesetzliche Erben

1. Abkömmlinge

Gesetzliche Erben 1. Ordnung sind für das gesamte Vermögen die legitimen Kinder des Erblassers und die ihnen gleichstehenden, durch nachfolgende Ehe legitimierten Kinder (Art. 31 Z. 1, 40 CDV). Fehlen diese, so werden die anerkannten natürlichen und die durch Verfügung des Staatschefs legitimierten Kinder Erben (Art. 31 Z. 2 CDV). Ein Eintrittsrecht besteht gemäß Art. 31 CDV nur in der geraden absteigenden Linie, hier jedoch innerhalb beider Gruppen zugunsten von legitimen Abkömmlingen. Dieses Eintrittsrecht kannte das alte Foralrecht nicht[1409], es wurde in der Kompilation neu eingeführt.

Sind Abkömmlinge des Erblassers nicht vorhanden, so ist die Erbfolge verschieden geregelt, je nachdem, ob es sich um stammesgebundenes Vermögen handelt oder nicht.

2. Erbfolge der legitimen Aszendenten und legitimen Kollateralen in das stammesgebundene Vermögen (Art. 32 a CDV)

Die Stammesgüter der väterlichen und mütterlichen Linie fallen an die stammesverwandten Aszendenten der jeweiligen Linie, unbeschadet der Vorschrift in Art. 7 Abs. 3 CDV. Nach dieser Bestimmung ist stammesverwandter Aszendent für die „bienes raíces", die der Erblasser von einem vorverstorbenen Elternteil geerbt hat, der überlebende Elternteil. Im übrigen gelten für die Stammesverwandtschaft Art. 9 Z. 2, 8 Abs. 2 CDV: Stammesverwandt ist ein Aszendent bezüglich aller „bienes raíces" des Erblassers, wenn er selbst der erste Erwerber innerhalb der Familie war oder mit dem Erblasser einen Aszendenten gemeinsam hat, dem diese „bienes raíces"[1410] gehört haben, d. h. diese „bienes raíces" sind für ihn stammesgebunden.

Sind in einer (oder in beiden) Linien keine stammesverwandten Aszendenten vorhanden, so treten an ihre Stelle die Stammesverwandten in der entsprechenden Seitenlinie. Gemäß Art. 9 Z. 2, 8 Abs. 3 CDV sind dies die Seitenverwandten des Erblassers bis zum 4. Grad römischer Zählung, die von einem Aszendenten des Erblassers abstammen, dem die „bienes raíces" gehört haben. Der Grundsatz „les popres ne remontent pas" gilt somit in Vizcaya nicht[1411].

Früher war bestritten, ob die Stammesverwandtschaft für die gesetzliche Erbfolge beim 4. Grad endete, weil das G. 8, T. 21 des Fuero hierüber nichts sagt[1412]. Bejaht wurde dies von Jado, da diese Gradesnähe in G. 18, T. 20 für die Verfügungen des Erblassers ausdrücklich vorgesehen ist und das gleiche bei der gesetzlichen Erbfolge gelten müsse[1413]. Auch führt Art. 954 CC zu dem gleichen Ergebnis, der seit dem 13. 3. 1928 die gesetzliche Erbfolge der Seitenverwandten mit dem 4. Grad enden läßt[1414]. In der

---

1409 Jado 422.
1410 Vgl. zu diesem Begriff § 30 II.
1411 Mit Gál (oben N. 1319) 174; Braga da Cruz 89; Ficker 428.
1412 Verneinend z. B. T. S. 11. 11. 1902.
1413 Jado 420.
1414 Vorher mit dem sechsten.

Kompilation ist die Frage endgültig gelöst. Sie spricht in Art. 32 a von den „colaterales tronqueros" und bestimmt in Art. 8 Abs. 3, daß die Stammesverwandtschaft in der Seitenlinie bis zum 4. Grad reicht.

Sind in einer Linie auch keine Stammesverwandten in der Seitenlinie vorhanden, so verlieren die Stammesgüter diese Eigenschaft (Art. 32 a, letzter Satz CDV) und sind wie das nicht stammesgebundene Vermögen zu behandeln.

3. Erbfolge der legitimen Aszendenten und der legitimen Seitenverwandten in das nicht stammesgebundene Vermögen (Art. 32 b CDV)

Nach Art. 32 b CDV wird das nicht stammesgebundene Vermögen wie bei der Zwangserbfolge gleichmäßig auf beide Linien verteilt, ohne daß es auf die Gradesnähe der Aszendenten in jeder der Linien ankommt. Die Kompilation weicht hierin vom Fuero ab. Gemäß G. 8, T. 21 erbten die Aszendenten nach den gleichen Regeln wie die Seitenverwandten. Danach erbte, wenn in beiden Linien Aszendenten verschiedener Gradesnähe zum Erblasser vorhanden waren, der mit dem Erblasser am nächsten verwandte Aszendent ungeachtet der Linienzugehörigkeit unter Ausschluß der entfernter verwandten in der anderen Linie[1415]. Fehlen in einer Linie Aszendenten, so erben die der anderen Linie alles. Sind Aszendenten überhaupt nicht vorhanden, so wird die Erbschaft je zur Hälfte auf die beiden Seitenlinien verteilt, wenn Verwandte bis zum vierten Grade vorhanden sind[1416]. Fehlen in einer Seitenlinie Verwandte bis zum 4. Grade, so fällt das nicht stammesgebundene Vermögen an die andere Linie.

4. Gemeinsame Vorschriften

Eine gemeinsame Bestimmung für beide Arten der Erbfolge[1417] findet sich in Art. 37 CDV. Hiernach schließen *innerhalb* der jeweiligen väterlichen oder mütterlichen aufsteigenden oder Seitenlinie die näheren Verwandten die entfernteren aus. Bei gleicher Gradesnähe erben sie zu gleichen Teilen. Sind vollbürtige Geschwister neben Halbgeschwistern berufen, so erhalten sie doppelten Anteil gegenüber diesen, erben also „mit beiden Händen".

5. Der überlebende Ehegatte

Neu eingeführt wurde das gesetzliche Erbrecht des Ehegatten. Gemäß Art. 34 Abs. 1 CDV erbt er die Stammesgüter beim Fehlen von berufenen Stammesverwandten, das nicht stammesgebundene Vermögen nach Ge-

---

1415 JADO 417.

1416 Siehe aber unten 5., zum Erbrecht des Ehegatten.

1417 Oben 2. und 3.

schwistern oder Geschwisterkindern des Erblassers[1418]. In den übrigen Fällen gewährt ihm Art. 34 Abs. 2 CDV das gleiche Recht wie in der Zwangserbfolge. Ist er sonach neben Erben berufen, die nicht legitime Abkömmlinge sind, so steht ihm der Nießbrauch an der Hälfte des Vermögens zu, über das der Erblasser durch Testament hätte frei verfügen können[1419].

1418 Den privilegierten Seitenverwandten des Art. 952 CC, im Ergebnis also wie im gemeinen Recht.

1419 Vgl. zu dessen Höhe im Einzelfall § 30 III 4.

3. Teil

DIE RECHTLICHE STELLUNG DES ERBEN (GEMEINSAME VORSCHRIFTEN FÜR DIE GESETZLICHE UND TESTAMENTARISCHE ERBFOLGE)

§ 40: ERBFÄHIGKEIT, EINSETZBARKEIT UND ERBUNWÜRDIGKEIT

I. Gemeines Recht

1. Erbfähigkeit

Gemäß Art. 744 CC können diejenigen Personen testamentarische oder gesetzliche Erben sein, die das Gesetz nicht für erbunfähig erklärt. Hierbei gelten für die Erbunfähigkeit bei beiden Arten der Erbfolge die gleichen Vorschriften (Art. 914 CC). Erbfähig sind auch juristische Personen (Art. 745 CC). Gemäß Art. 789 CC gelten für die Fähigkeit, Vermächtnisnehmer zu sein, die Vorschriften über die Erbfähigkeit entsprechend.

Die Erbfähigkeit muß zum Zeitpunkt des Erbfalles vorhanden sein (Art. 758 Abs. 1 CC mit Art. 657, 666, 766 CC). Eine Ausnahme besteht bei aufschiebend bedingter Erbeinsetzung oder Vermächtnisanordnung. Hier ist auf den Zeitpunkt des Bedingungseintritts abzustellen (Art. 758 Abs. 3 CC).

Der Nasciturus ist erbfähig nach Art. 29 CC. Der „nondum conceptus" kann nur als Nacherbe („fideicomisario") eingesetzt werden[1420].

Absolut erbunfähig sind gemäß Art. 745 CC alle Geschöpfe, die nicht die Voraussetzungen des Art. 30 CC erfüllen, also auch nicht rechtsfähig sind, und die vom Gesetz nicht erlaubten oder verbotenen Vereinigungen und Korporationen. Absolut erbunfähig bedeutet hierbei, daß die Betroffenen niemandes Erbe sein können[1421].

2. Einsetzbarkeit

Neben die absolute Erbunfähigkeit stellt der CC die relativen Erbunfähigkeitsgründe, die dazu führen, daß bestimmte Personen von einem

---

1420 T. S. 29. 11. 1935.

1421 Castán IV, 270.

bestimmten Erblasser nicht eingesetzt werden können. Es empfiehlt sich daher von der Einsetzbarkeit zu sprechen.

Nicht zu Erben oder Vermächtnisnehmern können eingesetzt werden:

a) Der Priester, bei dem der Erblasser während seiner letzten Krankheit gebeichtet hat, sowie dessen Verwandte bis zum 4. Grad und seine Pfarrei, Sprengel, Gemeinde oder Institut (Art. 752 CC).

b) Der Vormund des Erblassers vor endgültiger Genehmigung der Rechnung, auch wenn der Erblasser nach dieser stirbt, es sei denn, der Vormund ist mit seinem Mündel in gerader Linie verwandt, sein Bruder, seine Schwester oder sein Ehegatte (Art. 753 CC).

c) Der das Testament beurkundende Notar, dessen Ehegattin und die mit ihm bis zum 4. Grad verwandten oder verschwägerten Personen (Art. 754 Abs. 1 CC). Art. 754 Abs. 1 CC gilt auch für die Zeugen beim offenen Testament und für die Zeugen und die übrigen mitwirkenden Personen bei den besonderen Testamenten.

3. *Erbunwürdigkeit*

Neben der absoluten und relativen Erbunfähigkeit kennt das spanische Recht noch die Erbunfähigkeit wegen Unwürdigkeit, die Erbunwürdigkeit. Sie tritt gemäß Art. 756 CC außer bei einem Angriff auf das Leben des Erblassers, seines Ehegatten oder der in gerader Linie mit ihm verwandten Personen (Z. 2) und bei Bestimmung durch Drohung mit Gewalt oder Täuschung zur Errichtung eines Testamentes (Z. 6) ein, wenn Eltern ihre Kinder verlassen, ihre Töchter der Unzucht preisgeben oder ihre Geschlechtsehre verletzen (Z. 1); wenn jemand den Erblasser verleumdet (Z. 3); wenn der volljährige Erbe den Tod des Erblassers trotz Verpflichtung hierzu nicht anzeigt (Z. 4); wenn jemand mit der Frau des Erblassers die Ehe gebrochen hat (Z. 5) oder wenn der Erblasser durch Täuschung oder Drohung an der Errichtung oder dem Widerruf eines Testamentes gehindert worden ist (Z. 7). Art. 757 CC bestimmt, daß die Erbunwürdigkeit nicht eintritt, wenn sie der Erblasser bei Testamentserrichtung kannte oder wenn er dem Erbunwürdigen in öffentlicher Urkunde verziehen hat.

II. Katalonien

1. *Erbfähigkeit*

Soweit die Erbfähigkeit bzw. Erbunfähigkeit auf der Rechtsfähigkeit aufbaut (vgl. Art. 745 CC), gilt mangels besonderer Vorschriften das gemeine Recht.

2. *Einsetzbarkeit*

Die Gründe für die relative Erbunfähigkeit oder die mangelnde Einsetzbarkeit enthält Art. 252 CDC. Ziff. 1 dieser Vorschrift ergänzt die ausdrücklich für anwendbar erklärten Art. 752, 753, 754 CC dahingehend, daß der Pfarrer — beim Testament vor dem Pfarrer — dem Notar gleichsteht. Relativ erbunfähig sind weiter diejenigen Personen, die mit dem Erblasser sakrilegen, ehebrecherischen oder blutschänderischen Verkehr gepflogen haben (Art. 252 Z. 2 CDC). Blutschänderisch ist der Verkehr mit in gerader Linie verwandten und verschwägerten Personen sowie mit Verwandten bis zum zweiten Grad römischer Zählung. Relativ erbunfähig sind auch die Kinder aus den genannten Geschlechtsverbindungen und die Eltern gegenüber diesen Kindern. Die relative Erbunfähigkeit erstreckt sich nicht auf Enkel oder Großeltern. Die Eltern können den genannten Kindern anstelle des Rechtes gemäß Art. 127 Abs. 2 CDC ein Unterhaltsvermächtnis zuwenden. Dieser Erbunfähigkeitsgrund berührt nicht das angenommene ehebrecherische Kind noch den Annehmenden und entfällt überhaupt, wenn der Erblasser keine Verwandten mit gesetzlichem Erbrecht hinterläßt (Art. 252 Z. 3 CDC). Die Vorschriften in Art. 252 Z. 2 und 3 CDC gehen auf das römische Recht[1421a] zurück[1422].

Die sogenannte „Lex Hac edictali" der 22. Novelle des Codex Justinians findet sich in Art. 253 CDC. Hiernach kann der überlebende Ehegatte eines in zweiter oder späterer Ehe verheirateten Erblassers beim Zusammentreffen mit legitimen Abkömmlingen aus einer früheren Ehe aus der Erbschaft unmittelbar oder mittelbar nicht mehr empfangen als das am wenigsten begünstigte Kind. Hierbei ist dem späteren Ehegatten das anzurechnen, was er durch Schenkung erhalten hat. Übersteigt die Zuwendung an den späteren Ehegatten diese Grenze, so wird der Überschuß gleichmäßig an ihn und alle Kinder verteilt.

Art. 254 CDC, der sich in seinem Abs. 2 irrtümlich auf Art. 253 Abs. 2 CDC statt auf Art. 252 Z. 2 CDC bezieht[1423], bestimmt, daß die natürlichen Kinder des Erblasser und seine Konkubine beim Zusammentreffen mit legitimen Abkömmlingen nur ein Zwölftel der Erbschaft erhalten können. Sind keine legitimen Abkömmlinge vorhanden, so können sie jedoch, unbeschadet des Pflichtteils der Aszendenten, alles erben. Trifft die Kon-

---

1421a Novella 89, cap. 12, § 2, 3 und cap. 13; C. lib. 5, tit. 5, de incestuosas nuptias, 1.6; Dekretalen, lib. 4, tit. 7, cap. 5.

1422 Pella III, 188; Condomines/Faus 293 f.

1423 Condomines/Faus 291.

kubine allein mit den genannten legitimen Abkömmlingen zusammen, so kann sie ebenfalls nur ein Zwölftel erhalten, wenn der Verkehr mit ihr weder einen Ehebruch noch Blutschande oder ein Sakrileg darstellte. Die Regelung geht auf die Novellen 18 und 12 und teilweise den „usatje Filius milites" zurück[1424].

Borrell Macía[1425] gibt folgendes eindrucksvolles Beispiel zu Art. 253, 254 CDC:

Ein katalanischer Bauer, ein „hereu", verliert seine Ehefrau und bleibt mit sechs unmündigen Kindern zurück. Die Lebensnotwendigkeit zwingt ihn dazu, wieder zu heiraten. Die zweite Frau zieht die Kinder auf und verbringt ihr Leben in der Arbeit für die Familie. Die erwachsenen Kinder verlassen das Elternhaus, zurück bleiben der Bauer, seine zweite Frau und der künftige Erbe, „hereu". Eines Tages stirbt der Ehemann, und das Anwesen geht auf den „hereu" über. Die zweite Ehefrau, die sich für die Familie aufgeopfert hat und nunmehr vielleicht arbeitsunfähig ist, kann nur soviel wie der am wenigsten begünstigte Sohn, also, vom Pflichtteil ausgehend, ein Vierundzwanzigstel der Erbschaft erhalten (Art. 253 CDC). Gegen den Hoferben hat sie keinen Unterhaltsanspruch, weil er nicht ihr Sohn ist. Wäre diese Frau nicht als Ehefrau, sondern als Konkubine in das Haus gekommen, so hätte sie ein Zwölftel der Erbschaft erhalten können ...

3. *Erbunwürdigkeit*

Grundsätzlich gelten im katalanischen Recht die gleichen Erbunwürdigkeitsgründe wie im gemeinen Recht (Art. 255 Abs. 1 CDC). Condomines/Faus[1426] kommentieren dies mit der Bemerkung, daß für die Katalanen keine anderen Moralgrundsätze gelten können als für die übrigen Spanier. Hinzu kommen als weitere Gründe, die sowohl bei der testamentarischen wie bei der gesetzlichen Erbfolge und auch für die „Quarta uxoria" und den Nießbrauch gemäß Art. 250 CDC gelten, die schlechte Behandlung des Ehegatten und die Verurteilung wegen Ehebruchs. Für die „Quarta marital" ist es auch ein Unwürdigkeitsgrund, wenn die Witwe arglistig Nachlaßgegenstände beiseite geschafft hat (Art. 255 Abs. 2 CDC). Art. 255 Abs. 3 CDC wiederholt Art. 762 CC, wonach die Unwürdigkeitsklage in fünf Jahren verjährt.

1424 Condomines/Faus 294.

1425 Borrell Macía, La compilación como proceso codificador; ventajas y desventajas, in: Comentarios 74 f.

1426 Condomines/Faus 294.

Die übrigen zahlreichen Unwürdigkeitsgründe des alten katalanischen Rechtes[1427] sind nicht gesondert aufrechterhalten. Sonst entspricht die gesetzliche Regelung im wesentlichen dem alten Rechtszustand[1428].

III. Balearen

Das balearische Recht hat die „Lex Hac edictali" in Art. 53 CDB übernommen. Danach kann der in zweiter oder späterer Ehe verheiratete Erblasser seinem Ehegatten nicht mehr zuwenden oder hinterlassen als dem am wenigsten begünstigten Kind aus der früheren Ehe. Nach dem bisherigen Recht wurde bei einem Verstoß gegen diese Vorschrift der Überschuß allein unter die Kinder aus erster Ehe verteilt. Gemäß Art. 53 S. 2 CDB erhält nunmehr auch der Ehegatte, wie in Katalonien (Art. 253 Abs. 2 CDC), einen Teil des Überschusses. Ist einem Kinde weniger als sein Pflichtteil hinterlassen, so ist Vergleichsgrundlage der Pflichtteil[1429]. Die Vorschrift greift auch ein, wenn dem Ehegatten der Nießbrauch an einem Erbschaftsteil zufallen soll[1430], und gilt für alle Arten der Erbfolge[1431].

IV. Navarra

Als Besonderheiten gegenüber dem gemeinen Recht bestehen:

1. Die bereits erwähnte Erbunfähigkeit innerhalb der gesetzlichen Erbfolge für diejenigen, die ein Ordensgelübde abgelegt und dabei auf ihr Vermögen verzichtet haben (L. 290 FR). Gegenwärtig wird diese Vorschrift nicht angewendet, da für die gesetzliche Erbfolge nach der Rspr. des T. S. der CC gilt[1432].
2. Das die Einsetzbarkeit des Ehegatten und der Kinder aus einer späteren Ehe betreffende Verbot, diesen mehr zu hinterlassen als dem am wenigsten begünstigten Kind aus der früheren Ehe (L. 303, 304 FR). Es wurde im Rahmen der Beschränkungen der Testierfreiheit erörtert und ist der Anwendungsfall der „Lex Hac edictali" in Navarra.

1427 Zum Teil gleichlautend mit denen des CC.

1428 Borrell y Soler, Cataluña V, 60 f.; Pella III, 188 f.; Planas y Casals 89 f.

1429 Pascual y González 324, 326.

1430 Vgl. Art. 45 Abs. 5 CDB und in Art. 53 CDB die Worte: „directa o indirectamente."

1431 Dies geht bereits aus der Überschrift des Kapitels 5 hervor: „Gemeinsame Vorschriften für die testamentarische und die gesetzliche Erbfolge".

1432 Albaladejo/Lacruz 266.

3. Erbunfähig sind außer den in Art. 752 f. CC genannten Personen die Kinder eines Geistlichen gegenüber ihrem Vater (G. 5, T. 14, B. 1 Nov.) und die „adulterini" gegenüber dem Ehebrecher (Kap. 9 und 11, Tit. 3, Buch 4 FG)[1433]. L. 229 FR hält die relative Erbunfähigkeit der im Ehebruch gezeugten Kinder aufrecht, wenn der Ehebrecher legitime oder anerkannte natürliche Kinder hinterläßt, und spricht dabei ungenau von einem Fall der Erbunwürdigkeit.

§ 41: DER ERBSCHAFTSERWERB

I. Allgemein

Beim Erbschaftserwerb sind folgende Phasen zu unterscheiden:

a) Erbfall („apertura de la sucesión")
b) Berufung („vocación a la herencia")
c) Erbanfall („delación de la herencia")
d) Erbschaftserwerb („adquisición de la herencia").

1. Gemeines Recht

Von Interesse ist nur die letzte der genannten Phasen, der Erbschaftserwerb. Während das deutsche Recht[1434] die Annahme als Verlust des Ausschlagungsrechtes betrachtet, die Erbschaft aber ipso iure beim Erbfall an den Erben anfällt, folgt das spanische Recht nach h. L. dem römischen System. Hiernach ist zum Erwerb der Erbschaft die Annahme als konstitutiver Akt erforderlich; bis zur Annahme ruht die Erbschaft („hereditas iacens"). Wenn auch für das spanische Recht in den letzten Jahren die „germanische" Auffassung vertreten wurde[1435], so vertritt jedenfalls die h. L. die dargestellte Meinung[1436]. Sie sieht hierbei von einer wörtlichen Auslegung des im Mittelpunkt des Streites stehenden Art. 661 CC ab und leitet aus ihm nur her, daß die Berufung mit dem Erbfall wirksam wird, nicht aber der Erbe ipso iure die Erbschaft erwirbt.

1433 ALBALADEJO/LACRUZ 264; LACARRA II, 189 f.

1434 §§ 1942 Abs. 1; 1953 Abs. 2 BGB.

1435 Vor allem GARCÍA VALDESECAS, La adquisición de la herencia en el Derecho español: Rev. Der. Priv. (1944) 89 f.; DERS., De nuevo sobre la adquisición de la herencia: Rev. Der. Priv. (1951) 991 f.

1436 ALBALADEJO, La adquisición de la herencia en el Derecho español: Rev. Der. Priv. (1955) 3 f.; ALBALADEJO/LACRUZ 135 f.; LACRUZ, Notas al Binder 26 f; CASTÁN VI/1, 115; ROCA SASTRE, Notas I, 286.

2. Foralgebiete

In den Provinzen oder Gebieten römischen Rechtes taucht die angedeutete Streitfrage nicht auf[1437], da dort das römische Recht gilt. Für Katalonien bestimmt Art. 98 Abs. 1 CDC ausdrücklich, daß der Erbe die Erbschaft mit der Annahme erwirbt, diese aber auf den Zeitpunkt des Erbfalls zurückwirkt.

In Aragón galt wohl früher das germanische System[1438], heute enthält jedoch der ap. keine besondere Vorschrift mehr.

II. Besitzerwerb

1. Gemeines Recht

Der Satz des germanischen Rechtes „le mort saisit le vif" führte im spanischen Recht zur sogenannten „posesión civilísima", dem Besitz ipso iure[1439]. Ähnlich § 857 BGB bestimmt Art. 440 CC, daß der Erbe den Besitz ipso iure mit dem Erbfall erwirbt, falls er — hier zeigt sich der römischrechtliche Einfluß — die Erbschaft annimmt. Schlägt er aus, so wird er so angesehen, als ob er nie Besitzer gewesen wäre.

2. Foralrechte

Besonderheiten gelten nur in den Provinzen römischen Rechtes. In Katalonien gilt gemäß Art. 98 Abs. 2 CDC für den Besitzerwerb des Erben das System der Digesten. Der Erbe ist nach Annahme der Erbschaft nur Besitzer, wenn er diese tatsächlich in Besitz nimmt, während im gemeinen Recht die tatsächliche Inbesitznahme nicht erforderlich ist[1440]. Nimmt der Erbe die Erbschaft in Besitz, so setzt er den Besitz des Erblassers fort. Nach einem Urteil des T. S. vom 25. 1. 1936 galt die gleiche Regelung in Navarra und auf den Balearen. Heute kann dies nur noch für Navarra zutreffen, da die balearische Kompilation keine besonderen Vorschriften mehr enthält.

III. Die „hereditas iacens"

1. Gemeines Recht

Der Hauptfall der ruhenden Erbschaft ist, daß der berufene Erbe die Erbschaft noch nicht angenommen oder ausgeschlagen hat. Daneben kann sie vorkommen, wenn der Erbe noch unbestimmt ist, sei es z. B. weil er

---

[1437] Katalonien und Navarra; auf den Balearen fehlt eine besondere Bestimmung, so daß gemeines Recht gilt.

[1438] Vgl. Castán VI/1, 112.

[1439] „Quia iuris civils ministerio, sine artificio nulloque actu interveniente ... sed sola legis statuti vel consuetudinis dispositione, transfertur"; Albaladejo/Lacruz 138.

[1440] T. S. 3. 6. 1947.

noch nicht geboren ist oder unter einer aufschiebenden Bedingung eingesetzt wurde. Die Rechtsnatur der ruhenden Erbschaft ist bestritten, und die Anhänger der deutschrechtlichen Auffassung stellen ihre Existenz überhaupt in Zweifel[1441]. Sie wird als Vermögen ohne Rechtsträger, als juristische Person oder als Vermögen unter Verwaltung angesehen. ALBALADEJO/LACRUZ[1442] betrachten sie als Vermögen mit einem noch ungewissen Rechtsträger unter Verwaltung im Interesse des berufenen Erben. Diese Verwaltung kann bevorzugt der Erbe als eine Art „Geschäftsführer" ausüben (arg. Art. 999 CC), ohne daß er dadurch zum Vertreter der Erbschaft mit Passivlegitimation für die gegen diese geltend gemachten Ansprüche würde[1443]. Die ruhende Erbschaft kann unter Verwaltung stehen, wenn der Erblasser dies unter Bestellung von Verwaltern oder Testamentsvollstreckern angeordnet hat. Die Verwaltung kann auch vom Gericht angeordnet werden, wenn Antrag auf Ingangsetzung des Nachlaßverfahrens gestellt ist oder dieses von Amts wegen durchzuführen ist (Art. 1124 LEC, 1020 CC)[1444].

2. Katalonien

Nur in der katalanischen Kompilation finden sich besondere Vorschriften über die „hereditas iacens". Gemäß Art. 99 Abs. 1 CDC kann der berufene Erbe die Erbschaft verwalten und für sie klagen. Hierin ist keine Annahme zu sehen. Anders als Art. 999 CC, aus dem die Verwaltungs-, nicht aber die Klagebefugnis des Erben hergeleitet werden kann, verleiht die Kompilation also ausdrückliche Befugnisse auch in dieser Richtung. Aus Art. 99 Abs. 2 CDC geht hervor, daß nach dem Erben der Testamentsvollstrecker zur Verwaltung des Nachlasses berufen ist. Fehlt auch ein Testamentsvollstrecker, so kann der Richter erster Instanz des letzten Wohnsitzes des Erblassers in ausschließlicher Zuständigkeit (Art. 99 Abs. 3 CDC) einen Kurator ernennen. Dieser Kurator unterscheidet sich vom Verwalter nach Art. 1020 CC nur dem Namen nach, der auf das römische Recht zurückgeht[1445].

IV. Das „ius delationis"

1. Gemeines Recht

Mit dem Anfall der Erbschaft erwirbt der berufene Erbe das „ius delationis", d. h. das Recht, die Erbschaft anzunehmen oder auszuschlagen.

1441 Vgl. CASTÁN VI/1, 99.

1442 ALBALADEJO/LACRUZ 421.

1443 ALBALADEJO/LACRUZ 421.

1444 Vgl. CASTÁN VI/1, 98 f.

1445 CONDOMINES/FAUS 138.

Dieses Recht erlischt 15 Jahre, nachdem die Annahme möglich wurde (Art. 1964 CC)[1446], es sei denn, der Erblasser oder das Gesetz bestimmen im Einzelfall eine kürzere Frist. Das „ius delationis“ ist vererblich (Art. 1006 CC).

2. Katalonien

Abweichend von dem dargestellten Standpunkt des gemeinen Rechtes bestimmt Art. 257 Abs. 1 CDC, daß das Recht des Erben, die Erbschaft anzunehmen oder auszuschlagen, dreißig Jahre nach dem Erbfall verjährt.

Wie im gemeinen Recht, so geht auch in Katalonien das „ius delationis“ auf die Erbeserben über, wenn der Erbe stirbt, ohne die Erbschaft angenommen oder ausgeschlagen zu haben (Art. 258 Abs. 1 CDC). Das gleiche gilt für den entsprechenden Fall beim Pflichtteil, Vermächtnis und Fideikommiß (Art. 258 Abs. 3 CDC).

Art. 258 Abs. 2 CDC bestimmt, daß die Erbeserben in diesem Fall beide Erbschaften (die des Erblassers und die des Erben) annehmen können, nicht aber nur die erste. Von mehreren Erben, die die zweite Erbschaft annehmen, kann jeder unabhängig von den anderen die erste Erbschaft ausschlagen oder annehmen, wobei unter ihnen ein bevorzugtes Anwachsungsrecht besteht.

V. Anfall aus mehreren Berufungsgründen

1. Gemeines Recht

Ist ein Erbe aus mehreren Gründen zur gleichen Erbschaft berufen, so ist er, wenn er die Berufung kraft Testamentes ausschlägt, so anzusehen, als ob er auch die gesetzliche Erbfolge ausgeschlagen hätte. Schlägt er die Berufung kraft Gesetzes in Unkenntnis des Testamentes aus, so kann er die Erbschaft aus dem Testament noch annehmen (Art. 1009 CC).

2. Foralgebiete

Nach römischem Recht kann der ausschlagende Testamentserbe die Erbschaft als gesetzlicher Erbe annehmen, hat aber auf jeden Fall die angeordneten Beschwerungen zu erfüllen. Weiß aber derjenige, der eine gesetzliche Erbschaft ausschlägt, daß er auch durch Testament berufen ist, so ist er so anzusehen, als ob er aus beiden Gründen ausgeschlagen hätte. Kennt er das Testament nicht, so läßt es die Ausschlagung unberührt. In Katalonien gilt diese Regelung heute nach Art. 256 Abs. 1 CDC.

1446 Albaladejo/Lacruz 160.

Das gleiche gilt in Navarra[1447]. Auf den Balearen fehlt es an einer vom gemeinen Recht abweichenden Vorschrift.

§ 42: ANNAHME UND AUSSCHLAGUNG DER ERBSCHAFT

Die Erbschaft wird, wie bereits ausgeführt, in allen spanischen Gebieten durch die Annahme erworben, wobei jedoch die Annahme auf den Zeitpunkt des Erbfalls zurückwirkt und damit zu ähnlichen Ergebnissen wie im germanischen System führt[1448].

Der Erbe hat drei Möglichkeiten:

a) die Erbschaft einfach und unbedingt („pura y simplemente") anzunehmen (Art. 1003 CC),

b) die Erbschaft unter der Rechtswohltat des Inventars anzunehmen (Art. 1023, 998 CC),

c) die Erbschaft auszuschlagen.

Annahme und Ausschlagung sind unwiderruflich (Art. 997 CC), unteilbar und bedingungsfeindlich (Art. 990 CC). Eine Teilannahme ist nichtig und führt nicht, wie im römischen Recht (D. 29, 2, 1, 2), dazu, daß der Erbe so angesehen wird, als ob er alles angenommen hätte[1449].

Das katalanische Recht wiederholt den Grundsatz der Unwiderruflichkeit der wirksam erklärten Annahme und Ausschlagung in Art. 256 Abs. 2 CDC.

I. Die Annahme

1. Die einfache Annahme

Sie kann ausdrücklich oder stillschweigend erfolgen. Die ausdrückliche Annahme erfolgt schriftlich (Art. 999 CC). Als Annahme wird auch die Abtretung des „ius delationis" unter Lebenden angesehen (Art. 1000 CC). Art. 1002 CC enthält einen Fall, wo die Wirkungen der Annahme „ex lege" eintreten.

2. Die Annahme unter der Rechtswohltat des Inventars

a) Gemeines Recht

Art. 1010 Abs. 1 CC gestattet jedem Erben die Annahme unter der Rechtswohltat des Inventars, auch wenn sie der Erblasser verboten hat. zuständigen Richter zu erfolgen (Art. 1011 CC; 63 Abs. 5 LEC). Im

1447 Albaladejo/Lacruz 177.

1448 Castán VI/1, 117.

1449 Albaladejo/Lacruz 282.

Die Annahme hat vor einem Notar oder einem für das Nachlaßverfahren Ausland erfolgt die Erklärung vor einem diplomatischen oder konsularischen Beamten mit notariellen Befugnissen (Art. 1012 CC). Die Annahme unter der Rechtswohltat des Inventars erfordert, daß der Erbe vorher oder nachher ein genaues Inventar des Nachlasses errichtet (Art. 1013 CC). Bestritten ist, ob das Inventar auch außergerichtlich durch Privaturkunde oder vor einem Notar errichtet werden kann oder nur durch das Gericht. Während der überwiegende Teil der Lehre[1450] annimmt, daß nur die gerichtliche Form zulässig ist, hält CASTÁN[1451] auch die Errichtung unter Mitwirkung eines Notars für zulässig. ALBALADEJO/LACRUZ[1452] wollen sogar ein privates Inventar für ausreichend ansehen, außer wenn der Erbe die Erbschaft tatsächlich in Besitz hat (Art. 1014, 1015 CC).

Bei der Aufstellung des Inventars wirken die unmittelbar Beteiligten sowie die Gläubiger und Vermächtnisnehmer mit, soweit nicht ihr Recht ausreichend dinglich gesichert ist (Art. 1014 Abs. 2 CC)[1453].

Gemäß Art. 1017 CC ist das Inventar 30 Tage nach Ladung der Gläubiger und Vermächtnisnehmer zu beginnen und innerhalb von 60 Tagen zu beenden. Aus bestimmten Gründen kann der Richter diese letzte Frist bis zu einem Jahr verlängern, wenn ein dahingehender Antrag gestellt wird.

b) Katalonien

Für das katalanische Recht verlangt Art. 261 Abs. 1 CDC zur Erhaltung der Rechtswohltat des Inventars ebenfalls die Inventarerrichtung vor oder nach der Annahmeerklärung. Eine Ausnahme sieht Art. 262 CDC vor, wonach minderjährige und entmündigte Erben, „herederos de confianza“ sowie wohltätige, fromme und Lehrzwecken dienende Einrichtungen auch ohne Inventarerrichtung in den Genuß der Rechtswohltat des Inventars kommen. Auch die den „Armen“ hinterlassenen oder für wohltätige, fromme oder Lehrzwecke vermachten Erbschaften gelten immer als unter der Rechtswohltat des Inventars angenommen.

Für die Form der Inventarserrichtung sieht das katalanische Recht ausdrücklich vor, daß das Inventar unter Angabe der Nachlaßgegenstände, ihres Wertes beim Erbfall und der Nachlaßverbindlichkeiten gerichtlich oder notariell zu errichten ist (Art. 261 Abs. 1 mit 199 CDC). Dagegen

---

1450 Vgl. bei ESPÍN 56; ALBALADEJO/LACRUZ 300.

1451 CASTÁN VI/1, 131.

1452 ALBALADEJO/LACRUZ 301.

1453 ALBALADEJO/LACRUZ 301.

verlangt die Kompilation weder die Anwesenheit noch die Ladung der Beteiligten, wenn diese auch teilnehmen können. Art. 199 CDC, auf den Art. 261 Abs. 1 CDC verweist, spricht zwar vom „Fideikommissar", erstreckt sich aber hier, seinem Zweck entsprechend, wohl auf die Gläubiger und Vermächtnisnehmer[1454].

Die Frist für die Errichtung des Inventars bestimmt sich nach Art. 199 Abs. 1 CDC[1455].

c) Aragón und Navarra

In Aragón haftete der Erbe immer beschränkt. Unter Bezugnahme auf das römische Recht bestimmte die Observancia 12 „de testamentis", daß der Erbe nicht unbeschränkt haftete, auch wenn er kein Inventar errichtete. Heute bestimmt Art. 44 ap., daß die Erbschaft immer als unter der Rechtswohltat des Inventars angenommen gilt, auch wenn keine der Förmlichkeiten nach Art. 1010 CC beachtet wurde. ALBALADEJO/LACRUZ[1456] nehmen an, daß eine ähnliche Regelung nach dem Fuero General von Navarra galt. Heute gilt dort aber das römische System, wenn auch der Fuero Recopilado in L. 294 wieder zu der früheren Rechtslage zurückkehrt.

3. Verlust der Rechtswohltat des Inventars in Katalonien und in dem im übrigen geltenden gemeinen Recht

Die CDC erwähnt den Verlust der Rechtswohltat des Inventars wegen Fristablaufs (Art. 261 Abs. 2 CDC) und wegen betrügerischen Vorgehens bei der Liquidation des Nachlasses (Art. 199 Abs. 3 CDC). Das katalanische Recht kennt sonach zwei Gründe für den Verlust der Rechtswohltat des Inventars: a) Fristversäumnis — b) Unrichtigkeit. Im gemeinen Recht (Art. 1018, 1024 CC) kommt dazu noch c) die Veräußerung von Nachlaßgegenständen. Während der Inventarerrichtung verbietet das katalanische Recht den Vermächtnisnehmern, Fideikommissaren und Gläubigern, mit Ausnahme der Hypothekengläubiger, gegen die Erbschaft vorzugehen (Art. 261 Abs. 2; 259 Abs. 2 CDC).

4. Die Annahme durch die Ehefrau

a) Gemeines Recht

Nach Art. 995 Abs. 1 CC kann die Ehefrau eine Erbschaft nur mit Zustimmung des Ehemannes annehmen oder ausschlagen. Diese Zustimmung kann vom Gericht ersetzt werden (Art. 1999 f. LEC).

[1454] ALBALADEJO/LACRUZ 302.

[1455] Vgl. oben § 22 II 7 a.

[1456] ALBALADEJO/LACRUZ 309.

b) Aragón und Navarra

In Aragón gestattet Art. 44 Abs. 2 ap. der Ehefrau die Erbschaft auch ohne Zustimmung des Ehemannes anzunehmen, nicht jedoch auszuschlagen. Sapena[1457] hält die Zustimmung des Ehemannes auch für die Annahme für erforderlich, wenn die Annahme einen Verzicht auf die Geltendmachung des Pflichtteils — eines „höherrangigen" Rechtes — bedeutet. Hier greifen Art. 65, 1301 CC ein[1458].

Gemäß Kapitel 6, Tit. 1, Buch 4 FG von Navarra konnte die Ehefrau auch dort die Erbschaft ohne Zustimmung des Ehemannes annehmen. In Anwendung von Art. 61 CC hat das T. S. jedoch entschieden, daß ihr dies heute verboten ist[1459]. L. 31 FR sieht dagegen wieder vor, daß die Ehefrau unter der Rechtswohltat des Inventars auch ohne Zustimmung annehmen kann.

II. Die Ausschlagung

Die Ausschlagung ist die einseitige Willenserklärung, durch die der Berufene erklärt, daß er nicht Erbe sein will[1460]. Gemäß Art. 1008 CC hat sie in öffentlicher Urkunde oder vor dem für das Nachlaßverfahren zuständigen Richter zu erfolgen. Foralrechtliche Besonderheiten ergeben sich nicht.

III. „Spatium deliberandi"

1. Gemeines Recht

Gemäß Art. 1010 Abs. 2 CC kann der Erbe vor der Annahme die Inventarerrichtung verlangen, um über diesen Punkt nachzudenken. Im gemeinen Recht kann der Erbe auch dann noch von der Rechtswohltat des Inventars Gebrauch machen, wenn ihm eine Überlegungsfrist gewährt wurde[1461]. Die Überlegungsfrist beträgt 30 Tage; erklärt sich der Erbe innerhalb dieser Frist nicht, so gilt die Erbschaft als („pura y simplemente") angenommen (Art. 1019 CC). Die praktische Bedeutung dieser Institution ist gering[1462].

1457 Sapena, Ineficacia del negocio jurídico en el Apéndice al CC vigente en Aragón: An. Der. Aragonés IX (1956) 144.

1458 Nach Art. 86 VE kann de lege ferenda auch der über 14 Jahre alte Minderjährige ohne Zustimmung des gesetzlichen Vertreters annehmen; jetzt gelten Art. 992 Abs. 2 mit 269 Z. 1 CC.

1459 T. S. 23. 5. 1916; Lacarra II, 316.

1460 Albaladejo/Lacruz 309.

1461 Albaladejo/Lacruz 317.

1462 Castán VI/1, 135.

2. Katalonien

Im katalanischen Recht ist die Rechtswohltat des Inventars mit der Überlegungsfrist unvereinbar (Art. 261 Abs. 1 CDC). Der Erbe kann hier, solange sein „ius delationis" nicht verjährt ist oder innerhalb der für die „actio interrogatoria" bestimmten Frist (Art. 257 Abs. 2 CDC) vom Richter eine nicht verlängerbare Frist von neun Monaten zur Überlegung erwirken. Während dieser Zeit können nur die Hypothekengläubiger, nicht aber andere Gläubiger, Vermächtnisnehmer oder Fideikommissare gegen die Erbschaft klagen. Läuft die Frist ab, ohne daß der Erbe die Erbschaft ausgeschlagen hat, so gilt sie als („pura y simplemente") angenommen (Art. 259 CDC).

IV. Die „interrogatio in iure"

1. Gemeines Recht

Aus dem römischen Recht stammt die sogenannte „interrogatio in iure", kraft derer ein Beteiligter (vor allem Vermächtnisnehmer und Gläubiger) verlangen kann, daß der Richter dem Erben eine höchstens dreißigtägige Erklärungsfrist bestimmt. Erklärt sich der Erbe in der Frist nicht, so gilt die Erbschaft als angenommen (Art. 1005 CC). Der Antrag („actio interrogatoria") kann frühestens nach dem neunten Tage seit dem Erbfall gestellt werden (Art. 1006 CC).

2. Katalonien

Das katalanische Recht sieht in Art. 257 Abs. 2 CDC die gleichen Fristen wie das gemeine Recht vor. Der Richter kann aber aus wichtigem Grunde die Erklärungsfrist auf 60 Tage verlängern. Abweichend vom gemeinen Recht bestimmt Art. 257 Abs. 2 CDC, daß die Erbschaft als ausgeschlagen anzusehen ist, wenn der Erbe sie weder während der Frist in öffentlicher Urkunde oder vor dem Richter angenommen noch eine Überlegungsfrist beantragt hat.

§ 43: DIE ERBENHAFTUNG

I. Allgemeines

Durch die Annahme gehen die vererblichen Rechtsverhältnisse des Erblassers bzw. des Nachlasses auf den Berufenen über[1463]. Nach Art. 989 CC wirkt die Annahme — wie auch die Ausschlagung — auf den Zeitpunkt des

---

1463 Vgl. ALBALADEJO/LACRUZ 361.

Erbfalls zurück (ebenso Art. 98 Abs. 1 CDC). Bei der Annahme („pura y simple") ohne Rechtswohltat des Inventars tritt eine Vereinigung des Vermögens und der Schuldverhältnisse des Erben und des Erblassers ein (vgl. Art. 513 Abs. 3, 544 Abs. 1, 1192 f., 1848 und arg. e. c. Art. 1023 CC).

II. Grundsatz der unbeschränkten Haftung und die foralrechtlichen Ausnahmen

1. Gemeines Recht

Hat der Erbe die Erbschaft „pura y simplemente" angenommen, so haftet er unbeschränkt und mit seinem gesamten Vermögen für die Nachlaßverbindlichkeiten (Art. 1003 CC).

2. Katalonien

In Katalonien galt bis zum Inkrafttreten der Kompilation das römische Recht der unbeschränkten Haftung. Jetzt enthält Art. 260 Abs. 1 CDC die gleiche Regelung wie Art. 1003 CC. Art. 260 Abs. 2 CDC zählt als „Lasten der Erbschaft"[1464] die Begräbniskosten, die Inventarkosten, die Kosten der Auseinandersetzung, des Nachlaßverfahrens sowie die Vermächtnisse, Pflichtteile und Testamentsvollstreckervergütungen auf.

3. Aragón

In Aragón haftet der Erbe immer beschränkt, ohne daß er hierzu, wie im gemeinen Recht, ein Inventar errichten müßte[1465]. Der Apéndice drückt dies in Art. 44 dadurch aus, daß er sagt: „Die Erbschaft wird immer als unter der Rechtswohltat des Inventars angenommen betrachtet, auch wenn keine der in Art. 1010 f. CC vorgesehenen Förmlichkeiten erfüllt ist." Es treten also ipso iure die Wirkungen des Art. 1023 CC ein. Da ein Inventar nicht errichtet zu werden braucht, finden Art. 1024 f. keine Anwendung[1466]. Eine Ausnahme besteht, wenn der Erbe Nachlaßgegenstände veräußert. Er haftet dann für deren Wert mit seinem eigenen Vermögen[1467]. Eine Vermögenskonfusion zum Nachteil des Erben oder von Nachlaßgläubigern tritt, als logische Folge dieser Regelung, nicht ein[1468].

[1464] „Cargas hereditarias"; etwa Erbfalls- und Verwaltungsschulden im Sinne von Kipp/Coing 403 f.

[1465] So ausdrücklich Art. 85 Abs. 1 S. 1 VE.

[1466] Lacruz, Notas al Binder 214 f.; Iranzo Villacampa, Algunas notas sobre la limitada responsabilidad del heredero: An. Der. Aragonés VII (1953—1954) 123 f.

[1467] Früher Fuero „De his qui in fraudem creditorum"; für das geltende Recht: Lacruz, Notas al Binder 214 f.; Iranzo Villacampa (vorige Note) 122 mit Rechtsprechungsnachweisen; ebenso Art. 85 Abs. 1 S. 2 VE; vgl. auch Castán VI/1, 154.

[1468] Iranzo Villacampa (oben N. 1466) 122; Art. 85 Abs. 2 VE.

4. Navarra

LACARRA[1469] führt zur Erbenhaftung aus, daß der Erbe durch die einfache Annahme („pura y simple") ohne Rechtswohltat des Inventars für alle Nachlaßverbindlichkeiten auch mit seinem eigenen Vermögen haftet. Hierzu vertritt LACRUZ[1470] die Auffassung, daß in Navarra der FG ursprünglich die gleiche Regelung wie das aragonesische Recht vorsah und erst durch die Urteile des T. S. vom 1. 7. 1881 und vom 19. 4. 1898 die römischrechtliche Regelung eingeführt wurde. Der FR sieht in L. 294 vor, daß die Annahme immer dann als unter der Rechtswohltat des Inventars erfolgt angesehen wird, wenn sie nicht (ausdrücklich?) „pura y simplemente" erklärt wird. Das Erfordernis des Inventars entfällt hierbei. Das navarrische Recht geht also de lege ferenda nicht so weit wie das aragonesische Recht, das überhaupt nur die Annahme mit den Wirkungen des Inventars kennt.

5. Vizcaya

In Vizcaya werden gemäß Art. 28 CDC die Erblasserschulden aus den beweglichen Nachlaßgegenständen und den nicht stammesgebundenen („troncales") Grundstücken beglichen und nur, wenn diese nicht vorhanden sind, haften die stammesgebundenen Grundstücke jeder Linie im Verhältnis ihres Wertes. Vorgänger dieser Vorschrift war das Gesetz 14 des 20. Titels des Fuero de Vizcaya, das wohl auf einem nicht ausdrücklich ausgesprochenen Grundsatz der beschränkten Haftung beruhte. Die geltende Vorschrift ist aber nur als Verteilung der Haftung anzusehen, die unbeschränkte Haftung nach dem subsidiär geltenden CC bleibt unberührt[1471].

III. Rechtsnatur und Wirkung der Rechtswohltat des Inventars

1. Gemeines Recht

Gemäß Art. 1023 CC hat die Rechtswohltat des Inventars zur Folge, daß der Erbe für die Nachlaßverbindlichkeiten nur mit dem Nachlaß haftet, daß er gegen den Nachlaß alle Ansprüche behält, die ihm gegen den Erblasser zustanden, und daß eine Vereinigung seines Vermögens mit dem Nachlaß nicht eintritt.

Anders als z. B. im österreichischen Recht[1472] bedeutet diese Haftungsbeschränkung nicht, daß der Erbe mit dem Werte des Nachlasses, insoweit

[1469] LACARRA II, 317.
[1470] LACRUZ, Notas al Binder 215; ALBALADEJO/LACRUZ 309.
[1471] ALBALADEJO/LACRUZ 367.
[1472] KIPP/COING 402 f.

aber auch mit seinem eigenen Vermögen haftet (Haftung „pro viribus"). Vielmehr ist er bis zur Liquidation des Nachlasses nur zur Gläubigerbefriedigung aus dem Nachlaß verpflichtet (Haftung „cum viribus"). Wird wegen einer Nachlaßschuld in sein eigenes Vermögen vollstreckt, so kann er die Drittwiderspruchsklage („tercería de dominio") geltend machen (Art. 1029, 1031, 1032 CC)[1473].

Ist durch die Rechtswohltat des Inventars die Erbenhaftung beschränkt, so steht der Nachlaß unter Verwaltung (Art. 1026 Abs. 1 CC). Zu ihr ist in erster Linie der Erbe berufen, wenn nicht der Erblasser oder die Mehrheit der Erben eine andere Person zum Verwalter bestimmt haben oder ein Nachlaßverfahren durchgeführt wird (Art. 1026 Abs. 2 CC)[1474]. Vorschriften hierüber, insbesondere über die Befriedigung der Gläubiger, enthalten Art. 1024 bis 1034 CC. Die Verwaltung endet, wenn alle bekannten Nachlaßgläubiger und Vermächtnisnehmer[1475] befriedigt sind. Mit dem Ende der Liquidation und Verwaltung tritt die Vereinigung von Nachlaß und eigenem Vermögen ein. Der Erbe haftet nunmehr persönlich mit seinem eigenen Vermögen bis zur Höhe des Nachlasses[1476].

2. Katalonien

Auch in Katalonien haftet der Erbe, wenn ihm die Rechtswohltat des Inventars zugute kommt, nach dem Wortlaut der Kompilation „cum viribus", d. h. nicht mit seinem eigenen Vermögen (vgl. Art. 263 Z. 1, 3 und 5 CDC). Im übrigen enthält Art. 263 CDC eine ähnliche Regelung wie das gemeine Recht, wenn sie in Katalonien auch etwas ausführlicher ist. Z. 1 der genannten Vorschrift enthält den Grundsatz der Haftung „cum viribus" und bestimmt, daß der Erbe nur mit dem Nachlaß haftet. Eine Konfusion von Schuld und Forderung bezüglich der zwischen dem Erben und dem Nachlaß bestehenden Schuldverhältnisse tritt ebensowenig ein wie eine Vereinigung beider Vermögensmassen zum Nachteil der Gläubiger oder des Erben (Art. 263 Z. 2, 3 CDC). Auch für die Verwaltung gilt eine ähnliche Regelung wie im gemeinen Recht. Art. 263 Z. 5 CDC bestimmt, daß der Erbe den Nachlaß bis zur Befriedigung aller Nachlaßgläubiger besonders zu verwalten und aus ihm die Nachlaßverbindlichkeiten zu begleichen hat. Nach dem letzten Absatz von Art. 263 CDC ver-

---

[1473] T. S. 25. 5. und 7. 7. 1897, 14. 1. 1899; 7. 10. 1903 u. a.; ALBALADEJO/LACRUZ 382 und ebenda N. 1.

[1474] ALBALADEJO/LACRUZ 390.

[1475] Die den Gläubigern nachgehen, Art. 1027 CC.

[1476] ALBALADEJO/LACRUZ 399; CASTÁN VI/1, 154.

liert der Erbe die Rechtswohltat des Inventars, wenn er bei Berichtigung der Nachlaßverbindlichkeiten betrügerisch handelt.

3. Aragón

Gemäß Art. 44 Abs. 1 ap. ist die Haftung immer — auch wenn kein Inventar errichtet wurde — beschränkt. Das Fehlen des Inventars führt aber dazu, daß der Erbe von Anfang an „pro viribus" haftet und die Beweislast dafür trägt, daß gegebenenfalls der Wert des Nachlasses erschöpft ist. Seine Stellung ist also die des Erben im gemeinen Recht, dem die Rechtswohltat des Inventars zukommt, nach Liquidierung des Nachlasses und Vereinigung beider Vermögensmassen, da eine „separatio bonorum" tatsächlich nicht eintritt. Gleichwohl sind die Vorrechte der Nachlaßgläubiger vor den Vermächtnisnehmern und den eigenen Gläubigern des Erben zu beachten[1477].

IV. Haftung bei einer Mehrheit von Erben

1. Gemeines Recht

Der Miterbe haftet grundsätzlich wie der Alleinerbe entweder unbeschränkt (Art. 1003 CC) oder beschränkt aufgrund der Rechtswohltat des Inventars. Im letzteren Falle kann er den Nachlaßgläubiger auf den Nachlaß verweisen. Nach der Teilung haftet er solidarisch bis zur Höhe des Nachlasses („pro viribus"). Ist die Haftung unbeschränkt, so haftet er nach der Teilung gesamtschuldnerisch (Art. 1084 CC). Für die Zeit vor der Teilung nimmt die Rechtsprechung[1478] und mit ihr Castán[1479] an, daß ebenfalls solidarische Haftung besteht. Anderer Meinung ist Lacruz[1480], der die Erben bis zur Teilung teilschuldnerisch haften läßt. Die gesamtschuldnerische Haftung gilt aber nie beim Vermächtnis (Art. 859 CC). Letztlich mag die Regelung vor der Auseinandersetzung wohl § 2059 BGB entsprechen, da sich die Teilhaftung durch arg. e. c. aus Art. 1084 CC begründen läßt.

2. Katalonien und Navarra

In Katalonien und Navarra haften, der römischen Rechtstradition folgend, die Miterben nie solidarisch, sondern immer im Verhältnis ihrer Erbteile (für Katalonien: Art. 100 CDC)[1481].

1477 Albaladejo/Lacruz 400 f.

1478 T. S. 22. 6. 1931 u. a.

1479 Castán VI/1, 250.

1480 Lacruz, Notas al Binder 268.

1481 Lacruz, Notas al Binder 340.

V. Die „separatio bonorum"

1. Begriff und gemeines Recht

Der Vorrang der Nachlaßgläubiger vor den privaten Gläubigern des Erben war im römischen Recht durch die „separatio bonorum" gesichert, die die Gläubiger bei Insolvenz des Erben beantragen konnten und die die Vereinigung des Nachlasses mit dem privaten Erbenvermögen verhinderte. Es konnten sich dann die Nachlaßgläubiger nur an ersteren, die privaten Gläubiger der Erben nur an letzteres halten[1482]. Im CC ist die „separatio bonorum" nicht geregelt, ihre Wirkung kann von den Nachlaßgläubigern durch Antrag auf Einleitung des Nachlaßverfahrens herbeigeführt werden (Art. 1038 Abs. 4, 1040, 973 Abs. 3 LEC)[1483]. Der Unterschied zum „beneficio de inventario" besteht darin, daß dieses dem Schutz des Erben, die „separatio" dem Schutz der Gläubiger dient.

2. Katalonien und Navarra

In den Gebieten römischen Rechtes[1484] besteht die „separatio bonorum" auch heute noch als selbständige Institution — zurückgehend auf die Bücher 52 der Digesten und 7 des Codex — fort.

Art. 264 CDC bestimmt, daß Gläubiger des Erblassers, der Kosten für die letzte Krankheit und das Begräbnis sowie Vermächtnisnehmer vom Gericht die „separatio bonorum" verlangen können. Die Gläubiger sind dann gegenüber den Privatgläubigern des Erblassers bezüglich des Nachlasses bevorzugt. An das eigene Vermögen des Erben können sie sich jedoch erst nach Befriedigung der Privatgläubiger halten.

Auch das geltende navarrische Recht kennt die „separatio bonorum" zum Schutz der Nachlaßgläubiger vor den Privatgläubigern des Erben in ihrer römischrechtlichen Form[1485].

L. 295 FR bestimmt: „Solange die Vermächtnisnehmer und Nachlaßgläubiger nicht befriedigt wurden und auch wenn die Erbschaft einfach und unbedingt („pura y simplemente") angenommen wurde, wird diese kraft Gesetzes als ein vom eigenen Vermögen des Erben gesondertes Vermögen angesehen, und dessen Gläubiger können nicht zum Nachteil der Vermächtnisnehmer und Gläubiger, die sich auf diese Wohltat berufen, gegen den

---

1482 Albaladejo/Lacruz 375.

1483 Vgl. §§ 2981 Abs. 2 BGB, 217 Abs. 1 KO.

1484 Auf den Balearen nur bis zum Inkrafttreten der Kompilation, die keine Besonderheiten mehr enthält.

1485 Albaladejo/Lacruz 375; López Jacoiste, El beneficio de separación de patrimonios, in: Curso 275 f.

Nachlaß vorgehen." Die „separatio bonorum" tritt also sonach in Navarra de lege ferenda ipso iure und auch bei einfacher Annahme ein.

§ 44: DIE ERBENGEMEINSCHAFT; ANWACHSUNG, AUSEINANDERSETZUNG (TEILUNG) UND KOLLATION

I. Die Erbengemeinschaft

1. Gemeines Recht

Im klassischen römischen Recht bestanden so viele Gemeinschaften als Nachlaßgegenstände vorhanden waren, wobei die Nachlaßverbindlichkeiten geteilt wurden. Der Verfügung des einzelnen Miterben unterlag der Anteil am einzelnen Nachlaßgegenstand, nicht aber der Erbteil als Ganzes[1486].

In Spanien bestand zunächst nach gotischem Recht eine Gesamthandsgemeinschaft am Nachlaß, bei der der Miterbe weder über den Anteil an einem einzelnen Nachlaßgegenstand noch über den Erbteil verfügen konnte. Zwischen den Miterben bestand ein Anwachsungsrecht, wenn ein Miterbe ohne Abkömmling starb[1487]. Der CC regelt die Erbengemeinschaft nicht, sondern nur ihre Auseinandersetzung. Sie ist dort eine „comunidad universal", die sich zwangsweise aus der Erbenmehrheit ergibt und in der der Miterbe keine bestimmten Anteile an den einzelnen Nachlaßgegenständen hat[1488]. Im Urteil vom 6. 5. 1958 stellte das T. S. fest, daß die Erbengemeinschaft eine römischrechtliche Bruchteilsgemeinschaft ist, wobei nur der Anteil an der Gemeinschaft als Ganzes, nicht aber am einzelnen Nachlaßgegenstand übertragen werden kann[1489]. Im Ergebnis bestehen daher keine allzu großen Verschiedenheiten zum deutschen Recht.

Die Erbengemeinschaft endet mit der Auseinandersetzung oder ihrer Umwandlung in eine andere Gemeinschaft, z. B. in eine Gesellschaft[1490].

2. Foralrechte

Das klassische römische System gilt noch in Navarra und Katalonien (vgl. Art. 100 CDC). In Vizcaya war nach dem Fuero ebenfalls davon

---

1486 Vgl. Kipp /Coing 472.

1487 Albaladejo/Lacruz 342.

1488 Res. 21. 2. 1923; 22. 9. 1924; 29. 8. 1925; 6. 12. 1926; 1.12.1927; T.S. 30.4.1935; 25. 1. 1943.

1489 Im gleichen Sinne A. T. La Coruña 24. 11. 1958, Foro Gallego, 1959, S. 90; vgl. auch Art. 1067, 399 CC und Castán VI/1, 248.

1490 Albaladejo/Lacruz 359.

auszugehen, daß Bruchteilsgemeinschaften an jedem einzelnen Nachlaßgegenstand bestanden[1491]. Heute gilt der CC, da die Kompilation schweigt[1492].

II. Die Anwachsung

1. Die Anwachsung unter mehreren Erben

a) Gemeines Recht

Vom Standpunkt des römischen Rechtes ausgehend, kann man als eigentliche oder besondere Anwachsung diejenige ansehen, bei der der Wegfall eines Miterben zur Erhöhung des Erbteils eines letztwillig berufenen Erben führt, weil ein dahingehender Erblasserwille angenommen werden kann. Ein derartiger Erblasserwille wird angenommen, wenn die Erben gemeinschaftlich auf den gleichen Erbteil berufen sind („coniunctio re"), in der gleichen Klausel eingesetzt wurden („coniunctio verbis") oder wenn diese beiden Umstände zusammentreffen („coniunctio re et verbis")[1493]. Auf diese Regeln des römischen Rechts geht die Anwachsung in §§ 2094, 2089 BGB[1494] und die des Código Civil in Art. 891 f.[1495] zurück.

Daneben kennt das römische Recht noch eine andere Form der Erhöhung der Erbteile bei der gewillkürten Erbfolge, die man als allgemeine Anwachsung bezeichnen könnte. Sie ergibt sich aus der Regel „nemo pro parte testatus, pro parte intestatus decerede potest", die ein Nebeneinander von gewillkürter und gesetzlicher Erbfolge verbietet, so daß beim Wegfall eines Testamentserben sein Teil nur den übrigen Testamentserben, nicht aber den gesetzlichen Erben zufallen kann. Weder das deutsche noch das gemeinspanische Recht kennen diese allgemeine Anwachsung, da für sie der genannte römischrechtliche Satz nicht gilt.

Die Anwachsung setzt somit im spanischen gemeinen Recht die gemeinschaftliche Berufung auf eine bestimmte Erbschaft ohne Bestimmung der Erbteile und den Wegfall eines Miterben voraus (Art. 982 Z. 1 und 2 CC). Fehlt es an der gemeinschaftlichen Einsetzung, so fällt der freiwerdende Teil den gesetzlichen Erben mit den dem Testamentserben auferlegten Lasten und Verpflichtungen an (Akreszenz „cum onere"; Art. 986 CC).

Tritt die Anwachsung ein, so erfolgt der Übergang auf die Miterben ebenfalls „cum onere" im angegebenen Sinne, es sei denn, die Beschwerun-

---

1491 T. S. 7. 1. 1959.

1492 ALBALADEJO/LACRUZ 340.

1493 Vgl. ALBALADEJO/LACRUZ 211.

1494 KIPP/COING 195.

1495 CASTÁN IV, 436 f.

gen sind höchstpersönlich (vgl. Art. 780 CC)[1496]. Bestritten ist, ob der Miterbe seinen eigenen Erbteil annehmen und den ihm anwachsenden Teil ausschlagen kann[1497]. Das Anwachsungsrecht geht auf Ersatz- und Nacherben über. Zweifelhaft ist, ob dies auch für den Erbschaftskäufer gilt, wenn es nicht ausdrücklich vereinbart wurde, da bei wirtschaftlicher Betrachtungsweise davon auszugehen ist, daß die Vertragsparteien an das Anwachsungsrecht nicht denken[1498].

b) Katalonien

In Katalonien gilt das römische Recht der Anwachsung. Art. 265, 266 CDC regeln die Anwachsung unter „coniunctim" eingesetzten Erben, Art. 267 CDC regelt die allgemeine, auf dem Satz „nemo pro parte ..." beruhende Anwachsung.

Eine gemeinschaftliche Berufung setzt nach Art. 265 Abs. 1 CDC nicht voraus, daß die Erben auch in der gleichen Klausel berufen sind, es genügt die bloße „coniunctio re". Sind zwei oder mehr Erben auf eine Erbquote oder einen Erbteil eingesetzt, so tritt, wenn der Weggefallene einer bestimmten Gruppe angehört, die Anwachsung zunächst innerhalb der Gruppe und erst dann zugunsten der übrigen Erben ein (Art. 265 Abs. 2 CDC). Dies ist zum Beispiel der Fall, wenn es im Testament heißt: „Mein Vermögen hinterlasse ich zur Hälfte A, B und C und zur Hälfte D." Fällt A aus, dann wächst sein Erbteil zunächst nur B und C an und erst wenn auch diese wegfallen, dem D. Art. 265 Abs. 3 CDC wiederholt den Grundsatz, daß das Recht eines Erbeserben, eines Ersatz- oder eines Nacherben der Anwachsung vorgeht. Für das katalanische Recht stellt Art. 265 Abs. 4 CDC ausdrücklich fest, daß der Erbe, der seinen Erbteil annimmt, das Anwachsungsrecht nicht ausschlagen kann.

Auch in Katalonien ist die Anwachsung „cum onere", d. h. die Beschwerungen des freiwerdenden Erbteils bleiben bestehen. Art. 266 Abs. 1 CDC bestimmt aber hierzu ausdrücklich, daß dies nicht für höchstpersönliche Verpflichtungen des weggefallenen Erben gilt.

Art. 266 Abs. 2 CDC sieht vor, daß das Anwachsungsrecht auf die Ersatz- und Nacherben sowie auch auf den Erbschaftskäufer übergeht, wenn nichts anderes bestimmt ist.

Die allgemeine Anwachsung gemäß Art. 267 CDC tritt ein, wenn die eigentliche Anwachsung nicht stattfinden kann, sonst aber ein Erbteil

---

[1496] Albaladejo/Lacruz 224.
[1497] Albaladejo/Lacruz 223.
[1498] Albaladejo/Lacruz 224.

vakant bleiben würde. Auch hier bestehen die Lasten, wie in Art. 266 Abs. 1 CDC vorgesehen, fort.

c) Balearen

Die in Art. 24 CDB geregelte eigentliche Anwachsung tritt unter den „coniunctim", d. h. in einer Testamentsklausel („coniunctio verbis") oder auf einen Gegenstand oder Erbteil („coniunctio re") eingesetzten Miterben unter Ausschluß der übrigen Miterben ein (Art. 24 Abs. 1 CDB). Im übrigen bestimmt sich die Anwachsung unter mehreren Miterben, die nicht „coniunctim" eingesetzt sind, nach gemeinem Recht. Daneben gilt ein allgemeines Anwachsungsrecht für die Teile der Erbschaft, über die der Erblasser nicht verfügt hat und die wegen der Regel „nemo pro parte testatus, pro parte intestatus decedere potest" (Art. 7 CDB) nicht an die gesetzlichen Erben fallen können. Gemäß Art. 24 Abs. 2 S. 2 CDB erhöhen sie verhältnismäßig die Erbteile der eingesetzten Miterben. Art. 24 CDB ist in dem Mallorca gewidmeten 1. Buch der Kompilation enthalten und gilt in Ibiza und Formentera nicht. Dagegen ergibt sich aus Art. 65 CDB prima facie, daß die Vorschrift in Menorca anwendbar ist. Für Art. 24 Abs. 2 S. 2 CDB erscheint dies aber äußerst zweifelhaft, da Art. 7 CDB in Menorca nicht gilt (Art. 65 CDB) und damit die gewillkürte mit der gesetzlichen Erbfolge vereinbar ist.

d) Navarra

Die Anwachsung folgt in Navarra dem römischen Recht und, soweit er diesem nicht widerspricht, dem Código Civil[1499]. Da aber der Satz: „nemo pro parte..." in Navarra nicht gilt, ist die allgemeine Anwachsung, wie sie Art. 267 CDC vorsieht, nicht zwingend. Vielmehr sind in den Teil der Erbschaft, über den der Erblasser nicht verfügt hat oder für den, bei Wegfall eines Miterben, eine Anwachsung nicht eintritt, wie nach Art. 986 CC die gesetzlichen Erben berufen.

2. Die Anwachsung unter Nacherben

Der CC enthält keine Vorschrift über die Anwachsung unter Nacherben. Art. 268 Abs. 2 CDC bestimmt hierzu, daß die Anwachsung stattfindet, wenn das Anwartschaftsrecht oder Erbrecht nicht übertragbar ist[1500].

[1499] ALBALADEJO/LACRUZ 212; LACARRA II, 308 f.

[1500] d. h. nicht vererblich ist, wie bei bedingter fideikommissarischer Substitution. Nach ALBALADEJO/LACRUZ 225 gilt diese Regelung in Übereinstimmung mit den Urteilen des T. S. vom 25. 4. 1915 und vom 21. 11. 1955 auch im gemeinen Recht.

3. Anwachsung unter Vermächtnisnehmern

a) Gemeines Recht

Art. 987 CC bestimmt, daß die Anwachsung auch unter Vermächtnisnehmern Anwendung findet, wobei Art. 982 bis 984 CC gelten. Ist die Anwachsung ausgeschlossen, dann vereinigt sich das Vermächtnis mit der Erbschaft (Art. 888 CC).

b) Katalonien

Die Anwachsung findet auch unter gemeinschaftlich berufenen Vermächtnisnehmern statt, wenn sie der Erblasser nicht ausgeschlossen hat. Besteht das Vermächtnis in Geld, so tritt eine Anwachsung nur ein, wenn sie der Erblasser ausdrücklich angeordnet hat (Art. 268 Abs. 1 CDC).

4. Die Anwachsung in der gesetzlichen Erbfolge

Die Vorschrift des Art. 981 CC, die eine Anwachsung auch für die gesetzliche Erbfolge ausdrücklich vorsieht, ist überflüssig, da sich die Erhöhung des Erbteils[1501] aus der Struktur des Rechtsinstituts ergibt (vgl. Art. 922 CC). Sind die gesetzlichen Erben zu verschiedenen Teilen berufen (vollbürtige und halbbürtige Geschwister), so tritt verhältnismäßige Erhöhung der Erbteile ein[1502]. Innerhalb des Stammes oder der Linie erfolgt eine vorzugsweise Anwachsung. Im Grunde gilt also das gleiche wie bei der testamentarischen Erbfolge, nur tritt hier die Anwachsung per se als Folge der successio ordinum et gradum ein.

5. Die Anwachsung in der „legítima"

a) Gemeines Recht

Art. 985 CC bestimmt, daß für den der „legítima" vorbehaltenen Teil eine Erhöhung bei Wegfall eines Zwangserben stattfindet. Auch hier findet sich also eine Art Anwachsung unabhängig vom Erblasserwillen, die daher begrifflich von der testamentarischen Anwachsung geschieden ist. Sind zwei oder mehrere Zwangserben gemeinschaftlich ohne Bestimmung ihrer Anteile als Begünstigte einer „mejora" eingesetzt, so lehnt die überwiegende Meinung wegen Art. 985 Abs. 2 CC eine Anwachsung ab[1503].

b) Katalonien

Im katalanischen Recht erhöht der Wegfall eines Pflichtteilsberechtigten den Pflichtteil der übrigen nicht, da der Weggefallene bei Errechnung des Pflichtteils des einzelnen Pflichtteilsberechtigten mitgezählt wird (Art. 130 CDC).

1501 Vgl. § 1935 BGB: Das deutsche Recht gebraucht hier den Begriff „Anwachsung" nicht.

1502 Albaladejo/Lacruz 227.

1503 T. S. 6. 12. 1952; a. A. Albaladejo/Lacruz 230 f.

III. Auseinandersetzung (Teilung)

1. Gemeines Recht

Die Teilung („partición, división") ist das Rechtsgeschäft, das die Erbengemeinschaft durch die Verteilung des Nachlasses unter den Miterben verhindert oder beendet[1504].

Die LEC von 1881 regelte das Verfahren zur Nachlaßteilung, den notwendigen und freiwilligen „juicio de testamentaría" (Art. 1054 LEC), den „juicio ab intestato" (Art. 1001 bis 1004 LEC) und die Zuteilung von Nachlaßgegenständen an mehrere, namentlich nicht bezeichnete Personen (Art. 1101 LEC und ff.). Der CC übernahm im wesentlichen den früheren Rechtszustand mit einigen Neuerungen: Der Erblasser kann, u. a., das Recht, die Auseinandersetzung zu verlangen, ausschließen. Sie findet dann nur aus den Gründen statt, die zur Auflösung der Gesellschaft führen (Art. 1051 CC).

Die ordnungsgemäße Teilung überträgt dem Erben das Alleineigentum an den ihm zugewiesenen Nachlaßgegenständen (Art. 1068 CC).

Das Recht auf Auseinandersetzung steht jedem Miterben zu, wenn es der Erblasser nicht ausgeschlossen hat oder wenn nicht Art. 966 CC eingreift.

Die Teilung kann erfolgen durch den Erblasser, den sogenannten „contador-partidor"[1505], die Miterben selbst, durch das Gericht, durch einen Schiedsrichter oder durch den Ehegatten[1506].

2. Katalonien

Die Kompilation befaßt sich nur in Art. 274 CDC mit der Teilung. Danach kann der Erblasser anordnen oder die Erben einstimmig beschließen, daß während einer bestimmten Frist, die zehn Jahre seit dem Erbfall nicht übersteigen kann, keine Auseinandersetzung erfolgt (Abs. 1). Die Erben können die Auseinandersetzung im gemeinsamen Einverständnis vornehmen, auch wenn ein „contador-partidor" ernannt ist, es sei denn, der Erblasser hat etwas anderes bestimmt (Abs. 2). Die Auseinandersetzung kann provisorisch in der Weise vorgenommen werden, daß den Erben die einzelnen Nachlaßgegenstände im Verhältnis ihrer Erbteile als gemeinschaftliche Sachen zugewiesen werden, d. h. die Erbengemeinschaft in Bruchteilsgemeinschaften an den einzelnen Nachlaßgegenständen um-

---

[1504] ALBALADEJO/LACRUZ 455.

[1505] Er darf nicht Erbe, also „Richter und Partei zugleich" sein.

[1506] ALBALADEJO/LACRUZ 469 f.

gewandelt wird (Abs. 3). Dies hat vor allem den Zweck, die sofortige Eintragung im Grundbuch zu ermöglichen[1507].

IV. Ausgleichungspflicht (Kollation)

1. Gemeines Recht

Die Kollation führt zur Abänderung der Erbteile, wenn Zwangserben vorhanden sind, die eine Schenkung vom Erblasser erhalten haben (Art. 1035 CC). Die Ausgleichungspflicht tritt nicht nur bei gesetzlicher Erbfolge oder wenn das Testament die gesetzliche Erbfolge unberührt läßt[1508] ein, sondern auch bei testamentarischer Erbfolge. Sie trifft außerdem nicht nur die Kinder, sondern alle Zwangserben[1509].

Von der Berechnung der „legítima" ist die Kollation scharf abzugrenzen. Die Berechnung der „legítima" beruht auf der fiktiven Zusammenrechnung des „donatum" und des „relictum" und der hypothetischen Teilung dieses hypothetischen Betrages zur Feststellung der individuellen „legítima". Um dann festzustellen, ob ein Pflichtteilsnehmer oder Zwangserbe seine „legítima" bereits erhalten hat (!), werden ihm die letztwilligen Zuwendungen und die Schenkungen angerechnet. Demgegenüber dient die Kollation, die ebenfalls unter Zwangserben stattfindet, nicht dem Schutz der „legítima", sondern der Verteilung des Nachlasses nach dem vermuteten Willen des Erblassers ohne Unterscheidung zwischen „legítima estricta", „mejora" und Freiteil[1510].

Der Erblasser kann von der Ausgleichungspflicht befreien (Art. 1036 CC). Die letzten Worte dieser Vorschrift, die auf inoffiziöse Schenkungen Bezug nimmt, beruhen ebenfalls auf einer Begriffsverwirrung zwischen Kollation und Berechnung der „legítima" und sind überflüssig. Die Befreiung kann bei der Schenkung selbst, im Testament oder durch Erklärung nach der Schenkung erfolgen[1511].

Die Ausgleichungspflicht hat zur Voraussetzung, daß der Pflichtige ein als Erbe berufener Pflichtteilsnehmer ist, der zu Lebzeiten eine Schenkung des Erblassers erhalten hat. Die Ausgleichung findet jeweils unter Zwangserben der gleichen Klasse statt (Art. 1035 f. CC und im einzelnen Art. 1038 bis 1040 CC).

Ausgleichungspflichtig sind auch die Enkel bei der Beerbung des Großvaters bzw. der Großmutter für die ihrem Vater (oder ihrer Mutter) ge-

---

1507 CONDOMINES/FAUS 315.

1508 §§ 2050, 2052 BGB.

1509 ALBALADEJO/LACRUZ 559.

1510 ALBALADEJO/LACRUZ 567.

1511 In der Form der Schenkung oder des Testaments; ALBALADEJO/LACRUZ 571.

machten Geschenke, wenn sie mit Onkel oder Tante, Vetter oder Base zusammentreffen, unabhängig davon, ob sie den Elternteil beerbt haben (Art. 1038 Abs. 1 CC).

Gegenstand der Ausgleichungspflicht sind nach Art. 1035 CC alle Vermögenswerte, die der Erbe als Mitgift, Schenkung oder sonst unentgeltlich erhalten hat, nach Art. 1043 CC die Ausgaben, die ein Vater gemacht hat, um seine Söhne vom Wehrdienst freizukaufen[1512], ihre Schulden zu bezahlen oder ihnen einen Titel zu verschaffen[1513], und endlich nach Art. 1044 CC die Hochzeitsgeschenke, soweit sie in Juwelen, Kleidern und Ausstattungen bestehen und den Freiteil um mehr als ein Zehntel übersteigen. Sind Schenkungen dem Kinde und seinem Ehegatten zusammen gemacht worden, so ist die Schenkung nur mit der Hälfte ihres Wertes auszugleichen (Art. 1040 CC).

Kosten für die Berufsausbildung sind nur zur Ausgleichung zu bringen, wenn der Vater dies angeordnet hat oder die „legítima" der übrigen Erben beeinträchtigt wird. Das gleiche gilt für durch Testament hinterlassene Gegenstände (Art. 1042, 1037 CC).

Nicht ausgleichungspflichtig sind die Schenkungen, die den Kindern des Erben (Art. 1039 CC) oder seinem Ehegatten (Art. 1040 CC) gemacht wurden, da Erbe und Beschenkter identisch sein müssen[1514]. Nicht ausgleichungspflichtig sind weiter Kosten für Unterhalt, Erziehung, Heilungskosten, die Kosten für eine Lehre und Gewohnheitsschenkungen (Art. 1041 CC).

Die beiden Möglichkeiten zur Durchführung der Ausgleichung sind die effektive Zurückgewährung an den Nachlaß und die rein rechnerische Berücksichtigung. Während im historischen spanischen Recht beide Wege beschritten werden konnten, kennt der CC nur mehr die rechnerische Ausgleichung[1515]. Im früheren gemeinen Recht wie im römischen Recht war der Wert zum Zeitpunkt der Ausgleichung maßgebend[1516]. Nach dem CC ist der Wert zur Zeit der Schenkung anzusetzen, zuzüglich ihrer Früchte und Zinsen seit dem Erbfall (Art. 1045, 1049 CC)[1517]. Der Wert der Schenkungen und Früchte wird dem für die Zwangserben bestimmten Teil des Nachlasses hinzugerechnet und daraus der Erbteil errechnet. Soweit der

---

1512 Dies ist heute nicht mehr möglich.

1513 Einem Titel steht jedes wirtschaftlich wertlose Amt gleich; Albaladejo/Lacruz 578.

1514 Castán VI/1, 307.

1515 Albaladejo/Lacruz 582.

1516 Albaladejo/Lacruz 582.

1517 Ebenso § 2055 Abs. 2 BGB.

Beschenkte weniger erhält, haben die Miterben Anspruch auf gleichartige Nachlaßgegenstände (Art. 1047, 1048 CC). Übersteigen die ausgleichungspflichtigen Schenkungen den Erbteil des Betroffenen, so erhält er nichts, hat aber den Überschuß nicht an den Nachlaß zurückzugewähren[1518].

2. Katalonien und Balearen

In Katalonien und auch auf den Balearen galt früher das römische Recht. Während das balearische Recht keine Besonderheiten mehr enthält, findet sich in Art. 273 CDC eine Vorschrift über die Kollation.

Ausgleichungspflichtig sind nur Abkömmlinge untereinander (Art. 273 Abs. 1 CDC) und der Enkel bei der Beerbung seines Großvaters, soweit sein Vater ausgleichungspflichtig gewesen wäre, jedoch nur, wenn der Gegenstand der ausgleichungspflichtigen Schenkung auf ihn übergegangen ist (Art. 273 Abs. 3 CDC)[1519]. Von der Kollationspflicht kann befreit werden im Testament, im Kodizill oder anläßlich der Schenkung (Art. 273 Abs. 1 CDC).

Ähnlich wie im gemeinen Recht sind ausgleichungspflichtig Schenkungen aus Anlaß der Ehe, zur Bezahlung des Pflichtteils, zur besonderen Berufsausbildung (nicht die Kosten für Lehre und Erziehung), zur Bezahlung von Schulden oder Lebensversicherungsprämien des Erben, sowie alle Schenkungen, bei denen die Ausgleichungspflicht ausdrücklich vorgesehen ist (Art. 273 Abs. 1 CDC). Andere Schenkungen, die nicht unter die genannte Vorschrift fallen, sind nur ausgleichungspflichtig, wenn sie mit einer ausgleichungspflichtigen Schenkung an einen anderen Abkömmling konkurrieren (Art. 273 Abs. 2 CDC).

Art. 273 Abs. 4 CDC bestimmt, daß die Ausgleichung diejenigen Miterben, die nicht Abkömmlinge des Erblassers sind, sowie die Vermächtnisnehmer und Nachlaßgläubiger nicht begünstigt.

Anders als im gemeinen Recht ist der Wert der Schenkung beim Erbfall maßgebend (Art. 273 Abs. 5 CDC). Dieser Wert wird wie bei der Berechnung der „legítima" bestimmt (vgl. Art. 129 Abs. 2 CDC).

3. Aragón

Eine Ausgleichungspflicht kraft Gesetzes kennt das aragonesische Recht nicht. Sie kann aber durch die Eltern in einer letztwilligen Verfügung, im Ehevertrag oder in einer anderen öffentlichen Urkunde angeordnet werden (Art. 45 ap.). Gleiches bestimmt Art. 87 VE allgemein mit der Maßgabe, daß die Anordnung in öffentlicher Urkunde oder letztwilliger Ver-

---

1518 ALBALADEJO/LACRUZ 585 f.; bestritten; vgl. § 2056 BGB.

1519 Der Übergang dürfte häufig auf Beweisschwierigkeiten stoßen.

fügung erfolgen kann. Es sei klargestellt, daß Art. 32 a. E. ap. hierzu keinen Widerspruch enthält, wenn er die von der Kollation zu unterscheidende Anrechnung auf den Pflichtteil vorsieht[1520].

4. Navarra

Über die Kollations- oder Ausgleichungspflicht unter den Miterben, die Abkömmlinge des Erblassers sind, enthält das navarrische Recht keine eigenen Vorschriften. LACARRA[1521] führt dies darauf zurück, daß das navarrische Recht keine Zwangserben kennt. Auch ABADÍA[1522] geht in seiner Erörterung hiervon aus und meint, daß, wenn es keine materielle „legítima" gibt, eine Ausgleichungspflicht zu ihrem Schutze nicht bestehen kann. Beide Autoren kommen aber zu dem Ergebnis, daß in Navarra eine Ausgleichungspflicht doch besteht.

Hierin liegt kein Widerspruch zu den erwähnten Überlegungen, da ja — und das übersehen m. E. LACARRA und ABADÍA — die Ausgleichungspflicht vor allem dazu dient, zwischen den zu Erben berufenen Kindern eine größtmögliche Gleichheit herzustellen. Dies hat mit dem Pflichtteilsrecht nichts gemein und darf nicht mit der Hinzurechnung und Anrechnung des Vorempfangs auf den Pflichtteil verwechselt werden. Dies ist auch die Ansicht des T. S., das in einem Urteil vom 1. 12. 1898 die Ausgleichungspflicht auf Navarra anwendet. Der Erblasser hatte dort durch Testament zwei seiner Kinder und die Abkömmlinge seiner vorverstorbenen Tochter als Stamm zu gleichen Teilen jeweils auf ein Drittel der Erbschaft eingesetzt. Das T. S. bejahte die Ausgleichungspflicht, „da diese hier nicht auf dem Grundsatz der ‚legítimas' und der Notwendigkeit, ihre Integrität zu bewahren, sondern auf der Achtung des Erblasserwillens beruht, der die Gleichheit der Erben anordnet, die nur durch die Ausgleichung erreicht werden kann".

Das Fehlen eines materiellen Pflichtteilsrechts steht somit der Ausgleichungspflicht nicht im Wege. Ihre Geltung wird im Schrifttum einhellig bejaht[1523].

Bei der gesetzlichen Erbfolge besteht die Ausgleichungspflicht unter den Kindern des Erblassers immer dann, wenn dieser hiervon nicht befreit hat[1524] (L. 296 FR).

1520 LACRUZ, Notas al Binder 261; CABALLERO LASIERRA, Colación de bienes: An. Der. Aragonés VI (1951—1952) 107.

1521 LACARRA II, 333 f.

1522 ABADÍA 89 f.

1523 ALONSO I, 430; LACARRA II, 334; ABADÍA 90 f.; ALBALADEJO/LACRUZ 564.

1524 LACARRA II, 335.

Bei der vertraglichen und testamentarischen Erbfolge tritt die Ausgleichungspflicht nur dann ein, wenn sie der Erblasser vorgesehen hat (so L. 299 FR) oder wenn sie sich aus dem vermuteten Erblasserwillen ergibt. Dies ist, wie im Urteil vom 1. 12. 1898, insbesondere dann der Fall, wenn der Erblasser seine Kinder zu gleichen Teilen einsetzt. Die Gleichheit kann dann völlig nur durch die Ausgleichung erreicht werden[1525].

Einen etwas anderen Standpunkt nimmt das Dictamen ein. Es stellt in L. 237 den allgemeinen Grundsatz auf, daß die Ausgleichungspflicht nicht vermutet wird, sondern ausdrücklich vorgesehen sein oder sich klar aus dem Erblasserwillen ergeben muß. Hieraus ergibt sich zu den obigen Ausführungen vor allem die Abweichung, daß auch bei gesetzlicher Erbfolge eine Ausgleichungspflicht nur unter den genannten Voraussetzungen besteht, d. h. hier, wenn sie bei Gewährung der Freigebigkeit ausdrücklich oder stillschweigend angeordnet wurde (L. 238 Abs. 3 Dictamen).

Gegenstand der Ausgleichungspflicht sind alle Schenkungen unter Lebenden, Ausstattungen, die „dos" usw.[1526] (L. 301 FR). Nicht ausgleichungspflichtig sind der empfangene Unterhalt, Kosten für die Kleidung, durch Krankheit verursachte Kosten und übliche Gelegenheitsgeschenke[1527] (L. 298 FR). Die Aufwendungen für die Berufsausbildung sind nur zur Ausgleichung zu bringen, wenn dies ausdrücklich angeordnet wurde (L. 298 FR). Nach Lacarra[1528] ist es jedoch üblich, sie trotzdem auszugleichen und hierbei das abzuziehen, was das Kind verbraucht hätte, wenn es im Hause seiner Eltern gelebt hätte. In den Fällen der Repräsentation — sagt L. 297 FR — umfaßt die Ausgleichung das vom Repräsentierten und das vom Eintretenden nach dessen Tod Empfangene.

Die Ausgleichung wird rein rechnerisch durchgeführt, nicht durch Einwerfen des Vorempfangs in natura. Der Ausgleichungspflichtige erhält somit entsprechend weniger aus dem Nachlaß[1529].

Die ausgleichungspflichtige Zuwendung wird, abweichend von Art. 1045 CC und wie in Katalonien (Art. 273 Abs. 5 CDC), mit dem Wert zum Zeitpunkt des Erbfalls in Rechnung gestellt. Ist der zugewendete Gegenstand veräußert worden, so wird der Erlös angesetzt[1530].

Einen Sonderfall der Ausgleichung regelt L. 300 FR. Nach dieser Vor-

---

1525 Abadía 92.
1526 Lacarra II, 336; Abadía 93.
1527 Lacarra II, 337; Abadía 93.
1528 Lacarra II, 337.
1529 Abadía 93.
1530 Abadía 93 f.; L. 342 Dictamen.

schrift haben der überlebende Ehegatte des Erblassers aus einer zweiten oder späteren Ehe und die aus einer dieser Ehen hervorgegangenen Kinder alle unentgeltlichen Zuwendungen des Erblassers zur Ausgleichung zu bringen, ohne daß sie hiervon befreit werden könnten. Die Vorschrift beruht auf der bereits erörterten Regelung, daß die genannten Personen nicht mehr erhalten dürfen als das am geringsten bedachte Kind aus der ersten oder früheren Ehe[1531].

§ 45: DER ERBSCHAFTSANSPRUCH („PETITIO HEREDITATIS")

I. Gemeines Recht

Zur Erlangung des Erbschaftsbesitzes, d.h. der tatsächlichen Herrschaftsgewalt über die Erbschaft, regelt Art. 1633 LEC eine besondere Verfahrensart. Auf die „hereditatis petitio" des römischen Rechtes[1532] beziehen sich Art. 192, 1016, 1021 CC.

Aktiv legitimiert zur Geltendmachung des Erbschaftsanspruches ist der Erbe, der Nacherbe erst nach dem Nacherbfall. Der Erbschaftskäufer oder -erwerber kann eine ähnliche Klage geltend machen, wenn er behauptet, daß bestimmte Gegenstände zum Nachlaß gehören[1533].

Passiv legitimiert ist jeder Erbschaftsbesitzer. Dies ist nicht nur derjenige, der als Erbe besitzt, sondern jeder, der bestreitet, daß der Kläger Erbe ist. Daher hängt es von dem Vorbringen des Beklagten ab, ob der geltendgemachte Anspruch ein Erbschaftsanspruch ist und ob Gegenstand des Rechtsstreits die „hereditatis petitio" ist. Es ist auch nicht erforderlich, daß der Passivlegitimierte die ganze Erbschaft oder einen Teil davon besitzt. Es genügen hierzu einzelne Nachlaßgegenstände[1534].

Für das Rechtsverhältnis zwischen wirklichem und scheinbarem Erben gelten die Vorschriften über den Besitz, wobei der scheinbare Erbe als gutgläubig angesehen wird, wenn er sich für den Erben hielt. Für die Verschlechterung bzw. den Untergang von Nachlaßgegenständen gelten, je nachdem, ob der Erbschaftsbesitzer gut- oder bösgläubig war, die Vorschriften über die ungerechtfertigte Bereicherung (Art. 1896 f. CC; Art. 1182—1186 CC und Art. 457 CC). Der gutgläubige Erbschaftsbesitzer

---

1531 Lacarra II, 337; L. 303, 304 FR.
1532 Vgl. den Erbschaftsanspruch nach BGB.
1533 Albaladejo/Lacruz 592.
1534 Albaladejo/Lacruz 593.

erwirbt die Früchte bis zur Geltendmachung des Anspruches (Art. 451 CC). Der bösgläubige Erbschaftsbesitzer hat die „fructus percepti et neglecti" herauszugeben (Art. 1896 CC). Für Verbesserungen und Aufwendungen gelten Art. 452 f. CC.

Die Verjährung des Erbschaftsanspruches ist in Art. 1066 und 192 CC erwähnt, allerdings ohne Fristangabe. Die h. M. und mit ihr die überwiegende Rechtsprechung nehmen eine Frist von 30 Jahren an[1535].

II. Katalonien

Art. 275 Abs. 1 CDC gewährt den Erbschaftsanspruch dem Erben gegen jeden Besitzer, gleich ob dieser aufgrund eines (ihm nicht zustehenden) Erbrechts oder aus einem anderen Grunde besitzt, zur Erlangung der Anerkennung als Erbe und der Herausgabe der Erbschaft als Ganzes, ohne daß er das Recht des Erblassers an den einzelnen Nachlaßgegenständen beweisen müßte.

Nach katalanischem Recht ist also derjenige passiv legitimiert, der die Erbschaft ganz oder zum Teil besitzt. Hierunter fallen auch die Erben des Erbschaftsbesitzers und der scheinbare Erbe sowie die Erwerber der ganzen oder eines Teiles der Erbschaft (Art. 275 Abs. 2 CDC). Zur dinglichen Ersetzung bestimmt Art. 275 Abs. 3 CDC, daß der „scheinbare" Erbe dem wirklichen Erben nur die Gegenleistung für veräußerte Sachen herauszugeben hat oder das, was er mit der Gegenleistung erlangt hat. Wird diese noch geschuldet, so kann der wirkliche Erbe den Anspruch auf die Gegenleistung geltend machen.

Art. 275 Abs. 5 CDC verweist für das Rechtsverhältnis zwischen scheinbarem und wirklichem Erben auf den dinglichen Herausgabeanspruch, wobei für die Frage der Nutzungen und Aufwendungen zwischen dem gutgläubigen und dem bösgläubigen Erbschaftsbesitzer zu unterscheiden ist.

Gemäß Art. 275 Abs. 4 CDC kann der wirkliche Erbe von den gutgläubigen entgeltlichen Erwerbern der vom scheinbaren Erben veräußerten Sachen diese nicht herausverlangen. Hier wird also der Rechtsschein des scheinbaren Erben allgemein geschützt, unabhängig von der Eintragung in das Grundbuch oder den Voraussetzungen von Art. 464 CC.

Nach katalanischem Recht verjährt der Erbschaftsanspruch nach 30 Jahren (Art. 275 Abs. 6 CDC).

[1535] T. S. 12. 4. 1951; 12. 11. 1953; 6. 3. 1958 u. a.

4. Teil

DIE ERBFOLGE AUF GRUND VERTRAGLICHER REGELUNG

§ 46: DIE ZULÄSSIGKEIT DES ERBVERTRAGES IM GEMEINEN RECHT

I. Grundsatz

Das spanische Recht steht, der römischen Tradition folgend, dem Erbvertrag feindlich gegenüber. Er wird im allgemeinen auch in der Literatur nicht behandelt. Neben den im folgenden zitierten Schriftstellern erwähnen ihn als Berufungsgrund vor allem SÁNCHEZ ROMÁN und CASTÁN TOBEÑAS. Außerdem existieren einige Monographien[1536]. Gemäß Art. 1271 Abs. 2 CC kann ein Vertrag über eine zukünftige Erbschaft nur dann geschlossen werden, wenn er eine Teilungsanordnung gemäß Art. 1056 CC zum Gegenstand hat[1537]. Dieser Grundsatz ergibt sich auch aus Art. 658 CC, der als Berufungsgründe nur das Gesetz und das Testament nennt, sowie aus Art. 816, 991 und 1674 CC. Im spanischen Recht ist sonach verboten der Erbverzicht („pacto de non succedendo")[1538], der Vertrag über den Nachlaß eines noch lebenden Dritten („pacto de hereditate tertii")[1539] und der eigentliche Erbvertrag im Sinne von §§ 2274 f. BGB („pacto de succedendo")[1540].

II. Ausnahmen

Als Ausnahme von dieser Regel läßt der CC drei Fälle zu, in denen ein Erbvertrag abgeschlossen werden kann:

[1536] PUIG PEÑA V/1, 600 N. 1.

[1537] Der Vertrag gemäß Art. 1056 CC stellt aber keinen echten Erbvertrag dar, da er die Testierfreiheit unberührt läßt.

[1538] ROCA SASTRE, Notas I, 260; LACRUZ, Notas al Binder 349; PUIG PEÑA V/1, 621; VALVERDE (oben N. 1217) 376.

[1539] ROCA SASTRE, Notas I, 260; LACRUZ, Notas al Binder 133; PUIG PEÑA V/1, 600; vgl. § 312 BGB.

[1540] ROCA SASTRE, Notas II, 209 f.; LACRUZ, Notas al Binder 127; PUIG PEÑA V/1, 600; VALVERDE (oben N. 1217) 376.

1. Gemäß Art. 177 CC a. F.[1541] konnte im Adoptionsvertrag die Verpflichtung des Annehmenden aufgenommen werden, den Angenommenen[1542] zum Erben einzusetzen. Hierdurch wurde ein unwiderrufliches Erbrecht des Angenommenen begründet[1543], auch wenn der Annehmende kein Testament errichtete. Für diesen Fall neigte man dazu, den Angenommenen einem legitimen Kinde gleichzustellen[1544]. Roca Sastre gewährte ihm ein vertragliches Erbrecht[1545]. Unwirksam war aber jedenfalls die spätere Verfügung zugunsten eines Dritten[1546]. Nach dem geltenden Recht hat der Volladoptierte erbrechtlich die Stellung eines natürlichen Kindes (Art. 179 Abs. 1 CC), der nicht voll Adoptierte dagegen nur die im Adoptionsvertrag vereinbarten Rechte (Art. 180 Abs. 4 CC). Für beide Fälle erklärt Art. 174 Abs. 2 CC den Erbvertrag als zulässig, der aber nicht mehr als zwei Drittel des Nachlasses des Annehmenden zum Gegenstand haben darf (Art. 274 Abs. 3 CC). Der Adoptierte erwirbt durch den Vertrag dann in jedem Falle ein Erbrecht, auch wenn der Erblasser ab intestato stirbt.

2. Einen weiteren Erbvertrag regelt Art. 1331 CC, wonach ein Ehegatte im Ehevertrag über sein zukünftiges Vermögen für den Fall seines Todes zugunsten des anderen Ehegatten wie durch Testament verfügen kann. Der CC kleidet diese Rechtsfigur zwar in das Gewand einer unwiderruflichen Schenkung[1547], es handelt sich aber um einen echten, nicht notwendig gegenseitigen Erbvertrag[1548].

3. Endlich ist ein Erbvertrag der Vertrag, der eine „mejora" oder das Versprechen, eine „mejora" anzuordnen oder zu unterlassen, zum Gegenstand hat (Art. 826, 827 CC)[1549]. Die drei Grundtypen dieses Vertrages sind:

a) das Versprechen, eine „mejora" nicht anzuordnen. Der Erblasser verzichtet hierbei auf seine Befugnis, eine „mejora" anzuordnen, und es werden zwei Drittel der Erbschaft gleichmäßig als „legítima" unter den Erben verteilt (Art. 826 CC).

b) die Ausführung der „mejora" (Art. 827 CC). Sie kann bestehen in

---

[1541] Das heißt vor der Änderung vom 24. 4. 1958.

[1542] Der Angenommene hatte, abgesehen vom dargestellten Fall, kein Erbrecht gegenüber dem Annehmenden.

[1543] T. S. 30. 5. 1951.

[1544] Lacruz. Notas al Binder 128.

[1545] Roca Sastre, Notas II, 218.

[1546] Puig Peña V/1, 633.

[1547] Vgl. auch Art. 1333, 1440 CC.

[1548] Lacruz, Notas al Binder, 128; Roca Sastre, Notas II, 211; Puig Peña V/1, 621.

[1549] Lacruz, Notas al Binder 128.

der Zuweisung eines Nachlaßteiles, den der Begünstigte beim Erbfall als „mejora" erwirbt, oder in der gegenwärtigen Schenkung eines Nachlaßgegenstandes als „mejora", was bei der Berechnung der „legítima" bedeutsam wird. Ein echter Erbvertrag ist nur die erste Modalität.

c) das Versprechen, eine „mejora" anzuordnen. Hierdurch wird der Erblasser verpflichtet, dem Begünstigten unter Lebenden oder im Testament etwas als „mejora" zuzuwenden.

In allen diesen Fällen liegt ein Erbvertrag immer dann vor, wenn die Vereinbarung im Ehevertrag oder — die Ausführung der „mejora" — im Vertrag mit einem Dritten erfolgt und damit unwiderruflich ist (Art. 826, 827 CC)[1550].

Nicht als Erbverträge anzusehen sind die Verträge gemäß Art. 641, 831, 1057, 1056, 1036 CC, da sie die Testierfreiheit des Erblassers nicht berühren[1551].

Aus der Tatsache, daß der CC nur ausnahmsweise drei bestimmte Typen von Erbverträgen zuläßt, entnimmt ROCA SASTRE[1552], daß es müßig sei, eine allgemeine Lehre über den Erbvertrag aufzustellen. Vielmehr sei jeder der drei Fälle gesondert zu betrachten. Anderer Auffassung sind offenbar LACRUZ[1553] und PUIG PEÑA[1554], die in gewissem Sinne allgemeine Grundsätze entwickeln, jedoch für jeden der drei Vertragstypen bestimmte Unterscheidungen machen müssen. PUIG PEÑA[1555] glaubt in der Rechtsprechung des T. S. sogar den Beginn einer großzügigeren und biegsameren Einstellung gegenüber den Erbverträgen sehen zu können, die zu einer für den Erbvertrag günstigen Auslegung neigt.

III. Allgemeine Regeln

1. Die Errichtung des Erbvertrages

Bezüglich der persönlichen Errichtung des Erbvertrages und der Möglichkeit für den Mitkontrahenten, sich vertreten zu lassen, nehmen

---

1550 ROCA SASTRE, Notas II, 211 f.

1551 ROCA SASTRE, Notas II, 212; LACRUZ, Notas al Binder 128; PUIG PEÑA V/1, 605 f.

1552 ROCA SASTRE, Notas II, 212.

1553 LACRUZ, Notas al Binder 127 f.

1554 PUIG PEÑA V/1, 624.

1555 PUIG PEÑA V/1, 623.

Lacruz[1556] und Puig Peña[1557] den gleichen Standpunkt ein wie das deutsche Recht[1558]. Roca Sastre[1559] will eine Stellvertretung zulassen, soweit diese bei der Adoption bzw. beim Ehevertrag möglich ist, verlangt aber für den Erbvertrag über die „mejora" ebenfalls die Anwesenheit des Verfügenden. Der Erblasser muß im allgemeinen geschäftsfähig sein („tener capacidad contractual"). Etwas anderes gilt nur, wenn die Verfügung im Ehevertrag vorgenommen wird (Art. 1329 CC)[1560]. Für den Mitkontrahenten genügt die erforderliche Einsicht, soweit er nicht selbst eine Verfügung trifft oder eine Verpflichtung übernimmt.

2. Form

Bezüglich der Form sind sich die Autoren im allgemeinen darüber einig, daß der Erbvertrag in öffentlicher Urkunde[1561] niederzulegen ist. Wegen des Fehlens allgemeiner Vorschriften ist dies allerdings nicht immer leicht zu begründen und es werden verschiedene Wege begangen. Kein Zweifel besteht für den Adoptionsvertrag, da hier Art. 177 CC die genannte Form vorschreibt. Für die Eheverträge ist sie in Art. 1321 CC vorgesehen. Art. 1324 CC läßt aber, wenn der Geschäftswert des Vertrages 2500,— Peseten nicht übersteigt, auch die Errichtung vor dem Sekretär der Gemeindeverwaltung zu. Roca Sastre[1562] will diese erleichterte Form auch beim Ehe- und Erbvertrag gemäß Art. 1331 CC anwenden. Anderer Ansicht ist Lacruz[1563], da einmal hier nicht nur familienrechtliche Vereinbarungen getroffen werden und zum anderen, weil bei Zuwendung eines Vermögensbruchteils eine Bewertung unmöglich ist und somit nicht festgestellt werden kann, ob die Grenze von 2500,— Peseten überschritten wird. Für das Versprechen, eine „mejora" anzuordnen oder zu unterlassen, ist vorgesehen, daß der Erbvertrag in öffentlicher Urkunde zu erfolgen hat[1564]. Gleiches gilt für die „mejora" nach Art. 827 CC im Ehevertrag[1565]. Für die „mejora" durch Vertrag mit Dritten entnimmt Lacruz[1566] die Form-

---

1556 Lacruz, Notas al Binder 136.

1557 Puig Peña V/1, 625.

1558 Vgl. Kipp/Coing 173; § 2274 BGB.

1559 Roca Sastre, Notas II, 217.

1560 Vgl. § 2275 BGB; Roca Sastre, Notas II, 214; Lacruz, Notas al Binder 137; Puig Peña V/1, 625.

1561 Vgl. Art. 1216 f. CC.

1562 Roca Sastre, Notas II, 216.

1563 Lacruz, Notas al Binder 137.

1564 Anderer Ansicht offenbar Roca Sastre, Notas II, 217, der auch hier Art. 1324 CC gelten lassen will.

1565 Lacruz, Notas al Binder 137.

1566 Lacruz, Notas al Binder 138.

bedürftigkeit aus Art. 1280 Z. 4 und 1008 CC, sowie aus dem Gedanken, daß eine unwiderrufliche „mejora“ strengen Formen folgen muß[1567].

3. Die Wirkungen des Erbvertrages

Die Wirkungen des Erbvertrages, die bei jedem der einzelnen Typen gesondert zu prüfen sind, sind vor allem die, daß der Erblasser in seiner Testierfreiheit beschränkt wird und letztwillig über seinen Nachlaß nicht abweichend vom Vertrag verfügen kann[1568]. In den Fällen von Art. 174 CC und Art. 1331 CC schafft der Erbvertrag einen Berufungsgrund. Bei der vertraglichen „mejora“ sind drei Fälle zu unterscheiden. Der Verzicht auf die Vornahme der „mejora“ nimmt dem Erblasser die Befugnis, eine solche anzuordnen. Das Versprechen der „mejora“ verpflichtet den Erblasser zu dessen Erfüllung. Unterläßt er diese, so wirkt das Versprechen nach seinem Tode wie eine vollzogene „mejora“. Bei dieser erwirbt der Erbe, wenn ihm eine Zuwendung als „mejora“ vermacht ist, mit dem Erbfall das Zugewendete als „mejora“. Diese Verfügungen sind jeweils dann unwiderruflich, wenn die in Art. 826, 827 CC genannte Form gewahrt ist[1569].

Die Verfügungsbefugnis des Erblassers unter Lebenden wird, nach Auffassung der Kommentatoren deutscher Lehrbücher[1570] durch den Erbvertrag nicht eingeschränkt, es sei denn, die Verfügungen beeinträchtigen unmittelbar das Anwartschaftsrecht des Bedachten[1571]. Zu ihnen gehören die in der Absicht, den Bedachten zu beeinträchtigen, vorgenommenen Verfügungen sowie etwaige Scheingeschäfte, die eine solche Verfügung verschleiern sollen. Im einzelnen führt ROCA SASTRE[1572] hierzu aus:

1. Erfolgt im Ehe- oder Adoptionsvertrag die Einsetzung zum Alleinerben, so kann der Erblasser keine Schenkungen mehr vornehmen, ausgenommen die „dos“, der vorweggenommene Pflichtteil und bescheidene Geschenke. ROCA SASTRE begründet dies mit Art. 1331 CC und dem Standpunkt des Foralrechtes zu dieser Frage.
2. Handelt es sich um die Zuwendung einer bestimmten Sache, so ist dem Erblasser jede Verfügung verwehrt. Verfügt er trotzdem, so

---

1567 Im Ergebnis ebenso PUIG PEÑA V/1, 628, der allgemein die Form der öffentlichen Urkunde verlangt, und ROCA SASTRE, Notas II, 217.

1568 PUIG PEÑA V/1, 629; ROCA SASTRE, Notas II, 226, 228; vgl. § 2289 Abs. 1 S. 1 und 2 BGB.

1569 ROCA SASTRE, Notas II, 218 f.; PUIG PEÑA V/1, 629.

1570 LACRUZ, Notas al Binder 141; ROCA SASTRE, Notas II, 226.

1571 LACRUZ, Notas al Binder 141.

1572 ROCA SASTRE, Notas II, 226.

schützen Art. 464 CC, 32, 34 L. H. den Dritten und es ist Art. 861 CC anzuwenden.

3. In jedem der drei Erbvertragstypen kann sich der Erblasser das Recht, Schenkungen zu machen, ebenso wie den Rücktritt vorbehalten.

4. Die Aufhebung des Erbvertrages durch die Vertragsparteien

Ob die Aufhebung des Erbvertrages durch „actus contrarius" zulässig ist, richtet sich zunächst danach, ob dieser unter das Verbot von Art. 1271 Abs. 2 CC fällt, da er nirgends ausdrücklich zugelassen ist. Dies ist zu verneinen, da die Parteien sich hier darauf beschränken, einen Vertrag zu beseitigen und die normale Verfügungsbefugnis des Erblassers wieder herzustellen[1573]. Der Aufhebungsvertrag ist daher immer dann möglich, wenn der Erbvertrag zulässig ist. Die Gegenmeinung legt Art. 1271 CC zu eng und zu formalistisch aus[1574]. Der Aufhebung kann aber Art. 1320 CC entgegenstehen, wenn der Erbvertrag im Ehevertrag enthalten ist. Diese Vorschrift verbietet die Abänderung von Eheverträgen nach der Eheschließung, die in der Beseitigung des Erbvertrages wohl zu sehen wäre[1575].

5. Der Rücktritt vom Erbvertrag

Der Erblasser kann vom Erbvertrag zurücktreten, wenn er sich den Rücktritt oder die freie Verfügungsbefugnis durch Testament vorbehalten hat oder wenn der Bedachte sich einer der Verfehlungen gemäß Art. 648 CC schuldig macht, die zum Widerruf der Schenkung berechtigen würde. Diesen Widerrufsgründen wird einhellig der Vorzug vor jenen für die Enterbung bzw. die Erbunwürdigkeit gegeben[1576]. Der Widerruf wegen Undanks gemäß Art. 648 CC entfällt jedoch, wenn der Erbvertrag mit dem Ehevertrag verbunden ist (Art. 1333 CC). Nach ROCA SASTRE[1577] soll dies auch gelten, wenn die „mejora" nicht im Ehevertrag angeordnet wurde. Der Rücktritt ist außerdem zulässig, wenn der Bedachte im Erbvertrag gewisse Verpflichtungen gegenüber dem Erblasser übernommen hat und diese nicht erfüllt[1578]. Der Rücktritt erfolgt durch Erhebung der entsprechenden Klage (Art. 647, 648, 652 CC)[1579].

1573 ROCA SASTRE, Notas II, 232.

1574 LACRUZ, Notas al Binder 148 f.; PUIG PEÑA V/1, 638 f.

1575 ROCA SASTRE, Notas II, 232; PUIG PEÑA V/1, 639.

1576 ROCA SASTRE, Notas II, 241; LACRUZ, Notas al Binder 149; PUIG PEÑA V/1, 640.

1577 ROCA SASTRE, Notas II, 241.

1578 ROCA SASTRE, Notas II, 241; LACRUZ, Notas al Binder 149; PUIG PEÑA V/1, 640.

1579 ROCA SASTRE, Notas II, 241.

IV. Der gemeinschaftliche und gegenseitige Erbvertrag

Obwohl das spanische Recht das gemeinschaftliche Testament nicht zuläßt (Art. 669 CC), können die vom Verbot des Art. 1271 Abs. 1 CC ausgenommenen Erbverträge Verfügungen von Todes wegen der beiden Vertragsparteien enthalten. Dies ist der Fall, wenn beide Ehegatten im Adoptionsvertrag zugunsten des Angenommenen verfügen (Art. 174 CC), wenn sich die Ehegatten gegenseitig „ihr zukünftiges Vermögen" schenken, d. h. ihren Nachlaß zuwenden (Art. 1331 CC) und wenn mehrere Aszendenten gleichzeitig eine „mejora" anordnen[1580].

Die Unwirksamkeit einer vertragsmäßigen Verfügung wirkt sich auf die anderen Verfügungen nur aus, wenn sie zu diesen im Verhältnis der Gegenseitigkeit bzw. Korrespektivität steht[1581]. Soweit dies der Fall ist, sind auch die anderen Verfügungen unwirksam (arg. Art. 1124 und 1274 CC), allerdings nicht ipso iure, sondern nur wenn die Parteien diese Unwirksamkeit geltend machen. LACRUZ[1582] begründet dies, wohl zutreffend, aus Art. 1124 CC und der Regelung für das gemeinschaftliche Testament in den Foralrechten, die es zulassen (Aragón, Navarra und früher Vizcaya).

V. Einseitige letztwillige Verfügungen in Erbverträgen

ROCA SASTRE[1583] hält sie schlechthin für unzulässig und unwirksam, da einseitige letztwillige Verfügungen nur im Testament erfolgen können.

Die gleiche Auffassung vertritt — für das gemeine Recht — LACRUZ[1584].

§ 47: DIE KATALANISCHEN „HEREDAMIENTOS"

I. Zulässigkeit

Abweichend vom gemeinen Recht (Art. 658 CC, 1271 Abs. 2 CC), wo der Erbvertrag grundsätzlich verboten ist und nur drei Ausnahmen zugelassen sind, nennt Art. 97 Abs. 1 CDC als dritten Berufungsgrund neben Testament und Gesetz den Vertrag.

1580 LACRUZ, Notas al Binder 151; ROCA SASTRE, Notas II, 245.
1581 ROCA SASTRE, Notas II, 245.
1582 LACRUZ, Notas al Binder 152.
1583 ROCA SASTRE, Notas II, 248.
1584 LACRUZ, Notas al Binder 135.

Der Erbvertrag ist in Katalonien nicht allgemein zulässig, sondern nur, wenn er im Ehevertrag errichtet wird (Art. 63 Abs. 1 CDC). Diesen notwendig mit einem Ehevertrag verbundenen Erbvertrag nennt das katalanische Recht „heredamiento" oder katalanisch „heretament". Die notwendige Verbindung bedeutet aber nicht, daß einen Vertragserben nur die Ehegatten oder Verlobten einsetzen können[1585], vielmehr können auch sie selbst, d. h. einer von ihnen oder beide, meist von ihren Eltern, in dem von ihnen geschlossenen Ehevertrag eingesetzt werden[1586] (Art. 63 Abs. 1 CDC).

Es ist weiter zu beachten, daß im katalanischen Recht ein Ehevertrag, und damit auch ein Erbvertrag, sowohl vor der Eheschließung als auch nach dieser errichtet werden kann (Art. 63 Abs. 1, Art. 7 Abs. 1 S. 1 CDC).

II. Geschichte

Der geschichtliche Ursprung der katalanischen „heredamientos", die seit alters her bekannt sind, scheint dunkel. So zitiert z. B. Durán y Bas[1587] Fontanella[1588], der sagt: „heredamenta a tempore inmemoriali sunt solitas" und betrachtet sie als eigenständige katalanische Rechtsfigur des Mittelalters. Dem Bestreben der klassischen katalanischen Autoren, alle vorhandenen Rechtsfiguren in das römische Recht einzuordnen, ist es zuzuschreiben, daß sie den Ursprung der „heredamientos" im römischen Recht suchen[1589]. Dieser Versuch mußte jedoch vor allem deswegen fehlschlagen, weil die „heredamientos" als zum Teil echte Erbverträge dem römischen Recht widersprechen, das eine bindende Vereinbarung über die zukünftige Erbschaft nicht zuließ. Die sich daraus ergebenden Schwierigkeiten führten zu einer Verkennung der Rechtsnatur des Erbvertrages, der, wie noch zu sehen sein wird, erst die moderne Literatur[1590] und nunmehr

---

1585 Sei es, daß sie einen ihrer (zukünftigen) Abkömmlinge — „ ‚heredamiento' zugunsten der (zukünftigen oder erwarteten) Kinder" —, sei es, daß sie sich gegenseitig zu Erben einsetzen — „gegenseitiges ‚heredamiento'" —.

1586 „ ‚heredamiento' zugunsten des heiratenden Kindes" oder — gemäß der Formulierung der CDC — „zugunsten der Vertragsschließenden", d. h. der Ehegatten oder Verlobten.

1587 Durán y Bas 90.

1588 Fontanella, De pactis nuptualibus (Genf 1752) Clausula 4, Glos. 9, 4. Teil, Nr. 1.

1589 Nachweise bei Durán y Bas 90; Pella III, 35; Castán, D. F. 166.

1590 Roca Sastre, D. H. III, 115 f.; Lacruz, Notas al Binder 131.

auch die Regelung in der CDC ein Ende gesetzt hat. Richtiger erscheint daher die wohl zuerst von PELLA[1591] vertretene Ansicht, daß die vertragliche Erbfolge in Katalonien auf die vorrömische Zeit zurückgeht und aus alten iberischen und pyrenäischen Gewohnheiten stammt. Danach beruht sie auf der Übung, unter Lebenden einen Nachfolger des Familienoberhauptes als Vorstand der Hausgemeinschaft und Bewahrer des Götter- und Ahnenkultes zu bestimmen. Es handelt sich hier um eine Form der Übertragung, die sich auch im ältesten germanischen und römischen Recht findet[1592] und zur „donatio post obitum“ hinführt.

ROCA SASTRE[1593] führt diesen Gedanken in überzeugender Weise weiter: Während in Rom am Ende der Entwicklung das moderne Testament steht, das höchstpersönlich, einseitig und widerruflich ist, erhielten sich in den weniger stark romanisierten Gegenden die vertraglichen Formen der Erbeinsetzung. Sie erfuhren in Spanien einen neuen Aufschwung durch die germanische Invasion, da das germanische Recht in der lex salica, rotharia und ripuaria wie auch in der lex alemannorum und dem lombardischen Thinx ähnliche Institutionen kannte. Die weitere Entwicklung führt schließlich dazu, daß sich aus den magischen und symbolischen Formen die klare Rechtsfigur des Erbvertrages herauskristallisiert und der Gedanke der Schenkung zurücktritt.

Besonders deutlich zeigt sich dies am Erbvertrag des BGB, dessen Einfluß auf die moderne katalanische Dogmatik in dieser Hinsicht nicht unterschätzt werden darf. ROCA SASTRE, der Verfasser der Anmerkungen zum Erbrecht des ENNECCERUS, war eines der Mitglieder des Ausschusses, der die jetzt geltende Kompilation des katalanischen Rechtes verfaßt hat, und von ihm stammt der größte Teil des Erbrechts.

Vor Inkrafttreten der Kompilation befaßten sich nur wenige geschriebene Quellen des katalanischen Rechtes mit den „heredamientos“. Es sind dies die „Costumbres Generales de Cataluña“ von PERE ALBERT[1594], der Usatge Auctoritate et rogatu, Nr. 1[1595], und die Konstitution „A foragiter fraus“ Peters III. von 1351[1596].

[1591] PELLA III, 39 f.

[1592] Bestimmung eines „sui“ zum Nachfolger durch den „pater familias“ unter Lebenden.

[1593] ROCA SASTRE, D. H. III, 115.

[1594] 4. Buch, 30. Tit. des 1. Bandes der Constituciones de Cataluña, PONS/SANDALINAS 41.

[1595] Es gibt noch zwei weitere Usatges mit gleichem Anfang; 8. Buch, 9. Titel, 1. Bd. der Constituciones de Cataluña, PONS/SANDALINAS 132 f.

[1596] 5. Buch, 2. Titel, 1. Bd. der Constituciones de Cataluña, PONS/SANDALINAS 65.

Alle diese Vorschriften enthalten aber nur kurze Hinweise auf die „heredamientos“, die im übrigen auf Gewohnheitsrecht beruhten und die wohl typischste und bedeutendste Figur des katalanischen Rechtes darstellen[1597].

III. Rechtsnatur

Art. 63 Abs. 1 CDC bezeichnet das „heredamiento“ als vertragliche Erbeinsetzung. Das Gesetz macht sich somit endgültig von der alten Dogmatik frei, die im „heredamiento“ eine „universelle Schenkung des gegenwärtigen und künftigen Vermögens“ oder „der Erbschaft“ gesehen hatte[1598]. Die richtige Definition des „heredamiento“ lautet daher: „Es ist die im Vertrag anläßlich oder im Zusammenhang mit einer Ehe vorgenommene Erbeinsetzung“[1599] oder — übersetzt in die Sprache des BGB — „Heredamiento ist der notwendig in einem Ehevertrag geschlossene Erbvertrag des katalanischen Rechts“. Diese Auffassung vom Erbvertrag ist noch sehr jung und wurde vor Inkrafttreten der Kompilation außer von Roca Sastre u. a. auch von Lacruz[1600] vertreten. Lacruz sagt aber zutreffend, daß es im Einzelfall auf den Willen des Erblassers ankommt. Die gegebene Begriffsbestimmung paßt nur auf die reine oder Grundform des „heredamiento“[1601].

Da die „heredamientos“ aus der „Schenkung des gegenwärtigen und künftigen Vermögens“ hervorgegangen sind oder wenigstens als solche angesehen wurden, sind zwei Einschränkungen zu machen: Ist auch das gegenwärtige Vermögen („heredamiento complejo“, Art. 80 Abs. 1 CDC) oder ein Teil davon („heredamiento mixto“, Art. 80 Abs. 2 CDC) Gegenstand des Vertrages, so liegt insoweit eine Schenkung vor[1602]. Zum zweiten wurde zwar die „Schenkung des künftigen Vermögens“ dahingehend aufgefaßt, daß der Eingesetzte dieses beim Tode des Verfügenden erwarb[1603]. Es wurde aber auch vereinzelt angenommen, daß die in Zukunft vom Verfügenden erworbenen Vermögensgegenstände, sobald sie in das Vermögen des „Schenkers“ gelangen, ipso iure in das des Bedachten übergehen[1604]. Bei

---

1597 Lacruz, Notas al Binder 129; Brocá 699; Durán y Bas 91.

1598 Roca Sastre, Elementos 18.

1599 Roca Sastre, D. H. III, 112.

1600 Lacruz, Notas al Binder 131.

1601 „heredamiento simple“ (Art. 75 Abs. 1 CDC) und das zugunsten der Kinder der Eheleute (Art. 86 f. CDC).

1602 Vgl. den auch in Deutschland gebräuchlichen Hofübergabevertrag.

1603 Brocá 712; Borrell y Soler, Cataluña IV, 178.

1604 Zumindest die „proprietas nuda“.

dieser Lösung, die gemäß Art. 80 Abs. 1, letzter Satz, CDC vereinbart werden kann, liegt ebenfalls keine Erbeinsetzung, sondern eine Rechtsfigur vor, die von unserem Standpunkt aus nur unter Zuhilfenahme eines vorweggenommenen Besitzkonstituts mit dinglicher Wirkung konstruiert werden kann. Für das spanische Recht spricht ROCA SASTRE hier von einer „unterbrochenen Funktion" („actuación intermitente") der Schenkung[1605].

Der Regelfall ist aber der, daß das „heredamiento" als Erbvertrag auszulegen ist. Nur so besteht zwischen dem von den Parteien angestrebten praktischen Ergebnis und den zu seiner Erreichung verwendeten technischen Mitteln kein Mißverhältnis, wie dies unter der früheren Dogmatik der Fall war[1606]. Wie angedeutet, sind die „heredamientos" von Juristen entwickelt worden, die sich am gemeinen römisch-kanonischen Recht orientierten und daher bestrebt waren, „die Wirkungen der vertraglichen Erbfolge durch andere, in den justinianischen Quellen besser angesehenen Institutionen zu erreichen"[1607]. Grundlegend war hier die von FONTANELLA[1608] gegebene Definition: „Haereditamentum appellatus donatio inter vivos quae fit in pactis nuptialibus quia per eam censetur donatur prevenisse diem supremis judicii"[1609]. FONTANELLA war es auch, der vom hermaphroditischen Wesen der „heredamientos" sprach[1610], die sowohl vertragliche als auch erbrechtliche Bestandteile aufweisen. Ihm folgen im wesentlichen die meisten katalanischen Schriftsteller[1611]. Auch PELLA kann sich von dieser Vorstellung nicht frei machen[1612], obwohl er „dem Beschenkten" richtig die Stellung eines Erben beilegt[1613] und erkennt, daß die „heredamientos" nicht aus dem römischen Recht erklärt werden können[1614]. ROCA SASTRE[1615] stützt demgegenüber die moderne Lehre vom Erbvertrag darauf, daß die „heredamientos" eine Gesamtrechtsnachfolge und die Verteilung des Vermögens für den Todesfall unter Ausschaltung der gesetzlichen Erbfolge darstellen. Demgegenüber ist die Schenkung ein Er-

---

1605 ROCA SASTRE, D. H. III, 127.

1606 LACRUZ, Notas al Binder 131.

1607 LACRUZ, Notas al Binder 131.

1608 FONTANELLA (oben N. 1588) Clausula 4, Glos. 6.

1609 Nach PELLA III, 33; CASTÁN, D. F. 165; zitiert bei DURÁN Y BAS 69; ROCA SASTRE, D. H. III, 113.

1610 „hermaphroditibus duobus sexibus pellendis comparare videmur"; BROCÁ 700; DURÁN Y BAS 89; ROCA SASTRE D. H. III, 116; BORRELL Y SOLER, Cataluña IV, 285.

1611 Unter anderem BROCÁ 700; DURÁN Y BAS 89; BORRELL Y SOLER, Cataluña IV, 170, 285; CASTÁN, D. F. 165 f.

1612 PELLA III, 30, 70 f.

1613 PELLA III, 30.

1614 PELLA III, 34 f.

1615 ROCA SASTRE, D. H. III, 113 f.

werbsgrund, der auf einer Freigebigkeit beruht. Gerade das Merkmal der Freigebigkeit fehlt aber beim Erbvertrag, da er zu keiner gegenwärtigen Minderung des Vermögens des Verfügenden führt.

Der Erbvertrag des katalanischen Rechtes kann sonach heute in seiner Grundform dem Erbvertrag des BGB gleichgestellt werden. Hieraus ergeben sich zwei Folgen: Der Vertragserbe steht dem Testamentserben gleich[1616], und der Erbvertrag läßt ein früheres Testament, ein früheres Kodizill, eine „memoria testamentaria“ oder eine Schenkung von Todes wegen unwirksam werden (Art. 66 Abs. 1 S. 1 CDC). Der Vertragscharakter führt außerdem dazu, daß der Erbvertrag unwiderruflich ist (Art. 67 Abs. 1, arg. 87 Abs. 3 CDC) und daß der vorversterbende Vertragserbe seine Rechtsstellung auf seine Abkömmlinge vererbt (Art. 79 Abs. 1 CDC; anders Art. 86 Abs. 1 S. 1 CDC).

IV. Die Verbindung mit dem Ehevertrag

Vor Inkrafttreten der Kompilation konnte der Erbvertrag auch außerhalb des Ehevertrages geschlossen werden[1617], wenn dies auch selten vorkam. Heute kann er nur mehr im Ehevertrag geschlossen werden und findet seinen Grund in der Ehe (Art. 63 Abs. 1 CDC). Die Ehe ist dabei nicht nur Motiv, sondern „causa“ des Erbvertrages. Der Erbvertrag ist daher in seinem Bestand vom Zustandekommen und der Wirksamkeit der Ehe abhängig[1618].

V. Die gesetzliche Regelung im einzelnen unter Berücksichtigung der verschiedenen Arten von „heredamientos“

1. Allgemeine Vorschriften

Laut Art. 63 Abs. 3 S. 1 CDC genügt zur Errichtung des Erbvertrages die Fähigkeit zur Eingehung der Ehe. Gemäß Art. 8 CDC ist aber hierzu gegebenenfalls die Mitwirkung der die elterliche Gewalt oder die Vormundschaft ausübenden Personen erforderlich. Die Ehefähigkeit bestimmt sich nach Art. 83 f. CC und tritt grundsätzlich für Männer mit Vollendung

---

1616 Vgl. z. B. Art. 75 Abs. 1 CDC.

1617 Pella III, 28; Borrell y Soler, Cataluña IV, 168; Roca Sastre, D. H. III, 119.

1618 Roca Sastre, D. H. III, 121; Pella III, 48; Castán, D. F. 168; Lacruz, Notas al Binder 131.

des vierzehnten, für Frauen nach Vollendung des zwölften Lebensjahres ein (Art. 83 Z. 1 CC; 2. Schlußbestimmung CDC). Diese Vorschrift gilt nur für Eheschließende, nicht für diejenigen, die zu ihren Gunsten verfügen. Art. 63 Abs. 3 S. 2 CDC bestimmt hierzu, daß diese, sowie auch die Ehegatten, wenn sie sich gegenseitig zu Erben einsetzen, geschäftsfähig sein müssen.

Die Form des Erbvertrages ist gemäß Art. 68 Abs. 1 CDC die des Ehevertrages, der in Katalonien immer in öffentlicher Urkunde[1619] errichtet werden muß (Art. 7 CDC). Hierbei können die Beteiligten entweder persönlich oder, abweichend vom gemeinen und vom deutschen Recht, durch einen besonders bevollmächtigten Stellvertreter handeln.

Der Erbvertrag kann außer der Erbeinsetzung jede Art von Beschwerungen, Bedingungen, Substitutionen, Fideikommissen und Rückfallsrechten enthalten. Auch ist die Ernennung von Verwaltern, Testamentsvollstreckern und anderen Beauftragten im gleichen Umfang wie im Testament zulässig (Art. 64 CDC). Beim Erbvertrag zugunsten der Ehegatten kann der Erblasser auch ohne Mitwirkung der Erben oder seiner ihm im Rechte nachfolgenden Kinder diese Beschwerungen, einschließlich der Ernennung eines Nachlaßverwalters, anordnen, wenn die übrigen, an der Änderung des Ehevertrages notwendig beteiligten Personen zustimmen (Art. 74 CDC; vgl. Art. 9 Abs. 1 CDC).

Wie bereits erwähnt, werden durch die Errichtung des Erbvertrages frühere einseitige letztwillige Verfügungen aufgehoben (Art. 66 Abs. 1 S. 1 CDC). Spätere Verfügungen dieser Art sind nur zulässig, soweit sich der Erblasser die Testierfreiheit in bestimmtem Umfange vorbehalten hat oder Vermögensgegenstände ausdrücklich vom Erbvertrag ausgenommen wurden (Art. 66 Abs. 1 S. 2 CDC). Die Übergehung, das Überleben oder Hinzutreten eines Pflichtteilsberechtigten macht den Erbvertrag niemals unwirksam, der Pflichtteilsberechtigte kann aber seinen Pflichtteilsanspruch geltend machen (Art. 66 Abs. 2 CDC).

2. Arten des Erbvertrages

Der Erbvertrag kann gemäß Art. 63 Abs. 2 CDC errichtet werden zugunsten eines oder beider Eheschließenden, zugunsten der Abkömmlinge aus der Ehe und als gegenseitiger Erbvertrag der Ehegatten. Hieraus und aus der gesetzlichen Regelung der Erbverträge ergibt sich die auf der Übersicht[1620] dargestellte Einteilung.

[1619] Vgl. Art. 1216 f. CC.

[1620] Seite 390.

3. *„Heredamiento a favor de los hijos que se casan“ (Erbvertrag zugunsten der heiratenden Kinder)*

Es ist dies der Erbvertrag, den die Eltern im Hinblick auf eine bestehende oder geplante Ehe eines Kindes mit diesem und zu dessen Gunsten schließen (somit ein Erbvertrag zwischen Erblasser und Erben). Er verleiht dem Bedachten die unwiderrufliche Stellung eines Erben und überträgt ihm die Gegenstände, die ihm aus dem gegenwärtigen Vermögen geschenkt werden (Art. 267 Abs. 1 CDC).

Für seinen Abschluß in unklarer Formulierung sehen Art. 67, 68 CDC bestimmte Auslegungsregeln vor. Gemäß Art. 67 Abs. 3 CDC hat das vertragliche Versprechen der Erbeinsetzung die Wirkung eines „heredamiento“. Dies war schon vor Inkrafttreten der CDC einhellige Meinung der katalanischen Literatur[1621]. Ein Erbvertrag liegt auch vor, wenn er sich auf das gegenwärtige Vermögen oder einzelne Gegenstände beschränkt (Art. 68 Abs. 1 CDC). Bisher schien man in diesem Falle oder wenn der Vertrag seinen Gegenstand nicht bezeichnete, nur eine Übertragung des gegenwärtigen Vermögens anzunehmen. Im Hinblick auf die in Katalonien noch gebräuchliche Formulierung: „Donación de los bienes presentes y futuros“[1622] bestimmt Art. 68 Abs. 2 CDC, daß auch die „universellen Schenkungen“ im Ehevertrag zugunsten der Eheschließenden die Wirkung eines „heredamiento“ haben, selbst wenn dieser Ausdruck nicht gebraucht wurde. Dagegen wird die Schenkung des gegenwärtigen Vermögens oder bestimmter Gegenstände, wenn der Ausdruck „heredamiento“ oder ein gleichwertiger Begriff nicht gebraucht ist, als Einzelschenkung angesehen (Art. 68 Abs. 3 CDC).

Die weiteren Wirkungen des Erbvertrages, außer der genannten gemäß Art. 67 Abs. 1 CDC, sind folgende:

Das Recht des Vertragserben ist vom Vertragsschluß an auf die Abkömmlinge vererblich, soweit dies nicht ausdrücklich ausgeschlossen wurde. Erben können hierbei nicht nur die Abkömmlinge aus der Ehe sein, die die vertragliche Regelung veranlaßt hat, sondern auch andere Abkömmlinge. Unter mehreren Abkömmlingen des vorverstorbenen Erben kann der Erblasser durch öffentliche Urkunde oder Testament einen als Ersatzerben auswählen (Art. 79 Abs. 1 CDC). Lautet der Erbvertrag von vornherein zugunsten des Erben und seiner Abkömmlinge, so sind diese, wenn nichts anderes vereinbart ist, als Ersatzerben in diesem Sinne berufen (Art. 69

1621 Borrell y Soler, Cataluña IV, 169; Brocá 706.

1622 Schenkung des gegenwärtigen und zukünftigen Vermögens.

- Heredamiento a favor de los hijos que se casan (= zugunsten der Ehegatten), Art. 67 f. CDC
  - Heredamiento simple o de herencia (gewöhnlicher Erbvertrag), Art. 75 f. CDC
  - Heredamiento complejo o impropio (gemischter Erb- u. Übergabevertrag), Art. 80 Abs. 1 CDC
    - de actuación simple (mit einfacher Funktion), Regelfall
    - de actuación intermitente (mit unterbrochener Funktion), Art. 80 Abs. 1 letzter Satz CDC
  - Heredamiento mixto (Mischform aus Erbvertrag und Schenkung), Art. 80 Abs. 2 CDC
- Heredamiento a favor de los hijos nacederos (= zugunsten der Kinder der Ehegatten), Art. 86 f. CDC
  - Heredamiento puro de institución (unbedingter Erbvertrag mit Erbeinsetzung), Art. 88 CDC
    - automático (automatische Wirkung), Art. 88 Abs. 1, letzter Satz CDC — 3. Alternative
    - libre (freie Wirkung), Art. 88 Abs. 1 S. 1 CDC — 1. Alternative
    - negativo (negative Wirkung)
    - fiduciario (fiduziarische Wirkung), Art. 88 Abs. 1 S. 2 — 2. Alternative (Überschneidung mit bedingtem Erbvertrag)
  - Heredamiento puro de prelación o prelativo (unbedingter Erbvertrag ohne Erbeinsetzung), Art. 91 f., mit Beschränkung der Testierfreiheit
    - de primogenitura (Vorrang derErstgeburt)
    - de nupcialidad (Vorrang der Abkömmlinge aus der gemeinsamen Ehe) (relativ, Art. 93: Vorrang jeweils der Abk. gleich. Geschl.; absolut, Art. 92 Abs. 2: Vorrang aller Abk. aus gemeins. Ehe)
    - de masculinidad (Vorrang d. männlichen Nachkommen)
    - de estirpe (Vorrang bestimmter Stämme), Art. 94 CDC
    - positiva (Art. 92 Abs. 1 S. 2 CDC)
    - negativa (idem)
  - Heredamiento condicional (bedingter Erbvertrag), Art. 89 f. CDC
    - preventivo directo, Art. 90 Abs. 2 CDC (vorsorglicher Erbvertrag)
    - preventivo fiduciario (de elección), Art. 90 Abs. 2 CDC (vorsorglicher fiduziarischer Erbvertrag)
    - puro fiduciario (s. o.)
- Heredamiento mutuo (gegenseitiger Erbvertrag der Ehegatten), Art. 95 f. CDC
  - unbedingt (puro)
  - bedingt (condicional), Art. 95 Abs. 4 CDC

In Anlehnung an Roca Sastre, D. H. III, S. 122.

Abs. 1 CDC). Eine etwaige fideikommissarische Substitution zugunsten der Kinder begünstigt dagegen im Zweifel nicht die Kinder aus einer späteren Ehe (Art. 69 Abs. 2 CDC).

Nach dem Eintritt des Erbfalles wird der im Erbvertrag zugunsten eines der Ehegatten Eingesetzte Erbe, ohne daß er den Vertrag ausschlagen könnte (Art. 72 Abs. 1 CDC). Dies erklärt sich daraus, daß die Annahme der Erbschaft bereits in der Annahme des Vertrages zu sehen ist[1623]. Der Erbe kann aber in der von der Kompilation vorgesehenen Form und Frist ein Inventar errichten und so seine Haftung beschränken (Art. 72 Abs. 1 CDC). Wie bereits bei der Erörterung von Art. 201 Abs. 2 CDC ausgeführt, hat der eingesetzte Ehegatte keinen Anspruch auf die trebellianische Quart, wenn eine Nacherbschaft angeordnet ist (Art. 72 Abs. 2 CDC).

Für die Aufhebung eines Erbvertrages der hier behandelten Art ergeben sich aus dem Gesetz drei mögliche Fälle. Zunächst ist die Aufhebung durch „actus contrarius" möglich, die sich nach den Vorschriften über die Änderung eines Ehevertrages richtet (Art. 9 Abs. 1 CDC) und somit die Mitwirkung aller bei der Errichtung beteiligten Personen oder ihrer Erben erfordert. Der zweite Fall ist der, daß der eingesetzte Erbe vor dem Erblasser stirbt und keine Kinder hinterläßt oder diese ihn nicht beerben (Art. 79 Abs. 1 CDC). Schließlich kann der Erblasser vom Erbvertrag zurücktreten, wenn einer der in Art. 756 Z. 2 und 3 CC genannten Unwürdigkeitsgründe[1624] vorliegt (Art. 73 CDC). Sind Abkömmlinge aus der Ehe, die den Erbvertrag veranlaßt hat, vorhanden, so treten diese an die Stelle des Erbunwürdigen, wobei der Erblasser einen von ihnen durch öffentliche Urkunde zum Erben bestimmen und ihm zugunsten der anderen Abkömmlinge Beschwerungen und Beschränkungen auferlegen kann (Art. 73 Abs. 2 CDC). Stirbt der Erblasser in Kenntnis der Unwürdigkeitsgründe, so bleibt der Erbvertrag bestehen. Kannte er sie nicht, so ist er für das unwürdige Kind unwirksam, gilt aber für dessen Abkömmlinge in der im Erbvertrag vorgesehenen Weise. Bestimmt dieser nichts, so gilt ein etwaiger Erbvertrag des Unwürdigen zugunsten seiner Kinder. Fehlt auch dieser, so erben die Abkömmlinge zu gleichen Teilen nach den Vorschriften über die Repräsentation (Art. 73 Abs. 3 CDC). Soweit hiernach den Abkömmlingen des Unwürdigen Vermögensteile zufallen, steht diesem hieran weder

---

1623 Borrell y Soler, Cataluña IV, 179 N. 21; Lacruz, Notas al Binder 136.

1624 Verurteilung wegen eines Angriffes auf das Leben des Erblassers, seines Ehegatten oder eines mit ihm in gerader Linie Verwandten und verleumderische Anschuldigung einer mit Ehrenstrafe bedrohten Straftat.

ein Nießbrauch noch die Verwaltung kraft elterlicher Gewalt zu (Art. 73 Abs. 5 CDC).

In den letzten beiden Fällen (Art. 79 Abs. 2 und Art. 73 CDC) bleiben die Rechte anderer bedachter Personen, insbesondere des Ehegatten des Unwürdigen, unberührt. Ein etwaiger Universal-Nießbrauch dieses Ehegatten beschränkt sich aber auf die Hälfte des Nachlasses (Art. 73 Abs. 4, 79 Abs. 2 S. 2 CDC).

Die bei dem Erbvertrag zugunsten der Eheschließenden vorkommenden und zum Teil gesetzlich vermuteten Nebenvereinbarungen (Art. 70, 71, 77, 78 CDC) werden im Interesse der Übersichtlichkeit im Anschluß an die Erbverträge zusammen mit den sonstigen Nebenvereinbarungen behandelt.

Innerhalb der Erbverträge zugunsten der Ehegatten sind folgende drei Arten zu unterscheiden:

a) „Heredamiento simple[1625] o propiamento dicho" (Einfacher Erbvertrag oder Erbvertrag im eigentlichen Sinn)

Strenggenommen ist er der einzige echte Erbvertrag zugunsten der Ehegatten, der auch die Grundform für die übrigen Erbverträge darstellt. Bei den beiden anderen Erbverträgen zugunsten der Ehegatten handelt es sich um Mischformen des „heredamiento simple", mit einem Übergabevertrag bzw. einer Schenkung. Das „heredamiento simple" hat eine Erbeinsetzung zum Gegenstand und verleiht daher lediglich die unveräußerliche und unpfändbare Stellung[1626] eines Vertragserben (Art. 75 Abs. 1 CDC).

Bis zum Eintritt des Erbfalles bleibt der Erblasser Eigentümer seines Vermögens (Art. 75 Abs. 2 CDC). Er ist auch grundsätzlich verfügungsberechtigt, jedoch mit den Beschränkungen, die sich aus der Tatsache, daß ein Erbvertrag errichtet ist, ergeben. Die Verfügungsmacht des Erblassers ist wie folgt beschränkt:

Er kann nicht vom Erbvertrag zurücktreten (Art. 67 Abs. 1 CDC), es sei denn, er hat sich den Rücktritt vorbehalten oder es liegt einer der Gründe gemäß Art. 73 CDC vor.

Er kann weder durch Testament (Art. 66 Abs. 1 S. 2 CDC), noch durch Vertrag einen neuen Erben einsetzen.

Er kann von Todes wegen nur verfügen, soweit er sich dies vorbehalten hat (Art. 66 Abs. 1 S. 2; 78 CDC).

Er kann keine unentgeltlichen Verfügungen vornehmen, außer wenn es

---

1625 Borrell y Soler, Cataluña IV, 175 nennt es „heredamiento estricto".

1626 Diese Stellung ist aber vererblich, vgl. Art. 79 Abs. 1 CDC.

sich um bescheidene Geschenke und übliche Freigebigkeiten handelt oder die Verfügung innerhalb des Testiervorbehaltes erfolgt (Art. 75 Abs. 2 CDC).

Außerdem kann der Erblasser seinen (anderen) Kindern von Todes wegen oder unter Lebenden eine „dos“ bestellen, sie ausstatten und ihnen eine den Umständen angemessene Berufsausbildung gewähren (Art. 77 Abs. 1 CDC).

Der Erbe und dessen Erben können Verfügungen anfechten, wenn sie diese als Beeinträchtigungen des Erbvertrages ansehen (Art. 77 Abs. 2 CDC). Etwas anderes gilt, wenn der Erblasser Vermögensgegenstände vom Erbvertrag ausgenommen oder für diesen Zweck bestimmt hat. In diesem Fall kann er nur über die bezeichneten Vermögensgegenstände verfügen. Die Bezeichnung allein verleiht aber den übrigen Kindern des Erblassers zu dessen Lebzeiten keine Rechte. Stirbt er jedoch, ohne den übrigen Kindern die ausgenommenen oder bezeichneten Vermögensgegenstände zugewendet zu haben, so erwerben sie diese, selbst wenn sie ihren Pflichtteil übersteigen (Art. 77 Abs. 3 CDC).

Die in Art. 77 CDC genannten Rechte pflegte sich der Erblasser auch bisher schon ausdrücklich vorzubehalten[1627]. Auch ohne einen ausdrücklichen Vorbehalt stand ihm das Recht zur Gewährung einer „dos“ zu[1628]. Zur Höhe der „dos“, die sich nach dem Umfang des Familienvermögens und der örtlichen Gewohnheit richtet, führt BORRELL[1629] aus, daß sie jedenfalls höher als der Pflichtteil sein kann, da der Vorbehalt sonst überflüssig wäre.

Entgeltliche Verfügungen des Erblassers sind nichtig, wenn sie zur Beeinträchtigung des Erbvertrages vorgenommen werden, es sei denn, der Erwerber kennt die Beeinträchtigungsabsicht nicht. Die Nichtigkeit tritt nicht ipso iure ein, die Verfügung ist nur „vernichtbar“. Die hierzu notwendige Klage sowie die auf Geltendmachung der Nichtigkeit eines Scheingeschäftes kann nur der Erbe oder der Erbeserbe geltend machen, allerdings auch zu Lebzeiten des Erblassers (Art. 75 Abs. 2 CDC). Die Verfügungsbefugnis des Erblassers erstreckt sich mangels ausdrücklicher Vereinbarung weiter nicht auf die Bestellung einer Leibrente, einer Emphyteuse oder eines „censo“[1630]. Ist jedoch der Erbvertrag unter dem Grundsatz der Familieneinheit geschlossen und hat der Erbe aufgehört,

---

1627 PELLA III, 66; BORRELL Y SOLER, Cataluña IV, 188; BROCÁ 714.
1628 BORRELL Y SOLER, Cataluña IV, 188; BROCÁ 714.
1629 BORRELL Y SOLER, Cataluña IV, 189.
1630 Vgl. Art. 1604 f. CC.

„für das Haus", den Familienbetrieb, zu arbeiten, so kann der Erblasser die genannten Verträge insoweit schließen, als dies zur Sicherung eines der sozialen Stellung der Familie angemessenen Lebensunterhaltes für den Erblasser, seinen Ehegatten und seine minderjährigen oder arbeitsunfähigen Kinder erforderlich ist (Abs. 76 Abs. 1 CDC). Die etwa fehlende Zustimmung des Erben muß hierbei durch das Gericht, nach vorheriger Ladung des Erben und der sonstigen Beteiligten, ersetzt werden (Art. 76 Abs. 2 CDC).

Roca Sastre[1631] hält die „heredamientos simples" bei den zum (künftigen) Nachlaß gehörenden unbeweglichen Gegenständen gemäß Art. 80 R. H. schon vom Abschluß an im Grundbuch („Registro de la propiedad") für eintragungsfähig. In der Praxis erfolgt die Eintragung jedoch erst mit dem Erbfall im Wege der Umschreibung auf den Erben.

b) „Heredamiento complejo o cumulativo" (Zusammengesetzter oder kumulativer Erbvertrag)

Dieser Erbvertrag[1632] besteht aus einem einfachen Erbvertrag, der mit einer Schenkung des gesamten gegenwärtigen Vermögens des Erblassers verbunden ist (Art. 80 Abs. 1 S. 1 CDC). Er kommt vor allem im Norden Kataloniens, insbesondere im Valle de Arán, Pallars und Andorra vor[1633]. Das „heredamiento complejo" entspricht historisch der unentwickelten universellen Schenkung des gegenwärtigen und künftigen Vermögens, die eine Erbenberufung beinhaltete oder zumindest dem Beschenkten die Stellung eines Erben verlieh[1634], wenn sie auch als Schenkung unter Lebenden post mortem angesehen wurde[1635]. Nach dem geltenden Recht ist dieser Vertrag jedoch als kombinierter Erb- und Übergabevertrag anzusehen, der dem Eingesetzten außer der Stellung eines Vertragserben bezüglich des künftigen Vermögens (Erbvertrag) das gesamte gegenwärtige Vermögen des Erblassers überträgt, mit Ausnahme der beweglichen Gegenstände des persönlichen Gebrauchs und der unmittelbar für den Familienbetrieb bestimmten Gegenstände sowie derjenigen, über die sich der Erblasser die Verfügung vorbehält (Übergabevertrag) (Art. 80 Abs. 1 S. 1 CDC).

Die vom Übergabevertrag ausgenommenen Gegenstände erwirbt der Eingesetzte zusammen mit dem künftigen Vermögen des Erblassers bei dessen Tode in der für den einfachen Erbvertrag („heredamiento simple")

1631 Roca Sastre, D. H. III, 125.
1632 Borrell y Soler, Cataluña IV, 172 bezeichnet ihn als „heredamiento extenso".
1633 Roca Sastre, D. H. III, 125; Borrell y Soler, Cataluña IV, 173.
1634 Pella III, 175.
1635 Durán y Bas 97.

vorgesehenen Weise (Art. 80 Abs. 1 S. 2 CDC), dessen Vorschriften insoweit ergänzend heranzuziehen sind.

Dies ist der Normalfall des „heredamiento complejo“, für den ROCA SASTRE[1636] von einer „einfachen Funktion“ der „universellen Schenkung“ spricht. Ausgeprägter ist der Schenkungscharakter des Vertrages, wenn aufgrund der „unterbrochenen Funktion“ („actuación intermitente“)[1637] der Schenkung der Eingesetzte die zukünftigen Vermögensgegenstände jeweils dann erwirbt, wenn sie der Erblasser seinem Vermögen einverleibt. Dies muß jedoch ausdrücklich vereinbart sein (Art. 80 Abs. 1 S. 4 CDC)[1638].

Für das übergebene gegenwärtige Vermögen behält sich der Erblasser häufig einen Nießbrauch für sich oder seinen überlebenden Ehegatten oder ein Wiederanfallsrecht vor. Hiervon wird bei Behandlung der üblichen Nebenvereinbarungen die Rede sein (Art. 81 Abs. 1, 83 f. CDC). Verbleiben dem Erblasser nicht genügend Vermögensgegenstände zur freien Verfügung, so kann er, wenn nichts Abweichendes vereinbart ist, über das übergebene Vermögen nach Maßgabe des Umfanges des Familienvermögens verfügen, soweit dies erforderlich ist

a) zur Begleichung der vor Vertragserrichtung entstandenen Schulden,
b) zur Dotierung, Ausstattung und Berufsausbildung der Kinder,
c) für nützliche und außerordentliche Aufwendungen der einem Nießbrauchvorbehalt unterliegenden Vermögensgegenstände,
d) für den in weitestem Sinne zu verstehenden Unterhalt des Erblassers, seines Ehegatten und seiner Kinder.

In allen diesen Fällen ist die Zustimmung der hierfür im Vertrag bezeichneten Person oder, bei deren Fehlen, des Richters 1. Instanz gemäß Art. 189 CDC erforderlich (Art. 81 Abs. 2 CDC).

Ist ein Wiederanfallsrecht nicht vereinbart, so geht das übergebene gegenwärtige Vermögen auf die Abkömmlinge des Erben über, auch wenn dieser vor dem Erblasser stirbt oder für erbunwürdig erklärt wird.

Gemäß Art. 82 Abs. 1 CDC haftet der Erbe, außer für die dinglichen Lasten des übergebenen Vermögens und den von ihm zu dessen Lasten eingegangenen Verbindlichkeiten, mit dem übergebenen Vermögen für die vor Vertragsschluß entstandenen Schulden des Erblassers, wenn aus dessen vorbehaltenem Vermögen Befriedigung nicht erlangt werden konnte. Im Innenverhältnis sind andere Vereinbarungen möglich[1639]. Für später ent-

---

1636 ROCA SASTRE, D. H. III, 127.
1637 ROCA SASTRE, D. H. III, 127.
1638 Früher schon ROCA SASTRE, D. H. III, 127; LACRUZ, Notas al Binder 131.
1639 BORRELL Y SOLER, Cataluña IV, 176.

standene Schulden des Erblassers haftet der Erbe weder mit seinem eigenen noch mit dem übergebenen Vermögen. Nach dem Erbfall, d. h. nach dem Tode des Erblassers, kann er die sonst aufgrund der unbeschränkten Erbenhaftung eintretende Haftung auch mit diesem Vermögen durch die Rechtswohltat des Inventars ausschalten (Art. 82 Abs. 2, Art. 72 CDC). Damit haftet er für die nach Vertragsschluß entstandenen Erblasserschulden nur mit dem eigentlichen Nachlaß (Art. 1023 Z. 1 CC).

Für die Eintragung des Erben im Grundbuch („Registro de la propiedad") ist zwischen dem übergebenen gegenwärtigen Vermögen und dem zukünftigen Vermögen (Nachlaß) zu unterscheiden. Als Eigentümer des gegenwärtigen Vermögens kann der Erbe schon vor dem Erbfall eingetragen werden, da die Schenkung ein eigentumsübertragendes Rechtsgeschäft ist (Art. 2 L. H.). Ebenso kann seine Rechtsstellung als Vertragserbe vermerkt werden (Art. 80 R. H.), wenn man ROCA SASTRE[1640] folgt. Nach dem Erbfall wird der Erbe auch als Eigentümer des künftigen Vermögens, des Nachlasses, eingetragen. Ein etwaiger Nießbrauch des Erblassers am übergebenen Vermögen wird gelöscht und gegebenenfalls ein neuer Nießbrauch des überlebenden Ehegatten am gesamten Vermögen eingetragen[1641].

c) „Heredamiento mixto" (Gemischter Erbvertrag)

Hier liegt eine Verbindung des einfachen Erbvertrages („heredamiento simple") mit einer Schenkung einzelner Vermögensgegenstände vor (Art. 80 Abs. 2 CDC). Er findet sich besonders im Süden Kataloniens[1642] und soll verhindern, daß der Erbvertrag gegenstandslos wird, wenn der Erblasser kein Vermögen hinterläßt[1643].

Die Einzelschenkung stellte ursprünglich einen vorwegbezahlten Pflichtteil dar[1644]. Dieser gemischte Erbvertrag folgt den Regeln des einfachen Erbvertrages und, bezüglich der geschenkten Vermögensgegenstände, denen des kumulativen Erbvertrages (Art. 81 f. CDC).

4. „Heredamiento a favor de los hijos (nacederos) de los contrayentes" (Erbvertrag zugunsten der [zukünftigen] Kinder der Ehegatten)

Hierunter versteht man den Erbvertrag, den die Eltern in ihrem eigenen Ehevertrag zugunsten der aus der Ehe erwarteten[1645] Kinder abschließen.

[1640] ROCA SASTRE, D. H. III, 125, 127.
[1641] ROCA SASTRE, D. H. III, 128.
[1642] Tarragona, Lérida; BORRELL Y SOLER, Cataluña IV, 173 N. 3.
[1643] BORRELL Y SOLER, Cataluña IV, 173 N. 3.
[1644] ROCA SASTRE, D. H. III, 126.
[1645] Seltener: der vorhandenen.

Es handelt sich also hier um einen Erbvertrag „zugunsten Dritter“, bei dem der Begünstigte am Vertragsschluß nicht mitwirkt. Das hat zur Folge, daß der Begünstigte die Erbschaft im Erbvertrag nicht annehmen kann, sondern bezüglich der Annahme und Ausschlagung einem Testamentserben gleichsteht und somit den Erbfall erleben muß (Art. 86 Abs. 1 S. 1 CDC). Es gelten weiter die allgemeinen Unfähigkeits- und Unwürdigkeitsgründe und, bei Anordnung einer fideikommissarischen Substitution, die Vorschriften über die trebellianische Quart (Art. 86 Abs. 1 S. 2, 3 CDC; vgl. auch Art. 201 Abs. 2 CDC, der diesen Erbvertrag unerwähnt läßt). Die Regelung der Kompilation entspricht insoweit dem bisherigen Recht[1646]. Gemäß Art. 87 Abs. 2 CDC erstreckt sich die Wirkung der Erbverträge zugunsten der Kinder auf die gesamte Erbschaft, unabhängig von dem Titel, kraft dessen der Erblasser die einzelnen Vermögensgegenstände erworben hat. Die Erbverträge zugunsten der Kinder können unbedingt („heredamiento puro“) und bedingt („heredamiento condicional“) sein. Innerhalb dieser Einteilung sind folgende Haupttypen zu unterscheiden:

a) „Heredamiento puro“ (Unbedingter Erbvertrag)

mit Erbeinsetzung (Art. 88 CDC),

b) das „heredamiento puro de prelación“ oder „prelativo“, der unbedingte Erbvertrag ohne Erbeinsetzung, der lediglich die Testierfreiheit zugunsten bestimmter Abkömmlinge beschränkt (Art. 91 f. CDC),

c) das „heredamiento preventivo“, der bedingte Erbvertrag, der nur wirksam ist, wenn der Erblasser ohne gültige letztwillige Verfügung stirbt (Art. 89 f. CDC).

Für die beiden erstgenannten Erbverträge bestimmt Art. 87 Abs. 1 CDC, daß der Erblasser durch sie nicht gehindert wird, den nicht eingesetzten Abkömmlingen neben dem Pflichtteil ein Vermächtnis zu hinterlassen, das die Hälfte des Pflichtteils nicht übersteigt. Er kann von diesen Erbverträgen aus den für die Enterbung (Entziehung des Pflichtteils) vorgesehenen Gründen zurücktreten (Art. 87 Abs. 3 CDC).

a) „Heredamiento puro“ (unbedingter Erbvertrag)

Die unbedingten Erbverträge enthalten endgültige Regeln für die Beerbung der Eltern. Ermöglichen diese Regeln die Feststellung eines Erben, so daß derjenige, der den vorgesehenen Umständen entspricht, als Erbe

---

[1646] Pella III, 87 f.; Borrell y Soler, Cataluña IV, 285 f.; Brocá 727.

anzusehen ist, so liegt ein „heredamiento puro de institución" vor[1647]. Enthält der Erbvertrag nur Regeln dafür, welche Kinder als Erben vorzugsweise berufen werden sollen, ohne ein bestimmtes zukünftiges Kind in concreto als Erben zu berufen, so spricht das katalanische Recht von einem „heredamiento de prelación" oder „prelativo".

aa) „Heredamiento puro de institución" (Unbedingter Erbvertrag mit Erbeinsetzung)

Bei diesem Erbvertrag sind drei Möglichkeiten zu unterscheiden[1648]:

Der Erbvertrag ist automatisch, d. h. er wirkt ipso iure, wenn der Erbe den Umständen nach genau bezeichnet ist[1649].

Er ist frei oder offen („libre"), wenn dasjenige Kind Erbe sein soll, das die Eltern durch spätere zusätzliche letztwillige Verfügung bestimmen.

Er wird schließlich als negativ bezeichnet, wenn alle Kinder zu gleichen Teilen eingesetzt werden.

Eine weitere Möglichkeit ergibt sich daraus, daß gemäß Art. 115, 116 CDC die Bestimmung des Erben dem überlebenden Ehegatten oder — in bestimmten Gegenden, vor allem in Pallars Sobirá — den beiden nächsten Verwandten übertragen werden kann. Roca Sastre[1650] spricht hier von einem fiduziarischen Erbvertrag.

Die praktische Bedeutung dieser Erbverträge ist gering, gebräuchlicher ist nur — zumindest im Norden Kataloniens — die hier frei oder offen genannte Modalität[1651]. Diesem Umstand trägt Art. 88 Abs. 1 CDC Rechnung. Erbe aufgrund eines unbedingten Erbvertrages mit Erbeinsetzung wird danach das Kind, das den Erbfall erlebt und in einer zusätzlichen letztwilligen Verfügung (Erbvertrag oder Testament) bezeichnet ist. Fehlt eine solche letztwillige Verfügung, so wird Erbe das von dem überlebenden Ehegatten oder den beiden nächsten Verwandten ausgewählte Kind, wenn die Voraussetzungen von Art. 115 und 116 CDC vorliegen. Ist auch dies nicht der Fall, so gilt das Kind als eingesetzt, das die im Erbvertrag vorgesehenen Voraussetzungen erfüllt. Diese Zurückstellung des sogenannten automatischen Erbvertrages erklärt sich daraus, daß er die Verfügungsmöglichkeit der Eltern zu sehr beschränkt und ein Kind unmittelbar begünstigt, dessen Eigenschaften die Eltern noch nicht kennen.

1647 Hierbei ist zu berücksichtigen, daß das zukünftige Kind nicht namentlich, sondern nur den Umständen nach — Erstgeburt, Geschlecht usw. — bezeichnet werden kann.

1648 Roca Sastre, D. H. III, 130 f.

1649 Beispiel: „der erstgeborene Sohn".

1650 Roca Sastre, D. H. III, 135; ders. (oben N. 84).

1651 Roca Sastre, D. H. III, 131; Brocá 729.

Im übrigen finden auf den unbedingten Erbvertrag mit Erbeinsetzung die Vorschriften über den einfachen Erbvertrag („heredamiento simple") Anwendung. Art. 88 Abs. 2 CDC bestimmt hierzu, daß der Erblasser die gleichen Befugnisse wie bei diesem und daneben die gemäß Art. 87 Abs. 1 (Vemächtnis zugunsten der übrigen Abkömmlinge) und Abs. 2 CDC (Widerruf bzw. Rücktritt) hat.

bb) „Heredamiento puro de prelación" (Unbedingter Erbvertrag mit Bestimmung des Vorrechtes)

Dieser Erbvertrag enthält keine Erbeinsetzung, sondern beschränkt nur die Testierfreiheit zugunsten bestimmter, vorzugsweise einzusetzender Kinder, ohne daß diese hieraus ein unmittelbares Erbrecht erwerben (Art. 91 Abs. 1 CDC). Die dem Erbvertrag widersprechenden Verfügungen sind nichtig (Art. 91 Abs. 2 CDC). Obwohl es sich somit nicht um einen echten Erbvertrag handelt, empfiehlt es sich der Einfachheit halber und übereinstimmend mit der katalanischen Terminologie, die Bezeichnung „Erbvertrag" beizubehalten. Das Vorrecht kann sich ergeben aus der Ehelichkeit[1652], aus dem Geschlecht, aus der Erstgeburt oder aus der Zugehörigkeit zu einem Stamm sowie aus jedem anderen erlaubten und sittlichen Grund. Das Vorrecht ist positiv, wenn sich die Eltern verpflichten, ein oder mehrere bestimmte Kinder einzusetzen, und negativ, wenn sie sich verpflichten, alle Kinder oder eine bestimmte Gruppe auf die festgesetzten Erbteile einzusetzen (Art. 92 Abs. 2 CDC). Der bedeutendste Fall des „heredamiento prelativo" ist der, daß es das Vorrecht der Kinder aus der den Erbvertrag veranlassenden Ehe gegenüber den Kindern aus einer späteren Ehe eines der Ehegatten festlegt, und nur unter diesem Gesichtspunkt behandeln es die katalanischen Schriftsteller[1653]. Es beruht insoweit auf dem gleichen Gedanken wie Art. 253 CDC.

Die gebräuchlichste Formel lautet: „Los futuros (o expresados) cónyuges prometen que hijos por hijos e hijas por hijas los de este matrimonio serán preferidos a los de cualquier otro."[1654] Aus Art. 91 CDC ergibt sich klar, daß die bevorzugten Kinder kein unmittelbares Erbrecht erwerben[1655], sondern nur die Nichtigkeit einer das Vorrecht mißachtenden Verfügung

---

[1652] „Nupcialidad"; die Kinder aus der 1. Ehe sind denjenigen aus einer späteren Ehe vorzuziehen.

[1653] Durán y Bas 88 f.; Borrell y Soler, Cataluña IV, 290 f.; Pella III, 92 f.; Brocá 733 f.

[1654] Brocá 733.

[1655] Ebenso Roca Sastre, D. H. III, 133; Borrell y Soler, Cataluña IV, 291; Brocá 734.

geltend machen können. Eine Erbeinsetzung liegt daher nur vor, wenn sie gleichzeitig durch ein „heredamiento preventivo" angeordnet ist. Gemäß Art. 92 Abs. 2 CDC kann der Vorrang der Kinder aus der ersten Ehe absolut festgelegt sein in der Weise, daß diese unabhängig von ihrem Geschlecht und sonstigen Umständen den Kindern aus der zweiten Ehe vorgehen. Ist aber nur die Wendung „hijos por hijos e hijas por hijas" gebraucht, so ist das Vorrecht relativ (Art. 92 Abs. 3 CDC). Das bedeutet, daß, wenn aus der ersten Ehe Söhne vorhanden sind, einer von ihnen eingesetzt werden muß. Sind aus der ersten Ehe nur Töchter, aus der zweiten Ehe aber ein Sohn vorhanden, so kann dieser eingesetzt werden. Sind aus beiden Ehen nur Töchter hervorgegangen, so gebührt der Vorzug den Töchtern aus der ersten Ehe[1656]. Die Relativität kann auch auf einem anderen Umstand beruhen (Art. 92 Abs. 2 CDC). Der auf der Ehelichkeit oder dem Geschlecht beruhende Vorrang gilt, mangels anderer Vereinbarung, auch für den Stamm. Sonach haben die Abkömmlinge eines vorverstorbenen Kindes das gleiche Vorrecht wie dieses, wobei für den Vorrang kraft Geschlechtes auf das des vorverstorbenen Kindes und nicht auf das des Enkels abzustellen ist (Art. 93 CDC). Bei der Formel „hijos por hijos e hijas por hijas" ist sonach die Tochter eines vorverstorbenen Sohnes gegenüber den Söhnen zweiter Ehe bevorzugt, während das Vorhandensein des Sohnes einer Tochter aus der ersten Ehe den Erblasser nicht daran hindert, den Sohn aus zweiter Ehe einzusetzen. Art. 94 CDC endlich bestimmt, daß der Begünstigte zu Lebzeiten des Erblassers auf sein Vorrecht verzichten kann und dieser Verzicht auch für die weiteren Abkömmlinge wirkt.

b) „Heredamiento preventivo" (Vorsorglicher Erbvertrag)

Vorsorglich oder präventiv ist der Erbvertrag, durch den der Erblasser eines seiner bereits geborenen oder zukünftigen Kinder für den Fall zum Erben einsetzt, daß er aus irgendeinem Grund ohne testamentarischen oder vertraglichen Gesamtrechtsnachfolger stirbt, sei es auch nur, weil die später errichtete Verfügung vernichtet wurde und nicht rekonstruiert werden kann (Art. 89 Abs. 1 CDC). Es handelt sich also um eine subsidiäre Erbeinsetzung zur Vermeidung der wegen der Zersplitterung des Vermögens unerwünschten gesetzlichen Erbfolge, deren Wirksamkeit dadurch bedingt ist, daß die Eltern ab intestato sterben. Aus dieser Begriffsbestimmung ergibt sich bereits, daß die Testierfreiheit der Eltern durch diesen Erbvertrag nicht berührt wird. Vielmehr wird der Erbvertrag durch eine spätere letzt-

---

[1656] Brocá 734; Borrell y Soler, Cataluña IV, 291; Pella III, 93.

willige Verfügung unwirksam, wenn diese beim Erbfall zur Berufung eines gewillkürten Erben führt. Der vorsorgliche Erbvertrag ist die am häufigsten auftretende Form und wird oft mit einem „heredamiento prelativo" verbunden[1657].

Schlägt der vorsorglich Eingesetzte die Erbschaft aus oder ist er erbunfähig oder für erbunwürdig erklärt, so tritt jeweils der zunächst Berufene an seine Stelle, so daß die gesetzliche Erbfolge erst eintritt, wenn alle Berufungen erschöpft sind (Art. 89 Abs. 2 CDC).

Die vorsorgliche Erbeinsetzung im Erbvertrag unterliegt den Regeln über die testamentarische Erbeinsetzung. Der Erbvertrag kann aber nicht durch einen gleichartigen anderen Erbvertrag ersetzt oder widerrufen werden (Art. 90 Abs. 1 CDC). Seine Unwirksamkeit kann nur durch eine spätere Erbeinsetzung in einem Testament oder einem unbedingten Erbvertrag herbeigeführt werden[1658]. Gemäß Art. 90 Abs. 2 CDC sind nach Art der Bestimmung des Erben zwei Formen des vorsorglichen Erbvertrages zu unterscheiden: Ist der Erbe namentlich oder den Umständen nach bezeichnet, so ist der Erbvertrag direkt. Daneben ist auch hier ein fiduziarischer Erbvertrag[1659] möglich, wenn der Erblasser die Bestimmung des Erben seinem Ehegatten oder seinen Verwandten gemäß Art. 115, 116 CDC überträgt. Die Kompilation nennt diese Modalität „heredamiento preventivo de elección".

5. „Heredamiento mutual" (Gegenseitiger Erbvertrag)

Gemäß Art. 95 Abs. 1 CDC setzen sich durch diesen Erbvertrag die Ehegatten gegenseitig zu Erben ein, wobei der überlebende Ehegatte den Vorverstorbenen nach den Regeln des einfachen Erbvertrages („heredamiento simple") beerbt. Der vorverstorbene Ehegatte vererbt seinen (wohl gesetzlichen) Erben keine Rechte aus dem Erbvertrag (Art. 95 Abs. 2 CDC). Der Erbvertrag ist unwirksam, wenn der zuerst versterbende Ehegatte Kinder aus einer früheren Ehe hinterläßt (Art. 95 Abs. 3 CDC). Der gegenseitige Erbvertrag kann unbedingt oder bedingt sein. Das Gesetz nennt in Art. 95 Abs. 4 S. 2 CDC als Beispiel für eine Bedingung die Vereinbarung, daß der Erbvertrag unwirksam ist, wenn beim Tode des zuerst sterbenden Ehegatten gemeinsame Abkömmlinge vorhanden sind[1660]. Daneben wird auch hier häufig die Form des vorsorglichen Erbvertrages an-

---

1657 Roca Sastre, D. H. III, 135.

1658 Brocá 732; Borrell y Soler, Cataluña IV, 297; Roca Sastre, D. H. III, 135.

1659 Roca Sastre, D. H. III, 135.

1660 „Kinderzeugen bricht Ehestiftung"; in Aragón gilt dieser Satz zwingend, vgl. § 48 V 3.

gewandt und der gegenseitige Erbvertrag in seiner Wirkung davon abhängig gemacht, daß ein Ehegatte stirbt, ohne einen anderen Erben eingesetzt zu haben[1661]. Nach BROCÁ[1662] hat der gegenseitige Erbvertrag in der Regel folgenden Inhalt: Stirbt ein Ehegatte, ohne einen Erben eingesetzt zu haben, so beerbt ihn der überlebende Ehegatte. Sind gemeinsame Abkömmlinge vorhanden, so hat er über das vom Vorverstorbenen erworbene Vermögen zu deren Gunsten zu verfügen.

Ist der überlebende Ehegatte mit einem Fideikommiß beschwert, so hat er keinen Anspruch auf die trebellianische Quart (Art. 95 Abs. 4 S. 2; 201 Abs. 2 CDC). Im übrigen gelten die Vorschriften der Kompilation über die Erbfähigkeit, Erbunwürdigkeit, Enterbung, „reservas" und Pflichtteile sowie die sonstigen erbrechtlichen Vorschriften, soweit sie im Hinblick auf ihre Rechtsnatur angewendet werden können (Art. 96 CDC).

VI. Zusätzliche Wirkungen des Erbvertrages und gebräuchliche Nebenvereinbarungen

Im Interesse der Übersichtlichkeit der Darstellung wurden bisher die kraft Gesetzes eintretenden zusätzlichen Wirkungen des Erbvertrages und die sich aus gebräuchlichen Nebenvereinbarungen ergebenden Modalitäten ausgeklammert.

Vom erbrechtlichen Standpunkt aus ist hierbei am wichtigsten der Nießbrauch, den sich der Erblasser am übergebenen Vermögen vorbehält oder der dem überlebenden Ehegatten an dem aufgrund des Erbvertrages einem Kinde zufallenden Nachlaß gebührt („usufructo universal de viudedad"). Für das Verständnis dieser Zusatzvereinbarungen ist davon auszugehen, daß die Eheverträge in Katalonien zusammen mit den in ihnen vereinbarten „heredamientos" und Nießbräuchen das „Grundgesetz" vor allem der ländlichen Familie darstellen, deren Einheit und Fortbestand sie erhalten und sichern wollen[1663].

Die Zulässigkeit von Nebenvereinbarungen im Erbvertrag ergibt sich für das zukünftige Vermögen bzw. den Nachlaß aus Art. 64 CDC, für das gegenwärtige übergebene Vermögen beim „heredamiento complejo" oder

---

[1661] ROCA SASTRE, D. H. III, 136.

[1662] BROCÁ 740.

[1663] Nur am Rande sei darauf hingewiesen, daß in Katalonien neben dem gesetzlichen Güterstand der Gütertrennung (Art. 7 Abs. 1 CDC) verschiedene Formen der auf das germanische Recht zurückgehenden Güter- und Errungenschaftsgemeinschaft vereinbart werden können (vgl. Art. 52—56; 58—60 CDC).

„mixto" aus Art. 81 Abs. 1 CDC. Einige der schon bisher in den meisten Fällen vereinbarten zusätzlichen Wirkungen des Erbvertrages treten heute nach der Kompilation kraft Gesetzes ein, wenn nichts anderes vereinbart ist.

Es sind dies:

1. Der Nießbrauch des überlebenden Ehegatten („usufructo viudal")

Gemäß Art. 70 CDC erwirbt der überlebende Ehegatte bei dem von den Eltern bzw. Ehegatten zugunsten eines gemeinschaftlichen Kindes errichteten Erbvertrag mangels entgegenstehender Vereinbarung den Universalnießbrauch am Vermögen des Vorverstorbenen bis zur Wiederverheiratung und unter Befreiung von der Pflicht zur Sicherheitsleistung. Bei der gleichzeitigen Übergabe des gegenwärtigen Vermögens wird daneben häufig vereinbart, daß sich der Erblasser den Nießbrauch am übergebenen Vermögen für sich und seinen Ehegatten vorbehält[1664]. Die Formel lautet dann „Los donadores se reservan el usufructo de todas las cosas donadas, por durante la vida de ambos y del último de ellos que fallezca" (oder: „por todo el tiempo de la vida de ellos y de cada uno que sobreviva")[1665]. Für beide Arten des Nießbrauches gelten folgende Regeln:

Der Nießbraucher hat ein Inventar zu errichten und die Lasten des Vermögens aus den Früchten zu bestreiten (Art. 10 Abs. 1 CDC). Der überlebende Ehegatte hat die ihm ausdrücklich auferlegten Verpflichtungen zu erfüllen (Art. 10 Abs. 2 CDC).

Die Universalnießbrauch, den sich der Erblasser vorbehält, oder den der überlebende Ehegatte erwirbt, ermächtigt den Nießbraucher zur Leitung des Hauswesens und dessen gesamten Vermögens (Art. 65 Abs. 1 CDC). Neben den gewöhnlichen Befugnissen eines Nießbrauchers kann er „dotes" und Pflichtteile ausbezahlen. Müssen hierzu wertvolle bewegliche Sachen oder Grundstücke veräußert, an Zahlungs Statt gewährt oder belastet werden, so bedarf er der Zustimmung des Erben (Art. 65 Abs. 2 Z. 1 CDC). Er kann weiter Verbesserungen vornehmen, soweit diese nicht luxuriös sind, und Mobiliar sowie Haustiere veräußern, wenn er dies für notwendig hält, mit der Verpflichtung, sie wieder herbeizuschaffen oder zu ersetzen, sobald dies möglich und ratsam ist (Art. 65 Abs. 2 Z. 2, 3 CDC). Der Nießbraucher ist verpflichtet, zu Lasten des Nießbrauches dem Erben, dessen Ehegatten und den Kindern des Erblassers und des Erben, die dem Haus-

---

1664 Pella III, 53; Borrell y Soler, Cataluña IV, 183 f.; Brocá 717.

1665 Pella III, 53; Brocá 717.

wesen angehören, Unterhalt zu gewähren, ihnen eine „dos" zu bestellen und die Berufsausübung zu ermöglichen (Art. 65 Abs. 3 Z. 1 CDC). Er muß weiter den Verminderungen des Nießbrauches zustimmen, die zur Bestellung dieser „dos" und zur Ausstattung der genannten Kinder sowie zur Bestreitung auch außerordentlicher Erhaltungskosten und nützlicher Verbesserungen durch den Erben an dem dem Nießbrauch unterliegenden Vermögen erforderlich sind, soweit hierdurch der Nießbrauch nicht erheblich beeinträchtigt wird (Art. 65 Abs. 3 Z. 2 CDC). Schließlich hat der Nießbraucher dem Erben jedes den Nachlaß schädigende Ereignis unverzüglich mitzuteilen und auf seine Kosten die zur Erhaltung des Besitzes an dem Vermögen erforderlichen Klagen zu erheben (Art. 65 Abs. 3 Z. 3, 4 CDC). Der Nießbrauch ist unveräußerlich, jedoch können einzelne Vermögensgegenstände mit Zustimmung des Erben veräußert werden. Der Nießbrauch erstreckt sich dann auf die Surrogate, soweit diese nicht zur Bezahlung von Schulden oder Pflichtteilen oder zur Verbesserung des Vermögens verwendet werden. Pfändbar ist nur der Teil der Früchte, der das für die Erfüllung der sich aus dem Nießbrauch ergebenden Verpflichtungen Notwendige übersteigt (Art. 65 Abs. 4 CDC).

2. Der Grundsatz der Familieneinheit („unidad económica familiar")

Dieser Grundsatz wird gemäß Art. 71 CDC als Inhalt des Erbvertrages angesehen, wenn nichts anderes vereinbart ist, und bedeutet, daß sich der Erblasser, der Erbe und ihre jeweiligen Ehegatten und Kinder verpflichten, unter der Leitung und freien Verwaltung des Erblassers zusammenzuarbeiten und alle ihre Einkünfte in das Familienvermögen einzubringen, um so die Bedürfnisse des Hauswesens und seiner Angehörigen besser befriedigen zu können (Art. 71 Abs. 1 CDC). Aufgrund dieser Regelung hat der Erblasser dem Erben, dessen Ehegatten und ihren gemeinsamen Kindern Unterhalt zu gewähren, seien diese gesund oder krank, und hierbei ihren gesamten Lebensbedarf einschließlich der Kosten für die Erziehung und Berufsausbildung nach dem Vermögen der Familie zu bestreiten. Voraussetzung hierfür ist, daß die Unterhaltsberechtigten den geschuldeten Gehorsam und Respekt bewahren und nach besten Kräften zum Nutzen des Hauses arbeiten, ohne irgendwelche Rechte geltend zu machen (Art. 71 Abs. 2 CDC). Nach dem Tode des Erblassers oder nach dem Erlöschen des Universalnießbrauches tritt der Erbe an dessen Stelle und hat die gleichen Verpflichtungen gegenüber den im Hause lebenden Kindern des Erblassers. Er kann sich hiervon nicht dadurch befreien, daß er diesen ihren Pflichtteil anbietet, es sei denn, er ist hierzu ausdrücklich ermächtigt (Art. 71 Abs. 3 CDC).

3. Vorbehalt zur Dotierung und Ausstattung der Kinder

Kraft Gesetzes kann der Erblasser den weichenden Erben ihren Pflichtteil als „dos" oder Ausstattung zuwenden (Art. 77 Abs. 1 CDC).

4. Besondere Vereinbarungen

Besonders vereinbart werden müssen folgende Modalitäten des Erbvertrages:

a) Der Erblasser kann bestimmte Vermögensgegenstände aus dem Erbvertrag ausnehmen, um sie den anderen Kindern als *„dos"* oder *Ausstattung* zuzuwenden (Art. 77 Abs. 3 CDC).

b) Testiervorbehalt

Art. 78 S. 1 CDC gestattet dem Erblasser, sich bestimmte Vermögensgegenstände oder einen bestimmten Betrag vorzubehalten, um über sie frei zu testieren. Während die katalanische Literatur bis Mitte des letzten Jahrhunderts annahm, daß der Testiervorbehalt Voraussetzung für die Wirksamkeit des Erbvertrages sei[1666], vertreten BORRELL[1667] und PELLA[1668] in Übereinstimmung mit der Rechtsprechung seit etwa 1860 die entgegengesetzte Meinung. Nunmehr bestimmt Art. 78 S. 3 CDC, daß der Testiervorbehalt für die Wirksamkeit des Testamentes nicht erforderlich ist. Soweit der Erblasser über die vorbehaltenen Gegenstände nicht verfügt, unterliegen diese dem Erbvertrag (Art. 78 S. 2 CDC).

c) Wiederanfallsrecht

Ein Wiederanfallsrecht („pacto reversional") wird in der Regel für den Fall vereinbart, daß der Erbe ohne Kinder stirbt oder seine Kinder das testierfähige Alter nicht erreichen. Das Vermögen, das der Erbe durch das „heredamiento" erworben hat, fällt dann entweder an den Erblasser, an dessen Erben oder an die vom Erblasser bezeichneten Personen zurück. Der Wiederanfall an den Erblasser kann dabei logischerweise nur das übergebene gegenwärtige Vermögen („heredamiento complejo" oder „mixto") umfassen. Vom Wiederanfall wird meist ein bestimmter Betrag ausgenommen, über den der Erbe von Todes wegen frei verfügen kann[1669]. Dieses Wiederanfallsrecht wird von der Kompilation im Zusammenhang mit dem „heredamiento complejo" und „mixto" wie folgt geregelt:

Der Wiederanfall erfolgt, wenn das vorgesehene Ereignis eintritt. Ist dieses Ereignis nicht bestimmt, so gilt der Wiederanfall für den Fall als

---

[1666] BROCÁ 705; weitere Nachweise bei PELLA III, 54.

[1667] BORRELL Y SOLER, Cataluña IV, 183 f.

[1668] PELLA III, 56.

[1669] BROCÁ 720 f.; PELLA III, 56 f.; BORRELL Y SOLER, Cataluña IV, 191 f.; ROCA SASTRE, D. H. III, 123.

vorgesehen, daß der Erbe vor dem Erblasser ohne Abkömmlinge stirbt (Art. 83 Abs. 1 CDC). Der Wiederanfall läßt, wenn nichts anderes bestimmt ist, den Grundsatz der Familieneinheit und einen etwaigen Nießbrauch zugunsten des anderen Vertragsteiles unberührt. Art. 79 CDC findet hierbei Anwendung (Art. 83 Abs. 2 CDC). Der Wiederanfall kann zugunsten der Vertragspartner oder zugunsten Dritter vereinbart werden. Ist er zugunsten eines Dritten vereinbart, der nicht Ehegatte oder Erbe des Erblassers ist, so ist das Wiederanfallsrecht als fideikommissarische Substitution anzusehen. Ein Anspruch auf die trebellianische Quart besteht jedoch nicht. Der Wiederanfall zugunsten des Erblassers gilt mangels besonderer Vereinbarung nicht für dessen Erben (Art. 84 Abs. 1 CDC).

Ist ein Wiederanfall zugunsten der Erben der Erblasser angeordnet, so begünstigt er die durch Testament hierfür eingesetzten Erben oder, bei deren Fehlen, die Verwandten, die zum Zeitpunkt des Wiederanfalls als gesetzliche Erben berufen wären (Art. 84 Abs. 2 CDC). Das Wiederanfallsrecht hindert den Erben nicht, seinen Pflichtteil zu verlangen (Art. 85 Abs. 1 CDC). Fällt das Vermögen an Aszendenten zurück, so können diese an dem dem Erben zur freien Verfügung überlassenen Teil kein Pflichtteilsrecht geltend machen (Art. 82 Abs. 2 CDC). Der Erblasser kann den Wiederanfallsvorbehalt jederzeit aufheben. Dies wird angenommen, wenn er in einem Testament oder in sonstiger Form das „heredamiento" als frei bestätigt (Art. 81 Abs. 3 CDC).

d) Weitere übliche Nebenvereinbarungen können sich beziehen auf die Anordnung einer fideikommissarischen Substitution, auf die Verfügungsbefugnis des Erblassers unter Lebenden und auf eine vom Gesetz abweichende Ausgestaltung der hier erörterten Zusatzvereinbarungen[1670].

§ 48: DER ERB- UND ÜBERGABEVERTRAG AUF DEN BALEAREN

I. Zulässigkeit auf den einzelnen Inseln

Art. 6 CDB nennt als dritten Berufungsgrund neben Testament und Gesetz den Erbvertrag in Form der universellen Schenkungen des gegenwärtigen und zukünftigen Vermögens („... por contrato sucesorio, mediante las donaciones universales de todos los bienes presentes y futuros"). Diese Vorschrift und die Regelung der universellen Schenkung im einzel-

---

1670 Roca Sastre, D. H. III, 123.

nen (Art. 8—13 CDB) gilt auf Mallorca und gemäß Art. 69 CDB auch auf Ibiza und Formentera. Auf Menorca gelten die Vorschriften der Kompilation über die universellen Schenkungen und die „definición" nicht (Art. 65 CDB), der Erbvertrag ist daher gemäß Art. 635, 1271 Abs. 1 CC grundsätzlich unzulässig (vgl. die 2. Schlußbestimmung der CDB). Subías[1671] bemerkt hierzu, daß die verschiedenen Formen der vertraglichen Erbfolge auf dieser Insel seit langem ungebräuchlich und unbekannt waren. Während auf Ibiza und Formentera neben die universelle Schenkung der „heredamiento" genannte Erbvertrag zugunsten eines zukünftigen Kindes tritt (Art. 70—76 CDB)[1672], ergibt sich aus Art. 6 CDB, daß auf Mallorca die universelle Schenkung die einzige zulässige Form des Erbvertrages ist. Inwieweit sie tatsächlich als echter Erbvertrag anzusehen ist, wird im folgenden geprüft werden.

II. Universelle Schenkung

1. Rechtsnatur und Inhalt

Der Ursprung der universellen Schenkung des balearischen Rechtes ist, wie das der katalanischen „heredamientos", im vorrömischen Gewohnheitsrecht der an die Pyrenäen angrenzenden Gebiete zu suchen[1673]. Die universelle Schenkung umfaßt herkömmlicherweise das gegenwärtige und künftige Vermögen des Schenkers, wobei vereinbart wird, daß sie „in der Gegenwart gültig und nach dem Tode des Schenkers oder seines Ehegatten wirksam sein soll"[1674]. Auch Art. 8 f. CDB beziehen sich ausschließlich auf diese „donación universal de bienes presentes y futuros, valedera de presente y efectiva a la muerte del donante o de su consorte". Die Hauptbedeutung der Worte „gültig in der Gegenwart" liegt darin, daß die Schenkung unwiderruflich ist (Art. 8 Abs. 1 CDB). Der zweite Teil der Formel: „und wirksam nach dem Tode des Schenkers oder seines Ehegatten" deutet prima facie darauf hin, daß es sich um einen echten Erbvertrag handelt. Eine Gesamtbetrachtung erweist jedoch, daß die Wirkungen der universellen Schenkung unter Lebenden weiter gehen, als die eines reinen Erbvertrages und sie Merkmale einer vorweggenommenen Erbfolge aufweist, die sie im Hinblick auf ihre Rechtsnatur zwischen Erb-

---

1671 Subías (oben N. 895) 641.

1672 Dieser Erbvertrag kann nur im Ehevertrag errichtet werden.

1673 Pascual y González 138 f.

1674 Pascual y González 142 f.

und Übergabevertrag einordnen[1675]. Am deutlichsten geht dies aus Art. 8 Abs. 2 CDB hervor, wonach sich der Schenker das zu Eigentum oder Nießbrauch vorzubehalten hat, was er zu einer seinen Umständen angemessenen Lebensführung benötigt. Es zeigt sich also, daß die Schenkung in jedem Falle, soweit nichts anderes vereinbart ist, das Eigentum am Vermögen sofort auf den Beschenkten überträgt, wobei dieses Eigentum entweder unbelastet oder — im Regelfalle — mit dem Nießbrauch des Schenkers belastet sein kann[1676]. Die Worte: „wirksam nach dem Tode des Schenkers" bedeuten also nicht, daß der Rechtsübergang schlechthin aufgeschoben wird, sondern daß dieser den Beschenkten erst nach dem Erbfall zur vollen Nutznießung des Vermögens berechtigt[1677]. Berücksichtigt man jedoch andererseits, daß dieser Rechtsübergang nur bezüglich des gegenwärtigen, nicht aber auch für das zukünftige Vermögen sofort eintreten kann, so ergibt sich eine starke Ähnlichkeit der balearischen Universalschenkung zum katalanischen „heredamiento cumulativo".

Art. 10 CDB bestimmt, daß der Beschenkte die Stellung eines Erben hat und als solcher die Erbschaft gerichtlich und außergerichtlich vertritt. Außerdem ist er für das Nachlaßverfahren („juicio de testamentaría") aktiv legitimiert. Diese Vorschrift widerspricht der hier vertretenen Auffassung nicht, sondern bestätigt vielmehr, daß die Universalschenkung wenigstens teilweise als vorweggenommene Erbfolge anzusehen ist. Andernfalls wäre Art. 10 CDB überflüssig.

2. Arten

Pascual y González[1678] nennt als Arten der universellen Schenkung:

a) die Schenkung der Eltern zugunsten eines Kindes, unabhängig von dessen Ehe;
b) die anläßlich einer Ehe vorgenommene Schenkung der Eltern eines der Ehegatten oder der Ehegatten untereinander;
c) die Schenkung an Dritte.

Erfolgt die Schenkung seitens der Eltern an ein die Ehe schließendes Kind, so wird meist gleichzeitig, vor allem im Wege der fideikommissarischen Substitution, die Erbfolge der zukünftigen Kinder aus dieser Ehe geregelt[1679]. Die Rechtsgrundlage hierfür ist Art. 13 CDB, wonach die Vor-

---

1675 Als Schenkung von Todes wegen kann sie vom spanischen Recht deswegen nicht angesehen werden, weil sie unwiderruflich ist, vgl. Art. 620 CC.

1676 Ebenso Pascual y González 149.

1677 Pascual y González 145.

1678 Pascual y González 145.

1679 Pascual y González 154; Luna Serrano 21.

schriften der gesetzlichen Erbfolge über Beschränkungen, Beschwerungen und Substitutionen, über die Einsetzung eines „heredero distribuidor" (Art. 18 f. CDB) sowie Art. 53 CDB auch bei der universellen Schenkung Anwendung finden (Art. 13 Abs. 1, 2, 4 CDB). Gemäß Art. 13 Abs. 3 CDB gelten für die Ernennung mehrerer aufeinanderfolgender Beschenkter („donatarios sucesivos") die gleichen Grenzen wie bei der testamentarischen fideikommissarischen Substitution[1680].

3. Form und Wirkungen

Die universelle Schenkung bedarf zu ihrer Wirksamkeit der Vornahme in öffentlicher Urkunde. Diese Form ergibt sich einerseits, vor allem soweit unbewegliches Vermögen betroffen ist, aus der L. H. und Art. 1280 CC, zum anderen wird sie gewohnheitsrechtlich verlangt[1681].

Als Wirkungen der Universalschenkung wurden bereits ihre Unwiderruflichkeit, ihr Einfluß auf das Eigentum am geschenkten Vermögen und die Verleihung der Erbenstellung an den Beschenkten (Art. 10 CDB) aufgezeigt. Ihre weiteren Wirkungen sind:

Durch die Universalschenkung wird ein früheres Testament des Schenkers widerrufen (Art. 12, 1. H. S. CDB) und dem Schenker die Möglichkeit genommen, einen anderen oder weiteren Erben einzusetzen. Zwar erklärt Art. 12, 2. H. S. CDB ein späteres Testament des Schenkers für wirksam, soweit es von der Schenkung ausgenommene Vermögensgegenstände zum Gegenstand hat, und nach Art. 9 S. 1 CDB wird der Charakter der Universalschenkung nicht dadurch verändert, daß sich der Schenker die Verfügungsbefugnis über einige Gegenstände oder eine bestimmte Summe vorbehält[1682]. Verfügt jedoch der Schenker durch Testament über das vorbehaltene Vermögen, so wird der Bedachte kraft Gesetzes als „ex re certa" eingesetzt und somit als Vermächtnisnehmer betrachtet (Art. 11 CDB). Soweit der Erblasser über das vorbehaltene Vermögen nicht verfügt, fällt dieses an den Beschenkten (Art. 9 S. 2 CDB).

Neben diesem Verfügungs- bzw. Testiervorbehalt war seit jeher der Vorbehalt des Nießbrauches für den Schenker oder seinen Ehegatten üblich[1683]. Art. 8 Abs. 2 CDB schreibt den Nießbrauch zwingend in dem Umfang vor, der erforderlich ist, um den Lebensunterhalt des Schenkers

---

1680 Vgl. Art. 25 CDB: zulässig sind grundsätzlich zwei Nacherbeneinsetzungen; nach dem früher geltenden römischen Recht waren es vier (Pascual y González 151).

1681 Pascual y González 148.

1682 Dieser Vorbehalt ist häufig und umfaßt in der Regel den zwanzigsten Teil des geschenkten Vermögens (Pascual y González 152 f.).

1683 Pascual y González 151.

zu sichern. In der Regel ergibt er sich bereits aus der Formel: „valedera de presente y efectiva después de la muerte del donante o de su consorte" (Art. 8 Abs. 1 CDB). Aus dieser Formel geht weiter hervor, daß der Nießbrauch nur für die Lebenszeit des Schenkers oder auch für die seines Ehegatten ausbedungen sein kann. Im letzteren Falle besteht die Belastung bis zum Tode des zuletzt versterbenden Ehegatten des Schenkerehepaares, also meist der Eltern. Andere Nebenvereinbarungen können zum Inhalt haben: Den Vorbehalt einer bestimmten Summe zur Befriedigung der „legítimas" der abzuschichtenden Kinder. — Die Möglichkeit, für die Ehefrau des Schenkers ein Wohnrecht in einem bestimmten Haus zu bestellen. — Den Vorbehalt des „estatje"[1684] oder „estatge" (Art. 54 CDB) genannten dinglichen Wohnrechtes zugunsten der nichterbenden Kinder bis zu ihrer Eheschließung[1685]. —

Abschließend sei darauf hingewiesen, daß die Universalschenkung ihre Grenze im Pflichtteilsrecht findet. Daher muß entweder der Schenker — wie oben angedeutet — sich einen entsprechenden Betrag zur Befriedigung der „legítima" vorbehalten oder diese Verpflichtung dem Beschenkten auferlegt werden, wenn die nichterbenden Kinder nicht schon im Wege der „definición"[1686] abgefunden worden sind[1687].

III. „Heredamiento"

Wie bereits einleitend ausgeführt, gelten die Vorschriften über die universelle Schenkung auch auf Ibiza und Formentera (Art. 69 CDB). Daneben besteht die Möglichkeit, einen Erbvertrag zugunsten eines künftigen Kindes zu errichten (Art. 70 f. CDB). Diesen Erbvertrag nennt die Kompilation „heredamiento", und er ist nur in dem „espolits" genannten Ehevertrag (Art. 66 CDB) zulässig (Art. 70 Abs. 1 CDB)[1688]. Ohne daß dies die Kompilation ausdrücklich sagt, ist der Erbvertrag daher auch heute

---

1684 So Pascual y González 152.

1685 Vgl. Pascual y González 151 f.

1686 Vgl. § 27 IV.

1687 Pascual y González 151.

1688 Die Errichtung eines Ehevertrages ist nur in den ländlichen Gebieten Ibizas, nicht aber in der Hauptstadt gleichen Namens üblich (Luna Serrano 22, 77; Costa Ramón 45). Wegen Fehlens besonderer Vorschriften in der CDB können „espolits" nur vor der Ehe errichtet werden (Art. 1315 f. CC, 2 a DF CDB). Der gesetzliche Güterstand auf Ibiza und Formentera ist die absolute Gütertrennung (Art. 66 Abs. 2 CDB).

von der Eheschließung abhängig[1689]. Costa Ramón[1690] zeigt auf, daß das „heredamiento" auf Ibiza durch die katalanischen Eroberer zur Zeit der Reconquista eingeführt wurde.

Zur Errichtung des Erbvertrages ist die Fähigkeit zur Errichtung eines Ehevertrages nach CC erforderlich (Art. 70 Abs. 2 CDB; vgl. Art. 1318, 83 CC). Sie hat persönlich oder durch einen mit besonderer Vollmacht ausgestatteten Vertreter zu erfolgen (Art. 70 Abs. 2 CDB).

Durch den Erbvertrag werden frühere Testamente des Erblassers widerrufen (Art. 71 S. 1 CDB). Er behält das volle Eigentum an seinem Vermögen mit der Befugnis, entgeltlich über dieses zu verfügen (Art. 73 Abs. 1 CDB)[1691]. Es handelt sich somit um einen echten Erbvertrag. Unbeschadet der Rechte gutgläubiger Dritter sind jedoch Veräußerungen in der Absicht, den Erbvertrag zu beeinträchtigen, nichtig (Art. 73 Abs. 2 CDB). Von Todes wegen und unentgeltlich unter Lebenden kann der Erblasser nur verfügen, soweit dies ein Testiervorbehalt gestattet oder bestimmte Vermögensteile ausdrücklich vom Erbvertrag ausgenommen werden (Art. 71 S. 2 CDB). Verfügt der Erblasser über den vom Erbvertrag ausgenommenen Teil seines Vermögens nicht, so erstreckt sich der Erbvertrag auch auf diesen Teil (Art. 72 Abs. 2 CDB).

Im Erbvertrag können die errichtenden Eltern gemäß Art. 74 CDB insbesondere folgende Verfügungen treffen:

a) Sie können sich gegenseitig den Universalnießbrauch zuwenden, kraft dessen der Überlebende den lebenslänglichen Nießbrauch am Vermögen des Vorverstorbenen hat.
b) Sie können sich die Bezeichnung des oder der Kinder, die Erben sein sollen, für ein späteres Testament vorbehalten.
c) Sie können vereinbaren, daß diese Bezeichnung der Überlebende vornehmen darf, wenn der Vorverstorbene sie unterlassen hat. Art. 75 CDB bestimmt hierzu, daß die Bezeichnung unwiderruflich ist, wenn sie durch Rechtsgeschäft unter Lebenden erfolgt und widerrufen werden kann, wenn sie im Testament vorgenommen wurde[1692].
d) Sie können festlegen, wie der Erbe nach den Regeln der Männlichkeit und Erstgeburt zu ermitteln ist, wenn auch die Bezeichnung durch den überlebenden Ehegatten unterblieb. Ist in den „espolits" der — wohl erstgeborene — Sohn zum Erben bestimmt, so haben

---

1689 Costa Ramón 50.
1690 Costa Ramón 48.
1691 Für das frühere Recht Costa Ramón 48.
1692 Vgl. auch Costa Ramón 52 f.

seine Abkömmlinge kein Eintrittsrecht, wenn er vor dem Erblasser stirbt, erbunfähig oder erbunwürdig ist oder die Erbschaft ausschlägt. Vielmehr beruft Art. 76 CDB in diesen Fällen den im Alter nachfolgenden Sohn oder gegebenenfalls die älteste Tochter.

Den auf Mallorca, Ibiza und Formentera (Art. 50, 80 CDB), nicht aber auf Menorca (Art. 65 CDB) zulässigen vertragsmäßigen Verzicht der Kinder auf den Pflichtteil, die sogenannte „definición", regelt die CDB zusammen mit dem Pflichtteilsrecht. Daher wurde die „definición" auch in dieser Arbeit zusammen mit der „legítima" dargestellt[1693].

§ 49: DER ERBVERTRAG IN ARAGÓN

I. Einleitung

Auch in Aragón ist der Erbvertrag seit altersher zulässig. Nach Gil Berges[1694] ist er in Alto Aragón seit fünf Jahrhunderten die gebräuchlichste Form der Erbeinsetzung und verhält sich, wie bereits an anderer Stelle erwähnt, in seiner Häufigkeit zu der des Testamentes wie 100 zu 5. Seit der Zeit, zu der Gil Berges diese Feststellung getroffen hat, ist jedoch die Häufigkeit des Erbvertrages etwas zurückgegangen[1695].

Seine erste gesetzliche Regelung stellt der Fuero 4 „De donationibus" aus dem Jahre 1398 dar[1696].

Nur drei Artikel des Apéndice von 1926 erwähnen den Erbvertrag. Art. 34 ap. bestimmt, daß die gesetzliche Erbfolge eingreift, wenn die Erbfolge u. a. nicht durch Vertrag, insbesondere durch Ehevertrag geregelt ist. Art. 58 Abs. 1 ap. sagt, daß das eheliche Güterrecht und die Erbfolge der Ehegatten und ihrer Abkömmlinge durch Vertrag geregelt werden kann, und Art. 60 ap. verweist auf die örtliche Gewohnheit, wenn sich der Ehevertrag ausdrücklich auf bestimmte, gewohnheitsrechtliche Institutionen bezieht. Von den dort genannten Rechtsfiguren haben überwiegend erbrechtlichen Charakter das „agermanamiento o casamiento al más viviente" (der gegenseitige Ehegattenerbvertrag, für den Fall, daß die Ehe kinderlos bleibt), das „heredamiento" (der Erbvertrag zugunsten des Kindes, des „Hauserben") und das „consorcio universal o juntar dos casas" (die Ehe-

---

[1693] Vgl. § 27 IV.

[1694] Exposición de Motivos 12.

[1695] Sapena, Pacto sucesorio 735 N. 3; Solano 333.

[1696] Martín-Ballestero, La casa 133; Lacruz, Notas al Binder 129; Isabal 333; Exposición de Motivos 13.

schließung zwischen zwei Hauserben). Auch das „casamiento en casa", das dem überlebenden einheiratenden Ehegatten die Eheschließung im Hause des vorverstorbenen Hauserben gestattet, das „acogimiento" oder „casamiento a sobre bienes" (die Aufnahme einer fremden Familie in das „Haus") und die „dación personal" (der Eintritt eines Alleinstehenden in das „Haus") haben zum Teil erbrechtlichen Inhalt. Art. 60 ap. stellt somit die Verbindung dar zwischen der nur andeutungsweisen Erwähnung des Erbvertrages im geltenden Recht und der Vielfalt der aus der Gewohnheit und der in Aragón als obersten Grundsatz allen Privatrechts anzusehenden Vertragsfreiheit („Standum est chartae") hervorgegangenen Modalitäten des Erbvertrages. Trotz dieser Vertragsfreiheit haben sich jedoch feste Grundtypen des Erbvertrages herausgebildet und es kommen kaum „atypische" Erbverträge vor[1697].

Ausführlicher, wenn auch ebenfalls allgemein, ist die Regelung des Erbvertrages in Art. 55—65 VE, der wie der Apéndice in Art. 60 der Gewohnheit die Regelung im einzelnen überläßt. Art. 1 bis 3 VE und Art. 59 Abs. 1 VE enthalten diesen Grundsatz des Vorranges der mit dem zwingenden Recht im Einklang stehenden Gewohnheit und der Vertragsfreiheit, die auf dem genannten Leitsatz des aragonesischen Rechtes „Standum est chartae" beruht. Auslegungsregeln für dieses Gewohnheitsrecht finden sich in Art. 158 VE („agermanamiento") und Art. 161 VE („casamiento en casa").

II. Allgemeine Regeln

1. Abhängigkeit vom Ehevertrag

Anders als etwa im katalanischen Recht besteht in Aragón keine notwendige Verbindung zwischen Ehe- und Erbvertrag[1698]. Dies ergibt sich für das geltende Recht aus Art. 34 ap., der vom Vertrag allgemein spricht und den Ehevertrag nur als Hauptfall erwähnt, sowie aus Art. 55 VE. Art. 58 Abs. 1 ap. steht dem nicht entgegen, sondern betrachtet ebenfalls nur diesen Hauptfall. Neben der in Art. 58 Abs. 1 ap. erwähnten Beerbung der Ehegatten durch ihre Kinder ist daher auch die Erbeinsetzung der Ehegatten in deren Ehevertrag möglich und üblich. Ist aber der Erbvertrag im Hinblick auf eine künftige Ehe geschlossen, so hängt seine Wirksamkeit vom gültigen Zustandekommen dieser Ehe ab[1699].

[1697] LACRUZ, Notas al Binder 130.

[1698] LACRUZ, Notas al Binder 129; SAPENA, Pacto sucesorio 735.

[1699] LACRUZ, Notas al Binder 131; SAPENA, Pacto sucesorio 737.

2. Form

Der Erbvertrag ist in öffentlicher Urkunde zu errichten[1700]. Dies ergibt sich für den im Ehevertrag geschlossenen Erbvertrag aus Art. 58 Abs. 1 ap. Das gleiche gilt für den selbständigen Erbvertrag kraft Gewohnheitsrechtes[1701] oder aufgrund eines „klaren Analogieschlusses"[1702]. Darüber hinaus sind — m. E. nur für einseitige, nicht vertragsmäßige Verfügungen — auch die Vorschriften über die Form des Testamentes zu beachten, da die Lücken des ap. mit den Vorschriften über das Testament und die Verträge auszufüllen sind[1703]. In diesem Sinne entscheidet sich auch Art. 65 VE, der die Vorschriften über Verträge und Testamente je nach der Art der Vertragsbestimmungen für ergänzend anwendbar erklärt.

3. Errichtung

Der Verfügende, d. h. also im allgemeinen der Erblasser, muß voll geschäftsfähig sein[1704]. Als Ausnahme hiervon kann der Minderjährige in seinem Ehevertrag über seine Erbschaft verfügen (Art. 56 Abs. 2 VE)[1705]. Zu beachten ist hierbei, daß der noch nicht 21 Jahre alte Minderjährige durch die Eheschließung volljährig wird (Art. 10 Z. 1 ap.; Art. 4 VE).

Der Erbvertrag muß vom Erblasser grundsätzlich persönlich errichtet werden[1706] (Art. 57 S. 1 VE). Der VE sieht jedoch in Art. 57 S. 2 vor, daß eine Stellvertretung zulässig ist, wenn die Vollmacht die Vertragsbestimmungen vollständig enthält[1707]. Der Mitkontrahent kann sich dagegen, wenn er nicht selbst verfügt, vertreten lassen, und zwar auch dann, wenn er — wie beim Erbvertrag zugunsten des heiratenden Kindes — die Erbschaft bereits bei Vertragsschluß annimmt[1708].

4. Inhalt

Der aragonesische Erbvertrag kann alle Vermögensverfügungen enthalten, die auch im Testament möglich wären. Art. 58 VE nennt die Verfügungen zugunsten der Vertragsschließenden oder zugunsten eines Dritten, Erbeinsetzung, Vermächtnisanordnung („a título universal o singu-

---

1700 So ausdrücklich Art. 55 VE.

1701 Sapena, Pacto sucesorio 736.

1702 Lacruz, Notas al Binder 138.

1703 Lacruz, Notas al Binder 138.

1704 Art. 60 Abs. 1 VE: Er muß älter als 21 Jahre sein.

1705 Lacruz, Notas al Binder 136.

1706 Lacruz, Notas al Binder 136.

1707 Es liegt also ein Fall des „Vertreters in der Erklärung" vor, vgl. Rspr. zu § 1750 BGB; BGHZ 5, 348. Der Vertreter ist hier nicht als Bote anzusehen, da das Gesetz ausdrücklich von „Stellvertretung" spricht.

1708 Lacruz, Notas al Binder 136. Auch diese Annahme führt zur beschränkten Erbenhaftung, Art. 44 ap.

lar"), Substitutionen, Modalitäten, „reservas", Lasten und Verpflichtungen. Dagegen will LACRUZ[1709] nicht rein vermögensrechtliche Verfügungen (Ernennung eines Testamentsvollstreckers) nur als einseitige Verfügungen zulassen und aufrechterhalten und folgt hierin deutschem Recht.

5. Wirkung

Auslegungsregeln für die Behandlung von „Schenkungen" im Erbvertrag enthält der bereits erwähnte Art. 59 VE, der in seinem Abs. 1 zunächst auf die Auslegung nach der örtlichen Gewohnheit verweist. Wie im katalanischen Recht sind auch in Aragón die Erbverträge gelegentlich, unter dem Einfluß des römisch-kanonischen Rechtes, als Schenkungen bezeichnet und aufgefaßt worden, wenn auch die ausdrückliche und selbständige Erbeinsetzung die Regel darstellt[1710]. Art. 59 Abs. 2 VE bestimmt daher, daß die Schenkung des gesamten gegenwärtigen und zukünftigen Vermögens („donación universal de los bienes habidos y por haber") mangels Gegenbeweises als vertragliche Erbeinsetzung anzusehen ist. Ob dies bedeutet, daß der Erbe das Eigentum am gegenwärtigen Vermögen erst mit dem Erbfall erwirbt, bleibt unklar. Bisher wurde jedenfalls angenommen, daß der Erbe das Eigentum — und zwar im Regelfall das mit einem Nießbrauch zugunsten des Einsetzenden belastete Eigentum — am gegenwärtigen Vermögen bereits mit Vertragsschluß erwarb[1711]. Richtig ist wohl die Auffassung, daß auf den Willen der Vertragsparteien im Einzelfall abzustellen ist, und es kann LACRUZ gefolgt werden, wenn er sagt: „Ist der Wille nicht eindeutig in dem Sinne erklärt, daß die gegenwärtige (sofortige) Übertragung des Vermögens und der Rechte des Schenkers stattfinden soll, und wenn die Vereinbarungen dahingehend ausgelegt werden können, daß sie dem Vertragserben den Empfang des Vermögens durch seine Abkömmlinge sichern sollen, wenn er vor dem Erblasser stirbt, und daß sie dessen freie Verfügung beschränken sollen, so ist in der „donatio propter nuptias" oder dem „heredamiento" (d. h. in dem Vertrag) vorzugsweise eine vertragliche Bindung der Erbfolge zu sehen."[1712] Gemäß Art. 59 Abs. 3 VE ist die im Erbvertrag erfolgte Einzelschenkung von Todes wegen unwiderruflich.

1709 LACRUZ, Notas al Binder 133.

1710 LACRUZ, Notas al Binder 130; MARTÍN-BALLESTERO, La casa, mit den auf S. 38—62 gegebenen Vertragsbeispielen, sowie die übrige in diesem Abschnitt zitierte Literatur zum aragonesischen Erbvertrag.

1711 BATALLA, Disponibilidad de los bienes en Aragón, cuando existen reserva a favor de los instituyentes o usufructo de viudedad: An. Der. Aragonés I (1944) 354 f.; SAPENA, Pacto sucesorio 739 f.

1712 LACRUZ, Notas al Binder 131.

Zu der oft diskutierten Frage[1713], welche Wirkungen der Erbvertrag hat, wenn der Eingesetzte vor dem Erblasser stirbt, bestimmt Art. 60 VE im Einklang mit der bisher als gültig angesehenen Gewohnheit[1714], daß sich das Recht des von einem Aszendenten eingesetzten Vertragserben auf seine Abkömmlinge vererbt, unter denen der Erblasser einen Alleinerben auswählen oder hierzu Treuhänder bestellen kann.

Anders als im deutschen Recht (§§ 2286 f. BGB) beschränkt die Bindungswirkung des Erbvertrages nach dem geltenden Recht und dem VE auch die Verfügungsbefugnis des Erblassers unter Lebenden. Ausdrückliche Vertragsbestimmungen, insbesondere der Vorbehalt des „Señorío mayor" seitens der Einsetzenden[1715] und die örtliche Gewohnheit führen häufig dazu, daß jegliche Verfügung nur mit Zustimmung des Erben erfolgen kann und somit die Verfügungsmacht dem Erblasser und dem Erben gemeinsam zusteht[1716].

Mangels abweichender Regelung sieht Art. 61 VE folgendes vor:

Entgeltliche Verfügungen unter Lebenden sind nur mit Zustimmung des Eingesetzten zulässig. Daneben kann der Erblasser durch Schenkungen oder Testament über sein Vermögen verfügen, um „dotes" und Pflichtteile nach dem Vermögen des Hauses („al haber y poder de la casa") zu gewähren.

Obwohl auch der VE hierüber nichts enthält, kann man es wohl als geradezu selbstverständlich bezeichnen, daß der Erbvertrag frühere letztwillige Verfügungen unwirksam werden läßt, soweit dem nicht die Unwiderruflichkeit von Verfügungen im gemeinschaftlichen Testament entgegensteht[1717].

6. Änderung und Aufhebung

Die Änderung und Aufhebung des Erbvertrages ist nach Art. 62 Abs. 1 VE nur durch Aufhebungsvertrag oder, wenn der Vertrag zwischen Ehegatten geschlossen wurde, durch gemeinschaftliches Testament zulässig. Grundsätzlich ist er somit unwiderruflich. Der Widerruf oder Rücktritt ist jedoch möglich, wenn der Vertragserbe erbunwürdig ist oder ein Grund für

---

1713 Siehe unten.

1714 Lacruz, Notas al Binder 140.

1715 So auch Art. 163 VE 1962, offenbar aus der von Lacruz angestellten Überlegung heraus, daß dem „Señorío mayor" ein „Señorío menor", ein minderes Herrschaftsrecht des Erben, gegenüberstehen muß (Lacruz, Notas al Binder 141). In der neuen Fassung von 1963 fehlt diese Vorschrift.

1716 Sapena, Pacto sucesorio 751 f.; Martín-Ballestero, La casa 86.

1717 Lacruz, Notas al Binder 143; Sapena, Pacto sucesorio 751.

die Entziehung des Pflichtteils vorliegt, letzteres selbst dann, wenn der Erbe nicht pflichtteilsberechtigt ist. Art. 62 Abs. 2 VE drückt dies dadurch aus, daß er sagt, daß „die Verfügungen dann aufhören, vertragsmäßig zu sein". Außerdem ist der Widerruf bzw. Rücktritt nach den Vorschriften des CC über den Widerruf von Schenkungen zulässig (Art. 62 Abs. 3 VE; vgl. insbesondere Art. 647 f. CC). Nur in wenigen Fällen wird ein Rücktrittsvorbehalt ausdrücklich in den Vertrag aufgenommen[1718]. Gemäß Art. 63 VE führt die Nichtigkeit oder der Widerruf einer vertragsmäßigen Verfügung zur Nichtigkeit der im Verhältnis zu ihr wechselbezüglichen Verfügungen.

7. Verzicht auf den Pflichtteil

Neben dem Vertrag, durch den der Erblasser seine Erbfolge regelt, findet sich im VE der Vertrag, den alle Pflichtteilsberechtigten ohne Beteiligung des Erblassers über den ihnen zustehenden Pflichtteil abschließen (Art. 55 Abs. 2 VE)[1719]. Zu denken ist hierbei insbesondere an einen Verzicht auf den Pflichtteil durch einen Pflichtteilsberechtigten, der bezüglich der Form und der Fähigkeit den Regeln über den Erbvertrag folgt (Art. 55 Abs. 2, Art. 56 VE). Daneben ist, ebenso wie der Erbvertrag, der mit dem Erblasser geschlossene Erbverzichtsvertrag zulässig. Auch er hat aber meistens die „legítima" zum Gegenstand und wird abgeschlossen, wenn der Pflichtteilsberechtigte, der nicht Hauserbe ist, bei seiner Heirat oder beim Verlassen des Elternhauses einen bestimmten Betrag schenkweise erhält. Mangels anderweitiger Vereinbarung erstreckt sich dieser Verzicht nicht auf einen etwaigen gesetzlichen oder testamentarischen Erbteil (Art. 64 VE).

III. Die soziale Funktion des Erbvertrages in Alto Aragón

Würde die Erörterung des aragonesischen Erbvertrages hier abbrechen, so stünde zwar das allgemeine Rüstzeug zur rechtlichen Beurteilung dieser Institution zur Verfügung, das so gewonnene Bild vom Erbvertrag in Aragón bliebe jedoch matt und leblos. Lebendig wird es erst, wenn man die soziale Funktion des Erbvertrages, die praktischen Bedürfnisse, denen er gehorcht, kennt und daraus das Verständnis gewinnt für die mannigfachen Formen und Modalitäten, durch die der Erbvertrag dieser Funktion gerecht wird. Diese Formen und Modalitäten finden, wie bereits einleitend gesagt wurde, nur einen schwachen Niederschlag im Gesetz, das im übrigen

1718 Sapena, Pacto sucesorio 748.
1719 Vgl. § 312 Abs. 2 BGB.

die Gestaltung in wohlüberlegter Absicht der Gewohnheit überläßt. Die Gewohnheit hat es gerade in Aragón verstanden, typische Formen herauszubilden, die im Bewußtsein seiner ländlichen Bevölkerung fest verankert sind und ihr die Regelung der erb- und familienrechtlichen Verhältnisse den natürlichen und wirtschaftlichen Gegebenheiten entsprechend gestattet. Diese Gegebenheiten sind in dem Teil Aragóns, wo der Erbvertrag am lebendigsten ist — in dem den Pyrenäen zugewandten Alto Aragón mit der Provinz Huesca und Teilen der Provinz Zaragoza — gekennzeichnet durch die Armut, Trockenheit und Unfruchtbarkeit des Bodens und den geringen Umfang des Familienvermögens[1720]. Dieses Vermögen zusammen mit den Familienmitgliedern bildet das „Haus" („la casa"), und dieses „Haus" muß ungeteilt erhalten werden. Es ist diejenige wirtschaftliche Einheit, die gerade noch groß genug ist, eine Familie durch die Bewirtschaftung des Bodens zu erhalten. Und hieraus ergibt sich zwangsläufig der erste Gesichtspunkt der sozialen Funktion des Erbvertrages. Er ermöglicht es zusammen mit dem System des aragonesischen Pflichtteilsrechtes, das „Haus" einem Alleinerben zu hinterlassen, der es im Sinne der Eltern und unter dem oft Jahrhunderte alten Hausnamen fortführen wird[1721]. Dies würde aber wohl den Vorrang des Erbvertrages vor dem Testament nicht rechtfertigen. Hinzu kommt jedoch, daß es nicht ausreicht, im Alleinerben einen Nachfolger für die Zeit nach dem Tode der Eltern zu bestimmen, sondern daß auch die Eltern die Gewißheit haben wollen, daß dieser Nachfolger das Erbe auch antreten wird. Diese Gewißheit gibt ihnen der Erbvertrag, der in diesem Falle gleichzeitig die Annahme der Erbschaft enthält[1722]. Außerdem genügt es nicht, wenn der Nachfolger das „Haus" erst übernimmt, wenn seine Eltern verstorben sind. Vielmehr können sie, wenn sie alt werden, das „Haus" nicht mehr allein führen, sondern benötigen die Mitarbeit eines ihrer Kinder und dessen Ehegatten. Dieses junge Ehepaar wird aber seine Mitarbeit nur dann zur Verfügung stellen, wenn es sicher sein darf, daß ihm in — oft ferner — Zukunft das „Haus" gehören wird. Die Garantie hierfür erhält es durch den unwiderruflichen Erbvertrag[1723]. Somit ist also die soziale Funktion des altoaragonesischen Erbvertrages eine dreifache: ungeteilter Fortbestand des „Hauses", Gewiß-

---

[1720] Nach Sapena, Pacto sucesorio 750 N. 67, schwankt es zwischen 10 000,— und 50 000,— Peseten, d. h. zwischen 700,— und 3500,— DM.

[1721] Martín-Ballestero, La casa 33 und Moneva y Puyol in seinem Vorwort zum genannten Werk 8.

[1722] Palá 142.

[1723] Lacruz, Notas al Binder 130; Sapena, Pacto sucesorio 734.

heit der Eltern über ihre Nachfolge und Gewißheit der zu Lebzeiten der Eltern für das „Haus“ wirkenden Erben über ihre wirtschaftliche Zukunft.

IV. Der Erbvertrag und das „Haus“

Die beste Gelegenheit, einen Erbvertrag zu errichten, sagt SAPENA[1724], ist die Ehe des künftigen Erben oder — denn auch die Töchter können das „Haus“ zusammen mit ihrem Ehegatten fortführen — der künftigen Erbin. Dieser kombinierte Ehe- und Erbvertrag stellt den Regelfall dar[1725] und ist, wie in anderen Foralgebieten, das von Generation zu Generation sich erneuernde „Grundgesetz“ des „Hauses“, dessen Inhalt und Zweck gleichbleibt. Neben den Feststellungen über das, was jeder Ehegatte in die Ehe einbringt, und der Erbeinsetzung eines der Ehegatten, regelt er die „dos“ des Einheiratenden; dessen Verzicht auf einen weiteren Pflichtteil; die Verpflichtung, mit den einsetzenden Eltern und unter deren Leitung zusammenzuleben und die Folgen einer tatsächlichen Unmöglichkeit oder Aufhebung dieses Zusammenlebens; die „dos“ und den Pflichtteil der weichenden Erben, ihr Recht im „Hause“ zu verbleiben und dort unterhalten zu werden. Er enthält weiter Bestimmungen über die zukünftige Erbschaft der Eheschließenden in Gestalt eines Erbvertrages zugunsten eines noch auszuwählenden zukünftigen Kindes; die gegenseitige Erbeinsetzung der Ehegatten, falls kein Nachfolger aus der Ehe hervorgeht; die Erstreckung des Nießbrauches des Einheiratenden auf das gesamte „Haus“ („viudedad universal“) und endlich die Vereinbarung, daß der überlebende Einheiratende im „Haus“ und auf das „Haus“ eine neue Ehe eingehen darf, wenn kein Erbe vorhanden ist, oder dieser zu jung ist, um das „Haus“ zu übernehmen („casamiento en casa“). Alle diese Bestimmungen haben nur ein Ziel: das „Haus“ als organische Einheit zu erhalten. Die Familie in Alto Aragón hat ihren Mittelpunkt und ihre Lebensgrundlage in diesem „Haus“, das MARTÍN-BALLESTERO[1726] als Institution, als Universitas begreift, die transpersonalen Charakter hat und Träger von Rechten ist, ohne Rechtssubjekt oder juristische Person zu sein. Vom Standpunkt unseres Rechtes aus könnte man das Haus des aragonesischen Rechtes etwa als (gesellschaftsähnliche) familien- und vermögensrechtliche Einheit ansehen. Allerdings läßt sich diese Einheit wohl in vielen Fällen, soweit keine

---

1724 SAPENA, Pacto sucesorio 735.
1725 LACRUZ, Notas al Binder 129.
1726 MARTÍN-BALLESTERO, La casa 117.

familienfremden Personen in das „Haus“ aufgenommen sind, auf den Begriff „Familie“ reduzieren[1727]. Ihre Einordnung unter den Begriff „Gesellschaft“ fällt aber im deutschen Recht leichter als im spanischen Recht, da bei uns die Gesellschaft weder juristische Person ist, noch eine Gewinnerzielungsabsicht voraussetzt[1728]. Mitglieder des „Hauses“ sind alle, die der Familie angehören und im Hause geboren wurden, solange sie dort verbleiben, und die, die sich dem „Hause“ mit ihrem eigenen Vermögen angeschlossen haben, um dauernd in ihm zu leben. Seine Organe sind das Familienoberhaupt oder gegebenenfalls der „Señor mayor“ zusammen mit dem künftigen Erben, in einigen Fällen auch die Ehefrau des Familienoberhauptes, alle Geschwister zusammen oder ein „tión“, der im Hause verbleibende ledige Onkel des minderjährigen Erben[1729]. Sein Vermögen endlich ist alles, was zum „Hause“ gehört und meist seit langer Zeit mit ihm verbunden ist[1730]. Der Gegenstand dieser Arbeit verbietet ein weiteres Eingehen auf diese mehr dem Familienrecht angehörenden Fragen. Die Grundkonzeption des „Hauses“ erscheint jedoch als Voraussetzung für das Verständnis der einzelnen erbvertraglichen Gestaltungsformen in Alto Aragón.

V. Die verschiedenen gewohnheitsrechtlichen Formen und Modalitäten des Erbvertrages in Alto Aragón[1731]

Ähnlich wie in den übrigen Foralrechten, die den Erbvertrag kennen, vor allem dem katalanischen Recht, kann man folgende Grundtypen unterscheiden:

1. Die Erbeinsetzung eines bestimmten Kindes, meist anläßlich seiner Eheschließung. Das aragonesische Recht nennt diese Form „nombramiento de heredero“, während die Bezeichnung „heredamiento“ vor allem in Katalonien gebräuchlich ist[1732].
2. Den Erbvertrag zugunsten eines zukünftigen gemeinsamen Kindes ohne gegenwärtige Erbeinsetzung.
3. Den gegenseitigen Erbvertrag zugunsten des überlebenden Ehegatten („agermanamiento, casamiento al más viviente“).

1727 Solano 340.
1728 Vgl. dagegen Art. 1665 f. CC.
1729 Vgl. kat.: „tizón“ oder „onclet“.
1730 Martín-Ballestero, La casa 76 f., 99 f.
1731 Die Einteilung folgt im wesentlichen Sapena, Pacto sucesorio 738 f.
1732 Palá 141 N. 1.

4. Den Verzicht auf die Rechte aus dem „Haus", insbesondere auf den Pflichtteil.
5. Die erbrechtlichen Vereinbarungen anläßlich der Aufnahme familienfremder Personen in das „Haus" („acogimiento, dación personal").

1. Nombramiento de heredero

In den meisten Fällen erfolgt die Erbeinsetzung eines bestimmten Kindes kurz vor seiner Eheschließung im Ehevertrag. Dieser kann jedoch auch nach der Eheschließung errichtet (oder geändert) werden (Art. 58 ap., Art. 92 Abs. 3 VE). Der Erbvertrag stellt in der Regel die Vollziehung eines von den Eltern bei Eingehung der Ehe geschlossenen Erbvertrages zugunsten eines der zukünftigen Kinder dar und wird somit seitens des Erblassers von beiden Eltern, vom Überlebenden allein oder zusammen mit dem Verwandtschaftsrat oder von letzterem allein errichtet[1733]. Am gebräuchlichsten ist die Einsetzung des ältesten Sohnes, es sei denn, daß die Umstände für eine andere Lösung sprechen, so z. B. wenn die Ehefrau des ältesten Sohnes den Eltern nicht zusagt oder dieser eingeheiratet hat[1734].

Wenn man, der Einfachheit halber, der Terminologie von Roca Sastre[1735] und der katalanischen Kompilation folgt, so kann man auch in Aragón den einfachen, den gemischten und den zusammengesetzten Erbvertrag unterscheiden. Der gemischte Erbvertrag — Erbeinsetzung und Schenkung einzelner Vermögensgegenstände — ist nicht sehr häufig[1736]. Der einfache Erbvertrag, der nur eine reine Erbeinsetzung enthält, ist am häufigsten im Gerichtsbezirk Jaca, der zusammengesetzte Erbvertrag — Erbeinsetzung mit Übergabe des gegenwärtigen Vermögens — überwiegt in den Gerichtsbezirken Huesca und Barbastro und verdrängt in den Gerichtsbezirken Benaberre und Boldana den einfachen Erbvertrag fast ganz[1737]. Beim zusammengesetzten Erbvertrag erwirbt der Erbe bereits beim Vertragsschluß das gegenwärtige Vermögen seiner Eltern, in der Regel jedoch belastet mit einem Nießbrauch zugunsten der Übergebenden. Nach Sapena[1738] erwirbt der Erbe das zukünftige Vermögen der Eltern, sobald es diese erwerben[1739]. Aus Art. 59 VE ergibt sich aber zumindest de

1733 Vgl. unten 2.
1734 Sapena, Pacto sucesorio 739.
1735 Roca Sastre, D. H. III, 123 f.
1736 Sapena, Pacto sucesorio 739.
1737 Batalla (oben N. 1711) 354 f.
1738 Sapena, Pacto sucesorio 739.
1739 Roca Sastre spricht in diesem Fall von „actuación intermitente".

lege ferenda, daß hierfür klare Anhaltspunkte und Beweise erforderlich sind.

Für die Gestaltung des Erbvertrages haben sich bestimmte Klauseln und Zusatzvereinbarungen herausgebildet. Die Klauseln, die die Rechte der Einsetzenden regeln, entfallen dann, wenn zum Zeitpunkt der Erbeinsetzung die Eltern bereits gestorben sind und der Verwandtschaftsrat handelt[1740]. Die wichtigsten dieser Zusatzvereinbarungen werden im folgenden behandelt.

a) Vorbehalt des „Señorío mayor", des Nießbrauches und der Verwaltungsbefugnis zugunsten des Einsetzenden

Fast allen einfachen und zusammengesetzten Erbverträgen wird hinzugefügt, daß die Eltern sich den Nießbrauch und die Verwaltung am Nachlaß vorbehalten, jedoch nur mit Zustimmung des Erben über ihr Vermögen verfügen können und die Erträge des Nießbrauches zum Unterhalt der Familienmitglieder aufzuwenden haben[1741]. Beim zusammengesetzten Erbvertrag ist der Sinn dieser Bestimmung klar. Der Erbe erwirbt zwar das Eigentum am übergebenen Vermögen, die Eltern führen aber das „Haus" wie bisher weiter und verwalten das Vermögen, ohne hierbei auf die Befugnisse eines Nießbrauchers beschränkt zu sein, da ihnen die Verwaltungsbefugnis gesondert zuerkannt ist. Sie haben dabei die Erträge für das „Haus" aufzuwenden und können ohne Zustimmung des Erben, der bereits Eigentümer ist, nicht über einzelne Vermögensgegenstände verfügen oder diese veräußern.

Weniger verständlich erscheint die Formulierung auf den ersten Blick beim einfachen Erbvertrag. Hier bedeutet jedoch der Nießbrauchsvorbehalt, daß der überlebende Ehegatte auch den Vermögensteil als Nießbraucher weiterbesitzt, den der Vorverstorbene bereits dem Erben hinterlassen hat, und eine Klarstellung des Inhalts, daß das nunmehr dem „Hause" angehörende junge Ehepaar hierdurch keinen eigenen Nießbrauch erwirbt. Gleiches kann von der Verwaltungsbefugnis gesagt werden[1742]. Betrachtet man endlich die gesamte Formel, die die Verfügungsbefugnis der Eltern an die Zustimmung der Erben bindet, so stellt der Nießbrauch- und Verwaltungsvorbehalt die Abgrenzung der Befugnisse des Erblassers und somit die Konkretisierung der Bindungswirkung des Erbvertrages dar.

1740 SAPENA, Pacto sucesorio 741.

1741 PALÁ 146; MARTÍN-BALLESTERO, La casa 38—62 (Beispiele); SAPENA, Pacto sucesorio 741 f.

1742 PALÁ 160.

Der Vorbehalt des „Señorío mayor", der diese Klausel gelegentlich begleitet, bereitet dagegen größere Schwierigkeiten. BATALLA[1743] nennt ihn rätselhaft und SOLANO[1744] führt die Auslegungsschwierigkeiten darauf zurück, daß der Begriff nicht in die Umgangssprache eingegangen ist, die den Erblasser als „amo viejo", „padrino" oder „usufructuario" bezeichnet. Der Entwurf eines Apéndice von 1904 setzt in Art. 104 Z. 2 den Vorbehalt des „Señorío mayor" im Zweifel dem Vorbehalt des Nießbrauches und der Verwaltung gleich, wobei die Einsetzenden die Erträge für ihre eigenen Bedürfnisse, die der Familienmitglieder und die Mehrung des Vermögens aufzuwenden haben und ohne Zustimmung des Erben nicht über das unbewegliche Vermögen verfügen können[1745]. Beim einfachen Erbvertrag stellt der Vorbehalt des „Señorío mayor", ähnlich dem, was für den Nießbrauch gesagt wurde, die Bindungswirkung des Erbvertrages fest. Er bestätigt das Eigentum der Eltern, bindet jedoch die Verfügungsbefugnis an die Zustimmung des Erben, dem ein „Señorío menor" zusteht[1746]. Darüber hinaus, und somit weitergehend als das bloße Eigentum, sichert er die Stellung des überlebenden Ehegatten als Familienoberhaupt auch soweit es sich um das ihm nicht gehörende Vermögen des Vorverstorbenen handelt[1747]. Beim zusammengesetzten Erb- oder Übergabevertrag hat dagegen der Vorbehalt des „Señorío mayor" nicht das Eigentum zum Inhalt. Hier — sei es, daß er mit einem Nießbrauchsvorbehalt verbunden ist oder nicht — bedeutet er vor allem, daß die Eltern weiterhin dem Hause vorstehen, daß das bisherige Familienoberhaupt unabhängig von der Eigentums- und Rechtslage diese Stellung beibehält, die Arbeit einteilt und leitet und das Vermögen verwaltet[1748]. Gelegentlich werden der „Señorío mayor", der Nießbrauch und die Verwaltungsbefugnis auch einem „tión" vorbehalten. Häufiger ist jedoch die Verpflichtung des Erben, einen „tión" zu respektieren und ihm Unterhalt zu gewähren[1749].

b) Die Verpflichtung des Erben, mit den Eltern zusammenzuleben

Wie bereits ausgeführt, hat der Erbvertrag u. a. den Zweck, daß die

---

1743 BATALLA (oben N. 1711) 356.

1744 SOLANO 338.

1745 Hiergegen wenden sich PALÁ 159; SAPENA, Pacto sucesorio 742.

1746 LACRUZ, Notas al Binder 141; PALA 158; nach Art. 163 VE 1962 gilt dies allgemein auch dann, wenn das Zusammenleben vereinbart ist.

1747 BATALLA (oben N. 1711) 358.

1748 SAPENA, Pacto sucesorio 742 f.; SOLANO 399; vgl. „Vorbehalt des Regiers", „Güteranschlag mit Vorbehalt der Herrschaft" in den früheren Rechten von Oldenburg, Hessen und Waldeck (STOBBE 398).

1749 SAPENA, Pacto sucesorio 743.

Eltern noch zu Lebzeiten einen Mitarbeiter gewinnen. In den Erbvertrag wird daher die Klausel aufgenommen, daß der Erbe, sein Ehegatte und ihre Abkömmlinge verpflichtet sind, mit den Eltern zusammenzuleben, diese zu achten und ihnen beizustehen. Die üblichen Formeln hierfür lauten, daß der Erbe und seine Familie mit den Eltern „eine einzige Familie bilden", an „einem Tisch und Tischtuch" („a una misma mesa y mantel"), „an einem Tisch und Herd" („a una sola mesa y hogar") zusammenleben[1750]. Gleichzeitig werden die Folgen vorgesehen, die eintreten, wenn sich dieses Zusammenleben als unmöglich erweist oder die „Jungen" das Haus verlassen. Die Wirksamkeit der Erbeinsetzung bleibt meist unberührt[1751], je nach dem Verschulden des einen oder anderen Teils bestimmt sich aber, was das junge Ehepaar beim Verlassen des Elternhauses mitnehmen darf („dos" der Ehefrau, Anteil an den Erträgen des „Hauses" usw.)[1752]. Verläßt das junge Ehepaar das Haus aus seinem alleinigen Verschulden, so können die Eltern vom Erbvertrag zurücktreten[1753].

c) Verfügungs- und Testiervorbehalt der Eltern

In einigen Fällen behalten sich die Eltern bestimmte Vermögensgegenstände oder einen bestimmten Betrag vor, um über diese verfügen und testieren zu können. Dieser Vorbehalt kann auf den Fall beschränkt sein, daß die „Jungen" das Haus verlassen haben und sich die Eltern in einer Notlage befinden. Die Feststellung, wann dies der Fall ist, kann einem Familien- bzw. Verwandtschaftsrat oder dem Ortspfarrer, dem Bürgermeister oder dem Richter übertragen sein[1754].

d) Verpflichtung, die übrigen Kinder zu unterhalten und mit einer „dos" auszustatten

Diese Verpflichtung wird dem Erben auferlegt, soweit seine nicht erbenden Geschwister noch im Hause leben oder noch nichts als „dos" oder Pflichtteil erhalten haben. Der Unterhaltspflicht steht ein Anspruch darauf gegenüber, daß der Begünstigte im Hause mitarbeitet. Sie umfaßt den Unterhalt im weitesten Sinne einschließlich der für einen Landwirt erforderlichen Grundschulbildung, in einigen Fällen aber auch eine gehobene Berufsausbildung oder ein Studium[1755].

Die Ausstattung mit einer „dos" erfolgt, wenn der Bruder oder die

---

1750 Sapena, Pacto sucesorio 744.
1751 Sapena, Pacto sucesorio 748.
1752 Martín-Ballestero, La casa 38—62 (Vertragsbeispiele).
1753 Sapena, Pacto sucesorio 755.
1754 Sapena, Pacto sucesorio 744 f.
1755 Sapena, Pacto sucesorio 746.

Schwester heiraten oder wenn sie, nach Erreichung eines gewissen Alters, eine eigene Existenz gründen wollen. Sie umfaßt meistens einen Geldbetrag, die Kleidung und — vorwiegend bei der Frau — die notwendigen Haushaltsgegenstände. Ihre Höhe kann ziffermäßig festgelegt oder durch einen Höchst- oder Mindestbetrag bestimmt sein. Meist lautet die Vertragsklausel aber auf Gewährung einer „dos" nach dem Vermögen des Hauses („al haber y poder de la casa"). Maßgebend ist dann die wirtschaftliche Situation des „Hauses" und desjenigen, in das der Auszustattende einheiratet, die für das „Haus" geleistete Arbeit, die Höhe der „dos" der anderen Geschwister und ihre Anzahl, sowie die „dos", die üblicherweise in anderen Häusern gleichen Ranges des Ortes gewährt wird. Im Streitfall entscheiden die Eltern oder der Verwandtenrat, wenn dies vorgesehen ist. Sind Geschwister bereits ausbezahlt, so wird dies im Ehe- und Erbvertrag des Erben vermerkt und ihnen für den Fall, daß sie weitere Rechte geltend machen, ein nomineller Pflichtteil zuerkannt, um gegebenenfalls eine Präterition auszuschließen[1756]. In einem von Martín-Ballestero[1757] gebrachten Vertragsbeispiel aus dem Jahre 1907 beträgt dieser nominelle Pflichtteil je fünf Reales (1,25 Peseten) für das bewegliche und unbewegliche Vermögen.

e) Unwirksamkeit der Erbeinsetzung und Wiederanfall des übergebenen Vermögens an die Eltern

Nicht mit der Häufigkeit, mit der dies zu wünschen wäre — meint Sapena[1758] — sieht der Erbvertrag vor, daß die Eltern einen neuen Erben einsetzen können, wenn der Erbe vor ihnen kinderlos stirbt, und das übergebene Vermögen an sie zurückfällt. Ein Beispiel für eine solche Klausel zitiert Palá[1759]. Zu einem ähnlichen Ergebnis kommt man aber wohl anhand von Art. 60 VE, wonach das Recht aus dem Erbvertrag, wenn der Erbe vor den einsetzenden Eltern stirbt, nur auf die Abkömmlinge vererblich ist und die Eltern unter diesen einen neuen Alleinerben auswählen können. Andernfalls erlangen die Eltern ihre volle Verfügungsmacht zurück. Der gleichen Meinung sind für das geltende Recht Sapena[1760] und Palá, der im Anschluß an Gierke von einem „Erwerbsrecht" (im Original deutsch) spricht, das zwar höchstpersönlich, unveräußerlich und unvererblich ist, auf die Abkömmlinge aber kraft Repräsentation oder stillschwei-

---

[1756] Sapena, Pacto sucesorio 746 f.
[1757] Martín-Ballestero, La casa 44.
[1758] Sapena, Pacto sucesorio 749.
[1759] Palá 147.
[1760] Sapena, Pacto sucesorio 752.

gender Ersatzerbschaft übergeht[1761]. Nach SAPENA[1762] soll dasselbe beim zusammengesetzten Erb- und Übergabevertrag für das zukünftige Vermögen gelten. Über das Eigentum am gegenwärtigen, übergebenen Vermögen kann dagegen der Erbe auch von Todes wegen verfügen, wenn keine Abkömmlinge vorhanden sind. Hat der Erbe nicht verfügt, so fällt das übergebene Vermögen gemäß Art. 37 ap. (Art. 77 VE) an die Eltern zurück und zwar gegebenenfalls, in einer allerdings aus dem Gesetz nicht zu begründenden Erweiterung dieser Vorschrift, auch das vom vorverstorbenen Ehegatten übergebene Vermögen an den Überlebenden.

f) Sonderformen

Als Sonderfälle des Erbvertrages zugunsten eines bestimmten Kindes sind zu nennen der doppelte Erbvertrag („doble heredamiento"), der „juntar dos casas" genannte Erbvertrag und der außerhalb eines Ehevertrages geschlossene Erbvertrag.

Beim „doble heredamiento" werden zwei Kinder zu Erben eines „Hauses" bestimmt, wenn das Vermögen groß genug ist, zwei Familien zu ernähren oder wenn das „Haus" von zwei Familien gemeinsam geschaffen wurde. Im ersten Falle wird oft festgelegt, aus welcher Ehe der Alleinerbe für beide Familien zu bestimmen ist[1763]. Hierbei ist allerdings nicht ganz ersichtlich, wie die Schwierigkeiten des Pflichtteilsrechtes umgangen werden sollen. Sind pflichtteilsberechtigte Abkömmlinge aus beiden Ehen vorhanden, so stehen ihnen insgesamt zwei Drittel des jeweiligen elterlichen Vermögens zu (Art. 30 ap., Art. 66 VE).

Von „juntar dos casas" spricht man, wenn beide Ehegatten Erben eines Hauses sind und beide Häuser zu einem einzigen vereinigt werden. In diesem Falle wird häufig ein gegenseitiger Erbvertrag der Ehegatten geschlossen, der wirksam wird, wenn die Ehe kinderlos bleibt. Die Ehegatten gewähren sich gegenseitig das „casamiento en casa", d. h. die Befugnis, eine neue Ehe einzugehen, ohne hierdurch den Nießbrauch am Vermögen des Vorverstorbenen zu verlieren.

Außerhalb eines Ehevertrages wird ein Erbvertrag zugunsten eines ledigen Kindes errichtet, wenn die Eltern fortgeschrittenen Alters sind oder wenn das verheiratete Kind einen Ehevertrag schon früher geschlossen hat oder zur Kostenersparnis auf ihn verzichtet.

Als Erbvertrag oder zumindest als „Pseudoerbvertrag" sieht SAPENA[1764]

1761 PALÁ 154, 162.
1762 SAPENA, Pacto sucesorio 754.
1763 Ausdrücklich angeordnet war dies in Art. 105 des Entwurfes von 1904.
1764 SAPENA, Pacto sucesorio 758.

auch die Befugnis des überlebenden Ehegatten gemäß Art. 54 und 72 Abs. 1 Z. 6 ap. an, wonach er bei fortgesetzter Gütergemeinschaft und wenn ihm die „viudedad" zusteht, zugunsten pflichtteilsberechtigter Abkömmlinge auch über das Gesamtgut und das Sondergut des Vorverstorbenen schenkweise verfügen kann. Die Verfügung darf gemäß Art. 54 ap. (fortgesetzte Gütergemeinschaft) nur erfolgen, um dem Kinde zu einer eigenen Existenz zu verhelfen oder wenn das Kind in den geistlichen Stand eintritt. Art. 54 ap. ermächtigt zu Verfügungen über das Gesamtgut. Art. 72 Abs. 1 Z. 6 ermächtigt zu Verfügungen auch über das Sondergut des Vorverstorbenen, wenn diese anläßlich der Eheschließung des Kindes erfolgt. SAPENA leitet aus diesen Vorschriften eine allgemeine Verfügungsbefugnis im genannten Rahmen her, wenn alle pflichtteilsberechtigten Abkömmlinge zustimmen. Vom Erbvertrag trennt jedoch m. E. diese Schenkung in jedem Fall das Erfordernis, daß es sich bei der Verfügung um eine Freigebigkeit und damit um eine gegenwärtige Vermögensminderung des Schenkers handeln muß, die beim Erbvertrag fehlt[1765].

2. Erbvertrag zugunsten eines zukünftigen gemeinsamen Kindes

In diesem Erbvertrag wird zur Vermeidung der gesetzlichen Erbfolge vorgesehen, daß die Eltern durch gemeinsamen Entschluß eines der gemeinsamen, zukünftigen Kinder zum Alleinerben einsetzen. Stirbt ein Ehegatte, ohne daß die Bestimmung des Erben erfolgt ist, so wird diese Bestimmung dem Überlebenden allein oder — seltener — zusammen mit zwei Verwandten des Vorverstorbenen übertragen. Ist auch bei dessen Tode die Einsetzung noch nicht erfolgt, so obliegt sie dem Verwandtschaftsrat, wobei Meinungsverschiedenheiten meist durch den Ortspfarrer zu entscheiden sind[1766]. Durch diesen Erbvertrag, von dem die Eltern ihre Erbeinsetzung abhängig machen und den die Ehegatten eines Tages auch wieder ihren Kindern auferlegen werden, werden die Wirkungen einer ständigen Bindung des Vermögens ähnlich wie beim Fideikommiß erreicht, ohne daß die vom Código Civil vorgesehenen Grenzen von zwei Erbeinsetzungen überschritten werden (Ar. 781 CC)[1767]. In den meisten Fällen wird ausdrücklich vorgesehen, daß Alleinerbe nur ein Kind aus der Ehe sein kann, anläßlich der der Ehe- und Erbvertrag geschlossen wird.

1765 LACRUZ, Algunas observaciones sobre la facultad que conceden al cónyuge continuador de la comunidad los artículos 54 y 72—6° del Apéndice: An. Der. Aragonés IV (1947—1948) 144 f.

1766 Vgl. Vertragsbeispiele bei MARTÍN-BALLESTERO, La casa 38—62 und zum Verwandtschaftsrat die Ausführungen über das kommissarische Testament, § 20 II 1.

1767 Das heißt selbst dann nicht, wenn man in diesem Verfahren eine versteckte Nacherbschaft sehen will; SAPENA, Pacto sucesorio 764.

Stellt man allerdings die Frage nach der rechtlichen Wirkung dieses Vertrages, so kommt man zu dem Ergebnis, daß er eine unmittelbare Bindung der Eltern nur in sehr beschränkter Form beinhalten kann. Kommen nämlich die Eltern zu keinem gemeinsamen Entschluß, so bleibt nur der Ausweg, daß jeder Elternteil einen eigenen Erben ernennt, und die Durchführung des „Vorvertrages" ist unmöglich. SAPENA[1768] hält es in diesem Fall für erforderlich, daß der Ehegatte, der unabhängig von dem anderen Erben einsetzen will, diesem seinen Entschluß nach den Vorschriften über den Widerruf eines gemeinschaftlichen Testamentes mitteilt (Art. 19 ap.). Ein anderer, unbefriedigender Ausweg wäre nur der, daß der überlebende Ehegatte kraft seiner Befugnis und gegen den Willen des Vorverstorbenen einen Alleinerben bestimmt.

3. *Der gegenseitige Erbvertrag unter Ehegatten*

a) *Inhalt und Wirksamkeit*

Der gegenseitige Erbvertrag unter Ehegatten, der in Aragón „agermanamiento" oder „casamiento al más viviente" heißt, wird meist von Ehepaaren errichtet, bei denen keiner der Ehegatten Erbe eines „Hauses" ist[1769]. Er findet sich jedoch auch in den Fällen, wo ein Ehegatte Hauserbe ist[1770]. Der Vertrag ist nur wirksam, wenn aus der Ehe keine Abkömmlinge hervorgehen[1771]. Dies ergibt sich einmal aus der Gewohnheit und der üblichen Praxis, zum anderen daraus, daß den Abkömmlingen insgesamt ein Pflichtteil von zwei Dritteln der Erbschaft zusteht (Art. 30 Abs. 1 ap.; Art. 66 Abs. 1 VE) und neben ihnen für einen weiteren Erben kein Raum bleibt (Art. 68 Abs. 3 VE). Das gleiche geht aus Art. 32 Abs. 1 S. 2 ap. hervor, wonach beim späteren Vorhandensein („superveniencia") von Kindern diese die gesamte Erbschaft erhalten[1772]. Der Ehegatte ist somit eine Art Ersatzerbe eines noch unbestimmten Erben.

Die Frage, wann eine nachkommenlose Ehe vorliegt, bedarf jedoch einer näheren Untersuchung. Außer in dem selbstverständlichen Fall, daß beim Tode des Vorverstorbenen keine Kinder vorhanden sind, nimmt die aragonesische Literatur den Fortbestand und die Wirksamkeit des gegen-

---

1768 SAPENA, Heredamientos forzados: An. Der. Aragonés VI (1951—1952) 281 f.

1769 Man sagt dann: „se casan para solos", „para fuera de casa", „se casan solteros", LACRUZ, Notas al Binder 151; SOLANO, Pacto sucesorio 335.

1770 MARTÍN-BALLESTERO, La casa 45, 51, 62.

1771 „Kinderzeugen bricht Ehestiftung", STOBBE 294.

1772 LACRUZ, Notas al Binder 151; SAPENA, Pacto sucesorio 768, 771; ACEDA, Notas sobre el agermanamiento o casamiento al más viviente: Seg. Sem. Der. Aragonés 200 f.

1773 LACRUZ, Notas al Binder 151; SAPENA, Pacto sucesorio 768, der hier zu Recht von einer Pupillarsubstitution spricht.

seitigen Erbvertrages auch dann an, wenn etwa vorhandene Kinder vor Erreichung des testierfähigen Alters und vor dem Überlebenden sterben[1773]. Man kann jedoch noch einen Schritt weitergehen und den Gedanken der Ersatzerbschaft zu dem der Nacherbschaft fortführen. Der so gewonnene Schluß ist der, daß der gegenseitige Erbvertrag auch dann wirksam ist, wenn die Abkömmlinge älter werden als vierzehn Jahre, jedoch vor dem Überlebenden sterben, ohne über den Nachlaß verfügt zu haben. Dies läßt sich damit begründen, daß die Ehegatten wollten, daß der Nachlaß entweder einem Abkömmling oder dem Überlebenden verbleiben soll. ACEDA[1774] vertritt diese Meinung für den Fall, daß kein Abkömmling zum Alleinerben eingesetzt wurde[1775]. SAPENA[1776] will das „agermanamiento" in jedem Falle der gesetzlichen Erbfolge vorgehen lassen und hält es somit auch für wirksam, wenn der Abkömmling bereits zum Erben eingesetzt war. MARTÍN-BALLESTERO[1777] läßt den gegenseitigen Erbvertrag bestehen, wenn die Abkömmlinge ihrerseits kinderlos sterben. GIL BERGES[1778] sagt: „Die Geburt eines Kindes macht den Vertrag unwirksam, unbeschadet dessen, daß er wieder in Kraft tritt, wenn die Nachkommen vor ihnen (den Ehegatten) sterben." Entgegen SAPENA[1779], der offenbar glaubt, daß dies seiner Meinung widerspricht, läßt sich dieser Satz in jeder Richtung auslegen. LACRUZ[1780] endlich umgeht eine direkte Stellungnahme und hält die Ansichten ACEDAS und SAPENAS für „sehr diskutabel". M. E. spricht aber der Zweck des gegenseitigen Erbvertrages — Vermeidung der gesetzlichen Erbfolge — für die Richtigkeit der Meinung SAPENAS, da die von ACEDA gemachte Unterscheidung — die er nicht näher begründet — willkürlich erscheint. Etwas anderes ergibt sich allerdings de lege ferenda aus Art. 158 VE, nach dem der Erbvertrag (nur) wirksam ist, wenn bei Auflösung der Ehe keine gemeinsamen Abkömmlinge vorhanden sind. Sind gemeinsame Abkömmlinge vorhanden, so gilt der Erbvertrag als Gewährung der „viudedad universal" und der Befugnis nach Art. 50 VE, den Nachlaß unter den Abkömmlingen zu verteilen.

Dem aragonesischen Rechtsgefühl, das vom Prinzip des Fallrechts beherrscht wird, widerstrebt es offenbar, daß der gesamte Nachlaß des Überlebenden, der sowohl dessen eigenes Vermögen als auch das durch das

---

1774 ACEDA (oben N. 1772) 201.
1775 Ebenso SOLANO, Pacto sucesorio 347.
1776 SAPENA, Pacto sucesorio 770.
1777 MARTÍN-BALLESTERO, La casa 132.
1778 EXPOSICIÓN DE MOTIVOS 12.
1779 SAPENA, Pacto sucesorio 770.
1780 LACRUZ, Notas al Binder 151.

„casamiento al más viviente" erworbene Vermögen des Vorverstorbenen umfaßt, mangels letztwilliger Verfügung an seine gesetzlichen Erben fällt. Es wird daher vorgeschlagen, das Vermögen des Überlebenden zu halbieren und je eine Hälfte den gesetzlichen Erben des Vorverstorbenen und des Überlebenden zuzuwenden[1781]. MARTÍN-BALLESTERO[1782] berichtet, daß dies in einigen Gegenden kraft Gewohnheit tatsächlich geschieht. Nach Art. 158 Abs. 3 VE, der diesen Gedanken Rechnung trägt, erwerben den vom Vorverstorbenen stammenden Vermögensteil, soweit der überlebende Ehegatte nicht über ihn verfügt hat, diejenigen Personen, die beim Tode des Überlebenden als gesetzliche Erben des Vorverstorbenen berufen wären.

b) „Reconocimiento" und Übertragung der Veräußerungsbefugnis

Als weitere Verfügungen zugunsten des überlebenden Ehegatten, die nach dem Tode des Vorverstorbenen wirksam und vertragsmäßig errichtet werden, nennt SAPENA das „reconocimiento"[1783] und die Übertragung der Veräußerungsbefugnis[1784].

Das „reconocimiento" (Anerkennung) ist eine im Ehevertrag errichtete Verfügung eines Ehegatten zugunsten des Überlebenden für den Fall, daß dieser die „dos" zurückerstatten oder das Haus verlassen muß. Die Pflicht, die „dos" zurückzuerstatten, trifft den Ehegatten, wenn seine „viudedad" erlischt, oder seine Rechtsnachfolger zum Zeitpunkt seines Todes, wenn keine Abkömmlinge vorhanden sind, die das testierfähige Alter erreichen. Die „Anerkennung" besteht hier in einer Minderung der herauszugebenden „dos".

Zugunsten des einheiratenden Ehegatten wird diese „Anerkennung" für den Fall vorgesehen, daß dieser das Haus verläßt, um eine neue Ehe einzugehen[1785]. Der Ehevertrag sieht dann vor, daß der Ehegatte seine „dos", seine Kleider und, wenn keine Abkömmlinge vorhanden sind, einen bestimmten Betrag als „reconocimiento" erhält[1786]. Hier stellt sich das „reconocimiento" als Erhöhung der „dos" dar. Diese letzte Form ist die häufigere. Abweichungen von den dargestellten Regeln sind möglich, insbesondere wird gelegentlich dem Einheiratenden das „reconocimiento" auch dann zuerkannt, wenn Abkömmlinge vorhanden sind.

1781 SAPENA, Pacto sucesorio 772.

1782 MARTÍN-BALLESTERO, La casa 132.

1783 SAPENA, Pacto sucesorio 774 f.

1784 SAPENA, Pacto sucesorio 776 f.

1785 „„convolar": Eingehung einer neuen Ehe ohne die Voraussetzungen des „casamiento en casa".

1786 MARTÍN-BALLESTERO, La casa 40, 43.

Hinterläßt der Erbe bei seinem Tode minderjährige Abkömmlinge, unter denen noch kein Erbe ausgewählt ist, so befindet sich der Nachlaß in einer besonderen Lage. Dem überlebenden Ehegatten steht nur die Befugnis zu, einen Erben zu bestimmen und den übrigen Abkömmlingen „dotes" und Pflichtteile zuzuerkennen. Er verwaltet zwar bis zur Bestimmung des Erben den Nachlaß als Familienoberhaupt, kann aber keine Vermögensgegenstände veräußern. Dies ergibt sich daraus, daß er nicht Erbe des Verstorbenen und damit nicht Eigentümer des Nachlasses ist. Erbe soll vielmehr ein noch zu bestimmendes Kind werden. Bis zu seiner Einsetzung wäre zu einer Verfügung daher die Zustimmung aller Kinder erforderlich. Da dies wegen des hierbei auftretenden Selbstkontrahierens des überlebenden Ehegatten die Einschaltung des Gerichtes erforderlich machen würde, überträgt der Hauserbe im Ehevertrag dem einheiratenden Ehegatten für den Fall seines Überlebens die Befugnis zur Veräußerung von Nachlaßgegenständen, sei es allein oder mit Zustimmung des Verwandtschaftsrates oder anderer Personen.

4. Erbverzichtverträge

Die weichenden Erben verzichten im allgemeinen im Hinblick auf die Einsetzung eines Alleinerben und anläßlich ihrer Ausstattung mit einer „dos" auf alle weiteren Pflichtteilsrechte gegenüber ihren Eltern. Dieser Vertrag beruht in Aragón auf der allgemeinen Zulassung der Erbverträge im Apéndice[1787] und wird in Art. 55, 56, 64 VE ausdrücklich erwähnt. Er wird vor allem zwischen den Eltern des Einheiratenden oder deren Erben und dem Einheiratenden geschlossen, wenn dieser seine „dos" in die Ehe mit einem Erben einbringt. Gehört er zu der Gruppe der Abkömmlinge, aus der der Alleinerbe für sein Elternhaus auszuwählen ist, so verzichtet er auch auf sein Recht, zum Erben ernannt zu werden. Außerhalb eines Ehevertrages kommt der Verzicht vor, wenn sich der Pflichtteilsberechtigte selbständig macht, ohne eine Ehe einzugehen, in den geistlichen Stand tritt oder eine vertragslose Ehe schließt[1788].

5. „Acogimiento" und „dación personal"

Das „acogimiento" kann definiert werden als diejenige vertraglich vereinbarte Institution des altoaragonesischen Gewohnheitsrechtes, durch die eine Familie eine andere Familie in ihr Haus aufnimmt. Die Aufnahme erfolgt zur Mitarbeit im Haus unter Beteiligung an den Nutzungen, Erträgen und der Arbeit mit hierarchischer Organisation. Die Erbfolge beider

1787 Lacruz, Notas al Binder 350.

1788 Sapena, Pacto sucesorio 758.

Familien wird einheitlich geregelt[1789]. Dieser Vertrag wird auch „casamiento a sobre bienes“ genannt[1790] und meist anläßlich der Heirat der Aufzunehmenden geschlossen[1791]. Die beiden Familien — die Aufnehmenden, von denen einer Hauserbe ist, und die Aufgenommenen — bilden eine Familiengemeinschaft oder Familiengesellschaft unter Leitung der Aufnehmenden, denen der „Señorío mayor“ zusteht[1792]. Das Vermögen dieser Familiengesellschaft setzt sich zusammen aus dem bereits vorhandenen Vermögen des „Hauses“, dem von den Aufgenommenen eingebrachten Vermögen und dem gemeinsam erzielten Zugewinn. Das Eigentum am Hause und am eingebrachten Vermögen ändert sich hierdurch nicht, ersteres gehört nach wie vor dem Erben, letzteres verbleibt den Aufgenommenen. Die Beteiligung am Zugewinn wird vor allem für den Fall der Auflösung der Gemeinschaft geregelt, wobei die Rechte der Aufgenommenen verschiedenen Umfang haben können. Die Verfügung über das Vermögen der Familiengemeinschaft in einer seiner drei Formen wird jedoch im allgemeinen an die Zustimmung aller Beteiligten gebunden[1793].

Erbrechtlich von Bedeutung sind diejenigen Vertragsvereinbarungen, die die Regeln dafür enthalten, wer das Haus erben soll. Sind Kinder aus beiden Ehen vorhanden, so führt das Pflichtteilsrecht zwangsläufig dazu, daß diese Kinder ihre jeweiligen Eltern beerben und Alleinerbe des Hauses nur ein Kind der Aufnehmenden sein kann[1794]. In der Regel wird daher nur vorgesehen, daß Hauserbe ein Kind der Aufnehmenden oder, bei deren Fehlen, ein Kind der Aufgenommenen werden soll[1795]. Die Reihenfolge, innerhalb der die Vertragsfreiheit ausgeübt wird, ist dabei folgende: Erbe wird

1. ein gemeinsames Kind der Aufnehmenden
2. ein Kind aus einer späteren Ehe des Hauserben
3. ein Kind der Aufgenommenen
4. gegebenenfalls die Aufgenommenen selbst, wenn sie erheblich jünger als die Aufnehmenden sind[1796].

1789 Sapena, Acogimiento 100.

1790 So ausdrücklich Art. 309 des Entwurfes eines Apéndice von 1904 und Art. 71 Abs. 1 des Entwurfes von 1924.

1791 Martín-Ballestero, La casa 52 f.

1792 Sapena, Acogimiento 105, 112 f.

1793 Sapena, Acogimiento 117 f.

1794 Sapena, Pacto sucesorio 780; ders., Acogimiento 122 f.

1795 Martín-Ballestero, La casa 55 f.

1796 Sapena, Pacto sucesorio 781; ders., Acogimiento 138.

Die Auswahl des Erben aus einer der unter 1—3 genannten Gruppen erfolgt im allgemeinen durch alle Beteiligten oder die jeweils überlebenden gemeinschaftlich, gelegentlich auch durch die Aufnehmenden allein, wenn eines ihrer Kinder in Frage kommt. Bei Stimmengleichheit entscheidet der Hauseigentümer. Wird er überstimmt, so bleibt letzten Endes keine andere Möglichkeit, als daß er seinen Erben allein einsetzt, da ihm ein fremder Wille in Art einer fiduziarischen Erbeinsetzung zu seinen Lebzeiten nicht aufgezwungen werden kann. Sind alle Beteiligten verstorben, ohne einen Erben ernannt zu haben, so entscheidet der Verwandtschaftsrat[1797].

Steuerliche Gründe haben in jüngster Zeit ein verstecktes „acogimiento" an Bedeutung gewinnen lassen, bei dem die „Aufnehmenden" ihr Vermögen an die „Aufgenommenen" übertragen und sich selbst den Nießbrauch vorbehalten. Gleichzeitig regelt der Ehevertrag der Aufzunehmenden die Bedingungen für das Zusammenleben und einen Erbvertrag zu ihren Gunsten. Dieser Vertrag wird jedoch nur geschlossen, wenn wegen des Alters der Hauseigentümer feststeht, daß sie keine Kinder mehr haben werden[1798].

Bei der „dación personal" tritt ein alleinstehender Junggeselle oder kinderloser Witwer in ein „Haus" ein, um dort mitzuarbeiten. Sein Vermögen geht sofort in das Hauseigentum über und sein zukünftiges Vermögen erwirbt der Erbe des Hauses, der gleichzeitig Erbe des Eintretenden ist[1799]. In seinem erbrechtlichen Teil ist dieser Vertrag somit einem zusammengesetzten Erbvertrag vergleichbar.

§ 50: DER ERBVERTRAG („DONACIÓN PROPTER NUPTIAS") IN NAVARRA

I. Zulässigkeit

Die Zulässigkeit des Erbvertrages wird in Navarra allgemein anerkannt, wenn er auch in den systematischen Darstellungen des navarrischen Rechtes[1800] kaum als besonderes Rechtsinstitut behandelt wird. Lacarra[1801] führt lediglich aus, daß die Berufung zur Erbschaft auch

---

1797 Sapena, Acogimiento 126 f.
1798 Sapena, Pacto sucesorio 781; ders., Acogimiento 138.
1799 Sapena, Pacto sucesorio 782.
1800 Insbesondere Alonso und Lacarra.
1801 Lacarra II, 46.

durch die „universelle Schenkung des Vermögens" und die „Ernennung des Erben in öffentlicher Urkunde" erfolgen kann. Es besteht die Gewohnheit, „daß diese Schenkung das gesamte gegenwärtige und zukünftige Vermögen umfaßt und der Beschenkte somit ein echter Gesamtrechtsnachfolger des Schenkers ist". LACARRA bezieht sich damit auf den kombinierten Erb- und Übergabevertrag, der, wenn er mit dem Ehevertrag des Erben verbunden wird, die Bezeichnung „donación propter nuptias" erhält und die häufigste Form der vertraglichen Erbeinsetzung darstellt[1802].

II. Geschichte

AIZPÚN TUERO[1803] weist nach, daß die Möglichkeit, den Erben durch Vertrag unter Lebenden zu bestimmen, bereits im Fuero General angedeutet ist (K. 4, T. 4, B. 2 FG). In der Novísima Recopilación findet sich eine große Anzahl von Gesetzen, die mittelbar oder unmittelbar auf den Erbvertrag Bezug nehmen[1804]. Die Zulässigkeit des Erbvertrages in Navarra ergibt sich jedoch vor allem aus der Vertragsfreiheit, die in dem Grundsatz „Paramiento a fuero vience" zum Ausdruck kommt.

III. Allgemeine Regeln

Die Verbindung des Erbvertrages mit dem Ehevertrag des Erben ist nicht zwingend. Der Erbvertrag kann auch selbständig geschlossen werden[1805]. Dies ergibt sich eindeutig aus G. 5 und 7, T. 7, B. 3 Nov., wo die Erbeinsetzung im Ehevertrag derjenigen in anderen Verträgen gegenübergestellt wird[1806]. Etwas anderes gilt nur für den kombinierten Erb- und Übergabevertrag, d. h. die Schenkung des gesamten gegenwärtigen und zukünftigen Vermögens. Er ist nur im Hinblick auf die Ehe des Beschenkten („por razón de matrimonio") als „donación propter nuptias" oder bei Begründung einer Familiengemeinschaft zwischen Schenkern und Beschenkten zulässig (L. 125 Abs. 1 FR). Der Entwurf des „Fuero Recopilado" enthält einige wenige allgemeine Vorschriften über den Erbvertrag. Eine systematische Regelung wird im „Dictamen" vorgeschlagen. Diese

---

1802 YABEN 56.
1803 AIZPÚN TUERO 169 f.
1804 Vor allem G. 4 und 5, Tit. 7, B. 3 Nov., abgedruckt bei LACARRA II, 137 f.
1805 AIZPÚN TUERO 175.
1806 G. 7, Tit. 7, Buch 3 Nov. ist abgedruckt bei LACARRA II, 24.

Gesetzesentwürfe können im wesentlichen als Grundlage für die allgemeine Erörterung des navarrischen Erbvertrages dienen.

L. 221 und L. 284 FR stellen neben das Gesetz und das Testament als weiteren Berufungsgrund den Erbvertrag. Die erstgenannte Vorschrift stellt ausdrücklich fest, daß der Erbvertrag nicht im Ehevertrag enthalten zu sein braucht[1807]. L. 273 Dictamen bestimmt, daß im Erbvertrag Rechte auf eine Erbschaft oder einen Teil davon zu Lebzeiten des Erblassers begründet, geändert und ausgeschlossen werden können. Der Erbvertrag kann sowohl im Ehevertrag als auch unabhängig von diesem geschlossen werden. Auch das navarrische Recht setzt auf seiten des Erblassers die Geschäftsfähigkeit voraus. Gemäß L. 274 Dictamen muß der Erblasser die Fähigkeit zur Eingehung von Verträgen und, wenn gleichzeitig eine Vermögensübergabe erfolgt, die Fähigkeit zur Verfügung unter Lebenden besitzen[1808].

Der Erbvertrag ist in Form der öffentlichen Urkunde zu errichten[1809]. L. 222 FR, L. 275 Dictamen verlangen darüber hinaus die Mitwirkung von zwei Testamentszeugen.

Die Entwürfe enthalten keine ausdrückliche Vorschrift des Inhalts, daß der Erbvertrag vom Erblasser persönlich errichtet werden muß. Lacruz[1810] stellt dies aber allgemein für alle spanischen Rechte fest und auch aus L. 223 FR ergibt sich dieses Erfordernis. Die Vorschrift sagt, daß die Regelung der Erbfolge ein höchstpersönlicher Akt ist und läßt als Ausnahme nur die Übertragung der Befugnis zur Auswahl des Erben auf den überlebenden Ehegatten oder andere Personen zu. Die Übertragung hat ihrerseits durch Rechtsgeschäft unter Lebenden oder von Todes wegen zu erfolgen. Wird sie im Erbvertrag vorgenommen, so muß m. E. auch dieser vom Erblasser persönlich errichtet werden, da sich die Ausnahme auf den Inhalt und nicht auf die Art des Vertragsabschlusses bezieht. Etwas anderes gilt nur für den Vertrag, durch den die zur Erbeinsetzung ermächtigten Personen ihre Aufgabe erfüllen.

Unbeschadet der Möglichkeit in der „donación propter nuptias" weitgehende Zusatzvereinbarungen zu treffen, gilt für den Inhalt des Erbvertrags mangels besonderer Vorschriften im navarrischen Recht die allgemeine Regelung für die gewillkürte Erbfolge. Danach kann der Erb-

---

1807 „La sucesión se defiere ... por pacto sucesorio, se contenga o no en capitulaciones matrimoniales".

1808 Zum Unterschied beider Fähigkeiten vgl. insbesondere Art. 317 CC.

1809 Albareda 58.

1810 Lacruz, Notas al Binder 136.

vertrag die gleichen Vermögensverfügungen enthalten wie das Testament und darüber hinaus die Personen bestimmen, die den Erben auswählen sollen[1811] (L. 223 Abs. 2 FR; L. 276 Abs. 1 Dictamen).

Der Erbvertrag bindet den Erblasser in der Weise, daß er nicht mehr von Todes wegen abweichend über sein Vermögen, soweit es Gegenstand des Vertrages ist, verfügen kann. Dies ergibt sich aus L. 259 FR, wonach ein Widerruf durch späteres Testament oder späteren Erbvertrag ausgeschlossen ist, es sei denn, daß bei Errichtung der späteren Verfügung alle am Erbvertrag Beteiligten mitwirken (actus contrarius). L. 278 Dictamen läßt einen Widerruf bzw. Rücktritt nur zu, wenn er im Vertrag aus bestimmten Gründen zugelassen war, wenn der Eingesetzte vor dem Erblasser stirbt, ohne daß ein Repräsentationsrecht eingreift, und bei Vorliegen eines Enterbungs- oder Erbunwürdigkeitsgrundes. L. 279 Dictamen gestattet eine Änderung nur bei Einverständnis aller an der Errichtung beteiligten Personen. Ist der Erbvertrag im Ehevertrag enthalten, so gilt gemäß L. 165 bzw. L. 181 FR die Regelung für die Änderung des Ehevertrages, die ebenfalls die Mitwirkung aller an der Errichtung Beteiligten und darüber hinaus, wie diese, die Form der öffentlichen Urkunde voraussetzt. Sind sämtliche an der Errichtung beteiligten Aszendenten verstorben, so ist zur Änderung des Ehevertrages die Zustimmung der „Parientes mayores" dieser Linie erforderlich[1812].

Unter Wahrung der Form des Erbvertrages ist in Navarra auch der Erbverzicht zulässig. Zwar findet sich im geltenden Recht keine positive Norm hierüber, die Wirksamkeit des Erbverzichts ergibt sich jedoch aus der Vertragsfreiheit und der Gewohnheit[1813]. In L. 227 FR und L. 281 Dictamen ist der Erbverzicht ausdrücklich geregelt und es wird bestimmt, daß der Verzichtende nur von der gesetzlichen Erbfolge ausgeschlossen ist, spätere Verfügungen des Erblassers zu seinen Gunsten jedoch annehmen kann.

IV. Die Bedeutung des Erbvertrages in Navarra und seine Gestaltung im Ehevertrag

Die Ausführungen über die soziale Funktion des Erbvertrages in Alto Aragón und seine Bedeutung für das „Haus" haben im wesentlichen auch

---

1811 Lacruz, Notas al Binder 133.

1812 Nach L. 213 FR sind dies die beiden nächsten, ältesten männlichen oder, bei deren Fehlen, weiblichen Verwandten bis zum 4. Grad mit Wohnsitz in Navarra.

1813 Aizpún Tuero 183; Yaben 54 f.

für Navarra Gültigkeit, so daß auf sie verwiesen werden kann[1814]. Er dient vor allem der Erhaltung des „Hauses" durch Bestimmung eines Alleinerben, die durch die absolute Testierfreiheit erleichtert wird, und stellt die häufigste Form der Regelung der Erbfolge in Navarra dar[1815]. Trotz oder gerade wegen der unbeschränkten Testierfreiheit wird — zumindest innerhalb der ländlichen Bevölkerung — kraft Gewohnheit und in Erfüllung der von den Eltern auferlegten Verpflichtung ein Kind zum Alleinerben eingesetzt und somit der Fortbestand des Hauses gesichert.

1. Arten

Wie in Aragón und Katalonien können folgende Arten des Erbvertrages unterschieden werden:

a) Der Erbvertrag zugunsten des heiratenden Kindes

Er wird in Navarra als „donatio propter nuptias" errichtet, wenn der vorgesehene Erbe die Ehe eingeht. Dieser Erbvertrag kann ein echter, einfacher Erbvertrag sein oder gleichzeitig die Übergabe des gesamten Vermögens — zusammengesetzter Erb- und Übergabevertrag — oder eines Teiles davon — gemischter Erbvertrag — zum Inhalt haben (so ausdrücklich L. 277 Dictamen).

b) Der Erbvertrag zugunsten eines zukünftigen gemeinschaftlichen Kindes

Dieser in Katalonien „heredamiento preventivo" genannte Erbvertrag wird in Navarra als „pacto sustitutivo" bezeichnet, offenbar weil er von den einsetzenden Eltern und dem jungen Ehepaar gemeinsam errichtet wird und sich vom Standpunkt der Eltern aus praktisch als Einsetzung eines Nacherben darstellt[1816].

c) Der gegenseitige Erbvertrag

An seiner Zulässigkeit bestehen keine Zweifel, zumal ein gegenseitiger Ehegattenerbvertrag nicht durch die spätere Geburt von Kindern, wie in Aragón, unwirksam würde, da dort für diese Unwirksamkeit vor allem Gründe des Pflichtteilsrechts maßgebend sind, die in Navarra keine Gültigkeit haben. Unterlagen über die Häufigkeit dieses Erbvertrages konnten jedoch nicht aufgefunden werden und es scheint, daß für die gegenseitige Erbeinsetzung das gemeinschaftliche Testament („testamento de hermandad") bevorzugt wird. Von diesem Testament berichtet Santamaría[1817], daß es häufig eine gegenseitige Erbeinsetzung enthält.

1814 Vgl. § 48 III.
1815 Aizpún Tuero 172; Yaben 189 f.
1816 Vgl. Aizpún Tuero 178.
1817 Santamaría de Cristóbal 197.

2. *Inhalt*

Unter den theoretisch möglichen und hier dargestellten Formen des Erbvertrages ist am häufigsten die Einsetzung des ältesten Sohnes, ausnahmsweise auch eines nachgeborenen Sohnes oder einer Tochter[1818], bei Eingehung seiner Ehe durch „donación propter nuptias", die in der Regel das gesamte gegenwärtige und zukünftige Vermögen umfaßt. Gleichzeitig wird bestimmt, daß Erbe des jungen Ehepaares ein Kind aus dieser Ehe sein wird, das entweder die Eltern gemeinsam, der überlebende Ehegatte oder die „Parientes mayores" bestimmen, je nachdem, ob die Eltern oder ein Elternteil die Heirat dieses Kindes erleben oder nicht[1819].

Nach navarrischem Recht kann sowohl der Ehevertrag als auch die „donación propter nuptias" der Eheschließung nachfolgen (L. 162, 172 FR) und nach Yaben[1820] ist am gebräuchlichsten die Errichtung kurze Zeit nach Eingehung der Ehe. Auch die mit dem Ehevertrag verbundene „donación propter nuptias" erfordert, wenn sie einen Erbvertrag enthält, die Zuziehung von zwei Zeugen (L. 172 FR). Umfaßt sie das gesamte gegenwärtige und zukünftige Vermögen, so werden die Beschenkten als Erben angesehen und haften für die früheren Verbindlichkeiten des Schenkers mit dem übergebenen Vermögen. Notfalls haben sie ihm Unterhalt zu gewähren (L. 125 Abs. 2 FR).

Gemäß L. 173 FR sind die Einsetzungen „zukünftiger Personen", d. h. von noch nicht geborenen Nacherben, nur bis zum 2. Grad zulässig. Diese Regelung entspricht dem gemeinen Recht (Art. 781 CC)[1821].

Eine Auslegungsregel zugunsten der befreiten Vorerbschaft enthält L. 177 FR. Hiernach gilt die Berufung zum Nacherben nur dann als Schenkung, wenn dies ausdrücklich festgestellt ist. Andernfalls wirkt sie nur als einfache Erbeinsetzung, ohne die Befugnis des Erben, entgeltlich unter Lebenden zu verfügen, einzuschränken. Die Berufenen erben nur das, was beim Nacherbfall (Tod des Beschenkten) vorhanden ist.

Die „donación propter nuptias" ist auch ohne Zuweisung der formellen „legítima" an die Zwangserben wirksam, wenn diese ausgestattet wurden oder wenn dem Bedachten die Verpflichtung auferlegt wird, sie auszustatten (L. 174 FR), oder — gemäß L. 189 Dictamen — wenn sie auf die „legítima" verzichtet haben. Die Verfügungsbefugnis des Erben in bezug

---

1818 Yaben 123 f.

1819 Fernández Asiain 6 f.

1820 Yaben 79.

1821 Ley 188 Dictamen schlägt in Übereinstimmung mit dem justinianischen Recht vor, vier Nacherbeneinsetzungen zuzulassen.

auf das übergebene Vermögen ist sonst nicht beschränkt, er kann beim Fehlen von Nacherbeneinsetzungen beliebig verfügen. Sterben er oder seine ihn überlebenden legitimen Abkömmlinge jedoch kinderlos, so fällt das dann noch vorhandene Vermögen an den Schenker oder seinen nächsten Blutsverwandten gemäß L. 282 Abs. 2 und 3 FR zurück (L. 178 FR). Mangels abweichender Vereinbarung steht aber weder eine Nacherbeneinsetzung noch dieses Wiederanfallsrecht dem Nießbrauch des überlebenden Ehegatten des Bedachten oder eines Nacherben entgegen (L. 179 FR). Ist der Erblasser bzw. Schenker in zweiter oder späterer Ehe verheiratet, so finden auf die Schenkung des gesamten gegenwärtigen und künftigen Vermögens L. 125 Abs. 2 und L. 133 FR Anwendung (L. 180 FR). L. 133 FR bestimmt, daß auch auf Schenkungen die für die spätere Ehe vorgesehenen Verfügungsbeschränkungen Anwendung finden.

Da die „donación propter nuptias" immer im Hinblick auf die zukünftige oder bereits bestehende Ehe des Erben erfolgt, bestimmt L. 181 FR, daß sie unwirksam ist, wenn die Ehe nicht zustande kommt oder für unwirksam erklärt wird.

3. Widerruf

L. 182 FR bestimmt, daß der Widerruf der „donación propter nuptias" nur zulässig ist, wenn der Erbe oder sein als Nacherbe berufener Rechtsnachfolger wesentliche Bedingungen oder Lasten nicht erfüllen oder für erbunwürdig erklärt werden. Nicht anwendbar sind dagegen die Gründe für den Widerruf von Schenkungen gemäß Art. 644 f. CC[1822].

4. Zusatzvereinbarungen

Für die im Erbvertrag und vor allem in der „donación propter nuptias" üblichen Zusatzvereinbarungen kann im wesentlichen auf die zum aragonesischen Recht gemachten Ausführungen verwiesen werden. L. 175 FR nennt als Beispiele die Errichtung und Auflösung einer Familiengemeinschaft, Vereinbarungen über das Zusammenleben der Eltern („amos viejos") mit dem jungen Ehepaar („amos jóvenes"); Vorbehalt des Nießbrauches, der Verwaltung und der Verfügungsbefugnis zugunsten der Einsetzenden; Beteiligung — wohl ebenfalls der Einsetzenden — am ehelichen Zugewinn („conquistas"); Veräußerungsverbote (zu Lasten des Erben), Dotierung und Ausstattung der weichenden Erben; deren Recht, im Haus zu leben und unterhalten zu werden; Einsetzung eines Nacherben und alle sonstigen Vereinbarungen, die nicht gegen das Gesetz oder die guten Sitten verstoßen.

1822 So bereits Lacarra II, 37.

Die wichtigste dieser Zusatzvereinbarungen ist der allgemein übliche Vorbehalt des Nießbrauches und der Verwaltung zugunsten der Einsetzenden. Die übliche Formel lautet: „Die Einsetzenden machen ihrem Kinde N. und im Hinblick auf seine Ehe die universelle Schenkung, sofort hinsichtlich des Eigentums und nach ihrem Tode hinsichtlich des Nießbrauches."[1823] In einigen Gegenden ist es auch gebräuchlich, den Vorbehalt zeitlich, etwa auf sechs oder acht Jahre zu beschränken[1824]. Fehlt oder endet der Nießbrauchsvorbehalt, so wird bestimmt, daß die Jungen den Eltern Unterhalt zu gewähren haben, und oft im einzelnen festgelegt, worin dieser Unterhalt zu bestehen hat. Lacarra[1825] hält die universelle Schenkung überhaupt nur für wirksam, wenn sich die Einsetzenden einen Vermögensteil zu Eigentum oder Nießbrauch vorbehalten, der es ihnen ermöglicht, ihren Lebensunterhalt zu bestreiten. L. 176 FR sieht zwingend vor, daß, wenn der Schenker einen solchen Vorbehalt nicht gemacht hat, der Beschenkte zur Unterhaltsleistung verpflichtet ist. Hat sich der Schenker nicht das vorbehalten, was erforderlich ist, um die übrigen Kinder auszustatten, so trifft die Ausstattungspflicht den Beschenkten.

In fast allen „donaciones propter nuptias" behalten sich die Eltern außerdem einen bestimmten Betrag vor, um über diesen durch Testament zu verfügen[1826]. Ebenso findet sich in der Regel die Bestimmung, daß das junge Ehepaar mit den Eltern zusammenzuleben und zusammenzuarbeiten hat[1827].

Die nicht eingesetzten Kinder haben das Recht, im Elternhause zu verbleiben und dort unterhalten zu werden[1828]. Verlassen sie das Elternhaus, so trifft den Erben bzw. Beschenkten die Pflicht, sie auszustatten. Nach Yaben[1829] beträgt die Ausstattung im Durchschnitt ein Siebtel des Vermögens desjenigen, der sie gewährt.

1823 Yaben 86.
1824 Yaben 89.
1825 Lacarra II, 35.
1826 Yaben 92.
1827 Yaben 97.
1828 Yaben 111.
1829 Yaben 114.

§ 51: ERB- UND ÜBERGABEVERTRAG IN VIZCAYA

I. Übergabevertrag oder Erbvertrag?

Die ungeteilte Erhaltung des Familienvermögens, insbesondere des „caserío“ genannten Hauses (Hofes), wird in Vizcaya vor allem dadurch ermöglicht, daß der Erblasser im Testament einen Alleinerben bestimmen kann (vgl. Art. 23 CDV). Gebräuchlicher ist aber die vertragliche Übertragung des ungeteilten Familienvermögens an einen der Zwangserben, sei es in Verbindung mit der Eheschließung eines Kindes durch Bestellung der „dos“ oder „donación propter nuptias“ durch die Eltern, sei es unabhängig davon[1830]. Diese vertragliche Übertragung erfolgt in Form der Schenkung des gegenwärtigen Vermögens mit sofortiger Übergabe und dem Verlust der Verfügungsbefugnis des Schenkers, der sich meist entweder einen Unterhaltsanspruch oder einen Nießbrauch an der Hälfte des übergebenen Vermögens vorbehält und an den das Vermögen zurückfällt, wenn der Beschenkte kinderlos stirbt[1831]. Wird in dieser Weise über das Vermögen verfügt, so kann man von einer „vorweggenommenen Erbfolge“ oder mit Jado[1832] und García Royo[1833] von einer „Beerbung zu Lebzeiten des Erblassers“ sprechen, die Übertragung ist ein Übergabevertrag oder — für das spanische Recht — eine unwiderrufliche Schenkung unter Lebenden (Art. 621 CC)[1834] bzw. — für das deutsche Recht — eine vollzogene Schenkung im Sinne von § 2301 Abs. 2 BGB. Ob daneben auch ein echter Erbvertrag oder ein gemischter Erb- und Übergabevertrag möglich ist, hängt davon ab, ob Art. 1271 Abs. 2 und Art. 635 CC in Vizcaya gelten oder ob ihre Anwendung deshalb ausgeschlossen ist, weil das biskayische Foralrecht einen selbständigen echten Erbvertrag zuläßt oder der Übergabevertrag auch das künftige Vermögen umfassen kann. Beides soll sowohl für den Fuero de Vizcaya als auch nach geltendem Recht untersucht werden.

1830 Jado 414, 221, 291; Lacruz, Notas al Binder 130 f.; Luna Serrando 15.

1831 Jado 221, 223; Lacruz, Notas al Binder 129 f.

1832 Jado 223.

1833 García Royo II, 68.

1834 Jado 223; ein Widerruf ist nur wegen groben Undanks gemäß Art. 647 f. CC möglich, wenn die Schenkung nicht im Ehevertrag erfolgte.

II. Die universelle Schenkung des gegenwärtigen Vermögens an einen Zwangserben

Die Struktur der universellen Schenkung an einen Zwangserben wurde bereits kurz angedeutet. Ihre Zulässigkeit ergab sich unter der Geltung des Fuero aus den gleichen Gesetzen, die die Testierfreiheit behandelten, insbesondere aus G. 11, T. 20. Danach konnten der Vater oder die Mutter ihr ganzes Vermögen einem Kinde zu Lebzeiten wie von Todes wegen geben. Ähnliche Bestimmungen enthalten G. 14, 19, T. 20; G. 6, 7, T. 21, wonach für diese Verfügungen unter Lebenden die gleichen Beschränkungen wie für letztwillige Verfügungen galten. Die Kompilation von 1959 bestimmt in Art. 11, daß die Benennung eines Nachfolgers („sucesor") in das gesamte Vermögen im Testament, Ehevertrag, Urkunde über Bestellung einer „dos" oder durch Schenkung erfolgen muß, und unterwirft die Nachfolge durch die drei letztgenannten Rechtsgeschäfte den Vorschriften des Art. 23 CDV über die ausgeschlossenen Zwangserben (Art. 30 CC). Daneben gelten auch die sonstigen Beschränkungen der Testierfreiheit, da gemäß Art. 636 CC niemand durch Schenkung mehr geben oder empfangen kann als durch Testament. Dies führt vor allem dazu, daß der Schenker, dessen Vermögen „bienes raíces" väterlicher und mütterlicher Linie umfaßt und der an einen Seitenverwandten einer Linie als Zwangserben übergeben will, diesem nicht das stammesgebundene Vermögen der anderen Linie zuwenden kann[1835].

Klammert man vorerst die Frage aus, ob die genannten Vorschriften die „Schenkung des künftigen Vermögens" oder den Erbvertrag zulassen, so kann zunächst festgestellt werden, daß sie in Verbindung mit Art. 634 CC die Rechtsgrundlage für die Schenkung oder Übergabe des gegenwärtigen Vermögens an einen Zwangserben bilden.

Der Zweck der universellen Schenkung ist der gleiche wie der der „heredamientos" in den übrigen Foralrechtsgebieten: Gewinnung eines Rechtsnachfolgers zu Lebzeiten der Eltern im Interesse des ungeteilten und kontinuierlichen Fortbestandes des „Hauses"[1836]. Es handelt sich, wie bereits ausgeführt, um eine echte Schenkung unter Lebenden, da das gegenwärtige Vermögen übergeben wird, die Annahme durch den Übernehmenden erfolgt und alle ihre Wirkungen sofort eintreten, ohne daß der Tod des Schenkers abgewartet wird. Vor allem ist sie aber unwiderruflich, so daß

[1835] Jado 222.
[1836] Vgl. Jado 220.

sie nicht als Schenkung von Todes wegen angesehen werden kann[1837]. Unter diesen Voraussetzungen kann der Vorbehalt des Nießbrauches oder des Unterhaltes nichts daran ändern, daß es sich um einen Übergabevertrag handelt, der keine Elemente des Erbvertrages aufweist. Die Schenkung ist auch dann zu Lebzeiten vollzogen, wenn der Übernehmer zunächst nur das nießbrauchbelastete Eigentum und erst beim Tode des Übergebenden das unbelastete Eigentum erwirbt. Die Schenkung erfordert gemäß Art. 30 CDV die Ausschließung der nicht begünstigten Zwangserben (ebenso L. 13 T. 20 F. de V.). Dies ist eine Auswirkung der Beschränkungen der Testierfreiheit auf Verfügungen unter Lebenden.

Häufig wird vereinbart, daß das übergebene Vermögen an den Schenker zurückfällt, wenn der Beschenkte vor ihm ohne Abkömmlinge stirbt[1838]. Kraft Gesetzes tritt diese Wirkung ein, wenn der Schenker unterhaltsberechtigt ist (Art. 39 Abs. 1 CDV; L. 17, T. 20 F. de V.). Zu Lebzeiten des Schenkers kann in diesem Fall der Beschenkte über das Vermögen nur zugunsten von Abkömmlingen verfügen. Es handelt sich hierbei um eine auflösende Bedingung der vollzogenen bzw. unter Lebenden erfolgenden Schenkung (§ 2301 BGB einerseits; Art. 621 CC andererseits), mit der Folge, daß der Beschenkte keine das Wiederanfallsrecht beeinträchtigenden Verfügungen vornehmen darf. Art. 38 CDV bestimmt, daß die anläßlich einer Ehe, vor oder nach ihrem Abschluß, geschenkten „bienes raíces" die legitimen Abkömmlinge aus dieser Ehe unter Ausschluß der Abkömmlinge eines der Ehegatten aus zweiter Ehe erben. Der Beschenkte kann unter diesen Abkömmlingen den Alleinerben auswählen und darf diese Güter zugunsten der zur Erbfolge berufenen (wohl: sonstigen) Abkömmlinge belasten oder beschweren. Die Erbschaft umfaßt alle vom in zweiter Ehe verheirateten Ehegatten vorgenommenen Verbesserungen und die von ihm errichteten Bauwerke, dem die Hälfte ihres Wertes innerhalb eines Jahres, nachdem die Abkömmlinge den Besitz erlangt haben, zu ersetzen ist. Daß diese Vorschrift auch gilt, wenn nur das gegenwärtige Vermögen übergeben wurde, ist m. E. zweifelsfrei. Sie ändert aber nicht die Rechtsnatur der universellen Schenkung, sondern stellt eine besondere Beschränkung der Testierfreiheit bzw. eine Art von Sondererbfolge der Abkömmlinge dar, die sich organisch in das Fallrecht einordnet und gegenüber diesem eine Besonderheit eigentlich nur insoweit enthält, als sie den Fall der zweiten Ehe eines Ehegatten regelt.

1837 Jado 223; vgl. Art. 620 CC.
1838 Jado 221.

Die Regelung der Schenkung bzw. Übergabe des gegenwärtigen Vermögens in Vizcaya führt somit dazu, daß die Verfügungsbefugnis des Übernehmers bis zum Tode des Übergebenden (Nießbrauchsvorbehalt, Art. 39 Abs. 2 CDV) oder darüber hinaus (Art. 38 CDV) beschränkt ist. Es handelt sich gleichwohl um eine vorweggenommene Erbfolge durch Übergabevertrag, der die Funktion einer Verfügung von Todes wegen erfüllt. Ein Erbvertrag kann jedoch in ihm nicht gefunden werden, da die dingliche Übertragung unter Lebenden erfolgt.

III. Die Zulässigkeit des Erbvertrages in Vizcaya

1. Im Fuero de Vizcaya

Die Frage, ob die universelle Schenkung auch das künftige Vermögen umfassen kann und somit ein Erbvertrag zulässig ist, war unter der Geltung des Fuero de Vizcaya weitgehend ungeklärt. LACRUZ[1839] stellte hierzu fest, daß das biskayische Foralrecht nur die universelle Schenkung unter Lebenden kennt. Sie weise jedoch wegen ihrer „Bezugnahme auf das künftige Vermögen“ Züge des Erbvertrages auf. Nähere Hinweise werden nicht gegeben. Art. 14 des Entwurfes eines Anhanges für Vizcaya zum CC von 1900 lautete in seinem 2. Absatz: „Die Einsetzung eines Stammeserben („sucesor tronquero“) kann auch in einer Urkunde über Bestellung der ‚dos‘ im Ehevertrag oder durch Schenkung erfolgen.“ JADO[1840] nahm diese Vorschrift zum Anlaß zu folgenden Ausführungen: „Es ist nicht ersichtlich, daß der Fuero die Einsetzung des Stammeserben in diesen[1841] genannten Rechtsgeschäften oder Urkunden zuläßt, wenn auch andererseits die Schenkung unter Lebenden des gesamten Vermögens . . . an einen Zwangserben . . . zulässig ist. Aber diese Schenkungen wirken, wie bereits ausgeführt, sowohl für den Schenker als auch den Beschenkten sofort und sind, außer bei Vorliegen eines wichtigen Grundes, unwiderruflich, was verhindert, daß sie als testamentarische Verfügung angesehen werden können.“

Nun geht es zwar nicht um die Frage, ob es sich um testamentarische Verfügungen handelt, entscheidend ist aber die auch an anderen Stellen seines Werkes vertretene Auffassung JADOS, daß die Wirkung in jedem Falle sofort eintritt[1842], denn dann kann die Schenkung das künftige Ver-

---

[1839] LACRUZ, Notas al Binder 129 f.
[1840] JADO 291.
[1841] Vgl. Art. 14 Abs. 2 Entwurf 1900.
[1842] JADO, vor allem 223.

mögen nicht umfassen. Anderer Meinung als JADO ist GARCÍA ROYO, der sogar noch einen Schritt weiter als LACRUZ geht und den Erbvertrag schlechthin für zulässig erklärt[1843]. Er stützt sich hierbei vor allem auf G. 11, T. 20 des Fuero de Vizcaya und das Gewohnheitsrecht. Die Merkmale des Erbvertrages sieht er nicht so sehr darin, daß die Wirksamkeit mit dem Tode des „Schenkers" eintritt, sondern darin, daß sie vom Weiter- oder Überleben („pervivencia") des Bedachten bedingt ist. Diese rein funktionelle Betrachtung des Erbvertrages — und insoweit steht ihm der Übergabevertrag gleich — ist für die hier angestellte Untersuchung wertlos. Im weiteren findet sich ohne nähere Erläuterung der Satz: „In Vizcaya kann gelegentlich eine gegenwärtige Vermögensübertragung vorkommen, aber normalerweise treten die Wirkungen nach dem Tode des Erblassers ein." Diese Behauptung hat gegenüber der eingehenden Darstellung JADOS ebenfalls beschränkten Wert. Zu prüfen ist jedoch, ob sich die Zulässigkeit eines Erbvertrages bzw. der „Übergabe des künftigen Vermögens" aus G. 11, T. 20 F. de V. herleiten läßt. Einschlägig ist nur der erste Satz: „... Jeder Mann und jede Frau, die Kinder aus legitimer Ehe haben, können zu Lebzeiten als auch ‚in articulis mortis' einem ihrer Kinder das gesamte bewegliche und unbewegliche Vermögen hinterlassen und die anderen ... mit einem kleinen oder großen Stück Land ausschließen." Nun ist zwar das Gesetz überschrieben: „W i e die Eltern einem Kind ihr Vermögen hinterlassen können ...", der Inhalt sagt aber eindeutig nur, w a s sie ihm hinterlassen können. Über die Form der entsprechenden Verfügung ergibt sich jedoch nichts. Der Ausdruck „zu Lebzeiten" ist andererseits durch zahlreiche Vorschriften über die Schenkung in dem unter II. dargestellten Sinn, nicht jedoch durch Vorschriften über einen Erbvertrag, eine Schenkung des künftigen Vermögens, ergänzt. Die Zulässigkeit des Erbvertrages im Fuero de Vizcaya ist somit zumindest äußerst zweifelhaft und kann aus G. 11, T. 20 allein m. E. nicht begründet werden. Gewichtige Gründe sprechen daher für die Richtigkeit der Ansicht JADOS, der auch das Gewohnheitsrecht eingehend berücksichtigt hat.

2. Im geltenden Recht

In der Kompilation ergibt sich dagegen die Zulässigkeit des Erbvertrages aus Art. 11 und 30 CDV. Art. 11 CDV bestimmt, daß ein Nachfolger in das Vermögen außer durch Testament auch im Ehevertrag, der Urkunde über Bestellung einer „dos" und durch Schenkung bestimmt werden kann. Dafür, daß sich dies nur auf die Übergabe des gegenwärtigen Ver-

---

[1843] GARCÍA ROYO II, 76.

mögens unter Lebenden beziehen soll, fehlen Anhaltspunkte. Vermögensnachfolger ist insbesondere auch der Erbe, und die Nennung der Schenkung usw. neben dem Testament deutet darauf hin, daß sie den gleichen Inhalt wie dieses haben kann und somit zum Erbvertrag wird[1844]. Art. 30 CDV erklärt Art. 23 CDV auch hier für anwendbar. Ebenfalls anwendbar erscheint Art. 38 CDV. Art. 38 CDV spricht zwar von dem vor oder nach der Eheschließung geschenkten Vermögen, die ratio der Vorschrift trifft aber auch den Fall, daß ein Zwangserbe im Hinblick auf seine Ehe zum Vertragserben eingesetzt wird. Dagegen ist eine Anwendung von Art. 39 CDV begrifflich ausgeschlossen, da ein Wiederanfall an den Einsetzenden nur beim Übergabevertrag denkbar ist. Diese Bestimmung könnte höchstens dahingehend ausgelegt werden, daß die Anwartschaft des Vertragserben auf die Abkömmlinge, nicht aber auf andere Personen übergeht, wenn er vor dem Erbfall stirbt.

1844 Ebenso im Hinblick auf Art. 30 CDV Luna Serrano 15, 41.

5. Teil

ERGÄNZENDE BETRACHTUNG DER STELLUNG DES ÜBERLEBENDEN EHEGATTEN IN DEN FORALRECHTEN

§ 52: ÜBERSICHT ÜBER DIE RECHTE DES ÜBERLEBENDEN EHEGATTEN IN DEN FORALRECHTEN

Die Rechte des überlebenden Ehegatten können auf Erb- oder auf Güterrecht beruhen, wobei es sich im zweiten Fall um Rechte handeln kann, die vom Güterstand unabhängig sind oder sich aus diesem ergeben. In diese Arbeit sind der Vollständigkeit halber diejenigen güterrechtlichen Rechte miteinzubeziehen, die dem überlebenden Ehegatten in jedem Falle und unabhängig vom Güterstand zustehen, da sie vor allem in Aragón und Navarra an die Stelle eines Erbrechts treten. Unberücksichtigt bleibt die Auflösung des jeweiligen Güterstandes sowie die fortgesetzte Gütergemeinschaft in Aragón, da es sich hierbei ausschließlich um Fragen des Ehegüterrechts handelt. Die den Ehegatten aufgrund des Erbrechts zustehenden Rechte sind in dieser Übersicht enthalten, wurden jedoch im einzelnen zum größten Teil schon bei der gesetzlichen Erbfolge bzw. beim Pflichtteilsrecht behandelt.

I. Die „viudedad" als familienrechtliche Institution

In vielen Foralrechten findet sich ein vom Güterstand unabhängiger Nießbrauch des überlebenden Ehegatten, der aber nicht auf Erbrecht, sondern auf Güterrecht beruht und die allgemeine Bezeichnung „viudedad"[1845] erhält. Je nach dem Umfang und der zeitlichen Dauer kann man verschiedene Arten dieser „viudedad" und der ihr verwandten Formen unterscheiden.

1. Gebiete mit universellem Nießbrauch kraft Gesetzes

Ein universeller, d. h. das gesamte Erblasservermögen umfassender

---

1845 So insbesondere der Nießbrauch des überlebenden Ehegatten in Aragón.

Nießbrauch des überlebenden Ehegatten findet sich heute noch unter der Bezeichnung „fealdat" in *Navarra*[1846]. Historisch galt eine entsprechende Regelung in *Katalonien* aufgrund des „Usatge vidua" von 1068[1847]. Heute kann ein solcher Nießbrauch nur mehr durch Vereinbarung im Ehevertrag herbeigeführt werden (vgl. Art. 65 CDC).

2. Nießbrauch am unbeweglichen Vermögen

In *Aragón* hat der überlebende Ehegatte kraft Gesetzes einen ebenfalls vom Güterstand unabhängigen Nießbrauch am unbeweglichen Vermögen des Vorverstorbenen, der durch Vereinbarung auf das gesamte Vermögen ausgedehnt werden kann („viudedad legal" und „viudedad universal") (Art. 63 Abs. 1, 64 ap.)[1848].

3. Zeitlich begrenzter Nießbrauch

Zur Sicherung der „dos" („tenuta", Art. 38 f. CDC) und während des Trauerjahres gewährt das *katalanische* Recht der Witwe einen zeitlich begrenzten Nießbrauch, wobei die beiden genannten Rechte sich gegenseitig ausschließen[1849]. Eine ähnliche Regelung findet sich für das *biskayische* Recht in Art. 49 Z. 3, 4 CDV.

4. Vertraglicher Nießbrauch

Die Einräumung eines vertraglichen Nießbrauches am Vermögen des vorverstorbenen Ehegatten ist in *Aragón* (Art. 64 ap.) und *Katalonien* (Art. 65, 70 CDC) vorgesehen.

II. Unterhaltsrechte

Hierher gehört die sogenannte „Quarta uxoria" oder „Cuarta marital", d. h. das Recht der armen, undotierten Witwe auf ein Viertel der Erbschaft des vorverstorbenen Ehegatten, wie sie sich heute noch in Katalonien findet (Art. 147 f. CDC)[1850]. Auf den Balearen wurde sie durch das Noterbenrecht abgelöst (Art. 45 CDB) und war auf Ibiza schon seit langem ungebräuchlich[1851].

III. Der Ehegatte als gesetzlicher Erbe

In allen Foralrechtsgebieten hat der Ehegatte heute im Rahmen der gesetzlichen Erbfolge ein, wenn auch in Katalonien, Aragón und Navarra

1846 Vgl. § 56.
1847 Vgl. § 53 II.
1848 Vgl. § 55.
1849 Vgl. § 53 III, V.
1850 Vgl. § 53 IV.
1851 Costa Ramón 42.

stark beschränktes Erbrecht, das im Zusammenhang mit der gesetzlichen Erbfolge behandelt wurde[1852].

IV. Der Ehegatte als Pflichtteilsberechtigter

Ein Pflichtteilsrecht des überlebenden Ehegatten findet sich nur auf den Balearen[1853] und in Vizcaya[1854]. In allen anderen Foralrechtsgebieten gehört der Ehegatte nicht zum Kreis der pflichtteilsberechtigten Verwandten[1855].

§ 53: RECHTE DES ÜBERLEBENDEN EHEGATTEN, INSBESONDERE DER WITWE, IN KATALONIEN

I. Allgemeines

Das katalanische Recht zählt den überlebenden Ehegatten nicht zu dem Kreis der pflichtteilsberechtigten Verwandten (Art. 124 f. CDC). Abgesehen von der gesetzlich vorgesehenen Möglichkeit, dem überlebenden Ehegatten durch Ehe- und Erbvertrag („heredamiento") den Nießbrauch am gesamten Nachlaß (Art. 10, 63 f. CDC) einzuräumen, besteht im Rahmen der gesetzlichen Erbfolge ein Erbrecht des überlebenden Ehegatten, das diesem den Nießbrauch an der Hälfte bzw. am gesamten Nachlaß gewährt[1856]. Weitergehende Rechte sieht das katalanische Recht nur für die Witwe, nicht aber für den überlebenden Ehemann vor. Es sind dies der Anspruch auf Unterhalt während des Trauerjahres[1857] (Art. 25 CDC), die „Quarta marital" oder „uxoria" (Art. 147 f. CDC) und die „tenuta", der auf dem Dotalsystem beruhende Nießbrauch der Witwe zur Sicherung der Rückgabe der „dos" und der Zahlung des „escreix" (Art. 38 f. CDC).

II. Geschichte

Ursprünglich stand die Witwe aufgrund des „Usatge vidua"[1858] der

---

1852 Katalonien § 35 III 2; Aragón § 37 III 4; Navarra 38 I 3; Vizcaya § 39 II; Balearen § 36.

1853 Mallorca und Menorca Art. 45 CDB; Ibiza und Formentera wie CC; vgl. § 27.

1854 Art. 26 CDV, vgl. § 30 III 4.

1855 De Cossio, Los derechos sucesorios del cónyuge sobreviviente: Rev. Der. Priv. (1957) 131 f.

1856 Vgl. § 34 III 2.

1857 Año de luto; kat.: any del plor.

1858 5. Buch, 3. Tit. des 1. Bandes der Constituciones de Cataluña; Pons/Sandalinas 70.

Besitz und Nießbrauch am gesamten Nachlaß des Ehemannes zu. Sie verlor den Nießbrauch durch unehrenhaften Lebenswandel oder Wiederverheiratung. Dieses Recht wurde zuerst für Barcelona im „Recognoverunt Proceres" von 1284[1859] auf den Unterhaltsanspruch während des Trauerjahres, und den Besitz und Nießbrauch am Nachlaß als Sicherung der „dote" und des „esponsalicio" eingeschränkt. Die Witwe konnte gemäß Kap. 4 die „dos" und den „escreix" nur verlangen, wenn keine „impúberes" vorhanden waren. Die Konstitution „Hac Nostra" Peters III. von 1351 und die Konstitution Philipps von 1564 dehnte diese Regelung mit Ausnahme des Kap. 4 auf ganz Katalonien aus. Die in dem „Usatge vidua" vorgesehene Regelung wurde und wird aber häufig durch vertragliche Regelung herbeigeführt[1860]. Diese Vorschriften wurden in die Kompilation übernommen und stellen eigenständiges katalanisches Recht dar[1861].

Auf römischem Recht (Novellen 53 und 117) beruht dagegen die „Quarta marital"[1862].

III. „Quarta marital"[1863]

Die arme Witwe, d. h. diejenige, die ihren Lebensunterhalt nicht aus eigenen Mitteln und dem, was ihr der Ehemann vermacht hat, bestreiten kann, hat kraft Erbrechts Anspruch auf die „Quarta marital". Für die Frage, was als ausreichender Lebensunterhalt anzusehen ist, sind der Witwenstand, die soziale Stellung des Ehemannes und die Höhe der Erbschaft zu berücksichtigen (Art. 147 Abs. 1 CDC). Der Anspruch auf die „Quarta marital" besteht nicht, wenn sich die Witwe bei der gesetzlichen Erbfolge für den Nießbrauch entschieden hat (Art. 250 Abs. 3 CDC), wenn die Ehe aus ihrem Verschulden getrennt ist, wenn sie erbunwürdig erklärt ist und, nach dem Lokalrecht von Tortosa, wenn ihr der Ehemann den „esponsalicio" oder eine andere Schenkung anläßlich der Eheschlie-

---

1859 1. Buch, 13. Titel des 2. Bandes der Constituciones de Cataluña, Kap. 4—6; PONS/SANDALINAS 153 f.

1860 5. Buch, 3. Titel des 2. Bds. der Constituciones de Cataluña, Kap. 32; PONS/SANDALINAS 71 f.; BROCÁ 859 f.; DURÁN Y BAS 65, 79; PELLA III, 290 f.

1861 ROCA SASTRE, Elementos 19.

1862 PELLA III, 295; BORRELL Y SOLER, Cataluña V, 401 N. 1; ROCA SASTRE, Elementos 16.

1863 Spanische Schreibweise: „Cuarta marital".

ßung zugewendet hat (Art. 148 CDC). Die Rechtsnatur der „Quarta marital" entspricht der katalanischen „legítima". Die Witwe ist nicht Erbin, sondern hat nur einen Anspruch gegen den Erben, den dieser unter Beachtung der für die „Quarta trebellianica" geltenden Vorschriften (vgl. Art. 203 CDC) nach seiner Wahl in Nachlaßgegenständen oder in Geld befriedigen kann (Art. 150 Abs. 1 CDC).

Die „Quarta marital" umfaßt ein Viertel der Erbschaft, wenn der Erblasser weniger als vier Abkömmlinge oder Stämme hinterläßt. Sind mehr als vier Abkömmlinge des Erblassers vorhanden, so besteht die „Quarta marital" in einem Teil der Erbschaft, der ebenso groß ist wie der Erbteil eines der Abkömmlinge bei gesetzlicher Erbfolge (Art. 149 Abs. 1 CDC). Sind keine gemeinsamen Abkömmlinge vorhanden, so wird die Witwe Eigentümerin der „Quarta marital". Neben gemeinsamen Abkömmlingen gebührt ihr nur der Nießbrauch (Art. 149 Abs. 1, letzter Satz CDC). War der Erblasser mit der Witwe in zweiter oder späterer Ehe verheiratet, so kann die Witwe, wenn Abkömmlinge aus früheren Ehen vorhanden sind, nicht mehr erhalten als der am schlechtesten gestellte Abkömmling aus einer früheren Ehe (Art. 149 Abs. 2, 253 CDC). Zur Berechnung der „Quarta marital" sind die Nachlaßverbindlichkeiten vom Wert der Erbschaft abzurechnen und im übrigen die Vorschriften über die „Quarta falcidia", außer derjenigen über die Subtraktion der „legítimas" und das Inventar, entsprechend anzuwenden (Art. 150 Abs. 1, 3 CDC). Auf die „Quarta marital" muß sich die Witwe ihr eigenes Vermögen und das, was sie aus der Erbschaft erhält, anrechnen lassen (Art. 147 Abs. 2 CDC). Nach Ablauf des Trauerjahres, während dem sie nur einen Unterhaltsanspruch hat, kann die Witwe ihren Anteil an den Früchten und Erträgen des Nachlasses verlangen (Art. 151 Abs. 2 CDC). Schenkungen des Erblassers kann sie herabsetzen, soweit diese in der Absicht, die „Quarta marital" zu schmälern, vorgenommen wurden (Art. 150 Abs. 2 CDC). Der Anspruch verjährt in fünf Jahren (Art. 153 Abs. 2 CDC) und kann im Grundbuch eingetragen werden (Art. 153 Abs. 3 CDC). Die Witwe verliert den Anspruch auf die „Quarta marital" durch Eingehung einer neuen Ehe vor seiner Geltendmachung, durch unehrenhaften Lebenswandel, durch gröbliche Verletzung ihrer Verpflichtungen gegenüber den gemeinsamen minderjährigen Kindern und durch Verzicht nach dem Erbfall (Art. 152, 153 CDC). Bei der gerichtlichen Feststellung der gesetzlichen Erben („declaración judicial de herederos abintestato") bleiben die Rechte des Ehegatten unberücksichtigt (Art. 154 CDC).

IV. „Año de luto"[1864]

Gemäß Art. 25 CDC hat die Witwe, der weder die „tenuta" noch ein Nießbrauch an der gesamten Erbschaft des Ehemannes zusteht, während des Trauerjahres Anspruch auf Unterhalt aus dem Nachlaß. Die Höhe bestimmt sich nach der Stellung der Witwe und dem Wert des Nachlasses. Dieses Recht ist von der güterrechtlichen Gestaltung der Ehe unabhängig (Abs. 1). Der Unterhalt umfaßt die für die Lebensführung notwendigen Kosten (Abs. 2). Der Unterhaltsanspruch besteht nicht, wenn die Witwe beim Erbfall aus ihrem Verschulden aufgrund eines rechtskräftigen Urteils getrennt lebte. Die Witwe verliert den Unterhaltsanspruch, wenn sie während des Trauerjahres heiratet, einen unehrenhaften Lebenswandel führt oder ihre Verpflichtungen gegenüber den gemeinsamen minderjährigen Kindern gröblich verletzt. Sie ist aber in keinem Falle zur Herausgabe des bereits erhaltenen Unterhaltes verpflichtet (Abs. 3, 4).

V. „Tenuta"[1865]

Hat die Witwe in die Ehe eine „dos" eingebracht oder ihr der Ehemann einen „esponsalicio" oder „escreix"[1866] bestellt, so gewährt ihr das katalanische Recht zur Sicherung der Ansprüche auf Rückgewährung der „dos" und Zahlung des „escreix" die „tenuta" (Art. 38 f. CDC). Die Witwe wird danach mit dem Tode des Ehemannes ipso iure Besitzerin der Erbschaft (Art. 39 Abs. 1 CDC) und hat den Nießbrauch an dieser. Es trifft sie hierbei die Verpflichtung, den minderjährigen, arbeitsunfähigen und bisher im Hause des Erblassers auf dessen Kosten lebenden Kindern Unterhalt zu

---

1864 Geregelt im Ehegüterrecht (Art. 25 CDC); Pella III, 292 und Borrell y Soler, Cataluña V, 399 behandeln es beim Erbrecht, Brocá 862 beim Ehegüterrecht. Dieses Recht ist aber güterrechtlich zu qualifizieren, da auch die obige Konstitution und der „Recognoverunt Proceres" es zusammen mit der „tenuta" beim Dotalrecht regelten (ebenso de Cossio [oben N. 1855] 139: begrenzte „viudedad").

1865 Vgl. dorit d'emparance der „coûtumes pyrénéennes" (Ourliac, Les droits de la veuve: An. Der. Aragonés VIII [1955—1956] 212).

1866 Als „esponsalicio, escreix, espoli, dotalicio" oder „donatio propter nuptias" bezeichnet das katalanische Recht die Schenkung, die der Ehemann bei Eingehung der Ehe der Braut macht. Er stellt eine Reserve für die Ehefrau und die Kinder dar und beträgt meist die Hälfte der „dos". Nach dem Tode des Ehemannes steht der Witwe der Nießbrauch am „esponsalicio" zu. Sie kann aber statt dessen die Hälfte des „esponsalicio" zu Eigentum verlangen. Die Geltendmachung des Anspruches folgt den Regeln über die Rückgewährung der „dos" (Art. 44 f. CDC; Borrell y Soler, Cataluña IV, 261 f.).

gewähren (Art. 38 Abs. 1 CDC). Die „tenuta" umfaßt aber nicht die Vermögensgegenstände, die der Erblasser als Nießbrauch oder Vorerbe im Besitz hatte (Art. 38 Abs. 2 S. 1 CDC). Art 38 Abs. 1 S. 2 CDC bestimmt, daß die „tenuta" mit der Dotaloption vereinbar ist[1867].

Anspruch auf die „tenuta" haben die Ehefrau und ihre sie beerbenden Abkömmlinge, gegebenenfalls unter Vorrang derjenigen aus der früheren Ehe (Art. 39 Abs. 3 CDC). Weitere Voraussetzungen sind, daß die tatsächliche Übergabe der „dos" an den Ehemann feststeht und die Witwe in der Form und Frist des Art. 199 CDC ein Inventar errichtet. Lebt die Witwe im Ausland oder befindet sich der größere Teil des Nachlasses im Ausland, so muß das Inventar binnen eines Jahres nach dem Erbfall abgeschlossen werden (Art. 40 Abs. 2 CDC).

Der Anspruch auf die „tenuta" besteht nicht, wenn die Witwe im Ehevertrag auf sie verzichtet hat (Art. 38 Abs. 2 CDC). Die Witwe darf, wenn sie Universalnießbraucherin des Nachlasses ist oder das Vermögen ihrer Kinder verwaltet und im Nachlaß genügend Geld oder Forderungen zur Erstattung der „dos" vorhanden sind, keine Vermögensgegenstände als „tenuta" einbehalten (Art. 40 Abs. 1 CDC). Hat der Ehemann die „dos" durch ausreichende Vermögensgegenstände, die einen Ertrag abwerfen, gesichert, so beschränkt sich die „tenuta" auf diese (Art. 39 Abs. 4 CDC). Die „tenuta" entfällt außerdem als überflüssig, wenn es sich um eine ungeschätzte „dos" handelt, weil hier die Ehefrau Eigentümerin der die „dos" bildenden Gegenstände bleibt und ihr diese selben Gegenstände herauszugeben sind (Art. 1346 Abs. 3 CC)[1868].

Die Witwe, der die „tenuta" zusteht („tenutaria"), hat die Pflichten eines Nießbrauchers, mit Ausnahme der Verpflichtung zur Sicherheitsleistung (Art. 39 Abs. 2 CDC). Sie kann nicht verhindern, daß Nachlaßgegenstände zur Befriedigung der „dos" verkauft werden, muß aber hierbei mitwirken (Art. 39 Abs. 5 CDC).

Die „tenuta" endet, wenn die Ansprüche der Witwe befriedigt werden. Damit endet auch ipso iure ihr Besitz (Art. 39 Abs. 1 CDC). Durch eine

---

[1867] Die Dotaloption, geregelt in Art. 32 CDC, gibt der Ehefrau bzw. der Witwe das Recht, Vermögensgegenstände des Ehemannes oder, nach dessen Tode, Nachlaßgegenstände ihrer Wahl und bis zur Höhe der „dos" und des „esponsalicio" auszusondern, wenn in das Vermögen des Ehemannes oder in den Nachlaß im Wege der Pfändung zwangsvollstreckt wird. Die Ausübung dieses Rechtes hebt die Pfändung auf. Die Gläubiger können also von der Witwe nicht verlangen, daß sie Nachlaßgegenstände veräußert, um ihre Ansprüche zu befriedigen. Hierzu wäre sie als Nießbraucherin auch gar nicht befugt (Art. 39 Abs. 2 CDC; Brocá 864).

[1868] Borrell y Soler, Cataluña IV, 277.

neue Ehe verliert die Witwe ihr Nießbrauchrecht nicht, vielmehr kann sie die „tenuta“ als „dos“ in die neue Ehe einbringen (Art. 38 Abs. 2 CDC).

§ 54: RECHTE DES ÜBERLEBENDEN EHEGATTEN IN VIZCAYA

I. Zwangserbfolge und gesetzliche Erbfolge

Bereits beim Zwangserbrecht bzw. der gesetzlichen Erbfolge in Vizcaya wurde auf die Rechte des überlebenden Ehegatten hingewiesen, wenn eine dieser Erbfolgen eingreift. In beiden Fällen hat der Ehegatte den Nießbrauch an der Hälfte des frei verfügbaren Vermögens, wenn er nicht mit legitimen Abkömmlingen zusammentrifft (Art. 29, 34 Abs. 2 CDV). Er ist gesetzlicher Erbe des stammesgebundenen Vermögens, für das keine Stammesverwandte vorhanden sind, und des nicht stammesgebundenen Vermögens beim Fehlen von Verwandten in gerader Linie und von privilegierten Seitenverwandten, d. h. also nach Geschwistern und Geschwisterkindern.

II. Ehegattennießbrauch

Daneben kennt das biskayische Recht unter gewissen Voraussetzungen einen zeitlich beschränkten Nießbrauch des überlebenden Ehegatten, wenn bei Auflösung der Ehe keine Kinder vorhanden sind. Dieser Nießbrauch hat rein familienrechtlichen Charakter und entspricht im wesentlichen dem katalanischen „any de plor“ bzw. der „tenuta“ (vgl. oben). Seiner Erörterung ist eine kurze Übersicht vorauszuschicken[1869].

1. Gesetzlicher Güterstand

Ist im Ehevertrag, der in Vizcaya nur vor der Ehe geschlossen und später nicht geändert werden kann (arg. aus Art. 41 CDV; 1315 CC) nichts anderes vereinbart und ist Güterstatut das biskayische Recht, so gilt für die Ehe der Güterstand der „comunidad foral de bienes“ (Art. 42 CDV). Im Fuero, der diese „comunidad“ in Ley 1 f., Tit. 20 regelte, fehlte eine Vorschrift darüber, ob diese Gütergemeinschaft bereits von der Eheschließung an bestand oder erst eintrat, wenn zum Zeitpunkt der Auflösung der Ehe Abkömmlinge vorhanden sind. Jado[1870] nimmt an, daß die Gemeinschaft

---

[1869] Diese Übersicht schildert die Rechtslage nur soweit dies für das Verständnis des Nießbrauches erforderlich ist, und ist daher nicht vollständig.

[1870] Jado 468.

bei Eingehung der Ehe entstand, jedoch dadurch bedingt war, daß bei ihrer Auflösung Abkömmlinge vorhanden sind. Nach der Kompilation beginnt die Gemeinschaft mit Eingehung der Ehe, weicht jedoch für ihre Auseinandersetzung bei Auflösung der Ehe ohne Abkömmlinge einer der dem gemeinen Recht bezüglich der „sociedad de gananciales" ähnlichen Regelung (Art. 42, 49 CDV). Durch die „comunidad foral de bienes", die als besondere Art der Gütergemeinschaft angesprochen werden kann, fällt das gesamte eingebrachte und während der Ehe erworbene Vermögen je zur Hälfte in das Miteigentum der Ehegatten (Art. 43 CDV). Eine einheitliche Vermögensmasse entsteht jedoch hierdurch nicht, das Miteigentum erstreckt sich auf das gesondert fortbestehende Vermögen beider Ehegatten und den Zugewinn[1871] (Art. 44 CDV)[1872]. Die Hauptwirkung der Gemeinschaft während der Ehe ist, daß die Veräußerung des gemeinschaftlichen unbeweglichen Vermögens der Zustimmung beider Ehegatten bedarf (Art. 45 Abs. 1 CDV). Im übrigen gilt für die Verwaltung des Vermögens weitgehend das Recht des CC (Art. 45 Abs. 2, 46 Abs. 1 CDV).

Diese Vermögenstrennung ist eine Folge des Fallrechtes, das beim Fehlen von Abkömmlingen einer Auseinandersetzung der Gemeinschaft durch Teilung unter dem überlebenden Ehegatten und den Erben des Vorverstorbenen zur Hälfte und ohne Rücksicht auf die Herkunft des Vermögens entgegensteht.

2. Auflösung der Ehe mit Abkömmlingen

Sind beim Tode eines Ehegatten Abkömmlinge vorhanden, so setzen diese die Gemeinschaft mit dem überlebenden Ehegatten bis zur Auseinandersetzung und Teilung fort (Art. 46 CDV). Es wird nicht gesagt, wie die Teilung erfolgt, aus Art. 43 CDV ergibt sich jedoch, daß je die Hälfte an den überlebenden Ehegatten und die erbenden Abkömmlinge als Rechtsnachfolger des Vorverstorbenen entfällt.

3. Auflösung der Ehe ohne Abkömmlinge und Nießbrauch des Ehegatten in diesem Falle

Sind keine Abkömmlinge vorhanden, so endet die Gemeinschaft (Art. 49 CDV) und die Auseinandersetzung folgt ähnlichen Regeln wie die der „sociedad de gananciales" des CC[1873].

Der verwitwete Ehegatte, der in das Haus („caserío") des Vorverstor-

---

1871 „Gananciales" gemäß Art. 1401 CC.

1872 Jado 479, 481.

1873 1. Alles Vermögen, das nicht Zugewinn ist, fällt an den Eigentümer (überlebender Ehegatte und Erben des Vorverstorbenen) zurück (Art. 49 Z. 1 CDV).

benen gekommen ist, hat darüber hinaus das Recht, während Jahr und Tag im Hause zu bleiben und den Nießbrauch an der Hälfte des zum Hause gehörenden Vermögens („pertenecido") auszuüben[1874], solange er in diesem Zustand verbleibt.

Art. 49 CDV geht auf L. 2, T. 20 des Fuero de Vizcaya zurück, wonach der Ehegatte, der in das Haus des anderen eingeheiratet und irgend etwas in die Ehe eingebracht hatte, den Nießbrauch an „seiner Hälfte" zu seinem Unterhalt während Jahr und Tag nach dem Erbfall fortsetzte.

Dieses Recht, das vorwiegend den Charakter eines Unterhaltsanspruches hat[1875], steht nur dem Ehegatten zu, der in das Haus eingeheiratet hat. Das Haus fällt an die Stammesverwandten des Erblassers zurück (Art. 49 Z. 1 CDV). Der Nießbrauch des einheiratenden Ehegatten während Jahr und Tag findet jedoch seine Rechtfertigung darin, daß er sich andernfalls in einer Notlage befinden könnte, zumindest solange, bis ihm das in die Ehe eingebrachte Vermögen zurückgewährt wurde. Überlebt dagegen der Ehegatte, dem das Haus gehört, so behält er dies und er bedarf einer besonderen Unterhaltsgewährung nicht[1876].

Diesen Überlegungen gehorcht auch die Vorschrift des Art. 49 Z. 4 CDV (im Fuero ebenfalls in L. 2, T. 20 enthalten), nach der sich die für den Nießbrauch vorgesehene Frist von Jahr und Tag so lange verlängert, bis die Erben des Vorverstorbenen dem Überlebenden eine in die Ehe eingebrachte „dos" oder das sonstige eingebrachte Vermögen zurückerstattet haben. Diese Rückgabe kann der Ehegatte, wie sich aus S. 2 der genannten Bestimmung ergibt, erst nach Jahr und Tag verlangen.

Trotz des Unterhaltscharakters des Nießbrauches ist dieser nicht auf das beschränkt, was der Ehegatte zu seiner Lebensführung benötigt, sondern erstreckt sich sowohl nach dem Fuero als auch nach dem geltenden Recht auf die Hälfte des ehelichen Vermögens und entspricht somit dem Anteil

---

2. Der Zugewinn wird nach den Vorschriften des CC verteilt (Art. 49 Z. 2 CDV, insbesondere also Art. 1426 CC: Teilung zur Hälfte).
3. Soweit der Zugewinn in dem Erwerb oder der Werterhöhung von „bienes raíces troncales" besteht, fällt er — im Einklang mit dem Fallrecht — an den Ehegatten, aus dessen Linie die „bienes raíces" herkommen, oder an seine Stammeserben, wobei der Wert zu ersetzen ist (Art. 49 Z. 5 CDV).

1874 Gemäß Art. 12 CDV umfaßt der Begriff: „Caserío con sus pertenecidos" im Zweifel alles zum Haus gehörende Mobiliar, die Nutztiere und die zur Bewirtschaftung erforderlichen Gerätschaften („aperos de labranza"). Dieser Nießbrauch ist mit den in Art. 26 CDV (Zwangserbfolge) und Art. 34 CDV (gesetzliche Erbfolge) vorgesehenen Rechten des überlebenden Ehegatten vereinbar (Art. 49 Z. 3 CDV).

1875 De Cossio (oben N. 1855) 138.

1876 Jado 356.

des Ehegatten an diesem Vermögen während der Ehe aufgrund der „comunicación foral de bienes“.

JADO[1877] legt sowohl den Fuero als auch den im Kern mit Art. 49 Z. 3 CDV übereinstimmenden Art. 88 des Entwurfes eines Apéndice für Vizcaya von 1900 dahin aus, daß der Nießbrauch nur besteht, solange der überlebende Ehegatte im Hause des Vorverstorbenen verbleibt. Für das alte Recht ergibt sich dies klar aus dem Wortlaut der L. 2, T. 20. In Art. 49 Z. 3 CDV ist dies dagegen nicht ausdrücklich bestimmt, sondern es heißt, daß der verwitwete Ehegatte, der in das Haus des Vorverstorbenen gekommen ist, den Nießbrauch hat, „solange er in diesem Zustand verbleibt“, was sich offenbar nur auf die Witwenschaft bezieht. JADO ist jedoch hinsichtlich des ansonst gleichlautenden Art. 88 des Entwurfes von 1900 der Meinung, daß dieser das Recht des Fuero nicht ändern wollte und stützt sich dabei auf die Protokolle der Kommission, die den Entwurf ausgearbeitet hat.

Dagegen weicht die geltende gesetzliche Regelung vom Fuero insoweit ab, als nach diesem der Nießbrauch nur entstand, wenn der Ehegatte etwas in die Ehe eingebracht hatte. In Art. 49 Z. 3 CDV ist dieses Erfordernis nicht beibehalten worden.

Bereits eingangs wurde auf die Ähnlichkeit des Ehegattennießbrauches gemäß Art. 49 Z. 3, 4 CDV mit dem katalanischen „any de plor“ (Art. 25 CDC) und der „tenuta“ (Art. 38 f. CDC) hingewiesen. Der Hauptunterschied besteht darin, daß diese Rechte in Katalonien nur der Witwe, in Vizcaya aber beiden Ehegatten zustehen. Auch wird in Katalonien nicht darauf abgestellt, ob die Witwe in das Haus des verstorbenen Ehemannes eingeheiratet hat. Darüber hinaus ist die „tenuta“ nicht eine Verlängerung eines Nießbrauches während des Trauerjahres (tempus lugendi), sondern steht der Witwe gegebenenfalls unabhängig von diesem von Anfang an als Nießbrauch zu.

§ 55: DIE „VIUDEDAD“ IN ARAGÓN

I. Einleitung

In Aragón hat der überlebende Ehegatte kein Erbrecht[1878], denn der ihm kraft Gesetzes in bestimmten Grenzen zustehende Nießbrauch am Ver-

---

[1877] JADO 357.

[1878] MARTÍN-BALLESTERO (oben N. 1364) 27.

mögen des Vorverstorbenen gehört dem Familienrecht, genauer: dem Ehegüterrecht, an. Etwas anderes gilt nur, wenn der CC gemäß Art. 40 ap. bei der gesetzlichen Erbfolge ergänzend anzuwenden ist. Im Ergebnis ist aber auch dieser „viudedad" genannte Nießbrauch nichts anderes als ein nach dem Tode eines Ehegatten wirksam werdendes Recht des Überlebenden, so daß eine Erörterung im Rahmen des Erbrechts erforderlich ist. Die familienrechtliche Qualifikation ist vor allem für das IPR und die Rechtslage während der Ehe von Bedeutung.

1. Begriff

Art. 63 Abs. 1 ap. enthält folgende Legaldefinition der „viudedad legal", d. h. des kraft Gesetzes entstehenden Nießbrauches: „Die Eheschließung verleiht den Ehegatten kraft Gesetzes und nur hinsichtlich der in die Ehe eingebrachten oder später unentgeltlich oder entgeltlich erworbenen unbeweglichen Vermögensgegenstände ein gegenseitiges Anwartschaftsrecht auf den Nießbrauch an denjenigen des anderen Ehegatten, in der Form und zu den Bedingungen, die dieser Apéndice vorsieht. Dieses Recht, das ‚viudedad legal' heißt, erfährt durch die Vereinbarung der ‚hermandad llana' keine Veränderung."[1879]

Art. 144 VE S. 62 lautet: „Unabhängig vom ehelichen Güterstand erwirbt jeder Ehegatte, wenn der Ehemann bei der Eheschließung „aragonés" ist[1880], von diesem Zeitpunkt an, falls er den anderen überlebt, das Recht auf den Nießbrauch an dessen Sondergut und dem gemeinsamen unbeweglichen Vermögen."

Sancho Rebullida gibt folgende Definition: „Die ‚viudedad' (legal) ist der Vorteil des überlebenden Ehegatten (‚beneficio viudal'), den das Gesetz, als Folge der Ehe, den aragonesischen Ehegatten gewährt, indem es ihnen gegenseitig das Recht des Überlebenden auf den Nießbrauch am unbeweglichen Vermögen und am beweglichen Sondergut zuerkennt, das während der Ehe Eigentum des Vorverstorbenen war."[1881]

Weitergehend ist der Umfang der „viudedad" nach Art. 140 Abs. 1 VE, der nicht mehr ausdrücklich zwischen „viudedad legal" und „viudedad universal"[1882] unterscheidet. Diese Vorschrift lautet: „Die Ehe gewährt

---

[1879] Die „hermandad llana" oder „pacto de hermandad" ist der vereinbarte Güterstand der allgemeinen Gütergemeinschaft, bei der das ganze Vermögen beider Ehegatten zum Gesamtgut wird (nach „Hermandad llana", EJE XVII 751). Zum letzten Satz von Art. 63 Abs. 1 ap. vgl. auch Art. 143 Abs. 3 VE.

[1880] Der VE unterstellt somit die „viudedad" ausdrücklich dem Güterstatut.

[1881] Sancho Rebullida 49.

[1882] vgl. unten S. 462.

jedem Ehegatten, wenn der Ehemann bei der Eheschließung ‚aragonés' ist, und falls der Ehegatte den anderen überlebt, den sogenannten Nießbrauch oder das Recht der ‚viudedad', das sich, unbeschadet der folgenden Vorschriften, auf das gesamte Vermögen des Vorverstorbenen erstreckt." Der VE kehrt somit zum Standpunkt des Fuero 1 „De iure dotium" von 1247 zurück[1883], trägt den weiter unten unter II. 4. vorgetragenen Gedanken Rechnung und betrachtet die bisher als „viudedad universal" bezeichnete Modalität als Regelfall.

2. Rechtsnatur

FRANCO Y LOPEZ[1884] sagte: „Der Nießbrauch, den das Gesetz dem überlebenden Ehegatten gewährt, heißt ‚derecho de viudedad'" und[1885] „Das ‚derecho de viudedad' besteht in dem Nießbrauch . . .". Richtig hieran ist, daß die „viudedad" nach dem Tode des vorverstorbenen Ehegatten einen Nießbrauch zum Inhalt hat[1886].

Sie kann aber nicht schlechthin einem Nießbrauch gleichgesetzt werden, da sie in ihrer ersten Phase, während der Ehe, ein Anwartschaftsrecht darstellt und im übrigen der genannte Nießbrauch zahlreiche Besonderheiten aufweist.

Die „viudedad" ist eine Institution des Familienrechts und nicht des Erbrechts. Dies ist die heute im aragaronesischen Schrifttum einhellig vertretene Meinung[1887].

Die Gründe hierfür hat LACRUZ[1888] erstmalig systematisch zusammengestellt.

1883 vgl. unten.

1884 Art. 89 Proyecto de Código Civil de Aragón von 1890.

1885 Art. 69 Instituciones del Derecho civil vigente en Aragón v. 1880, Art. 108 Proyecto von 1890.

1886 So ausdrücklich für diese Phase die Überschrift zu Art. 147 f. VE: Vom Nießbrauch des überlebenden Ehegatten („del usufructo vidual").

1887 MARTÍN-BALLESTERO (oben N. 1364) 29: „. . . da es die Eheschließung ist, die den Ehegatten kraft Gesetzes ein gegenseitiges Anwartschaftsrecht verleiht." LASALA LLANAS, La viudedad ad aragonesa en el Derecho interregional: Seg. Sem. Der. Aragonés 172; DERS., Sístema español de Derecho civil internacional e interregional (Madrid 1933) 221: „. . . da sie bei Eheschließung als Anwartschaftsrecht entsteht"; PELAYO HORE, Problemas de la viudedad foral: Seg. Sem. Der. Aragonés 190; DERS., La viudedad aragonesa: Rev. Der. Priv. (1944) 34; GIMÉNEZ ARNAU, Extensión a la legislación castellana del usufructo viudal aragonés: Prim. Sem. Der. Aragonés 36; SAPENA, La viudedad aragonesa ante el cambio de vecindad civil: Rev. Der. Priv. (1956) 795 f.; ALBAREDA 37; LACRUZ; Sobre algunos carácteres del derecho de viudedad: An: Der. Aragonés III (1946) 353; SANCHO REBULLIDA 39; LASALA SAMPER, El régimen matrimonial de bienes (Barcelona 1954) 260 f.

1888 LACRUZ (vorige Note) 353.

a) Die „viudedad" findet ihren Ursprung in güterrechtlichen Institutionen, vor allem in den „arras" — der Eheschenkung des Ehemannes an seine Frau — und in der fortgesetzten Gütergemeinschaft.

b) Geschichtlich wurde die „viudedad" immer im Familienrecht geregelt[1889].

c) Der Ehegatte ist nicht Erbe, da sein Recht dem der Gläubiger und Vermächtnisnehmer vorgeht, vom Willen des Erblassers unabhängig ist und auch vom Pflichtteilsrecht nicht berührt wird. Er ist nicht Vermächtnisnehmer, da sein Nießbrauch keine Nachlaßverbindlichkeit, sondern eine Belastung des Nachlasses ist. Der Erwerb des Nießbrauches ist nicht unentgeltlich, sondern entgeltlich[1890].

d) Der Apéndice regelt die „viudedad" in dem vom Güterstand handelnden Teil. Hinzu kommt als entscheidender Gesichtspunkt, daß die „viudedad" nicht erst mit dem Tode des vorversterbenden Ehegatten, sondern bereits bei der Eheschließung als Anwartschaftsrecht zur Entstehung gelangt[1891].

Innerhalb des Familienrechtes ist die „viudedad" dem Ehegüterrecht zuzuordnen und beruht auf entgeltlichem Erwerb. LACRUZ begründet die Entgeltlichkeit damit, daß es sich um einen durch die Eheschließung entstehenden ehelichen Vorteil, der auf Gegenseitigkeit beruht, nicht um eine Schenkung handelt. Er vergleicht die „viudedad" insoweit mit einer Leibrentenversicherung zugunsten des Überlebenden, deren „Prämie" in der Unterwerfung seines Vermögens unter den möglichen Nießbrauch, d. h. also unter das Anwartschaftsrecht des anderen Ehegatten zu sehen ist[1892]. Die güterrechtliche Qualifikation ergibt sich auch aus den bereits erwähnten Art. 144, 62 und 140 Abs. 1 VE, wonach die „viudedad" nur entsteht, wenn der Ehemann zur Zeit der Eheschließung die aragonesische „vecindad" besitzt[1893].

1889 Art. 128 Entwurf v. 1904 a. E.: Dieses Recht hat (obwohl es durch den Tod eines Ehegatten bestimmt wird) keinen erbrechtlichen Charakter.

1890 Siehe unten.

1891 MARTÍN-BALLESTERO (oben N. 1364) 29; LASALA LLANAS (oben N. 1887) La viudedad aragonesa 172; DERS., (oben N. 1887) Sistema español 221.

1892 LACRUZ (oben N. 1887) 354.

1893 Aus der familienrechtlichen Qualifikation der „viudedad" und ihrer Unterstellung unter das Güterstatut, d. h. unter das Heimatrecht des Ehemannes zum Zeitpunkt der Eheschließung, ergibt sich einmal die Lösung der alten Streifrage, ob über die „viudedad" das Realstatut oder das Personalstatut herrscht. Zum anderen führt sie wegen der auch im spanischen Recht anerkannten Unwandelbarkeit des Güterstatuts bei einem späteren Erwerb der aragonesischen „vecindad" zu einem Normenmangel, wenn das Heimatrecht des Ehemannes zur Zeit der Eheschließung die Rechte des überlebenden Ehegatten ausschließlich oder vorwiegend erbrechtlich regelt.

Anders verhält es sich hinsichtlich der Entgeltlichkeit der sogenannten „viudedad universal". Hierunter versteht man die rechtsgeschäftliche Ausdehnung der „viudedad" auch auf das bewegliche Vermögen (Art. 64 ap.; 145 VE 1962). LACRUZ sieht sie als entgeltlich an, wenn sie sich die Ehegatten gegenseitig gewähren und wenn sie, sei es auch nur zugunsten eines Ehegatten, im Ehevertrag vereinbart wird, da sie dann einen untrennbaren Bestandteil der güterrechtlichen Vereinbarungen darstellt und zu vermuten ist, daß sie ihr Gegengewicht in anderen güterrechtlichen Vereinbarungen hat. Wird sie dagegen außerhalb des Ehevertrages, insbesondere im Testament, einseitig gewährt, so ist mangels Gegenbeweises anzunehmen, daß die Gewährung ein unentgeltliches Rechtsgeschäft von Todes wegen darstellt, und sonach die Vorschriften des CC über die Erbfähigkeit, Erbunwürdigkeit, Enterbung, Widerruflichkeit letztwilliger Verfügungen usw. anwendbar sind[1894].

Von der fortgesetzten Gütergemeinschaft unterscheidet sich die „viudedad" vor allem dadurch, daß bei der fortgesetzten Gütergemeinschaft die Auseinandersetzung begrifflich ausgeschlossen ist, während sie bei der „viudedad" nur tatsächlich unmöglich ist, weil der nießbrauchende Ehegatte Besitzer des dem Nießbrauch unterliegenden Vermögens ist. Den Erben des Vorverstorbenen kann aber das „nackte" Eigentum an einzelnen Nachlaßgegenständen übertragen werden. Außerdem gebühren die „Nutzungen" bei der fortgesetzten Gütergemeinschaft dem Gesamtgut, bei der „viudedad" allein dem überlebenden Ehegatten[1895].

3. Besondere Merkmale

a) Die „viudedad" ist persönlich, unveräußerlich (R. 17. 11. 1916; 146 VE), unvererblich[1896] und kann nicht beschwert oder belastet werden (Art. 108 L. H.). Eine Ausnahme ergibt sich aus Art. 72 Abs. 2 Z. 2 ap., wonach der nießbrauchende Ehegatte die dem Nießbrauch unterliegenden Grundstücke verpachten und die Nutzungen für die Dauer des Rechtes abtreten kann.

b) Die „viudedad" ist verzichtbar (Art. 63 Abs. 2 ap.; 142 VE; 73 Z. 2 ap.). Nach SANCHO REBULLIDA[1897] regelt Art. 73 Z. 2 ap. den allgemeinen Verzicht, Art. 63 Abs. 2 ap. den Verzicht in bezug auf bestimmte Vermögensgegenstände. Der Verzicht muß im Ehevertrag oder in einer anderen öffentlichen Urkunde erfolgen und kann einseitig oder zweiseitig sein.

1894 LACRUZ (oben N. 1887) 355.
1895 LACRUZ, Régimen matrimonial 125.
1896 Sie erlischt mit dem Tode des Berechtigten, Art. 73 Z. 3 ap.
1897 SANCHO REBULLIDA 46.

Der Ehegatte kann vor und während der Ehe sowie nach dem Tode des Vorverstorbenen verzichten.

Das geltende Recht gestattet den Verzicht in einseitiger („renuncia abdicativa“) und zweiseitiger Form („renuncia traslativa en favor del nudo propietario“)[1898]. Art. 142 Abs. 1 VE läßt offenbar nur die erste Form zu, da er sagt: „Es (das Recht der ‚viudedad‘) kann nur Gegenstand einer ‚renuncia abdicativa‘ sein ...“ Ein Verzicht zugunsten eines Dritten ist aber zulässig, wenn diesem das volle Eigentum an bestimmten Vermögensgegenständen dadurch verschafft wird, daß ihm der Ehegatte den Nießbrauch abtritt und der Eigentümer sein belastetes Eigentum überträgt[1899].

Art. 151 Abs. 1 VE wiederholt den Grundsatz der Unveräußerlichkeit des Rechtes der „viudedad“, bestimmt jedoch weiter, daß der überlebende Ehegatte den Nießbrauch an einzelnen Gegenständen abtreten kann. Gemäß Art. 151 Abs. 2 VE kann der Überlebende, beim Fehlen von Abkömmlingen des Vorverstorbenen, mit dessen Erben beliebige Vereinbarungen treffen, soweit nicht Beschwerungen des Erblassers entgegenstehen.

4. Arten der „viudedad“

a) Das Gesetz unterscheidet zwischen „viudedad legal“ (gesetzlicher „viudedad“) (Art. 63 ap.; 144 VE 1962) und „viudedad universal“ (allgemeiner „viudedad“) (Art. 64 ap.; 145 VE 1962). Die erste kann man auch als beschränkte oder Immobiliar-„viudedad“ bezeichnen, da sie im wesentlichen nur das Grundvermögen zum Gegenstand hat. Es ist die kraft Gesetzes eintretende „viudedad“, wie sie oben unter 1. definiert wurde. Die „viudedad universal“ ist die gewillkürte Form der „viudedad“ und liegt vor, wenn sie durch Rechtsgeschäft auf andere Vermögensgegenstände oder das gesamte Vermögen des Vorverstorbenen erstreckt wird. Ist eine Vereinbarung dahin getroffen, daß einem Ehegatten die „viudedad“ zustehen soll, so ist gemäß Art. 64 Abs. 1 ap., 147 Abs. 3 VE 1962 hierunter die „viudedad universal“ zu verstehen.

Genau umgekehrt ist die Rechtslage nach dem VE. Nach dem bereits erwähnten Art. 140 Abs. 1 VE erstreckt sich die „viudedad“ grundsätzlich auf das gesamte Vermögen des Vorverstorbenen. Die „viudedad universal“ wird damit de lege ferenda zur „viudedad legal“. Die auf das Grundver-

---

[1898] Sancho Rebullida 47.

[1899] Sancho Rebullida 48; Art. 151 Abs. 3 VE: Die Gegenleistung tritt jedoch an die Stelle des veräußerten Gegenstandes.

mögen beschränkte „viudedad" tritt nur mehr in zwei Fällen ein. Einmal bestimmt Art. 140 Abs. 2 VE, daß die „viudedad" durch Verfügung eines Ehegatten im Testament oder in öffentlicher Urkunde auf die unbeweglichen Gegenstände kraft ihrer Beschaffenheit (Art. 334 CC) und Betriebe der Landwirtschaft und Viehzucht, sowie kaufmännische und gewerbliche Unternehmen (Art. 105 Abs. 1 VE) beschränkt werden kann. Erreicht der Wert dieser Gegenstände nicht die Hälfte des Nachlasses, so erstreckt sich die „viudedad" auch auf die zur Ergänzung bis zu dieser Hälfte erforderlichen beweglichen Gegenstände. Zum anderen sieht Art. 141 Abs. 1 VE vor, daß sich die „viudedad" dann auf die in Art. 140 Abs. 2 VE genannten Gegenstände beschränkt, wenn der Überlebende eine neue Ehe eingeht und Abkömmlinge aus früheren Ehen vorhanden sind. Eine Ausdehnung der „viudedad" ist dann nicht möglich. Diese Vorschrift bezieht sich — dies sei zur Klarstellung erwähnt — auf den Nießbrauch aus der neuen Ehe des Überlebenden, nicht auf den bereits bestehenden Nießbrauch aus der früheren Ehe, der mangels anderer Vereinbarung durch die neue Eheschließung erlischt (Art. 154 Z. 2 VE). Eine Art. 64 Abs. 1 ap., 146 Abs. 3 VE 1962 entsprechende Vorschrift fehlt im VE, da sie überflüssig ist.

b) Nicht eigentlich als verschiedene Arten, sondern als verschiedene Stufen kann die „viudedad" als Anwartschaftsrecht während der Ehe und die „viudedad" als Nießbrauch nach dem Tode eines Ehegatten bezeichnet werden. Der Apéndice nimmt auf diese Unterscheidung Bezug, ohne sie konsequent durchzuführen, und spricht teils vom Anwartschaftsrecht, teils vom Nießbrauch. Der VE überschreibt den VI. Titel mit „De la viudedad" und unterteilt ihn in drei Kapitel: Kapitel I: „Allgemeine Vorschriften". Zu ihnen gehört Art. 143 Abs. 1 und 2 VE: „Das Recht der ‚viudedad' regelt sich zuerst nach dem Vertrag, dann nach der Gewohnheit, den Vorschriften dieses Titels und denen des CC. Vertrags- und Testamentsbestimmungen, die sich auf die ‚viudedad' beziehen, sind immer in dem für sie günstigsten Sinne auszulegen." Kapitel II: „Das Anwartschaftsrecht der ‚viudedad'". Kapitel III: „Der witwerische Nießbrauch".

5. Ursprung

Die kraft Gesetzes eintretende „viudedad legal" findet sich erstmalig in der „Compilación de Huesca" von 1247. Vorher war in Erweiterung der damals kraft Gesetzes, insbesondere im Rahmen der fortgesetzten Gütergemeinschaft, dem überlebenden Ehegatten zustehenden Rechte der lebenslängliche Nießbrauch an bestimmten Vermögensgegenständen oder am gesamten Vermögen des Vorverstorbenen seit dem 12. Jahrhundert in vielen Fällen rechtsgeschäftlich begründet worden[1900]. LACRUZ[1901] weist jedoch anhand einer eingehenden Untersuchung nach, daß vor dem genannten Gesetzeswerk keine Quelle aufzufinden ist, die eine gesetzliche „viudedad“ vorsah, sondern daß vielmehr die aus jener Zeit stammenden Urkunden erkennen lassen, daß eine vertragliche Vereinbarung erforderlich war. Ob der Ursprung der „viudedad“ im römischen oder germanischen Recht zu suchen ist, ist bestritten. Es scheint aber zumindest, daß die Organisation der Familie im germanischen Recht zusammen mit der Rechtsentwicklung zur Zeit der „Reconquista“ die gewohnheitsrechtliche Entstehung der „viudedad“ begünstigt hat[1902].

6. Geschichtliche Entwicklung

Der Fuero 1 „De iure dotium“ von 1247 bestimmte, daß die Ehefrau, solange sie Witwe bleibt, das Recht auf den Nießbrauch an dem gesamten Vermögen hat, das ihr gemeinsam mit ihrem Ehemann zustand[1903]. Dieser Wortlaut unterscheidet sich vom geltenden Recht dadurch, daß er die „viudedad“ einerseits nur der Witwe zuerkennt und zum anderen keine Beschränkung auf das unbewegliche Vermögen enthält. Außerdem war die „viudedad“ ursprünglich offenbar nur für die kinderlose Ehe vorgesehen. Sehr bald jedoch, vielleicht sogar schon gleichzeitig mit dem Erlaß dieses Fuero, dehnte die Gewohnheit die „viudedad“ auf den Ehemann aus und sie ist für diesen durch eine in London im Manuskript erhaltene und von LACRUZ[1904] zitierte Observancia aus der 2. Hälfte des 13. Jahrhunderts und durch Fueros von 1390 und 1398[1905] bezeugt. Ebenfalls sehr bald erfolgte die Beschränkung auf das unbewegliche Vermögen, und seit dieser Zeit erfuhr das Recht der „viudedad“ keine wesentlichen Änderungen mehr, wenn auch die Regelung im einzelnen durch zahlreiche Observancias vervollständigt wurde[1906]. Die „viudedad“ wurde in allen Entwürfen eines Apéndice und in diesem selbst ausführlich behandelt, und die aragonesischen Schriftsteller bezeichnen sie als die „liebste“[1907] und die am „besten gehütete“[1908] Institution Aragóns.

1900 LACRUZ, Régimen matrimonial 124 f.

1901 LACRUZ, Régimen matrimonial 124.

1902 SANCHO REBULLIDA 21.

1903 ISABAL 517; SANCHO REBULLIDA 37; LACRUZ, Régimen matrimonial 130. Zu dieser Regelung kehrt der VE in Art. 140 Abs. 1 zurück.

1904 LACRUZ, Régimen matrimonial 130 f.

1905 ISABAL 18; ALBAREDA 35.

1906 SANCHO REBULLIDA 29 f.

1907 ISABAL 517.

1908 „Más mimada“; EXPOSICIÓN DE MOTIVOS 15.

II. Die „viudedad" als Anwartschaftsrecht

1. Entstehung und Merkmale

Das Anwartschaftsrecht der Ehegatten auf die „viudedad" entsteht mit der Eheschließung (Art. 63 Abs. 1 ap.; Art. 144 VE 1962, Art. 140 Abs. 1 VE). Auch die nichtige Ehe begründet dieses Anwartschaftsrecht gemäß Art. 69 CC für den bezüglich der Wirksamkeit gutgläubigen Ehegatten. Hiervon zu trennen ist die Frage nach den Wirkungen des Nichtigkeitsurteils auf den Fortbestand dieses Rechtes[1909].

Die Entstehung des Anwartschaftsrechtes ist, wie sich aus Art. 63 Abs. 1 ap. (Art. 144 VE 1962 und Art. 140 Abs. 1 VE) ergibt, vom Güterstand unabhängig.

Das auf den Erwerb des Nießbrauches gerichtete Anwartschaftsrecht erstarkt zum Vollrecht, wenn der Berechtigte seinen Ehegatten überlebt, und hat unmittelbare dingliche Wirkungen.

2. Auswirkungen auf das Immobiliarsachenrecht

Das Anwartschaftsrecht stellt eine dingliche Belastung der ihm unterliegenden Gegenstände dar. Es besteht auch fort, wenn der Ehemann und gegebenenfalls die Ehefrau Grundstücke, die mit dem Anwartschaftsrecht des jeweils anderen Ehegatten belastet sind, veräußert (Art. 49 Abs. 1 a. E., 66 Abs. 2 Z. 4 ap., 144 Abs. 1 VE). Es erlischt nur, wenn die Ehefrau den Verfügungen des Ehemannes zustimmt oder — in den seltenen Fällen, in denen die Ehefrau verfügen kann[1910] — der Ehemann auf sein Anwartschaftsrecht verzichtet. Dies gilt uneingeschränkt für Eigentumsübertragungen an Grundstücken außerhalb des „Registro de Propiedad" (Grundbuch)[1912].

Ist jedoch der verfügende Ehegatte als Eigentümer im Grundbuch eingetragen und wird der Erwerber als neuer Eigentümer eingetragen, so erhebt sich die Frage, ob das Anwartschaftsrecht auch dann fortbesteht, wenn es der Erwerber nicht positiv kannte. Sancho Rebullida bejaht dies uneingeschränkt, da die Offenkundigkeit des Gesetzes (hier Art. 49 ap.) der

---

1909 Sancho Rebullida 62.

1910 Ausnahmsweise vertragliche Übertragung einer begrenzten Verfügungsbefugnis, Trennung aus Verschulden der Ehefrau oder Strafentmündigung des Ehemannes, Abwesenheit (Verschollenheit) des Ehemannes (Sancho Rebullida 67).

1912 Die Grundbucheintragung ist im allgemeinen zur Wirksamkeit einer Verfügung über ein Grundstück nicht erforderlich, sondern hat nur deklaratorische Wirkung. Ausnahmen stellen die Bestellung einer Hypothek (Art. 145, 149 L. H., 1875 CC) und die Pfändung unbeweglicher Vermögensgegenstände (Art. 43 L. H., 1453 LEC) dar (Roca Sastre, D. H. I, 146 f.).

des Grundbuches vorgehe[1913]. PELAYO HORE[1914] geht ebenfalls davon aus, daß das Gesetz hier dem Grundbuch vorgeht bzw. der Erwerber das Eigentum so erwirbt, wie es das Grundbuch zusammen mit dem Gesetz interpretiert. Sind daher dem Erwerber Umstände bekannt, die nahelegen, daß das Grundstück dem aragonesischen Recht unterliegt, so muß er beim Tode des verfügenden Ehegatten den Nießbrauch des Überlebenden gegen sich gelten lassen. Solche Umstände sind vor allem die Belegenheit des Grundstückes in Aragón, die dem Erwerber bekannte „vecindad" des Veräußerers in Aragón, der ausdrückliche Vorbehalt des Anwartschaftsrechtes oder der Hinweis auf die Möglichkeit der Entstehung des Nießbrauches. Die R. vom 25. 9. 1925 und 11. 7. 1929 gehen dagegen in die Richtung, daß der Ehefrau der Nießbrauch nur zusteht, wenn in der Vertragsurkunde ein entsprechender Vorbehalt enthalten ist. Ist aus diesen Gründen die Eintragung des Anwartschaftsrechtes im Grundbuch in Spanien, wenn man SANCHO REBULLIDA folgt, überflüssig, so hält er sie gleichwohl für zulässig gemäß Art. 2 L. H., 7, 8 R. H. Nach Art. 93 R. H. hat diese Eintragung durch Randvermerk zu erfolgen.

3. Berechtigte

Das Anwartschaftsrecht entsteht zugunsten der Ehegatten, wenn der Ehemann zum Zeitpunkt der Eheschließung Aragonesier ist, unabhängig vom Belegenheitsort des Vermögens.

4. Die dem Anwartschaftsrecht unterliegenden Vermögensgegenstände

a) Grundsätzlich erwähnt Art. 63 Abs. 1 ap. als Gegenstand der „viudedad legal" nur das unbewegliche Vermögen. Das gleiche gilt vom Vorentwurf 1962 (Art. 139 Abs. 1) unbeschadet der ausdrücklichen Erweiterung auf das gesamte Sondergut des Vorverstorbenen, die aber nur eine Klarstellung und nicht eine Neuerung darstellt. Bei verschiedenen Gelegenheiten war jedoch in jüngster Zeit die Ansicht vertreten worden, daß die „viudedad legal" auch auf das bewegliche Vermögen erstreckt werden sollte. LAGUNA AZORÍN[1915] begründete dies z. B. damit, daß heute das bewegliche Vermögen ein wesentlich größeres Gewicht gegenüber dem unbeweglichen Vermögen hat als etwa im 13. Jahrhundert und weist vor allem auf die Bedeutung des Wertpapierbesitzes und die Kapitalbeteili-

---

1913 SANCHO REBULLIDA 70.

1914 PELAYO HORE (oben N. 1887) 179 f.

1915 LAGUNA AZORÍN, El derecho de viudedad foral ¿debe extenderse a los bienes muebles? An. Der. Aragonés VI (1951—1952) 179 f.

gung an Handelsgesellschaften hin. HUERTA SAN JUAN[1916] sucht juristisch zu begründen, warum in der Praxis mit Recht Handels- und Industrieunternehmen dem Nießbrauch unterstellt werden, obwohl die zu einem solchen Unternehmen gehörenden Waren bewegliche Sachen sind. Er kommt hierbei zu dem wohl nur schwer zu billigenden Schluß, daß diese Waren die Rechtsnatur des Grundstückes bzw. Anwesens teilen, in dem sie sich, in ständiger Erneuerung, befinden. Die Schöpfer der VE von 1962 und 1963 waren offenbar ebenfalls davon überzeugt, daß der Nießbrauch am unbeweglichen Vermögen nicht mehr genügt. Schon Art. 144 VE 1962 bestimmte daher durch Verweisung auf Art. 108 Z. 1—3, daß als unbewegliche Vermögensgegenstände auch anzusehen sind:

1. Landwirtschaftliche Betriebe, Handels- und Industrieunternehmen, mit allen Gegenständen, die hiermit in Zusammenhang stehen.
2. Fahrzeuge, Maschinen und Gerätschaften.
3. Das durch Wertpapiere, Bank- oder Spareinlagen und in öffentlicher Urkunde niedergelegte Forderungen repräsentierte Kapital.

Daß sich gemäß Art. 140 Abs. 1 VE die „viudedad" auf das gesamte Vermögen beziehen soll, wurde bereits ausgeführt.

b) Außer durch die Vereinbarung der „viudedad universal", die das gesamte bewegliche Vermögen umfaßt, kann der Nießbrauch auf einzelne bewegliche Sachen oder das ganze bewegliche Vermögen dadurch erstreckt werden, daß diese beweglichen Sachen als unbeweglich in die Ehe eingebracht werden (Art. 64 Abs. 1 ap.). Diese „Verliegenschaftung" kann im Ehevertrag, in sonstiger öffentlicher Urkunde oder durch letztwillige Verfügung vorgenommen werden. Daneben nennt Art. 66 ap. verschiedene Gruppen von Gegenständen, die kraft Gesetzes für die „viudedad legal" als unbeweglich angesehen werden. Hierher gehören bestimmte Surrogate, die an die Stelle von Grundstücken getreten sind: Gemäß Art. 66 Abs. 1 Z. 1 u. 2 unterliegen dem Anwartschaftsrecht der dem anderen Ehegatten verbleibende Betrag, wenn dieser Grundstücke zur Begleichung vorehelicher Verbindlichkeiten veräußert hat, und die Beträge, die der Überlebende als Gegenwert für Grundstücke des Vorverstorbenen erhält, ohne sein Anwartschaftsrecht an diesen Grundstücken geltend machen zu können (Enteignung, Versicherungsleistungen, Wiederkauf usw.). Ziff. 3 und 4 der genannten Vorschrift erwähnen die „dos" des Verstorbenen und seine sonstige vom Überlebenden gesicherte Mitgift und die ihm zuerkannte „Anerkennung" („reconocimiento") sowie die Erhöhung der

[1916] HUERTA SAN JUAN, Usufructo viudal en establecimientos mercantiles e industriales: Seg. Sem. Der. Aragonés 195 f.

„dos". Art. 66 Abs. 1 Z. 1—4 nennt somit ausschließlich Gegenstände (genauer: Forderungen), die zum Sondergut des Vorverstorbenen gehören. Im Hinblick auf Art. 64 und 72 Z. 1 ap. stellt daher LACRUZ[1917] den allgemeinen Grundsatz auf, daß der „viudedad legal" alles Vermögen unterliegt, das nicht zum Gesamtgut gehört[1918]. Somit entspricht Art. 144 Abs. 1 VE 1962, der die „bienes privativos" ausdrücklich erwähnt, dem geltenden Recht.

Im übrigen gelten als unbewegliche Gegenstände kraft ihrer Bestimmung auch die in Art. 334 CC genannten Gegenstände, der für die Einordnung als beweglich und unbeweglich ergänzend Anwendung findet.

Soweit bewegliche Sachen von dem Anwartschaftsrecht betroffen sind, wirkt dieses ebenfalls dinglich, wenn sich die Gleichstellung mit dem unbeweglichen Vermögen aus dem Gesetz ergibt, nicht jedoch, wenn sie auf Vertrag beruht[1919]. Gemäß Art. 144 Abs. 3 VE ist die dingliche Wirkung bei beweglichen Gegenständen grundsätzlich ausgeschlossen. Die Vorschrift lautet: „Handelt es sich um bewegliche Gegenstände, so erstreckt sich die „viudedad" nur auf die beim Erbfall vorhandenen und die, die in der Absicht, dieses Recht zu beeinträchtigen, veräußert werden" („en fraude de tal derecho").

Weitere Regeln zur Abgrenzung des dem Nießbrauch bzw. dem Anwartschaftsrecht unterliegenden Vermögens enthalten Art. 66 Abs. 2 Z. 1 bis 4 ap., wobei die letzte Ziffer dieser Vorschrift die Konsequez der dinglichen Wirkung des Anwartschaftsrechtes der Ehefrau darstellt.

c) Gemäß Art. 65 ap. ist es nicht erforderlich, daß der Verstorbene auch tatsächlich den unmittelbaren Besitz an den ihm gehörenden Vermögensgegenständen erlangt hat. Vielmehr kann der Überlebende dessen Ansprüche zur Durchsetzung des Nießbrauches weiterverfolgen[1920].

1917 LACRUZ, Bienes comunes y bienes privativos en el régimen matrimonial aragonés: Rev. Der. Not. (1957) 86.

1918 Ebenso BLAS, Derecho civil aragonés² (Zaragoza 1898) 168 f.

1919 SANCHO REBULLIDA 62.

1920 Nur kurz sei auf einige der von SANCHO REBULLIDA 96 f. behandelten Grenzfälle hingewiesen. Besteht die „viudedad" an

a) Grundvermögen, das der Vorverstorbene mit Wiederkaufsrecht verkauft hat und das seine Erben oder der Überlebende zurückkaufen? Ja, das Anwartschaftsrecht besteht am Wiederkaufsrecht, das der Überlebende gemäß Art. 65 ap. ausüben kann.

b) Grundvermögen, das vor der Auflösung der Ehe vom Vorverstorbenen gekauft, dessen Eigentum jedoch erst nach seinem Tode übertragen wurde? Ja, wenn die Eigentumsübertragung lediglich als Erfüllung des (Vor-)Vertrages („promesa de venta") anzusehen ist.

c) Grundvermögen, das während der Ehe unter Befristung oder aufschiebender

d) Ausdrücklich ausgeschlossen von der gesetzlichen und universellen „viudedad" sind gemäß Art. 67 ap.

aa) die Gegenstände des Vorverstorbenen, die einem Rückfallsrecht oder einer Substitution unterliegen, d. h. diejenigen, die er mit der Maßgabe „besaß", daß sie bei seinem Tode an eine bestimmte Person fallen. War der Rückfall oder Anfall an eine bestimmte Person von einem Aszendenten angeordnet worden, so verbietet Art. 63 Abs. 2 ap. die Anwendung dieser Vorschrift, da „ein Aszendent in keiner Weise verbieten kann, daß der Ehegatte des Abkömmlings den Nießbrauch an den von ihm ererbten Gegenständen erwirbt"[1921]. ARAGÜÉS PÉREZ[1922] vertritt die Meinung, daß ein Ausschluß der „viudedad" durch Aszendenten möglich ist, wenn die Substitution entweder zugunsten von anderen Abkömmlingen angeordnet wird (Art. 31 Z. 3 ap.) oder wenn sie das freie Drittel zum Gegenstand hat (Art. 31 Abs. 1 ap.). Daß diese Substitutionen wirksam sind, ist zutreffend und ergibt sich aus den genannten Vorschriften. Nicht ersichtlich ist jedoch, warum hier die „viudedad" ausgeschlossen sein soll, da Art. 63 Abs. 2 ap. gerade diesen Fall trifft[1923].

bb) die Gegenstände, die dem Vorverstorbenen von einer Person, die nicht einer seiner Aszendenten ist, unter dem Verbot der „viudedad" hinterlassen worden sind.

cc) die Gegenstände, die dem Ehegatten bis zu einem bestimmten Tage als „violario", „treudo" oder „tributación" hinterlassen wurden[1924].

Bedingung erworben wurde, wenn der Termin oder die Bedingung erst nach dem Tode eines Ehegatten eintritt? Ja, wegen Art. 1120 CC (ex-tunc Wirkung) mit Art. 65 ap.

d) Grundvermögen, daß der Ehemann während der Ehe mit ausdrücklicher Zustimmung oder nach Verzicht der Ehefrau veräußert hat, wenn es nach seinem Tode wegen Nichtigkeit der Verfügung in sein Vermögen zurückfällt? Die Zustimmung wird von der Nichtigkeit umfaßt, das Grundstück unterliegt der „viudedad". Hat die Ehefrau verzichtet, so kann dies nur den Ehemann, nicht aber seine Erben begünstigen, das Grundstück unterliegt ebenfalls dem Nießbrauch. Gemäß Art. 1303 CC erfolgt die Rückgabe in der Weise, daß die Erben das Eigentum, die Witwe den Nießbrauch erwirbt. Das gleiche gilt im wesentlichen beim Rücktritt.

e) Grundvermögen, das als bewegliches Vermögen eingebracht wurde? Ja, da es in keiner Vorschrift ausgeschlossen wird.

f) Hypothekenforderungen? Nein, wegen der Akzessorietät der Hypothek.

1921 SANCHO REBULLIDA 107.

1922 ARAGÜÉS PÉREZ, La prohibición de la viudedad: Prim. Sem. Der. Aragonés 42.

1923 SANCHO REBULLIDA 107.

1924 „Treudo" und „tributación" nennt das aragonesische Recht die emphyteutische Erbpacht. Der „violario" oder „censo violario" ist eine lebenslängliche Pacht (EJE, XXX; Stichworte „treudo", „tributación" und „violario").

Der Anteil des Vorverstorbenen fällt hier an die Erben. Die Bestimmung ist praktisch bedeutungslos, da diese Pachtformen nicht mehr gebräuchlich sind[1925].

dd) die „dotes" im eigentlichen Sinn und die Schenkungen an Pflichtteils statt zugunsten der gemeinsamen Kinder oder der Kinder des Vorverstorbenen aus einer früheren Ehe. Diese Vorschrift bezieht sich somit auf die von den Ehegatten gewährte Ausstattung, während Art. 66 Abs. 1 Z. 3 ap. die „dos" der Ehegatten selbst meint[1926].

e) Über den Umfang des Anwartschaftsrechtes eines zweiten Ehegatten des Überlebenden sagt der Apéndice nichts. Es gelten daher die allgemeinen Vorschriften in der dargestellten Form. Art. 141 Abs. 2 VE bestimmt zur Vermeidung von „spekulativen Ehen", daß sich die „viudedad" auf ein Drittel des Vermögens verringert, wenn ein Witwer oder eine Witwe mit Kindern die Ehe mit einer um 20 oder mehr Jahre jüngeren Person eingeht[1927].

5. Haftung mit den dem Anwartschaftsrecht unterliegenden Gegenständen

Aus verschiedenen Gründen kann der Fall eintreten, daß ein Ehegatte zur Erfüllung von Verbindlichkeiten auf sein dem Anwartschaftsrecht des

---

[1925] Sancho Rebullida 109.

[1926] Grenzfälle (nach Sancho Rebullida 109 f.):

a) Gegenstände, die dem Vorverstorbenen gehörten und an denen er durch Verjährung oder Ersitzung das Eigentum verloren hat: Sie sind vom Anwartschaftsrecht ausgeschlossen, soweit die Verjährung nicht zur Verschleierung einer Veräußerung herbeigeführt wurde. In diesem Fall gelten Art. 49 Abs. 1 ap. a. E., 66 Abs. 2 Z. 4 ap.

b) Gegenstände, für die zu Lebzeiten des Vorverstorbenen die Ersitzungsfrist lief, jedoch erst nach seinem Tode endete: Obwohl der Nießbrauch nur an Gegenständen besteht, die im Eigentum des Vorverstorbenen standen, stellt hier Sancho Rebullida den Eigenbesitz dem Eigentum gleich und läßt das Anwartschaftsrecht entstehen.

c) Gegenstände, an denen das Eigentum durch Eintritt einer aufschiebenden Bedingung nach dem Tode des Vorverstorbenen erlischt: Die „viudedad" besteht nicht (vgl. Art. 73 Z. 5 ap.).

d) Ertragslose Gegenstände: Das Anwartschaftsrecht besteht nicht, weil ein Nießbrauch nicht durchführbar ist.

e) Höchstpersönliche Rechte: Sie gehören zum Sondergut und unterliegen dem Nießbrauch, soweit ein solcher möglich ist (z. B. geistiges Eigentum, so auch Art. 103 Z. 2 mit Art. 144 Abs. 1 VE). Art. 64 Abs. 1 a. E. ap.: „Alle Zweifel über den Umfang der ‚viudedad' sind in dem Sinne zu lösen, daß sie alle hierfür geeigneten Gegenstände des Vorverstorbenen umfaßt."

f) Ausgeschlossen sind alle vom Vorverstorbenen gemieteten oder gepachteten Grundstücke. Dies ergibt sich m. E. schon daraus, daß der Ehegatte hier Fremdbesitzer und nicht Eigentümer ist.

[1927] Gemäß Art. 144 Abs. 2 VE 1962 sollte eine Beschränkung auf die Hälfte eintreten.

anderen Ehegatten unterliegendes Sondergut oder das unbewegliche Gesamtgut zurückgreifen muß. Die Auswirkungen auf das Anwartschaftsrecht sind hierbei je nach dem Entstehungsgrund der Verbindlichkeit verschieden.

a) Erfolgt die Veräußerung eines Grundstückes, um dem Ehegatten die Erfüllung von Verbindlichkeiten wegen eines während der Ehe begangenen Deliktes[1928] zu ermöglichen, so besteht das Anwartschaftsrecht des Überlebenden fort. Diese Vorschrift erscheint trotz Art. 49 Abs. 1 a. E. ap. nicht überflüssig, da das Gesamtgut des verpflichteten Ehegatten bis zur Hälfte seines Wertes für diese Verbindlichkeiten haftet (Art. 50 Abs. 3 ap.) und daher gegebenenfalls der Zwangsvollstreckung unterliegt. Die Verweigerung der Zustimmung und des Verzichts kann somit letztlich die Veräußerung nicht verhindern.

b) Voreheliche Verbindlichkeiten beider Ehegatten sind nach Art. 51 ap. vom Ehemann — als Verwalter und Vertreter des gesamten Ehegattenvermögens (Art. 49 Abs. 1 ap., 113 Abs. 1 VE) — vorzugsweise aus dem beweglichen Gesamtgut zu befriedigen. Reicht dieses nicht aus, so werden hierzu die vom Schuldner eingebrachten oder später unentgeltlich erworbenen Grundstücke, d. h. also sein unbewegliches Sondergut (arg. aus Art. 48 Z. 1 ap.) verwendet, selbst wenn hierdurch das Anwartschaftsrecht des anderen Ehegatten auf die „viudedad" beeinträchtigt wird.

Sind im Sondergut unbewegliche Gegenstände nicht vorhanden, so kann der Gläubiger endlich gegen den Hälfteanteil des verpflichteten Ehegatten vorgehen, wobei jedoch das Anwartschaftsrecht des anderen Ehegatten unberührt bleibt. Aus dieser Vorschrift in Verbindung mit Art. 66 Z. 1 ap. ergibt sich, daß das von einem Ehegatten zur Befriedigung vorehelicher Schulden veräußerte unbewegliche Sondergut von der Anwartschaft des anderen Ehegatten frei wird und an seine Stelle der die Verbindlichkeit übersteigende Erlös tritt. Interessant ist in diesem Zusammenhang Art. 110 Abs. 1 VE, wonach das Gesamtgut für voreheliche Schulden nur bis zur Höhe des vom betreffenden Ehegatten eingebrachten Vermögens haftet, während, wie oben ausgeführt, bislang noch dieser Haftung, unabhängig von der Höhe des eingebrachten Vermögens, die Hälfte des Gesamtgutes unterliegt.

c) Auch soweit vom Ehemann Gesamtgutsverbindlichkeiten, insbesondere im Interesse beider Ehegatten, eingegangen wurden, bleibt das An-

[1928] Wohl: Straftat und unerlaubte Handlung.

wartschaftsrecht der Ehefrau auf den Nießbrauch am unbeweglichen Sondergut und an der dem Ehemann gebührenden Hälfte am Gesamtgut gemäß Art. 49 Abs. 1 a. E., 66 Abs. 2 Z. 4 ap. unberührt, wenn sie nicht ausdrücklich der Veräußerung von Grundstücken zur Erfüllung dieser Verbindlichkeiten zugestimmt hat[1929].

Das gleiche gilt grundsätzlich von den von der Ehefrau eingegangenen Verbindlichkeiten. Es würde über den Rahmen dieser Arbeit hinausgehen, die verschiedenen Möglichkeiten der Eingehung einer Verbindlichkeit durch die Ehefrau darzustellen. Auszugehen ist davon, daß der Ehemann in der Regel Verwalter des gesamten Ehegattenvermögens ist und hierbei über sein Sondergut und das Gesamtgut verfügen kann, wobei hinsichtlich der „viudedad" der bereits erwähnte Art. 49 Abs. 1 a. E. ap. zu beachten ist. Zu Verfügungen über das unbewegliche Sondergut der Ehefrau bedarf er deren Zustimmung. Da das aragonesische Recht ein Vorbehaltsgut der Ehefrau („bienes parafernales") kraft Gesetzes nicht kennt (Art. 49 Abs. 1 ap.), kann somit die Ehefrau allein grundsätzlich nicht verfügen. Es ergibt sich daher folgende Einteilung der von der Ehefrau eingegangenen Verbindlichkeiten:

1. Rechtsgeschäfte unter Mitwirkung des Ehemannes
   a) als Vertreterin des Ehemannes
   b) mit Zustimmung des Ehemannes
2. Rechtsgeschäfte mit gerichtlicher Genehmigung
3. Rechtsgeschäfte ohne Zustimmung
   a) Vertragliche Verbindlichkeiten
      Diese können wirksam sein, wenn der Ehemann ihre Unwirksamkeit nicht geltend macht oder wenn sie im Rahmen der Schlüsselgewalt zu Lasten des Gesamtgutes erfolgen.
   b) Außervertragliche Verbindlichkeiten[1930]

Zu dieser Einteilung ergeben sich folgende Hinweise: Handelt die Ehefrau in Vertretung des Ehemannes, so erlischt das Anwartschaftsrecht beider Ehegatten: das des Ehemannes, weil in seinem Namen gehandelt wurde, und das der Ehefrau, weil sie durch ihr Tätigwerden der Verbindlichkeit und damit ihrer Erfüllung zustimmt. Handelt sie mit Zustimmung des Ehemannes, so „verzichtet" dieser zwar nicht notwendig ausdrücklich auf sein Anwartschaftsrecht, dieses erlischt aber wohl ebenfalls, da nur diese Lösung annehmbar erscheint. Anders verhält es sich bei der gericht-

[1929] SANCHO REBULLIDA 120.

[1930] ALBALETE GIMÉNEZ, El pasivo de las masas patrimoniales en la comunidad conyugal aragonesa: An. Der. Aragonés IX (1957—1958) 152 f.

lichen Genehmigung, die nur die fehlende Fähigkeit der Ehefrau ergänzt, nicht aber die Zustimmung des Ehemannes ersetzt. Unterläßt es der Ehemann, die Unwirksamkeit einer von der Ehefrau allein eingegangenen Verbindlichkeit und ihrer Erfüllung geltend zu machen, so besteht sein Anwartschaftsrecht fort, da in seinem rein passiven Verhalten ebenfalls kein Verzicht gesehen werden kann[1931].

d) Wirken beide Ehegatten bei Eingehung der Verbindlichkeit zusammen, so verlieren sie ihr Anwartschaftsrecht an den zur Erfüllung veräußerten Grundstücken, da dieser Fall der Zustimmung gleichzusetzen ist.

6. Erlöschen des Anwartschaftsrechtes

a) Das Anwartschaftsrecht erlischt vor allem, wenn dies im Ehevertrag vereinbart wurde, wenn der berechtigte Ehegatte in öffentlicher Urkunde darauf verzichtet oder wenn die „viudedad", ebenfalls unter Mitwirkung des Berechtigten, einem Endtermin oder einer auflösenden Bedingung unterliegt (Art. 73 Z. 1, 2 und 4 ap.). Erfolgt der Verzicht vor oder bei der Eheschließung, so entsteht das Anwartschaftsrecht nicht, obwohl Art. 73 ap. nur vom „Erlöschen" spricht. Das gleiche gilt für die von Art. 67 Z. 1, 2 ap. geregelten Fälle, die die einem Wiederanfallsrecht oder einer (zulässigen) Substitution unterliegenden Gegenstände sowie die von einem Dritten unter Ausschluß der „viudedad" hinterlassenen Gegenstände betreffen. Der Vertrag oder Verzicht kann entweder das ganze Vermögen oder nur einzelne Vermögensgegenstände zum Inhalt haben. Der VE regelt den Verzicht in Art. 142 Abs. 1 und Art. 154 Z. 1.

b) Das Anwartschaftsrecht erlischt weiter, wenn die Ehe für nichtig erklärt wird, da es eine güterrechtliche Ehewirkung darstellt (Art. 47 Abs. 1 ap.). Während SANCHO REBULLIDA[1932] annimmt, daß dies auch für den gutgläubigen Ehegatten gilt, bestimmt Art. 146 Abs. 1 VE, daß das Anwartschaftsrecht unbeschadet der Vorschrift in Art. 69 CC erlischt[1933]. Hieraus scheint hervorzugehen, daß der gutgläubige Ehegatte das Anwartschaftsrecht behält und beim Tode des anderen Ehegatten den Nießbrauch erwirbt.

Die vom spanischen Recht als Sanktion ehewidrigen Verhaltens vorgesehene gerichtliche Gütertrennung (Art. 1433 CC) führt für den schul-

---

1931 SANCHO REBULLIDA 122.

1932 SANCHO REBULLIDA 126.

1933 Art. 69 Abs. 1 und 2 CC lauten: „Die gutgläubig geschlossene Ehe hat zivilrechtliche Wirkungen, auch wenn sie für nichtig erklärt wird. Bestand die Gutgläubigkeit bei einem der Ehegatten, so hat sie zivilrechtliche Wirkungen nur für diesen und die Kinder."

digen Teil ebenfalls zum Verlust des Anwartschaftsrechtes (Art. 73 Z. 9, 64 Abs. 3, 47 Abs. 2 ap., ebenso Art. 146 Abs. 2 VE). Erforderlich ist die Rechtskraft des Trennungsurteils sowie die Erklärung eines Ehegatten für schuldig — Fall der Strafentmündigung und Trennung der Ehe — oder die Abwesenheits(Verschollenheits-)erklärung. Obwohl bei dem für verschollen erklärten Ehegatten von einer Schuld wohl kaum gesprochen werden kann, ergibt sich aus Art. 47 Abs. 2, 3 ap., daß er dem schuldigen Ehegatten in den beiden ersten Fällen gleichsteht und das Anwartschaftsrecht verliert. Steht glaubwürdig fest, daß der nicht schuldige Ehegatte dem schuldigen verziehen hat oder daß eine Versöhnung stattgefunden hat, so erlischt nach Art. 73 Z. 9 ap. das Anwartschaftsrecht nicht. Genau genommen muß man hier von einem neuen Entstehen des Anwartschaftsrechtes sprechen oder, im umgekehrten Fall, in Anlehnung an Art. 64 Abs. 3 ap., davon, daß das Anwartschaftsrecht beim Tode des Vorversterbenden nicht zum Vollrecht (Nießbrauch) erstarkt.

c) Das Anwartschaftsrecht erlischt mit der Tode eines Ehegatten für den Verstorbenen (Art. 73 Z. 2 ap.). Dies ergibt sich bereits aus dem Begriff der „viudedad“, die nur dann zum Nießbrauch wird, wenn der Berechtigte den anderen Ehegatten überlebt. Auch das Anwartschaftsrecht des Überlebenden besteht nicht fort, sondern wird nunmehr zum Nießbrauch. Es erlischt endgültig, wenn der Überlebende am Tode des anderen Ehegatten „schuld ist“ (Art. 73 Z. 10 ap.). Nach SANCHO REBULLIDA[1934] ist dies der Fall, wenn die Voraussetzungen einer strafrechtlichen Verurteilung gegeben sind.

d) Nach Art. 73 Z. 6 ap. führt der zufällige Untergang der Sache, die dem Nießbrauch unterliegt, zur Beendigung der „viudedad“. Dies gilt auch für das Anwartschaftsrecht[1935].

e) Art. 146 Abs. 1 VE sieht ausdrücklich vor, daß der berechtigte Ehegatte das Anwartschaftsrecht verliert, wenn er erbunwürdig ist. Ob dies auch im geltenden Recht der Fall ist, erscheint äußerst zweifelhaft, da Art. 63 Abs. 3 ap. bestimmt, daß das Anwartschaftsrecht nur in den vom Gesetz abschließend aufgezählten Fällen nicht zum Nießbrauch erstarkt. Dagegen steht nach SANCHO REBULLIDA[1936] diese Vorschrift nicht der vom Anwartschaftsrecht freien Ersitzung einzelner Vermögensgegenstände durch Dritte entgegen.

1934 SANCHO REBULLIDA 129.
1935 SANCHO REBULLIDA 129.
1936 SANCHO REBULLIDA 132.

III. Die „viudedad" als Nießbrauch

1. *Entstehung*

Unbeschadet der Verpflichtung des überlebenden Ehegatten zur Inventarerrichtung und Sicherheitsleistung verwandelt sich sein Anwartschaftsrecht mit dem Tode des Vorverstorbenen ipso iure in den Nießbrauch an dem der „viudedad" unterliegenden Vermögen. Für das geltende Recht geht dies aus Art. 71 ap. hervor, de lege ferenda ist diese Umwandlung in Art. 147 Abs. 1 VE ausdrücklich vorgesehen. Etwas anderes gilt, wenn die „viudedad" aufschiebend bedingt oder befristet ist und die Bedingung oder der Termin erst später eintritt. In der Zeit zwischen dem Tode und dem Bedingungseintritt steht dann dem Überlebenden weder ein Anwartschaftsrecht noch der Nießbrauch zu, so daß die Erben frei verfügen können. Diese Modalität ist jedoch nur mit Zustimmung des Überlebenden möglich (Art. 63 Abs. 2 ap.)[1937]. Die volle Ausübung des Nießbrauches ist aber, ebenso wie der mit dem Erbfall auf den Überlebenden übergehende Besitz (so ausdrücklich Art. 147 Abs. 2 VE), davon abhängig, daß der Ehegatte, soweit er hierzu verpflichtet ist, ein Inventar errichtet und Sicherheit leistet (Art. 68 ap.). Erfüllt er diese Verpflichtung fristgemäß (50 Tage nach dem Tode), so tritt er rückwirkend in den Nießbrauch ein (Art. 71 ap.). Bis zu diesem Zeitpunkt gewährt ihm Art. 71 ap. weitgehende Verwaltungsbefugnisse, ähnlich wie bis zur Auseinandersetzung der beendeten Gütergemeinschaft (Art. 55 Abs. 3 ap.). Gemäß Art. 69 ap. (ähnlich 149 VE) können Erben, die nicht Pflichtteilsberechtigte sind, bestimmte gerichtliche Maßnahmen zur Sicherung der ordnungsgemäßen Inventarerrichtung usw. beantragen. In der Praxis kommt dies jedoch äußerst selten vor[1938]. Der Nießbrauch bewirkt, daß das ihm unterliegende Vermögen tatsächlich nicht geteilt wird, wenn auch den einzelnen Erben bestimmte Nachlaßgegenstände als Eigentum zuerkannt werden können.

2. *Merkmale*

Wie auf das Anwartschaftsrecht, kann der Überlebende auch auf den Nießbrauch gemäß Art. 63 Abs. 2, 73 Z. 2 ap. verzichten. Der Nießbrauch ist grundsätzlich unveräußerlich. Der Überlebende kann jedoch das Recht, die Nutzungen zu ziehen, einem Dritten überlassen und einzelne Grundstücke verpachten (Art. 72 Abs. 2 Z. 2 ap.; Art. 151 Abs. 1 VE). Er kann auch sein Recht als Ganzes veräußern, wenn gleichzeitig die Erben das Eigentum auf den Erwerber übertragen (für das geltende Recht Sancho

---

[1937] Sancho Rebullida 133.
[1938] Sancho Rebullida 153.

REBULLIDA[1939]; de lege ferenda Art. 151 Abs. 3 VE). Der Nießbrauch kann weiter in das Grundbuch („Registro de Propiedad") eingetragen werden[1940].

3. Inventar und Sicherheitsleistung

a) Art. 68 ap. schreibt vor, daß der überlebende Ehegatte innerhalb von 50 Tagen nach dem Erbfall ein Inventar der dem Nießbrauch unterliegenden Vermögensgegenstände zu errichten hat. Das Inventar umfaßt somit bei der „viudedad legal" das unbewegliche Sondergut und den Anteil des Verstorbenen an den gemeinsamen Immobilien, bei der „viudedad universal" auch das entsprechende bewegliche Vermögen. Soweit das Inventar unbewegliche Sachen oder dingliche Rechte aufzeichnet, ist es in öffentlicher Urkunde zu errichten. Der Inventarfeststellung und -errichtung können die Erben beiwohnen. Sind sie verhindert oder wollen sie nicht selbst oder durch Vertreter[1941] (Art. 148 Abs. 3 VE) mitwirken, so sind zwei volljährige männliche und am Ort der Errichtung ansässige Zeugen zuzuziehen (ebenso Art. 148 Abs. 3 VE). Trotz dieser gesetzlichen Bestimmungen wird aber in der Praxis ein Inventar nur selten errichtet, ohne daß hieran irgendwelche Folgen geknüpft würden[1942]. Außerdem stellte die A. T. Zaragoza in einem Urteil vom 21. 1. 1950[1943] fest, daß der Erblasser den überlebenden Ehegatten durch Vertrag oder letztwillige Verfügung von der Pflicht der Errichtung des Inventars befreien kann und begründet dies u. a. mit Art. 470, 493 CC, der Verweisung auf die vertragliche Gestaltung des Nießbrauches in Art. 72 ap. und der Gewohnheit in Aragón[1944]. Ein Urteil des gleichen Gerichtes vom 18. 10. 1950[1945] führt aus, daß die Ungebräuchlichkeit des Inventars nicht zu einem Gewohnheitsrecht des Inhaltes werden könnte, daß es schlechthin überflüssig sei. Dies würde gegen Art. 5 CC verstoßen, der der Gewohnheit contra legem die Wirksamkeit versagt. Auch die Erben selbst könnten jedoch ausdrücklich oder stillschweigend[1946] auf das Inventar verzichten. Im Hinblick darauf sieht Art. 152 Abs. 1 VE vor, daß ein Inventar nur errichtet werden muß, wenn dies mit dem Vorverstorbenen vereinbart ist, wenn der

---

1939 SANCHO REBULLIDA 144.
1940 SANCHO REBULLIDA 144; PELAYO HORE (oben N. 1887) 177.
1941 SANCHO REBULLIDA 160.
1942 ALBAREDA 38.
1943 Foro aragonés I, 1950, Nr. 3.
1944 Ebenso LORENTE SANZ, Omisión 506.
1945 Foro aragonés I, 1950, Nr. 122.
1946 LORENTE SANZ, Omisión 508.

Vorverstorbene den Überlebenden durch Testament oder öffentliche Urkunde hierzu verpflichtet hat, wenn es die Erben, die Eigentümer des dem Nießbrauch unterliegenden Vermögens sind, verlangen und diesem Verlangen nicht ein Verbot des Erblassers entgegensteht, oder wenn es die Staatsanwaltschaft, selbst bei Vorliegen einer anderslautenden Verfügung, zum Schutz der „legítima" verlangt. Diese Lösung folgt dem Vorschlag von SANCHO REBULLIDA[1947].

b) Die einzige Folge der nicht ordnungsgemäßen Inventarerrichtung innerhalb der 50-Tage-Frist ist die, daß der säumige Ehegatte die Nutzungen nicht ziehen darf und diese dem Kapital zugeschlagen werden. Nach Art. 151 VE gebühren sie den Erben. Erfüllt der Überlebende seine Verpflichtung später, so wird der Nießbrauch mit Abschluß des Inventars wirksam und erstreckt sich auch auf die genannten Nutzungen als Bestandteil des bei Beendigung der „viudedad" an die Eigentümer herauszugebenden Vermögens (Art. 68 Abs. 6 ap.). Der Verlust der Rechte aus der „viudedad" ist somit nicht endgültig. Wegen der bereits geschilderten Handhabung des Art. 68 ap. in Aragón ist aber auch diese Vorschrift von geringer praktischer Bedeutung, denn wenn schon die Pflicht zur Errichtung des Inventars in der Regel mißachtet wird, so gilt dies um so mehr für die Einhaltung der vorgesehenen Frist[1948]. Es wird jedoch auf folgende Einzelheiten hingewiesen: Obwohl Art. 73 letzter Abs. ap. den Verlust der „viudedad" bis zur Inventarerrichtung für den Fall vorsieht, daß die Erben den überlebenden Ehegatten hierzu aufgefordert haben, ist diese Aufforderung nicht Voraussetzung von Art. 68 Abs. 6 ap. Vielmehr stellt die letztgenannte Vorschrift die allgemeine Regel dar, während Art. 73 letzter Abs. ap. einen besonderen Fall regelt, und zwar den, daß eine solche Aufforderung stattgefunden hat[1949]. Auch wenn der Ehegatte nach Ablauf der 50-Tage-Frist die „viudedad" (vorübergehend) verliert, ist er nicht verpflichtet, für die bis dahin zu seinem Unterhalt verbrauchten Nutzungen Ersatz zu leisten[1950]. Er verliert jedoch die Verwaltungsbefugnis gemäß Art. 71 ap., der sich nur auf die Phase zwischen dem Erbfall und der fristgemäßen Inventarerrichtung bezieht. Andererseits sind Art. 74, 75 ap. über die Herausgabe des Nachlasses an die Erben nicht anwendbar, da die „viudedad" nicht endgültig erloschen ist[1951]. Das der „viudedad"

1947 SANCHO REBULLIDA 158.
1948 SANCHO REBULLIDA 165.
1949 LORENTE SANZ, Omisión 508.
1950 LORENTE SANZ, Omisión 509.
1951 LORENTE SANZ, Omisión 510.

des Überlebenden unterstehende Vermögen des verstorbenen Ehegatten befindet sich somit in einer besonderen Situation. Die Verwaltung geht auf die Erben über, die jedoch nicht berechtigt sind, Nutzungen zu ziehen, da diese von der nachzuholenden Inventarerrichtung an dem Nießbrauch des Ehegatten wie das übrige Kapital unterliegen[1952].

c) Die Sicherheitsleistung durch den nießbrauchenden Ehegatten regelt Art. 70 ap. Sie ist nach dem geltenden Recht vorgesehen, wenn die Erben durch letztwillige Verfügung berufen sind und der Erblasser seinen Ehegatten nicht durch letztwillige Verfügung oder unter Lebenden von der Sicherheitsleistung befreit hat oder wenn die Erben pflichtteilsberechtigt sind und glaubhaft nachweisen, daß ihr Pflichtteilsrecht gefährdet ist. Die Sicherheit ist nur zu leisten, wenn die genannten Erben dies ausdrücklich verlangen. Zur Entscheidung sind nach Sancho Rebullida[1953] die in Art. 69 Abs. 3 ap. genannten Gerichte („Juzgado de Primera Instancia" oder „Juzgado municipal") zuständig. Nach Art. 148 VE ist die Sicherheitsleistung unter den gleichen Voraussetzungen wie die Inventarerrichtung erforderlich.

4. Die Rechtsstellung des nießbrauchenden Ehegatten

Die Rechte und Pflichten des überlebenden Ehegatten bestimmen sich in erster Linie nach den vertraglichen oder letztwilligen Anordnungen des Vorverstorbenen. Soweit solche Anordnungen fehlen, gelten Art. 72 Abs. 2 und 3 ap. und — ergänzend — die Vorschriften des CC über den Nießbrauch[1954]. Die Darstellung beschränkt sich jedoch im folgenden auf die foralrechtliche Regelung.

a) Rechte des nießbrauchenden Ehegatten

Gemäß Art. 72 Abs. 2 Z. 1 S. 1 ap. stehen dem Ehegatten bei der „viudedad legal" die Nutzungen des dem Nießbrauch unterliegenden Vermögens — also der Grundstücke und der ihnen gleichgestellten beweglichen Gegenstände — vom Beginn seines Rechtes an zu. Aus dieser Vorschrift in Verbindung mit Art. 57 Z. 1 ap. ergibt sich, daß er die beim Tode des Vorverstorbenen vorhandenen „Früchte am Halm" und die übrigen ungetrennten Früchte („frutos aparentes de las heredades y esquilmos de ganados") mit den Erben zu teilen hat[1955]. Dies gilt offenbar nur für die

---

[1952] Sancho Rebullida 164.
[1953] Sancho Rebullida 165.
[1954] Art. 72 Abs. 1 ap., Art. 13 CC; Sancho Rebullida 166.
[1955] Camón Aznar, De la extensión de la viudedad legal a todos los frutos pendientes de recolección al fallecimiento del cónyuge premuerto: Seg. Sem. Der. Aragonés 193.

„natürlichen" Früchte, da Art. 72 Abs. 2 Z. 1 S. 2 ap. bestimmt, daß ein etwaiges „laudemio"[1956] dem nießbrauchenden Ehegatten gebührt, und SANCHO REBULLIDA[1957] annimmt, daß diese Vorschrift für alle „zivilen" oder „juristischen" Früchte gilt, auf die im übrigen Art. 473, 474 CC ergänzende Anwendung finden. Im VE bestimmt Art. 152 Z. 1, daß die Verteilung der Früchte, die während des Landwirtschafts- oder Geschäftsjahres anfallen, in dem der Nießbrauch beginnt, im Verhältnis der Dauer dieses Rechtes erfolgt. Art. 72 Abs. 2 Z. 2 ap. sieht vor, daß der Überlebende die Nutzungen entweder selbst ziehen, die betroffenen Grundstücke für die Dauer des Nießbrauches verpachten oder das Recht, die Nutzungen zu ziehen, abtreten kann. Diese Vorschrift steht in engem Zusammenhang mit der Unveräußerlichkeit des Nießbrauches und wurde bereits zusammen mit dieser erörtert. Eine ähnliche Bestimmung findet sich in Art. 151 Abs. 1 VE. Hiernach kann der Ehegatte das Recht auf die Nutzungen bestimmter Gegenstände abtreten. Art. 72 Abs. 2 Z. 3 ap. versagt dem nießbrauchenden Ehegatten das Recht auf Ersatz für nützliche oder luxuriöse Verbesserungen der Grundstücke, gibt ihm aber ein Wegnahmerecht, wenn hierdurch das Grundstück nicht beschädigt wird. Art. 152 Z. 2 VE verweist insoweit auf die Vorschriften des CC über den gutgläubigen Besitzer.

Besteht die „viudedad legal" neben der fortgesetzten Gütergemeinschaft, so gebühren die durch „Familienarbeit" („trabajando en familia") erzielten Erträge der Gütergemeinschaft (Art. 72 Abs. 2 Z. 4 ap.). Dieser Begriff wird von SANCHO REBULLIDA[1958] folgendermaßen ausgelegt: Der Gütergemeinschaft verfallen einmal alle mit dem Gesamtgut erzielten Erträge und die am Gesamtgut durch die Arbeit der Gemeinschafter herbeigeführten Verbesserungen und zum anderen die mit dem eigenen Vermögen durch echte gemeinsame Arbeit erzielten Erträge (vgl. auch Art. 53 Abs. 1 S. 1 ap.).

Art. 72 Abs. 2 Z. 5 ap. beschreibt in kasuistischer Weise die Gegenstände, die dem Nießbrauch bei der „viudedad universal" vom Erbfall an unterliegen. Zu beachten ist, daß die „viudedad universal" mit der fortgesetzten Gütergemeinschaft unvereinbar ist, so daß die Gütergemeinschaft hier mit dem Tode eines Ehegatten endet (Art. 64 Abs. 2 ap.). Im einzelnen

---

1956 Laudemium, d. h. der Betrag, den der Obereigentümer bei der Emphyteuse erhält, wenn der Untereigentümer sein Recht veräußert, EJE XXI, Stichwort „laudemio".

1957 SANCHO REBULLIDA 168.

1958 SANCHO REBULLIDA 171.

bestimmt die Vorschrift, daß dem Nießbrauch außer dem gesamten beweglichen und unbeweglichen Vermögen auch die vorhandenen ungetrennten Früchte (Früchte am Halm usw.) und diejenigen beweglichen Gegenstände unterliegen, die zwar beim Erbfall noch nicht vorhanden sind, deren Erwerb aber auf Grund der vom Erblasser hinterlassenen Rechtslage erfolgt. Als Beispiele nennt Art. 72 Abs. 2 Z. 5 ap. Beträge, die auf Grund irgendwelcher Geschäfte oder Versicherungen fällig werden, sowie den Schatzfund auf Grundstücken, die dem Nießbrauch unterliegen[1959]. Art. 72 Abs. 2 Z. 6 ap. endlich gewährt dem überlebenden Ehegatten das Recht, über das ungeteilte Gesamtgut und Sondergut des anderen Ehegatten zugunsten eines gemeinschaftlichen Kindes anläßlich seiner Eheschließung durch Schenkung zu verfügen. Dem Ehegatten wird also hier ein außerordentliches, dem Nießbrauch sonst fremdes Verfügungsrecht eingeräumt[1960]. Die Verfügung über das Sondergut des vorverstorbenen Ehegatten ist nur zulässig, wenn ein „Präzedenzfall" vorliegt, d. h. wenn eine ähnliche Schenkung zugunsten eines heiratenden Kindes bereits zu Lebzeiten beider Ehegatten erfolgt ist. Die Schenkung des Überlebenden darf dann die von diesem Präzedenzfall gesetzten Grenzen nicht erheblich überschreiten. Fehlt ein Präzedenzfall, so hat sich die dann nur aus dem Gesamtgut zulässige Schenkung nach dem Vermögen der Familie zu richten und darf über ein vernünftiges Maß nicht hinausgehen[1961].

b) Pflichten des nießbrauchenden Ehegatten

Gemäß Art. 72 Abs. 3 Z. 1 ap. trägt der Ehegatte die Lasten, Versicherungen und Steuern des Vermögens, die gewöhnlichen und außerordentlichen Erhaltungs- und Reparaturkosten und hat allgemein für das dem Nießbrauch unterliegende Vermögen wie „ein rechtschaffener Mann" („buen varón") zu sorgen. Art. 152 Z. 3 VE beschränkt diese Verpflichtungen auf den Fall, daß die Eigentümer (also die Erben) Abkömmlinge des nießbrauchenden Ehegatten sind. Im übrigen gelten Art. 483—485, 497, 499 und 512 CC[1962]. Nach Art. 72 Abs. 3 Z. 2 ap. ist der Ehegatte verpflichtet, in Verbesserungen einzuwilligen, die die Eigentümer auf eigene Kosten vornehmen wollen, wenn hierdurch die „viudedad" nicht beeinträchtigt wird. Durch arg. e. c. aus Art. 152 Z. 3 VE ergibt sich, daß diese

---

1959 Vgl. § 1040 BGB: Der Nießbraucher erwirbt nicht den Schatz, hier jedoch den Nießbrauch an dem Schatz.

1960 Vgl. die vertragliche Einräumung der Veräußerungsbefugnis durch Erbvertrag und die verwandte Bestimmung in Art. 54 ap.

1961 Lacruz (oben N. 1765) 145.

1962 Sancho Rebullida 178.

Einwilligung de lege ferenda nur erforderlich ist, wenn die Eigentümer Abkömmlinge des nießbrauchenden Ehegatten sind und dieser somit die Lasten zu tragen hat.

Art. 72 Abs. 3 Z. 3 ap. bestimmt, daß der nießbrauchende Ehegatte auf eigene Kosten die notwendigen gerichtlichen Schritte zur Erhaltung des Besitzes an dem dem Nießbrauch unterstehenden Vermögen zu unternehmen hat und den Eigentümern jede Besitzstörung unter Vermeidung einer Schadenersatzpflicht unverzüglich mitzuteilen hat. Aus dieser Vorschrift kann entnommen werden, daß der Ehegatte für possessorische Klagen aktiv legitimiert ist[1963]. Art. 72 Abs. 3 Z. 4 ap. verpflichtet den nießbrauchenden Ehegatten, seiner gesetzlichen Unterhaltspflicht zu genügen und den gemeinsamen Kindern sowie den Kindern des Verstorbenen, wenn sie sich nicht selbst erhalten können, Unterhalt nach dem Vermögen des Hauses („al haber y poder de la casa") zu gewähren, soweit hierdurch sein eigener standesgemäßer Unterhalt nicht beeinträchtigt wird. Keinen Anspruch auf Unterhalt haben die enterbten Kinder. Unter Kinder sind hier auch die weiteren Abkömmlinge zu verstehen[1964]. Ausdrücklich sagt dies für die weiteren Abkömmlinge des Vorverstorbenen Art. 152 Z. 4 VE, der im übrigen auf den CC verweist. Etwas anderes gilt nach dieser Vorschrift nur, wenn der Nießbrauch gemäß Art. 141 Abs. 2 VE für den um mindestens 20 Jahre jüngeren zweiten Ehegatten auf ein Drittel gekürzt ist.

5. Erlöschen des Nießbrauches

Die Regelung des Art. 73 ap., der mit den Worten beginnt: „Das Recht der ‚viudedad' endet oder erlischt . . ." umfaßt sowohl die Gründe für das Erlöschen des Nießbrauches als auch des Anwartschaftsrechtes. Mit Ausnahme von Ziff. 9, die als Erlöschungsgrund die Gütertrennung erwähnt und daher nur eingreift, ehe das Anwartschaftsrecht zum Nießbrauch geworden ist, gelten die bei Erörterung des Anwartschaftsrechtes dargestellten Gründe auch für den Nießbrauch. Diese gemeinsamen Gründe sind vor allem der vertragliche oder einseitige Verzicht, die Vereinbarung eines Endtermins oder einer auflösenden Bedingung (Art. 73 Z. 1, 2, 4 ap.) und der zufällige Untergang eines dem Nießbrauch unterliegenden Gegenstandes (Art. 73 Z. 6 ap.)[1965]. SANCHO REBULLIDA[1966] wendet daneben außer

---

1963 SANCHO REBULLIDA 185.

1964 SANCHO REBULLIDA 183.

1965 ARNANZ DELGADO, Causas de extinción de la viudedad: An. Der. Aragonés VI (1951—1952) 93 f.

1966 SANCHO REBULLIDA 128 f.

Ziff. 10 und 12[1967] auch Ziff. 3 — Tod eines Ehegatten — und Ziff. 5 — Verlust des Eigentums durch auflösende Bedingung und Konsolidation in der Person des Berechtigten — auf das Anwartschaftsrecht an. Diese Gründe gelten aber vor allem für den Nießbrauch, der erlischt, wenn der berechtigte Ehegatte stirbt und wenn die Eigentümer-Erben das Eigentum durch auflösende Bedingung verlieren oder dies auf den Nießbraucher übergeht. Diesen Fall der Konsolidation betrachtet nach ARNANZ DELGADO[1968] auch Art. 73 Z. 7 ap., wonach der Nießbrauch an den Gegenständen erlischt, die der Ehegatte bei der Auseinandersetzung der Gütergemeinschaft erhält. ARNANZ begründet dies überzeugend aus dem Wortlaut der Vorschrift („que l e" — d. h. ihm, dem Ehegatten — „sea entregada"). Anderer Ansicht sind SANCHO REBULLIDA[1969] und offenbar in seinen Vorlesungen LACRUZ[1970], die aus historischen Gründen annehmen, daß der Nießbrauch durch die Auseinandersetzung am ganzen (ehemaligen) Gesamtgut erlischt. Eine Stütze für die Richtigkeit dieser Ansicht findet sich in Art. 73 Z. 7 ap. selbst, der ausdrücklich das Sondergut, aber auch nur dieses, weiterhin dem Nießbrauch unterstellt.

Nach Art. 73 Z. 8 ap. erlischt der Nießbrauch grundsätzlich, wenn der Berechtigte eine neue Ehe eingeht. Der Erblasser kann hiervon jedoch auf zwei Arten eine Ausnahme bestimmen. Die erste ist die Gewährung des Nießbrauches auf Lebenszeit, die jedoch bei einer neuen Ehe jedenfalls hinsichtlich der zwei Drittel, die den Abkömmlingen vorbehalten sind, dann unwirksam ist, wenn Pflichtteilsberechtigte vorhanden sind. Die zweite Möglichkeit ist, daß der Erblasser dem Überlebenden das Recht des „casamiento en casa" gewährt. Hierunter versteht man die meist im Ehevertrag getroffene Vereinbarung, daß der überlebende Ehegatte — vor allem der Einheiratende — eine neue Ehe im Hause des Vorverstorbenen eingehen kann, wenn minderjährige Kinder vorhanden sind. In der Regel wird dieses Recht an die Zustimmung der Eltern des vorverstorbenen Erben oder des Verwandtschaftsrates gebunden. Art. 154 Z. 2 VE sagt: Der Nießbrauch erlischt durch die neue Ehe des Überlebenden, außer es ist etwas anderes bestimmt.

Bereits beim Anwartschaftsrecht war davon die Rede, daß gemäß Art. 73 Z. 10 ap. das Anwartschaftsrecht nicht zum Nießbrauch wird, wenn der überlebende Ehegatte den Tod des Vorverstorbenen verschuldet hat.

1967 Siehe unten.
1968 ARNANZ DELGADO (oben N. 1965) 96.
1969 SANCHO REBULLIDA 187 f.
1970 SANCHO REBULLIDA 187.

Genaugenommen erlischt hier das Anwartschaftsrecht, ehe es zum Nießbrauch wird.

Nach Art. 73 Z. 11 ap. erlischt der Nießbrauch, wenn der Witwer eine Konkubine im eigenen Haus oder in ärgniserregender Weise außerhalb des Hauses hat oder wenn die Witwe offenkundig einen unsittlichen oder unehrbaren Lebenswandel führt. Dieser ungleichen Behandlung, die so alt wie die „viudedad" selbst ist[1971], setzt Art. 154 Z. 3 VE ein Ende, indem er den Witwer der Witwe gleichstellt.

Wie das Anwartschaftsrecht erlischt auch der Nießbrauch, wenn der Überlebende seine Kinder verdirbt, verläßt, einen Angriff auf die Sexualehre seiner Töchter unternimmt oder ihre gewerbliche Unzucht fördert (Art. 73 Z. 12 ap., 154 Z. 4. VE). Der Überlebende verliert den Nießbrauch weiter, wenn er böswillig oder grobfahrlässig in allgemeiner Weise — d. h. nach Sancho Rebullida gewohnheitsmäßig — seine Pflichten verletzt (Art. 73 Z. 13 ap., vgl. auch Art. 154 Z. 5, 155 VE).

Die Verjährung des Nießbrauches regelt Art. 73 Z. 14 ap. Der Nießbrauch verjährt allgemein 20 Jahre nach dem Erbfall, an bestimmten Grundstücken nach 30 Jahren und an bestimmten beweglichen Gegenständen nach 6 Jahren. Die allgemeine Verjährung findet statt, wenn der Ehegatte den Nießbrauch überhaupt nicht geltend macht, die besondere, wenn er den Nießbrauch zwar grundsätzlich antritt, ihn aber hinsichtlich bestimmter Gegenstände nicht ausübt.

6. *Rechtslage bei Beendigung des Nießbrauches*

Ist nichts anderes bestimmt, so greifen bei Beendigung der „viudedad" aus einem der genannten Gründe Art. 74, 75 ap. ein, die die Herausgabe des Vermögens an die Erben des Vorverstorbenen folgendermaßen regeln:

a) Der *Besitz* geht mit der Beendigung des Nießbrauches ipso iure auf die Erben über (Art. 74 Abs. 1 ap.). Den Erben steht gegen den Ehegatten oder, wenn der Nießbrauch durch seinen Tod erloschen ist, gegen dessen Erben, die Besitzstörungsklage („interdicto de adquirir") zu (Art. 74 Abs. 3 ap., Art. 156 VE). Die beweglichen Gegenstände sind unverzüglich vom Ehegatten oder seinen Erben an die Erben des Vorverstorbenen herauszugeben.

b) Ungetrennte Früchte

Die ungetrennten Früchte gebühren grundsätzlich den Erben, es sei denn, daß der Nießbrauch durch Verzicht des Ehegatten oder durch seine neue Ehe erloschen ist. In diesem Falle sind die Früchte ebenso wie die

---

[1971] Sancho Rebullida 195.

Fruchtziehungskosten zwischen ihm und dem Erben zu teilen (Art. 74 Abs. 2 ap.), und zwar je zur Hälfte[1972].

c) Neue Rechtslage

Hinsichtlich der vom überlebenden Ehegatten besessenen Grundstücke, die zum Gesamtgut gehörten, entsteht eine Gemeinschaft zwischen den Erben des Vorverstorbenen und dem Ehegatten oder seinen Rechtsnachfolgern (Art. 74 Abs. 4 ap.). Es handelt sich um eine schlichte Gemeinschaft, nicht um einen Fall der fortgesetzten Gütergemeinschaft[1973]. Etwas anderes gilt nur, wenn neben der „viudedad legal" tatsächlich eine fortgesetzte Gütergemeinschaft bestand. In diesem Fall erfolgt die Auseinandersetzung nach den für diese geltenden Regeln.

Hat der Überlebende Grundstücke weiterverpachtet, so erlischt der Pachtvertrag zwar mit dem Ende der „viudedad" (Art. 72 Abs. 2 Z. 2 ap.). Art. 74 Abs. 5 ap. bestimmt jedoch, daß die Rechte Dritter bis zum Ablauf des Landwirtschaftsjahres zu respektieren sind.

§ 56: DIE „FEALDAT" IN NAVARRA

I. Einleitung

Ähnlich wie in Aragón gewährt auch das navarrische Foralrecht dem überlebenden Ehegatten kein Erbrecht. Lediglich durch subsidiäre Anwendung des römischen Rechtes erbt er als letzter gesetzlicher Erbe, wenn keine Seitenverwandten bis zum 4. Grad vorhanden sind. Der FR weist ihm dagegen seinen Platz nach den Aszendenten und vor den nicht privilegierten Seitenverwandten zu (L. 288 FR)[1974]. Diese Rechte haben aber, gegenüber dem Fallrecht, nur eine beschränkte Bedeutung. Zu denken wäre weiter an das Viertel, das das römische Recht der armen Witwe neben anderen Verwandten gewährt, — die sogenannte „Cuarta marital". Nach Lacarra[1975] gilt sie jedoch in Navarra nicht, da sie, wie grundsätzlich auch das gesetzliche Erbrecht, nicht erforderlich ist, weil auch das navarrische Recht dem überlebenden Ehegatten im Rahmen des Familienrechtes den Nießbrauch am Vermögen des Vorverstorbenen zuerkennt. Diese „viude-

---

1972 Sancho Rebullida 206.
1973 Sancho Rebullida 207.
1974 Vgl. oben § 38 III 3.
1975 Lacarra II, 223.

dad“ des navarrischen Rechtes wird in den Foralrechtsquellen als „fealdat“ (3, 2, 4 FG) oder „usufructo de fidelidad“ (L. 200 FR) bezeichnet, da sie nur besteht, wenn der Überlebende dem verstorbenen Ehegatten die Treue hält, d. h. keine neue Ehe eingeht.

1. Begriff

Die „fealdat“ kann kurz definiert werden als der Nießbrauch, der dem überlebenden Ehegatten am gesamten Vermögen des Vorverstorbenen zusteht[1976]. Diese Begriffsbestimmung gibt, anders als die von Sancho Rebullida für die aragonesische „viudedad“ nur die wesentlichen Merkmale wieder. Es gelten jedoch auch hier die dort aufgeführten[1977] Gesichtspunkte: Der Nießbrauch tritt kraft Gesetzes als Folge der Ehe ein und steht den Ehegatten gegenseitig zu. Von der „viudedad“ unterscheidet sich die „fealdat“ vor allem dadurch, daß sie das gesamte Vermögen des Vorverstorbenen umfaßt.

Der Begriff des navarrischen Ehegattennießbrauches ergibt sich auch aus L. 200 FR: „Der Witwer oder die Witwe hat den Nießbrauch (‚usufructo de fidelidad‘) am gesamten Nachlaß des vorverstorbenen Ehegatten, mit der Verpflichtung, für den Unterhalt der Familie zu sorgen.“

2. Rechtsnatur

Auch der navarrische Ehegattennießbrauch ist, wie die aragonesische „viudedad“, als Institution des Familienrechtes anzusehen. Nach überwiegender Meinung ist die Rechtsnatur beider Nießbräuche identisch[1978]. Die für Aragón angestellten Überlegungen haben daher auch für Navarra volle Gültigkeit[1979]. Auch in Navarra entsteht mit Eheschließung ein gegenseitiges Anwartschaftsrecht der Ehegatten[1980], wenn dies auch der überwiegende Teil der Literatur und der Entwurf des „Fuero Recopilado“ unerwähnt läßt. Fernández Asiain[1981] weist jedoch darauf hin, daß in der Praxis auf die „fealdat“ das Erbstatut angewandt wird, sie also offenbar als Erbrecht qualifiziert wird. Der „Fuero Recopilado“ sieht dagegen den Ehegattennießbrauch als Institut des Familienrechtes an und behandelt ihn im 5. Buch: „Del régimen de bienes en la familia“ („Vom Familiengüterrecht“). L. 201 FR wendet aber auf diesen Nießbrauch nicht

1976 Yaben 61; Fernández Asiain 51.

1977 Vgl. § 55 I 1.

1978 Castán, D. F. 182; Albareda 36; Fernández Asiain 56, 58.

1979 Vgl. § 55 I 2.

1980 Albareda 36; Fernández Asiain 56, 58.

1981 Fernández Asiain 56, 58.

das Güterstatut, sondern „das Heimatrecht des Ehemannes bei Auflösung der Ehe durch den Tod eines der Ehegatten" an. Es behandelt und qualifiziert ihn somit als persönliche Ehewirkung[1982].

3. Besondere Merkmale

Der Nießbrauch des überlebenden Ehegatten ist, wie in Aragón, persönlich und unveräußerlich[1983] (L. 205 Abs. 1 FR, L. 221 Abs. 1 Dictamen). L. 205 Abs. 2 FR lautet: „Gleichwohl, wenn keine legitimen Abkömmlinge des vorverstorbenen Ehegatten vorhanden sind, die ein Erbrecht in bezug auf das Vermögen haben, oder wenn sie zustimmen, kann der Nießbraucher sein Recht veräußern oder belasten." Im Dictamen findet sich eine gleichlautende Vorschrift nicht und es wird hierzu in Anm. 147 sinngemäß folgendes ausgeführt: Wenn auch in bestimmten Fällen die Veräußerung einzelner dem Nießbrauch unterliegender Gegenstände zuzulassen ist, so kann auf keinen Fall dieser selbst veräußert oder belastet werden. Die navarrischen Rechtsquellen sehen dies nicht vor, und es können keine Grundlagen dafür gefunden werden, daß ein höchstpersönliches, an die Familie gebundenes Recht wie die „fidelidad" veräußert werden kann.

Der Fuero General ermächtigt den nießbrauchenden Ehegatten, wenn er sich in einer Notlage befindet und keine Kinder des Vorverstorbenen vorhanden sind, einzelne Vermögensgegenstände zu veräußern (K. 3, T. 2, B. 4 FG)[1984]. Dies ist eine Besonderheit des navarrischen Rechtes, die in Aragón unbekannt ist. Die Vorschrift wird in L. 205 Abs. 3 FR und L. 221 Abs. 3 Dictamen übernommen. Daneben bestehen keine Bedenken, die Veräußerung einzelner Nachlaßgegenstände auch beim Vorhandensein legitimer Abkömmlinge zuzulassen, wenn diese zustimmen (so L. 205 Abs. 3 FR; L. 221 Abs. 2 Dictamen).

Nicht angebracht erscheint es dagegen mangels einer entsprechenden Vorschrift im geltenden Recht und wegen der Höchstpersönlichkeit dieses Nießbrauches sowie seiner Funktion innerhalb der Familienorganisation, die Übertragung des Rechtes als ganzes zuzulassen.

Der Nießbrauch ist unvererblich, da er mit dem Tode des überlebenden Ehegatten erlischt[1985] (L. 210 b FR; L. 226 a Dictamen).

Wegen Art. 108 L. H. kann auch in Navarra der Ehegattennießbrauch

---

1982 Vgl. etwa Goldschmidt[1] II, 212.

1983 Fernández Asiain 79.

1984 Lacarra II, 200 f., 211.

1985 Lacarra II, 221; Fernández Asiain 87.

nicht belastet oder beschwert werden[1986]. Dagegen kann der nießbrauchberechtigte Ehegatte auf sein Recht verzichten[1987]. Der vorweggenommene Verzicht, d. h. der Verzicht vor dem Tode eines der Ehegatten, soll jedoch nach L. 204 FR, 220 Dictamen nur im Ehevertrag, in einer „donación propter nuptias" oder in der zur Bestimmung eines Erben errichteten Urkunde zulässig sein. Über die Form des Verzichtes auf den bereits entstandenen Nießbrauch enthalten die Gesetzesentwürfe nichts. Art. 1280 Z. 1 CC verlangt jedoch die Form der öffentlichen Urkunde für Rechtsgeschäfte, die eine Verfügung über dingliche Rechte an Grundstücken zum Gegenstand haben. Die gleiche Form sieht Art. 1280 Z. 4 CC für den Verzicht auf Erbrechte und Rechte aus der ehelichen Gemeinschaft vor. Wegen der subsidiären Geltung des CC, insbesondere der Vorschriften über den Nießbrauch (L. 211 FR), kann daher angenommen werden, daß der Verzicht in öffentlicher Urkunde zu erfolgen hat (vgl. auch Art. 73 Z. 2 ap.).

4. Arten des Nießbrauches

Die Unterscheidung in gesetzlichen und gewillkürten Nießbrauch ist von geringerer Bedeutung als in Aragón, da schon der kraft Gesetzes entstehende Nießbrauch das gesamte Vermögen des Vorverstorbenen umfaßt. Auch in Navarra ist jedoch eine Vereinbarung über den Nießbrauch sinnvoll und zulässig, wenn von den gesetzlichen Bestimmungen, z. B. über die Verfügungsbefugnis des Nießbrauchers, abgewichen werden soll[1988]. Auch in Navarra können die beiden Phasen der „fidelidad" — Anwartschaftsrecht und Nießbrauch — unterschieden werden. Im navarrischen Recht fehlen jedoch besondere Vorschriften für das Anwartschaftsrecht, so daß eine gesonderte Erörterung nicht angebracht erscheint.

5. Geschichtliche Entwicklung

Albareda[1989] nimmt an, daß der Ehegattennießbrauch in Navarra nicht selbständig aus der Gewohnheit entstanden ist, sondern aus dem aragonesischen oder fränkischen Recht übernommen wurde. Er taucht in Navarra erstmals im Fuero General auf. K. 3, T. 2, B. 4 FG regelt ihn als Privileg der „infanzones" (Adeligen) und enthält bereits zahlreiche der auch heute noch geltenden Bestimmungen über die Rechte und Pflichten des Nießbrauchers und das Erlöschen der „fealdat" durch eine neue Ehe. Kap. 5, Tit. 2, Buch 4 FG versagt den „villanos" (Bürgern und Bauern)

1986 Lacarra II, 223.
1987 Fernández Asiain 88.
1988 Vgl. Fernández Asiain 56 f.
1989 Albareda 36.

ausdrücklich diesen Nießbrauch, und noch im Gesetz von 1692, das den Nießbrauch am gesamten Vermögen bestätigt (G. 10, T. 7, B. 3 Nov.), werden die Bauern ausgenommen[1990]. LACARRA[1991] führt dies darauf zurück, daß die Bauern nicht Grundeigentümer, sondern lediglich Pächter eines Grundherrn waren und ihre Verfügungsbefugnisse bei Erlaß des Fuero General stark beschränkt waren. Seit Beseitigung der Standesunterschiede gilt das Recht der „fealdat" jedoch für alle Ehegatten[1992].

II. Der Nießbrauch der „fidelidad"

1. Berechtigte

Der navarrische Ehegattennießbrauch steht dem überlebenden Ehegatten zu, wenn der Ehemann bei Auflösung der Ehe durch den Tod eines Ehegatten die navarrische „vecindad" besitzt[1993]. Der Nießbrauch steht auch dem zweiten oder späteren Ehegatten des Erblassers zu[1994].

Das Recht auf den Nießbrauch besteht nicht, wenn der überlebende Ehegatte bei Trennung der Ehe für schuldig erklärt wurde, wenn er wegen eines Angriffes auf das Leben des Vorverstorbenen verurteilt wurde, wenn ihm rechtskräftig die elterliche Gewalt entzogen wurde und wenn ihn der Vorverstorbene aus einem zulässigen Grunde enterbt hat (L. 200 Abs. 2 FR; L. 217 Dictamen). Genau genommen handelt es sich in diesen Fällen um ein Erlöschen des Anwartschaftsrechtes, das nicht mehr zum Nießbrauch erstarken kann.

LACARRA[1995] nennt als weiteren Grund den, daß der Überlebende den Tod des anderen Ehegatten schuldhaft verursacht hat[1996]. Dieser Fall läßt sich jedoch, die Verurteilung des Überlebenden vorausgesetzt, unter den zweiten der oben aufgezählten Gründe subsumieren.

2. Gegenstand des Nießbrauches

Der Ehegattennießbrauch umfaßt in Navarra das gesamte Vermögen des Vorverstorbenen (K. 3, T. 2, B. 4 FG; G. 10, T. 14, B. 3 Nov.; L. 200 FR;

1990 Die zitierten Gesetze sind abgedruckt bei LACARRA II, 200 f., 206.

1991 LACARRA II, 203.

1992 LACARRA II, 203; ALBAREDA 36; FERNÁNDEZ ASIAIN 54.

1993 So L. 201 FR; L. 216 Abs. 2 Dictamen. Etwas anderes ergibt sich, wenn man die „fidelidad" güter- oder erbrechtlich qualifiziert. Der de lege ferenda eingenommene Standpunkt verdient aber wohl, da er der Ansicht der maßgebenden navarrischen Juristen entspricht, den Vorzug.

1994 LACARRA II, 222; FERNÁNDEZ ASIAIN 60.

1995 LACARRA II, 211.

1996 A. A. FERNÁNDEZ ASIAIN 60.

L. 216 Dictamen)[1997]. Nach einem Urteil des T. S. vom 22. 12. 1920 gehört hierbei zum Vermögen des Vorverstorbenen nur das, worüber er als Eigentümer unter Lebenden und von Todes wegen verfügen konnte. Ausgeschlossen sind daher vom Nießbrauch diejenigen Vermögensgegenstände, die der Vorverstorbene unentgeltlich unter ausdrücklichem Verbot des Nießbrauches erworben hat (L. 202 FR; L. 218 Abs. 2 Dictamen)[1998]. Ebensowenig entsteht der Nießbrauch an den Gegenständen, die der Vorverstorbene als Nießbraucher besaß, oder die bei seinem Tode an einen Dritten als Nacherben fallen sollen (L. 202 FR)[1999]. Dagegen unterliegen dem Nießbrauch diejenigen Gegenstände, für die eine Nacherbfolge in einer „donación propter nuptias" angeordnet ist oder die gemäß L. 178, 277 FR (Kap. 3 des Amejoramiento König Philipps) an den Schenker zurückfallen, wenn er den Beschenkten überlebt und dieser ohne Nachkommen stirbt (L. 202 Abs. 2, 178 FR; G. 8, T. 7, B. 3 Nov.)[2000].

Der Nießbrauch eines zweiten oder späteren Ehegatten soll sich nach L. 203 FR nicht erstrecken:

1. auf die den Kindern oder Abkömmlingen aus einer früheren Ehe vorbehaltenen Gegenstände, d. h. also auf diejenigen, die der Erblasser vom ersten oder früheren Ehegatten erworben hat (L. 306 FR).
2. auf diejenigen, über die der Erblasser zugunsten der Abkömmlinge aus erster Ehe zu verfügen hat. Gemäß Art. 303 FR sind das die Gegenstände, über die er nicht zugunsten des zweiten oder späteren Ehegatten oder der Kinder aus der späteren Ehe verfügen kann, bzw. die wegen der Gleichstellung der Kinder aus erster Ehe diesen zuzuwenden sind.

3. Entstehung des Nießbrauches

Steht einem Ehegatten beim Tode des anderen Ehegatten das Anwartschaftsrecht auf die „fidelidad" zu und ist er somit Berechtigter in dem oben erläuterten Sinne, so wird dieses Anwartschaftsrecht zum Nießbrauch, wenn der Überlebende fristgemäß ein Inventar errichtet. Der überlebende Ehegatte ist zur Aufzeichnung des vom Vorverstorbenen hinterlassenen Vermögens verpflichtet. Nach einem Gesetz von 1686 (G. 1, T. 14, B. 3 Nov.)[2001] war das Inventar innerhalb von dreißig Tagen nach dem

---

[1997] Lacarra II, 207; Fernández Asiain 61; Albareda 38.

[1998] Fernández Asiain 61.

[1999] Lacarra II, 208; Fernández Asiain 61.

[2000] Lacarra II, 209; Fernández Asiain 61.

[2001] Lacarra II, 212.

Erbfall (G. 2, T. 14, B. 3 Nov.)[2002] zu beginnen und innerhalb von weiteren dreißig Tagen zu vollenden. 1766 wurden diese beiden Fristen auf jeweils 50 Tage verlängert (G. Nr. 49 der Cortes von 1765 und 1766)[2003]. Auch gemäß L. 207 a FR betragen die Fristen 50 Tage, wobei aber die erste Frist erst dann zu laufen beginnt, wenn der überlebende Ehegatte vom Erbfall Kenntnis erlangt. L. 223 a Dictamen übernimmt die geltende Regelung, nach der der Erbfall auch ohne Kenntnis des Überlebenden die Frist in Gang setzt. Eine Besonderheit gilt, wenn der Nießbrauch des Überlebenden erst beginnen soll, wenn derjenige des Schenkers (vgl. Erbvertrag) endet. Die Frist beginnt, wenn der Überlebende von der Beendigung des Nießbrauches des Schenkers Kenntnis erlangt (L. 207 a FR; nach L. 223 a Dictamen mit der Beendigung). Das Inventar ist in notarieller Urkunde ohne notwendige Mitwirkung der Erben zu errichten[2004]. Die Erben können den überlebenden Ehegatten von der Verpflichtung zur Inventarerrichtung befreien oder die gesetzlichen Fristen verlängern[2005] (L. 210 a FR).

Nach Lacarra[2006] ist der nießbrauchende Ehegatte außerdem zur Sicherheitsleistung verpflichtet, wenn dies die Eigentümer (Erben) verlangen und ihn der Erblasser nicht von dieser Pflicht befreit hat[2007]. Gemäß L. 208 FR ist die Sicherheitsleistung nur erforderlich, wenn sie im Ehevertrag vereinbart wurde. Ähnlich lautet L. 223 c Dictamen. Nach dieser Vorschrift kann aber die Sicherheitsleistung durch jede Verfügung, insbesondere auch durch Testament (Anm. 149), vom Erblasser angeordnet werden.

Sowohl die fristgemäße Errichtung des Inventars als auch gegebenenfalls die Sicherheitsleistung sind Voraussetzungen dafür, daß der überlebende Ehegatte den Nießbrauch ausüben kann. Anders als in Aragón führt die Versäumung der Inventarsfristen und der im Einzelfall erforderlichen Sicherheitsleistung zum endgültigen Verlust des Nießbrauches (so bereits G. 1, T. 14, B. 3 Nov.; L. 210 a, 224 FR)[2008]. Fernández Asiain unterscheidet zwei Fälle: Wird das Inventar nicht innerhalb der ersten fünfzig Tage begonnen, so tritt der vollständige Verlust des Nießbrauches ein.

2002 Lacarra II, 213.

2003 Lacarra II, 213 f.

2004 Lacarra II, 215.

2005 Fernández Asiain 62.

2006 Lacarra II, 216.

2007 A. A. Abadía Escolá, La viudedad foral, in: Curso 201.

2008 Lacarra II, 216; Albareda 37.

Wird das Inventar nicht rechtzeitig beendet, so beschränkt sich der Nießbrauch auf das fristgemäß verzeichnete Vermögen[2009]. Für diese Unterscheidung findet sich aber in den genannten Gesetzen keine Grundlage. Jede Inventarserrichtung, die nicht fristgemäß oder absichtlich unvollständig ist, führt zum Verlust des Nießbrauches (L. 210 a FR). Nach dem geltenden Recht hat der Nießbraucher für im Inventar verschwiegene Gegenstände doppelten Ersatz zu leisten[2010]. Der überlebende Ehegatte ist bei Versäumung des Inventars verpflichtet, die seit dem Erbfall gezogenen Nutzungen herauszugeben, so daß es genauer ist, mit L. 224 Dictamen, statt wie die historischen Quellen und der FR vom Verlust, von einem Nichtentstehen des Nießbrauches zu sprechen. LACARRA vertritt im Anschluß an ein Urteil des T. S. vom 5. 2. 1859 die Ansicht, daß die Versäumung der Inventarsfristen dann nicht den Verlust des Nießbrauches zur Folge hat, wenn die „fidelidad" vertraglich vereinbart war[2011]. Nach FERNÁNDEZ ASIAIN[2012] widerspricht diese Auffassung dem Inhalt von G. 1, T. 14, B. 3 Nov., wo tatsächlich keine Anhaltspunkte für eine solche Unterscheidung gefunden werden können.

4. Die Rechtsstellung des nießbrauchenden Ehegatten

a) Der überlebende Ehegatte ist berechtigt, den Nachlaß des Vorverstorbenen in Besitz zu nehmen und die Nutzungen zu ziehen. Seine Rechte bestimmen sich im einzelnen nach allgemeinem Nießbrauchsrecht (L. 211 FR). Als einziges besonderes Recht im Rahmen des navarrischen Ehegattennießbrauches ist die Befugnis zur Veräußerung einzelner Vermögensgegenstände bei Vorliegen einer Notlage anzusehen, das aber nur besteht, wenn die Erben nicht legitime Abkömmlinge des Erblassers sind (K. 3, T. 2, B. 4 FR; L. 205 FR)[2013]. L. 205 FR sieht vor, daß die Veräußerung nur mit gerichtlicher Genehmigung nach Anhörung der Staatsanwaltschaft zulässig sein soll. Das Dictamen betrachtet dies als ungerechtfertigte Neuerung und hält den Schutz, den L. 206 FR den Erben gewährt, für ausreichend. Danach können diese die Veräußerung anfechten, wenn sie zur Umgehung des Gesetzes oder Beeinträchtigung ihrer Rechte vorgenommen wurde.

b) Auch für die Pflichten des nießbrauchenden Ehegatten gilt ergänzend

---

2009 FERNÁNDEZ ASIAIN 63.

2010 LACARRA II, 216; FERNÁNDEZ ASIAIN 63.

2011 LACARRA II, 216.

2012 FERNÁNDEZ ASIAIN 63 N. 20.

2013 LACARRA II, 211; FERNÁNDEZ ASIAIN 78.

allgemeines Nießbrauchsrecht (vgl. L. 211 FR). Im einzelnen sind folgende besondere Verpflichtungen hervorzuheben:

Der Ehegatte ist zur Erhaltung des Vermögens mit der Sorgfalt eines „guten Familienvaters" („buen padre de familia") verpflichtet[2014] (L. 209 b FR). Der FG sah als Sanktion für eine Verletzung dieser Pflicht den Verlust des Nießbrauches vor, wenn er entgegen dem Verbot veräußerte Gegenstände nicht binnen Jahr und Tag ersetzte (K. 4, T. 2, B. 4 FG)[2015] oder in dieser Frist erforderliche ordentliche Reparaturen nicht vornahm.

Der Nießbraucher hat weiter die Lasten des Vermögens zu tragen und die Verbindlichkeiten des Erblassers aus diesem zu befriedigen (K. 3, T. 2, B. 4 FG)[2016]. L. 209 c FR bestimmt hierzu: „Der Nießbraucher haftet für die Schulden des vorverstorbenen Ehegatten zusammen mit den Eigentümern des Vermögens bis zu dessen Höhe." Dies soll aber m. E. nicht eine Haftung „pro viribus" begründen, da eine Haftung mit dem eigenen Vermögen dem Wesen des Nießbrauches widerspricht[2017]. Die Auflagen und Vermächtnisse, die der Erblasser letztwillig angeordnet hat, muß der Ehegatte sogleich erfüllen, wenn sie frommen Zwecken dienen. Andere Vermächtnisse sind erst nach Beendigung des Nießbrauches zu befriedigen, dem Recht des Vermächtnisnehmers geht wie dem des Erben der Ehegattennießbrauch vor[2018].

Eine weitere, dem Ehegattennießbrauch eigentümliche Verpflichtung ist die, den Abkömmlingen des Vorverstorbenen (also auch den Stiefkindern des Nießbrauchers) Unterhalt im weitesten Sinne zu gewähren (L. 209 a), wenn diese Abkömmlinge gegenüber dem Vorverstorbenen unterhaltsberechtigt wären[2019]. Den Töchtern hat der Nießbraucher eine angemessene Aussteuer zu gewähren. Diese Verpflichtung findet sich im FR nicht mehr, ist aber, wie Lacarra[2020] zutreffend bemerkt, eine Last des Vermögens, da die Eltern zur Bestellung der „dos" verpflichtet sind.

Über die Verpflichtung des Ehegatten, im Witwenstand zu verbleiben und das Vermögen nach Beendigung des Nießbrauches herauszugeben, ist bei den Gründen für diese Beendigung zu sprechen.

2014 Lacarra II, 219; Fernández Asiain 80 f.

2015 Lacarra II, 202, 219.

2016 Lacarra II, 210; Fernández Asiain 85.

2017 Im Ergebnis ebenso Lacarra II, 210 und L. 225 c Dictamen: „con cargo a los bienes del usufructo".

2018 Lacarra II, 210; Fernández Asiain 86.

2019 Lacarra II, 217; Fernández Asiain 86.

2020 Lacarra II, 218.

5. Beendigung des Nießbrauches

Der Nießbrauch des überlebenden Ehegatten endet:

a) Mit seinem Tode (L. 210 b FR; L. 226 a Dictamen)[2021]. Dies gilt auch dann, wenn der Nießbrauch kraft Vereinbarung für eine bestimmte Zahl von Jahren oder bis zu einem bestimmten Termin bestehen sollte[2022].

b) Durch den Verzicht des berechtigten Ehegatten (L. 226 b Dictamen)[2023].

c) Wenn der überlebende Ehegatte eine neue Ehe eingeht (K. 3, T. 2, B. 4 FG; L. 210 c FR; L. 226 c Dictamen; T. S. 9. 6. 1883; 14. 12. 1916; 1. 6. 1926)[2024]. Häufig wird jedoch in den Eheverträgen vorgesehen, daß der überlebende Ehegatte den Nießbrauch behält, wenn er im Hause des Vorverstorbenen und auf dessen Vermögen eine neue Ehe eingeht und die Eltern des Vorverstorbenen oder, nach deren Tode, die „Parientes mayores" zustimmen[2025]. Demgemäß bestimmt L. 210 c FR, daß der Nießbrauch durch die neue Ehe nicht endet, wenn der Vorverstorbene den Überlebenden zu ihrer Eingehung ermächtigt hat, dies im Ehevertrag vorgesehen war oder die neue Ehe mit Zustimmung der „Parientes mayores" geschlossen wird, wenn die Voraussetzungen von L. 215 e FR vorliegen. Dort ist vorgesehen, daß die Zustimmung von den „Parientes mayores" erteilt werden muß, wenn im Ehevertrag eine solche Zustimmung vorgesehen ist, jedoch nicht bestimmt wurde, wer die Zustimmung zu erteilen hat.

d) Wenn der Überlebende einen offenkundig unsittlichen Lebenswandel unter Erregung von Ärgernis führt (L. 210 d FR; L. 226 d Dictamen)[2026]. Der Fuero General (K. 3, T. 2, B. 4) ließ für den Witwer das Konkubinat zu. Er bestimmte folgendes: „ Si por aventura casare a furto por no perder las fealdades, a iuras o de otra manera, diziendo que la tiene por clavera o por manzeba,et sie podieren provar con ombres que fueron en logar a la iura, o en el casamiento, pierda fealdat; et si non podieren provar, prenga su iura cada ayno, et déxenlo en paz." Danach konnte also der Witwer, der eine Frau in seinem Hause hatte, schwören, daß diese seine Beschließerin oder Konkubine sei, und behielt dann den Nießbrauch, wenn er den Eid jährlich erneuerte. Die h. L. hält diese Vorschrift nicht mehr für

2021 Lacarra II, 221; Albareda 40.
2022 Fernández Asiain 88.
2023 Fernández Asiain 88.
2024 Lacarra II, 220; Albareda 40; Fernández Asiain 88.
2025 Lacarra II, 220; Yaben 67; vgl. „casamiento en casa" in Alto Aragón.
2026 Lacarra II, 220; Fernández Asiain 90.

anwendbar, da sie gegen die heute geltenden sittlichen Anschauungen verstößt[2027]. LACARRA führt hierzu aus, daß die Treue zum Vorverstorbenen („fealdat, fidelidad") die Grundlage des Nießbrauches ist und dieser daher um so eher durch ein unmoralisches Geschlechtsverhältnis erlischt, wenn sogar die vom irdischen und göttlichen Recht sanktionierte zweite Ehe zu seiner Beendigung führt.

e) Wenn der überlebende Ehegatte gröblich gegen die dem Nießbrauch innewohnenden Verpflichtungen verstößt. Nach K. 4, T. 2, B. 4 FG tritt der Verlust ein, wenn der Verstoß mehr als Jahr und Tag andauert oder bis dahin seine Folgen nicht beseitigt sind[2028]. Der FR enthält keine entsprechende Vorschrift. In L. 226 e Dictamen wird von der Jahresfrist abgegangen und der Verlust dann vorgesehen, wenn der Ehegatte gewohnheitsmäßig vorsätzlich oder grob fahrlässig seine Verpflichtungen nicht erfüllt.

f) Als weitere Gründe für die Beendigung des Nießbrauches nennt FERNÁNDEZ ASIAIN die Verjährung bei Nichtausübung des Nießbrauches während vierzig Jahren; die Ersitzung durch einen Dritten mit einer Frist von zwanzig Jahren unter Anwesenden und dreißig Jahren unter Abwesenden, wenn der Ersitzende einen Titel hat, und von vierzig Jahren ohne Titel[2029]; die Beendigung gemäß Vereinbarung beim gewillkürten Nießbrauch, die Konsolidation von Nießbrauch und Eigentum in der Person des Ehegatten und den zufälligen Untergang des gesamten dem Nießbrauch unterliegenden Vermögens[2030].

L. 210 a FR nennt als Beendigungsgrund auch die nicht ordnungs- und fristgemäße Inventarserrichtung. Bereits oben wurde aber ausgeführt, daß hier genauer von einem Nichtentstehen des Nießbrauches zu sprechen ist. Auch wenn den überlebenden Ehegatten ein Verschulden am Tode des Vorverstorbenen trifft, wird hierdurch bereits das Entstehen des Nießbrauches verhindert[2031].

6. *Rechtslage nach Beendigung des Nießbrauches*

Nach Beendigung des Nießbrauches haben der Ehegatte oder seine Erben das Vermögen an die Eigentümer herauszugeben. Hierzu gehört auch der Wert der im Vermögen vorhandenen verbrauchbaren Sachen, wenn sie der

---

2027 LACARRA II, 204; FERNÁNDEZ ASIAIN 90.

2028 LACARRA II, 202, 219; FERNÁNDEZ ASIAIN 91; ALBAREDA 40.

2029 FERNÁNDEZ ASIAIN 89.

2030 FERNÁNDEZ ASIAIN 91.

2031 LACARRA II, 211.

Ehegatte für sich verbraucht hat[2032]. Die ungetrennten Früchte gebühren dem Eigentümer, der dem Ehegatten die zu ihrer Erzielung gemachten Aufwendungen zu ersetzen hat. Miet- und Pachtverträge des Ehegatten binden die Eigentümer nicht. Beziehen sie sich auf ländliche Grundstücke, so endet die Pacht in subsidiärer Anwendung von Art. 480 CC jedoch erst mit dem Ende des Landwirtschaftsjahres[2033]. Endet der Nießbrauch durch die neue Ehe des Berechtigten und erfüllt er seine Verpflichtung zur Herausgabe des Vermögens nicht, so können die Eigentümer, wenn sie Kinder aus der früheren Ehe sind, zwischen folgenden Möglichkeiten wählen: Entweder wird der Zugewinn der neuen Ehe in drei Teile geteilt und es erhalten der wieder heiratende Ehegatte, sein neuer Ehegatte und die Kinder aus erster Ehe je ein Drittel, oder den Kindern ist bis zur Herausgabe Ersatz für gezogene Früchte und diejenigen Nutzungen zu leisten, die der Ehegatte nach den Regeln einer ordnungsgemäßen Wirtschaft hätte ziehen können[2034].

Für die Forderungen des Nießbrauchers gegen den Eigentümer steht ihm ein Zurückbehaltungsrecht zu[2035].

2032 Fernández Asiain 93.

2033 Lacarra II, 221; Fernández Asiain 66, 68.

2034 Fernández Asiain 83 im Anschluß an Kap. 23, Tit. 4, B. 2; Kap. 3, Tit. 2, B 4 FG; Ges. 2, Tit. 10, B. 3 Nov.; G. Nr. 50 der Cortes von 1765 und 1766.

2035 Fernández Asiain 93; T. S. 22. 12. 1920.

Kolibri 360 GmbH
Ferdinand-Jühlke-Straße 7
99095 Erfurt, Deutschland
produktsicherheit@kolibri360.de